Forschungen
zur osteuropäischen Geschichte

Band 63

Forschungen zur osteuropäischen Geschichte

Herausgegeben vom Osteuropa-Institut an der Freien Universität Berlin
von Holm Sundhaussen

in Verbindung mit
J. Baberowski/Berlin, G. L. Freeze/Waltham, A. Kappeler/Wien,
K. Meyer/Berlin, J. Scherrer/Paris

Band 63

2004
Harrassowitz Verlag · Wiesbaden

Die Geschichte Russlands im 16. und 17. Jahrhundert aus der Perspektive seiner Regionen

Herausgegeben von
Andreas Kappeler

2004
Harrassowitz Verlag · Wiesbaden

Die Reihe der FOG wurde 1954 von Horst Jablonowski und Werner Philipp am Berliner Osteuropa-Institut begründet und erscheint seither in Form einer Monographie oder eines Sammelbandes.

Bibliografische Information Der Deutschen Bibliothek:
Die Deutsche Bibliothek verzeichnet diese Publikation in der Deutschen Nationalbibliografie; detaillierte bibliografische Daten sind im Internet über http://dnb.ddb.de abrufbar.

Bibliographic information published by Die Deutsche Bibliothek:
Die Deutsche Bibliothek lists this publication in the Deutsche Nationalbibliografie; detailed bibliographic data is available in the Internet at http://dnb.ddb.de.

Informationen zum Verlagsprogramm finden Sie unter
http://www.harrassowitz.de/verlag

Anschrift des Herausgebers: Osteuropa-Institut · Garystraße 55 · 14195 Berlin · Deutschland
Gedruckt auf alterungsbeständigem Papier
Druck und Bindung: AZ Druck und Datentechnik, Kempten (Allgäu)
Printed in Germany

ISSN 0067-5903
ISBN 3-447-05029-2

INHALTSVERZEICHNIS

6. *Kosaken im Süden und Osten*

EINLEITUNG

Das Moskauer Russland war im 16. und 17. Jahrhundert, so die übereinstimmende Forschungsmeinung, ein stark zentralisierter Staat. Seine Geschichte ist deshalb seit jeher vorwiegend aus der Perspektive des Zentrums, der Autokratie, der Moskauer Herrscher und ihrer Administration, betrachtet worden. Zwar haben schon im 19. Jahrhundert Historiker wie Afanasij Ščapov und Nikolaj Kostomarov einer Föderalisierung der Geschichte Russlands das Wort geredet, zwar gab es sowohl im Zarenreich wie in der frühen Sowjetunion eine aktive Landesgeschichtsschreibung (kraevedenie), und bedeutende russische Mediävisten wie Michail M. Bogoslovskij, Stepan B. Veselovskij und Michail N. Tichomirov haben dem regionalen Aspekt in ihren Arbeiten einen hohen Stellenwert eingeräumt. Dennoch blieben regionalhistorische Zugänge in der Regel auf einzelne periphere Räume beschränkt und wurden kaum in die dominierende moskauzentrische Erzählung der Geschichte Russlands integriert. Dies gilt für die ausländischen Historiographien in noch höherem Maß als für die russische Geschichtsschreibung.

Vor einem Vierteljahrhundert hat Carsten Goehrke in seinem Aufsatz „Zum Problem des Regionalismus in der russischen Geschichte. Vorüberlegungen für eine künftige Untersuchung“[1] auf das Problem aufmerksam gemacht. Zwar ging es ihm in erster Linie um den Regionalismus als politisches Phänomen, doch fragte er implizit auch nach der Relevanz einer regionalen Perspektive für die Geschichte Russlands. Sein Aufsatz ist seither oft zitiert worden, doch die im Untertitel angekündigte „künftige Untersuchung“ ist bisher ausgeblieben, und auch an der Dominanz der moskauzentrischen Optik hat sich bis vor kurzem wenig geändert.

Der Zusammenbruch der Sowjetunion und die Krise der zentralistischen sowjetischen Institutionen führten allerdings im letzten Jahrzehnt zu einer Stärkung der Regionen Russlands. Regionale Zentren wie Čeljabinsk, Ekaterinburg, Jaroslavl', Kazan', Nižnij Novgorod, Novgorod, Novosibirsk, Omsk, Rostov am Don, Samara, Tomsk, Vjatka, Vologda oder Voronež haben auch in der russischen Geschichtswissenschaft an Bedeutung gewonnen. Allmählich wenden sich zudem Moskauer und Petersburger HistorikerInnen vermehrt regionalen Themen zu. Gleichzeitig haben amerikanische Spezialisten der Geschichte des Moskauer Russland wie Robert O. Crummey, Daniel Kaiser, Michael Khodarkovsky, Valerie Kivelson, Nancy Kollmann, Georg Michels und Dan Waugh in den letzten Jahren die regionale Pespektive stärker betont. Generell haben Historikerinnen und Historiker die räumliche Dimension der Geschichte wiederentdeckt.

Aus dieser Ausgangslage ergaben sich die wissenschaftlichen Fragestellungen der Konferenz, die am 19. bis 21. Juni 2003 am Institut für osteuropäische Geschichte der

1 Forschungen zur osteuropäischen Geschichte 25 (1978), S. 75-107.

Universität Wien stattfand. Sie wurde von Andreas Kappeler in Zusammenarbeit mit der Historischen Kommission der Österreichischen Akademie der Wissenschaften organisiert und von der Fritz Thyssen Stiftung (Köln) finanziert. Die (zum Teil überarbeiteten) Referate dieser Tagung werden bis auf wenige Ausnahmen hier publiziert.

Damit soll eine Zwischenbilanz der aktuellen Zugänge zur Regionalgeschichte des Moskauer Russland gezogen werden. In welchen thematischen Bereichen (Verwaltung, Rechtsprechung, Adel, Bauern, Stadt, Handel, Kirche, Kultur, Alltag) und für welche Regionen liegen neue Erkenntnisse vor? Welche Quellen stehen für regionalhistorische Untersuchungen des 16. und 17. Jahrhunderts zur Verfügung? Inwiefern nimmt die Regionalgeschichte neuere sozial-, kultur-, mikro- und mentalitätshistorische Zugänge auf? Welche Rückschlüsse ergibt der Blick aus der Region für die Gesamtinterpretation des Moskauer Reiches? Muss die herrschende Erzählung von Zentralisierung, Autokratie, Allmacht der Zaren und Ohnmacht der Provinzen revidiert werden? Welche Felder und Perspektiven sind für die weitere Forschung ins Auge zu fassen? Inwiefern können russische und ausländische Wissenschaftler in diesem Feld kooperieren?

Die Wiener Konferenz war die erste internationale Konferenz zur Regionalgeschichte des Moskauer Reiches. Dreißig Historiker und Historiker aus Russland, den Vereinigten Staaten, Kanada, Frankreich, der Schweiz, Deutschland und Österreich nahmen teil. Dabei ist für die spezifische Fragestellung von Bedeutung, dass Russland nicht, wie an den meisten bisherigen internationalen Tagungen, nur von HistorikerInnen aus den beiden Hauptstädten repräsentiert wird, sondern auch durch Spezialisten aus verschiedenen regionalen Zentren (Čeboksary, Joškar-Ola, Kazan', Rostov am Don, Vologda, Voronež). Vertreten sind auch unterschiedliche Forschergenerationen, von prominenten Moskauer Historikern der älteren Generation bis zu Doktoranden aus den Vereinigten Staaten und Deutschland.

Die Tagung und der vorliegende Band stehen in der Tradition der acht internationalen Konferenzen zur älteren Geschichte der Rus' und Russlands, die seit 1968 in Deutschland, den USA, Großbritannien und Österreich stattgefunden haben und die gewissermaßen einen Spiegel der (vor allem amerikanischen und deutschen) Historiographie zu dieser Epoche darstellen. Ihre Initiatoren waren Werner Philipp und Gustave Alef; danach war für viele Jahre der Berliner Historiker Hans-Joachim Torke der *spiritus rector* dieser internationalen Veranstaltungen. Die bisher letzte Konferenz organisierte er im Jahre 1998 in Berlin; der Band „Von Moskau nach St. Petersburg“ ist im Jahre 2000 wie gewohnt in den „Forschungen zur osteuropäischen Geschichte“ erschienen. Hans-Joachim Torke hatte im Sommer 1998 schon seine erste Gehirntumor-Operation hinter sich; am 15. Januar 2000 ist er gestorben. Mit seinem Tod drohte eine mehr als dreißigjährige Tradition abzubrechen. Die Konferenz und der vorliegende Band versuchen an diese Tradition anzuknüpfen. Dies geschieht auch aus Sorge darüber, dass die Erforschung der Geschichte Russlands vor 1700 in den Ländern außerhalb Russlands, ganz besonders aber im deutschsprachigen Raum, einen Niedergang erlebt. Es gibt immer weniger Professuren, die mit Spezialisten dieser Epoche besetzt werden und dementsprechend immer weniger Dissertationen zur älteren Geschichte

Russlands. Die Weiterführung der Konferenzreihe hat deshalb auch zum Ziel, diesem Trend gegenzusteuern und dazu beizutragen, dass das große Erbe der deutschsprachigen Russland-Mediävistik (Werner Philipp, Günther Stökl, Manfred Hellmann, Hans-Joachim Torke u.a.) und ihr einst bedeutender Platz in der internationalen Forschung nicht ganz verloren gehen. Dazu gehört die Aufgabe, der vor allem in Deutschland und den USA zu beobachtenden „Enthistorisierung" der Geschichte Russlands, ihrer Reduktion auf das 18. bis 20. Jahrhundert, entgegenzuwirken.

Den Band eröffnen zwei Referate, die eine historiographische Zwischenbilanz ziehen. Sigurd O. Šmidt (Moskau), Vorsitzender des Verbandes der Spezialisten der Landeskunde in Russland, gibt einen weitgespannten Überblick über die russische Regionalgeschichtsschreibung von der mittelalterlichen Chronistik einzelner Fürstentümer über die frühe Historiographie des 18. und 19. Jahrhunderts bis zur Landeskunde (kraevedenie) in der Sowjetunion der 1920er Jahre und der „Regionologie" der Gegenwart. Carsten Goehrke (Zürich) knüpft an seinen oben erwähnten Aufsatz an und stellt die Frage nach spezifischen regionalen Identitäten und eines politischen Regionalismus in den Mittelpunkt seines Beitrags. Die beiden einführenden Aufsätze thematisieren damit zwei interdependente Probleme, die während der Wiener Konferenz intensiv diskutiert wurden: Die Konstruktion von Regionalgeschichten durch die Geschichtswissenschaft und die Konstruktion eines regionalen Bewusstseins im Russland des 15. bis 17. Jahrhunderts. Solche und andere grundsätzliche methodische und theoretische Fragen wurden an der Konferenz zwar immer wieder angesprochen, ohne dass es zu einer Vertiefung und Systematisierung gekommen wäre. Darin spiegelt sich ein gewisses Theoriedefizit der Russlandmediävistik im Vergleich mit der „allgemeinen" Mittelalterforschung wider.[2]

In einem zweiten Abschnitt werden Referate zusammengefasst, die übergreifende Aspekte des Verhältnisses zwischen Peripherien und Zentrum thematisieren. Nancy Shields Kollmann (Stanford) geht in ihrer auf Archivmaterial zur strafrechtlichen Praxis basierenden Mikrostudie von zwei ausgewählten Regionen aus und fragt nach den Entscheidungsspielräumen, die Richter in der Peripherie hatten. Sie kommt zum Ergebnis, dass die Rechtspraxis viel komplexer war als die Normen und dass die lokalen gewählten Organe der Guba-Verwaltung nicht in Opposition zur Voevoden-Administration standen und der Staat seine primären Interessen in der Provinz durchsetzen konnte. Ähnliche Fragen stellt Vladimir N. Glaz'ev (Voronež) in Bezug auf die Verwaltung der südlichen Grenzgebiete, die erst im Laufe des 17. Jahrhunderts in den Moskauer Staat integriert wurden. In seiner differenzierten Antwort bestätigt er, dass das Zentrum und die von ihm ernannten Voevoden ihre Macht allmählich ausbauten, schränkt dies aber insofern ein, als die lokale Bevölkerung über das Instrument kollektiver Bittschriften weiter Einfluss ausüben konnte. In einer statistischen Fallstudie zum Wolgaraum stellt André Berelowitch (Paris) die dominierende Forschungsmeinung, dass das Moskauer

2 Vgl. den Konferenzbericht von Guido Hausmann in: Jahrbücher für Geschichte Osteuropas 52 (2004), S. 132-144.

Zentrum in der Vergabe von Verwaltungsposten einer regionalen Verankerung des Adels erfolgreich entgegenwirkte, in Frage. Er konstatiert, dass im Laufe des 17. Jahrhunderts einzelne Persönlichkeiten und Familien wiederholt mit Ämtern in der Region betraut wurden und zum Teil auch Grundbesitz in den entsprechenden Regionen erwarben und dass für weniger wichtige Ämter der regionale Adel herangezogen wurde, und ruft zur vertieften Untersuchung regionaler Netzwerke von Adelsfamilien auf. Die Moskauer Historikerin Anna L. Choroškevič geht der Frage nach, wie sich die Expansion des 15. und 16. Jahrhunderts in der Titulatur der Moskauer Großfürsten und Zaren spiegelte und welche politischen Ansprüche sich damit verbanden.

Die übrigen Beiträge des Bandes widmen sich einzelnen Regionen des Moskauer Reiches, dem Westen, dem Norden, der Wolga-Ural-Region und den Kosaken am Don und in Sibirien. Die Gebiete im Westen, die Moskau im Laufe des sogenannten „Sammelns der Länder der Rus'„ im 15. bis 17. Jahrhundert annektierte, sind seit jeher ein bevorzugter Gegenstand regionalhistorischer Untersuchungen gewesen. Dabei steht die Frage im Zentrum, ob die Bevölkerung der Grenzgebiete unter Moskauer Herrschaft ein regionales Bewusstsein bewahrte. Der Fall Smolensk ist deshalb von besonderem Interesse, weil es im 16. und 17. Jahrhundert drei Herrschaftswechsel (1514, 1611, 1654) erlebte. Der Beitrag Michail Kroms (St. Petersburg) ist dem ersten Jahrhundert Moskauer Herrschaft über Smolensk gewidmet. Er kommt zum Schluss, dass das Zentrum ein politisches Regionalbewusstsein mit Erfolg ausrottete, so dass sich die Bevölkerung der Stadt, die zu Beginn des 16. Jahrhunderts für die Zugehörigkeit zum Großfürstentum Litauen gekämpft hatte, im Jahre 1611 gegen die Annexion durch Polen-Litauen wehrte. Ein Instrument Moskauer Politik waren (ebenso wie in Novgorod, Tver' und Pskov) die Zwangsaussiedlungen großer Teile der Stadtbevölkerung; dabei scheinen die Smolensker Adligen den Ort ihrer Herkunft noch später erinnert zu haben. Anhand von Gerichtsmaterialien zu Majestätsverbrechen fragt Angela Rustemeyer (Köln) nach der Loyalität der (teilweise polnischen bzw. katholischen) Adligen und Bauern des Smolensker Landes nach dessen Wiedereroberung durch Russland im Jahre 1654. Im Vordergrund standen im 17. Jahrhundert die Probleme der fortbestehenden Verbindungen der Szlachta zu Polen-Litauen und der bäuerlichen Grenzflucht; im frühen 18. Jahrhundert verfestigte sich die Vorstellung von einer Grenze zu Polen-Litauen, und das Gebiet von Smolensk wurde nun als Grenzregion perzipiert. Die ehemalige Stadtrepublik Novgorod, die seit jeher als klassischer Fall für einen politischen Regionalismus in Russland gilt, ist Gegenstand zweier Beiträge, die sich auf Schriften von Ausländern konzentrieren. Frank Kämpfer (Münster) interpretiert den pejorativen Begriff „Moskoviterpest", den Sigismund von Herberstein gebraucht, um die Moskauer Herrschaft mit der Zeit der Novgoroder Unabhängigkeit zu kontrastieren. Andreas Kappeler (Wien) entdeckt Spuren eines Novgoroder Regionalbewusstseins und eines historischen Gedächtnisses in ausländischen Berichten des 16. und frühen 17. Jahrhunderts über Geschichte und Gegenwart der Stadt, während davon in der Folgezeit nicht mehr die Rede ist.

Zum Novgoroder Land hatte im Mittelalter der russische Norden gehört, der sich noch in der Frühen Neuzeit von den zentralen Gebieten durch eine Reihe demographischer, administrativer, sozialer, wirtschaftlicher und kultureller Besonderheiten unterschied. Der aus der Region stammende Historiker Aleksandr V. Kamkin (Vologda) gibt einleitend eine Gliederung der zentralen Territorien des Nordens (Pomor'e) und seiner Subregionen und diskutiert unterschiedliche Ebenen der Raumordnung von den Verwaltungseinheiten (uezd) bis zu den bäuerlichen Gemeinschaften.

Die übrigen Beiträge, die sich mit dem russischen Norden beschäftigen, konzentrieren sich alle auf den Bereich Kirche und Religion und dokumentieren das gesteigerte Interesse an diesem von der sowjetischen Forschung vernachlässigten Themenbereich. Für seine sozial- und religionsgeschichtliche Untersuchung zur Entstehung des Altgläubigentums zieht Aleksandr Lavrov (Köln) als Fallbeispiel den Kreis Kargopol' heran, wo es in der zweiten Hälfte des 17. Jahrhunderts zu heftigen Auseinandersetzungen zwischen den Anhängern des „alten" und des „neuen" Glaubens kam, die in der Flucht und der Selbstverbrennung zahlreicher Altgläubiger gipfelten. Im Gegensatz zur vorherrschenden Forschungsmeinung betont er die Bedeutung der autochthonen Faktoren, vor allem der Gemeinden freier Bauern. Der Verbindung von Religion und Region im russischen Norden ist auch der Beitrag von Georg Michels (Riverside) gewidmet, der das Wirken des ersten Erzbischofs Afanasij im 1682 begründeten Erzbistum in Cholmogory untersucht. Afanasij versuchte, den verbreiteten Missständen in den Klöstern der Region mit Reformen zu begegnen. Während er gegenüber einigen kleineren Klöstern gewisse Erfolge erzielte, widersetzten sich ihm die größeren wie das berühmte Kloster auf der Insel Solovki erfolgreich, wobei sie Rückhalt in der regionalen Bevölkerung fanden.

Die Konstruktion sakraler Räume durch Ikonen und Reliquien steht im Mittelpunkt zweier Beiträge. In einem multidisziplinären, neben schriftlichen Quellen auch Ikonen auswertenden Untersuchung geht Isolde Thyrêt (Kent) der Verehrung der Reliquien und der Ikone des „wahren Kreuzes" nach, die unter dem Zaren Aleksej in Moskau verankert wurde, um dem russischen Zaren einen Ehrenplatz in der christlichen Heilsgeschichte zuzuweisen. Sie wurde vom Patriarchen Nikon auf das von ihm begründete Kij-Kloster im Weißen Meer (das auch im Beitrag Lavrovs eine Rolle spielt) und damit auf den russischen Norden übertragen und gleichzeitig zur Konstruktion Moskaus als neuem Jerusalem eingesetzt. Die Verbindung von Religion und regionaler Identität untersucht Daniel C. Waugh (Seattle) am Beispiel des Landes Vjatka im Nordosten Russlands. Im Mittelpunkt steht die Verehrung einer wundertätigen Nikolaus-Ikone, die sich seit der Mitte des 16. Jahrhunderts in Pilgerfahrten, Prozessionen und in zwei Erzählungen widerspiegelt, die der Erfindung regionaler Traditionen in Vjatka dienten. Waugh datiert diese Quellen entgegen der Meinung russischer Forscher allerdings erst ins späte 17. und frühe 18. Jahrhundert und interpretiert sie als Reaktion gegen die zunehmende Zentralisierung.

Das Land Vjatka grenzte an den Raum der Mittleren Wolga, dem eine fünfte Gruppe von Beiträgen gewidmet ist. Die Region, die in der Mitte des 16. Jahrhunderts unter Moskauer Herrschaft kam, zeichnete sich durch ihre multireligiöse und polyethnische Bevölkerung aus. Die Autoren, unter ihnen je ein tatarischer, tschuwaschischer und

Mari-Historiker, richten ihr Hauptaugenmerk ebenfalls auf die Kategorie Religion, die in den postsowjetischen Republiken der Mittleren Wolga neu entdeckt und interpretiert und mit der Kategorie Region verbunden wird. Der Moskauer Historiker Vadim V. Trepavlov gibt einleitend einen differenzierten Überblick über die schrittweise Eingliederung der Turkvölker der Wolga-/Uralregion in den Moskauer Staat von der Eroberung Kazan's in der Mitte des 16. bis zur lockeren Oberherrschaft über die Baschkiren und Kalmyken im 17. Jahrhundert. Er begreift diesen Prozess als Kampf um das geopolitische Erbe der Goldenen Horde und unterstreicht die Rückwirkungen der neuen südöstlichen Peripherie auf das Moskauer Zentrum und seinen Herrscher, den „weißen Zaren“. Sergej M. Kaštanov (Moskau), hervorragender Spezialist der russischen Diplomatik, analysiert im Detail die Quellen (Urkunden, Chroniken, Grundbücher) zu den Anfängen der Kloster-Kolonisation im ehemaligen Khanat von Kazan'; als frühe Grundbesitzer stehen das Sergij-Dreifaltigkeitskloster und der Kazaner Erzbischof im Vordergrund.

Die Auseinandersetzung zwischen Islam und Orthodoxie im ehemaligen Khanat von Kazan' ist Gegenstand des Beitrags von Iskander Giljazov (Kazan'). Der tatarische Historiker betont in Abgrenzung von anderen Forschungsmeinungen, die von Toleranz gegenüber dem Islam sprechen, dass Moskau trotz zeitweiliger Konzessionen den Islam und die muslimisch-tatarische Elite konsequent bekämpfte und die Muslime und die islamische Kultur aus den Städten auf das Land verdrängte. Dies habe allerdings die Bedeutung des Islam unter den Tataren mittelfristig gestärkt. Leonid Tajmasov (Čeboksary) unterstreicht in seinem Beitrag zu den interkonfessionellen Beziehungen in der Wolgaregion, dass trotz der stetigen Zunahme der russisch-christlichen Bevölkerung das Verhältnis zwischen den einzelnen Gemeinschaften im großen und ganzen konfliktfrei blieb. Die orthodoxe Mission hatte bei Animisten und Muslimen nur geringe Erfolge, und die Muslime konnten ihre Stellung auf Kosten der Animisten sogar verstärken. In seinem Beitrag zur Entwicklung der von den finnischsprachigen animistischen Mari bewohnten Gegend an der Wolga im 16. und 17. Jahrhundert beschreibt Ananij Ivanov (Joškar-Ola) auf der Basis amtlicher russischer Quellen Verwaltung, Rechtsprechung, Steuerwesen und russische Kolonisation, die soziale Gliederung und die Gemeinden der nichtrussischen Jasakbauern, ihre Lasten und Dienstleistungen und ihre vom Animismus geprägte Kultur. Der Beitrag von Michael Khodarkovsky (Chicago) schließt den Kreis und kehrt zurück zur schon von Trepavlov angesprochenen Auseinandersetzung zwischen Moskau und der Welt der Steppe, den Nogaiern, Krimtataren und Kalmyken. Er legt den Schwerpunkt auf die Interpretation zentraler Konzepte in den jeweiligen Abkommen, der Eidesleistung (šert'), der „Geschenke“ (pominki) und der Titel, denen von beiden Seiten ein unterschiedlicher Sinn gegeben wurde.

An der Grenze zur Steppe formierten sich im 16. Jahrhundert die Gemeinschaften der Kosaken, denen die letzte Gruppe von Beiträgen gewidmet ist. Die mehrheitlich russisch-orthodoxen Kosaken werden seit langem als mindestens potentielle Träger eines Regionalismus angesehen und sind in den letzten Jahren auch vermehrt Gegenstand regionalhistorischer Untersuchungen geworden. Zwei Beiträge beschäftigen sich mit den Donkosaken nach dem Volksaufstand unter Führung Stepan Razins, den die Kosaken 1671 an den Zaren auslieferten. Nikolai A. Mininkov (Rostov am Don), Autor einer neuen Darstellung der frühen Geschichte der Donkosaken, betont, dass die Donkosaken damals ihre Souveränität verloren hätten, und untersucht die Veränderungen ihrer Beziehungen zu Moskau unter dem Aspekt des Generationenwechsels in ihren Eliten. Brian J. Boeck (Los Angeles) bestreitet dagegen die Bedeutung des im Jahre 1671 beschworenen Loyalitätseides als Wendepunkt der Beziehungen, indem er ähnlich wie Khodarkovsky darauf hinweist, dass die Kosaken den Eid nicht als Unterwerfung interpretierten, sondern ihre Aktionsfreiheit behielten und mit Moskau für beide Seiten akzeptable Kompromisse eingingen. Mit den sibirischen Kosaken beschäftigt sich Christoph Witzenrath (London). Er begreift sie als Personenverband, der den Bedingungen des sibirischen Handels-Frontier angepasst war und allmählich institutionalisiert wurde. In einer Fallstudie zu Auseinandersetzungen der Transbajkal-Kosaken mit den russischen Behörden in den letzten Jahren des 17. Jahrhunderts weist er außerdem auf bisher unterschätzte innere Spannungen in der Kosakengemeinschaft hin. Ein ursprünglich vorgesehener Beitrag zum Verhältnis der ukrainischen Kosaken zum Moskauer Zentrum nach 1654 fiel leider aus. Serhii Plokhy (Edmonton), Spezialist für die Geschichte der Dnjeprkosaken, ruft im abschließenden Beitrag dazu auf, das nationale Interpretationsschema zu überwinden, und zeigt Perspektiven für einen Vergleich zwischen russischen und ukrainischen Kosaken auf, der für die Erforschung beider Gemeinschaften neue Erkenntnisse bringen könnte.

An der Wiener Konferenz nahmen neben den oben erwähnten WissenschaftlerInnen Daniel Kaiser, Christoph Schmidt und Ludwig Steindorff mit Referaten und Diskussionsbeiträgen teil; ihre Texte werden an anderer Stelle veröffentlicht.

Ich danke Dan Waugh, Anna Choroškevič, Robert O. Crummey und Aleksandr Lavrov für ihre Mithilfe bei der Vorbereitung der Konferenz, der Fritz Thyssen Stiftung für deren Finanzierung und Michaela Strauss für ihre wertvolle Unterstützung bei der Organisation der Tagung und bei der Herstellung der Druckvorlage.

Andreas Kappeler

РЕГИОНАЛЬНАЯ ИСТОРИЯ РОССИИ XVI И XVII ВВ. В РОССИЙСКОЙ ИСТОРИОГРАФИИ

С.О. ШМИДТ

Ныне под региональной историей понимают сферу научных знаний на стыке нескольких наук, и не только исторических. Такое понимание оформлялось постепенно: и зародыш его обнаруживается в России лишь в середине XVIII в. Но представления о местной истории, т.е. об истории своей местности, ее особенностях и достопамятностях возникли очень рано - в летописный период нашей историографии. Следовательно, уже тогда появился эмбрион того, что позднее - применительно к XVIII в. - назовут провинциальной историографией. Издавна в столичные исторические сочинения включаются и некоторые сведения о происходящем на периферии.

Местные летописи

В летописях основное внимание уделялось событиям государственно-политической и государственно-церковной истории, и только исключительным явлениям, касающимся широкой общественности (пожары; природные бедствия; поразившие всех отклонения от привычных природных норм, особенно кометы, солнечные затмения).

Известно о местных летописях в Великом Новгороде и в княжеских центрах „земель" еще до нашествия кочевников во второй четверти XIII в. На смену общерусским летописным сводам приходят местные летописные своды. Содержание их преимущественно связано с отдельными „землями", на которые распалось Древнерусское государство окончательно после правления Владимира Мономаха в Киеве (в 1113-1125 гг.). Содержание таких летописей сводится к описанию междукняжеских усобиц и столкновений (в Великом Новгороде - внутригородских), войн с чужеземцами, важнейших событий местной истории. При этом составители областных летописных сводов рассматривали историю своих земель как продолжение истории всей Руси и предваряли рассказ об истории своей земли „Повестью временных лет" (или ее фрагментами), которая мыслилась и как программа единения Русской земли и воспитывала такое мироощущение у читателя. Это отражало характерное для времени феодальной раздробленности („удельного периода") сочетание центростремительных и центробежных тенденций в политике князей. В летописях, и особенно в самостоятельных литературных произведениях конца XII - начала XIII вв. („Слово о князьях", „Слово о погибели Русской земли" и, конечно же, „Слово о полку

Игореве“) и в творениях „словутных сказителей“ - дружинных песнотворцев, славящих доблесть и подвиги князей и их дружин, явственно выявляется идея единства Руси и необходимости совместных усилий в борьбе с внешними врагами.

С XIV в. в связи с созданием предпосылок для образования централизованного государства, возрождаются традиции и общерусского и местного летописания. В общерусского характера летописях в Москве (а также в Твери) XV-XVI вв. очень немного сведений о происходящем вне столичного города, где велась летопись. Обычно сообщают о месте пребывания государя (и о военных походах и о монастырских „ездах“) или о событиях, которые можно отнести к военной истории: а это сведения о военных действиях, и о строительстве новых городов: и предназначенных быть центрами „края“, куда присылали управителей из Москвы, и тех, которые должны были функционировать как военные крепости. Сообщалось и о событиях государственно-церковной истории - смене иерархов, основании монастырей.

Общерусские летописные своды составляются не только в столице - чаще всего на основании и московских летописей и местных записей. Иногда сведения местной истории преобладают. Так в „Устюжском летописном своде“ (первая половина XVI в.) общерусские известия сокращены и выделены особенности местной жизни, незнакомые по другим источникам. Это - свидетельство длительности местного летописания. Местные летописи имеют подчас и остропублицистический характер; полемические приемы летописцев схожи с полемикой публицистических сочинений XVI-XVII вв. Местное летописание в Новгороде и Пскове особенно проникнуто противомосковскими тенденциями и претензиями на возрождение собственной политической самостоятельности. И потому именно из местных летописей узнаем о бесчинствах Ивана IV: и о жестоком обращении с псковскими челобитчиками юного еще великого князя, и об опричном терроре в Великом Новгороде царя Ивана Грозного.

Богатой информацией по собственно региональной истории насыщена „История о Казанском царстве“ (или „Казанская история“) - первый на Руси обобщающий труд, специально посвященный относительно узкой исторической теме, рассматриваемой на протяжении столетий. Сочинение это, описавшее историю территории Казанского ханства и его завоевания, создано было в 1560-е гг. и содержит богатую информацию по истории народов Поволжья и о взаимоотношениях с ними Российского государства. Автор, проживший в Казани после пленения двадцать лет и принявший мусульманство, использовал русскоязычные и татарские источники. Это сочинение было необычайно популярным в течение XVI-XVIII вв.

В XVI в., и особенно в XVII в. получили распространение краткие летописи (летописчики или „летописцы вкратце“), в том числе городские и монастырские. В части их преобладали сведения о местной истории. Некоторые были своеобразными конспектами более пространных летописей, с включением подобных известий. Обстоятельства местной истории - обычно в связи с общероссийской - и в сказаниях о событиях так называемого Смутного времени начала XVII в.

У истоков местной историографии и сказания о местных чудотворцах, особенно об основателях монастырей. В этих сочинениях нередко обнаруживаются уникальные сведения о местной социокультурной истории[1]. Такие сочинения, наряду с летописными текстами, стали источниковой базой местной историографии XVIII вв.

К региональной историографии, пожалуй, с наибольшим основанием можно отнести сочинения XVII в. о присоединении к России Сибири. Работа началась в 1620-е гг. Это и казачье „написание" и официальная архиепископская летопись (сибирская архиепископия была организована в Тобольске в 1621 г.). В летописи прославлялся подвиг Ермака и его казаков; и „прославление" это приобретало общерусский характер. В начале 1670-х гг. составлена была летопись, проникнутая тенденцией показать и доказать роль Строгановых в покорении Сибири, пополнив прежние летописные данные сведениями, почерпнутыми из личного архива Строгановых (Как выяснили затем исследователи якобы точная документация грамот не всегда соответствовала действительности).

Наиболее важны труды о прошлом и настоящем Сибири разностороннего ученого тобольского уроженца С.У. Ремезова (1642 - после 1720). Он создал и первые географические атласы Сибири с многообразными физико-географическими и историко-этнографическими данными и труды по истории Сибири. События присоединения Сибири излагаются в иллюстрированной летописи (так называемой Ремезовской). Ремезов использовал и письменную документацию и устные рассказы и предания русских „памятливых" старожилов и так называемых инородцев. Ремезов рано стал поклонником реформ, начатых Петром I; и в одном из его сочинений после передачи содержания наказа посланным в 1696 г. за границу молодым людям, панегирик науке. В этой связи Д.С. Лихачев замечает: „Чтобы оценить этот порыв Семена Ремезова, надо учесть, что он был постоянным жителем одной из самых отдаленных окраин и, кажется, только раз побывал в Москве"[2].

Становление „местнографии" в XVIII веке

По настоящему краеведение, во многом определяющее понятие о региональной истории, начало развиваться лишь с XVIII века. Это обусловлено явлениями общественно-политической жизни и социально-экономической истории, уровнем просвещения в период после петровских реформ. Привлечение к краеведным знаниям и тем более к самостоятельным занятиям краеведением расширяющегося

1 Подробнее см.: Шмидт С.О. Исторические знания времени образования и укрепления Российского централизованного государства (конец XV-XVI вв.) - глава 2 учебника „Историография истории СССР с древнейших времен до Великой Октябрьской социалистической революции". Под ред. В.Е. Иллерицкого и И.А. Кудрявцева. Изд. 2-е. М., 1971.

2 Лихачев Д.С. Русские летописи и их культурно-историческое значение. М., Л., 1947. С. 405.

круга лиц могло произойти лишь тогда, когда он не ограничивался немногими знатными или богатыми любителями истории и удаленными от мирских дел монахами-мемуаристами. С ростом образованности к общеевропейскому уровню образования приобщаются не только немало дворян, но и некоторые купцы, мещане, священники; и все более заметным становится участие таких образованных людей в управлении краем и городами, в их общественной и культурной жизни.

Осознается зависимость развития общества от природных условий и тесная взаимосвязь гуманитарных и естественно-географических знаний. Петр Великий полагал, что „историю читать без географии все равно, что ходить по улице с завязанными глазами". Для неутомимой творческой деятельности „птенца Петрова" В.Н. Татищева показательно не только представление о такой взаимосвязи, но и понимание значения событий местной истории для познания истории Российской. Автор первой пространной и основанной на изучении многих источников многотомной „Истории Российской" (доведенной до событий начала XVII в.), составил и „Лексикон российской исторической, географической, политической и гражданской" (до буквы „Л"). А младший современник его И.К. Кирилов осуществил издание первого „Атласа Всероссийской империи" (1734 г.); его сочинение „Цветущее состояние Всероссийского государства" (написанное в 1727 г.) - важный источник для изучения народного хозяйства первых лет существования Российской империи.

Главенствующую роль в становлении в России краеведения начинает играть Академия наук. С 1730-х гг. (и далее на протяжении всего XVIII в.) организуются академические экспедиции по изучению разных регионов страны. В результате их появляются пространные естественно-географические описания этих мест и труды, посвященные их истории. Во время экспедиций выявляли и копировали старые исторические документы. Немалое значение для развития интереса к научным знаниям и к памятникам истории и культуры на местах имело общение местных любителей знаний с участниками экспедиций.

В плане изучения региональной истории исключительно велики заслуги академика Г.Ф. Миллера. Он выступил инициатором издания журнала по русской истории на немецком языке „Sammlung Russischer Geschichte" (первый номер вышел в 1732 г.). Это было издание - по словам самого ученого - по истории Российского государства „и принадлежащих к нему стран", и предусматривалась публикация историко-географических описаний различных частей Российской империи. В 1733 г. он присоединяется ко Второй Камчатской экспедиции В. Беринга и провел в Сибири десять лет. Миллер побывал почти во всех городах Сибири, обследовал там архивы, собрал огромный материал подлинных документов и копий, историко-географических и этнографических описаний, сведений по экономике и демографии, лингвистические данные. Опираясь на эти и другие источники он написал „Историю Сибири" (до середины XVII в.) и ряд сочинений более частной тематики. Извлеченные им материалы (в частности, уникальные по истории событий Смутного времени в центре России, уцелевшие только там) до сих пор предмет изучения интересующихся такой проблематикой.

Миллер же составил подробную инструкцию отправленному на Камчатку С.П. Крашенинникову, и позднее подготовил к печати его „Описание земли Камчатки" (1756 г.), определившее во многом развитие отечественной этнографии и географии и являющееся ценнейшим источником о жизни и самобытной культуре ительменов (камчадалов).

В Проекте Миллера о создании Исторического департамента Академии наук (1759 г.) предполагалось обратить особое внимание на историко-географическое описание регионов, не ограничиваться „только частью Российской империи", а описать „все государство". И Миллер имел основание не без гордости заметить: „...в описании истории и географии о Сибири довольное число времени и иждивений употреблено, которое удалось и не безплодно, ибо чрез то сия отдаленная земля в рассуждении всех ея обстоятельств учинилась известнее, нежели самая средина Немецкой земли тамошним жителям быть может; а в прочих частях Российской империи, о которых история и география почти в таком же безвестном состоянии находится, в каком была за 10 лет пред сим и сибирская". И инструкцию описания малоизученных земель Миллер составлял, опираясь и на большой личный опыт практической работы[3].

В 1765 г. Миллер переезжает в Москву, убежденный в том, что „историк страны, о которой еще так мало написано, должен быть занят одной этой работой". Он становится во главе Московского архива Коллегии иностранных дел и сделал очень много для выявления, описания и публикации архивных документов. В 1774 г. Миллер совершает путешествие по подмосковным городам. Цикл статей о них состоит из путевого дневника и собственно исторических очерков о городах и монастырях. Это - и первое историко-географическое описание региона Московской губернии и постановка проблемы изучения древнерусских городов[4]. Существенно важно отметить, что ученый академик, во многом определивший пути развития науки отечественной истории и специальных ее дисциплин, изначально придавал особое значение изучению прошлого и настоящего российских регионов.

В Академии наук составляются и рассылаются анкеты с разнообразными „запросами" о настоящем и прошлом отдельных местностей (особенно о городах, об их природных особенностях и исторических достопамятностях и раритетах). Когда в 1760 г. решили собирать сведения „для сочинения нового исправленного Российского атласа", то с участием М.В. Ломоносова разработали анкету, имевшую не только экономико-географическую направленность, но и содержащую вопросы об исторических событиях и о памятниках истории и культуры. Анкета - едва ли не первая программа краеведческого изучения России, приглашающая к этому местных жителей. В 1770-е гг. обработанные ответы на анкету

3 Каменский А.Б. Судьба и труды историографа Герарда Фридриха Миллера (1705-1783) // Миллер Г.Ф. Сочинения по истории России. Избранное. М., 1996. С. 374-415.

4 Академик Г.Ф. Миллер - первый исследователь Москвы и Московской провинции / Подг. текста, статья С.С. Илизарова. М., 1996.

(„топографические известия“) опубликовал Л.И. Бакмейстер - один из родоначальников нашей библиографии.

Значительна роль в описании региональных особенностей России и утверждении представлений о взаимосвязи естественно-географических наблюдений и исторических изысканий в подходе к региональной истории знаменитого естествоиспытателя и путешественника П.С. Палласа, приехавшего в Россию после избрания его в 1767 г. членом Академии наук. В 1768-1774 гг. он возглавлял экспедиции для исследования юго-восточных окраин Российской империи, Урала и Сибири. Итоги этой работы обобщены в трехтомном труде на немецком языке „Путешествие по разным провинциям Российской империи“ (изданном в 1771-1776 гг.) и переведенном вскоре на русский язык. В 1793-1794 гг. Паллас совершил путешествие в Поволжье, на Северный Кавказ и Приазовье, а затем долго жил в Крыму. Особый интерес ученый проявлял к местному населению, оставив описания образа жизни яицких казаков, калмыков, киргизов.

Другой приехавший из Германии, ставший академиком, натуралист Георги, совершивший путешествие в 1772-1774 гг. по Поволжью, Калмыцкой степи, Уралу и Сибири, снявший карту озера Байкал - автор многих исследований о природе и общественном быте увиденных им регионов Российской империи. Впервые в литературе им было составлено сводное „Описание всех обитающих в Российском государстве народов, их житейских обрядов, обыкновений, одежды, жилищ, упражнений, забав, вероисповеданий и других достопримечательностей“ (издано в 1776-1777 г. на немецком языке, в 1799 г. на русском и немецком языках в трех и четырех частях).

И.И. Лепехин подготовил описания Поволжья, Прикаспия, Урала, Архангельского края и Белого моря (экспедиция 1768-1772 гг.), путешествия в Белоруссию и Прибалтику в 1773 г. В экспедиции его по Северу России участвовал Н.Я. Озерецковский, оставивший труды о своих путешествиях 1785-1817 гг. на Кольский полуостров, Ладожское и Онежское озера, по Верховьям Волги.

Традиция тесной взаимосвязи краеведения и академической науки характерна для России. Иначе в огромной стране, многонациональной и многоконфессиональной с заметными природными отличиями ее частей и разными социокультурными установками, трудно было бы вести наблюдения над ее природой, узнать о прошлом и настоящем ее многочисленных народов, получить пригодные для научной (прежде всего - статистической) обработки и сопоставления данные о социально-экономическом положении отдельных регионов и их культурно-исторических особенностях. И знаменательно, что первым членом-корреспондентом Академии наук стал (в 1759 г.) уральский краевед Петр Иванович Рычков - историк, экономист, географ, естествоиспытатель. В 1786 г. этого звания был удостоен знаток Архангельского края и видный общественный деятель В.В. Крестинин.

Развитию краеведения способствовало основанное в 1765 г. в Петербурге первое русское научное общество - Вольное экономическое, особенно много сделавшее в этом направлении уже в XIX в. Важное значение имели и правительственные мероприятия планомерного экономического и историко-географического обследования и изучения страны - прежде всего составление „топографических описаний наместничеств и губерний“[5], за качество составления которых несли ответственность губернаторы. Они появились в связи с проведением Генерального межевания и губернской реформой. Большинство их составлено в 1784-1789 гг. Тематика исторических описаний обусловлена вопросником о крае (городе) („при ком начался, в каком году кем поставлен, почему назван“, „какое было правление и как переменилось“), о стихийных бедствиях прошлых лет - пожарах, голоде, эпидемиях, об экономике (торговле, ее масштабах с перечнем товаров, о составе и численности ремесленников и вообще о населении) с использованием приема составления таблиц. В описаниях подробные сведения о физической географии, животном и растительном мире; в некоторых картографические материалы. В плане развития собственно исторической мысли они мало интересны. Но описания эти способствовали формированию и у историков представления о краеведении как о комплексном знании и уважения к фактам не только государственно-политической истории, и безусловно становлению статистики, т.е. науки о массовых явлениях общественной жизни людей. Описания частично публиковались уже в XVIII в., переиздавались и переиздаются по сей день. Вторая группа „топографических описаний“ появилась в начале XIX в. по почину Вольного экономического общества, подготовившего новую анкету. В основу описаний положены материалы местных землемеров. Таким образом, они отличаются сравнительной точностью, документированностью.

Краеведные знания - и исторические, и экономические, и географические - оказывались обязательными при обосновании геральдических знаков - гербов городов в годы правления Екатерины Великой. Этому, как выяснил С.С. Илизаров, предшествовали и достаточно серьезные изыскания, знакомство с письменными источниками и преданиями[6], и обоснование наблюдений над характерными чертами современной жизни.

Источниками для изучения региональной истории в нашем современном понимании являются и „путешественные записки“ - т.е. записки о путевых впечатлениях (как правило, со сведениями о природных особенностях и о том, что ныне относим к предмету этнологии, о памятниках истории и культуры и их судьбе).

Со второй половины XVIII в. можно говорить о развитии провинциальной историографии - труды по истории своего города и даже края составляли не только в губернских городах, но и в уездных (эти данные обобщены в исследованиях А.А. Севастьяновой). Авторы их - выходцы из разных слоев общества: дворянства, духовенства, чиновничества, купечества, мещанства. Это – историческая самодеятельность преимущественно в форме знакомого уже летописания и

5 Рубинштейн Н.Л. Топографические описания наместничеств и губерний XVIII века - памятники географического и экономического изучения России // Вопросы географии. Сборник 37. М., 1953. С. 40-67.

6 Илизаров С.С. Эмблемы научно-технического характера в русских гербах XVIII в. // Источниковедение и историография в мире гуманитарного знания. М., 2002. С. 220-223.

написанное осталось рукописным наследием. Но, как отметил В.О. Ключевский по поводу „Истории Российской" Татищева: „Важно не распространение ее в читающем обществе, а техническая возможность ее возникновения в уме тогдашнего исследователя"[7]. Значит уже тогда наряду с представлением о значимости составления макроисторий (т.е. многотомной истории всей России, как в трудах Татищева и князя М.М. Щербатова) утверждалось понимание значения работы и по составлению микроисторий - своего края, своего города.

Городские летописи („градские истории") основывались прежде всего на образцах летописания, продолжали более ранние летописи или сводили воедино сведения нескольких летописей. Такой метод обозначил тверской историограф Д.И.Карманов: „Известия из российских летописцев в одно место собрал, связал и в порядок привел". Мещанин Архангельской губернии М. Мясников, занявшись изучением истории города Шенкурска (известного с 1315 г.) - главной пристани на реке Ваге, так характеризовал своей метод: „Я, любя российские древности и памятники, начал собирать исторические бумаги и самобытные хартии города Шенкурска для составления исторического описания Ваги... в разных хранилищах ветхия книги и старинные свитки. Сии древние важеские бумаги многократно читал, перечитывал, рассматривал и сличал и привожу теперь в хронологический порядок, а ныне я... по довольном рассмотрении и сличении собранных мною бумаг, осмеливаюсь составить сие описание"[8].

Эти данные собственно „историографического" характера расширяют наши представления и о ментальности российской провинции, и о практике общения после указа о вольности дворянства этого сословия с более образованными лицами из третьего сословия, и о взаимосвязях культуры обеих столиц и провинции. Конечно, в крепостнической России было немало Скотининых, и видеть их обращение с крепостными как со скотом можно было не только на пути из Петербурга в Москву (что наблюдал Радищев), но в провинции жили и воспитывались не одни лишь фонвизинские Митрофанушки. Сверстниками этого „недоросля" был Н.М. Карамзин из Симбирской губернии и родители декабристов, давшие им прекрасное образование. В их среде почиталось не только прошлое античной эпохи и ее герои, известные по сочинениям Плутарха, но и прошлое своего Отечества. И отец декабристов Муравьевых, наставник старших цесаревичей-внуков Екатерины II, рассказывал им о даровитых простолюдинах механике Кулибине и историке Карманове.

С середины XVIII в. можно уже говорить о краеведении как области научных знаний. Но такое определение применимо для того времени лишь к единицам из местных краеведов.

Биография сына вологодского торгового человека П.И. Рычкова (1712-1777), учившегося в Москве и служившего затем в Петербурге и его окрестностях,

7 Ключевский В.О. Сочинения в девяти томах. Т. VII. М., 1989. С. 182.

8 См.: Севастьянова А.А. Историография русской провинции второй половины XVIII века (К постановке проблемы) // История СССР. 1991. № 1. С. 134-142; Она же. Русская провинциальная историография второй половины XVIII в. М., 1998.

показывает какое значение для успешного развития краеведных занятий имеет приобщение к столичной культуре и науке. Географа И.К. Кирилова он должен был сопровождать в Оренбургской экспедиции - так началось знакомство с этим краем, изучению которого Рычков посвятил затем свои труды. Его „Топография Оренбургская“ (изданная в Петербурге в 1762 г.) стала образцом - „верною и достаточною предводительницею“ для географического описания других регионов Империи. Рычков, помимо многообразных работ по истории Приуралья (в том числе „Описания осады Оренбурга“ отрядами Пугачева, которую использовал и полностью опубликовал Пушкин в „Истории Пугачевского бунта“), писал и о „Казанской истории древних и средних времен“, и об „Астраханской топографии“. Сочинения его отнесли бы согласно современным классификациям наук к областям археологии, этнологии, собственно истории, экономики, естествознания. Так краеведение еще на заре своего оформления как сферы знаний и воспринималось и демонстрировалось как комплексное знание[9].

Это показательно и для трудов архангелогородца В.В. Крестинина (1729-1795), где впервые для сочинений о давних российских регионах обнаруживается уже научная основа уровня знаний Европы периода деятельности энциклопедистов. Крестинин изучал прошлое городов Севера, обращая особое внимание на вопросы истории торговли и промышленности (другие памятники провинциальной историографии XVIII в. - кроме сочинений Рычкова - ограничиваются вниманием к вопросам государственно-политическим, иногда историко-культурным). Тем самым он расширил понятия о круге источников, важных для местной истории и о том, что знание повседневности прошлого своего края необходимо для познания настоящего и определения конкретных направлений будущего развития.

Вехой в развитии краеведения и представлений о региональной истории можно признать издание труда Евфимия Болховитинова (после пострига получившего имя Евгений, ставшего иерархом и знаменитым ученым-историком, филологом, богословом, окончившим жизненный путь митрополитом киевским). „Историческое географическое и економическое описание Воронежской губернии, собранное из историй, архивных записок и сказаний“ - капитальный труд, основанный на многообразной источниковой базе, как явствует уже из его заголовка: архивных документах, устных источниках для нового времени, т.е. XVIII в., и „историях“, т.е. печатных материалах - документальных публикациях и трудах историков (от Геродота и Страбона до первых российских историков XVIII в.).

В книге пять разделов. В первом, имеющем название „Всеобщее историческое сведение о Воронежской губернии по месту, жителям, пространству и произведениям оной“, сосредоточены сведения о крае с античных времен, более подробно о времени подчинения уже не рязанским великим князьям, а московским государям. Особенно детально - с использованием данных ревизий и других документов недавнего времени - о социально-экономическом положении губернии, о народонаселении: численности жителей и разделении их по социальным группам;

9 Уханов И. Рычков. М.,1996 (Серия „Жизнь замечательных людей“).

о товарах (сельскохозяйственных и промысловых) и ценах на них (с использованием приема составления статистических таблиц), о землях (населенных и ненаселенных), строениях, численности сел и слобод, заводов, мельниц, расстоянии между городами, о „знатнейших реках". Раздел второй - „Историческое сведение о городе Воронеже" (автор полагал, ссылаясь на летописи, что он существовал уже в 1177 г.), особенно подробно о времени с конца XVII в. (и конечно же, о воронежской верфи и пребывании там Петра I), причем и о самом городе (его зданиях, храмах, ярмарках и др.) и о „знатнейших предместьях". В третьем разделе „Описание Воронежского уезда" и в четвертом „Описание уездных городов" автор придерживался той же схемы. Пятый раздел „Описание Воронежской епархии", где сведения об истории всех монастырей и биографии архиереев.

Болховитинов уже опирался на опыт российского краеведения, прежде всего на „Оренбургскую топографию" П.И. Рычкова, и на знания, накопленные в молодые годы, когда он жил в Москве и сблизился с окружением знаменитого просветителя (писателя и издателя) Н.И. Новикова. Болховитиновское „Описание", это - и о прошлом Воронежского края и энциклопедия современной жизни. По источниковой базе это - вершинное достижение „местнографии". Изданное в Петербурге, оно оказало влияние на методику составления краеведных сочинений всей России. Ясно, что и Болховитинов был подготовлен к созданию такого „Описания" опытом и российской науки и личным опытом ученого и писателя, и что жители обеих столиц и Воронежа (как и других больших городов Российской империи) были подготовлены к восприятию сочинений подобного типа и столь большого историко-хронологического диапазона[10].

И П.Н. Милюков в своей книге 1890-х гг. „Главные течения русской исторической мысли" (до появления на горизонте науки К.Д. Кавелина и С.М. Соловьева) совершенно неосновательно характеризует русскую историческую мысль до Карамзина. Он на им же поставленный вопрос: „Чем же была русская историческая наука до выступления Карамзина?" отвечал так: „Несколько знатных любителей, несколько иностранных профессоров и несколько учеников, отправленных академией за границу - вот и весь наш populus historicorum конца прошлого столетия"[11]. И такое написано после солидной монографии Е.Ф. Шмурло 1888 г. „Митрополит Евгений как ученый. Ранние годы жизни"!

Ныне все более очевидно, что путь развития науки отечественной истории (а точнее распространения исторических, и тем более историко-культурных знаний) имеет два русла - общероссийскую историю и местную. Общероссийская история - это история государственно-политическая, социоэкономическая, история культуры и общественного сознания в широких пространственных масштабах, постановка вопросов общероссийской проблематики о соотношении сословий и классовой борьбе, организации управления, всероссийском рынке и т.п. Местная же

10 Шмидт С.О. Е.А. Болховитинов и становление науки российской истории // Из истории Воронежского края. Сб. статей. Вып. 9. Воронеж, 2001 (Материалы конференции, посвященной 200-летию местного исторического краеведения).

11 Милюков П. Н. Очерки истории исторической науки. М., 2002. С. 185.

история - это совокупность данных микроистории, о том или ином крае (от большого региона до городка, села, монастыря, учебного заведения и пр.) причем не только исторических (и историко-культурных и историко-экономических тоже), но и обязательно географических и иных сведений.

К историописанию прошлого государств в целом применяли тогда термин „историография“. Карамзин, как известно, был „историографом Его Величества“ (понятие об историографии как об истории исторической науки, исторической мысли - порождение языка нового времени). К трудам по локальной истории - „местнография“. У истоков их дальнейшего развития как сфер научного знания - фигуры Карамзина и Болховитинова, начинавших путь в науку, одновременно сотрудничая в московских изданиях эпохи Новикова. И русла эти находятся не только во взаимозависимости, но и в плодотворном взаимодействии. С созданием университетов и новых научных обществ на методику и тематику местнографии оказывала влияние с начала XIX в. уже не только Академия наук.

Остановился на периоде становления местнографии подробнее, чем в моей книжечке 1992 г. „Краеведение и документальные памятники“[12] (где впервые обобщались данные по истории краеведения, особенно его „золотого десятилетия“ в первые годы советской власти) не только потому, что это пока мало отражено в общеисториографической литературе (и прежде всего в учебной). Это представляет особый интерес для изучающих Россию XVI-XVII вв., так как только в трудах первых российских краеведов сведения, почерпнутые из утраченных ныне первоисточников (как и в общероссийских историях Татищева и Карамзина).

Многотомная „История государства Российского“ Н.М.Карамзина вызвала живой интерес не только в столице, где сразу напечатали в 1818 г. ее первых восемь томов (изложение событий заканчиваются там 1560-м годом). И в этой связи многократно цитируются слова Пушкина о том что „появление“ „Истории...“ наделало много шуму и произвело сильное впечатление... Все, даже светские женщины бросились читать историю своего отечества... Древняя Россия, казалось, найдена Карамзиным, как Америка Коломбом...“[13]. Заметный интерес выявился и в Москве и в провинциальных городах; особенно когда издание это стало поступать не только в личные библиотеки дворянских городских домов и сельских усадеб, но и в средние учебные заведения разного рода.

После составления П.М. Строевым указателей (именного, географического, терминологического) к „Истории государства Российского“ стало значительно проще обнаруживать там важные факты и местной истории и рассматривать местные явления в контексте всей российской истории. Это побуждало к широкому краеведному творчеству. И даже к созданию масштабных книг по местнографии. Так видный этнограф и исследователь русского фольклора И.П. Сахаров вспоминал, что в годы учения в Тульской духовной семинарии „долго и

12 Шмидт С.О. Краеведение и документальные памятники. Тверь, 1992 (далее при использовании этого издания ссылки на него не даются).

13 Пушкин А.С. Полное собрание сочинений в десяти томах. Т. VIII. Л., 1978. С. 49.

много читал" Карамзина, и „среди чтения истории Карамзина являлась всегда мысль: что такое Тула и как жили наши отцы. Я безотчетно решил написать тульскую историю". В то же время Сахаров понимал, что местная история не может быть только государственно-политической и „должна быть частной", описывающей быт граждан, „который надобно изучать по наличным памятникам в архивах". Любопытны в этом плане и воспоминания великого русского историка С.М. Соловьева о посещении в детстве с отцом-священником архимандрита одного из монастырей Ростова Великого - города, последние знаменитые страницы истории которого относятся к рубежу XVII и XVIII вв. Тот спросил отца: „Чем у Вас, батюшка, малютка-то занимается?" И услышал в ответ: „Да вот, пристрастился к истории, все читает Карамзина". Тогда архимандрит обратился к мальчику с вопросом: „А что, миленький, вычитал ли ты о нашем Ростове, что о ростовцах-то говорится"?[14] И когда с конца 1830-х гг. в приложениях к губернским ведомостям, а затем в епархиальных изданиях стали постоянно печатать материалы по истории края, то опирались прежде всего на „Историю" Карамзина.

Развитие региональной историографии в XIX – начале XX вв.

В первой половине XIX в., составляются труды по истории Русского Севера, юга России, отдельных центральных губерний (Рязанского, Владимирского, Тульского краев)[15]. Интенсивно изучается история Сибири. П.А. Словцов издал в Петербурге в 1838 и 1844 гг. два тома „Исторического обозрения Сибири", охватывающих историю обширного края - и специально уже его регионов - с 1588 по 1823 гг. Это - свидетельства интереса к проблематике региональной истории не только на местах, но и в столицах. Особенно это проявилось, когда стало по изданиям актов известно о результатах деятельности Археографической экспедиции 1828-1832 гг. (изучавшей прежде всего архивы монастырей к северу от Москвы). В.В. Пассек, друг и Герцена, и славянофилов, издает в 1834 г. „Путевые записки Вадима", где в духе романтической историографии ставится задача изучения внутренней жизни, быта народа, его фольклора. Позже этот рано умерший (в 1842 г.) ученый и просветитель составил историко-статистическое описание Московской и Харьковской губерний и привлек видных писателей и ученых к написанию „Очерков России"[16].

С середины 1830-х гг. в губерниях и областях появились статистические комитеты. Со второй половины века они стали публиковать отчеты о своей деятельности и результаты исследований, к осуществлению которых привлека-

14 Шмидт С.О. „История государства Российского" в культуре дореволюционной России // Карамзин Н.М. История государства Российского. Кн. IV. М., 1988; перепечатано в кн.: Шмидт С.О. Путь историка: Избранные труды по источниковедению и историографии. М., 1997. С. 242.

15 Присенко Г. П. Проникновение в былое. Тула., 1984.

16 Новохатский К.Е. „Прошедшее в настоящем...": Вадим Васильевич Пассек. 1808-1842 // Краеведы Москвы. Вып. 1. М., 1991. С. 61-76.

лась обычно общественность. Там не только наблюдения и выводы о современных явлениях общественной жизни, но и по истории - и XVI-XVII вв. тоже. Эти данные использовались и в научных трудах последующих поколений.

1830-1840-е гг. - период возбуждения интереса к „народности", изучению быта. Это привлекает внимание и у причастных к деятельности созданных тогда исторических и филологических факультетов в университетах и способствовало появлению новых исторических обществ. Темой их занятий в провинции была в первую очередь местная история - и обычно в широком понимании, т.е. и то, что ныне рассматривается как предмет археологии, этнологии, исторической географии, истории искусств.

Большая и многообразная по форме работа (организация экспедиций и музеев, анкетирование, статистическое обследование и др.) по изучении географии и истории отдельных местностей страны проводилась организованным в 1845 г. Русским географическим обществом. Уже в 1850-е гг. были учреждены его первые местные отделения.

С наступлением „эпохи реформ" начала царствования Александра II оживилась краеведная работа, привлекшая культурные силы на местах. Ее поддерживали земства, т.е. выборные органы местного самоуправления, ведавшие и просвещением в своем крае. А.П. Щапов в 1861 г. писал в самом передовом журнале тех лет „Отечественных записках" о желательности возникновения в каждой провинции „своей исторической самопознавательной литературы". Он полагал, что „областные сборники, историко-этнографические и статистические описания" возбуждают в провинции „идеи политического самосознания и саморазвития в составе целого государственного союза"[17].

Краеведение, со свойственным ему смыканием гуманитарного и естественнонаучного знания соответствовало попыткам тех лет распространить законы естествознания на развитие общества. В то же время оно помогало объединить усилия тех, кто склонен к овладению формирующимися тогда специальными историческими и филологическими дисциплинами - к описанию памятников письменности и искусства, к выявлению „древностей".

В расширении познания истории XVI-XVII вв. велико значение инициатив Московского археологического общества, начавшего деятельность в 1864 г. под руководством графа А.С. Уварова, а после его кончины в 1884 г. его вдовы графини П.С. Уваровой. Фактически это было общество изучения и сохранения культурного наследия, и прежде всего допетровского времени. Каждые три года проводились Археологические съезды в „исторических" городах, т.е. наиболее богатых остатками прошлого. Материалы съездов издавались. Организована была комиссия по изучению „старой Москвы" (1909 г.), много сделано для изучения культуры в малых городах, местных особенностей искусства. Так утверждались понятия об особых стилях изобразительного искусства, строительного мастерства, бытового обихода, отраженных в памятниках материальной культуры в

17 Щапов А.П. Сочинения в трех томах. Т.1. СПб., 1906. С. 653; Успенский М.И. Краеведение в сочинениях А.П. Щапова // Краеведение. 1926. № 3. С. 317-328.

разных регионах Московского государства. Эта формировало более широкое представление о региональном элементе в развитии культуры и методике его выявления.

Особенно большую роль в изучении и истории XVI-XVII вв. сыграли губернские ученые архивные комиссии (ГУАК), первые из которых возникли в 1880-е гг. по почину Н.В. Калачова - историка права, директора Московского архива Министерства юстиции (МАМЮ), где сосредоточена была значительная часть документации по истории допетровской Руси. Задачи их были выявить и спасти документальные материалы на местах, организовать музеи и архивы, привлечь к занятиям историей и к охране памятников местную общественность. Они должны были находиться под покровительством губернаторов, и некоторые ГУАК подготовили ценные издания о местностях, бывших в XVI-XVII в. окраинными регионами государства. У ГУАК закреплялась связь с просвещенным духовенством, занятым описанием монастырей и храмов, церковной археологией. Развитию краеведения помогали и просвещенные купцы и промышленники. Так А.А. Титов из Ростова Великого, археограф и коллекционер, много сделал для изучения Ярославского края, особенно в XVII в.[18]

В губернских центрах, возникших как города в XVI-XVIII вв. особое внимание уделялось мобилизации данных о первом столетии существования собственно города, проблемам колонизации края. Появились книги, сборники статей и документов о городах к югу от Москвы, в Поволжье, на Урале. Тематика местной истории, изучение источников местного происхождения привлекает и авторов университетских диссертаций. Выпускник Московского университета Г.И. Перетяткович еще в 1877 г. напечатал магистерскую диссертацию „Поволжье в XV-XVI вв. Очерки из истории колонизации края“. Много материалов по истории XVI-XVII вв., в изданиях ГУАК.

Накопление новых данных конечно, прежде всего по истории - XIX века обусловило потребность снова обобщить историко-географический материал в издании, имеющем значение и справочного. В многотомных изданиях, подготовленным Русским географическим обществом под руководством П.П. Семенова-Тян-Шанского особенно много нового о регионах. Это - „Географически-статистический словарь Российской империи“ - тт. 1-5 (СПб, 1863-1885) и „Россия. Полное географическое описание нашего отечества“ (СПб. 1899-1913), где содержатся не только географические, но и исторические сведения обо всех селениях того или иного региона.

Краеведение становится одной из основ школьного преподавания - еще со времен знаменитого К.Д. Ушинского, пропагандировавшего „родиноведческий принцип“, и считавшего необходимыми занятия по „истории ближайшей родины“. Его сподвижник Д.Д. Семенов - методист преподавания и русской словесности и географии разрабатывал программы „отечествоведения“, готовил региональные хрестоматии включавшие сведения по истории и географии и фрагменты

18 Смирнов Я. Е. Андрей Александрович Титов (1844-1911). М., 2001.

художественных произведений. Много внимания внедрению этого принципа в школе с конца XIX в., уделяют земства.

Интересу к особенностям региональной истории и пониманию самостоятельного значения этой области знаний и просветительской работы способствовало распространение тезиса, сформулированного в многотомной „Истории России“ С.М. Соловьева о решающем значении географических условий для исторического развития России и, как следствие этого, о колонизации окраин как характернейшей черте российской истории. В.О. Ключевский, сменивший Соловьева на кафедре русской истории в Московском университете и лекционный курс которого был самым популярным сочинением по истории в течение десятилетий, видит, вслед за своим учителем, в факторе непрерывной русской колонизации земель, примыкающих к существующему государственному ядру, национальное своеобразие исторического пути России.

Эти положения надолго утвердились в сознании ученых XIX - начала XX вв. - и прежде всего в трудах по исторической географии (особенно у М.К. Любавского в его лекционном курсе „Историческая география России в связи с колонизацией“ - 1908/09 г.[19], а затем в монографических исследованиях советских лет по истории русской колонизации с древнейших времен до XX века) и в обобщающего типа трудах по истории России: как в книге Н.А. Рожкова „Сельское хозяйство о Московской Руси в XVI веке“ (1899). Там первоначально рассматриваются климатические и почвенные условия отдельных территорий, характеризуются отдельно системы земледелия и хозяйства в целом, формы и размеры сельскохозяйственного производства, цены на хлеб и скот, распределение населения в разных регионах. Рожков разделяет территорию Московского государства в конце XVI в. „на шесть естественных областей“.

Региональная история (прежде всего близлежащих регионов) становится важной тематикой исследовательской работы в провинциальных университетах - в Казанском (труды отца и сына Н.А. и Н.Н. Фирсовых и других о Поволжье), Харьковском (труды Д.И. Багалея о Слободской Украйне), Киевском (в начале XX в. уже и М.В. Довнар-Запольского, и его семинара, географический диапазон которого охватывал все регионы России XVI-XVII вв.).

Такой подход явственно прослеживается и в трудах по социально-политической истории. Этой проблеме отведена первая глава едва ли не самого выдающегося исторического исследования конца XIX в., книги С.Ф. Платонова „Очерки по истории Смуты в Московском государстве XVI-XVII вв.: Опыт изучения общественного строя и сословных отношений в Смутное время“. Книга начинается фразой: „Земли, входящие в состав Московского государства на исходе XVI века, отличались значительным разнообразием географических свойств и бытовых особенностей ... под влиянием политических причин, природных условий и хода колонизации создалось несколько значительных

19 Кривошеев Ю.В., Рысинская Т.А. М.К. Любавский и его курс исторической географии России // Любавский М. К. Историческая география в связи с колонизацией. СПб., 2000. С. 5-19.

областей, особенности которых, сознаваемые московской властью, были ею положены в основание официального деления страны“ И далее на этой же странице: „...по официальным понятиям, государство имело сложный состав, и обычные слова того времени „все государства Российского царствия“ очень точно соответствовали действительным представлениям московских людей[20].

Ученый характеризует каждую из „областей Московского государства, выделяя семь таких регионов: 1. Поморье, Вятка и Пермь; 2. Замосковские города т.е. ядро Московского и близлежащих княжеств; 3. Города „от Немецкой украйны“ т.е. бывшие владения Новгорода и Пскова; 4. Города „от Литовской Украины“; 5. Города заоцкие, окраинные и рязанские т.е. южная окраина государства; 6. Земли бывших Казанского и Астраханского ханств и между ними; 7. „Казачество на „диком поле“ и „украйнах“. Позднее в XVII в., произошло воссоединение с Украиной и Россия приросла Сибирью.

К концу XIX в., утверждается в науке понимание и настоящего и прошлого огромной страны как познание не только целостного государственного организма, но и как совокупности регионов, объединенных единым высшим управлением и законодательством и многообразием взаимосвязей, но с сохранением в той или иной сфере (или даже во всех сферах) в своем прошлом и в настоящем значительных региональных особенностей и различий.

И потому изучение истории, регионов начиная по крайне мере с XVI и XVII веков, становится серьезной самостоятельной темой исследования не только местных историков, но и обеих столиц. Так, занявший кафедру Ключевского в Московском университете М.М. Богословский выбрал темой докторской диссертации „Земское управление на русском севере в XVII в.“ (издана в двух книгах в 1909 и 1912 гг.). А историю Сибири углубленно изучали уже после 1917 г. и младший ученик Ключевского С.В. Бахрушин, и ленинградец А.И. Андреев и москвич (правда, уроженец Томского края) В.И. Шунков.

Только в XX веке появляются в русском языке термины „краеведение“, а сравнительно недавно и „регионология“ („регионалистика“) для обозначения отрасли знания. Показательно, что слова „краеведение“ нет в Толковом словаре, живого великорусского языка В.И. Даля; нет такой статьи и в энциклопедических словарях Брокгауза и Ефрона и братьев Гранат. Лишь в томе академического словаря русского языка, изданном в 1916 г. находим краткое объяснение вошедшего в обиход слова „краеведение“: „изучение данного края, страны“. До того в схожем значении употребляли - в основном в научнопедагогической литературе в связи с обоснованием программ школьного обучения-определения „родиноведение“, „отчизноведение“, „отчизнознание“.

20 Платонов С.Ф. Очерки по истории Смуты в Московском государстве XVI-XVII вв. Опыт изучения общественного строя и сословных отношений в Смутное время. М., 1995. С. 7.

От краеведения к регионологии

Вырабатывается и понимание различий „краеведения" и „регионологии". Краеведение ограничивается рассмотрением своего „края". Хотя, конечно, с указанием на его природные и историко-культурные особенности и отличия от других; и для краеведа имеют первостепенное значение частности местной истории, ее достопамятности. Регионология же всегда рассматривает изучаемую ею территорию и как совокупность явлений и в контексте со знанием об общем. Ибо регион - это область территории (страны, континента и т.д.), отличающаяся от других областей совокупностью относительно устойчивых естественно-географических, социоэкономических, историкокультурных особенностей (нередко сочетающихся с особенностями национального состава населения). Под регионом понимают и группу близлежащих областей, стран, представляющих собой однотипный по характерным признакам район страны или мира. Чем ближе к нашим дням, тем большее значение имеют те черты регионов, которые изучают науки экономика и политология.

В начале XX в. престиж российской исторической науки получил всемирное признание и очередной Всемирной конгресс историков было решено провести в Петербурге в 1918 г. И показательно, что председатель Оргкомитета Конгресса всемирно известный академик А.С. Лаппо-Данилевский - автор солидных трудов и по отечественной истории и по методологии истории, счел для себя важным сделать доклады о деятельности некоторых губернских ученых архивных комиссий по их отчетам за 1904-1911 гг., а затем за 1911-1914 гг., и напечатать их в Известиях Академии наук. Он был инициатором и решения высших властей об организации ГУАК во всех губерниях и областях Российской империи. И, когда после Февральской революции образовался Союз российских архивных деятелей, им возглавленный, краеведы с мест изначально принимали активное участие в его работе.

Краеведение к 1917 г. занимало заметное место в культурной и общественной жизни провинции, содействовало и культурной связи со столицами. Но, краеведческое движение было неоднородно, ибо значение краеведческих знаний в формировании научных и общественных взглядов понимали и прогрессивно мыслящие люди и реакционеры по своим убеждениями. Однако, многие видные краеведы проявили самоотверженность в спасении, охране и использовании памятников истории и культуры в революционный 1917 г., а затем активно включились в краеведческую деятельность послереволюционных лет - в дело организации музеев, архивов, библиотек, высших учебных заведений, просвещения народа. Осознание полезности такой работы сплачивало людей несходных общественно-политических взглядов. Более того лица, не принимающие идею революции, находили именно в этой сфере применение своим знаниям и культурным навыкам.

Подготовка к Первой Всероссийской конференции обществ по изучению местного края началась сразу по окончании гражданской войны. Конференция состоялась в Москве в конце 1921 г., и там был образован организационный и методический центр краеведческой работы - Центральное бюро краеведения при Академии наук во главе с непременным секретарем Академии академиком С.Ф. Ольденбургом. На конференции выступили с докладами и ученые-гуманитарии и специалисты в области естественных наук, и заместителями Ольденбурга стали академики Н.Я. Марр - лингвист и археолог - и А.Е. Ферсман - геолог. Среди докладов на конференции три были по региональной тематике: академика М.М. Богословского „Областная история России, ее научное обоснование и современные задачи", географа Ю.М. Шокальского „Русский Север как задача краеведческого изучения" и краеведа с этнографическим уклоном В.В. Богданова „Культурно-исторические очерки отдельных районов как результат накопления краеведческих материалов". Для нашей темы наиболее важен доклад Богословского.

Богословский отметил в широкой тематики докладе (с рассуждениями и собственно историографического характера и научно-методическими рекомендациями), что Московское государство с XV в., до реформ Петра Великого складывалось не по „единой определенной схеме", „не было построено сразу, а образовывалось длинным трудным процессом, обросло вокруг центрального ядра отдельными областями с их местными особенностями в их бесконечном разнообразии"; и „эти местные краевые особенности довольно прочно иногда живут и довольно долго сохраняются", „Московское правительство вовсе не гонит их под один шаблон; оно заботится только о том, чтобы из местных кусков собрать единое целое". „Большая пестрота" обнаруживается не только как „этнографическое явление", но и в „административном устройстве" - даже на уровне уездов и волостей. Так Северный край не знал крепостного права, отличался обилием монастырей, и там развиваются „самоуправляющиеся учреждения". Центральная область - регион вотчин и поместий московской аристократии, где „действует крепостное право", но допускающее существование крестьянского самоуправления в крупных земельных владениях. В южных степных уездах преобладают мелкие землевладельцы и „наиболее тяжелое крепостное право".

Ученый, указывая на немалые достижения в исследовании истории регионов и местных особенностей, призывает выявлять, собирать, изучать все памятники истории и культуры, „из которых глядит и звучит для нас местная старина" и констатирует, что при работе над „общими темами по русской истории", когда „чувствуешь под собой почву в местных исследованиях, то идешь уверенным шагом". И потому особенно важно поддерживать деятельность местных ученых обществ. И в то же время предостерегает от того, чтобы, „культивируя местный патриотизм", не забывать „об общем и целом"[21].

21 Богословский М.М. Областная история России, ее научное обоснование и современные задачи // Вопросы краеведения: Сборник докладов, сделанных на Всероссийской конференции научных обществ по изучению местного края в Москве в декабре 1921 года созванной академическим центром. Нижний Новгород, 1923. С. 118-124. Статья М.М. Богословского перепечатана С.Б. Филимоновым в краеведческом альманахе „Отечество" (М., 1993. Вып. 4)

Первые послереволюционные годы можно назвать „золотым десятилетием" в развитии нашего краеведения. Никогда не возникало столько новых объединений на местах (их число к 1927 г. увеличилось по сравнению с 1916 г. в десять раз) и не было столь тесных взаимосвязей с „большой наукой", и, прежде всего с Академией наук. И в Академии наук придавали этому особое значение - в книге 1927 г. о сделанном в Академии наук за первые десять лет советской власти статья и о краеведении. Никогда прежде не было вовлечено в разработку краеведческой проблематики столько видных представителей вузов, сотрудников хранилищ памятников истории и культуры – и в столицах, и в больших и малых городах. Краеведческая деятельность стала школой науки для молодых ученых, в том числе, обоих моих предшественников по председательству в Археографической комиссии, возрожденной в 1956 г. усилиями академика М.Н. Тихомирова. Сам он - основатель музея в подмосковном городе Дмитрове в 1918 г. и автор первой в те годы минимонографии о малом городе (книга о Дмитрове 1925 г.) и много сделал затем для развития самарского и московского краеведения. В.И. Шунков, начинавший путь в науку в Томском университете, в 1920-е гг. разработал методику школьного краеведения в Москве и Подмосковье. Проблематика такая вызвала особый интерес и у академика С.Ф. Платонова: в 1923 г. он издает книгу „Прошлое Русского Север: Очерки по истории колонизации Поморья", в 1929 г. печатает и на родине и в Германии статьи о проблеме Русского Севера в новейшей историографии. Последней микромонографией ученого был исторический очерк о Псковском крае „Далекое прошлое Пушкинского уголка".

Самым масштабным и по территориальному и по хронологическому охватам был труд М.К. Любавского „Обзор истории русской колонизации с древнейших времен и до XX века", увидевший свет лишь в 1996 г. И потому не было возможности воздействия его на развитие современной научной мысли; тем более что по фальсифицированному „делу историков-академиков" 1929-1931 гг. Осужден был не только пожилой ученый, но и его ученики. Подготовивший к печати эту книгу А.Я. Дегтярев писал: „Труд М.К. Любавского носит выраженный итоговый характер. Выдающийся ученый взял на себя задачу исключительной трудности – обобщить все, что было достигнуто русской историографией в главной области – истории любого народа – истории его пребывания на земле и движения по земным пространствам. Им были обобщены разнообразные результаты изучения этой проблемы целым рядом наук". Но „школа российской исторической науки", „тесно сомкнутая с географией, демографией, экономикой", была тогда разгромлена[22].

На Третьей краеведческой конференции РСФСР, в декабре 1927 г., программный доклад о задачах краеведения сделал С.В. Бахрушин. В докладе отмечено, что „волна интереса к местной истории … характеризует собою рост местного самосознания". Выделяет историк отличительную особенность „местных исследований": краевед не довольствуется архивной документацией, но

22 Дегтярев А.Я. От редактора // Любавский М.К. Обзор истории русской колонизации с древнейших времен и до XX века. М., 1996. С. 6, 7.

соединяет эти изыскания „с обследованием местности изучаемых им явлений“[23]. Бахрушин конкретно охарактеризовал основные виды и разновидности источников, и достаточно детально важных для изучения XVI – XVII вв. В 1920-е гг. выходило много местных изданий, было организовано много новых музеев, на научную основу было поставлено экскурсионное дело, началось преподавание краеведения в вузах и разработаны важные приемы школьного краеведения.

Краеведение заняло заметное место в общественной жизни не только на местах (где сплачивало людей разных поколений и давало возможность интеллигенции развернуть многообразную научно-просветительскую работу) - о деятельности краеведов говорили на самых высоких всероссийских форумах, об их изданиях много писали в столичной периодике.

И потому-то краеведение, культивировавшее самобытность местных социокультурных традиций и самодеятельность интеллигенции, оказалась одной из первых жертв произвола в зловещее время „великого перелома“ 1929-1930 гг., когда с утверждением тоталитарного режима порушены были основы трудовой жизни в деревне, началось массовое преследование священнослужителей и „спецов“ т.е. специалистов из среды еще дореволюционной интеллигенции, и Сталин совершенно необоснованно выдвинул лозунг об усилении классовой борьбы и необходимости противостоять классовому врагу. И тогда деятельность краеведов связали с фальсифицированным делом академиков историков (С.Ф. Платонова, Е.В. Тарле, М.К. Любавского и других). Краеведы были повсеместно репрессированы, издания их запрятаны в „спецхран“, музейные экспозиции и коллекции рассредоточены (и частично погибли). Не только науке, но и обществу в целом был нанесен существенный моральный урон[24].

Постарались устранить и память о краеведческой деятельности - в первом издании Большой советской энциклопедии нет статьи „Краеведение“ (1930-е гг.), в академических „Очерках истории исторической науки“ за советские годы два абзаца (это уже 1960-е гг.). Сохранялось лишь в какой-то мере школьное краеведение (и то с географическим уклоном и с элементами памятниковедения), ибо без ознакомления с близнаходящимся, визуально наблюдаемым немыслимо школьное обучение.

Между тем именно в 1920-е гг. велась очень результативная научная работа и утверждалась новаторская научная методика, опирающаяся на использование научных междисциплинарных связей. Это оказывается особенно интересным при возрастающем во всем мире внимании к изучению повседневности и микроистории, локальной истории (особенно нового времени). Не случайно этот период более всего интересовал организаторов Международной научной конфе-

23 Бахрушин С.В. Задачи исторического изучения края // Краеведение. 1928. №. 3. С. 129-140; Филимонов С.Б. Краеведение и документальные памятники (1919-1929 гг.). М., 1989. С. 37-41.

24 Подробнее см.: Шмидт С.О. Краеведение и культура России первой трети XX столетия // Россия в XX веке: Судьбы исторической науки. М., 1996. С. 496-505; Перепечатано в книге: Шмидт С.О. Путь историка. С. 153-166.

ренции в парижской Сорбонне в 2000 г. „Краеведение в России: истоки, проблемы, возрождение". Было издано немало трудов (преимущественно статей) по истории отдельных местностей и больших регионов и в XVI-XVII вв. Но обобщающего типа книги (даже подготовленные к печати) не успели издать. Однако, несомненно что к 1930 г. имелась уже достаточно солидная историографическая база для исследования России XVI-XVII вв. и в краеведческом плане и в более широком - региональном.

В работе 1930-х – начала 1950-х гг. на местах можно усмотреть региональную направленность преимущественно в трудах по истории народов страны. В национальных республиках создавались научно-исследовательские институты; задачей их было составление, с помощью ученых Академии наук, истории отдельных народов. Тогда при лозунге о культуре „социалистической по содержанию, но национальной по форме" допускалось обращение внимания на местные национальные особенности (прежде всего этнографические), а при изложении общественно-политической истории акцент был на тенденции, отражающей тягу этих народов к сближению с Российским государством.

Конечно, то, что ныне относим к региональной истории не могло не оставаться в проблематике истории России, и изучая эти сюжеты использовали и труды краеведов „золотого десятилетия" (правда, не всегда со ссылками на такие издания). Особенно плодотворно исследовали историю Сибири и Русского Севера. Монографии А.И. Андреева „Очерки по источниковедению Сибири. XVII век" (1940) и В.И. Шункова „Очерки по истории колонизации Сибири в XVII – начале XVIII вв." (1946) и „Очерки по истории земледелия в Сибири. XVII век" (1956), характеризующие крестьянскую колонизацию, имели общеметодологическое и методическое значение для изучения региональной истории и ее источников. При этом у историков Москвы и Ленинграда (прежде всего В.И. Шункова и А.П. Окладникова) установились все возрастающие творческие контакты с сибирскими историками.

Работа историков Москвы и Ленинграда региональной тематики находила в послевоенные десятилетия отражение и в диссертациях (собственно исторических и источниковедческих), изданных в виде книг: А.П. Пронштейна о Великом Новгороде в XVI в., К.Н. Сербиной о Тихвинском посаде, А.И. Копанева о землевладении и крестьянстве Русского Севера в XVI в., Ю.Г. Алексеева о землевладении Переславского уезда, А.А. Преображенского о колонизации Урала и Западной Сибири в конце XVI – начале XVII в., Е.В. Чистяковой о городских восстаниях 1630-1640-х гг., М.В. Кукушкиной о монастырских библиотеках Русского Севера и других. В Ленинграде подготовили (под руководством А.Л. Шапиро) коллективный труд „Аграрная история Северо-Запада России". Материалы такой тематики в „Ежегодниках по аграрной истории Восточной Европы". В изданиях о Москве тоже немало внимания уделялось истории взаимоотношений с регионами: как в книге Д.И. Тверской „Москва второй половины XVII века - центр складывания Всероссийского рынка", в трудах С.В. Бахрушина, Н.В. Устюгова, А.Ц. Мерзона и других о всероссийском рынке, о развитии ремесел, таможенных книгах, описаниях земель и др.

Много способствовало познанию региональной истории XV – XVII вв., особенно ее источниковой базы, изучение и издание актов из бывших монастырских хранилищ, так как к северу от Москвы монастыри во многом определяли особенности социокультурного развития той или иной местности (в последние десятилетия особенно интенсивно работает в этом направлении С.М. Каштанов). Изучались и архивы монастырей (работы А.А. Амосова и других).

Самым выдающимся обобщающего типа исследованием остается монография академика М.Н. Тихомирова „Россия в XVI столетии", изданная в 1962 г., которую сам автор рассматривал как труд по „исторической географии". Тихомиров опирался не только на свой опыт историка-автора монографий и о древнерусских городах и о древней Москве, но и географа (в годы господства школы Покровского, он занимался преимущественно описанием рукописей и составлением учебников по географии для средней школы)[25]. Ученый выявляет много ценного для познания России XVI в., и в трудах, посвященных последующему времени, определяет источниковую базу исследования и, используя многообразную литературу (в том числе и местные краеведческие издания), дает общую характеристику территории России (главы II и III) и отдельных больших регионов - разделы „Центральные области России", „Поморье", „Западные области России", „Южные области России", „Нижнее Поволжье и Закамье". В книге приводятся сведения и о социополитической истории и истории культуры (Тихомиров интересовался и ранее вопросом о развитии литературы в регионах: сохранился план монографии о посадской литературе XVII века с отнесением ее памятников к тому или иному городу или региону)[26]. Отбор и использование исторических материалов методически важны и для тех, кто изучает другие периоды истории и не в таких глобальных масштабах.

Лишь во второй половине 1950-х гг. имели место попытки некоторых видных ученых (В.К. Яцунского в Москве, П.А. Колесникова в Вологде, Я.Б. Генкина в Ярославле, А.А. Вершинского, а затем М.А. Ильина в Твери, и еще в немногих городах) заняться краеведческой тематикой, как основной. Этому способствовала создание Всероссийского общества охраны памятников истории и культуры и деятельность его с конца 1960-х гг. Издаются уже и книги по истории краев, созываются всесоюзные конференции по краеведению - на конференции в Челябинске, в 1990 г. был основан Союз краеведов России (честь избрания председателем которого оказали мне). И к концу 1980-х гг. и особенно после 1991 г. наблюдается своеобразный краеведческий бум, при основном внимании, естественно, к закрытым ранее темам истории России в XX веке. Это - и самая привлекательная тематика для школьников, участвующих во Всероссийских конкурсах, т.е. тех, из рядов которых уже историки начала третьего тысячелетия.

25 Шмидт С.О. И краевед, и академик: Михаил Николаевич Тихомиров. 1893-1965 // Краеведы Москвы. Вып. 1. М,1991. С. 216-236.

26 Адрианова-Перетц В.П., Староверова И.П. Из архива академика М.Н. Тихомирова // Труды Отдела древнерусской литературы. М.; Л., 1970. Т. XXV. Памятники русской литературы X-XVII вв. С. 319-320.

В последние десятилетия издано много трудов по истории отдельных городов и областей России, включающих данные и о XVI-XVII вв., и работы, посвященные истории краеведения, восстанавливающие отринутые из памяти имена. Это отражает и демократизацию нашей общественной жизни и возрастание роли провинции в общественно-политической жизни России. Отмечается интерес к общим проблемам регионологии: международные конференции в 1999 г. в Рязани[27], в 2000 г. в Петербурге[28]. Специально исследуется историография отдельных регионов, причем с привлечением и архивных данных о деятельности краеведческих учреждений и обществ (за дореволюционное время прежде всего о ГУАК) и отдельных подвижников краеведения. Переиздается творческое наследие краеведов (начинания с Миллера и Болховитинова). Выходят пособия по библиографии краеведения. Издаются источники по истории отдельных „краев", в некоторых регионах серии книг об отдельных старинных городах и их округе (как в Вологодской области). Вышло уже несколько региональных энциклопедий, и на осень 2003 г. в Петербурге по инициативе ученых молодого поколения намечена всероссийская конференция об опыте подготовки изданий таких энциклопедий. Обобщается и опыт преподавания в высших учебных заведениях. По инициативе кафедры региональной истории и краеведения Историко-архивного Института Российского государственного гуманитарного университета, возглавляемой В.Ф. Козловым, была проведена первая всероссийская конференция такой проблематики[29]. Проводятся конференции по истории „малых городов" – и прежде всего с давней историей. Развивается, конечно, и краеведение Москвы и Петербурга (особенно в связи с юбилеями и Москвы в 1997 г. и Петербурга в 2003 г.). Обобщение этой новой литературы в историографическом плане, и вычленение того, что относится к России XVI и XVII вв. - тема специальной работы.

Сейчас же хочется отметить, что ныне наблюдается то, что в новом политическом словаре называется глокализацией. Таким термином обозначается взаимодействие глобального и локального. И нынешняя конференция в русле этих новейших тенденций мировой науки и развития общественного сознания. И мне - пожилому российскому ученому очень приятно сознавать, что за рубежом не ослабевает интерес к познанию прошлого моего Отечества и темой конференции избрана, помогающая познать это прошлое во всем его многообразии.

27 Региональная история в российской и зарубежной историографии: Тезисы докладов на международной конференции 1-4 июня 1999 г. Рязань, 1999.

28 Методология региональных исторических исследований: Российский и зарубежный опыт: Материалы международного семинара (С.- Петербург, 19-20 мая 2000 г.). СПб., 2000.

29 Преподавание краеведения и москвоведения в высших учебных заведениях. М., 2001.

RUSSLANDS REGIONEN UND DER REGIONALISMUS: FORSCHUNGSGESCHICHTLICHE BILANZ UND AUSBLICK

CARSTEN GOEHRKE

In seiner kürzlich erschienenen Monographie über die russische Provinzhistoriographie im letzten Drittel des 19. Jahrhunderts fasst Viktor Berdinskich aus der Rückschau seine Eindrücke vom Studium an der Historischen Fakultät der Universität Gorkij in den Jahren 1973–1978 folgendermaßen zusammen: „Die freie liberale Atmosphäre der Universität mit ihren Traditionen, die tiefe Ergebenheit der Lehrer gegenüber der Lokalgeschichte und dem Althergebrachten, die Sättigung der Stadt durch Buchkultur, Architektur und Kultur des 19. Jahrhunderts mussten mich, wie viele andere Studenten jener Zeit, in ihren Bann ziehen.“[1] Diese Dreiheit aus Liberalität, Lokalgeschichte und Tradition lässt aufhorchen. Wenn an der Akademie der Wissenschaften und an den Universitäten der beiden Metropolen Moskau und Leningrad die ideologische Aufsicht durch die staatlichen Organe strikter, das Interesse an der Geschichte abstrakter und durch die von oben vorgegebene Prämisse des zentralistischen Einheitsstaates geprägt waren, gab es an den Universitäten der Provinz vielfach offenbar größere Spielräume für die Historikerschaft. Dazu zählte auch die Erforschung der Lokal- und Regionalgeschichte. In dieser Hinsicht unterschieden sich trotz markanter ideologischer Gegensätze weder die späte Zaren-, noch die Sowjetzeit (mit Ausnahme der Stalinära) grundsätzlich voneinander. In beiden Fällen legte die Staatsgewalt Wert darauf, dass die Historiographie den staatlichen Zentralismus als *ultima ratio* der geschichtlichen Entwicklung kultivierte und dass die vor allem in der Provinz betriebene Erforschung der Lokal- und Regionalgeschichte nicht zu sehr ins Kraut schoss. Woher rührte dieses Misstrauen gegenüber der Regionalgeschichte?

Regionalgeschichte und Regionalismus in Russland – ein forschungsgeschichtlicher Überblick

Eine Erklärung dafür vermag der „Fall Ščapov“ zu liefern. Afanasij Ščapov lehrte seit 1860 Geschichte an der Universität Kazań. Er war es, der die „Regionalität“ *(oblastnost')* in ihrer Bedeutung für die russische Geschichte erstmals herausstellte – und zwar in ihrer Verbindung mit dem Volk *(narod)* und mit der Altgläubigenbewe-

1 VIKTOR BERDINSKICH Uezdnye istoriki. Russkaja provincial'naja istoriografija. Moskva 2003, S. 5.

gung *(raskol)*.[2] Dass fast gleichzeitig ein weiterer junger Historiker, noch dazu der Herkunft nach ein Ukrainer, Nikolaj Kostomarov, in das gleiche Horn stieß und aus der Verbindung von (nordrussischer) Regionalgeschichte und „Volksrechtstraditionen" *(narodopravstva)* ein dem autokratischen Zentralismus entgegengesetztes Element russischer Vergangenheit herauspräparierte, musste bei den offiziellen Instanzen auf allerhöchste Missbilligung stoßen.[3] Kostomarov zog seine alternative Geschichtsdeutung nämlich aus der von ihm demokratisch interpretierten Vergangenheit der beiden Stadtrepubliken Novgorod und Pskov und des „Landes Vjatka".[4] Ščapovs und Kostomarovs Ideen hätte man notfalls als Kathederspintisiererei abtun können, wenn sie nicht unter der jungen Intelligencija Westsibiriens, die an dem halbkolonialen Status ihrer Heimatregion litt, auf fruchtbaren Boden gefallen wären und das Gespenst eines „sibirischen Separatismus" hätten aufkommen lassen.[5] Entsprechend harsch blockten die staatlichen Aufsichtsbehörden die historischen Deutungsansätze Ščapovs und Kostomarovs ab. Auch der Regionalgeschichte zog man die Zähne, sie wurde entpolitisiert und blieb zu einem, wie Berdinskich in seinem Buch zeigt, – allerdings durchaus produktiven – Schattendasein in der Provinz verurteilt.

Nach der Oktoberrevolution hatte es zunächst den Anschein, als ob die Regionalgeschichte unter der Etikette der „Gebietskunde" *(kraevedenie)* einen neuen Aufschwung erfahren würde. Dabei gilt es zu beachten, dass der Begriff der Gebietskunde weiter und interdisziplinärer gefasst ist als derjenige der Regionalgeschichte und daher politisch unverfänglicher daherkam. Es waren namhafte „bürgerliche" Historiker wie M.M. Bogoslovskij und V.V. Bogdanov, die hofften, nunmehr unbehelligt von den Zensurmaßnahmen der zaristischen Aufsichtsorgane der Geschichtswissenschaft "von unten" neue Quellzuflüsse zu eröffnen. Dabei sah man sich durchaus im Einklang mit den Erwartungen staatlicher Organe, kam doch die „Erste Allrussländische Konferenz für Gebietskunde" vom Dezember 1921 in Moskau auf Initiative des Volkskommissariats für Aufklärung der RSFSR zustande, und Lunačarskij selber hielt die Eröffnungsansprache. Nicht um eine marxistisch-leninistische Unterwanderung der Regionalgeschichte ging es dabei den Hauptwortführern, sondern darum, eine Brücke zwischen professioneller Geschichtsschreibung und „Volk" zu schlagen, das natürliche Interesse der einfachen

2 Dazu eingehend: JOSEF WACHENDORF Regionalismus, Raskol und Volk als Hauptprobleme der russischen Geschichte bei A.P. Ščapov. Phil. Diss. Köln 1964; DIMITRY VON MOHRENSCHILDT Shchapov: Exponent of Regionalism and the Federal School in Russian History, in: The Russian Review 37 (1978), S. 387–404.

3 THOMAS M. PRYMAK Mykola Kostomarov: A Biography. Toronto 1996; N.I. KOSTOMAROV Istoričeskie proizvedenija. Avtobiografija. Kiev 1989.

4 N.I. KOSTOMAROV Severnorusskija narodopravstva vo vremena udel'no-večevogo uklada (Istorija Novgoroda, Pskova i Vjatki). St. Peterburg 1904.

5 Näher dazu: WOLFGANG FAUST Russlands goldener Boden. Der sibirische Regionalismus in der zweiten Hälfte des 19. Jahrhunderts. Köln-Wien 1980; M.G. SESJUNINA, Delo sibirskogo separatizma (Istoriografija voprosa), In: Političeskaja ssylka v Sibiri. XIX – načalo XX v. Istoriografija i istočniki. Novosibirsk 1987, S. 39–48; STEPHEN D. WATROUS Russia's „Land of the Future": Regionalism and the Awakening of Siberia, 1819–1894. Ph.D. Diss. Washington, Seattle 1970.

Menschen für die Geschichte zu entwickeln und zugleich die noch ungehobenen historisch relevanten Schätze in den Archiven, Museen, Bibliotheken der Provinz und im Gedächtnis der dort lebenden Menschen zu erfassen und nutzbar zu machen.[6] Michail Michajlovič Bogoslovskij, der auf der Konferenz eines der Hauptreferate hielt, sah gerade in dem auf die engere Herkunftsregion konzentrierten Heimatverständnis des einfachen Volkes die Kommunikationsbasis, auf welcher sich professionelle Historiker und Volk zu treffen vermochten. „Lokalpatriotismus" *(mestnyj patriotizm)* stellte sich ihm als der Brennstoff dar, der beide Seiten antrieb. Doch daneben sah er auch übergeordnete Interessen, welche die Geschichtswissenschaft an der Gebietskunde haben musste, nämlich in Gestalt eines heuristischen Zirkels von wechselseitigem Geben und Nehmen: Die Regionalgeschichtsforschung müsse von den Fragestellungen und Ergebnissen der gebietsübergreifenden Historie ausgehen, sie überprüfen und modifizieren; umgekehrt müsse sie aber auch von ihren eigenen Ansätzen und Resultaten her Impulse auf die allgemeine Geschichtsforschung ausstrahlen und damit auch zu deren Weiterentwicklung beitragen.[7]

Wie sich bald herausstellen sollte, trogen jedoch die Hoffnungen der Regionalforscher auf einen Aufschwung ihrer Disziplin. Als Stalin seit dem Ende der zwanziger Jahre seine Alleinherrschaft über die Sowjetunion durchzusetzen vermochte, verschwand auch die Gebietskunde sang- und klanglos aus den Wissenschaftsannalen.[8] Sogar die noch während der zwanziger Jahre begonnenen Regionalenzyklopädien Sibiriens und des Uralgebietes wurden abgebrochen und blieben unvollendete Torsi.[9] Warum eigentlich? Ich denke, dafür waren vor allem vier Gründe verantwortlich:

- Zum einen – ich habe es bereits erwähnt – gründete sich der Brückenschlag zwischen dem Wiederaufleben der Gebietskunde und der Sowjetmacht allein auf das „einfache Volk". Je länger desto mehr musste sich ohne eine spezifische marxistisch-leninistische Legitimation diese Brücke jedoch als nicht stärker belastbar erweisen.
- Zum anderen gehörte es zu den Eigenheiten der Lokal- und Regionalforschung, dass sie auf private Initiativen angewiesen war, dass sie sich dem zentralen Zugriff von oben entzog und dass sie wegen ihrer breiten lokalen Zersplitterung schwer zu kontrollieren war. In einer Zeit, in welcher Stalin alle Fäden in Partei, Staat, Wirtschaft, Kultur und Wissenschaft zentral zu bündeln und in seinen eigenen und in

6 SERGEJ FILIMONOV Pervaja Vserossijskaja konferencija po kraevedeniju, in: Otečestvo. Kraevedčeskij al'manach, 4. Moskva 1993, S. 15–19.

7 M.M. BOGOSLOVSKIJ Oblastnaja istorija Rossii, ee naučnoe obosnovanie i sovremennye zadači. In: Ibid., S. 5–14, bes. S. 5–7. – Der Vortrag wurde 1923 in den „Voprosy kraevedenija" publiziert, danach in voller Länge erst wieder 1993 am angegebenen Ort.

8 A.N. AKIN'ŠIN Sud'ba kraevedov (konec 20-ch – načalo 30-ch godov), in: Voprosy istorii 1992, 6–7, S. 173–178.

9 Sibirskaja sovetskaja ėnciklopedija. Novosibirsk-Moskva 1929–1932 (erschienen sind nur die Bände 1–3, Buchstaben A–N); Ural'skaja sovetskaja ėnciklopedija. Sverdlovsk-Moskva 1933 (erschienen ist nur Bd. 1, Buchstaben A – Vjachir').

den Händen einer ihm ergebenen kleinen Clique zu konzentrieren suchte, blieb für so etwas wie die Gebietskunde daher kein Raum mehr.

- Zum dritten wurde die Gebietskunde von Aktiven getragen, die ihre Ausbildung noch in der Zarenzeit erhalten hatten. Sie strömte mithin den Geruch von Bürgerlichkeit, genauer von Kleinbürgerlichkeit im Sinne Lenins aus.[10]
- Zum vierten schließlich konnten auch die sowjetischen Politiker beim Kampf um die Behauptung und Legitimierung ihrer Macht letztlich nicht aus ihrem Gedächtnis löschen, dass während des Bürgerkrieges von der Peripherie aus regionalistische Kräfte wie die Kosakenheere, nordrussische Sozialrevolutionäre und die sibirischen Autonomisten sich auf der Seite der „Weißen" gegen die Bolschewiki engagiert hatten.[11] Regionalgeschichte und Regionalismus – diese Beziehung schien nahezuliegen, und auch nur die Möglichkeit ihres Wiedererstarkens musste während der frühen Stalinzeit in höchstem Masse unwillkommen sein.

Sowohl das Regime der Zaren als auch dasjenige Stalins verhielten sich der Regionalgeschichte gegenüber also ähnlich. Beide betrachteten sie primär unter politischen Aspekten als einen potentiellen Wurzelboden für das Aufsprießen eines Regionalismus *(oblastničestvo),* der sich sowohl antizentralistisch als auch antiautoritär gebärdete und damit das herrschende Regime gefährdete. In beiden Fällen war diese Angst nicht völlig unbegründet, aber maßlos übertrieben. Wenn jedoch sowohl ein rechtes als auch ein linkes autoritäres System gleichermaßen dazu neigten, aus der Mücke der Regionalgeschichte einen Elefanten des politischen und demokratischen Separatismus zu machen, dann darf man daraus wohl folgern, dass autoritäre Systeme und Regionalgeschichte sich nur sehr schwer miteinander vertragen.

Natürlich ist es zumindest in der späteren Stalinära immer noch möglich gewesen, regionalgeschichtlich zu arbeiten. Aber dies betraf lediglich regional begrenzte Beispiele für übergreifende Fragestellungen und folgte keinen spezifisch regionalgeschichtlich ausgerichteten Forschungsansätzen. Die „Gebietskunde" blieb auf den Status einer Art enzyklopädischer Hilfswissenschaft der Geschichte reduziert.[12] Erst die von Nikita Chruščev begonnene kulturelle „Tauwetterperiode", die nicht lange andauerte, belebte mit der Verbreiterung des Zugriffs auf historische Themen und mit der Gründung der „Allunionsgesellschaft zum Schutz historischer und kultureller Denkmäler" *(Vsesojuznoe obščestvo po ochrane pamjatnikov istorii i kul'tury)* erneut auch das Interesse an lokalen und regionalen Aspekten der Geschichte. Seit den sechziger Jahren begannen sich unter der Intelligencija vieler Provinzstädte informelle Zirkel von Lieb-

10 Die Argumente 2 und 3 vertritt auch AKIN'ŠIN Sud'ba kraevedov, S. 173.

11 Dazu Nachweise bei CARSTEN GOEHRKE Zum Problem des Regionalismus in der russischen Geschichte. Vorüberlegungen für eine künftige Untersuchung, in: Forschungen zur osteuropäischen Geschichte, Bd. 25: Werner Philipp zum 70. Geburtstag. Berlin 1978, S. 75–107, hier S. 95–99. – Zu Nordrussland im Bürgerkrieg: YANNI KOTSONIS Arkhangel'sk, 1918: Regionalism and Populism in the Russian Civil War, in: The Russian Review 51 (1992), S. 526–544.

12 BERDINSKICH Uezdnye istoriki, S. 511.

haberinnen und Liebhabern der Geschichte und Kultur ihrer Heimatregion zu formieren. Sie bildeten auch das Publikum für die Edition erster regional ausgerichteter Sammelbände und Almanache.[13] Nun wurde es sogar wieder möglich, Fragen selbst des Regionalismus wissenschaftlich zu behandeln – selbstverständlich unter Beschränkung auf die Zaren- und die Bürgerkriegszeit sowie mit dem ideologisch korrekten Zugriff.[14] Sogar die Frage, ob es in den zwanziger Jahren unter den sibirischen Bolschewiki Anhänger einer sibirischen Autonomiebewegung gegeben habe, konnte Ende der sechziger Jahre diskutiert werden.[15]

Doch erst das Ende der Sowjetunion und die Umwandlung der früheren RSFSR in die Russländische Föderation *(Rossijskaja Federacija),* die im Unterschied zu ihrem Vorgängerstaat wegen des zunehmenden Machtverfalls der Moskauer Zentrale unter Boris El'cin mehr und mehr Züge einer echten Föderation anzunehmen begann, brachen einer qualitativ völlig neuen Etappe in der Geschichte der russischen Regionalgeschichte Bahn. Dieser Aufbruch ist mit demjenigen vom Anfang der zwanziger Jahre vergleichbar, hat aber sehr viel bessere Zukunftschancen, weil die Renaissance der Regionalforschung der Föderalisierung des Staates parallelgeht. Als die neuen Strukturen sich abzuzeichnen begannen, haben die Anhänger der Gebietskunde nicht lange gezögert und 1990 den „Verband der Gebietskundler in Russland" *(Sojuz kraevedov v Rossii)* gegründet, dessen Vorsitz Sigurd Ottovič Šmidt übernahm.[16] Unter dem Dach dieses Verbandes sind eine ganze Reihe von Regionalalmanachen erschienen, die ihren räumlichen Schwerpunkt interessanterweise in Nordrussland haben.[17]

Die Forschung im Spannungsfeld zwischen Regionalgeschichte und Regionalismus

Die Tagung, welche vorliegendem Sammelband zu Grunde lag, stand unter dem Thema „Die Geschichte des Moskauer Russland aus der Perspektive seiner Regionen". Es geht

13 Ibid., S. 511f.

14 Seit den sechziger Jahren hat sich in zahlreichen Aufsätzen beispielsweise M.G. Sesjunina mit dem sibirischen Regionalismus beschäftigt. Der Regionalismus der Jahre 1917–1920 findet insbesondere in seiner Verbindung mit der Partei der Sozialrevolutionäre seinen Niederschlag in den sowjetischen Darstellungen der Bürgerkriegszeit aus den siebziger Jahren; Nachweise bei GOEHRKE Zum Problem des Regionalismus.

15 Vgl. V.T. AGALAKOV Podvig Centrosibiri. Irkutsk 1968, S. 20f., 92–94.

16 Ueberblick über die Renaissance der Gebietskunde seit der späten Sowjetzeit bei GUIDO HAUSMANN Der zweite Frühling der Regionalgeschichte in Russland. Der Wolgaraum in der aktuellen Forschung, in: S. BRAKENSIEK und A. FLÜGEL (Hg.) Regionalgeschichte in Europa. Methoden und Erträge der Forschung zum 16. bis 19. Jahrhundert. Paderborn 2000, S. 95–122, bes. S. 99–109.

17 Einige Beispiele: Otečestvo. Kraevedčeskij al'manach. Moskva (seit 1990); Nevskij archiv. Istoriko-kraevedčeskij sbornik. Sankt-Peterburg (seit 1993); Jaroslavskij archiv. Istoriko-kraevedčeskij sbornik. Moskva-Sankt-Peterburg (seit 1996); Samarskij istoričeskij ežegodnik. Samara (seit 1993); Vologda. Istoriko-kraevedčeskij al'manach. Vologda (seit 1994); Kirillov. Istoriko-kraevedčeskij al'manach. Vologda (seit 1994); Velikij Ustjug. Kraevedčeskij al'manach. Vologda (seit 1995); Vytegra. Kraevedčeskij al'manach. Vologda (seit 1997).

also um die Frage, was ein regionalgeschichtlicher Forschungsansatz an Erkenntnissen zum Verständnis der Geschichte Russlands in der frühen Neuzeit beizutragen vermag. Ich vermute, dass die meisten Autoren des vorliegenden Bandes sich in dieser Beziehung mit der Position identifizieren können, die zu Beginn der zwanziger Jahre bereits Michail Bogoslovskij markiert hat und welche ich weiter oben bereits kurz beschrieben habe: dass nämlich zwischen der „großen" Geschichte und der Gebietskunde oder Regionalgeschichte eine Wechselbeziehung spielen müsse. In dieser Perspektive erscheint die Regionalgeschichte also nicht als Hilfswissenschaft der übergeordneten Gesamtgeschichte, sondern als gleichberechtigter – allerdings lokal oder regional beschränkter – Zugang zur historischen Erkenntnis. Im deutschen Sprachgebrauch kommt dies in der Unterscheidung zum Tragen, die man heute zwischen der traditionellen, eher hilfswissenschaftlich ausgerichteten „Historischen Landeskunde" auf der einen und der modern verstandenen „Regionalgeschichte" auf der anderen Seite macht.[18]

Im zweiten Teil meines Beitrages möchte ich einen Schritt weiter gehen und fragen: Müssen wir uns mit dieser theoretischen Begründung begnügen oder sollte die Disziplin „Regionalgeschichte Russlands" nicht doch noch mehr leisten können?

Dafür braucht es zunächst jedoch eine Definition dessen, was wir unter einer „Region" *(kraj, oblast')* verstehen wollen. In solchen Fällen, wo diese Region sich primär ethnisch definieren lässt und man daher von einem Ethnoregionalismus sprechen kann wie etwa im Falle Tatarstans oder Baschkortostans, erscheint eine Definition einfacher.[19] Wo diese Möglichkeit nicht gegeben ist, müssen andere Kriterien spielen – und zwar möglichst quellenkonforme. Für die ältere Zeit bietet sich vor allem der Begriff des "Landes" *(zemlja)* an, beispielsweise "Land von Novgorod" oder "Land von Vjatka", für die neuere Zeit auch der Terminus "Gebiet" *(kraj)* wie im Falle des auch heute noch gebräuchlichen *Krasnojarskij kraj*. In der Regel wird man aber für die neueste Zeit auf das Kriterium administrativ abgegrenzter Territorien wie des Rayon, des Kreises oder der *Oblast'* zurückgreifen müssen. Dies scheint mir die auch in der russischen Wissenschaftstradition gängige Abgrenzung zu sein. Doch hat dieses Kriterium etwas bürokratisches, ja beliebiges. Natürlich – die Dynamik des heutigen Regionalismus in Russland speist sich aus dem neu erwachten Selbstbewusstsein der Regionen *(oblasti)*. Es wird getragen von den Eliten der Region – weit überwiegend Angehörigen der ehemaligen sowjetischen Nomenklatura, die ihre Pfründen regionalisiert haben und die eigenen wie die wirtschaftlichen Interessen ihrer Region gegen die Begehrlichkeiten der Moskauer Zentralmacht zu verteidigen suchen.[20] Da liegt es nahe, dass diese Regionaleliten auch die Erforschung und Selbstdarstellung ihrer *Oblast'* fördern.

18 Dazu HAUSMANN Der zweite Frühling der Regionalgeschichte, S. 99f.

19 Zum Neben- und teilweise Ineinander von Regionalismus und Nationalismus vgl. ANDREAS KAPPELER Historische Voraussetzungen im Zarenreich, in. DERS. (Hg.) Regionalismus und Nationalismus in Russland. Baden-Baden 1996, S. 19–39 sowie die anderen Beiträge des Sammelbandes.

20 ANDREAS SCHUTOW, DMITRIJ BADOWSKIJ Politik in den Regionen Russlands und die Rolle der Eliten, in: Osteuropa 45 (1995), S. 1127–1143.

Aber muss man nicht doch noch einen Schritt weiter gehen und einen subjektiven Faktor mit ins Spiel bringen – nämlich die Frage, *wie die Menschen einer bestimmten Region diese selber wahrnehmen,* inwieweit sie sich über diese Region auch selber definieren und damit passive oder aktive Träger eines Regional*bewusstseins* sind? Erst dadurch erhält eine Region eine innere Kohärenz, die es erlaubt, sie nicht nur bürokratisch-administrativ, sondern auch organisch gegen Nachbarregionen abzugrenzen. Leider steckt die Erforschung dieser Frage noch ganz in den Anfängen.[21]

Komplexer und schwieriger stellt sich das Abgrenzungsproblem dar, wenn es um noch *größere Regionen* geht, welche mehrere heutige *oblasti* übergreifen wie Nordrussland *(Russkij sever)*, den Ural, das mittlere Wolgagebiet *(Srednee Povolž'e)* oder Westsibirien. Dass es sich bei diesen Großregionen nicht um bloße Chimären handelt, sondern um räumliche Einheiten, die als solche auch wahrgenommen wurden und werden, lässt sich vom 19. Jahrhundert an nur schon den Titeln historischer Publikationen entnehmen. Ganz offensichtlich hat die Geschichtswissenschaft – auch aus der hauptstädtischen Perspektive – immer wieder solche Großregionen als räumliche Gefäße gesehen, in welchen sich bestimmte politische, soziale und kulturelle Phänomene bündelten.

Ich denke da beispielsweise an die Rolle des *mittleren Wolgagebietes* für die Volksaufstände unter Sten'ka Razin und Emeljan Pugačev bis hin zu seiner Rolle als eines der wichtigsten Zentren der Partei der Sozialrevolutionäre im frühen 20. Jahrhundert und der Bauernkriege gegen die Sowjetmacht zu Beginn der zwanziger Jahre. Es wäre darüber nachzudenken, inwieweit und warum eine bestimmte Mixtur aus sozialen, religiösen, ethnischen und ständischen Komponenten die Fremd- und allenfalls auch die Selbstwahrnehmung einer solchen Großregion geprägt haben.

Ähnliches gilt für den *russischen Norden.* Warum ist er vermutlich die am beständigsten und intensivsten untersuchte Großregion des Europäischen Russland? Ich erinnere als frühes Beispiel an Michail Bogoslovskijs Monographie „Die ländliche Selbstverwaltung im russischen Norden im 17. Jahrhundert"[22] und als Beispiel aus der jüngsten Zeit an Vladimir Bulatovs zweibändige, eher populärwissenschaftlich gehaltene Geschichte des russischen Nordens in Mittelalter und Frühneuzeit.[23] Liegt das historisch Essentielle dieser Großregion darin, dass ihre Bauern von Leibeigenschaft und Gutswirtschaft weitgehend verschont geblieben sind, dass sich daraus eine Mentalität entwickelt hat, die sich von derjenigen der mittelrussischen Landbevölkerung unterschied? Liegt es aber auch daran, dass im russischen Norden sich am ehesten Traditionen und Kulturgüter aus früheren Jahrhunderten erhalten haben? Ist das Traditionsbewusstsein dort stärker verankert, rührt daraus die erstaunliche Dichte an Regionalalmanachen, die in Nordrussland während der vergangenen zehn Jahre wie Pilze aus dem Boden gesprossen sind?

21 Zum Forschungsstand: JERONIM PEROVIĆ Die Regionen Russlands als neue politische Kraft. Chancen und Gefahren des Regionalismus für Russland. Bern 2001, S. 39.

22 M.M. BOGOSLOVSKIJ Zemskoe samoupravlenie na russkom Severe v XVII veke, M. 1909.

23 V. BULATOV Russkij Sever. Archangel'sk 1997/98.

Das dritte Beispiel einer derartigen Großregion mit einer spezifischen inneren Kohärenz dürfte wohl das bekannteste und am wenigsten strittige sein – *Sibirien*. Dass in Sibirien die Uhren anders gingen als im größten Teil des Europäischen Russland, haben mit ihrem „fremden Blick" Ausländer bemerkt, die sich für längere Zeit in beiden Teilen Russlands aufgehalten haben. So urteilt aus der Rückschau beispielsweise der Schweizer Albert Steffen, der als Käser von 1912 bis 1917 in Kurland und im Gouvernement Smolensk, dann bis 1920 im Altaj-Gebiet tätig gewesen war: „Der Sibirjak ist fleißig, über alles gastfreundlich sowie freiheitsliebend und ehrlich. Ihn konnte man nie, wie den europäischen Russen, zu einem unterwürfigen Rock- oder Händeküssen zwingen."[24] Lebensweise und Selbstwahrnehmung der Sibirjaken lassen sich am ehesten aus ihrer spezifischen räumlich-geographischen Umwelt, ihrer weiten Entfernung vom Staatszentrum und den fehlenden Leibeigenschaftstraditionen herleiten. Darin haben sie mit den Nordrussen viel gemeinsam, von denen die frühen sibirischen Kolonisten des 17. und 18. Jahrhunderts ja auch großenteils abstammen.

Sibirien, der russische Norden, das Uralgebiet und der mittlere Wolgaraum – das sind Großregionen, welche die Öffentlichkeit, aber auch die Wissenschaft von außen wie von innen über längere Zeiträume hinweg als historisch gewachsene, kohärente, wenngleich nicht eindeutig abgrenzbare Entitäten wahrgenommen hat. In meinem Aufsatz von 1978 habe ich versucht, das, was die innere Kohärenz dieser Entitäten ausmacht, unter den Begriff des „Kulturregionalismus" zu fassen.[25] Damit wollte ich ausdrücken, dass wir es hier mit einer durch Landschaft, spezifische soziale und ethnische Gegebenheiten und eigene kulturelle Traditionen geprägten Selbstwahrnehmung zu tun haben, die zunächst einmal ohne regionalistische politische Ambitionen sich in ihrer regionalen Identität und dem daraus entspringenden Selbstwertgefühl genug ist. Die in der Stalinzeit abgebrochene Ural- und Sibirische Enzyklopädie mögen dafür als Hinweise dienen. Hinweise dieser Art ließen sich beliebig vermehren. Allerdings bedarf es einer klaren Einschränkung: Die von mir genannten vier historischen Großregionen als räumliche Gefäße eines Kulturregionalismus sind meinen subjektiven Eindrücken entsprungen, nicht einer systematischen quantitativen und komparativen Aufarbeitung der Zeitzeugnisse, Publikationen und Presseorgane, von einer Befragung ausgewählter Zeitgenossen mit Mitteln der *Oral history* ganz zu schweigen. Für den russischen Norden wie für das mittlere Wolgagebiet kann man die Existenz einer auf diese Großregionen bezogenen Selbstwahrnehmung - soweit sie über die *Oblast'* hinausreicht - wohl schon heute verneinen.[26] Inwieweit solche Wissenschaftskonstrukte sich über Publikationen in den Köpfen einer breiteren Leserschaft festzusetzen vermögen, bedarf noch näherer Erforschung.

Von der Frage, wie die Menschen einer Region oder einer Großregion das räumliche Gefäß, innerhalb dessen sie lebten, selber wahrgenommen haben und inwieweit sie in

24 ALBERT STEFFEN Irrfahrten des Lebens. Aus Erlebnissen und Tagebuchaufzeichnungen. Langnau 1934, S. 33.

25 GOEHRKE Zum Problem des Regionalismus, S. 106.

26 So für Nordrussland in einem Diskussionsbeitrag auf der Wiener Konferenz Aleksandr Kamkin (Universität Vologda).

diesem Zusammenhang auch selber zu Trägern eines Regionalbewusstseins wurden, führt der nächste Schritt logischerweise zu der Frage, in welche Beziehung sie ihre Heimatregion zu anderen Regionen und insbesondere zur zentralen Staatsmacht setzten. Oder anders ausgedrückt: Unter welchen Umständen wurde aus einem amorphen Regionalbewusstsein ein *Regionalismus,* der eigene politische, wirtschaftliche oder kulturelle Interessen wahrnahm und ihre Realisierung durch die übergeordnete Staatsmacht einforderte?

Die Übergänge zwischen Regionalbewusstsein und Regionalismus waren in Russland immer fließend. Das zeigt am deutlichsten das Beispiel Sibiriens, wo das *Oblastničestvo* immer dann aufflammte, wenn die zentrale Staatsmacht Schwächeanwandlungen zeigte: so während der Reformära Kaiser Alexanders II. in den 1860er Jahren, während der Zeit der Provisorischen Regierung 1917 und während des Bürgerkrieges – mit Ausläufern sogar noch bis zum Ende der NĖP-Zeit, schließlich erneut nach dem Zusammenbruch der Sowjetunion, als sich unter der Bezeichnung „Sibirische Übereinkunft“ *(Sibirskoe soglašenie)* vorübergehend eine Allianz sibirischer Gouverneure formierte, die gegenüber Präsident El'cin eine gemeinsame Politik zu formulieren suchte. Allerdings muss man sich dessen auch bewusst sein, dass der sibirische Regionalismus – wie wohl alle Regionalismen der russischen Geschichte – immer nur Angelegenheit einer dünnen, ja sogar hauchdünnen Elite war und immer noch ist.

Wenn man sich vergegenwärtigt, in welchen Regionen des Europäischen Russland ein politisch relevanter Regionalismus sich historisch artikuliert hat, dann ist dies sowohl im Mittelalter als auch in der Neuzeit fast immer die staatliche Peripherie gewesen. Während des späten Mittelalters waren es die beiden Stadtrepubliken Groß-Novgorod und Pskov sowie das „Land Vjatka“, in denen sich ein politisches System entwickelt hatte, das von der Herrschaft Moskauer Typs stark abwich. Hier war es vor allem Groß-Novgorod, das seit dem Ende des 14. Jahrhunderts bis zu seiner Okkupation durch Großfürst Ivan III. von Moskau im Jahre 1478 eine immer raffiniertere Palette an Selbstdarstellungs- und Selbstlegitimationstechniken entwickelte.[27] Auch in diesem Fall war es die Elite – insbesondere die bojarische Aristokratie, die Großkaufmannschaft und der Erzbischof –, welche den Novgoroder Regionalismus trug.[28] Doch anders als ein halbes Jahrtausend später im Falle des sibirischen *Oblastničestvo* war der Novgoroder Regionalismus nicht emanzipatorisch ausgerichtet, sondern ganz im Gegenteil rein

27 Zu Novgorod: JÖRG LEUSCHNER Novgorod. Untersuchungen zu einigen Fragen seiner Verfassungs- und Bevölkerungsstruktur. Berlin 1980; zu Pskov: GERTRAUD PICKHAN Gospodin Pskov. Entstehung und Entwicklung eines städtischen Herrschaftszentrums in Altrussland. Berlin 1992 (= Forschungen zur osteuropäischen Geschichte, 47); zu Vjatka: CARSTEN GOEHRKE Die „Republik Vjatka“ – Mythos oder historische Realität?, in: ROBERT O. CRUMMEY et al. (Hg.) Russische und Ukrainische Geschichte vom 16.–18. Jahrhundert. Wiesbaden 2001, S. 63–78 (= Forschungen zur osteuropäischen Geschichte, 58).

28 Dazu eingehend JOEL RABA Evfimij II., Erzbischof von Groß-Novgorod und Pskov. Ein Kirchenfürst als Leiter einer weltlichen Republik, in: Jahrbücher für Geschichte Osteuropas 25 (1977), S. 161–173.

defensiv: Er diente der Abwehr Moskauer Machtansprüche und damit dem Machterhalt der regionalen Elite.

Auch die politisch autonomen *Kosakenheere,* die sich im 16. Jahrhundert an den Unterläufen von Dnepr, Don, Terek und schließlich auch am Jaik herauskristallisierten, waren bis zu einem gewissen Grade gezwungen, einen Regionalismus auszubilden, um im Niemandsland zwischen den Tataren im Süden und den christlichen Großreichen im Norden aller politischen Anlehnung an Polen-Litauen bzw. das Moskauer Reich zum Trotz ihre Eigenständigkeit gegenüber den Herrschaftsansprüchen dieser Staaten zu behaupten. Wie der Novgoroder gehört daher auch der kosakische Regionalismus zum defensiven Typ.[29] Allerdings darf man nicht übersehen, dass der kosakische im Unterschied zum Novgoroder Regionalismus ambivalent war. Dadurch dass die großrussischen Kosakenheere sich aus Läuflingen speisten, die zuvor mit dem „Zarenmythos“ aufgewachsen waren, blieben sie bis zu einem gewissen Grade autokratiefixiert. Dies zeigte sich bei den von Kosaken getragenen Volksaufständen des 17. und 18. Jahrhunderts, denn sowohl Sten'ka Razin als auch Pugačev bedienten sich zu ihrer Legitimierung eines falschen Zaren bzw. gaben sich selber als Zar aus. Dieser Zarenmythos diente der russischen Staatsmacht dann auch als Brücke, um im Verein mit erhöhtem politischem Druck im 18. Jahrhundert die großrussischen Kosakenheere in das Zarenreich einzugliedern und ihre Traditionen auf die Ebene lokaler Selbstverwaltung zu beschränken. Ganz anders verlief die Entwicklung bei den Zaporoger Kosaken, die an der Peripherie der polnisch-litauischen Adelsrepublik lebten und daher zu (ukrainischen und orthodoxen) Kristallisationskernen eines antipolnischen und antikatholischen Widerstandes werden konnten.

Wie stark das Bewusstsein früherer Autonomie im Kosakentum jedoch trotzdem verankert blieb, zeigte sich, als nach dem Zusammenbruch des Zarismus im Frühjahr 1917 sich vor allem unter den Donkosaken sofort wieder Autonomiebestrebungen zu Tage traten. Der emanzipatorisch ausgerichtete Regionalismus, der sich darin äußerte, schlug während des Bürgerkrieges jedoch in einen defensiven um, denn nunmehr ging es darum, die Privilegien des etablierten Kosakentums gegen die egalitaristischen Forderungen der Bolschewiki zu verteidigen. Um diesem Abwehrkampf den notwendigen Schub zu verleihen, griff die Elite der Donkosaken unter Ataman P. Krasnov tief in die Mottenkiste einer glorifizierten kosakischen Vergangenheit, um die Existenz einer autonomen Kosakenrepublik zu begründen und zu legitimieren.[30] Außer bei den Don- und bis zu einem gewissen Grad auch den Kubankosaken provozierte der Bürgerkrieg von 1918 bis 1920 das Wiederaufleben regionalistischer Bewegungen vor allem in Sibirien. Inwieweit die kurzlebigen Regionalrepubliken, die während des Bürgerkrieges im Uralgebiet, in Nordrussland und im Fernen Osten aus dem Boden sprossen, einen Regionalis-

29 GOEHRKE Zum Problem des Regionalismus, S. 96, 104.

30 CARSTEN GOEHRKE Historische Selbststilisierung des Kosakentums: Ständische Tradition als Integrationsideologie, in: HANS LEMBERG et al. (Hg.) Osteuropa in Geschichte und Gegenwart. Festschrift für Günther Stökl zum 60. Geburtstag. Köln-Wien 1977, S. 359–375.

mus gezielt instrumentalisiert haben, um sich zu legitimieren, müsste noch näher untersucht werden.[31]

Der Sieg der Bolschewiki im Bürgerkrieg läutete nicht nur das Ende aller Bestrebungen ein, Russland in eine wirkliche Föderation umzugestalten, sondern dies bedeutete auch das Ende aller regionalistischen Bewegungen. Regionalismus galt Lenin als kleinerer Bruder des Föderalismus, und Föderalismus außerhalb bolschewistischer Kontrolle erschien schlichtweg als Separatismus. Daher wurde Sibirien innerhalb der RSFSR der Status einer eigenen Republik verweigert, und auch die Kosakenterritorien wurden gezielt zerschlagen.

Die weitgefächerte Renaissance des Regionalismus, welche der Zusammenbruch von Sowjetsystem und Sowjetunion in Gang setzte,[32] kam nicht einfach aus heiterem Himmel. Einerseits tauchten angesichts der Schwäche der staatlichen Zentralmacht wie nach der Februarrevolution von 1917 nunmehr ältere Traditionen aus der Tiefe wieder an die Oberfläche empor – so in Sibirien[33], im Ural[34] und in den früheren Kosakenterritorien.[35] Andererseits konnten jedoch auch in völlig anderen Gebieten regionalistische Interessen an verdeckte Vorformen anknüpfen, die sich innerhalb der lokalen oder regionalen Parteinomenklatura bereits in spätsowjetischer Zeit herauskristallisiert hatten.[36] Inwieweit allerdings – abgesehen vom Kosakenphänomen – sich oberhalb der Ebene der *Oblast'* übergreifende Großregionen als stabile Identitätsträger auf Dauer werden herausbilden können, ist momentan noch offen. Dies gilt beispielsweise für Sibirien, das angesichts seiner heutzutage sehr viel größeren wirtschaftlichen Komplexität, seiner großen räumlichen Entwicklungsunterschiede und des sich stark entwickelnden Selbstbewusstseins seiner nichtrussischen Ethnien als eigene Entität von seiner Bevölkerung offenbar weniger wahrgenommen wird als dies bei den *Oblastniki* des 19. und frühen 20. Jahrhunderts der Fall war.[37] Überhaupt scheint es mir, dass derzeit viele russische Wissenschaftlerinnen und Wissenschaftler mit Phänomen und Begriff des Regionalismus sehr großzügig umgehen, ohne dass im einzelnen eingehend geprüft würde, ob die

31 Ansätze dazu bei KOTSONIS Arkhangel'sk, 1918; vgl. auch E.P. SIČINSKIJ Iz istorii vremennogo oblastnogo pravitel'stva Urala (K voprosu o „tret'em puti" russkoj revoljucii), in: Istorija SSSR 1992, 1, S. 164–172.

32 Überblick bei PEROVIĆ Die Regionen Russlands als neue politische Kraft; PETER J. STAVRAKIS et al. (Ed.) Beyond the Monolith: The Emergence of Regionalism in Post-Soviet Russa. Washington, D.C. 1997.

33 JÖRG STADELBAUER,Regionen und Regionalismus in Sibirien und im Ural, in: KAPPELER (Hg.) Regionalismus und Nationalismus (1996), S. 163–189.

34 1993 proklamierte sich die *Oblast'* Ekaterinburg als „Uralrepublik" und nahm damit eine Tradition aus der Bürgerkriegszeit wieder auf, vgl. ibid. S. 182f.

35 UDO GEHRMANN Die Wiedergeburt der Kosaken: Regionaler Traditionalismus und ständischer Patriotismus im Spannungsfeld Russlands, in: Ibid., S. 199–223.

36 GERHARD SIMON Regionalismus in der Sowjetunion, in: Osteuropa 37 (1987), S. 748–766; PEROVIĆ Die Regionen Russlands als neue politische Kraft, S. 90–99.

37 M.JA. ROŽANSKIJ Sociokul'turnye osnovy sibirskogo regionalizma, in: Vostočnosibirskij regionalizm: sociokul'turnyj, ėkonomičeskij, političeskij i meždunarodnyj aspekty. Pod red. G.N. Novikova. Moskva 2001, S. 9–22.

Verwendung dieses Terminus überhaupt gerechtfertigt ist. Damit droht die Begrifflichkeit zu verschwimmen und in Beliebigkeit abzugleiten.[38]

In welcher Gestalt sich die verschiedenartigen Erscheinungsformen des neuen Regionalismus in der Russländischen Föderation verfestigen werden, ist derzeit noch nicht abzusehen, zumal sie von der Moskauer Zentralmacht immer noch mit einem gewissen Misstrauen beobachtet werden. Wenn der föderative Charakter des neuen Russland nicht wieder wie in sowjetischen Zeiten zu einer reinen Fassade mutieren soll, dann müssen Zentralismus und Regionalismus, gesamtstaatliche Interessen und die berechtigten Interessen der Regionen eine dauerhafte Balance finden. In dieser Beziehung ist die Entwicklung immer noch im Fluss.[39]

Die Bedeutung des Regionalismus für die Geschichte Russlands

Den Überblick über die Äußerungsformen des Regionalismus in der Entwicklung Russlands kann man nicht abschließen, ohne nach seinem Stellenwert für die russische Geschichte generell zu fragen. Wie sich gezeigt hat, ist der Regionalismus im Mittelalter wie in der Neuzeit immer ein Phänomen der staatlichen *Peripherie* gewesen. Groß-Novgorod, Pskov und Vjatka konnten ebenso wie die Kosakenheere der frühen Neuzeit ihre vom Typus der reinen Fürstenherrschaft abweichenden politischen Systeme nur entwickeln und behaupten, weil und solange sie an der Peripherie des großfürstlichen bzw. Moskauer Machtzentrums lagen. Dies gilt auch für das Wiederaufleben des Regionalismus vor allem während des russischen Bürgerkrieges. Bestimmt worden ist die politische und staatliche Entwicklung Russlands seit dem 15. Jahrhundert jedoch vom Allmachtsanspruch einer zentralistisch orientierten Autokratie. Darum scheint aus der Rückschau und speziell aus der marxistisch-leninistischen Perspektive, welche historischen „Fortschritt" an das Kriterium eines „zentralistischen Einheitsstaates" band, der Regionalismus ein eher marginales Phänomen der russischen Geschichte zu sein.

Aber ist das wirklich so? Es kann ja schwerlich sein, dass das russische Volk von Natur aus für den autokratischen Staatszentralismus vorherbestimmt ist. Tatsächlich beweisen die eher „demokratisch-oligarchisch" verfassten Stadtrepubliken von Groß-Novgorod und Pskov und die eher „anarchisch-demokratisch" strukturierten Gemeinwesen des Landes Vjatka und der Kosakenheere des 16./17. Jahrhunderts, dass an der Peripherie des Moskauer Zarenreiches autogen gewachsene, nicht-autokratische und nicht-zentralistisch verfasste Typen von Herrschaft möglich waren.[40] Und auch ohne einen eigentlichen, im Volk breit verankerten Regionalismus ausgebildet zu haben,

38 Als Beispiel mag der Sammelband Vostočnosibirskij regionalizm (2001) dienen (vgl. vorhergehende Anmerkung).

39 Vgl. dazu den fundierten Ueberblick bei A. MOMMEN The Origins of Modern Russian Regionalism: A Critical Assessment, in: Comparative Regionalism: Russia – C.I.S. – The West. Proceedings of international research project. Nizhny Novgorod 1997, S. 12–43.

40 CARSTEN GOEHRKE Groß-Novgorod und Pskov/Pleskau; in: Handbuch der Geschichte Russlands, hg. von M. Hellmann, K. Zernack, G. Schramm. Bd. I, 1, Stuttgart 1981, S. 479f.; GOEHRKE Die „Republik Vjatka", S. 77f.

präsentiert sich das historische Sibirien als ein „anderes", ein offeneres und selbstbewussteres Russland.[41] Es hat also eine Alternative zur autokratischen Entwicklung gegeben. Was für ein völlig anderes Russland sich aus dieser historischen Alternative hätte herauskristallisieren können, darüber hat am Beispiel des Modells Groß-Novgorod der Wiener Slavist A.V. Isačenko spekuliert.[42] Aber so willkommen aus heutiger Sicht derartige Überlegungen auch sein mögen – sie können nicht darüber hinwegtäuschen, dass diese Alternative für die Entwicklung Russlands in der Neuzeit keinerlei Chancen hatte.

Warum nicht? Der wichtigste Grund dafür liegt meiner Ansicht nach darin, dass die Rus' von Byzanz und nicht von Rom her christianisiert worden ist und dass sie damit auch die Staatsauffassung der orthodoxen Kirche übernommen hat. Dieser Staatsauffassung nach war der Herrscher Stellvertreter Gottes auf Erden, daher (nahezu) allmächtig und politisch sakrosankt. Dies führte dazu, dass anders als im Bereich Lateineuropas Staat, Kirche und Gesellschaft faktisch deckungsgleich waren und dass es daher im eigentlichen Machtbereich des Herrschers keinerlei legitime Ansätze für gesellschaftliche Nischen gab, in denen sich partizipatorische Bestrebungen einzelner gesellschaftlicher Gruppen oder Regionen hätten formieren können.[43] Die Zersplitterung der Kiever Rus' in eine Vielzahl von Teilfürstentümern lässt sich nicht als Gegenargument mobilisieren, weil die Herrschaftsauffassung jedes einzelnen Teilfürsten innerhalb seines Territoriums die des Großfürsten nachbildete. Dafür, dass dies so blieb, sorgte die Kirche, denn der „Symphonia" zwischen Großfürst und Metropolit als dem höchsten kirchlichen Hierarchen in der Hauptstadt entsprach auf der Ebene der teilfürstlichen Residenzstädte die „Symphonia" zwischen Fürst und Bischof. Aus diesem Grunde konnten anders als in Lateineuropa, wo der Regionalismus wesentlich aus der Formierung eines regional verankerten Ständewesens hervorwuchs,[44] die altrussischen Teilfürstentümer nicht zu Keimzellen eines Russlands der Regionen werden. Dass die Entwicklung in den Stadtstaaten Groß-Novgorod und Pskov anders verlief, erklärte sich aus der Verbindung von peripherer Lage und wirtschaftlicher Macht, die es erlaubte, die Rolle des Fürsten zu vermindern und stattdessen den kirchlichen Hierarchen ein größeres politisches Gewicht einzuräumen.

Das Beispiel dieser beiden Stadtstaaten, des "Landes Vjatka" und der frühneuzeitlichen Kosakenheere zeigt aber auch, dass Regionalgeschichte und Geschichte der Peripherien nicht völlig deckungsgleich sind und dass insbesondere die Verbindung von

41 CARSTEN GOEHRKE Das „andere" Russland: Zu Sibiriens Stellenwert in der russischen Geschichte, in: Berliner Jahrbuch für osteuropäische Geschichte 1995, 2, S. 123–150.

42 A.V. ISAČENKO Esli by v konce XV veka Novgorod oderžal pobedu nad Moskvoj, in: Wiener Slavistisches Jahrbuch 18 (1973), S. 48–55.

43 Zusammenfassend dazu aus komparativer Sicht: CARSTEN GOEHRKE Transformationschancen und historisches Erbe. Versuch einer vergleichenden Erklärung auf dem Hintergrund europäischer Geschichtslandschaften, in: DERS. und S. GILLY (Hg.) Transformation und historisches Erbe in den Staaten des europäischen Ostens. Bern 2000, S. 653–741, bes. S. 691–701.

44 Diese Zusammenhänge finden sich immer noch unübertroffen dargestellt bei DIETRICH GERHARD Regionalismus und ständisches Wesen als ein Grundthema europäischer Geschichte, in: Historische Zeitschrift 174 (1952), S. 307–337.

Regionalismus und Regionalgeschichte als ein Spezifikum der Peripherie im Norden, Süden und Osten Russlands betrachtet werden muss. Dabei konnte sich ein eigentlicher Regionalismus nur in jenen Gebieten der Peripherie ausbilden, in denen er mit gewachsenen politischen Strukturen oder den Interessen einer regionalen Elite (wie in Sibirien) eine Verbindung eingehen konnte. Wo diese Möglichkeiten fehlten wie im russischen Norden nach dem Untergang Groß-Novgorods oder wie im mittleren Wolgabecken, blieb ein Regionalismus daher aus.

Auch wenn man den historischen Stellenwert der Regionen und des Regionalismus für die russische Geschichte nicht überschätzen sollte, ist es verständlich und sinnvoll, dass das „Neue Russland" heute an diese verschütteten Traditionen bewusst wieder anknüpft, sie in den gesamteuropäischen Kontext zu stellen versucht[45] oder gar eine neue interdisziplinäre Wissenschaftsdisziplin Regionalistik kreiert hat.[46] Denn nur, wenn es gelingt, sich von dem auch heute noch übermächtigen Staatsfetischismus zu lösen und die lokalen und regionalen Kraftquellen im Volk anzuzapfen und zu stärken, wird Russland das Joch seiner autokratisch-zentralistischen Vergangenheit abwerfen können.

45 Vgl. etwa die Sammelbände Comparative Regionalism (1997); Regiony i regionalizm v stranach Zapada i Rossii. Moskva 2001.

46 Osnovanija regionalistiki. Formirovanie i ėvoljucija istoriko-kul'turnych zon. Pod red. A.S. Gerda, G.S. Lebedeva. Sankt-Peterburg 1999. – Der Regionsbegriff der Petersburger Regionalistik sucht objektiv fassbare Kulturareale auszusondern und geht nicht von Regionen als subjektiv wahrgenommenen Entitäten aus.

JUDICIAL AUTONOMY IN THE CRIMINAL LAW: BELOOZERO AND ARZAMAS

NANCY SHIELDS KOLLMANN

This paper stems from a colleague's question of whether judges in local administration had the right to resolve suits on their own or whether they needed to refer decisions to the Center. A quick look at secondary literature or archival cases will reveal that the answer is by no means clear. Sometimes judges resolved cases locally; sometimes they referred to a chancery in Moscow. I resolved to look at this issue and to extend the question to include whether judges could exercise the full range of state-sanctioned violence involved in the judicial process, ranging from torture to the death penalty. I propose to do this on the basis of codified law and practice.

The question of judicial autonomy is important for many reasons. First, this inquiry adds to the growing body of work on judicial practice that is gradually balancing the existing overemphasis in historiography on codified law.[1] Impressive strides were made a century ago in the study of judicial practice in Muscovy: two giants of the late nineteenth-century efflorescence of history writing in Russia – B. N. Chicherin and M. M Bogoslovskii – both dedicated significant attention to the practice of the law and of government in the localities, reflecting that generation's interest in local politics as potential sources of democracy and self-government for modern Russia.[2] Since the 1970s Western scholars have produced microhistorical studies of the practice of the law, and Russian scholars have joined the trend in post-Soviet years. Major works include Hans-Joachim Torke's monograph on elected institutions and V. N. Glaz'ev's important book on the criminal law on the southern frontier. Case law is being used more and more in Muscovite studies. N. Boškovska has examined women's participation in the

1 In the large literature on codified law, major works include M. F. Vladimirskii-Budanov, *Obzor istorii russkogo prava*, 6th ed. (St. Petersburg-Kiev, 1909.); V. S. Nersesiants, ed., *Razvitie russkogo prava v xv-pervoi polovine XVII v.* (Moscow, 1986); E. A. Skripilev, ed., *Razvitie russkogo prava vtoroi poloviny XVII-XVIII vv.* (Moscow, 1992). Valuable primary sources are the text, translation and commentaries in *Rossiiskoe zakonodatel'stvo X-XX vekov* (RZ), ed. O. I. Chistiakov, 9 vols. (Moscow, 1984-94); *Pamiatniki russkogo prava* (PRP), 8 vols. (Moscow, 1952-63); Richard Hellie, trans. and ed., *The Muscovite Law Code (Ulozhenie) of 1649. Part 1: Text and Translation* (Irvine, Calif., 1988).

2 Boris Chicherin, *Oblastnye uchrezhdeniia Rossii v XVII veke* (Moscow: 1856); M. M. Bogoslovskii, *Zemskoe samoupravlenie na russkom severe v XVII veke* in *Chteniia v Obshchestve istorii i drevnostei rossiiskikh pri Moskovskom universitete*,1910, bk. 1, text and Prilozhenie and *Chteniia* 1912, bk. 2.

law and Christoph Schmidt the prosecution of runaway serfs in Moscow.[3] My own recent work has explored legal practice, as have studies by Daniel Kaiser, Valerie Kivelson and others.[4]

Analyzing the issue of judicial autonomy is also significant because it contributes to the on-going debate about the nature of „autocracy" in Muscovy. One side of the debate argues that Muscovite autocracy was coercive, hypertrophic in its centralization, and even despotically powerful. Opponents countered that Muscovite autocracy was inconsistent in the execution of its power, that the realm was weakly centralized and under governed and that until Peter I even the tsar's claims to unlimited rule (*samoderzhavie*) entailed limits on the tsar's power imposed by tradition and culture.[5] Although this debate has in recent years seemed sterile, the introduction of empirical evidence from microhistorical studies is breathing new life into it.

Finally, examining judicial autonomy raises perspectives on Center/periphery relations by focusing on two key centers of judicial practice, local governors and the local criminal law, or *guba*, administration. Since *guba* officials were elected locally, we might ask whether they represented local, or „community," interests against the governor's „central" authority, or, further, whether governors or guba elders as judges represented local interests against the dictates of the „Center."

I will explore these issues on the basis of criminal cases from two regions: Beloozero and Arzamas. Beloozero is north of Moscow and was an area settled primarily by

3 Hans-Joachim Torke, *Die staatsbedingte Gesellschaft im Moskauer Reich. Zar und Zemlja in der altrussischen Herschaftsverfassung, 1613-1689* (Leiden, 1974); V. N. Glaz'ev, *Vlast' I obshchestvennost' na Iuge Rossii v XVII veke: Protivodeistvie ugolovnoi prestupnosti* (Voronezh, 2001); Nada Boškovska, *Die russische Frau im 17. Jahrhundert* (Köln, 1998); Christoph Schmidt, *Sozialkontrolle in Moskau : Justiz, Kriminalität und Leibeigenschaft, 1649-1785* (Stuttgart, 1996).

4 Nancy Shields Kollmann, *By Honor Bound. State and Society in Early Modern Russia* (Ithaca, N.Y., 1999); "The Extremes of Patriarchy: Spousal Abuse and Murder in Early Modern Russia," *Russian History* 25 (1998): 133-40; "Murder in the Hoover Archives," *Harvard Ukrainian Studies* 19 (1997): 324-34; "Lynchings and Legality in Early Modern Russia," *Forschungen zur osteuropaïschen Geschichte* 58 (2001) 91-96; Eve Levin, *Sex and Society in the World of the Orthodox Slavs, 900-1700* (Ithaca and London, 1989); Daniel H. Kaiser, „Invading the „Private": Spousal Violence and the State in Early Modern Russia," *Forschungen zur osteuropäischen Geschichte* 58 (2002): 135-42; „'He Said,' 'She Said': Rape and Gender Discourse in Early Modern Russia," *Kritika* 3 (2002): 197-216; Valerie A. Kivelson, *Autocracy in the Provinces. The Muscovite Gentry and Political Culture in the Seventeenth Century* (Stanford, Calif., 1996); "Patrolling the Boundaries: The Uses of Witchcraft Accusations and Household Strife in Seventeenth-Century Muscovy," *Harvard Ukrainian Studies* 19 (1997): 302-23; „Through the Prism of Witchcraft: Gender and Social Change in Seventeenth-Century Muscovy," in Barbara Evans Clements, Barbara Alpern Engel and Christine D. Worobec, eds., *Russia's Women: Accommodation, Resistance, Transformation* (Berkeley, 1991), 74-94.

5 It is primarily a 20th-century argument, epitomized by Richard Pipes, *Russia under the Old Regime* (New York, 1974). The most recent statement is the debate between Marshall Poe and Valerie Kivelson in *Kritika* 3 (2002): 473-500.

Orthodox Russians engaged in farming and forest exploitation. It was long integrated into Muscovy (this area was among the first to received *guba* institutions in the sixteenth century). The second is the region around Arzamas, east of Moscow, incorporated into the Muscovite state over the course of the late fifteenth and early sixteenth century. The Arzamas frontier was more ethnically and religiously diverse than Beloozero; here lived Russians, Tatars and Mordva, practicing Orthodoxy, Islam and native religions. I selected criminal cases because here the state has the highest stake in control and in the efficacy of the law.

Criminal case records survive, not in great number, from Beloozero from the 1610s; they begin in Arzamas in the 1640s. Cases with data relevant to the questions posed here, however, begin in the 1610s for Beloozero but only in the 1670s for the Arzamas region. For this small project I will limit myself to murder cases, because they entail the full range of coercive authority, and I will limit myself to cases from the seventeenth century, before Petrine changes in criminal law and judicial organization. For Beloozero I have selected 25 murder cases dating from 1613 to 1698; this constitutes about a quarter of the murder cases I identified in that region for the seventeenth century. For Arzamas I found ten murder cases from 1670 to 1698.

Addressing the issue of local judicial authority is difficult because relatively few cases in our sample were resolved at all - only one in the Arzamas materials, about half of the Beloozero group. Most surviving judicial cases from the Muscovite era are fragmentary, stopping in mid-suit. The reason might be judicial inertia, litigants' failure to pursue a case or loss of documents over time. Recognizing that limitation, we will focus on who managed the cases and who resolved those cases that were indeed concluded.

The Codified Law on Judicial Autonomy

Evidence from case law should be set against the backdrop of legal prescriptions on judicial autonomy. Surprisingly, close examination of lawcodes starting from the late fifteenth century provides little ambiguity on the question of whether judges were empowered to resolve cases on their own. Consistently, laws gave judges authority to torture suspects, resolve cases, inflict corporal punishment or execute criminals, without reference to the Center. Sometimes it is implicit: lawcodes were instructions to judges and they monotonously dictate fines, fees, procedures and punishments, using a neutral infinitive form of the verb. The 1649 Conciliar Lawcode is the classic example.

But sometimes lawcodes specify agency more directly. The late fifteenth century „Note on murders" specifies that the „Moscow governor" should try a case and punish the guilty (art. 5), while the 1488 Beloozero administrative charter similarly specifies that the local governor (*namestnik*) should punish someone guilty of major theft, robbery or murder (art. 10). The 1497 directs that the judge (here called the „boyar") or the *namestnik* is to punish or execute the guilty (arts. 7, 8, 38). The 1550 Sudebnik similarly instructs the judge or *namestnik* to carry out the death penalty (arts. 59, 60, 62), as does the 1589 lawcode (art. 114).[6]

Mid-sixteenth century charters establishing the *guba* system in various localities explicitly empower *guba* officials to carry out trials, including torture, to punish and even to execute, underscoring that the latter responsibility „has been placed on your souls.“[7] Later sixteenth-century criminal justice charters maintained this norm. For example, a 1595 charter establishing a criminal justice structure for the lands of a major Moscow boyar – Dmitrii Ivanovich Godunov – instructed *guba* elders and wardens to „investigate and arrest criminals, question and torture [criminals] forcefully, and if they are guilty, beat them with a knout or execute them.“ Similarly broad authority was given to *guba* officials in the properties of the Trinity-St. Sergii Monastery in 1586.[8]

Regional administrative charters (*ustavnye*) and instructions (*nakazy*) to individual governors in the first half of the seventeenth century also explicitly empower them to use coercive force, resolve cases and execute without reference to Moscow. The 1614 sudnaia to Ustiuzhno-Zheleznopol'sk, for example, instructs that locally elected judges are to work with *guba* elders to try the accused in major criminal affairs. If an accused is found guilty, he is to be executed. This charter also empowers locals to execute corrupt judicial officials and requires reference to Moscow only in cases where a local resident accuses a visitor of major crime. Such cases were to be investigated locally and then sent to Moscow for resolution. The latter principle is repeated in the March 23, 1619 order to governors of Viazma: if they try a local resident in major crime, they can punish according to the law, but if non-locals are accused of crime, the governors are to investigate thoroughly, including using torture, but send the case to Moscow for resolution. Two such charters of the 1620s make the further proviso that Cossack regiments judge themselves for crimes committed within the Cossack community, while local governors judge Cossacks when accused by someone outside their community.[9]

Instructions to governors from 1655 also empower them to judge and punish criminal suits in their towns and the surrounding countryside. An exception comes in the 1656 order to the Dinaburg governor, who was authorized to judge, resolve, punish and execute servitors who commit crimes against other Russians who do lesser crimes against the non-Russian population of this western border region. But for major crimes *(bolshoe*

6 „Murder“: PRP 3: 168. 1488: PRP 3: 172. 1497: PRP 3: 347, 352. 1550: PRP 4: 247-49. 1589: PRP 4: 427.

7 1539 Beloozero charter, arts. 3-5, 9: PRP 4: 176-78. 1555 Medyn charter, arts. 2, 3, 5, 9, 12: PRP 4: 180-85. Felony Chancery register book, decree of Jan 18 1555 arts. 1, 2: PRP 4: 356.

8 A. I. Iakovlev, *Namiestnichi, gubnye i zemskie ustavnye gramoty Moskovskago gosudarstva* (Moscow, 1909), nos. 9 and 10, pp. 78-92.

9 Ustiuzhno: *Akty istoricheskie, sobrannye i izdannye Arkheograficheskoiu kommissieiu* (AAE), 5 vols. (St.Petersburg, 1841-42) 3: no. 36, p. 73-76. 1619 Viazma: *Akty Moskovskogo gosudarstva* (AMG), 3 vols. (St.Petersburg, 1890-1901) 1: no. 129, pp. 155-57. March 23, 1621 Viazma: AMG 1: no. 135, pp. 158-63. Toropets Feb. 12, 1628: AMG 1: no. 202, pp. 225-29.

vorovstvo) by servitors against locals, the accused is to be imprisoned and the case referred to Moscow.[10]

These instructions to governors were paralleled by a flurry of decrees in the 1650s directed at combating crime. On May 25, 1654, for example, criminal law officers in Moscow were directed to arrest, try and hang criminals „without writing to the tsar about it" for permission. Two days later a decree went out to the countryside, instructing officials to investigate and execute slaves who had fled military service and stolen property from their masters. With similar severity, in September 1655 military commanders were instructed to hang „without any delay" any troops who commit crimes against populations of territory they are occupying or traveling through. In 1659 local officials in the Middle Volga area were allowed to execute criminals for the first instance of robbery, significantly raising the sanction for first robbery that had been traditional until that time.[11]

The state's rhetoric about decisive action on the local level intensified in the 1660s. The Oct. 4, 1667 order to Bezhetskii Verkh on criminal prosecution enjoins the local governor to seek out criminals aggressively, punish and „execute mercilessly" the guilty. The 1669 Statutes explicitly underscore the autonomy of local *guba* elders to administer the death penalty: „If someone by his guilt, acting against the law of the grand sovereign and the Conciliar Law Code and the Byzantine codes is sentenced to death, execute those criminals immediately, not requesting about it to the grand sovereign in Moscow" (art. 123). In 1679 a governor, upon being instructed to take over *guba* duties in Arzamas, was urged in words paralleling the 1669 code: „If they deserve the death penalty by our laws, then execute them right away, not writing to us." [12]

The numerous orders of the 1680s to investigators (*syshchiki*) sent to track down runaway peasants require them to punish runaways and those who aided them with merciless corporal punishment. Should *syshchiki* find that runaways have committed major crimes such as murder and arson, they were to be executed immediately by hanging as an example to others (art. 40). An August 1683 order to Kazan' adds that if the *syshchiki* cannot resolve a case, then they are to refer to the tsar; otherwise, they are to handle cases on the spot.[13]

10 Usviat: AMG 2: no. 633, pp. 395-96. Mogilev: AMG 2: no. 739, pp. 450-53. Dinaburg: AMG 2: no. 867, pp. 525-26.

11 May 25, 1654: *Polnoe sobranie zakonov Rossiiskoi imperii* (PSZ), vol. 1 in 45 vols. (St. Petersburg, 1830), 1: no. 126, p. 340. A similar ruling March 24, 1655: PSZ 1: no. 151, p. 360. May 27, 1654: PSZ 1: no. 127, p. 340. Sept. 1655: PSZ 1: no. 166, p. 570. This expands the severity and adds specificity to provisions for servitors in the 1649 Ulozhenie (VII: arts. 6, 21, 30: RZ 3: 12, 15, 17). Middle Volga: PSZ 1: no. 255,p. 488; on this ruling, compare Ulozhenie, XXI: art. 16 (RZ 3: 232) and graduated punishments for tat'ba in the 1497 (arts. 10 and 11; PRP 3: 359) and 1550 Lawcodes (arts. 55-56; PRP 4: 246-47), as well as the Medyn guba charter of 1555 (art. 11; PRP 4: 184).

12 Bezhetskii Verkh: AAE 4, no. 159, pp. 209-11. 1660 New Articles: PRP 7: 433. Arzamas: AAE 4, no. 237, pp. 326-30.

13 Feb 8 1683: PRP 7: 201-3; March 2, 1683, arts. 5, 7, 41: PRP 7: 185-201. Kazan': AAE 4, no. 279, pp. 406-9.

In the 1690s one exception to this breadth of judicial autonomy appeared, while other decrees maintained established norms. A 1696/97 order to *syshchiki* sent to Shuia instructed them to carry out the judicial process and make an resolution promptly, punishing according to the relevant laws (citing the 1649 Ulozhenie and 1669 New Criminal Statutes). But, the decree continues, if it comes to the death penalty for runaways accused of major crime, refer the case to the tsar. But two decrees in 1698 maintained the established right of carrying out executions without referral. One in March ordered investigators to execute any runaway serf found guilty of major crime, and an order to the Iaroslavl' governor of Oct 13, 1698 instructed him to resolve criminal cases locally according to the tsar's decree.[14]

Laws instructed that cases could be referred to the Center when local judges could not reach resolution. A particularly detailed one of 1694 specified that cases that could not be resolved locally on the basis of existing law, or when litigants protested a decision, should be referred to the Moscow chanceries, then referred to a committee of boyars, and finally to the tsar himself until resolution could be achieved.[15]

So it would seem that local judges were authorized to resolve cases and to use coercive measures including torture, corporal punishment and execution. But judges did not readily embrace their authority. Scholars such as Bogoslovskii, Torke and Glaz'ev have argued that judges working in regions from the North to southern frontier regularly referred cases to the Center. Bogoslovskii presented several perspectives on judge's reticence to resolve cases. On the one hand, he argued that regional authorities referred everything to the Center to avoid responsibility for tough decisions and furthermore that locals often distrusted local judges and preferred justice at the Felony Chancery in Moscow. On the other hand, Bogoslovskii argued that the center „tied governor's hands" and exerted constant oversight. Chicherin and later scholars preferred the latter view of an excessively controlling state and weak local government.[16] Bogoslovskii concluded that neither litigants nor judges had a clear understanding of the hierarchical relationship of the governor and the chancery as judicial instances.[17]

Institutions of the Criminal Law

Such unwillingness to follow the laws, which were quite consistent on judge's authority, suggests a general weakness of Muscovite local administration in the seventeenth century. There was great variety of judicial institutions across the realm, and little consistency. The criminal law apparatus, for example, did not survive as a judicial institu-

14 Shuia: *Vremennik Imp. Moskovskogo Obshchestva istorii i drevnostei rossiiskikh* 24 (Moscow, 1856), 41-47. March: PRP 7: 206. Iaroslavl': PRP 7: 372-79.

15 March 17, 1694: PSZ 3: no. 1491, pp. 177-78. See a similar decree of Feb. 15, 1675: PSZ 2: no. 626, pp. 7-8.

16 Bogoslovskii, *Zemskoe samoupravlenie* 2: chaps. 5, 9-11 and especially chaps. 12-13. Chicherin, *Oblastnye uchrezhdeniia*, 449-504. J. L. H. Keep, "Bandits and the Law in Muscovy," *Slavonic and East European Review* 35, no. 84 (Dec. 1956): 218; Torke, *Die staatsbedingte Gesellschaft*, chap. 2; Glaz'ev, *Vlast' i obshchestvennost'*, chaps. 3-4.

17 Bogoslovskii, *Zemskoe samoupravlenie* 2:207.

tion parallel to governor's authority but fell under governor's control in the seventeenth century. In addition, the *guba* system was frequently reformed and changed across the century. Furthermore, the fact that the criminal law apparatus was composed of men who were locally elected constituted a deep structural weakness. *Guba* officers were not professionally trained nor given adequate incentives to exert decisive action against defendants who might be their neighbors. Let us look at the structure of the criminal law apparatus.

Since the mid sixteenth century *guba* and other police officials (elders, sworn officers, prison guards and village hundredmen and their subordinates) were elected locally from gentry and tax-paying groups for the purpose of seeking out and trying criminals. Initially their primary responsibilities were robbery and theft, but by the seventeenth century other serious crimes were added. The *guba* apparatus in theory stood separate from, and parallel to, the administration of the governor. The 1649 Ulozhenie is emphatic on this point: „In the provinces robbery, murder and theft cases are to be resolved by the *guba* elders and sworn officials according to the orders of the Felony Chancery. Governors are to have nothing to do with these affairs in the provinces. But where there are no *guba* elders, in these provinces the governor and his chancery staff shall judge felonies (XXI: art. 3)." The Ulozhenie distinguished between the *guba* office's jurisdiction and that of the governor (*voevoda*) according to the seriousness of the crime: for cases of theft and robbery with suits filed or where there was material evidence, the *guba* system was required. Without a suit filed or material evidence, the Judicial Chancery (*Sudnyi prikaz*) would rule, which in the countryside would be the governor (XXI: art. 49).[18]

But in the seventeenth century this criminal justice system was not universally applied. Large areas of the empire did not have *guba* institutions at all. They developed primarily in the Center, Northeast and Northwest and were less common in frontier areas. On much of the frontier and Siberia, the governor's administration handled criminal law; in the far North, as Bogoslovskii has described, governors and elected „land" (*zemskoe*) officials worked in tandem, generally avoiding elected *guba* offices.

Furthermore, to deal with increasing levels of crime and establish greater social control as enserfment and centralization developed, the state adopted two strategies, alongside the *guba* system. Starting in the 1620s and sporadically through the century, it sent investigators (*syshchiki*) from the Center to targeted regions to combat particularly serious outbreaks of crime or peasant flight. *Syshchiki* were introduced throughout the realm in the 1660s and *guba* officials were placed under their authority in the 1669 Criminal Statutes: „In the provinces robbery, theft and murder cases are to be handled by the investigators and *guba* elders according to the decrees of the Felony Chancery." The code went on to isolate the criminal officer's authority from the governor, evidence, as V. N. Glaz'ev argues, of a power struggle between the Felony Chancery and the chancery that dispatched governors, the Razriad: „Governors in the provinces will have nothing to do with these cases."[19]

18 RZ 3: 230, 238.
19 1669 code, art. 2: PRP 7: 396.

Nonetheless, the winner in the struggle for control of local administration was the governor. Instituting a system of strong regional governors was the state's primary response to its challenges of governance in the seventeenth century. *Guba* officials were gradually subordinated to them over the century. Chicherin and other students of local administration cite numerous examples of *guba* elders working with governors or even carrying out purely civil and administrative tasks for and with governors. Hans-Joachim Torke speaks of the „mixed" administration of local government in the seventeenth century, wherein governors and elected officials worked interchangeably. He concluded that in the second half of the seventeenth century the government abandoned the distinction between the *guba* and the governor's administration. V. Glaz'ev's recent book, however, shows that the transition to strong governors was not smooth and *guba* institutions thrived in some areas. Whether the *guba* apparatus or a governor was dominant in a given community depended upon local circumstances, and the situation was always fluid.[20]

Over the century the state moved to place the *guba* apparatus under governor's authority, but not without difficulty. It abolished the *guba* and *syshchik* system in 1679, but reinstated the former (not the latter) in 1684. Only in the Petrine era was the system fully streamlined: the *guba* system and Felony Chancery were eliminated in 1701 and 1702,[21] leaving criminal law in the hands of local governors and city officials.

So the secondary literature suggests that relations between the *guba* apparatus and the governors were vexed, as they were between the centrally appointed *syshchiki* and local governors and *guba* officials. Oversight imposed from the Center varied over the century and was never consistent; institutions of criminal law varied by region. Governors served brief terms; elected *guba* officials served among neighbors. As a result, local authorities as a whole did not act as a strong, confident, professional judicial service. They did not even always follow laws empowering them to act decisively locally. Our cases from Beloozero and Arzamas illustrate these tensions and weaknesses. Let us look at the two questions of who exactly carried out criminal law trials locally and at what level cases were decided.

The Practice of the Criminal Law in Beloozero

On the question of the relationship of the governor and the *guba* administration, the picture is mixed. The *guba* administration existed throughout the century in Beloozero, and took an active role in conducting criminal trials. But the line between their activity and that of the governors in criminal cases was not firmly drawn. Documents show that a physical space was set aside for criminal adjudication in local offices. Usually called the „*gubnaia izba*," it served many functions. It was the repository of records of trials and a place of detention. In an early case, from 1616, the governor sent a defendant to

20 On this theme, see Chicherin, *Oblastnye uchrezhdeniia*, 450-51 and passim; Keep, "Bandits," 206, 215; Torke, *Die staatsbedingte Gesellschaft*, 52, 65-69; Glaz'ev, *Vlast' i obshchestvennost'*, chap. 4.

21 1679: PSZ 2: no. 779. 1684: PSZ 2; no. 1062. 1701: PSZ 4: no. 1874. 1702: PSZ 4: no. 1900.

the „Razriad to the *guba* elder“ for detention. A case in 1684 specifies that it was the *guba* prison guard who carried out judicial torture (by knouting).[22]

The *gubnaia izba* could also be a venue for trials. In one rare case the *guba* elder is depicted resolving the case himself. In 1662 the *guba* elder conducted the trial in the „*gubnaia izba*“; he used his staff to carry out the investigation, sending a hundredman (*sotskoi*) to bring in a man for questioning and sending the accused off to prison after questioning with the sworn *guba* warden (*tseloval'nik*). The elder released the defendant on surety bond to return for trial before him at a later date. In another case, also of 1662, a governor and *guba* elder partnered in trying a case. Here the *guba* administration carried out the logistics of the case: the petition about murder was presented in the *gubnaia izba* and *guba* officials were sent to make an arrest and inspect the dead body. The governor and *guba* elder jointly carried out the questioning and jointly wrote to Moscow seeking resolution of the case.[23]

These are the rare instances, however, of *guba* officials in Beloozero taking a leading role in trying crimes. As a rule, they appear in subordinate roles in the governor's administration, and documents indicate the relative weakness of the *guba* system. In a very early case of 1616, for example, the governor, having questioned a man accused of murder, sent him to the *guba* elder for confinement; the elder later collected a capitation fee from the murderer and sent it to the governor. Collecting capitation fees was a consistent responsibility of the *guba* apparatus: in 1635 in a case resolved the Felony Chancery in Moscow, the *guba* elder was instructed to collect the fees and fines associated with the case.[24]

As further illustration of *guba* officials working with governors, a case in 1663, for example, shows how the *guba* elder was ordered by Moscow to arrest a defendant and question him. The governor was then ordered by Moscow to arrange transport of the defendant and the case to Moscow so that the Felony Chancery could resolve it. In this case, the *guba* elder asserted that he did not have sufficient sworn officers to bring the case record to Moscow, so he delegated a local worker to do the job instead. In the following year the *guba* elder notified the tsar that he was delegating his duties to the governor, since he was too ill to continue. We do not see much impact of the Felony Chancery's attempts to strengthen local *guba* institutions with investigators; there is one instance, in 1683, when an „undersecretary of the *Prikaz sysknykh del*“ hunted down an accused murderer. This was a particularly appropriate use of the central investigator,

22 As repository: Rossiiskii gosudarstvennyi arkhiv drevnikh aktov (RGADA), f. 1107, Beloozero prikaznaia izba, no. 480, l. 4 (1628). As prison: RGADA, f. 1107, Beloozero prikaznaia izba, no. 214, l. 5 (1616); RGADA, f. 1107, Beloozero prikaznaia izba, no. 3109, ll. 15, 16 (1683); RGADA, f. 1107, Beloozero prikaznaia izba, no. 3187, ll. 4, 5 (1684). Knouting: RGADA, f. 1107, Beloozero prikaznaia izba, no. 3187 (1684).

23 Elder alone: RGADA, f. 1596, Beloozero gubnaia izba, no. 8 (1662). Elder and governor: RGADA, f. 1107, Beloozero prikaznaia izba, no. 1548 (1662).

24 1616: RGADA, f. 1107, Beloozero prikaznaia izba, no. 214. 1635: RGADA, f. 1107, Beloozero prikaznaia izba, no. 703.

since this case had been stalled for almost three years. The governor, however, tried the case, not the *syshchik* or *guba* elder.[25]

By the end of the century, after the 1679-84 hiatus of the *guba* administration, the *guba* system seems to have been completely integrated into the governor's office. The governor is depicted in charge of the *gubnaia izba*. In 1692, for example, a governor tried a suit in the „*gubnaia izba*,“ while in 1695 and 1696 the next governor tried a suit in the „*sysknoi prikaz*,“ probably different names for the *gubnaia izba*.[26]

Across the century it is the governor who is shown trying and resolving suits.[27] In the early decades of the century, documents specify the partnership of the governor and his secretary or undersecretary (*diak* or *podiachii*); documents are addressed in both their names. By Muscovite law, only governors working with such partners could adjudicate major civil cases.[28] So, for example, in the earliest relevant case, from 1613, a governor and secretary sent a bailiff to arrest defendants; in 1615 the governor and secretary reported the resolution of a case to Moscow jointly.[29] The usage is last cited in 1638 in my small sample; thereafter governors were sole addressees in documentation. In many cases, governors controlled all phases of trials, from ordering the investigation of the dead body and arrest of the accused to carrying out the inquisition of accused and witnesses to resolution.[30]

Until the 1680s most trials took place not in the *guba* but in the governor's office, called variously „*prikaz*,“ „*prikaznaia izba*,' or „*s'ezzhaia izba*,“ sometimes in the same

25 1663: RGADA, f. 1596, Beloozero gubnaia izba, no. 10, esp. l. 1. 1664: RGADA, f. 1107, Beloozero prikaznaia izba, no. 1588. 1683: RGADA, f. 1107, Beloozero prikaznaia izba, no. 3109, ll. 15, 16.

26 1692: RGADA, f. 1107, Beloozero prikaznaia izba, no. 3904, l. 1. 1695: RGADA, f. 1107, Beloozero prikaznaia izba, no. 4160, l. 1. 1696: RGADA, f. 1107, Beloozero prikaznaia izba, no. 4133, l. 2.

27 Those which highlight the *guba* elder tend to come from the archival collection entitled „Beloozero gubnaia izba“ (RGADA, fond 1596, 64 items, 1615-1714), while those showing the governor as judge come from the archive of the governor's office the Beloozero prikaznaia izba (fond 1107, 4917 items, 1611-1715). But given that the *prikaznoi* archive is so much larger than the *guba* one, the governor's predominance in adjudication does not seem simply an accident of source survival.

28 Nersesiants, ed., *Razvitie*, 214.

29 Governor and secretaries cited: RGADA, f. 1107, Beloozero prikaznaia izba, no. 167 (1615); RGADA, f. 1107, Beloozero prikaznaia izba, no. 214 (1616); RGADA, f. 1107, Beloozero prikaznaia izba, no. 288 (1619); RGADA, f. 1107, Beloozero prikaznaia izba, no. 514 (1620); RGADA, f. 1107, Beloozero prikaznaia izba, no. 480 (1628); RGADA, f. 1107, Beloozero prikaznaia izba, no. 696 (1633); RGADA, f. 1107, Beloozero prikaznaia izba, no. 703 (1635).

30 Some of several examples: RGADA, f. 1107, Beloozero prikaznaia izba, no. 19 (1613); no. 823 (1638); no. 167 (1615); no. 214 (1616); no. 288 (1619); no. 514 (1620); no. 369 (1624); no. 1100 (1646); no. 1771 (1669).

document.[31] Governors worked primarily with the personnel assigned to their own offices, sending on tasks such as examinations of dead bodies, local inquisitions (*poval'nyi obysk*) or arrests of accused such subordinates as undersecretaries, a musketeer officer, a bailiff, artillerymen, and a *rozsylshchik*.[32] Occasionally, usually later in the century, governors issued orders directly to *guba* officials. In 1673, for example, a governor collected capitation fees and sent them to the Felony Chancery with a *guba* sworn official (*tseloval'nik*). In a case of 1676, similarly, a governor sent a *guba* sworn official and his own undersecretary to carry out an investigation of a dead body, he sent his own bailiff to arrest men, and he delegated a village policeman (*sotskoi*) to investigate property damage in the same crime. In 1683 a governor punished a *sotskoi* for failing to report a crime and in 1696 another governor worked with a *sotskoi* to prosecute a case.[33]

Governors could resolve cases locally. In 1613, for example, a governor sentenced a man to beating in the marketplace for committing a murder without prior intent or conspiracy with others. Citing the „Lawcode (*sudebnik*)," he also sentenced the man to having a hand cut off, but then bestowed the „tsar's mercy" and cancelled that part of the sentence. In 1628 a governor resolved a case not specifically on a criminal issue. A woman had sued a man for assault and in her petition also alleged that the man had been previously investigated for murder. Upon questioning the man and checking his story against records sent from the *gubnaia izba* by the *guba* elders, the governor found the defendant guilty of lying in the investigation and fined him.[34]

But in many criminal cases governors often asked Moscow for resolution: in 1635, for example, through inquisition and torture a governor obtained the confessions of three men to premeditated murder. He then asked the Felony Chancery for instruction and the Chancery returned the verdict. In 1662, a governor and *guba* elder, investigating a case together, obtained a confession of homicide committed in self defense but sought resolution from the Felony Chancery.[35]

Toward the end of the century local resolution was more common. In 1684 a gover-

31 RGADA, f. 1107, Beloozero prikaznaia izba, no. 369, compare l. 2 to l. 5 (1624). In 1698 the governor tried a case of murder in the „*rybnoi dvor*" in Beloozero, with no explanation of why this location was used: RGADA, f. 1107, Beloozero prikaznaia izba, no. 4310, l. 1.

32 Podiachie: RGADA, f. 1107, Beloozero prikaznaia izba, no. 823 (1638); no. 2100 (1673); no. 3109 (1683); no. 3904, l. 4 (1692); no. 4160, l. 1 (1695) Streletskii sotnik: RGADA, f. 1107, Beloozero prikaznaia izba, no. 288, l. 2 (1619). Pristav: RGADA, f. 1107, Beloozero prikaznaia izba, no. 824 (1638). Pushkari: RGADA, f. 1107, Beloozero prikaznaia izba, no. 369 (1624); no. 823 (1638). Rozsylshchik: RGADA, f. 1107, Beloozero prikaznaia izba, no. 480 (1628).

33 1673: RGADA, f. 1107, Beloozero prikaznaia izba, no. 2100, esp. l. 3. 1676: RGADA, f. 1107, Beloozero prikaznaia izba, 2305, ll. 1, 6, 16. 1683: RGADA, f. 1107, Beloozero prikaznaia izba, no. 3109 1683, l. 11. 1696: RGADA, f. 1107, Beloozero prikaznaia izba, 4133.

34 1613: RGADA, f. 1107, Beloozero prikaznaia izba, no. 19. 1628: RGADA, f. 1107, Beloozero prikaznaia izba, no. 480.

35 1635: RGADA, f. 1107, Beloozero prikaznaia izba, no. 703; see also RGADA, f. 1107, Beloozero prikaznaia izba, 288 (1619) (governor awaiting Moscow's instructions). 1662: RGADA, f. 1107, Beloozero prikaznaia izba, no. 1548.

nor oversaw the entire course of a trial, including three torture sessions; he obtained a confession and ruled on the case, explicitly citing the 1649 Law Code and the Criminal Statutes of 1669. Here the letter of the law was followed: for a murder without intent, while drunk, the man was to be beaten with the knout and put on surety. Since the interested parties had relinquished their claim on the guilty man, it was not necessary, the governor noted, to follow the prescriptions of the law to send the man in service to the owner of the murdered peasant. Similarly in 1686 a governor resolved a case according to the 1649 Law Code and ordered the punishment of knouting, without recourse to Moscow. In 1692 a governor also resolved a case without recourse to Moscow: he heard testimony, including under torture, and even though he failed to uncover witness testimony since all the peasants of the village had fled the judicial officials, the governor found the accused guilty on the strength of his own confession. He was to be beaten with a knout and put on surety bond, because he had killed his wife by excessive beating, without intent.[36]

In sum, in our 25 Beloozero cases, five were resolved locally, one was resolved by Moscow and five were sent to Moscow for advice. So many factors were involved in the resolution of the case that it is difficult to speculate on exactly why a given case was resolved where it was. A case of 1669 shows how the complexity of the judicial process could prohibit local judges from acting decisively. In June 1669, I. P. Trubnikov sued in Beloozero that his brother had been murdered in Sevsk by a Beloozero gentryman named Kopylov. Trubnikov had sued in Sevsk and Kopylov had been investigated. But now Kopylov was released and home in Beloozero, Trubnikov complained. When questioned in Beloozero, Kopylov alleged that he had been released on surety bond and was to appear for trial in Moscow in the Felony Chancery in the autumn. In November and December Trubnikov returned with the complaint that Kopylov was still at large: had he been tried in Moscow or not? Upon a second questioning in Beloozero, Kopylov stated that he had appeared in Moscow but that the case had been dismissed; he had, however, no official record of proceedings in the Felony Chancery. The Beloozero governor, who might by then have been exasperated, wrote to Moscow explaining the case and asking for clarification and instructions. Another case of 1662 was transferred to Moscow on the request of the plaintiff with no explanation of why. The fact that trying a case in the Felony Chancery in Moscow seems to have been an option for litigants probably encouraged local judges to refer to the Center.[37]

A final indication of the multiplicity of judicial practice in Beloozero was the close involvement of the secular administration with church officials, an unsurprising finding since so much land in the Beloozero region was controlled by the Kirillov Monastery. Governors worked regularly with local priests and monastic officials. In 1616, for example, the Beloozero governor and secretary assigned to a local priest the task of ques-

36 1684: RGADA, f. 1107, Beloozero prikaznaia izba, no. 3187, ll. 20-23. 1686: RGADA, f. 1107, Beloozero prikaznaia izba, no. 3284. 1692: RGADA, f. 1107, Beloozero prikaznaia izba, no. 3904, l. 6.

37 1669: RGADA, f. 1107, Beloozero prikaznaia izba, no. 1771. 1662: RGADA, f. 1107, Beloozero prikaznaia izba, no. 1548, l. 8.

tioning the local community over a recent murder. In a case of 1633 that involved religious issues (a petition for conversion), the governor sent a report to Moscow in the hands of a monastic servant. But the church did not impinge on secular authority in criminal cases; governors tried these cases. In 1683, a monk was accused of murder and the case was handled solely by the governor; in 1692, similarly, a priest was accused of murder and the trial was conducted by the local governor. But in one interesting case, the local governor, who had apparently just resolved the case, queried the monastery over who had jurisdiction to punish the guilty party, who was a peasant of the monastery. The monastery claimed the duty and carried out the punishment that had apparently also been decreed by the governor (knouting in the marketplace).[38]

The trend we see in Beloozero was towards governors judging, and doing so more autonomously of the Center. That said, it should be pointed that Beloozero had a fairly strong *guba* system; *guba* officials are cited consistently across the century and worked closely with governors. *Guba* institutions did not act independently of the governor, but they played a positive role in the prosecution of the law nevertheless. As to whether judges deciding cases on the local level represents strength of the periphery against the Center, one cannot see any evidence of this. This was a connected bureaucratic system. Institutions created in Moscow for the entire realm were represented here; law codes created by the Center were applied here. At the same time the Center did not control the local government so much that nothing could be done effectively locally. We should not exaggerate the control of the Center.

The Practice of the Criminal Law in Arzamas

Criminal practice in the Arzamas region provides a very similar picture to that in Beloozero. Here, too, governors were the judges, since there was no *guba* system. In the ten murder cases that I have identified, „investigators“ (*syshchiki*) are not cited and a *guba* elder was cited only once. This was a case in Kadom from 1685, just after the *guba* system had been reinstated. In interviewing the principal witness in a murder case, the governor, *stol'nik* S. A. Liubavskii, was joined by the „*gubnoi starosta*.“ [39] This sample is so small that we cannot preclude the existence of a *guba* system in this area, but it was clearly not as strong as in Beloozero. Although this was an area of *pomest'e* landholding with resident gentry, its status as a frontier area integrated into the Muscovite relatively late undoubtedly militated against the *guba* model, which required a strong gentry community to provide elected elders and armed, mounted men to help in the pursuit and arrest of criminals.

In the Arzamas region, as in Beloozero, governors took the lead in criminal suits and used their own staffs (*podiachie, zatinshchiki, strel'tsy, pushkari*) to carry out tasks.

38 1616: RGADA, f. 1107, Beloozero prikaznaia izba, no. 214. 1633: RGADA, f. 1107, Beloozero prikaznaia izba, no. 696, l. 1. 1683: RGADA, f. 1107, Beloozero prikaznaia izba, no. 3109. 1692: RGADA, f. 1107, Beloozero prikaznaia izba, no. 3904. 1620: RGADA, f. 1107, Beloozero prikaznaia izba, no. 514.

39 RGADA f. 1122, Kadom prikaznaia izba, op. 2, pt. 1, no. 1018, l. 9 (1685).

Throughout the towns of the region cases were tried in the governor's office, the „*prikaznaia izba*." A reference in two Kadom suits from the mid 1670s to the „*s'ezzhii dvor sysknykh del*" or the „*s'ezzhaia izba*" might imply a separate place in the Kadom governor's offices for criminal prosecutions, but otherwise cases from Kadom do not make this distinction.[40]

Governors conducted cases in the same ways that we have seen in Beloozero. They received petitions and ordered the various steps that constituted the „investigation" (*sysk*). They sent men to the countryside to examine dead bodies, to arrest suspects and transport them to their office. They conducted questioning with and without torture. They corresponded with neighboring governors for cooperation in investigations. Their work was overseen by the Felony Chancery, under various names in this period, reflecting inconclusive attempts at reform at the central level. In January 1682, for example, the *Prikaz sysknykh del* wrote to the Kadom governor to initiate an investigation for murder, prompted by a complaint lodged in Moscow; later that year the *Razboinyi prikaz* ordered the Temnikov governor to submit his records and fees collected in criminal cases.[41] In August 1688 the *Prikaz sysknykh del* instructed the Kadom governor to investigate a case; in 1690, the same chancery transferred criminal affairs for a certain landlord's properties from Arzamas to Temnikov; finally, in 1697 the Kadom governor corresponded with a criminal justice official in Moscow called the „*dumnyi dvorianin u rozysknykh del*."[42]

Governors' work occasionally also often involved the chancery that assigned governors to this region, the Chancery of the Kazan' Court. In 1676, for example, that Chancery sent the Kadom governor notice of a suit lodged in Moscow by a gentryman of Kadom regarding assault and murder on his father's estate. The Chancery ordered the governor to investigate, and he promptly asked the help of the governor of Kerensk to track down the accused killers. Later, in 1696 a plaintiff requested that her case involving an accusation of murder be transferred from Kadom to the Kazan' Chancery in Moscow.[43]

These late seventeenth-century cases confirm the trend seen in Beloozero of judges deciding cases locally. In the single fully resolved suit in this group of 10, a case in

40 *S'ezhii dvor, s'ezzhaia izba*: RGADA, f. 1122, Kadom prikaznaia izba, op. 2, pt. 2, delo 1629 ll. 3, 3v, 11 (1674-77); delo 1727, ll. 2, 3 (1675). *Prikaznaia izba* specified as location: RGADA, f. 1175, Shatsk prikaznaia izba, delo 1626, ll. 2, 3 (1670); RGADA, f. 1167, Temnikov prikaznaia izba, delo 7, l. 1 (1675); RGADA f. 1122, Kadom prikaznaia izba, op. 2, pt. 1, delo 1018, l. 1 (1685); RGADA f. 1122, Kadom prikaznaia izba, op. 2, pt. 2, delo 1424, l. 3 (1687); RGADA f. 1135, Kurmysh prikaznaia izba, delo 297, l. 1 (1696); RGADA f. 1122, Kadom prikaznaia izba, op. 2, pt. 1, delo 1195, l. 1 (1696).

41 Jan. 1682: RGADA, f. 1122, Kadom prikaznaia izba, opis 2, pt. 2, delo 1548, l. 1. Later 1682: RGADA, f. 1167, Temnikov prikaznaia izba, op. 1, pt. 1, delo 914, ll. 10-12.

42 1688: RGADA, f. 1122, Kadom prikaznaia izba, op. 2, pt. 2, delo 1424, l. 8. 1690: RGADA, f. 1167, Temnikov prikaznaia izba, op. 1, pt. 2, delo 1546, ll. 3-4. 1697: RGADA, f. 1122, Kadom, opis 2, pt. 2, delo 1842, ll. 1-2.

43 1676: RGADA, f. 1122, Kadom prikaznaia izba, op. 2, pt. 2, delo 2083. 1696: RGADA, f. 1122, Kadom prikaznaia izba, op. 2, pt. 1, delo 1195.

Kadom that lasted from 1674 to 1677, the governor conducted the entire trial, including questioning and a session of torture, justified by an explicit reference to the Ulozhenie. Reviewing the evidence, and basing himself on excerpts of the „Byzantine codes (*gradskie zakony*) and New Statutes," the governor sentenced the defendant to execution and carried out the death penalty (by bchcading). Similarly broad authority was accorded to the Kadom governor in 1676, when the Prikaz Kazanskogo dvortsa instructed him to investigate a case of murder and „make a ruling according to our order and according to the Conciliar Ulozhenie." The governor, however, was unable to pursue his investigation, since the defendants petitioned for transfer of their trial to Moscow, alleging that he was a crony of the plaintiff.[44] In 1682, the Kadom governor received orders from the *Prikaz sysknykh del* to resolve a case that had been sitting dormant since 1675; he was ordered to examine the case documents, complete the investigation and „make an order according to the tsar's order and the Conciliar Ulozhenie and Byzantine codes and New Statutes, as appropriate." Similarly in 1688 the Kadom governor was instructed to complete an on-going murder trial with continued investigation, carried out according to the same codes listed above and to make an order.[45]

The mixed ethnic composition of the litigants in Arzamas does not seem to have affected the judicial process. As I have written elsewhere, Tatars, Mordva and Russians appear as plaintiffs and defendants; they play roles as guarantors and witnesses to examinations; they participate in community surveys for evidence.[46] When they act as witnesses in trials or *poval'nye obyski*, non-Russians signed their name in Arabic script or using a mark, and they took their oaths according to their religion.[47] Russians, as usual, signed or delegated a local literate official to sign in their place. This is all standard procedure.

The Arzamas data, then, like that of Beloozero, show that judicial authority resided locally, but was not consistently exerted locally. Decisions were often referred to the Center. Coercive force was used readily in torture, but final resolution of cases often went to the Center. The system was uniform, however, in norms and procedure. Governors took the lead in prosecution, guided in procedure, judgment and punishment by centrally produced law codes. Local variations did not significantly affect the judicial process. Far more than Beloozero, the Arzamas area constitutes a colonial holding, different in ethnicity, religion and social structures than the Russian Orthodox Center. But we do not see significant regional variations in the practice of the criminal law.

These cases from Belozoero and Arzamas affirm the generalizations already established in the literature and suggest some broader reflections.

44 1674: RGADA, f. 1122, Kadom prikaznaia izba, op. 2, pt. 2, delo 1629, vypiski on ll. 6, 11. 1676: RGADA, f. 1122, Kadom prikaznaia izba, op. 2, pt. 2, delo 2083, quote on l. 2.

45 1682: RGADA, f. 1122, Kadom prikaznaia izba, op. 2, pt. 2, delo 1548, quote l. 3. 1688: RGADA, f. 1122, Kadom prikaznaia izba, op. 2, pt. 2, delo 1424.

46 See my "Russian Law in a Eurasian Setting: The Arzamas Region, Late Seventeenth - Early Eighteenth Century," in Gyula Szvak, ed., *The Place of Russia in Eurasia* (Budapest, 2001), 200-6.

47 RGADA, f. 1167, Temnikov prikaznaia izba, delo 7, l. 4v (1675); RGADA, f. 1122, Kadom prikaznaia izba, op. 2, pt. 1, delo 1018, l. 9v (1685).

First, judicial administrative structures varied across the realm: some areas had the *guba* system, others did not. *Syshchiki* were dispatched to some areas where crime was a particular problem, not to others. The variety of governing strategies in Muscovy is underscored. This affirms Torke's comment that there was so much multiplicity in administrative forms in Muscovy that one cannot speak of a single system.[48] To fully understand governance in early modern Russia, many more microhistorical studies, such as this and those of Bogoslovskii, Torke and Glaz'ev need to be done across the empire.

Second, these cases confirm that where the *guba* system did exist, it was not separate and parallel to the governor but an adjunct to the governor's work. There is in our documents no trace of *guba* officials acting as representatives of local authority as opposed to the governor representing the Center. Nor do we see the governors, as judges, representing regional interests; they upheld procedures and norms that were standardized across the realm. If local interests were to make a difference on local government, society or economy, as they surely did, they probably did so in different sorts of cases and in the criminal justice sphere in subtle conflicts among local individuals and groups in the execution of the process.

The question whether *guba* institutions represented a repository of „local" consciousness against the „central" authority of the governor should be put to rest. Post-Reform Imperial Russian scholars such as Chicherin and Bogoslovskii posited an opposition between the governor's authority (*prikaznoe*) and that of elected (*zemskoe*) officials. Clearly they hoped to find seeds of pluralism and estate consciousness in Russian history in the *zemskoe* sphere. But regarding *guba* institutions, even they recognized that the opposition did not exist. *Guba* officials were not necessarily identified with local interests. Scholars cited many instances in which communities distrusted their elected officials or preferred a governor's authority to *guba* administration for reasons of cost. They and others underscore how onerous locals considered service in these and other elected offices (including service in another favorite of late nineteenth-century liberals, the Councils of the Land).[49]

Third, our documents suggest that practice on the ground was more complex and varied than the lawcodes' consistent assertions of judicial authority would suggest. We must blend practice with law to understand Muscovite governance. Governors were not as powerful as codes suggest, nor was the state as controlling – it could not impose a single system. But its overriding authority is undeniable. Whether judges resolved cases locally or deferred to chanceries in Moscow, their work upheld central authority. The autonomy of governors that we do see should not be read as the power of the „local" against the Center, but rather as an increasing strength of the governmental apparatus.

It is not surprising that in the criminal law we see broad patterns of standardization across the realm – a strong role played by the centrally appointed governor, the same law codes cited and applied, the same procedures used. Since the consolidation of Mus-

48 Torke, *Die staatsbedingte Gesellschaft*, 51.

49 Chicherin, *Oblastnye uchrezhdeniia*, 471; Torke, *Die staatsbedingte Gesellschaft*, 67-68; Bogoslovskii, *Zemskoe samoupravlenie* 2: 80-82, 97, 240; Keep, „Bandits," 216.

covy in the fifteenth century, the state had been claiming authority over the criminal law, as traditionally monarchs in Europe did. What this exercise tells us, then, about Center/periphery relations is that, despite the vast expanse and ethnic, religious and social diversity of the Muscovite empire, the „Center" was able to impose institutions and practices in the most important spheres of governance with a fair degree of success. In those areas of governance that mattered most to the state, „the local" did not matter. The caution to be noted in this conclusion, however, is that the scope of governance claimed by the state was very narrow. Local customs and conditions probably mattered a great deal in areas such as civil law, enserfment, the practice of religion and culture and political economy. Only in areas of crucial importance – security and public safety, collecting taxes, mobilizing human and material resources – did the state exert a fairly systematic bureaucratic control, as shown in these court records.

МЕСТНОЕ УПРАВЛЕНИЕ НА ЮГЕ РОССИИ В XVII В.

В.Н. ГЛАЗЬЕВ

Юг России применительно к XVII в. - район городов-крепостей „на Поле“ первой половины XVII в., городов Белгородского полка второй половины XVII в., примерно соответствующий территории современного Центрального Черноземья. В XVII в. этот район был расположен на окраине России, осваивался русскими и украинцами в условиях острой внешней опасности. Внешний фактор определял специфику социальной структуры населения - высокий удельный вес служилых людей.

Особенности региона

В исследованиях, посвященных истории южных уездов России в XVII в. (Д.И. Багалея, И.Н. Миклашевского, А..А. Новосельского, В.П. Загоровского, В.М. Важинского), в той или иной мере нашла отражение многогранная деятельность центральных и местных властей, но специально местное управление на юге России не изучалось.

Нам недостаточно известна структура местной власти на юге России и ее изменение на протяжении XVII в. Актуальной исследовательской проблемой по отношению ко всем регионам, и в частности к югу России, остается изучение земских традиций, роли общества в местном управлении в XVII в. Общепризнанно, что одним из последствий Смуты начала XVII в. стало усиление власти воевод на местах, постепенное подчинение воеводской власти губных и земских изб, что означало усиление центральной власти. Какими рычагами в этих условиях располагали люди для отстаивания своих интересов, для воздействия на власть? Для ответа на этот вопрос необходимо учитывать особенности социальной структуры региона.[1]

Одну из основных сословных групп населения в XVII в. на юге России, как и в городах и уездах исторического центра страны, составляли дворяне и дети боярские. Их основная функция - полковая и городовая служба. Объединенные в корпорации - служилые „города“ – дворяне и дети боярские обладали сословным самоуправлением.[2] Они же играли заметную роль в местном управлении в своих уездах.

1 В докладе используются выводы моей книги: Глазьев В.Н. Власть и общество на юге России в XVII в.: противодействие уголовной преступности. Воронеж, 2001.

2 Козляков В.Н. Служилый «город“ Московского государства XVII в. (От Смуты до Соборного уложения). Ярославль, 2000.

Дворяне и дети боярские – одна из категорий служилых людей. Служилые люди юга России различались по составу. Основная их часть в XVII в. по социально-экономическому положению была близка крестьянам и посадским людям. Из массы помещиков и вотчинников выделялась служилая верхушка, которую отличали более высокие чины, должности, поместные оклады и „дачи“, наличие крестьянских и бобыльских дворов.

В течение XVII в. происходил чиновный рост в дворянских корпорациях юга России. По десятням за 1621/22 г. в Ельце было записано 4 дворовых сына боярских, в Воронеже – 2. Все остальные – городовые дети боярские. Дворян, служивших по выбору, ни в Воронеже, ни в Ельце в 1621/22 г. не было.[3] А.А. Новосельский показал, что чин выборного дворянина жаловался на основании сочетания родовитости, выслуги и хозяйственной состоятельности.[4] Боярская книга 1627 г. отмечает появление выборных дворян в Курске: И.А. Анненков, Б.О. Виденев.[5] В курской десятне 1636 г. уже четыре выборных - И.А. Анненков, С.Б. Виденев и К.Б. Виденев, В.А. Анненков.[6] К концу XVII в. в Курске не только увеличилось число выборных дворян, но и появились лица, записанные в московские чины.

В середине XVII в. выборные дворяне появились в Воронеже: Т.И. Михнев, В.М. Струков. К 1689 г. наблюдается дальнейшее продвижение верхов воронежского дворянства по лестнице чинов: в годовой сметной книге 1689/90 г. отмечено четыре служилых человека, испомещенных в Воронежском уезде и записанных в московский список. Четверо дворян служили по выбору, по дворовому было записано, как минимум, 12 человек.[7]

Соотношение крестьян и служилых людей зависело от географического расположения уезда. Чем южнее - Валуйки, Старооскольский, Белгородский уезды - тем выше доля служилых людей. Служилые люди преобладали в построенных во второй трети XVII в. городах по Белгородской черте и „за чертой“. В расположенных ближе к центру - Ливенском, Елецком, Курском, Лебедянском, Воронежском уездах – в первой половине XVII в. доля крестьянского населения была выше по сравнению с самыми южными, окраинными уездами.[8]

Особенностью структуры населения городов-крепостей „на Поле“ было преобладание служилых людей „по прибору“ – стрельцов, пушкарей, городовых казаков - и слабость посадов. К середине XVII в. только три „полевых“ города

3 Российский государственный архив древних актов (РГАДА). Ф. 210. Оп. 4. Дела десятен. Д. 87; Сторожев В.Н. Воронежское дворянство по десятням XVII в. // Памятная книжка Воронежской губ. на 1894 г. Воронеж, 1894.

4 Новосельский А.А. Правящие группы в служилом «городе“ XVII в.//Ученые записки Ин-та истории РАНИОН. М., 1928. С. 318.

5 Боярская книга 1627 г. М., 1986. С. 144.

6 Танков А.А. Историческая летопись курского дворянства. М., 1913. Приложения. С. 77.

7 РГАДА. Ф. 210. Оп. 6д. Кн. Белгородск. ст. Кн. 155. Ч.1. Л.279об.-280 об., 281-283 об., 371.

8 Новосельский А.А. Борьба Московского государства с татарами в первой половине XVII века. М., Л., 1948. С. 161-166.

имели более или менее значительные посады: Курск, Елец, Воронеж. В 1646 г. в Ельце насчитывалось 102 тяглых двора.[9] Курский посад в 1646 г. имел 270 дворов, в 1670-1680-е гг. – 538 посадских дворов.[10] Составители воронежской переписной книги 1646 г. насчитали в городе 85 посадских дворов.[11] На протяжении XVII в. воронежский посад численно вырос, в конце XVII в. в него было записано более 300 дворов. Посадские люди ежегодно выбирали из своей среды земских старост. Служилые люди „по прибору" выбирали из своих рядов стрелецких, казачьих, пушкарских пятидесятников и десятников.

Незначительная в сравнении со всем населением численность южнорусского духовенства отнюдь не соответствовала значению святителей в местном обществе. К их голосу прислушивались, они активно влияли на формирование общественного мнения. Авторитет священников и монахов был связан, в том числе, с их грамотностью. Процент грамотных людей среди духовенства был самым высоким. Святители свидетельствовали различные документы частного характера, в том числе фиксировавшие право владения землей.

Появление губных учреждений на юге России после Смуты

После Смутного времени ведущей формой в местном управлении становится воеводское. Воеводы назначались из центра Разрядным приказом. После Смуты в города юга России в качестве воевод определяли стольников или московских дворян. Учреждение, которым руководили воеводы, хранились документы, принимались челобитчики, допрашивались задержанные лица называлось съезжей или приказной избой. В приказных избах городов Центрального Черноземья на протяжении XVII в., в основном, работало от 2 до 4 подьячих.

В последние годы Смуты и сразу после нее в районе „полевых" крепостей возникали органы губной власти – губные избы. В Курске это произошло не позже 1612 г.,[12] в Ливнах - не позже 1622 г., в Ельце - не позже 1621/22 г., в Воронеже - не позже 1625 г.[13] Основное назначение губных учреждений – борьба с уголовной преступностью. Руководство губными избами осуществлял Разбойный приказ. Весьма вероятно, что губные органы власти возникали по чело-

9 См.: Смирнов П.П. Города Московского государства в первой половине XVII в. Т. 1. Вып. 2. Количество и движение населения. Киев, 1919. С. 48-49.

10 См.: Раздорский А.И. Торговля Курска в XVII в. СПб., 2001. С. 97-98.

11 Переписная книга Воронежского уезда 1646 г. / Подготовка текста, вступительная статья и примечания В.Н. Глазьева. Воронеж, 1998. С. 161.

12 Ларионов С. Описание Курского наместничества из древних и новых о нем известий вкратце. М., 1786. С.15; Глазьев В.Н. Состав и функции курской администрации первой половины XVII века// Проблемы изучения истории Центрального Черноземья. Воронеж, 2000. С. 115-117, 123.

13 Новомбергский Н. Слово и дело государевы. М., 1911. Т. 1. С. 434, 293, 10; РГАДА. Ф. 210. Дела десятен. Д. 87. Л. 23; Стб. Приказного ст. Д. 14. Л. 287; Памятники южновеликорусского наречия. Челобитные и распросные речи. М., 1993. С. 132.

битным с мест. Тому есть примеры по другим регионам. В 1615/16 г. дворяне, дети боярские, посадские люди Устюжны добивались возобновления выборов у них губных старост, чему противодействовали назначенные из Москвы воевода и дьяк. Последние ложно утверждали, что прежде на Устюжне губных старост не было. Аргументом челобитчиков было умножение разбоев, татьбы и иного „воровства", а в том „воровстве сыску никоторого нет". Просьба жителей Устюжны была удовлетворена.[14]

В 1620-1630-е годы не известны губные старосты в Валуйках, Старом Осколе, Белгороде. В уездах без крестьян или с незначительным крестьянским населением дела о разбоях, убийствах и татьбе были возложены на воевод. Эта практика продолжилась после 1635 г. - губными делами в большинстве городов и уездов по Белгородской черте занимались воеводы.

Губной староста – выборная должность. Выборы поручались воеводам, которые должны были собрать в городе в определенный день представителей всех категорий населения уезда: дворян и детей боярских, духовенство, посадских людей, служилых людей „по прибору", крестьян. Собравшиеся называли имя губного старосты из числа местных дворян и детей боярских. На выборах требовалось единогласие. Если оно не достигалось, то правительство могло утвердить выбор одной из сторон. С точки зрения правительства, выборы в XVII в. это повинность для населения. Исследователи приводят факты, свидетельствующие о безразличии людей к исходам выборов.

Но было бы неверным утверждать, что население всегда равнодушно относилось к выборам губного старосты. Следует иметь в виду следующее обстоятельство. Внутри российских городов и уездов происходило соперничество отдельных групп, родов, лиц. Если говорить о дворянах и детях боярских, то их представители стремились к более высоким чинам, окладам, дачам. Шла борьба и за должности местного управления. В Курске - возникло соперничество Анненковых и Веденевых в 1630-1640-х гг., в Новосили - Головиных и Шатиловых в последней трети XVII в., в Воронеже также в разные годы шла внутригородская борьба. В этих условиях равнодушия к исходу выбора быть не могло.

С точки зрения населения о выборах губного старосты должно было знать большинство жителей города и уезда. В противном случае выборы считались незаконными, ложными. В 1640 г. козельские священники и служилые люди „по прибору" заявили, что челобитная об утверждении в городе губного старосты одного без воеводы „ложная". Она была составлена родственниками и „советниками" губного старосты: десятью дворянами и детьми боярскими и никольским попом Иваном - духовным отцом губного старосты. В челобитной сообщалось, что составлена она „от всего города", на самом деле документ писался без ведома горожан.[15]

14 Наместничьи, губные, земские уставные грамоты Московского государства /Под ред. А.И. Яковлева. М., 1909. С. 165.

15 РГАДА. Ф. 210. Оп. 9. Стб. Московск. ст. Д. 153. Л. 78-79.

В 1642/43 г. в Курск была прислана грамота из Разбойного приказа с указанием выбрать губного старосту „всем городом". По словам курского сына боярского Ф. Молютина, Воин Анненков, „умысля с своими советниками, написал на себя выбор и отписку у себя во дворе, без городского ведома и без воеводского. И звал меня к тому выбору руку прикладывать, и я к тому его воровскому выбору руки не приложил, потому что не всем городом его выбирали".[16]

Приведенные примеры заставляют задуматься - была ли должность губного старосты привлекательной для дворянина или сына боярского? Общие суждения по этому поводу вряд ли будут уместны. Все зависело от конкретной ситуации. Известны выборы в губные старосты „по недружбе", заочно, т.е. в отсутствие кандидата и без его согласия. Но в других случаях отчетливо проявилось стремление служилого человека занять должность.

Для „правящей группы" служилого „города", верхов духовенства – выборы губного старосты и пребывание на этом посту – форма участия в местном управлении, возможность влиять на важнейшую ее сферу – борьбу с разбойниками. Это альтернатива воеводской власти в конфликтных ситуациях с воеводами. Для дворян и детей боярских должность губного старосты была более „спокойной", чем полковая служба. В то же время она означала определенное признание, престиж в рамках городского и уездного „мира". Обязанности губных старост не ограничивались борьбой с разбоями, убийствами и татьбой, им поручались дела иного характера: отвод и размежевание земель, сыск беглых холопов.

Следует иметь в виду, что выбор в губные старосты „лучших" дворян наносил ущерб полковой службе, особенно в период войн. В Соборном уложении 1649 г. вводилось положение - в губные старосты выбирать только отставленных от службы дворян и детей боярских или тех, вместо кого служат дети. Однако некоторые из служилых людей находили способы обойти норму Соборного уложения 1649 г. и в губные старосты попадали лица, вполне способные к полковой службе.

Губные старосты принадлежали к служилым верхам „города". Об этом свидетельствуют их чины и оклады, наличие крестьянских и бобыльских дворов, пребывание на других должностях местного управления, родственные связи.[17] Служилая элита могла занимать и другие должности местного управления: городовых приказчиков, осадных, стрелецких, казачьих голов, таможенных и кабацких голов.

В конце XVI – начале XVII в. дворяне и дети боярские Черноземья выбирали из своей среды городовых приказчиков. В их ведении находились городовые укрепления, артиллерия и боеприпасы. Постепенно городовых приказчиков сменили

16 РГАДА. Ф. 210. Оп. 12. Стб. Белгородск. ст. Д. 190. Л. 514.

17 См.: Глазьев В.Н. Опыт генеалогического изучения служилого «города" XVII в.: коллективный портрет воронежских губных старост // Вспомогательные исторические дисциплины: специальные функции и гуманитарные перспективы. М., 2001. С. 80-82; он же. Воронежское дворянство XVII в.: роль в местном управлении //Из истории Воронежского края. Воронеж, 2000. Вып. 8. С. 14-30.

назначаемые из Москвы осадные головы. В отсутствие воевод на осадных голов возлагалась оборона крепости, отделение земель в поместья и вотчины.

Осадным головой мог стать как местный сын боярский, так и иногородний. Подобным образом назначались казачьи и стрелецкие головы и сотники. Протесты населения вызывало назначение иногородних дворян в осадные, казачьи и стрелецкие головы. В 1644 г. курские монастыри и дети боярские подали в Разряд жалобу на осадного голову воронежского сына боярского Л. Петрова. Они напоминали о прошлом: „При государе... Федоре Ивановиче и при царе Борисе Федоровиче всеа Руси в Курске наезжих осадных голов не бывало, а бывали... при прежних государех городовые приказчики курчаня дети боярские, ведали они твою государеву казну, и погреб казенной, и житницы, и ключи городовые". Челобитчики просили, чтобы в Курске в городовых приказчиках были курские дети боярские. Грамотой от 29 сентября 1644 г. Л. Петров был смещен с поста курского осадного головы. Курянам предлагалось выбрать „всем городом" осадного голову — курского сына боярского — и выбор на него прислать в Разрядный приказ.[18]

Приведенное распоряжение носило частный характер. До 1646 г. в Курске осадным головой служил курский сын боярский М. Белов, замененный затем на иногороднего П. Брусилова. На место П. Брусилова претендовал курский выборный дворянин С. Г. Колугин. Обосновывая свою просьбу, он ссылался на „заручную" челобитную жителей южнорусских (северских и „польских") городов и уездов, поданную в связи с подготовкой Соборного уложения 1649 г. В ней сообщалось, что в тех городах „от стрелецких, и от козачих, и от осадных голов от московских и от иногородцев чинится ссора, и смута, и всякое воровство, и городским людям продажа великая". За „многия службы и смертныя раны" С. Колугин был назначен на эту должность.[19]

Местные дети боярские занимали выборные посты голов у житниц. В ряде уездов Черноземья из числа местных детей боярских выбирали таможенных и кабацких голов. Если в городах центра и севера страны таможню и кабак (кружечный двор) возглавляли посадские люди, то на юге в отсутствии или при слабости посада таможенными и кабацкими головами становились местные служилые люди. Исполнение обязанностей головы представляло собой не только повинность, но и возможность влиять на важную сферу жизни города и уезда – торговлю и организацию кабацкого дела.

Как правило, головы и целовальники избирались на один год и приступали к своим обязанностям с 1-го сентября. Выборы, по указаниям Разрядного приказа, организовывал воевода, обязанный следить, чтобы головой и целовальниками стали „самые добрые и прожиточные люди, которых с такое дело будет и которые грамоте умеют". Воевода требовал у выборщиков особый документ -

18 РГАДА. Ф. 210. Оп. 12. Стб. Белгородск. ст. Д. 157. Л. 29—31.

19 Акты Московского государства. СПб., 1894. Т. 2. № 315. С. 196. В публикации назван „Жолугиным".

выбор на голову и на целовальников, заверенный подписями избирателей. Большое значение придавалось присяге (целованию креста выбранными лицами), которая производилась в присутствии избирателей.[20]

Значительные события в общественной жизни южной окраины России - выборы на земские соборы, участие в их работе. Выборы организовывал воевода, но не всегда он мог влиять на состав избранных. Как показывает анализ состава выборных от южнорусских городов на земские соборы середины XVII в. эти лица обладали реальным авторитетом в своих городах.[21]

Для борьбы с татарами выделялись сотенные головы из числа местных дворян и детей боярских. Сотенные головы во главе конных отрядов выступали в походы и преследовали неприятеля далеко в степи. На эту должность попадали самые опытные местные служилые люди, обладающие реальным влиянием в городе и уезде.[22]

Изменения в местном управлении юга России с середины XVII в.

Во второй трети XVII в. в связи с крупным оборонительным строительством число городов, сел и деревень в Черноземье увеличилось. В новых уездах возникли объединения детей боярских. В негласной иерархии служилых „городов“ они уступали корпорациям, возникшим в конце XVI в. Для верхов дворянства Центрального Черноземья появились новые возможности участвовать в местном управлении. Местных детей боярских назначали воеводами, стрелецкими и казачьими головами в новые города Центрального Черноземья.

С середины XVII в. в местном управлении юга России происходили заметные изменения, которые были связаны с новыми историческими условиями: возникновением городов на юге России, заселением их русскими людьми и черкасами, дальнейшим хозяйственным освоением территории.

К 1658 году сформировался Белгородский разряд как административно-территориальная единица.[23] Его центр находился в Белгороде, некоторое время в Курске. Возглавлял разряд воевода Белгородского полка, как правило, в чине боярина или окольничего. Одна из крупных фигур на этом посту – князь Г.Г. Ромодановский. Ему подчинялись воеводы городов по Белгородской черте, городов к северу и югу от черты. Главной функцией воевод Белгородского разряда была военная – „бережение от прихода татар“. Одновременно белгородский воевода обладал административной и судебной властью в отношении

20 Древние грамоты и другие письменные памятники, касающиеся Воронежской губ. и частью Азова. Воронеж, 1852. Кн. 2. С. 44-50.

21 См.: Глазьев В.Н. Южнорусские выборные на земские соборы середины XVII века // Общественная жизнь Центрального Черноземья России в XVII – начале XX века. Воронеж, 2002. С.18-36.

22 Андреев И.Л. Сотенные головы в России XVII в. // Исторические записки: Научные труды исторического факультета ВГУ. Вып. 5. Воронеж, 2000. С. 6-17.

23 Загоровский В.П. Изюмская черта. Воронеж, 1980. С. 28-40.

территории Черноземья.[24] „Гражданские“ функции воевод Белгородского разряда мало изучены, но без их характеристики невозможно понять процессы в местном управлении на юге России во второй половине XVII в.

В города Белгородского разряда воеводы назначались в Разрядном приказе, как правило, сроком на два года. Назначение рассматривалось как награда за длительную полковую службу, раны, пребывание в плену, гибель в боях родственников. Служба в качестве воевод, стрелецких и казачьих голов, приказных людей „пригородов“ считалась „корыстной“, т. е. позволяла улучшать материальное положение служилого человека.[25] В Разрядном приказе возникали своеобразные „конкурсы“ претендентов на должности местного управления.[26]

С середины XVII века на юге России возникло деление административных центров на „города“ и „пригороды“. „Город“ - главный административный центр, возглавляемый воеводой. „Пригород“ имел подчиненное по отношению к городу значение. „Пригородами“ командовали, как правило, лица рангом ниже, чем воеводы городов. Их называли или приказные люди, или головы. Например, Воронеж имел два „пригорода“ – Костенск и Орлов; Козлов – Челнавский, Бельский остроги; Коротояк – Урыв.

На протяжении второй половины XVII века происходила борьба руководителей „пригородов“ за повышение их статуса. Позицию приказных людей „пригородов“ усиливала поддержка населения. Жители „пригородов“ также стремились освободиться от подчиненности воеводам „городов“, если местные приказные люди их устраивали. В ряде случаев правительство шло навстречу пожеланиям с мест. К концу XVII в. самостоятельность „пригородов“ возросла, о чем свидетельствует расширение объема компетенции их руководителей.

Влияние общества на местную власть: коллективные челобитные

Население русских городов и уездов в XVII в. не являлось лишь пассивным объектом управления, оно активно влияло на состав и деятельность должностных лиц. Одним из средств воздействия на власть выступали коллективные челобитные. В Воронеже во второй половине XVII в. существовала традиция составления коллективных челобитных на местных администраторов с просьбами или продлить время пребывания в должности воевод, стрелецких и казачьих голов, подьячих, или наоборот, отстранить их от должности. Подобные челобитные составлялись и в других городах.

24 Глазьев В.Н. Формирование Белгородского разряда как административно-территориальной единицы в середине XVII в. // Население и территория Центрального Черноземья и Запада России в прошлом и настоящем. Воронеж, 2000. С. 116-119.

25 О воеводском «кормлении“ см.: Енин Г.П. Воеводское кормление в России в XVII в. (Содержание населением уезда государственного органа власти). СПб., 2000.

26 Глазьев В.Н. Комплексы документов о назначениях воевод в Разрядном приказе в конце XVII века // Источниковедение: поиски и находки. Воронеж, 2000. С. 100-109.

В наказах воеводам среди прочего предписывалось: „людям обид, и насильств, и никаких налог не делать, и всяким служилым и жилецким людям на себя изделья всякого делать не велеть“.[27] За различные притеснения, „посулы и поминки“, неправедный суд воеводе грозила „великая“ опала и наказание: „велим на тебе доправить все сполна“.[28] Подобные указания носили, в целом, декларативный характер и не прекращали злоупотреблений местных властей. Но характеры и методы действий должностных лиц резко различались, что вызывало неоднозначное отношение к ним со стороны местных „миров“.

25 марта 1655 г. воронежским воеводой был назначен торопецкий дворянин В.Я. Непейцын, получивший тяжелое увечье в боях - „сечен саблей в четырех местах да переломлена нога ис пищали“. Через два года об определении на его место подал челобитную другой торопченин И.Я. Кушелев.[29] Если В.Я. Непейцын не вызвал против себя исков со стороны воронежцев, то И.Я. Кушелев представлял собой иной тип местного руководителя. В 1658 г. (до 3 сентября) воеводе Белгородского полка кн. Г.Г. Ромодановскому была передана челобитная воронежских дворян, детей боярских, атаманов и беломестных казаков с обвинениями против И.Я. Кушелева.

Челобитчики сообщали, что с каждого воронежского дворянина и сына боярского, атамана и казака И.Я. Кушелев собрал по 25 коп. для себя. С тюремных целовальников и сторожей воевода взял по 1 руб. 50 коп., не считая хлеба и вина. За неотправку в Москву под конвоем воронежца И.Кушелев получил 10 рублей. Приведенного с поличным вора воевода отпустил без наказания, взяв за это 15 рублей. Убийц сына боярского А. Столповского И. Кушелев отпустил из тюрьмы за взятку в 13 рублей.[30]

Кн. Г.Г. Ромодановскому передали челобитную видные представители воронежского дворянства Т.И. Михнев и П.К. Толмачев, находившиеся на службе в Белгороде. Г.Г. Ромодановский направил из Белгорода в Воронеж белгородца А. Иевлева с предписанием принять дела у И. Кушелева и произвести сыск про его злоупотребления.

В Разряд были присланы материалы сыска, произведенного А. Иевлевым. На этом сыскном деле была поставлена резолюция одного из руководителей приказа - назначить на место И. Кушелева в Воронеже С. Хрущева, послать нового сыщика для проведения очных ставок между челобитчиками и воеводой. 27 марта 1659 г. в Разряд поступили две новые коллективные челобитные воронежских дворян, детей боярских, поместных казаков и беломестных атаманов. Их составители подчеркивали, что И. Кушелев смещен с должности по их челобитью. Но сыщик для очных ставок между истцами и Кушелевым в Воронеж не прислан, а С. Хрущев не имел оснований задерживать бывшего воеводу в городе. В документе содер-

27 РГАДА. Ф. 210. Оп. 12. Стб. Белгородск. ст. Д. 1908. Л.33.
28 Там же. Д. 333. Л. 114-115об.; Ср. Там же. Д. 606. Л. 34-35.
29 Там же. Д. 449. Л. 30-37, 48-55.
30 Там же. Д. 478. Л. 32-34.

жалась просьба передать И. Кушелева на поруки, чтобы он не уехал из Воронежа до окончания судебного разбирательства.[31]

Новый воевода С. Хрущев, как и его предшественник, оказался не угоден местному „миру". Против него в Белгороде в 1660 г. воронежскими служилыми людьми была подана очередная коллективная челобитная. В ответ на нее Г.Г. Ромодановский послал в Воронеж сыщика, С. Хрущева приказал выслать в другой город. 20 сентября 1660 г. на место С. Хрущева из Разряда был послан новый воевода.[32]

Коллективные петиции с обвинениями должностных лиц составлялись и другими сословными группами. 6 мая 1691 г. в Воронеж прибыл выходец из Пруссии Ю. Шарф, назначенный стрелецким и казачьим головой. В сентябре 1692 г. стрельцы и казаки обратились к царю с челобитной об отзыве Ю. Шарфа. Они писали, что голова „чинит . . . многие налоги и грабеж насильной".[33] 2 марта 1694 г. жалобы воронежских стрельцов и казаков вызывал уже новый голова С. Мальцев. Он собирал со служилых людей налог, называемый им „отжинным хлебом", размер которого был значительным - по осьмине ржи с двора. Челобитчики ранее такой подати не платили. Не знали о подобном налоге и в Разрядном приказе. Его руководители запретили незаконные поборы и потребовали объяснений от головы. С точки зрения московских дьяков голова в данном случае действовал „для своей корысти".[34]

Но „мир" мог бороться не только против, но и за воевод, стрелецких и казачих голов, подьячих. Известен целый ряд совместных обращений в столицу воронежцев (как впрочем и жителей других городов и уездов) с просьбой о назначении или продлении пребывания в должности тех или иных лиц. В декабре 1680 г. в Разряд поступила коллективная челобитная из Воронежа. В ней содержались похвалы воеводе М. Вырубову, пребывающему на своем посту второй год и не допускавшему обид местным жителям. Прежде при царе Алексее Михайловиче, отмечали авторы, воеводы находились в городе по три и по четыре года. Они просили продлить воеводство в Воронеже М. Вырубова, чтобы им „от частых переменных воевод в лишние тягости и в разорении не быть".[35]

Челобитная заверена 35 рукоприкладствами (подписями), часть из которых представляет лично подписавшегося, часть - иных лиц или группы населения. Поименно названо 65 человек, попросивших поставить подпись вместо себя. Среди подписавших челобитную лично настоятели монастырей, священник, дворяне и дети боярские, ротмистр, земский староста, грамотные посадские люди. Вместо стрельцов, части полковых казаков, посадских людей (в том числе второго земского старосты) подписались их духовные отцы из числа священников.

31 Там же. Л.146. Ср.: Там же Л. 147.

32 Там же. Д. 449. Л. 60, 60 об.

33 Там же. Д. 1366. Л. 32-48.

34 Там же. Д. 1392. Л. 61-68. Ср.: Новомбергский Н. Очерки внутреннего управления в Московской Руси XVII ст. Томск, 1914. Т. 1. Материалы. С. 287-288.

35 РГАДА. Ф. 210. Оп. 12. Стб. Белгородск. ст. Д. 981. Л. 39-41.

Приложили руки представители беломестных и полковых казаков, пушкарских десятников и рядовых пушкарей.[36] Таким образом, обращение к царю поддержали представители всех основных сословных групп города и уезда, исключая крестьян и бобылей. Руководство Разряда оказалось в затруднительном положении, так как на место М.И. Вырубова, двухлетний срок пребывания в должности которого истекал 25 марта 1681 г., был назначен кн. И.С. Шаховской.[37] На челобитной нет окончательной резолюции, но, предположительно, просьбу воронежцев в данном случае не удовлетворили. 3 июня 1681 г. кн. И.С. Шаховской находился в Воронеже в качестве воеводы.[38]

10 августа 1687 г. в Разрядном приказе рассматривалась новая коллективная челобитная из Воронежа, поданная от имени „всяких чинов городских и уездных людей всем городом“. В ней отмечалось, что воевода В.И. Лаговчин с радением выполняет правительственные поручения, а в отношении местных жителей не допускает обид, судит „в правду“, „бескорысно и безволокитно“. Стольник В.И. Лаговчин должен был находится на должности воеводы с 3 октября 1685 г. по 3 октября 1687 г.[39] Составители бумаги хотели оставить В.И. Лаговчина воеводой на третий год.

Челобитная заверена 69 рукоприкладствами, которые представляют лично подписавшихся или других лиц и группы населения. Грамотные поставили подписи вместо 606 воронежцев, перечисленных по имянам. Как и в предыдущем случае, обращение к правительству поддержали все категории населения (от имени крестьян и бобылей выступали дети боярские). В отличие от 1680 г. в данной челобитной более широко представлен город и уезд. Дети боярские названы с указанием их сел и деревень. Выделено низшее управленческое звено города и уезда: перечислены по именам становой голова Борщевского стана, сельские заказчики и десятники, казачьи пятидесятники, стрелецкие пятидесятники, пушкарские десятники.[40]

На место В.И. Лаговчина еще 22 декабря 1685 г. был определен стольник Н.Л. Головкин за смерть отца и за собственные службы. Он заплатил в Печатном приказе пошлину и ждал указанного срока. Известие о коллективной челобитной воронежцев заставило Н.Л. Головкина обратиться в Разряд за подтвержением принятого ранее решения. По его мнению, В.И. Лаговчин сам организовал составление документа в свою поддержку.

Но в Москве не могли игнорировать столь внушительного волеизъявления воронежцев. Поэтому было принято компромисное решение. Срок пребывания в должности В.И. Лаговчина продлили, но не на год, как просили челобитчики, а на

36 Там же. Л. 41-42, 39об.- 42об.

37 Там же. Л. 43об.

38 Государственный архив Воронежской области. Ф. И-182. Оп. 2. Д. 112. Л. 1.

39 Такой срок был зафиксирован в Разрядном приказе. В челобитной воеводство В.И. Лаговчина обозначено несколько по-другому: с 7 октября 1685 г. по 7 октября 1687 г.

40 РГАДА. Ф. 210. Оп. 12. Стб. Белгородск. ст. Д. 1310. Л. 1-5, 1об. - 13об.

2 месяца 28 дней. Н.Л. Головкину предписывалось переменить В.И. Лаговчина 1 января 1688 г. и быть в воеводах до 1 января 1690 г.[41]

В марте 1690 г. в Разряд поступила необычная петиция из Воронежа. На этот раз ее составители не добивались продления срока пребывания в должности действующего администратора, а хотели повторного назначения воеводы, покинувшего город 4 с половиной года назад. Речь шла о стольнике О.А. Нармацком - воронежском воеводе с 14 сентября 1683 г. по 3 октября 1685 г. Как и в коллек тивных прошениях 1680 и 1687 гг., в документе отмечалось отсутствие обид местным жителям и бескорыстие воеводы. В то же время авторы челобитной подчеркивали, что все государственные и частные дела О.А. Нармацкий решал быстро, за что неоднократно получал из Москвы грамоты с похвалой. Как особая заслуга воеводы выделялась организация донских отпусков, в чем О.А. Нармацкий противопоставлялся „иным воеводам", допускавшим злоупотребления при посылке запасов донским казакам.

На обороте челобитной 35 рукоприкладств, не все из них в настоящее время можно прочитать из-за плохой сохранности текста. Поименно названо около 150 человек, как правило, без обозначения принадлежности к определенной сословной группе.[42] Окончательной резолюции по данному документу мне не известно, но, предположительно, просьба челобитчиков осталась без ответа. Повторного пребывания в Воронеже О.А. Нармацкого в качестве воеводы источниками не отмечено.

В начале 1690 г. в Москву поступило совместное прошение воронежских дворян и детей боярских о назначении подьячего приказной избы Игнатия Маторина подьячим „со справою". Доводы приводились следующие. В приказной избе много подьячих (согласно разрядной выписке их было 9 человек), но работают они небрежно - учиняют волокиту, теряют документы, вымогают взятки. Чиновники помогают друзьям и мстят недругам, от этого просители терпят неудобства и несут убытки. А присланный из Москвы воевода Н.Л. Головкин не вникает в суть дела, потому что неграмотен. Лишь один подьячий - Игнат Маторин, согласно челобитной, заботится о государственных делах и решает спорные дела по-справедливости. Поэтому И. Маторина следует назначить подьячим „со справою", т.е. повысить в должности. В ряду рукоприкладств перечислено 70 человек - дворян, детей боярских, беломестных атаманов и казаков.[43] Челобитная рассматривалась руководителем Разряда Т.Н. Стрешневым, который распорядился утвердить И. Маторина на должности подьячего „со справою". Грамота об этом была составлена 20 февраля 1690 г.[44]

Московские власти пошли навстречу воронежским стрельцам и казакам, которые весной 1696 г. ходатайствовали о продлении на один год срока службы

41 Там же. Л. 14-16.

42 Там же. Д. 1524. Л. 32-34, 32 об.- 37об.

43 Там же. Д. 1527. Л. 168-169, 168об.-169об., 241-243.

44 Там же. Л. 933-934, 933 об. - 934об.

стрелецкого и казачьего головы курянина Х.П. Переверзева. Он находился на должности с 25 мая 1694 г. Срок истекал 25 мая 1696 г. Претендентами на его место были орловец П.С. Анохин и стремянной конюх С.Г. Торпанов. Последний получил назначение в Воронеж. Но, приняв во внимание доводы стрельцов и казаков, отмечавших, что Х.П. Переверзев человек „добрый" и способный выполнять правительственные поручения, Т.Н. Стрешнев распорядился оставить Х.П. Переверзева на третий год.[45]

В мае 1697 г. между новым стрелецким и казачим головой С.Г. Торпановым и воеводой Д. Полонским вспыхнул острый конфликт, поводом к которому стало право распоряжаться стрельцами и казаками. Служилые люди не остались безучастными наблюдателями распрей местных начальников. Стрелецкие пятидесятники обратились в Разряд с обличением произвола Д. Полонского и требовали сохранения своей подведомственности стрелецкому голове, а не воеводе.[46] Руководитель Разряда Т.Н. Стрешнев приказал произвести розыск по делу о конфликте воеводы и головы стольнику С. Грибоедову, но подчиненность стрельцов и казаков С.Г. Торпанову была безоговорочно сохранена.[47] Не последнюю роль в этом, видимо, сыграла челобитная стрелецких пятидесятников.

Инициаторами мирских прошений, как правило, выступали авторитетные с точки зрения правительства представители местного дворянства, духовенства, посада, стрелецкие и казачьи пятидесятники, что прослеживается по подписям на челобитных. Совместные прошения отражали мнение политически активной части местного „мира".

Арбитром в решении спорных вопросов, связанных с местной властью, выступал Разрядный приказ, в чьем ведении находились города Белгородского полка, в частности, Воронеж. Основными задачами провинциальной администрации столичное учреждение считало поддержание обороноспособности города-крепости на необходимом уровне, сбор налогов, решение части судебных дел. С этих позиций Разрядный приказ был заинтересован в сохранении стабильной социальной обстановки, стремился к разрешению конфликтных ситуаций мирным путем с учетом требований местного населения.

В кадровых вопросах Разрядный приказ должен был учитывать интересы дворян, добивавшихся назначения на воеводства и другие административные должности, и мнение общества, выражаемого в коллективных челобитных. Для достижения необходимого компромиса руководители столичного ведомства принимали во внимание различные условия. С одной стороны, изучались заслуги просителя должности, его рвение в полковой службе, материальное положение. С другой - имели значение содержание и форма коллективных челобитных населения. Особую значимость приобретали заверенные подписями („заручные") чело-

45 Там же. Д. 1413. Л. 281-285, 281об.

46 Там же. Оп. 17. Д. 98. Столпик 7. Л. 12, 12 об. Стрелецкие пятидесятники отмечали, что воевода грозит им кнутом, а также собирает стрелецких жен к смотру „незнаемо для чего".

47 Там же. Л. 32-37.

битные. В приказе вели подсчеты, сколько человек поставили подписи лично или попросили сделать это вместо себя, определяли к каким сословным группам населения относятся „приложившие руки". Все это оказывало влияние на принятие решения.

Для московских учреждений совместная петиция считалась веским аргументом в пользу или против того или иного администратора. С точки зрения центральных ведомств наиболее значимой являлась коллективная челобитная, поддержаная населением города и уезда – „всем городом".

Понятие „весь город" оставалось достаточно неопределенным. Коллективные челобитные активно использовались в борьбе противоборствующих внутригородских групп. Доводом одной из сторон служило то обстоятельство, что совместная челобитная их соперников подана не от всего „города", о ней не слышали люди, а писалась „на дворе" одного из жителей „немногими советниками". Такие челобитные называли „затейными", „воровскими", „составными". Для проверки обоснованности предъявленных в коллективной челобитной обвинений московские власти могли назначать повальный обыск, т. е. опрос представителей различных категорий населения, оформленный соответствующим протоколом. В ходе повального обыска выяснялось отношение населения к тому или иному администратору.

Коллективные челобитные свидетельствовали о сохранении влияния общества на местное управление во второй половине XVII века. Параллельно шел процесс бюрократизации и централизация местного управления. Важное значение для понимания изменений в местном управлении России в XVII в. имеют выводы Н.Ф. Демидовой, отметившей, в частности, „известное отставание на местах" процесса бюрократизации по сравнению с центром страны.[48] Тем не менее приказное начало усиливалось и в провинции - численность аппарата съезжих изб к концу XVII в. возросла. В Воронеже, например, в конце столетия в съезжей избе находилось от 13 до 15 подьячих.[49]

Крупной вехой в правительственной политике стал указ от 27 ноября 1679 г., согласно которому власть на местах сосредоточивалась в руках воевод. Другие должности местного управления - губных старост, горододельцев, сыщиков, ямских приказчиков, осадных голов, пушкарских голов, засечных голов, голов у житниц, присылаемых из Москвы сборщиков денег и хлеба - отменялись. Губных старост и других упомянутых должностных лиц разборщикам предлагалось записать в службу. В качестве обоснования такой меры называлась необходимость освободить городских и уездных людей от лишних тягостей в содержании упомянутых должностных лиц. Губные избы во всех городах надлежало сломать. Губное дело передавалось в ведение воевод. Губные подьячие переводились в

48 Демидова Н.Ф. Служилая бюрократия в России XVII в. и ее роль в формировании абсолютизма. М. 1987. С. 28.

49 Кузин К.И. Подьячие воронежской приказной избы XVII в. // Исторические записки. Научные труды исторического факультета ВГУ. Воронеж, 1999. Вып. 4. С. 18.

съезжие избы.[50] Другой указ от 27 ноября 1679 г. среди прочих ликвидировал губную повинность населения.[51]

Отношение к губным старостам, осадным головам, головам у житниц на местах было неоднозначным. Тем не менее, реформа 1679 г. ущемила местное дворянство. Для него должности местного управления означали возможность влиять на положение дел в своем уезде, альтернатива воеводской власти. Видимо, эти соображения повлияли, когда правительство Софьи Алексеевны в 1684 г. восстановило губных старост и другие отмененные в 1679 г. должности местного управления.

В коллективных челобитных служилых людей Белгородского полка в конце XVII в. высказывались диаметрально противоположные мнения по поводу губных старост. Мценские служилые люди добивались ликвидации должности воеводы и сохранения только губного старосты. Ефремовские помещики, напротив, просили ликвидировать пост губного старосты и оставить одного воеводу. Многое зависело от личности губного старосты или воеводы. В столице по этому вопросы велась борьба ведомств - Разряда, выступавшего за сосредоточение всей власти в руках воевод, и Разбойного приказа, стремившегося сохранить должность губного старосты на местах. Петр 1 поддержал Разряд - в 1698 г. в городах Белгородского полка должность губных старост была ликвидирована, а в 1702 г. - это произошло по всей стране.[52]

В XVI-XVII веках государство еще не имело возможности решать задачи местного управления, опираясь исключительно на бюрократический аппарат. Эти задачи возлагались на сословия. В местном управлении на разных уровнях принимали участие представители сословий. Они не только выполняли задачи, поставленные центром, но и сами оказывали воздействие на власть, высказывали свои требования и активно отстаивали их, используя доступные им легальные средства.

50 Полное собрание законов (ПСЗ). Т. 2. № 779. С. 219-220.

51 ПСЗ. Т. 2. № 780. С. 220. Указы от 27 ноября в более подробной редакции, чем опубликованные в ПСЗ, изложены в грамоте обоянскому воеводе, составленной в декабре 1679 г. См.: РГАДА. Ф. 210. Оп. 12. Стб. Белгородск. ст. Д. 939. Л. 349-351.

52 Глазьев В.Н. Вопрос о губных старостах в коллективных челобитных служилых людей городов Белгородского полка в конце XVII в. // Исторические записки: Научные труды исторического факультета ВГУ. Воронеж, 2000. Вып. 5. С. 26-34.

LIENS FAMILIAUX ET RESEAUX D'INFLUENCE DANS L'ADMINISTRATION LOCALE DE LA MOYENNE-VOLGA (XVIIe SIECLE)

ANDRE BERELOWITCH

Dans tout État centralisé, l'administration locale joue un rôle important, et même vital en temps de crise : celui d'intermédiaire entre le pouvoir central et la population de la région. Il faut faire accepter par celle-ci les décisions du souverain et des bureaux, les impôts et les réquisitions diverses (en travail ou en nature) exigés par la capitale. Il faut, dans la quasi-totalité des États de l'Europe moderne, vivre sur le pays sans excéder la patience des habitants. Il faut enfin, et c'est la tâche la plus délicate qui incombe à l'administrateur, savoir interpréter le sentiment local pour empêcher le gouvernement de commettre des erreurs fatales. C'est ainsi que, le 2 avril 1615, le gouverneur (*voevoda*) de Kazan', Michail Ivanovič Vorotynskij, interdit aux collecteurs envoyés de Moscou de percevoir l'impôt du quint (*pjatina*) auprès des Čuvaš et des Čeremis, de peur qu'ils se soulèvent. Le secrétariat des Ambassades (*Posol'skij prikaz*) lui donne raison dès le lendemain.[1]

Pour exercer cette double fonction, il faut bien sûr que les administrateurs disposent d'une certaine liberté de jugement vis-à-vis du pouvoir central comme vis-à-vis de leurs administrés. Rares toutefois sont les gouvernements qui apprécient l'indépendance de leurs serviteurs. Ils s'efforcent plutôt, en général, d'obtenir qu'ils résistent aux pressions de la population et s'abstiennent de considérer leur district comme leur propriété personnelle. Depuis plus d'un siècle, les historiens de la Russie sont d'accord pour souligner les précautions prises dans ce sens par les premiers Romanov. Moscou évitait de nommer à la tête d'une région les membres de l'aristocratie qui disposaient déjà d'un appui local, par exemple parce que leurs ancêtres avaient jadis régné sur la principauté, ou parce qu'ils y possédaient de vastes domaines. Les gouverneurs étaient rappelés au bout de deux ou trois ans, ce qui les empêchait de prendre racine dans la région et protégeait, dans une certaine mesure, les administrés des gouverneurs trop gourmands.

Enfin, si le plus souvent la capitale soutenait ses représentants dans les provinces, il lui arrivait aussi de prêter l'oreille aux plaintes de la population. Un édit, daté au plus tard du 10 août 1620, après avoir décrit en détail les abus de pouvoir des gouverneurs et de leurs agents, les pots-de-vin (*posuly*), les „étrennes" (*pominki*), le travail gratuit

1 S. B. VESELOVSKIJ Sem' sborov zaprosnych i pjatinnych deneg v pervye gody carstvovanija Michaila Fedorovica. Moskva, 1908. N°47, p.156-157 (rapport de Vorotynskij à Moscou) et n°48, p.157-158 (lettre du secrétariat des Ambassades aux collecteurs, leur ordonnant de laisser les Čuvaš et Čeremis de côté).

qu'ils extorquent à leurs administrés, menace les coupables de peines rigoureuses.[2] Ces menaces étaient quelquefois suivies d'effet : en 1623/24, Boris Ivanovič Puškin et Ivan Fedorovič Somov sont envoyés à Astrachan' „enquêter sur le prince, *bojarin* et gouverneur de la ville Ivan Fedorovič Chovanskij et sur son adjoint, le secrétaire Mark Pozdeev."[3]

Les secrétaires (*d'jaki*) étaient envoyés de Moscou pour assister, et probablement surveiller, le gouverneur, tout en assurant les tâches les plus techniques: comptabilité, correspondance, tenue des archives. Leur nomination obéissait à des règles analogues. Ces agents du pouvoir central étaient dans leur grande majorité recrutés parmi les roturiers ; ils étaient donc moins suspects de vouloir se tailler un petit État dans l'État. On prenait soin néanmoins de limiter leur séjour dans les villes de province : par exemple le secrétaire Dementij Obrazcov a siégé pendant douze ans (1622-1634) au Quartier de Novgorod (*Novgorodskaja čet'*) à Moscou, mais deux ans seulement à Nižnij-Novgorod.[4] N'étaient recrutés sur place que les sous-secrétaires (*pod'jačie*), bien que certains d'entre eux aient été envoyés de la capitale, et les agents subalternes de l'administration ; les uns et les autres restaient en fonctions pendant de longues années.

Des responsables élus par la population locale assuraient en outre une part importante des tâches administratives, phénomène qui se prête à deux interprétations contradictoires. L'une met l'accent sur l'autonomie des régions : la participation des habitants aux tâches d'intérêt public serait un élément démocratique du système, et l'on sait que les villes et les cantons du Pomor'e étaient prêts à payer fort cher ce privilège. L'autre voit dans ces „services" (*služby*) exigés des citadins les plus aisés une variante de la corvée seigneuriale: de cette manière, ni la perception de l'impôt, ni la gestion de l'octroi (*tamožnja*) ou du cabaret d'État ne coûtaient rien au gouvernement.[5]

Tous ces rouages auxiliaires de la machine administrative dépendaient entièrement du gouverneur, dont les pouvoirs n'ont fait que croître au cours du XVIIe siècle. Puisqu'il est nommé par Moscou, ainsi que ses principaux adjoints, le contrôle exercé sur la

2 Zakonodatel'nye akty Russkogo gosudarstva vtoroj poloviny XVI-pervoj poloviny XVII veka. Teksty. Leningrad, 1986. N° 98, p. 102. Dispositions analogues dans : Sobornoe Uloženie 1649 goda. Leningrad, 1987. Chapitre X, § 150.

3 Dvorcovye razrjady I. Sankt-Peterburg, 1850. Col.628. Chovanskij mourut à Astrachan' la même année.

4 Poste à Moscou : S. K. BOGOJAVLENSKIJ Prikaznye sud'i XVII veka. Moskva, 1946. P.94 [par la suite : BOGOJAVLENSKIJ]. À cette date, les quartiers de Novgorod et de Nižnij-Novgorod sont déjà confondus: le quartier de Nižnij-Novgorod a existé, semble-t-il, de 1601 (A. P. PAVLOV, Prikazy i prikaznaja bjurokratija, 1584-1605. Istoričeskie Zapiski, t. 116 (1988). P. 187-227, ici p. 193 [par la suite : PAVLOV] à 1619 (N. F. FILATOV Goroda i posady Nižegorodskogo Povolž'ja v XVII veke. Gor'kij, 1989. P.10). Poste à Nižnij-Novgorod : A. P. BARSUKOV Spiski gorodovych voevod i drugich lic voevodskogo upravlenija Moskovskogo gosudarstva XVII stoletija... Sankt-Peterburg, 1902. P. 149 [par la suite : BARSUKOV]. De même, André Šipov passe près de huit ans dans le même bureau qu'Obrazcov, mais un an seulement à Svijažsk (BOGOJAVLENSKIJ p. 93-94, BARSUKOV p. 203).

5 Bon exposé dans : FILATOV Goroda. P. 12-19.

province par le gouvernement central semble sans faille. C'est en tout cas ce qu'affirment la plupart des spécialistes qui ont étudié la question. En est-il bien ainsi?

Comme tous les stéréotypes, celui-ci est vrai dans une large mesure. Mais la réalité est probablement plus complexe, entre autres parce que les historiens de la Russie ont trop souvent adopté le point de vue du pouvoir central et utilisé les sources les plus accessibles, où le jeu obscur des intrigues et des luttes d'influence n'apparaît qu'exceptionnellement. Brian Davies a déjà montré qu'entre le gouverneur et ses administrés se nouent des liens de „parenté symbolique", au moyen notamment des „étrennes", rituellement offertes au *voevoda* et à toute sa maison, femme, enfants et serviteurs, à Noël, à Pâques, à la Saint-Pierre.[6] C'est pourquoi l'interdiction par le gouvernement des étrennes abusives reste lettre morte : la population, qui cherche à faire du gouverneur un membre d'honneur de la communauté urbaine, ne considère pas ces présents comme des pots-de-vin. C'est seulement lorsque le représentant de Moscou exige plus qu'ils ne sont prêts à donner que les habitants portent plainte.[7]

On peut se demander également si les nominations de gouverneurs et de secrétaires dans les villes de province échappaient autant qu'on le dit aux réseaux d'influence et aux pressions des intéressés, administrateurs ou administrés. Les candidats à un poste en province devaient, on le sait, présenter six mois à l'avance une demande au secrétariat de la Guerre[8] (*Razrjadnyj prikaz*). De leur côté, les communautés locales s'efforçaient d'influer sur le choix des gouverneurs : ainsi, les habitants d'Ufa demandent, à la fin des années 1640, le maintien en fonctions au-delà de sa troisième année du gouverneur Ja. F. Miloslavskij, qui „craignant Dieu [...] n'a infligé aux citadins ni dommages ni vexations, contrairement aux gouverneurs précédents". De la même façon, les mirzas, Tatars et étrangers de Kasimov demandent que soit nommé dans leur ville S. G. Čubarov.[9] Mais il s'agit là de démarches faites au grand jour, pour des raisons avouables. On peut supposer que c'est la partie émergée de l'iceberg et que les solidarités locales, la défense des intérêts acquis, les manœuvres visant à favoriser les membres de sa propre famille ou les clients d'un grand personnage jouaient un rôle beaucoup plus important.

6 Par exemple : Akty juridičeskogo byta t. III. Sankt-Peterburg, 1884. N°322/III, col.211-225 (1667-1668). Voir en dernier lieu : G. P. ENIN Voevodskoe kormlenie v Rossii v XVII veke. Rossijskaja nacional'naja biblioteka, Sankt-Peterburg, 2000.

7 BRIAN DAVIES The Politics of Give and Take : Kormlenie as Service Remuneration and Generalized Exchange, 1488-1726. In : Culture and Identity in Muscovy 1359-1584. Ed. By A.M. Kleimola and G.D. Lenhoff. Moscow, 1997. P. 39-67.

8 Vremennik OIDR, IV. P. 42 ; I. P. ERMOLAEV Srednee Povolž'e vo vtoroj polovine XVI-XVII vv. (Upravlenie Kazanskim kraem). Kazan', 1982. P. 125, 126 [par la suite : ERMOLAEV 1].

9 ERMOLAEV 1. P. 126. Aleksej Terent'evič Čubarov avait déjà été gouverneur de Kasimov en 1625/26 (BARSUKOV p. 96).

Données statistiques

Pour mettre cette hypothèse à l'épreuve, j'ai employé une méthode statistique. Supposons que les nominations soient décidées en toute indépendance, à l'abri de toute espèce de pression et sans aucune considération extérieure, comme par exemple les antécédents ou les attaches familiales des candidats – situation évidemment irréalisable, tout comme le „marché parfait" des économistes, qui ne connaît ni ententes illicites, ni monopoles. Nous pourrions observer alors une distribution totalement aléatoire entre les différentes familles nobles (il y en a 500 environ en 1627, probablement 1000 vers 1680) et les familles de secrétaires (une cinquantaine de familles en 1627, 100 environ vers 1680).[10] Si, au contraire, nous constatons que certains noms de famille seulement apparaissent, alors que d'autres sont exclus de la liste, si de surcroît certaines familles sont abondamment représentées (les noms se grouperont alors en paquets ou *clusters*), il sera légitime d'admettre que le choix des autorités a été biaisé par différents facteurs qu'il faudra analyser cas par cas.

J'ai choisi pour effectuer l'expérience la zone de la Moyenne-Volga, en y incluant, sans tenir compte des limites de districts (*uezd*), deux grandes villes d'importance nationale, Nižnij-Novgorod et Kazan', et une trentaine d'agglomérations plus petites, dont certaines ne sont que des fortins.[11] J'ai relevé, dans l'ouvrage d'Aleksandr Barsukov,[12] tous les noms d'administrateurs (gouverneurs, secrétaires, sous-secrétaires et autres) dans l'ordre alphabétique des villes et dans l'ordre chronologique des nominations. J'ai obtenu ainsi une liste de 612 noms. Elle est forcément incomplète : Barsukov ne donne parfois que quelques noms pour tout le XVIIe siècle, surtout lorsqu'il s'agit de petites villes. Les recherches poursuivies dans ce domaine depuis 1908 permettraient de combler certaines lacunes. Si je n'ai pas cherché à le faire, c'est parce que mon but était d'évaluer une probabilité, non de mettre à jour les données de Barsukov.

Une fois classée alphabétiquement par l'ordinateur, la liste fait apparaître des paquets de noms, correspondant à autant de familles,[13] selon la distribution ci-dessous :

10 Les chiffres de 1627 ont été obtenus par comptage à partir de : Bojarskaja kniga 1627 g. Moskva, 1986 [par la suite : BK 1627] ; ceux de 1680 par extrapolation, compte-tenu des effectifs globaux de la noblesse de cour (qui ont plus que doublé) et des secrétaires, qui ont augmenté de 50% environ. Les sous-secrétaires, peu nombreux du reste, mentionnés par Barsukov appartiennent très souvent à des familles de secrétaires.

11 Arzamas, Balachna, Elat'ma, Gorodec, Gorochovec, Jur'evec Povolžskij, Kadom, Kasimov, Lyskovo, Murom, Saransk, Šack, Temnikov (région de Nižnij Novgorod) ; Alaty, Alatyr', Arsk, Carevo-Kokšajsk, Čeboksary, Civil'sk, Jadrin(o), Kokšajsk, Koz'modem'jansk, Kurmyš, Lajšev, Nižnij Lomov, Simbirsk, Svijažsk, Šešminsk, Tetjuši, Uržum, Vasil', Verchnij Lomov (région de Kazan'). Les villes de Jadrino, Kurmyš, Vasil' pourraient aussi bien être incluses dans la sphère d'influence de Nižnij Novgorod.

12 BARSUKOV.

13 Voir en annexe la liste des familles qui comptent deux administrateurs ou plus dans la Moyenne-Volga au XVIIe siècle.

Nombre d'occurrences du même nom	1	2	3	4	5	6	9	10	11	Total
Nombre de familles dans ce cas	269	55	31	16	6	1	1	2	1	382
Nombre d'administrateurs dans cette catégorie	269	110	93	64	30	6	9	20	11	612
Proportion de cette catégorie en % du total	43.9	18	15.2	10.4	4.9	1	1.5	3.3	1.8	100

À première vue, la liste confirme la justesse des vues généralement admises sur la question qui nous occupe : dans leur très grande majorité, les administrateurs n'ont été nommés qu'une seule fois dans la région de la Moyenne-Volga. C'est pourquoi l'écart est si faible entre le nombre total des personnages cités (612) et celui des nominations[14] (655). De même, une grande partie de la noblesse du XVIIe siècle se retrouve parmi les administrateurs de la région.[15] Les autorités ont donc réussi, dans l'ensemble, à empêcher l'existence de tout lien personnel et durable entre les gouverneurs et leurs administrés.

Mais elle confirme également la validité de mon hypothèse: si les 656 nominations correspondant à ces 612 noms avaient été distribuées de façon aléatoire entre 1000 familles nobles et 100 familles de secrétaires, les paquets de noms auraient dû être l'exception. Ce premier résultat justifie donc une analyse plus poussée, à partir de sources différentes, qui pourront révéler les attaches de nos personnages avec la région.

La liste elle-même, en effet, n'est utile que comme point de départ, car les données qu'elle contient peuvent être trompeuses. La présence d'un grand nombre d'administrateurs appartenant à une même famille pourrait nous faire supposer que celle-ci est étroitement liée à la Moyenne-Volga. C'est le cas des Buturlin (9 noms), des Dolgorukij et des Šachovskoj (10 noms chaque fois), des Pleščeev (11 noms, dont un Meškov- et un Očin-Pleščeev). Mais il faut se souvenir que les Buturlin, les Dolgorukij, les Pleščeev (les Šachovskoj sont un peu moins prolifiques) se comptent par dizaines dans l'index des *Dvorcovye razrjady*. Leur importance dans la Moyenne-Volga, qui n'était qu'une des régions d'affectation possibles, reflète davantage la démographie du clan que d'éventuels intérêts locaux. Inversement, certains noms qui n'apparaissent qu'une fois sont ceux de lignages très connus dans la région, comme les Čubarov (voir plus haut), les Boltin, les Domožirov, dont il sera question plus loin.

14 Certains personnages ont été nommés plusieurs fois à des postes d'administration locale dans la Moyenne-Volga, soit dans des villes différentes, soit dans la même ville à des moments différents.

15 Parmi les absents, on peut citer des familles de premier plan, mais qui ne comptent plus au XVIIe siècle que quelques représentants (les princes Bujnosov-Rostovskij, Kašin, Katyrev-Rostovskij, Mortkin, Šujskij, Teljatevskij, Turenin, Trostenskoj, Vadbal'skij et les Dalmatov-Karpov) et des familles de noblesse moyenne (Begičev, Bel'skij, Blagovo, Čemodanov, Jakovlev, Karamyšev, Ljapunov, Miljukov, Palicyn, Verderevskij, Zjuzin). C'est peut-être un hasard si aucun des princes Chvorostinin, Prozorovskij, Pronskij, Repnin, Rostovskij et Sulešev, des Šein, des princes Vjazemskij et Zasekin n'a été nommé dans la Moyenne-Volga.

Il faut, de plus, tenir compte de la différence de statut entre les villes: il était impensable de nommer à la tête d'une cité comme Nižnij-Novgorod, Kazan' ou même Svijažsk[16] un petit gentilhomme campagnard, et de fait les gouverneurs appartiennent pour la plupart à des familles très connues.[17] De même, les petites villes comme Carevosančursk, Čeboksary, Tetjuši étaient en général confiées à des membres de la petite et moyenne noblesse, souvent originaires de la région.[18] D'autres villes encore présentent une situation intermédiaire : à Kurmyš, à Civil'sk, les gouverneurs sont tantôt des représentants de la noblesse de Moscou, tantôt des rejetons des lignages locaux.[19]

On rencontre toutefois des exceptions à cette règle générale: ainsi, Michail Michajlovič Saltykov est en poste à Čeboksary de 1626 à 1629/30. Mais c'est qu'il est en disgrâce pour avoir calomnié la malheureuse Marija Chlopova.[20] Même une nomination à Kazan' ou Nižnij-Novgorod pouvait être due au désir de se débarrasser d'un personnage gênant : c'est ainsi que le tsar Vasilij Šujskij envoie en exil à Kazan', avec le poste de gouverneur en second, l'ancien favori d'Ivan le Terrible, puis du Faux Dimitri, Bogdan Jakovlevič Bel'skij.[21] Le plus souvent, toutefois, un séjour de deux ou trois ans dans une grande ville comme Nižnij-Novgorod, riche et relativement proche de la capitale,[22] constituait une récompense pour services rendus ou permettait aux nobles désargentés de sortir de la misère.[23]

Les nominations de secrétaires doivent, elles aussi, être interprétées avec précaution, à la fois parce que leur généalogie est mal connue et parce que la mobilité géographique était pour eux, plus encore que pour les nobles, une obligation professionnelle. Enfin, les noms trop répandus (Dmitriev, Ivanov, Mixajlov, Petrov, Stepanov...) ont été le plus

16 Elles comptaient respectivement environ 2000, 598 et 373 feux au début du XVIIe siècle, selon M. N. TICHOMIROV Rossija v XVI stoletii. Moskva, 1962. P. 442, 503, 481. Cependant, le cadastre de Nižnij-Novgorod, réalisé en 1621-1622 donne un total de 862 feux taillables et 976 individus [mâles adultes], sans compter il est vrai les privilégiés exempts d'impôts et les indigents (Russkaja istoričeskaja biblioteka, t.17/I. Col. 190 [par la suite : RIB 17/I]).

17 BARSUKOV, p. 86-89 (Kazan'), 149-151 (Nižnij-Novgorod), 203-204 (Svijažsk).

18 Ibidem, p. 266-267 (Carevosančursk), 279 (Čeboksary), 234 (Tetjuši).

19 Ibidem, p. 120-121 (Kurmyš), 268-269 (Civil'sk).

20 S. M. SOLOV'EV Istorija Rossii s drevnejšich vremen. In : Sočinenija, vol.5. Moskva, 1990. T.V, livre X, chapitre III, p. 120-122.

21 Ibidem. Vol.4, Moskva 1989. T.IV, livre VIII, chapitre IV, p. 451. Il est à Kazan' au plus tard le 4 mars 1607, comme le montre une lettre du tsar adressée aux gouverneurs, dont Bel'skij (I. P. ERMOLAEV Kazanskij kraj vo vtoroj polovine XVI-XVII vv. Chronologičeskij perečen' dokumentov. Kazan', 1980. N°327, p. 55 [par la suite : ERMOLAEV 2]). Il y est tué le 7 mars 1611 (V. I. KORECKIJ, M. P. LUKIČEV, A. L. STANISLAVSKIJ Dokumenty o nacional'no-osvoboditel'noj bor'be v Rossii v 1612-1613 gg. In : Istočnikovedenie otečestvennoj istorii. Moskva, 1989. P. 242.

22 „Nov gorod nižnij – sosed Moskve bližnij" (L. N. PUŠKAREV Poslovicy v zapisjach XVII v. kak istočnik po izučeniju obščestvennych otnošenij. In : Istoričeskie zapiski. T. 92 (1973) p. 312-332. Ici, p. 318).

23 Cf. ANDRE BERELOWITCH La hiérarchie des égaux. La noblesse russe d'Ancien Régime (XVIe – XVIIe siècles). Paris, 2001. P. 204.

souvent laissés en dehors de l'analyse, parce que les homonymes dans ce cas peuvent appartenir à des familles différentes.

Modèles d'explication

La variété même des situations exclut toute interprétation d'ensemble. L'analyse des cas, un par un, nous amène plutôt à proposer plusieurs modèles d'explication, qui pourraient rendre compte non pas du fonctionnement normal de l'institution, mais des exceptions : nomination d'un personnage à plusieurs postes dans la même région, ou à un même poste à des moments différents; nomination successive ou simultanée de membres d'une même famille; liens de parenté entre les responsables des bureaux à Moscou et les gouverneurs envoyés en province ; petites villes réservées tacitement à la noblesse locale.

La limitation à deux ou trois ans des fonctions du gouverneur dans une même ville présentait un inconvénient majeur: l'expérience acquise sur place n'était pas réutilisée. Moscou semble avoir eu conscience du problème, puisque certains administrateurs étaient transférés d'une ville à l'autre dans le cadre plus large de la région.[24] Ainsi, Fedor Vasil'evič Bobriščev-Puškin, après avoir gouverné Temnikov (1615) passe à Jadrino en 1619/20. Nikifor Semenovič Bibikov quitte Civil'sk (1615) pour Arsk (1617/18). Foma Konstantinovič Beklemišev, *voevoda* d'Arzamas en 1655, est nommé à Elat'ma dix ans plus tard. Le prince Ivan Ivanovič Daškov gouverne d'abord Alatyr' (1663), puis Simbirsk, plus important (1665-1670). Le prince Michail Ivanovič Meščerskij commence par Jadrino (1645-1647) et finit par Civil'sk (1651). Ivan Bogdanovič Miloslavskij, parent de Marija Il'inična qui a épousé le tsar Alexis en 1648, est nommé d'abord à Simbirsk (1670), puis à Kazan' (1674-1677). Le sous-secrétaire Danilo Petrov, d'abord employé à Arzamas (1626-1629), est ensuite transféré à Temnikov[25] (1629-1632/33). L'expérience de Vasilij Aleksandrovič Koržbok-Stolpin est, semble-t-il, très appréciée, puisqu'il est nommé successivement à trois postes dans la Moyenne-Volga : Svijažsk (1629), Nižnij-Novgorod (1632-1633) et Uržum (1644-1647).

Le phénomène est plus évident encore lorsqu'un gouverneur est nommé deux fois de suite dans la même ville : Ivan Gavrilovič Bobriščev-Puškin à Kasimov (1619-1620, puis 1626), le prince Danilo Afanas'evič Borjatinskij à Kazan' (1682, 1689). Fedor Vasil'evič (Klepikov) Buturlin, d'abord gouverneur en second à Kazan' de 1639 à 1641, devient gouverneur principal (*bol'šoj voevoda*) de 1657 à 1659. Fedor Fedorovič Lichačev, secrétaire du Conseil (*dumnyj d'jak*), est nommé dans cette même ville en 1613-1615, et derechef en 1618-1619. Stepan Kozodavlev donna apparemment satisfaction à Arzamas – ce qui n'était guère facile dans cette ville rebelle en 1612-1614 –

24 Tous les exemples qui suivent sont tirés de BARSUKOV. Désormais, les nominations seront indiquées sans référence, sauf lorsqu'elles sont puisées à une autre source.

25 S.B. VESELOVSKIJ D'jaki i pod'jačie XV-XVII vv. Moskva, 1975. P. 410 [par la suite : VESELOVSKIJ].

puisqu'on l'y retrouve, toujours comme secrétaire, en 1616-1617. Boris Ivanovič Naščokin sert à Nižnij-Novgorod en 1614-1619, puis en 1642.

On le voit, si la compétence des gouverneurs, la connaissance qu'ils avaient acquise d'une ville ou d'un district, ne faisaient pas partie des principaux critères de choix du gouvernement, il lui arrivait cependant d'en tenir compte. Les quelques exemples cités témoignent de ce qu'on peut considérer comme une ébauche de spécialisation régionale.

Cette impression se renforce lorsqu'on confronte la liste des gouverneurs et secrétaires nommés en province avec celle des juges[26] (*sud'i*) qui ont siégé au XVIIe siècle dans les secrétariats (*prikazy*) à compétence régionale chargés d'administrer la Moyenne-Volga. Il s'agit essentiellement du Quartier de Novgorod, déjà cité, et du secrétariat du palais de Kazan' (*prikaz Kazanskogo dvorca).*[27] Les concordances de noms sont trop frappantes et trop nombreuses pour être entièrement dues au hasard.[28]

Ainsi, Abram Koščeev, après avoir siégé au Quartier de Novgorod en 1670, est envoyé comme secrétaire à Kazan' de 1675 à 1677. C'est également le cas de Pjatyj Spiridonov, d'abord juge au secrétariat du palais de Kazan' (1642-1647), puis secrétaire à Kazan' de 1653 à 1656, d'Ivan Sukin (sous-secrétaire au secrétariat du palais de Kazan' en 1604, secrétaire à Alatyr' en 1614-1615), de Vasilij Nikitin, affecté au Quartier de Novgorod (1678-1679) puis à Nižnij-Novgorod (1679-1682). Andrej Šipov a été évoqué plus haut. En sens inverse, on peut citer Dementij Obrazcov (voir ci-dessus) et Afanasij Evdokimov : secrétaire à Kazan' en 1606-1608, puis en 1611, il est nommé au secrétariat du palais de Kazan' de 1613 à 1615. Il reçoit un domaine en précaire (*pomest'e*) dans le district de Nižnij-Novgorod en 1611, en possède un autre à Alatyr' (1613). Il se confond peut-être avec Afanasij Istomin, dont la trajectoire est analogue : secrétaire à Kazan' (1614/15-1616/17) puis au secrétariat du palais de Kazan' (1620, 1622-1623). Afanasij Tašlykov, d'abord administrateur local (Kazan', 1659-1661, 1668-1669), est nommé juge à Moscou (secrétariat du palais de Kazan', 1672-1677).

Il n'a été question jusqu'à présent que de secrétaires. Mais les gouverneurs nobles ne font pas exception : le prince Boris Michailovič Lykov, qui dirige Kazan' de 1620 à 1622, siège ensuite au secrétariat du palais de Kazan' (1634-1643). De même, le prince

26 Rappelons que tout responsable administratif important était en même temps investi du droit de juger ses administrés.

27 Le Quartier de Novgorod administrait (*vedal*) les villes d'Arzamas, Gorochovec, Jaransk (1637, 1645, 1647, 1677-1679), Nižnij-Novgorod, le secrétariat du palais de Kazan' – Alaty, Alatyr', Arsk, Atemar, Carevo-Kokšajsk, Carevo-Sančursk, Civil'sk, Čeboksary, Jadrin(o), Jaransk (1645, 1662), Kadom, Kazan', Kasimov, Koz'modem'jansk, Kurmyš, Lajšev, Saransk, Simbirsk, Sviažsk, Šack, Šešminsk, Temnikov, Tetjuši, Uržum, Vasil', Verchnij Lomov, selon ALEKSANDR SERGEEVIČ LAPPO-DANILEVSKIJ Organizacija prjamogo obloženija v Moskovskom gosudarstve so vremeni smuty do ėpochi preobrazovanij. Sankt-Peterburg, 1890. P. 543-544, 547-548. Mais la liste qu'il publie n'est qu'une esquisse, où certaines villes figurent plusieurs fois sous des orthographes différentes (Jaransk, Erensk). Du reste, les villes changeaient souvent de secrétariat.

28 Voir en annexe la liste des noms de juges que l'on retrouve dans la liste des administrateurs locaux. Dans les paragraphes suivants, toutes les données sont extraites de BARSUKOV et de BOGOJAVLENSKIJ, sauf mention contraire.

Ivan Michailovič Vorotynskij, nommé à Kazan' une première fois (1613-1615), puis une seconde en 1618-1619, revient ensuite à Moscou, au secrétariat du palais de Kazan' (1619-1624). La carrière administrative du prince Aleksej Jur'evič Sickij est plus complexe : gouverneur de Šack en 1600, il est juge au secrétariat du palais de Kazan' (1614-1619), puis repart dans la Moyenne-Volga, gouverner Kazan' (1629).

Dans tous les cas que je viens d'énumérer, l'explication la plus simple des coïncidences constatées est que l'expérience acquise dans les bureaux de Moscou a été ensuite mise à profit pour gouverner une des villes que l'on avait d'abord administrées de loin, et vice-versa. Nous ne pouvons d'ailleurs exclure totalement le jeu du hasard. Mais le plus souvent les concordances ne concernent pas seulement l'individu : elles englobent aussi: les membres de sa famille.

Michail Michailovič Saltykov I († 1608) a dirigé le Quartier de Novgorod de 1599/1600 à 1604.[29] Son cousin issu de germain, Ivan Nikitič, a siégé au secrétariat du palais de Kazan' en 1610. Le fils de Michail Michailovič I, Michail Michailovič II († 1671), reçoit un domaine en précaire à Arzamas[30] (1612). Ses gages (*denežnoe žalovanie*) lui sont versés par le Quartier de Novgorod[31] in 1615. Parent et favori du jeune tsar Michel Romanov, il est envoyé en disgrâce dans sa campagne, puis nommé gouverneur de Čeboksary (1626-1630, voir ci-dessus). Amnistié, il est rappelé à la cour, retrouve ses biens et ses dignités, et revient dans la Moyenne-Volga comme gouverneur de Kazan' (1653-1656). On peut supposer que les relations nouées par le père au Quartier de Novgorod ne sont pas étrangères au déroulement de la carrière du fils. Si l'on ajoute que le fils de Michail Michailovič II, le *bojarin* Petr Michailovič, possède un hôtel (*dvor*) à Nižnij-Novgorod en 1678,[32] et que d'autres Saltykov, cousins éloignés de Michail Michailovič II, ont également été nommés dans cette région (Aleksandr Petrovič, Nižnij-Novgorod 1663-1665 ; Ivan Ivanovič, Šack, 1629 ; Lavrentij Dmitrievič, Nižnij-Novgorod, 1647), on peut conclure qu'il existe entre le clan Saltykov et la Moyenne-Volga des liens réels, qu'il est difficile toutefois de préciser en l'absence d'une étude approfondie.

L'intérêt des Chitrovy pour la région est sans doute moins marqué. Cependant, le célèbre Bogdan Matveevič, un des favoris du tsar Alexis, est mentionné parmi les responsables du secrétariat du palais de Kazan' en 1661. Il possède un domaine en précaire dans le district de Carevosančursk[33] et deux hôtels à Nižnij-Novgorod en 1678.[34] Ivan Sevast'janovič l'aîné, son neveu, siège au Quartier de Novgorod en 1670-1671 Son autre neveu, Aleksandr Sevast'janovič, a été gouverneur de Sviažsk en 1659. Un cousin

29 PAVLOV, p. 193.

30 S. B. VESELOVSKIJ, éd. Arzamasskie pomestnye akty. Čtenija OIDR 1916 (1). N°323, p. 427-428.

31 Russkaja istoričeskaja biblioteka, 28. Col. 261.

32 RIB 17/I, col. 364. Données généalogiques : PETR VLADIMIROVIČ DOLGORUKOV Rossijskaja rodoslovnaja kniga. Sankt-Peterburg, 1854-1857. T.II, p. 68 ; cousinage avec les Romanov : N. V. MJATLEV Rodoslovnye zametki, IV. Letopis' istoriko-rodoslovnogo obščestva v Moskve, III (1907), vypusk 4 (12), p. 10-16.

33 ERMOLAEV 1, p. 133.

34 RIB 17/I, col. 363, 366.

plus éloigné, Jakov Timofeevič, a gouverné Kazan' en 1659-1661. Le panetier (*stol'nik*) Ivan Semenovič, autre cousin, reçoit l'ordre, le 18 mai 1670, d'administrer, de concert avec le secrétaire Efim Jur'ev, les villes situées sur le territoire du Quartier de Novgorod, mais qui relèvent du secrétariat des Ambassades (Romanov, Kasimov, Elat'ma, etc.)[35]

Le secrétaire Pavel Matjuškin est juge au Quartier de Nižnij-Novgorod en 1601-1602 ;[36] son fils, Ivan Pavlovič, devenu gentilhomme de Moscou[37] (*moskovskij dvorjanin*) après avoir été page (*žilec*), gouverne successivement Civil'sk (1626-1627), puis Šack (1634). Maksim Grigor'evič Matjuškin demande en 1615 un domaine en précaire dans le district de Nižnij-Novgorod.[38]

Ivan Michailovič Miloslavskij, lui aussi responsable du Quartier de Novgorod (1677-1680), possède un hôtel à Nižnij-Novgorod en 1678. C'est également le cas d'Il'ja Danilovič, le beau-père du tsar Alexis.[39] Bogdan Emel'janovič Miloslavskij gouverne Jadrino en 1633, son fils Ivan Bogdanovič – Simbirsk, en 1670 (pour combattre les partisans de Stepan Razin), et Kazan' en 1674-1677. Il achète en 1668 à sa cousine Anna Il'inična, veuve de Boris Ivanovič Morozov, un domaine en patrimoine (*votčina*) dans le district de Nižnij-Novgorod.[40] Ilarion Semenovič, enfin, gouverneur de Simbirsk en 1659, est en même temps propriétaire terrien dans le district de Nižnij-Novgorod en 1690.[41]

On le voit, les familles aristocratiques entretiennent des liens beaucoup plus complexes et multiformes avec la Moyenne-Volga que les familles de secrétaires, ce qui n'a d'ailleurs rien de surprenant. Ainsi, le prince Vladimir Timofeevič Dolgorukij, devenu en 1625 le beau-père du tsar Michel Romanov, gouverne Kazan' de 1615 à 1617. Son cousin germain, Aleksej Grigor'ievič „le Diablotin" (*Čertenok*), est nommé à Svijažsk en 1624. Des trois fils d'Aleksej, l'un, Dmitrij, sera lui aussi gouverneur de Kazan' (1659-1651), l'autre, Jurij Alekseevič, prendra la direction du secrétariat du palais de Kazan' (1663-1670, 1679). Des trois petits-fils du „Diablotin", l'un, Vladimir Dmitrievič est à son tour, gouverneur de Kazan' (1684) et possède un hôtel à Nižnij-Novgorod en 1678.[42] L'autre, Michail Jur'evič, succède à son père Jurij Alekseevič à la tête du secrétariat du palais de Kazan' de 1670 à 1680, puis gouverne la ville elle-même en 1687-1688. En revanche, je n'ai pu découvrir, au cours d'une recherche sommaire, il est vrai, de possessions foncières des Dolgorukij dans la Moyenne-Volga.

Les princes Odoevskij, de façon plus modeste puisque deux générations seulement sont en jeu, donnent un autre exemple de l'hérédité de fait des offices dans les grandes

35 VESELOVSKIJ, p. 594, article „Jur'ev Efim".
36 PAVLOV, p. 193.
37 BK 1627, f.211, p. 105.
38 D.V. LISEJCEV Posol'skij prikaz v êpochu Smuty. Moskva, 2003. P. 349.
39 RIB 17/I, col. 365, 368.
40 Nižnij-Novgorod v XVII veke. Sbornik dokumentov, Gor'kij, s.d. [1961]. P. 337, §40 [par la suite : NN XVII].
41 Ibidem, p. 340, §65. Généalogie des CHitrovy : A.B. LOBANOV-ROSTOVSKIJ Russkaja rodoslovnaja kniga. T.1, Sankt-Peterburg 1895. P. 382-383, 454, n°52, 58, 66, 70, 74.
42 RIB 17/I, col. 366.

familles. Nikita Ivanovič préside le secrétariat du palais de Kazan' de 1643 à 1646, puis devient gouverneur de Kazan' (1651-1653). Son fils Jakov Nikitič passera dans le secrétariat à peu près le même temps que son père (1670-1671, 1681-1683) ; il possède en 1678 deux hôtels à Nižnij-Novgorod[43] et des terres dans le district.[44]

Certaines nominations semblent avoir été conçues spécialement à la demande des familles. Ainsi, le prince Vladimir Ivanovič Bachtejarov-Rostovskij[45] est gouverneur de Nižnij-Novgorod de 1613 à 1616 ; pendant ce temps, son fils Petr Vladimirovič administre Arzamas (1614-1616), puis Svijažsk (1617-1619). De même, trois membres de la famille Golovin sont nommés dans la région au début du siècle : Petr Petrovič II († 1627) à Civil'sk (1602) et Nižnij-Novgorod (1619-1620), son cousin Fedor Vasil'evič († 1625) à Carevo-Kokšajsk (1602), son neveu Ivan Nikitič à Civil'sk, comme son oncle (1620). En 1648, deux cousins Čeglokov, Petr Aleksandrovič et Sergej Ivanovič, sont affectés respectivement à Svijažsk et Kurmyš. Vers le milieu du siècle, on ne manque pas de Bestužev dans la Moyenne-Volga : Nikita Dmitrievič est à Šack (1645-1647), Ivan Nikiforovič à Kadom (1651) tandis qu'Ignatij Nikitič gouverne Murom (1651), Grigorij Ivanovič – Arzamas (1666-1668) et Tixon – Civil'sk (1670).

C'était du reste pratique courante que d'envoyer les jeunes serviteurs du tsar escorter leurs parents plus âgés dans leurs missions diplomatiques ou militaires : lorsque le prince Michail Petrovič Borjatinskij et Ivan Čičerin partent en Perse en qualité d'ambassadeurs, ils obtiennent d'emmener leurs neveux ;[46] en 1660, Ivan, fils de Fedor, Buturlin et le prince Nikita, fils d'Ivan, Priimkov-Rostovskij reçoivent l'ordre d'accompagner leurs pères respectifs à l'armée.[47]

On devine que la spécialisation régionale, toute relative du reste puisque la plupart des personnages cités ont également servi dans d'autres parties de la Russie, ne revêt pas toujours le même aspect. Au départ, les autorités utilisent incontestablement l'expérience des affaires que le gouverneur ou le secrétaire ont pu accumuler: c'est pourquoi certains responsables de secrétariat restent en fonctions pendant dix ans et davantage. Mais ce premier contact avec la région, le plus souvent fortuit d'ailleurs (les Miloslavskij, par exemple, sont originaires de Roslavl'), devient progressivement, surtout lorsqu'il s'agit de puissantes familles de la noblesse, une source d'enrichissement et d'influence, un véritable patrimoine héréditaire. À la faveur des relations établies, tant dans la bureaucratie de la capitale que dans les villes de province, le clan va acquérir des hôtels dans les grandes villes, des terres dans les districts de la Moyenne-Volga, plus fertiles que les sols gris du Nord-Est. Il va procurer à ses rejetons les postes prestigieux (gouverneur de Kazan' ou de Nižnij-Novgorod), aux parents éloignés, appartenant à des branches moins illustres, à ses clients aussi – le gouvernorat des petites villes

43 Ibidem, col. 362, 369.

44 NN XVII, p. 340, §72 (1692).

45 Déjà, son père Ivan Fedorovič „Nemoj“ avait été exilé à Kazan' en 1565 (A.P. PAVLOV Gosudarev dvor i političeskaja bor'ba pri Borise Godunove. Sankt-Peterburg, 1992. P. 155).

46 Opisanie dokumentov i bumag, chranjaščichsja v byvšem archive Ministerstva Justicii (MAMJu). T.20/I, Moskva, 1921. P. 64 (1618).

47 Akty, otnosjaščiesja do juridičeskogo byta drevnej Rossii, t. III. Sankt-Peterburg, 1884. N° 289, col. 67.

de la région. Il tâchera d'obtenir, pour ses protégés, un poste point trop éloigné de leurs domaines.[48] Le clan, acteur principal de la société russe du XVIIe siècle, envahit la sphère de l'administration locale comme le reste de la vie publique.

Le point de vue des familles de la région est tout à fait différent. Il ne s'agit pas, pour elles, de prendre pied dans la Moyenne-Volga en y acquérant des terres, mais de réussir, en s'appuyant sur leur influence locale et leurs éventuelles relations moscovites, à faire nommer leurs membres à des postes de gouverneurs ou, plus rarement, d'employés plus ou moins haut placés dans les bureaux de la capitale.

Ainsi, Andrej Nemirov, originaire de Nižnij-Novgorod, est recruté en 1643 dans le secrétariat du Grand Palais (*prikaz Bol'šogo dvorca*), puis des Ambassades.[49] De 1664 à 1667, il est secrétaire qu secrétariat du palais de Kazan'. Grigorij Vasil'evič L'vov (qu'il ne faut pas confondre avec les princes du même nom), originaire de Kazan', est recruté en 1615/16 par le secrétariat des Ambassades.[50] De 1637 à 1643, tout en continuant à y travailler, il est également responsable du Quartier de Novgorod. Il est peut-être le fils de Vasilij L'vov, sous-secrétaire à Civil'sk en 1624. Andrej L'vov, qui possède en 1643 un domaine en précaire dans le district de Kazan', est peut-être un de ses parents, ainsi que Vasilij fils de Potap, que l'on voit en 1690 s'engager à rendre la femme d'un serf à son propriétaire, et restituer officiellement, en 1693, des prés de fauche à divers membres du haut clergé de la région.[51]

J'ai déjà évoqué la carrière de Dementij Obrazcov au sein du Quartier de Novgorod, carrière qui ne peut être comprise que si l'on tient compte de ses attaches à Nižnij-Novgorod. Après les deux ans passés à administrer la ville, il est chargé, avec Dmitrij Vasil'evič Lodygin[52] et Vasilij Ivanovič Poltev, d'en établir le cadastre[53] (1621-1622). Ce document, qui décrit, rue par rue, toutes les parcelles et les bâtiments qui composent Nižnij-Novgorod, fournit de surcroît (c'est son véritable but) une estimation des revenus, formulés au moyen d'une matrice.[54] Ses auteurs ont forcément acquis, au cours de

48 Cf. A.A. NOVOSEL'SKIJ Votčinnik i ego chozjajstvo v XVII veke. Moskva-Leningrad, 1929. P. 8-9 : Andrej Il'ič Bezobrazov cherchait à ne pas trop s'éloigner de ses domaines, notamment de son bien-aimé Spasskoe (district de Borovsk), d'où il recevait ses provisions et où il allait se livrer aux plaisirs de la chasse.

49 VESELOVSKIJ, p. 360.

50 LISEJCEV POSOL'SKIJ PRIKAZ, p. 352-353.

51 ERMOLAEV 2, n° 671, 1392, 1468-1469.

52 Le gentilhomme de Moscou Dmitrij Vasil'evič Lodygin, quant à lui, reçoit le 14 juin 1622, donc pendant qu'il établit le cadastre de Nižnij-Novgorod, ou peu de temps après son achèvement, un domaine en précaire dans le même district (BK 1627, f. 173v°, p. 75) ; il possède un hôtel en ville (RIB, 17/I, col. 70-71 ; mais le nom de son père n'est pas indiqué). Trois membres de sa famille sont nommés dans la Moyenne-Volga au cours du siècle : Gavrilo Vasil'evič Lodygin est gouverneur de Temnikov (1629-1630), Fedor Ivanovič – d'Alatyr' (1630-1632), Danilo Ivanovič de Nižnij-Novgorod (1645-1647). Mais il ne s'agit plus là de représentants de la noblesse locale.

53 RIB, 17/I, col. 1.

54 Ce cadastre, publié dans RIB, 17/I, se rapproche des „estimes" du Moyen Age occidental. Le niveau de revenu est exprimé en unités monétaires (par exemple, 1 altyn = 0,03 rouble), qui

ces deux années, une connaissance détaillée et précise de la ville. Au Quartier de Novgorod, Obrazcov rencontre Baim Fedorovič Boltin,[55] à l'origine petit gentilhomme (*syn bojarskij*) d'Arzamas, nommé secrétaire en 1627 et qui restera au Quartier jusqu'en 1631. Son parent, Ždan Petrovič Boltin, est un gentilhomme choisi (*vybornyj dvorjanin*) de Nižnij-Novgorod.[56] Il possède des terres dans le district[57] et un hôtel en ville, „qui est depuis longtemps dans la famille."[58] Les Boltin sont nombreux dans la région, où ils font figure de notables.[59] Il n'est donc pas étonnant de trouver Ždan gouverneur de Kokšajsk de 1625 à 1630.

Les princes Bolchovskij, originaires de Lituanie, sont déjà établis vers 1550 dans la Moyenne-Volga : cinq d'entre eux, fils de Vasilij et d'Il'ja, sont enregistrés à Murom.[60] Par la suite, on retrouve Fedor Ivanovič à Murom, avec une dotation foncière (*zemel'noj oklad*) de 400 arpents (*četi*) en 1588/89, tandis qu'Ivan Dmitrievič a 500 arpents à Nižnij-Novgorod (1602/03).[61] C'est ce qui explique que plusieurs membres du clan aient été nommés gouverneurs dans la Moyenne-Volga : Ivan (peut-être Ivan Dmitrievič) à Šack (1602), Ivan Fedorovič à Tetjuši (1614) et Koz'modem'jansk (1615), Vasilij Michailovič à Kadom (1615), Andrej Ivanovič à Kurmyš (1651), Boris Grigor'evič à Lyskovo (1687).

Boris Ivanovič Domožirov, notable très connu dans la région, qui prend la tête, pendant le Temps des troubles, de la révolte contre Vasilij Šujskij,[62] est gentilhomme choisi à Nižnij-Novgorod en 1602/03, gouverneur de Kasimov en 1602, et semble bien avoir aussi été envoyé à Temnikov.

Il est impossible d'énumérer ici toutes les familles qui, faisant carrière tantôt dans le service armé, tantôt dans la bureaucratie, ont su profiter de leur statut de notables lo-

ne correspondent pas au montant réel des impôts, mais à la part de chacun dans le total (6 roubles 5 den'ga, col. 190). C'est l'"allivrement" des sources françaises.

55 Baim Boltin n'était pas un homme ordinaire. Il a écrit un remarquable récit des événements dont il fut le témoin oculaire, de 1604 à 1644 (cf. Slovar' knižnikov i knižnosti drevnej Rusi, IIIe partie, XVII vek, vol. 1, Sankt-Peterburg, 1992, p. 147-148). Voir aussi VESELOVSKIJ, p. 62-63.

56 BK 1627, f.386, p. 123.

57 A.V. ANTONOV, Častnye archivy russkich feodalov XV-načala XVII veka", Russkij diplomatarij, 8 (2002), p. 154, n° 366-368.

58 RIB 17/I, col. 56 : „Dvor nižegorodca Ždana Boltina, ich starinnoe mesto". Ždan Boltin faisait partie des députés envoyés par la communauté urbaine de la ville, à l'automne 1611, pour demander au prince Michail Dmitrievič Požarskij de commander ce qui allait devenir la deuxième milice (*vtoroe opolčenie*).

59 Certains d'entre eux (Afanasij, Ivan, Petr) sont chargés d'établir les cadastres du district de Svijažsk, des nouveaux baptisés (*novokreščeny*) du district de Kazan', des villages du monastère Spaso-Preobraženskij, des hameaux du district de Kazan' payant le *jasak*, etc. (ERMOLAEV 2, n° 191, 301, 302, 519)

60 Tysjačnaja kniga 1550 g. Dvorovaja tetrad' pjatidesjatych godov XVI veka. Moskva-Leningrad, 1950, p. 158, f. 118.

61 Bojarskie spiski poslednej četverti XVI-načala XVII veka, Moskva, 1979, f.41, p. 152 ; f. 36, p. 218. Le document indique en outre qu'Ivan Dmitrievič est de service à Temnikov.

62 V.I. KORECKIJK istorii vosstanija I.I. Bolotnikova. Istoričeskij archiv, 2 (1956). P. 126-145.

caux pour amasser des honneurs, des terres et de l'argent pour eux et pour leurs descendants. Les Arbuzov, les Aristov, les Esipov, les Narmackij, les Pelepelicyn, les Zmeev figurent à la fois dans les rôles de la noblesse locale et parmi les gouverneurs de la région. Une convention tacite leur réserve toutefois l'administration des villes d'importance secondaire. Peut-être faut-il y voir, de la part des autorités, une concession aux groupes de pression locaux : la solution présentait des avantages aussi bien pour la noblesse provinciale, dont le rôle était ainsi reconnu, que pour Moscou, toujours à court de personnel.

Les liens de ces familles avec la Moyenne-Volga ne sont pas nécessairement très anciens. Dans la mesure où leurs origines sont connues, c'est plutôt l'inverse qui serait vrai. Les Boltin venaient de Velikie Luki, les Karaulov et les Kozodavlev de Novgorod, les Obrazcov de Možajsk. Leur implantation dans la région peut avoir été le résultat d'une déportation massive décidée par les tsars (comme ce fut le cas pour les nobles de Novgorod après son annexion par Moscou) ou d'une première nomination faite au hasard. On peut supposer que la fertilité des sols, la richesse d'une région encore peu exploitée ont fait le reste.

Il serait prématuré de pousser plus loin l'analyse. L'influence des liens de famille et des réseaux locaux sur le choix des administrateurs dans la Moyenne-Volga me paraît au moins vraisemblable, mais il reste à en démontrer la réalité de manière rigoureuse. Une première façon de vérifier mon hypothèse serait d'appliquer aux listes de gouverneurs des tests mathématiques fondés sur les lois de la probabilité. Le calcul permettra de savoir si la fréquence de certains noms parmi les administrateurs peut ou non être due au hasard. Si le résultat est positif, c'est-à-dire si les fréquences sont considérées comme significatives, alors il sera temps d'aborder la partie la plus passionnante de la recherche : reconstituer, à partir des sources fragmentaires dont nous disposons, les conflits d'intérêts, les intrigues, le jeu des clientèles et la lutte permanente pour le prestige et le pouvoir qui ont contribué à façonner l'administration locale de la Russie moscovite telle que nous la connaissons. Aussi bien cet article ne vise-t-il qu'à poser le problème.

ANNEXES

1. Liste des familles d'administrateurs classées par ordre de fréquence

1. **Deux noms**:
55 familles

Akinf'ev
Arbuzov
Aristov
princes Bachtejarov
Bajbakov
Chotunskij
princes Chovanskij
Chripunov
Chruščev
Elagin
Ermolaev
Esipov
Francbekov
princes Čerkasskij
Grigor'ev
Gubanov
Istomin
Jazykov
princes Korkodinov
Korob'in
Kozodavlev
Larionov
Lodyženskij
Lukin
Michalkov
Nefed'ev
Obrazcov
Odincov
Olad'in
Patrikeev
Plemjannikov
Polibin
Pustynnikov
Rčinov
Rumjancev
S'janov
Saburov
princes Sickij
Sofonov
Spiridonov
Suchotin
Svin'in
Sytin
princes Ščerbatov
princes Šelešpanskij
Šiškin
Talyzin
Tolstoj
Volkov
Zaseckij
Zelenyj
Zolotarev
princes Zvenigorodskij
Žedrinskij
Želabužskij

2. **Trois noms** : 31 familles

Apuchtin
Beklemišev
Boborykin
Bobriščev-Puškin
princes Daškov
Dmitriev
Elizarov
Eropkin
princes Golicyn
Chitroj, Chitrovo
Čistoj, Čistovo
Karaulov
Ključarev
princes Kozlovskij
Kvašnin
Lodygin
Lovčikov
princes L'vov
Matjuškin
Michailov
Miloslavskij
Morozov
Naščokin
Ogarev
Poltev
Pozdeev
Sekirin
Stepanov
princes Urusov
princes Volkonskij
Zagrjažskij

3. **Quatre noms** :
16 familles

Bezobrazov
princes Borjatinskij
Čeglokov
princes Chilkov
princes Gagarin
Juškov
Koltovskoj
Saltykov
Šeremetev
Strešnev
Toločanov
Ušakov
Vel'jaminov
Volynskij
Vorob'in
Zmeev

4. **Cinq noms** : 6 familles

Bestužev
Davydov
Golovin
Izmajlov
Naumov
Puškin

5. **Six noms** :
princes Bolchovskij

6. **Neuf noms** : Buturlin

7. **Dix noms** : 2 familles
princes Dolgorukij
princes Šachovskoj

8. **Onze noms** : Pleščeev

2. Liste des responsables de secrétariat dont les noms figurent également dans la liste des administrateurs locaux

Références, abréviations :

BOGOJAVLENSKIJ : S. K. BOGOJAVLENSKIJ, *Prikaznye sud'i XVII veka*, M., 1946
dk : secrétaire
dum. dk : secrétaire du Conseil (*dumnyj d'jak*)
dum. dv. : gentilhomme du Conseil (*dumnyj dvorjanin*)
ok. : quartier-maître (*okol'ničij*)
PAVLOV : (voir note 4)
pod. : sous-secrétaire (*pod'jačij*)

2.1. *Quartier de Novgorod ou de Nižnij-Novgorod*[63]

Boltin, Baim (16.2.1627-25.12.1631) (dk) (BOGOJAVLENSKIJ, 94)
Bulygin, Ivan. (1611/12) (dk) (BOGOJAVLENSKIJ, 93)
Chitrovo, Ivan Sevast'janovič l'aîné [*bol'šoj*] (21.6.1670-9.2.1671) (dum. dv.) (BOGOJAVLENSKIJ, 95)
Čirikov, Il'ja Ivanovič (7.3.1677-15.4.1679) (BOGOJAVLENSKIJ, 95)
Elizarov, Grigorij (28.8.1606-29.2.1610) (dk) (BOGOJAVLENSKIJ, 93)
Koščeev, Abram (21.6., 30.7.1670) (dk) (BOGOJAVLENSKIJ, 95)
Lichačev, Fedor Fedorovič (1610/11) (dum. dk) (BOGOJAVLENSKIJ, 93)
Matjuškin, Pavel (29.9.1601-1602) (Nižegorodskaja, dk) (5.5.1613-27.2.1621) (PAVLOV, 193 ; BOGOJAVLENSKIJ, 92-93)
Miloslavskij, Ivan Michailovič (7.3.1677-7.11.1680) (BOGOJAVLENSKIJ, 95)
Nikitin, Vasilij (2.11.1678-25.9.1679) (dk) (BOGOJAVLENSKIJ, p. 95)
Obrazcov, Dementij (29.9.1622-6.9.1634) (dk) (BOGOJAVLENSKIJ, 94)
Romodanovskij, prince Grigorij Petrovič (30.10.1616-19.3.1618) (BOGOJAVLENSKIJ, 93)
Saltykov, Michail Michailovič (24.9.1599-1604) (Novgorodskaja) (PAVLOV, 193 ; BOGOJAVLENSKIJ, 92)
Šipov, Andrej (6.9.1619-20.2.1627) (dk) (BOGOJAVLENSKIJ, 93-94)
Željabužskij, Petr (1603-mars 1605) (Nižegorodskaja, dk) (Pavlov, 193 ; BOGOJAVLENSKIJ, 92)

2.2. *Secrétariat du palais de Kazan'*

Apraksin, Fedor (17.12.1616-30.10.1623) (dk) (BOGOJAVLENSKIJ, 61)
Čerkasskij, prince Dmitrij Mamstrjukovič (25.4.1624-30.11.1633) (BOGOJAVLENSKIJ, 61-62)

63 Selon les dates, voir note 4. Mais Bogojavlenskij ne distingue pas le quartier de Novgorod de celui de Nižnij-Novgorod.

Chilkov, prince Ivan Andreevič (5.3.1672) (BOGOJAVLENSKIJ, 64)
Chitrovo, Bogdan Matveevič (1.5.1661) (BOGOJAVLENSKIJ, 63)
Dolgorukij, prince Jurij Alekseevič (2.10.1663-13.4.1670, puis 18.5, 7.6.1679) (BOGOJAVLENSKIJ, 63-65)
Dolgorukij, prince Michail Jur'evič (20.7.1672-16.8.1680) (BOGOJAVLENSKIJ, 64-65)
Evdokimov, Afanasij Ždanov [syn ?] (9.3.1613-3.4.1615) (dk) (Veselovskij, D'jaki, 168) ;[64] *voir aussi* Istomin, Afanasij, qui pourrait être le même personnage
Fedorov, Nečaj (28.2.1599-1605) (dk) (PAVLOV, 191)
Golicyn, prince Boris Alekseevič (30.11.1683-1699/1700) (BOGOJAVLENSKIJ, 65-67)
Istomin, Afanasij (janv.-mai 1620, 2.11.1622, 23.4.1623) (dk) (BOGOJAVLENSKIJ, 61) ; *voir aussi* Evdokimov, Afanasij, qui pourrait être le même personnage][65]
Karaulov, Grigorij Stepanovič (5.3.1672-17.12.1675) (dk) (BOGOJAVLENSKIJ, 64)
L'vov, prince Boris Lukič (21.12.1680) (BOGOJAVLENSKIJ, 65)
Litvinov, Timofej (1.3.1680-10.6.1681) (dk) (BOGOJAVLENSKIJ, 65)
Lopuchin, Ilarion Dmitrievič (4.3.1647-31.10.1671) (dk) (BOGOJAVLENSKIJ, 63)
Lopuchin, Vasilij Avramovič (23.4.1690-1694/95) (ok) (BOGOJAVLENSKIJ, 66)
Lykov, prince Boris Michailovič (23.1.1634-24.5.1643) (BOGOJAVLENSKIJ, 62)
Molčanov, Grigorij (22.10.1692-1693/94) (dk) (BOGOJAVLENSKIJ, 66)
Nemirov, Andrej[66] (27.4.1664-18 .8.1667) (dk) (BOGOJAVLENSKIJ, 63-64)
Nesterov, Kuz'ma (nov. 1604) (pod.) (PAVLOV, 191)
Nesterov, Luka (10.6.-6.9.1681) (dk) (BOGOJAVLENSKIJ, 65)
Nikitin, Danila (16.11.1696-1698/99) (dk) (BOGOJAVLENSKIJ, 67)
Nikitin, Ermila (31.7.1689-11.11.1692, 1699/1700) (dk) (BOGOJAVLENSKIJ, 66-67)
Odoevskij, prince Jakov Nikitič (11.7.1670-31.10.1671, puis 9.5.1681-18.10.1683) (BOGOJAVLENSKIJ, 64-65)
Odoevskij, prince Nikita Ivanovič (24.5.1643-11.5.1646) (BOGOJAVLENSKIJ, 62)
Panov, Fedor (déc. 1631) (dk) (BOGOJAVLENSKIJ, 61)
Patrikeev, Ivan (3.9.1657-oct.1660) (dk) (BOGOJAVLENSKIJ, 63)
Petelin, Družina (mars 1588-sept. 1595) (dk) (PAVLOV, 191)
Protopopov, Grigorij[67] (18.3.1685-18.3.1689) (dk) (BOGOJAVLENSKIJ, 66)
Romodanovskij, prince Vasilij Grigor'evič (5.6.1662) (BOGOJAVLENSKIJ, 63)
Saltykov, Ivan Nikitič (30.8.1610) (BOGOJAVLENSKIJ, 60)
Samojlov, Petr (18.8.1667-31.10.1671) (dk) (BOGOJAVLENSKIJ, 64-65)

64 VESELOVSKIJ, p. 168, donne également : secrétaire à Kazan', 13.7.1606-1607/08, puis le 17.1.1611 ; reçoit un domaine précaire (*pomest'e*) dans le district de Nižnij-Novgorod (11.12.1611) ; en 1613 possède un domaine précaire à Alatyr'.

65 VESELOVSKIJ (*loc. cit.*) indique également : secrétaire à Kazan', 1614/15-1616/17 ; secrétaire au secrétariat du palais de Kazan', 20.2-16.3.1620, puis 2.11.1622-7.2.1623 ; rédige le cadastre (*opisanie*) du district d'Arzamas avec T. V . Izmajlov, 1620/21-1622/23. Veselovskij émet l'hypothèse selon laquelle Evdokimov et Istomin ne feraient qu'un.

66 Mais voir VESELOVSKIJ, p. 360, qui pense que Nemirov était envoyé à Kazan' pour une mission temporaire.

67 C'est le Protopopov Grigorij (1) de VESELOVSKIJ, p. 436.

Sickij, prince Aleksej Jur'ievič (15.5.1614-sept. 1619) (BOGOJAVLENSKIJ, 60-61)
Spiridonov, Pjatyj (16.9.1642-12.11.1647) (dk) (BOGOJAVLENSKIJ, 62)
Sukin, Ivan (22.2.1604) (pod.) (PAVLOV, 191)
Tašlykov, Afanasij (20 .7.1672-4.9.1677) (dk) (BOGOJAVLENSKIJ, 64-65)
Tatiščev, Ivan Petrovič (23.2.1596) (PAVLOV, 191)
Toločanov, Semen Fedorovič (9.5, 15.6.1681) (dum. dv.) (BOGOJAVLENSKIJ, 65)
Trubeckoj, prince Aleksej Nikitič (28.6.1646-27.10.1662) (BOGOJAVLENSKIJ, 62-63)
Volkov, Artemij (4.10.1688-19.1.1691) (dk) (BOGOJAVLENSKIJ, 66)
Vorotynskij, Ivan Michailovič (12.12.1619-6.4.1624) (BOGOJAVLENSKIJ, 61)
Željabužskij, Ivan Afanas'evič (1.3-30.4.1680) (dum. dv.) (BOGOJAVLENSKIJ, 65)

ОТРАЖЕНИЕ ПРЕДСТАВЛЕНИЙ О РЕГИОНАХ ГОСУДАРСТВА ВСЕЯ РУСИ И РОССИЙСКОГО ЦАРСТВА В ВЕЛИКОКНЯЖЕСКОЙ И ЦАРСКОЙ ТИТУЛАТУРЕ XVI В.*

А.Л. ХОРОШКЕВИЧ

Историография этой темы довольно велика, хотя в том специальном ракурсе, который был предложен мне А. Каппелером, она еще не ставилась. Однако возможности анализа в данном аспекте крайне ограничены. Титул как таковой предназначен лишь для прославления главы того или иного политического образования любыми способами, в том числе и указанием на подвластные ему территории и земли. Поскольку приоритеты, в особенности во внешней политике, менялись, то и представления о значимости отдельных земель, а соответственно и их оценка приобретала различный вид. Это достигалось двумя способами: передвижением их с места на место в ряду территорий, входивших в то или иное политическое образование, с одной стороны, и характеристикой роли в них современного или бывшего сюзерена, с другой. В России очень четко представляли себе роль титула в поднятии престижа государя. Сам термин довольно рано проник в русскую политическую лексику, правда в среднем роде. В 1563 г. бояре, представлявшие Ивана IV на переговорах с литовскими послами, заявляли, что государь „титло царского именованья на себя положил“, и упрекали литовского великого князя и короля, что тот „описует царское имя не сполна“.[1] И именно они и будут главным предметом рассмотрения в настоящем реферате. Правда, следует отметить, что подобное разделение, уже принятое в отечественной литературе,[2] не вполне корректно, так как и в объектную часть проникали элементы субъектной части титула, если при перечислении подвластных государю территорий указывался его статус по отношению к ним - государь, великий князь, повелитель, отчич, дедич, наследник.

* Благодарю Надежду Соболеву и Вадима Трепавлова за некоторые библиографические указания.

1 Сб. Русского исторического общества (далее - Сб. РИО). Т. 71. СПб., 1892. № 12. С. 205, 260. В переговорах со шведскими послами на р. Сестре в 1575 г. шел спор о том, чье имя - шведского короля или русского царя в тексте докончания должно быть написано первым и какими титламиӣ каждое из них снабжено.

2 Кучкин В.А. Происхождение русского двуглавого орла. М., 1999.

Актуальность вопроса о государственной символике и титулатуре вызвала интерес к ее истории со стороны государственных деятелей уже с XVIII в. Первым, пожалуй, следует назвать Петра Великого, который, готовясь принять императорский титул, искал исторического прецедента для этого акта и в 1718 г., нашел его в русско-имперском договоре 1514 г., который и был тогда впервые опубликован в России. Позднее поисками аналогичных доказательств занялись ученые архивисты, среди которых особое место занял Н.Н. Бантыш-Каменский, который, разбирая архивные дела, обратился к суммированию сведений о государевом титуле. Его дело продолжил известный геральдист А.Б. Лакиер, который в 1847 г. опубликовал специальную статью о титуле русских государей.[3] Вопросом о титуле и государственной символике попутно с другими темами занимались все выдающиеся историки царской России.[4]

Однако в советское время геральдика, как таковая, была признана совершенно ненужной и даже вредной, а посему проблемы оформления верховной власти перед отечественными историками практически не стояли,[5] несмотря на то, что в зарубежной науке интерес к этим проблемам не только не угасал, но, напротив, усиливался и креп (работы Г. Алефа, В. Водова, А. Поппе, М. Шефтеля, М. Хелльмана и многие другие). Среди них совершенно особое место занимают труда Г. Штекля[6] и Дж. Линда, русский и наиболее полный текст которой увидел свет в 1994 г.[7] Первый из них поставил коренные вопросы государственной сим-волики Российского царства, выяснил смысл одного из терминов, обозна-чавших регалии царя, смысл изображения двуглавого орла, единорога, креста на государственной печати, установил важнейшие этапы геральдического оформ-ления царской власти. Его работа стала отправной точкой для дальнейших раз-мышлений на эту тему. Дж. Линду удалось решить целый ряд вопросов, оставав-шихся спорными - о дате создания государственной печати, расшифровать вслед за Г. Штеклем некоторые ее эмблемы.[8]

3 Лакиер А.Б. История титула государей России // Журнал Министерства народного просвещения 1847. Ч. 56. № 10. Отд. 2. С. 81-108; № 11. С. 109-156.

4 В особенности важна статья Н.П. Лихачева История образования российской государственной печати. Биржевые ведомости. № 14843. 15 мая 1915 г.

5 Исключение составлияют краткие заметки Я.С Лурье в комментариях ко второму посланию Ивана Грозного к Курбскому (Переписка Ивана Грозного с Андреем Курбским. Л., 1979. С. 405-406).

6 Stökl G. Testament und Siegel Ivans IV. Opladen, 1972.

7 Линд Дж. Большая государственная печать Ивана IV и использованные в ней некоторые геральдические символы времен Ливонской войны // Архив русской истории. Вып. 5. М., 1994. С.200-226.

8 Расшифровку эмблем большой государственной печати Ивана Грозного продолжил лишь И. Грала, определивший эмблему на полоцкойа печати как колюмны Гедимина (Grala H. Gediminovy kolumny // Russia mediaevalis. T.IX).

Лишь на самом последнем этапе существования советской власти стало возможным вернуться к подобной проблематике. Знаковой в этом отношении стала работа Н.А. Соболевой,[9] открывшая шлюзы, в которые хлынул мощный поток сочинений по геральдике, сфрагистике и государственной символике. Среди работ конца XX в. не могу не упомянуть собственных сочинений, написанных на волне больших и, увы, не сбывшихся надежд первых лет перестройки. Сочинения в соответствии с замыслом носили популярный характер и обнимали всю историю Руси и России. Естественно и их качество - они были лишены тщатель-ного источниковедческого рассмотрения вопроса,[10] имели большие пропуски и в источниках, и в литературе.

Что касается последней, то ситуацию изменить я вряд ли смогу, что же касается источников, то здесь дело не так безнадежно, ибо настоящий реферат задуман (но не исполнен!) как мобилизация основного корпуса источников по данной теме. Этот корпус естественным образом делится на документы, возник-шие в сфере внутренней политики (жалованных, правых, указных и т.д.), и мате-риалы внешней политики (логоворы, перемирия, наказные грамоты послам, проекты их речей, верительные, проезжие, записи переговоров). В первых, как правило, употреблялся сокращенный вариант титула, ограниченный лишь его субъектной частью - то словами „великий князь всеа Русии",[11] то (после 1547 г.) словами „царь и великий князь".[12] Исключение делалось лишь для разных типов грамот, направляемых во вновь присоединенные регионы, где власть великого князя и царя только утверждалась, или в документах, касавшихся утверждения и распределения наследственной власти в стране. Поэтому для данной темы эти материалы имеют лишь вспомогательное значение. Основной материал о титулатуре русских государей XVI столетия происходит из посольской документации, прежде всего русских посольских книг. В зависимости от контрагента Руси и России менялась и титулатура. Она становилась результатом компромисса с тем или иным государством и очень зависела от реального соотношения сил. Поэтому сведения посольских книг априори не могут считаться вполне достоверными, скорее они отражают собственные представления о географических пределах власти русских государей и их соседей, представления, которые отлича-

9 Соболева Н.А. Российская городская и областная геральдика XVIII-XIX вв. М., 1981.Рец.: Морозов В.В. , Шмидт С.О. // История СССР. 1983. № 6. С. 167-168.

10 См. подробнее: Кучкин В.В. Происхождение. С. 6, 7, 10-12, 22, 224.

11 См. подробнее применительно к XV в.: Кучкин В.А. Происхождение. С. 9. Ситуация, судя по актам XVI в, не изменилась и позднее. Подобное обращение употребляли и дипломатические представители, находившиеся вне Руси и России, адресуясь к главе государства. Традиция сложилась уже в конце XV в. (Сб. РИО. Т. 41. СПб, 1884. № 56. С. 255. 1498 г.).

12 Каштанов С.М. Из истории русского средневекового источника. Акты X-XVI вв. М., 1996. Приложение; Акты служилых землевладельцев. Т. 1-3. М., 1997,1999, 2003 и др.

лись весьма существенно друг от друга и во многих случаях были объектом внутри- и внешнеполитической борьбы.

Субъектная часть титула: Государство всея Руси

XV и XVI столетия в истории Восточной Европы ознаменовались формированием и развитием нового политического организма, последовательно носившего наименования - Княжества или Государства всея Руси и Российского царства. Жизнь первого из этих образований началась в конце XV в., с окончательным присоединением к Московскому княжеству Новгорода[13] в 1478 г. или аннексией Твери в 1485 г., его наименование было не столько фиксацией существующнго положения, сколько притязанием на будущее (ибо, с одной стороны, Русь находилась не только в нем, но и в Великом княжестве Литовском и Короне Польской, а, с другой, термин „государь" приравнивался к „царскому", реально принятому лишь внуком Ивана III - великим князем Иваном IV только в 1547 г.).[14] Единства по поводу даты возникновения названия Княжества всея Руси, вернее титула „князь всея Руси", среди отечественных историков не достигнуто до сих пор.[15]

13 Речь шла об уничтожении остатков самоуправления в Новгородской земле, на протяжении почти всего XV в. признававшего верховную власть великого князя владимирского и московского, порой именовавшего себя князем всея Руси.

14 Именно так его воспринимали и в Великом княжестве Литовском. См. подробнее: Хорошкевич А.Л. Русское государство в системе международных отношений конца XV-начала XVI вв. М., 1980. С. 85. Неслучайно в сношениях с Ливонией, где, как показала Н.А.Казакова, этот термин бытовал уже давно (Казакова Н.А. Русско-ганзейский договор 1487 г. // Новгородский исторический сборник. Вып. 10. Новгород, 1961. С. 224-226), в 1503 г. появилась формула царь и государь всеа Русиӓ по отношению к Ивану III и просто царь всеа Русиӓ - по отношению к Василию III (Сб. РИО. Т. 35. СПб.,1892. № 73. С. 361; опасная грамота послам ливонского магистра от 17 января 1503 г.)

15 А.А. Зимин связывал введение этого термина с событиями 1485 г (Зимин А.А. Россия на рубеже XV-XVI столетий: Очерки социально-политической истории. М., 1982. С.64, 281), С.М. Каштанов и В.А. Кучкин - 1478 г (Каштанов С.М.Социально-политическая история России конца XV - первой половины XVI в. М., 1967. С. 123; Кучкин В.А. О времени написания Буслаевской псалтири // Древнерусское искусство. Рукописная книга. М., С. 223-224; Он же. Происхождение. С. 14). Есть и компромиссная точка зрения А.В. Лаушкина, который считает 1478-1485 годы переходным периодом в утверждении нового титула великого князя владимирского и московского как государя всеа Русиӓ (Лаушкин А.В. К вопросу о формировании великокняжеского титула во второй половине XV в. // Вестник МГУ. Сер. 8. История. 1995. № 6. С. 26-36). Однако дискутанты прошли мимо одного н мало заметного обстоятельства: существования титула фактического и титула притязания, которые очень трудно различить. Нельзя исключить факта превращения последнего титула в первый накануне аннексии Твери - в подлинной жалованной разводной грамоты Ивана волоцкому князю Борису Васильевичу, где Иван III именует себя великим князем всея Русиӓ (Духовные и договорные

Калита первым из московских князей присвоил себе подобный титул, восприняв таким образом идею объединения русских земель, поддерживавшуюся митрополитом и выдвинутую Михаилом Ярославичем Тверским, князем владимирским и всея Руси. Отныне его преемники пользовались, хотя и не очень часто, новым титулом. А.А. Горский, который обратил внимание на сравнительную редкость употребления этого титула московскими князьями или применительно к ним, привел следующие данные: во всех типах источников сам Калита назван с этим титулом трижды, Семен Иванович - пять раз, Иван Иванович - единожды, Дмитрий Иванович - 4 раза.[16] Иван Данилович в этом качестве фигурирует в договорах с Новгородом,[17] поэтому С.М. Каштанов высказал предположение, что именно „сношения с Новгородом были той почвой, на которой возник титул великого князя всея Руси,[18] Калита упомянут с данным титулом также в летописях в связи с его вокняжением после поездки в Орду и кончиной.[19]

Параллельно с утверждением титула великого князя всея Руси формировалось и понятие „Русской земли“ в ее новом значении, как территории, подвластной великому князю владимирскому.[20] А.А. Горский считает даже, что устанавливается „синонимический ряд: отчина великого князя = Северо-Восточная Русь + Новгородская земля (признающая сюзеренитет великого князя) = Русская земля“.[21]

Процесс агрессивного поглощения соседних земель, характерный для всего XVI в., фиксировался в государственной титулатуре и символике. В титулатуре в виде географических определений, в символике - в виде изображений, олицетворявших те или иные земли. При этом и титулатура и символика характеризуются непрерывными изменениями числа и порядка расположения этих определений и изображений.

Новый титул владимирского князя, появившиеся в субъектной части титула слова „государь всея Руси“, давал идеологическое обоснование претензиям московских князей на все земли Древней Руси, которое стало основой их внешней политики на протяжении нескольких последующих столетий. Этой субъектной части титула в государственной символике полностью соответствовало изобра-

грамоты великих и удельных князей XIV-XVI вв. М.,Л., 1950 [далее - ДДГ]. № 77. С. 290. 20 октября 1483 г.).

16 Горский А.А. Русские земли в XIII - XIV веках. Пути политического развития. М. 1996. С. 102. прим.157.

17 Грамоты Великого Новгорода и Пскова (ГВНП) М.-Л. 1949. № 84, 86. С. 142-143

18 Каштанов С.М. Социально-политическая история России. С. 123.

19 ПСРЛ. Т. XV. Вып. 1. Стб. 44.; Стб. 52, 53. 6836 /1328 г, 6848/1340/41 г.; Т. 18. С. 90, 93; Приселков М.Д. Троицкая летопись. М.-Л. 1960. С. 359, 364.

20 Флоря Б.Н. Исторические судьбы Руси и этническое самосознание восточных славян в XII-XV веках (К вопросу о зарождении восточнославянских народностей) // Славяноведение. 1993. № 2. С. 53-55.

21 Горский А.А. Русские земли. С. 102. Прим. 159.

жение двуглавого орла, впервые зафиксированное на печати 1497 г., но возникшее, в соответствии с весьма убедительными доказательствами В.А. Кучкина, продолжившего наблюдения Г. Алефа, в 1490 г.[22] Имперский символ, принятый прежде всего по образцу Священной Римской империи Германской нации, ясно обнаружил претензии великокняжеской власти на положение, равное императору самого большого государства средневековой Европы.

Как ни странно, в сношениях с Крымским ханством проблема этих претензий не отразилась в титулатуре русских государей, употреблявшейся крымской политической элитой. Для ханов Крыма и Иван III, и Василий III, и Иван IV оставались „братьями“ хана, какового именования Иван III добился в 1474 г.,[23] „великими князьями“ (примеров бесчисленно много). Иная ситуация уже с 1492 г. сложилась в сношениях с турецкими султанами и их кафинскими наместниками. Турецкий султан Баязид обращался к Ивану III так: „А ты всеа Русии Восточной и Полской и иных многих земль князь Иван“.[24] Иногда перечисление подвластных Ивану Васильевичу земель дополнялось определением „Дештский“.[25] Кафинский же султан Мухаммед, пользовавшийся услугами русских переводчиков или просто купцов, дополнял русский титул некоторыми восточными „изли-шествами“: „Во всех великих князех похвалной князь и всее Руские отчины князь великий князь Иван князь“ или адресовался к нему несколько проще: „верному и любимому Иоану государю всеа Русии великому князю“.[26] В обращении к кафинским наместникам Иван III характеризовал себя так: „Иоан божьей мило-стию, един правой государь всеа Руси отчич и дедич, и иным многим землям восточным и северным государь и великий князь“.[27] Таким образом, в сношениях с Крымским ханством и Османской империей сложились две разные традиции титулатуры: крымская, пренебрегавшая вопросами географического распростра-нения власти великого князя, и османская, усвоившая претензии русского государя на все земли домонгольской Руси и щедро включившая в пределы его власти и заволжский Дешт. В сношениях с турецкими султанами дала себя знать византийская традиция, трансформировавшаяся в славянских странах. Часть субъектных терминов ("отчич“, „дедич“, словосочетания „правый государь“) и субъектно-объектных - обозначение частей света (именно „вселенские“ термины - „многим землям въсточным и северным государь“) восходят к сербской традиции,

22 Кучкин В.А. Великокняжеская печать с двуглавым орлом грамоты 1497 г. // Гербовед. 1999. С. 71-92; То же // Вопросы истории 1999. № 4-5. С. 24-39; Он же. Происхождение.

23 Лаушкин А.В. К вопросу. С. 33; Хорошкевич А.Л. Русь и Крым. От союза к противостоянию. Конец XV-начало XVI вв.М., 2001.

24 Сб. РИО. Т. 41. № 54. С. 244, 245. 1498 г.

25 Сб. РИО. Т. 41. № 54. С.247. 1498; № 63. С. 293. 13 марта 1500 г.

26 Сб. РИО. Т. 41. № 80. С.391. 1 апреля 1502 г.

27 Сб. РИО. Т. 41. № 60. С. 280, 281. 16 марта 1499 г.; № 81. С. 399. Апрель 1502 г. См. подробнее Лаушкин А.В. К вопросу. С. 32 .

проникшей на Русь и прямым путем благодаря посланиям из афонских монастырей,[28] и косвенным благодаря султанской канцелярии, пользовавшейся услугами славянских писцов.

Объектная часть титула: отдельные земли

Объектная часть титула - определения тех земель, которые оказывались временно или постоянно в составе Княжества всея Руси и Российского царства, в документах сношений с другими государствами существенно отличаются от описанных выше. Начнем с титула Ивана III. Его титулатура в сношениях со Священной Римской империей Германской нации начиная с 22 марта 1489 г.[29] и Великим княжеством Литовским звучала так: „государь всея Руси и велики князь володимерский, и московский, и новогородцкий,[30] и псковски, и тферски, и югорский, и пермъскии,[31] и болгарский и иных".[32] Вариант подобной титулатуры, более ранний, где еще не было определения „болгарский" и „тферский", но имелось

28 Каштанов С. М. Из истории. С. 117.

29 Памятники дипломатических сношений Московского государства с державами иностранными (далее - ПДС). Т. I. СПб., 1851. Стб. 15, 16, 21.

30 А.Б. Лакиер считал, что основными были только три географических (или политико-географических) определения - владимирский, московский, новгородский, все же остальные более позднего происхождения.

31 В верительной грамоте Мануилу Ралеву, послу Ивана III к миланскому герцогу Джан-Марии Галеаццо, от 19 августа 1487 г., титул завершался именно этим определением (Barbieri G. Milano e Mosca nella politica del Rinascimento. Bari, 1957. P. 47), но имел избыточное определение вятскийä.

32 В сношениях с Великим княжеством Литовским впервые подобный титул употреблен в докончании 5 февраля 1494 г. (ДДГ. № 83. С. 329; Сб. РИО. Т. 35. № 62. С. 289. 19. XII. 1499 г.; № 63. С. 294. 1500 г.; № 74. С. 363. 24. I. 1503 (опасная грамота польскому и литовскому купцам); № 75. С. 398. Март 1503 г. Перемирная русско-литовская грамота; С. 411. Март 1503 г. Послание Ивана III Елене Ивановне; № 76. С. 413, 415. 7 и 6 мая 1503 г. Верительная грамота П.М. Плещееву, послу в ВКЛ и к Елене Ивановне; № 76. С. 427 , 6. V. 1503. Послание канцлеру Елены Ивановны Ивану Сапежичу; № 76.С. 433, 438, 437, № 77. С.440. 24. VII., 31. VIII, 1. IX., 29. XI.. 1503 г. Послания Ивана III послам в ВКЛ П.М. Плещееву и К.Г. Заболоцкому и королю Александру; верительная грамота дьяку Губе Моклокову; ДДГ. № 90. С. 364. 16 июня 1504 г. Докончание Ивана III с Юрием Ивановичем). Титул в таком объеме был признан великим князем литовским Александром Казимировичем в докончании 4 февраля 1494 г., верительных грамотах его послам к Ивану III от 5 марта , 10 и 25 декабря 1500 г., 23.X. 1504 г., 25 . IV. 1504 г. и посланиях самому тестю от 12 . VIII. 1503 г. и 5. XII. 1504 г.(ДДГ. № 83. С. 329; Сб. РИО. Т. 35. №№ 64, 66, 67, 76. 78, 80, 81. С. 296, 308, 310, 435, 455, 467, 471). Однако в быту при дворе Александра его тестя называли лишь великим князем московскимä (Там же. № 75. С. 375. 2. I. 1503. Послание Елены Ивановны матери Софье Палеолог); С. 385. 12.III. 1503 г (Посольские речи литовцев боярам). Конфликт из-за употребления этого последнего варианта титула в латинском послании Александра разгорелся в мае 1504 г. (Там же. № 80. С. 467-468)

определение „вятский", содержали послание Захарию Скарье от 14 марта 1484 г. и верительная послу Ивана III к папе Иннокентию VIII.[33] В сношениях с великим князем литовским и королем польским и дочерью великого князя Еленой Ивановной ее отец и русские дипломаты постоянно - на протяжении 1494-1503 гг., по непонятным причинам, как подчеркивает В.А. Кучкин, титул „вятский" опускался.[34]

Первое из этих определений - „володимерский" восходит к XIV в., к периоду княжения Дмитрия Ивановича, в XVI в. получившего прозвище Донского. Он вступил на престол в 1359 г. девятилетним отроком, его княжение ознаменовалось слиянием Московского и Владимирского княжеств, которое состоялось в 1362 г., когда Дмитрий Московский и Дмитрий Константинович Суздальский вступили в борьбу за великое княжение. Получив от Амурата ярлык на „княжение великое по отчине и по дедине", Дмитрий Московский собрал войска и отправился на Переяславль,[35] входивший во Владимирское княжество. Результаты похода и предрешили судьбу владимирского княжения. Спустя 3 года в 1365 г. суздальский князь выдал свою дочь за более удачливого соперника. Отныне Владимирское княжество навсегда осталось соединенным с Московским, а московский князь стал великим князем владимирским.

Второй титул Ивана III еще более древний - он XIII в. Оформление самостоятельного Московского княжества, земли которого входили в состав Великого княжества Владимирского, произошло в 90-е годы XIII в. (по В.А. Кучкину,[36] оспорившему ранее бытовавшие - от Н.М. Карамзина до М.Н. Тихомирова - мнения о создании его в начале XIII в.), даже позже, чем образовались Костромское, Тверское, Галицко-Дмитровское, Городецкое, Белозерское, сложившиеся на протяжении 60-70-х годов этого же XIII века.

Третий термин связан с захватом Новгородской земли в 1478 г. и потерей той частичной самостоятельности, которой она пользовалась прежде.

Четвертый объектный титул - псковский. Его появление в документе конца XV в. может показаться странным, ибо обычно датой окончательного присоединения Пскова считается - и совершенно справедливо - 1510 г.[37] Между тем уже к концу XIV в. Псков окончательно признал сюзеренитет Василия I Московского.[38] В связи с этим в сношениях с Великим княжеством Литовским, которое со времен

33 Сб. РИО. Т. 41. С. 41; Бантыш-Каменский Н.Н. Обзор внешних сношений России (по 1800 год). Ч. 2 (Германия и Италия). М., 1896. С. 233.

34 Кучкин В.А. Происхождение. С. 13.

35 ПСРЛ. Т. XV. Вып. 1. Стб. 72.

36 Кучкин В.А. Первый московский князь Даниил Александрович // Отечественная История. 1995. № 1. С. 93-95; Он же. Крепость на границе. Княжеская резиденция // История Москвы с древнейших времен до наших дней. История Москвы XII-XVIII века. Т. 1. М., 1997. С. 23, 30-31.

37 Масленникова Н.А. Присоединение Пскова к Русскому централизованному государству. Л., 1955.

38 Горский А.А. Русские земли. С. 50-51, 104-105.

Витовта претендовало на Новгород и Псков, считалось уместным в титуле великого князя употреблять и это политико-географическое определение, хотя Псков рассматривался „отчиной", а не „землей" Ивана III.[39]

Пятый объектный титул - тферский - возник после 1485 г., после присоединения Тверского княжества.[40] Последний тверской князь Михаил Борисович бежал в Великое княжество Литовское и умер до 13 декабря 1505 г. Возможно, его смерть наступила в 1504 г. , когда Тверская „земля" как особое политико-территориальное целое было ликвидировано. Через 5 лет были упразднены чины тверских бояр и окольничих.[41] Вторая волна тверских беженцов не заняли сколько-нибудь заметного места в среде литовской политической элиты.[42]

Включение термина „удорский" в великокняжеский титул М.Н. Тихомиров объяснял тем, что в Удорской волости по одноименной реке (имевшей и другое название „Вашке тож"), притоку р. Мезени в ее верхнем течении вплоть до конца 70-х годов XVв. существовали местные князья.[43]

Седьмой термин - Пермский - отражал географические пределы Княжества всея Руси по состоянию уже XIV-XV вв., когда после успехов христианизации народа коми (зырян) Стефаном Пермским была образована Пермская епископия и поставлен „владычный городок"- Усть-Вымский при впадении р. Выми в Вологду.

Восьмой термин - Болгарский - указывает на неточность исторических знаний великокняжеских идеологов и дипломатов. Они несколько путали Булгар и Казань, а в соответствии с этим временные успехи в Казани 1487 г., когда казанский ханский стол занял ставленник Ивана III Мухаммед-Эмин, сочли достаточными для включения термина „болгарский" в великокняжеский титул.[44] Правда, сделали это спустя 3 года - в послании римскому королю Максимилиану и договоре с ним от 16 августа 1490 г.[45]

39 Это различение заметно в документах дипломатических сношениях с ВКЛ. В мае 1501 русские дипломаты укоряли литовских коллег за то, что государь ваш, еще до розмирицы, государя нашего *отчины* псковского посла и гостей государя нашего Московские *земли*, и Новогородские, и Псковские, и Тферские велел поимати в своей земле и дръжит их в нятстве совсемӓ (Сб. РИО. Т. 35. № 68. С. 330).

40 Зимин А.А. Феодальная знать Тверского и Рязанского великих княжеств и московское боярство конца XV- начала XVI в.// История СССР. 1973. № 3. С.125.

41 Флоря Б.Н. О путях политической централизации Русского государства (на примере Тверской земли) // Общество и государство феодальной России. М., 1975. С. 287-288.

42 Хорошкевич А.Л. Русское государство. С. 82.

43 Тихомиров М.Н. Россия в XVI столетии. М. 1962. С. 255.

44 Лакиер А.Б. История титула; Трепавлов В.В. Россия и кочевые степи: проблема восточных заимствований в российкрой государственности // Восток. 1994. № 2. С.47; Хорошкевич А.Л. Русь и Крым. С. 119-120.

45 ПДС. Т. I. СПб., 1851. Стб. 35; Лаушкин А.В. К вопросу. С. 35, прим 66.

И, наконец, определение „вятский", дополнявшее титул в 1484 и 1485 гг., а позднее, как мерцающая звезда, то появлявшееся, то исчезавшее в объектной части титула документов сношений с Великим княжестом Литовским.

Итак, на пороге шестнадцатого столетия государь всея Руси Иван III носил 8-9 объектных титулов, большая часть которых соответствовала реальному положению вещей, один - псковский был титулом притязания и еще один - болгарский - результатом ошибочного переноса наименования древнего города на более новый. Важно понять, какой принцип был положен в основу формирования объектной (по определению С.М. Каштанова, географической) части титулатуры. На этот вопрос отвечают, по-видимому духовная грамота Ивана III („благо-словляю сына своего старейшаго Василья своею отчиною, великими княжствы, чем мя благословил отець мои и что ми дал Бог") и наказ послу в Крымское ханство Ивану Ощерину от августа 1504 г. В наказе предусматривалась возмож-ность интереса к тому, „кого ныне князь велики пожаловал под собою госу-дарьствы великими княжствы".[46] Однако ни в духовной, ни в наказе эти „княж-ства-государьства" не поименованы. Зато они имеются в докончании Василия Ивановича с Юрием Ивановичем от 16 июня 1504 г. - Владимирское, Московское, Новгородское, Псковское и Тверское.[47] Если три из поименновых в докончании 1504 земель действительно были великими княжествами, то причисление к таковым Новгорода и Пскова возможно лишь при допущении того, что и в мо-мент их окончательного присоединения они уже находились под непосредст-венной властью великого князя.[48] В завещании Ивана Васильевича перечисляются в основном те земли, которые оставались за пределами „государьств", но именно эти-то „великие княжствы" и были занесены в объектную часть титула, в большей степени фиксирующей, нежели субъектная.

Что же касается субъектной части титула, которую следует рассматривать как программу внешнеполитической деятельности Государства всея Руси, то именно она и провоцировала русско-литовские войны первой половины XVI в.

В конце первой из этих войн, а именно 27 декабря 1502 г., Елена Ивановна, дочь Ивана III, великая княгиня литовская и королева польская, обращаясь к отцу с цитированным выше титулом[49] добавила слова „самодержцу царства Казанского".[50] Хотя Казанское ханство с 1487 г. находилось в вассальных отношениях с Государством всея Руси, дополнение кажется удивительным, поскольку сам

46 ДДГ No. 89. С. 354; Сб. РИО. Т. 95. СПб., 1895. № 98. С. 535.

47 ДДГ. № 90. С. 364 16 июня 1504 г.

48 Подробнее о Новгороде см.: Хорошкевич А.Л. Герб // Герб и флаг России. М., 1997 С. 89-111.

49 В послании Елены от 27 декабря 1502 г. определение югорскийӓ переместилось на последнее- восьмое - место. Однако уже в следующем от 2 января 1503 г. оно помещено на шестое место (Сб. РИО.Т. 35. № 75. С. 367, 368).

50 Сб. РИО. Т. 35. № 75. С. 367. 27. XII. 1502 г. Ср.: Хорошкевич А.Л. Русское государство. С. 102-103.

великий князь в опасной грамоте послам Короны Польской и Великого княжества Литовского от 17 января 1503 г. этих слов не употреблял.[51] Эту разноголосицу можно объяснить только тем, что Елена Ивановна очевидно располагала более устарелыми сведениями по сравнению с великим князем. Ситуация в русско-казанских отношениях менялась довольно быстро. В апреле 1497 г. в Казань „на царство" был послан Абдыл-Летиф, сын казанского царя Ибрагима и царицы Нур-салтан, пасынок ее второго мужа - крымского хана Менгли-Гирея. Абдыл-Летиф оставался в Казани лишь до января 1502 г.,[52] однако, судя по письму Елены Ивановны, „служебницы" собственного отца, сам факт назначения Иваном III хана в Казань расценивался русскими дипломатами, а соответственно и самим великим князем как основание именовать государя всея Руси и „самодержцем царства Казанского". Позднее этот объектный титул появляется лишь в 1504 г., когда посаженный на казанский престол Мухаммед-Эмин[53] утвердился в „царстве". В русско-литовско-польских отношениях это дополнение употребля-лось после очередного конфликта из-за титула и связанных с ним переговоров. Дополнение „казанский" помещено в интитуляции Ивана III в латинской грамоте Александра от 25 апреля 1504 г., перевод которой помещен в посольской книге, хотя в самом тексте грамоты фигурировал „непочтительный" по отношению к Ивану III оборот „великий князь московский".[54]

Следующий литовский посол, прибывший в Москву 5 декабря 1505 г., принес „грамоту... с титлы, по-прежнему, без Казани".[55] Такая ситуация сохранялась и на протяжении оставшегося года правления Александра,[56] и в первые годы княжения Сигизмунда I Старого.[57] Странным образом в титулатуре Василия III оказались незафиксированными новые приобретения верховских земель, официально утвержденные перемирием 1503 г. как принадлежащие к Русскому государству. Либо сами земли считались слишком мелкими, чтобы быть отмеченными в титуле, либо государь всея Руси не хотел обострять из-за них отношения с западными соседями.

51 Сб. РИО. Т. 35. № 73. С. 360. 17 января 1503 г.

52 ПСРЛ. Т. XII. М., 1965. С. 249-250, 253, 255. См. подробнее: Каштанов С.М. Социально-политическая история. С. 77; Кистерев С.Н. Абдыл-Летиф и Мухаммед-Эмин на Руси рубежа XV-XVI столетий //Звенигород за шесть столетий. М., 1998. С. 73.

53 Сб. РИО. Т. 41. С. 557; Зимин А.А. Россия на пороге нового времени: Очерки политической истории России первой трети XVI в. М., 1972. С. 68.

54 Сб. РИО. Т. 35. № 80. С. 468.

55 Сб. РИО. Т. 35. № 81. С. 471, 473.

56 Сб. РИО. Т. 35. №№ 83, 84. С. 478, 481.

57 Сб. РИО. Т. 35. № 84. С. 482-500.

Смоленск

К сожалению, русские посольские книги за 1507-1517 годы не сохранились. Поэтому трудно судить о том, когда Василий III принял титул „смоленского", можно только по „Выписке из посольских книг", составленной в начале 70-х годов XVI в. В сношениях с Великим княжеством Литовским это произошло в июле 1517 г.[58] через три года после переломного для Василия III 1514 г. Помимо захвата Смоленска ему удалось заключить договор с императором Священной Римской империи Максимилианом, где в титуле русского государя было и слово „кайзер". После этого Василий III стал использовать развернутый титул, прежде всего во внутреннем делопроизводстве. Жалованная данная и несудимая Василию Яковлевичу сыну Демьяновича на село в Медынском у. от 2 февраля 1515 г. и аналогичная Павлу Григорьевичу сыну Марина на несколько деревень Можайского у. от 23 февраля того же года, начинавшиеся с pluralis majestatis „мы", содержали и бесконечный титул: „великий государь... божиею милостию государь всеа Русии и великий князь володимерский, и московскии, и новгородтцкий, и псковскии, и смоленский, и тверской, и югорский, и пермский, и болгарский и иных, государь всеа Русии и великий князь Новагорода Низовские земли, и резанский, и ростовский, и ярославский, и белозерский, и волотцкий, и удорский, и обдорский, и кондинский, и иных, государь всеа Русии".[59] Это редкие случаи употребления развернутого титула в жалованных грамотах, практически совпадающие с титулом в сношениях с Османской империей и афонскими монастырями, за исключением „вселенских" географических терминов.[60] Все они включены и в жалованные грамоты марта 1515 г. главе собора афонских монастырей - проту Симеону.[61] Такое хронологическое совпадение неслучайно. Заключение равноправного по титулу договора с Максимилианом I дало осно-

58 По просьбе имперского посла С. Герберштейна Василий III дал опасную грамоту послам польского короля и великого князя литовского Сигизмунда Старого. Составитель Выписки из посольских книгä отметил: А в титле писался смоленским впервыеä (Выписка из посольских книгä о сношениях Российского государства с Польско-Литовским за 1487-1572 гг. / Подг. Б.Н. Морозов // Памятники истории Восточной Европы. Т. II. М., Варшава, 1997. С. 125; Сб. РИО. Т. 35. № 85. С. 500. Июль 1517 г.).

59 Акты служилых землевладельцев XV-XVII века (далее- АСЗ). Т. 3. Подготовил Антон В. Антонов. М., 2002. № 111. С. 97. 2 февраля 1515 г.; АСЗ Т. 1. № 152. С. 125 (во данном случае пропущено определение югорскийä, но добавлено вятскийä и ржевскийä после вологодскийä; вместо вятцкийä читаем вологодскийä).

60 Каштанов С.М. Из истории русского средневекового источника. Акты X-XVI вв. М., 1996. С. 116.

61 Копии всех трех грамот находится в первой книге гречсеских дел (РГАДА. Ф. 52. Оп. 1. Кн. 1. Лл. 18 об.-20 об.).

вание освоить и юго-славянскую традицию, восходящую в своей основе к византийской, и в отношениях с афонскими монастырями.

В послании Василия Ивановича Селим-шах-султану в титулатуру русского государя уже было внесено определение смоленский: „Великий государь, божьей милостью, един правый государь всеа Русии и иным многим землям всточным и северным государь и великий князь, володимерский, московский, новгородский, псковский, смоленский, тферский, югорский, пермский, болгарский и иных", в верительной же грамоте послу в Турцию Василию Андреевичу Коробову было и другое дополнение „вятцкий", помещенное после определения „пермский", на предпоследнем перед „болгарским" месте.[62] Это определение фигурировало и в наказе посольской речи Коробова.[63] В отчете Василия Коробова передавались речи султана, адресованные „достойному брату нашему и доброму приятелю князю великому Василию государю всеа Руской, и Московской, и Володимирской, и Болгарской, и Смоленской, и Тферской и иным многим землям северным и всточным".[64] А в одном из проектов союза с Османской империей, где не указывалась политическая направленность соглашения и не назывались возможные враги - польский король и крымский хан, определение „вятцкий" заняло последнее место, но перед заключительным вторым словом „иных" поместилось еще несколько политико-географических определений: „и государь и великий князь Новагорода Низовской земли, и Черниговский, и Резанский, и Волотцкий, и Ржевскии, и Белский, и Ростовский, и Ярославский, и Белозерский, и Удорский, и Обдорский, и Кондинский и иных".[65] Избыточными в грамоте султану по сравнению с предшествующим временем были определения „черниговский", „ржевский", „белский". Первый и последний титулы Иван III мог присвоить во второй половине 80-х годов XV в., после того, как эти земли вошли в состав Русского государства.[66] Ситуация со Ржевой была сложнее. Еще в XIII в. Ржева входила в состав смоленских земель, которые были переданы Мстиславом Владимировичем в качестве домена своим наследникам - князьям Новгорода, но с вхождением Смоленска в состав Великого княжества Литовского права этих князей перешли к литовским, которые получали доход с нее - так называемую „черную куну".[67] Несмотря на установление полной власти московских князей над Новгородом, своих претензий на Ржеву, в особенности, в конце XV в. не оставили

62 Сб. РИО. Т. 95. № 7. С. 106, 107. 15 марта 1515 г. Титул смоленскийа был помещен и в послании в Кафу, направленном вместе с В.А. Коробовым (Там же. С. 127).

63 Сб. РИО. Т. 95. № 7. С. 124.

64 Сб. РИО. Т. 95. № 13. С. 236. 19 февраля 1516 г.

65 Сб. РИО. Т. 95. № 7. С. 118.

66 ПСРЛ. Т. 32. С. 166-167; Т.12. М., 1965. С. 213-214.

67 Янин В.Л. Новгород и Литва. Пограничные ситуации XIII-XV веков. М., 1998. С. 22, 54.

и великие князья литовские. Лишь захват Смоленска мог придать легитимность власти князя всея Руси и над этим пограничным новгородско-литовским районом.

Развернутый титул 1515 г. естественным образом делится на две части: первая восходит к образцу конца XV в. и в основном включает „великие княжства" (она употреблялась во внутреннем делопроизводстве Василия III и Ивана IV и отдельно),[68] вторая характеризует территории более низшего ранга - город с волостьми.

Но вернемся к титулу „смоленский". На переговорах о заключении очередного перемирия с Великим княжеством Литовским в 1517 и 1520 гг. Василий III фигурирует уже в качестве „великого князя смоленского", причем это определение поставлено на 5-ое место, а все дальнейшие сдвинуты к концу на одну позицию.[69] Потеря Смоленска была большим ударом для ВКЛ, и, разумеется, тщетно было надеяться на признание этого нового титула со стороны главы Великого княжества Литовского. В верительной грамоте Сигизмунда Старого его послам от 1 сентября 1517 г. этого определения не было. Исчезло и упоминание о „государе всеа Руси". Послы же именовали Василия III „великим князем московским". [70] Для некоторых русских дипломатов их государь на переговорах октября-ноября 1517 г. превратился в царя и государя, как и его отец Иван III.[71] Естественно поэтому, что и Герберштейн, упоминая о переговорах 1517 г., прибегал к термину царь. Исследователь истории титула государей России А.Б. Лакиер, оценивая сообщение Герберштейна, именовавшего великого князя Василия III царем и государем всея России и не будучи знаком с посольскими книгами, снабдил его ошибочным примечанием, что это не подтверждается нашими памятниками.[72]

Возвращение литовской стороны после завоевания Василим III Смоленска не осталось одиноким. Несколько позже, в конце 1520 г., и султан Баязид обращался к Василию III как „великому князю, царю и государю земли Московской"[73] Особый интерес представляет последний географический термин, более характерный для сферы русско-литовско-польских отношений, поскольку и в короне Польской, и в Великом княжестве Литовском стремились ограничить пределы власти русского государя лишь Московской землей. В употреблении термина

68 АСЗ. Т. 1. М.,1997. № 50. С. 443 июня 1529 г.; Т. 3. № 232. С. 190. 9 ноября 1525 (?) г.; № 186. С. 156. 9 июля 1539 г. Во всех случаях объектная часть титула состояла из определений владимирский, московский, новгородский, псковский, тверский, смоленский, пермский, югорский, вятцкий, болгарский. В копии второй из них пропущено определение тферский, стабильно присутствующее в этой части титула.

69 Сб. РИО. Т. 35. № 85, 86, 88. С. 500, 555-556. Июль 1517 г., 29. III. 1520 г.,2. IX. 1520 г.

70 Сб. РИО. Т. 35. № 85. С.504-505.

71 Сб. РИО. Т. 35. № 85. С.506-507, 530, 532.

72 Лакиер А.Б. История титула. С. 107 прим.17.

73 Сб. РИО. Т. 95. № 37. С. 673.

Московский в султанском послании, равно как кафинского санчака в 1521 г. (последний писал „Московского великого князя величеству")[74] чувствуется несомненное польско-литовское влияние. Следы его можно заметить и в терминологии крымских грамот конца второго десятилетия XVI в., в частности, грамотах калги Ахмат-Гирея. Если еще в 1516 г. тот писал „брату моему великому князю" или „князю великому Василию Ивановичу всеа Руси", то осенью 1517 г. этот „брат" под его пером превратился в „великого князя, Московского города и земли государя" или в более мягкой форме „московского великого князя всея Русии".[75] Но одновременно прорусски настроенные крымские князья ввели в титулатуру Василия Ивановича упоминания о Руси: так, послание Алп-салтана и Богатыря-салтана направлено „всее Русские земли государю великому князю",: кн. Халиля -"многие Руси государю".[76] Разделение крымской элиты несомненно связано с усилиями литовского великого князя и короля польского добиться антирусского выступления крымцев, ради чего из скарба в Крым направлялись богатые поминки.

Что же касается сношений Сигизмунда Старого с Государством всея Руси, то здесь в качестве „компенсации" за непризнание нового территориального приобретения на западе - Смоленска литовские дипломаты, начиная с 24 марта 1521 г., стали вводить время от времени новый объектный титул - „вятцкий" или „вятский" между словами „пермский" и болгарский" или наоборот - между определениями „болгарский" и „пермский".[77] Таким образом, делалась попытка переориентировать интересы Государства всея Руси на восток, а не на запад. Однако в документах, вышедших из канцелярии Василия III и направленных в ВКЛ, его титул лишен этого определения.[78] Нет его в перемирных грамотах с ВКЛ, как, впрочем, и определения „смоленский". В частности, в перемирии ноября 1526 г. вместо „смоленский" встречаем определение „рязанский",[79] впервые в сохранившихся документах сношений с Великим княжеством Литовским, хотя Рязань потеряла независимость еще в 1521 г.[80] Отставание от реальности с введением определения „резанский" от фактического завоевания

74 Сб. РИО. Т. 95. № 38. С. 680. 1521 г.

75 Сб. РИО. Т. 95. № 15, 16. С. 256, 305. 1516 г.; № 21, 22. С. 383, 392. Октябрь, ноябрь 1517 г.

76 Сб. РИО. Т. 95. № 25. С. 443,9, 453.

77 Сб. РИО. Т. 35. № 89, 90, 95, 96, 103, 108-110. С. 601, 606, 674, 683, 761, 824, 826, 835-836, 848. 24 марта 1521 г.; 1 сентября 1521 г.; 4. июля. 1523 г., 9 марта 1524 г.; 4 ноября 1527 г., 10 февраля 1530г., 15 марта 1531 г., 1 декабря 1531 г.

78 Сб. РИО. Т. 35. № 96, 97. С. 678, 688. февраль 1524 г.; 12 июня 1524 г.

79 Определение рязанскийä заняло место между титулами псковскийä и тверскойä. Сб. РИО. Т. 35. №102. С. 743, 747.

80 См. подробнее: Сметанина С.И. Рязанские феодалы и присоединение Рязанского княжества к Русскому государству // Архив русской истории. Вып. 6. М., 1995. С. 49-80.

Рязани объясняется, вероятно, тем, что последний рязанский князь Иван Иванович был еще жив и находился в Великом княжестве Литовском, где и скончался около 1534 г. Он не мог смириться с потерей княжества и уже в 1522 г. готов был отправиться в Крым ради возвращения своей „отчины".[81] Однако термин „вятский" и на этот раз отсутствует.

Более полная титулатура Василия III характерна для 1529 г. Первая верительная грамота послам в ВКЛ включала термин „смоленский",[82] а вторая от 17 марта того же года (также без титула „вятский") - и „смоленский, и рязанский", которые предшествовали определению „тферской".[83] Употребление термина „рязанский" на протяжении этого года не отличалось последовательностью - грамоты от 16 августа и без месячной даты, скорее всего выданной в октябре, не содержали определения „рязанский".[84] В условиях, когда Сигизмунд Старый провозгласил сына Сигизмунда II Августа своим наследником на престоле Великого княжества Литовского,[85] и естестественно был заинтересован в сохранении стабильных отношений с Государством всея Руси, дипломаты этого последнего пытались добиться признания наиболее болезненной для западного соседа потери. Русские дипломаты поняли, что это удобный шанс для расширения объектной части титула их государя, тем более, что Сигизмунд I Старый в том же году допустил промах: в послании от 2 марта 1529 г. отсутствовали столь важные для Василия Ивановича слова „великий государь всея Руси" и титул соответствовал образцу конца XV в., а 7 июня 1529 г., исправляя оплошность, король ввел в свое послание Василию III определение „рязанский".[86] Тем не менее русской стороне не удалось полностью добиться своего: в тексте пере-мирия 17 декабря 1531 г. нет титулов „смоленский и рязанский".[87] В докончании Василия III с князем Юрием Ивановичем от 24 августа 1531 г. Смоленск отнесен к разряду великих княжств.[88] В повседневном дипломатическом общении Василий III и после заключения перемирия 1532 г., как и до него, использовал титул конца XV в.. с добавлением определения „смоленский".[89]

Как трактовали в Москве эти определения, можно понять из упрека в адрес Сигизмунда Старого: „пишет его одным московским, а иные государства у него умаляет".[90] Что значило „государство" в понимании того времени? Это области,

81 Акты, относящиеся к истории Западной России. Т. II. СПб., 1841. № 16; Зимин А.А. Россия на пороге нового времени. С. 244.
82 Сб. РИО. Т. 35. № 104. С.769.
83 Сб. РИО. Т. 35. № 104. С.782.
84 Сб. РИО. Т. 35. № 105, 106. С. 797, 802.
85 Сб. РИО. Т. 35. № 107. С. 814.
86 Сб. РИО. Т. 35. № 104, 105. С.779, 787. 2 марта и 7 июня 1529 г.
87 Сб. РИО. Т. 35. № 111. С. 857.
88 ДДГ. № 101. С. 416.
89 Сб. РИО. Т. 35. № 110, 112. С. 842, 859.15.XII. 1531 г., 8. X. 1532 г.
90 Сб. РИО. Т. 35. № 102. С. 741. 1526.

земли или княжества, перешедшие под власть „великого государя“, достаточно большие и некогда самостоятельные и независимые политические образования, чтобы иметь главой именно „государя“, а не просто великокняжеского наместника. Вероятно, основным критерием для „государства“ в составе „Государства всея Руси“ была именно политическая независимость того или иного региона в прошлом, даже очень далеком - в Киевской или Древней Руси домонгольского времени. Только этим можно объяснить тот факт, что верховские земли, перейдя под власть великого государя всея Руси не оказались упомянутыми в титулах Ивана III и его сына Василия III. В титулатуре же этих великих князей отражены только те земли, которые уже в концу XV в. входили в состав Государства всея Руси, но с добавлением Смоленска и Рязани.

Та же картина в первые годы правления Ивана IV. Объявляя о занятии престола малолетним сыном Василия III, русские послы во главе с кн. Тимофеем Заболоцким Бражниковым в титул нового правителя, соответствовавший уровню конца XV в., добавляли и определение „смоленский“. Так же русские дипломаты делали и во время так называемой Стародубской войны.[91] Однако ее итоги не позволили продолжить политику борьбы за признание новых приобретений Государства всея Руси за счет Великого княжества Литовского. В верительной грамоте, выданной правительством Елены Глинской послу В.Г. Морозову, 22 апреля 1537 г. отправившемуся на ратификацию русско-литовского перемирия, титул Ивана IV снова был низведен до уровня конца XV в., в нем отсутствовали определения и „смоленский“, и „рязанский“.[92] Однако в самой перемирной грамоте литовская сторона сделала уступку: в титуле Ивана IV фигурировал термин „рязанский“.[93] Политика боярского правительства Бельских на следующий год активизировалась. В верительной грамоте очередному посланнику в ВКЛ в октябре 1538 г. в титуле снова значилось определение „смоленский“.[94] Но по-прежнему этот титул не признавался литовской стороной. В декабре 1541 г. Сигизмунд Старый ограничил титулатуру государя всея Руси уровнем конца XV в.[95] и вслед за ним то же сделало и правительство Бельских, выдавая верительную В.Г. Морозову, направленному в Великое княжество Литовское в июне 1542 г. для ратификации перемирия.[96] В его тексте, представленном русской стороной, значились титулы „псковский, резанский, тферской“.[97] В ответе Сигизмунда I В.Г. Морозову Иван Васильевич именовался „государем всеа Руси и великим князем московским“.

91 Сб. РИО. Т. 59 СПб., 1887. № 1, 3, 5. С. 7, 25, 51, 52. XII. 1533 г.; II. 1536 г.; 21. VIII. 1536.
92 Сб. РИО. Т. 59. № 7. С. 109.
93 Сб. РИО. Т. 59. № 7. С. 126. IV. 1537.
94 Сб. РИО. Т. 59. № 8. С. 139.
95 Сб. РИО. Т. 59. № 9. С. 149.
96 Сб. РИО. Т. 59. № 10. С. 171.
97 Сб. РИО. Т. 59. № 10. С. 189, 193, 194.

Остальные титулы отсутствовали.[98] Видимо, столь сильное „умаление имени" русского государя вызвало протест и в верительной грамоте правительства Шуйских виленскому воеводе Яну Юрьевичу Глебовичу от 12 декабря 1542 г. , как и в грамоте Ивану IV от 12 июля следующего 1543 г., приведен титул конца XV в. с добавлением „резанский.[99] Русской стороне это казалось недостаточным, и в ответном послании литовскому великому князю и польскому королю Сигизмунду Старому от 28 января 1543 г. и псковских наместников литовским панам титул звучал иначе: была сохранена основа конца XV в., но дополнение было иное - „смоленский" вместо „рязанский".[100] Однако последовательно выдержать внешнеполитическую линию в титулатурном вопросе боярское правительство в условиях непрерывной борьбы группировок было не в состоянии,[101] и в послании от имени великого князя Сигизмунду Старому в сентябре 1543 г. неожиданно возникло дополнение „вятцкий" вместо „смоленского".[102] В верительной Б.И. Сукину того же сентября 1543 г. произошел полный возврат к титулу конца XV в.[103] Слабость внешнеполитических позиций русского государя в период боярского правления ясно чувствуется и по другим документам 1544 г. и даже 1549 г. Титул конца XV в. звучал в послании панов-рад полоцкому намест-нику в июне 1544 г., верительной короля его послам в Москву в 1549 г. и даже верительной Ивана IV В.И. Березинскому в сентябре 1544 г.[104]

Титул царя

После венчания Ивана Васильевича на царство в 1547 г. центр внимания русских дипломатов передвинулся с региональных определений в объектной части титула на субъектную его часть, т.е. на „государево имя", „новообретенное" и унаследованное им в соответствии со "Сказанием о князьях владимирских" от самого римского императора Августа. Однако ему или его геральдистам и идеологам уже не нужно было искать или придумывать символ, адэкватный новому статусу главы государства. Им по-прежнему служило изображение двуглавого орла, кото-рое и осталось неизменным изобразительным символом верховной власти не только в Российском царстве и Российской империи, но даже, как это ни пара-доксально, Российской федерации, возникшей в 1991 г.

98 Сб. РИО. Т. 59. № 11. С. 203.
99 Сб. РИО. Т. 59. № 12,. 14. С. 207, 215. 10. XII. 1542 г.,12. VII. 1543 г.
100 Сб. РИО. Т. 59. № 12, 13. С. 209, 212.
101 Смирнов И.И. Очерки политической истории Русского государства 30-х-50-х годов XVI века. М., Л., 1958. С. 102-103 и др.
102 Сб. РИО. Т. 59. № 14. С. 219.
103 Сб. РИО. Т. 59. № 15. С. 222.
104 Сб. РИО. Т. 59. № 16, 17, 18. С. 251, 256, 267. VI. 1544 г., сентябрь 1544 г., начало 1549 г.

Тем не менее в русском варианте перемирной грамоты от 13 февраля 1549 г. попрежнему был употреблен титул конца XV в. с дополнением „резанский", а в верительной грамоте М.Я. Морозову, который должен был присутствовать при крестоцеловании нового короля Сигизмунда II Августа, не было даже этого дополнения, которое теперь, после смерти Ивана Ивановича Рязанского, казалось бы не затрагивало интересы ВКЛ.[105] Михаил Яковлевич Морозов показал себя опытным „переговорщиком" и, пользуясь некоторой неопределенностью и нестабильностью положения нового литовского господаря и польского короля, добился того, что в королевской ратификационной грамоте и даже „приписи", т.е. обязательстве короля соблюдать условия перемирия, „имя царя и великого князя" было „сполна написано", Иван IV был назван „царем", перечислены все географические определения конца XV в. с дополнением „резанский", хотя и отсутствовало слово „смоленский".[106] К сожалению, факт признания царского „имени" в тексте королевской ратификационной грамоты перемирия 1549 г. ранее остался незамеченным автором настоящего сообщения и не отмечен ни в комментариях к „Запискам о Московии" Сигизмунда Герберштейна 1988 г., ни в статье 1994 г. , ни в новейшей работе.[107]

Подобного успеха русской стороне на протяжении XVI столетия повторить не удалось. Во всех обращениях великого князя и короля Сигизмунда Августа титула „царь" не было, а региональные определения соответствовали титулатуре конца XV в.,[108] несмотря на то, что русская сторона упорствовала в приобщении к титулу царя определения „смоленский".[109] Лишь в 1553 г. наметились некоторые перемены. В грамоте от 21 апреля 1553 г. в титул конца XV в. вновь было включено определение „резанский", а в верительную полоцкому воеводе Станиславу Станиславовичу Довойне - „вятцкий".[110] Зато русский текст перемирия 12 сентября 1553 г. и заявление русской стороны о себежских землях изобиловали вставками, отражавшими новые территориальные приобретения на востоке: помимо термина царь в объектной части титула вслед за „новгородским" помещено определение „казанский", далее шли традиционный „псковский", редко встречавшийся в русской посольской документации „резанский" и привычный

105 Сб. РИО. Т. 59. № 18, 19. С.303, 306, 309. 13 февраля и июнь 1549 г.

106 Сб. РИО. Т. 59. № 19. С. 324, 327-328. В Выписке из посольских книгä это обстоятельство подчеркнуто особо: А в перемирных грамотах писано в государеве слове царем и с титлом с резанским, а смоленского титла не писаноä (Выписка из посольских книгä. С. 181-182).

107 Хорошкевич А.Л. Россия в системе международных отношений середины XVI в. М., 2003.

108 Это были послания, направленные в Москву со Ст. Едровским(Сб. РИО. Т. 59. № 20. С. 335 21 мая 1550 г.), М.Б. Гедройцем (Там же. № 22. С. 350-351. 23 марта 1551 г.), Павлом Островицким (Там же. № 23. С. 357. 28 декабря 1551 г).

109 Сб. РИО. Т. 59. № 21. С. 340. Декабрь 1550 г. Верительная Якову Остафьеву.

110 Сб. РИО. Т. 59. № 26, 27. С. 380, 387 21 апреля 1553 г., 28 апреля 1553 г.

„тверской“[111] (последние два определения были переменены местами в ответе послам : „тверской, резанский“).[112] Дополнение „казанский“ помещено в общем ряду региональных титулов, где перечислены все великокняжеские владения. Примечательно, что в литовском тексте перемирия царский титул отсутствовал, однако и „казанский“ и „резанский“ наличествовали.[113] Во внутреннем делопроизводстве определение „резанский“ зачастую отсутствовало. Так, в жалованной кормленой грамоте двум мурзам на ясак в Темникове 1554 г. были определения „владимерски, московски, новогородцки, казански, псковски, смоленски, тверски, югорски, пермъски, вятцки, болгарски“.[114]

В верительной грамоте послу в ВКЛ В.М. Юрьеву от ноября 1553 г. по непонятным причинам был исключен термин „резанский“, зато за „пермским“ следовал „вятцкий“.[115] И королевский ответ соответствовал титулатуре верительной Морозову. Хотя в нем и не было царского титула, но определения „казанский“ и „вятцкий“ были включены.[116]

Следующим этапным событием было завоевание Астрахани. С известием об этом - с „сеунчом“ в ВКЛ 14 сентября 1554 г. был направлен Ф.В. Вокшерин, в верительной которому в титул царя и великого князя было вставлено новое определение „астраханский“, помещенное тотчас после „казанского“. На этот раз русская сторона снова осмелилась употребить термин „смоленский“, сохранила „вятцкий“, но изъяла „резанский“.[117] Такой вариант титулатуры, впрочем, без царского титула, был принят Сигизмундом Августом в ответе Вокшерину и в верительной следующим литовским послам Ю.В. Тишкевичу и Ст. Збаражскому.[118]

Однако в это же время появился и новый объектный титул царя. Митрополичий посланец Савлук Турпеев вез опасную грамоту очередным литовским послам, датированным августом 1555 г., где Иван именовался "всея Сибирские земли повелитель". Турпеев должеи был объяснить это нововведение "челобитием" сибирского князя Едигера, согласившегося платить царю дань при условии, чтобы тот "их бы с Сибирскые земли не сводил".[119]

Новое перемирие Великого княжества Литовского и Российского царства, заключенное 7 февраля 1556 г., застало Россию в момент нового продвижения на восток, что поспешили отметить в титуле Ивана IV. Прежний титул конца XV

111 Сб. РИО. Т. 59. № 27. С. 407, 416.
112 Сб. РИО. Т. 59. № 27. С. 415.
113 Сб. РИО. Т. 59. № 27. С. 411.
114 АСЗ. Т. №. № 187. С. 157. 19 марта 1554 г.
115 Сб. РИО. Т. 59. № 28. С. 421.
116 Сб. РИО. Т. 59. № 28. С. 444.
117 Сб. РИО. Т. 59. № 29. С.447.
118 Сб. РИО. Т. 59. № 29. С. 454; № 30. С. 459, 460. 10.XII. 1554 г.; № 32. С. 492. 20. XI. 1555 г.
119 Сб. РИО. Т. 59. No. 31. С. 478-480; Лурье Я.С. Переписка.

столетия был пополнен не только определениями „казанский, астраханский, резанский, вятцкий“, но и совершенно новой неуклюжей формулировкой, помещенной в конец титула после обобщающего слова „иных“: „всеа Сибирскиа земли повелитель“.[120] Таким образом, Иван IV в субъектной части титула русского текста перемирия выступил не только царем и великим князем, но и „повелителем“ новой подвластной ему земли. Разумеется, упомянутыми в титуле землями не исчерпывались все подвластные царю земли. В русском тексте перемирия перечислялись и иные земли, которые литовская сторона не должна была „ни воевати, ни зацепляти ничем“: кроме названных и в титуле Московской, Новгородской, Псковской,Тверской, Рязанской земель были названы город Себеж и Себежская волость, Рыльск, Путивль, Новгородок Северский, Радогощ, Чернигов, Стародуб, Почап, Трубческ, Мосальск, Серпейск, Рославль с их волостями.[121] Таким образом, можно понять принцип, по которому формировался титул в сношениях с ВКЛ: в нем упоминались лишь земли, которые некогда были самостоятельными великими княжествами.

Однако на этот раз литовская сторона не смирилась с приращением титула, как это было в предшествующих случаях с „казанским и астраханским“. В литовской редакции перемирия не было ни царского титула в субъектной части, ни вятцкого в объектной, отсутствовала и новая формулировка о Сибири.[122]

Идеологи верховной власти между тем продолжали усовершенствовать титул царя и великого князя. К 1556 г. они сообразили, что некоторые определения следует перенести из объектной части в субъектную. Речь шла о Казани и Астрахани. Уже в 1553 г. русские дипломаты в обоснование прав Ивана IV на царский титул ссылались не только на "Сказание о князьях владимирских", но и на захват Казанского царства, которое „Бог дал“ их государю. Однако в титулатуре и казанский, и астраханский стояли лишь в объектной части, что, между прочим, свидетельствует о том, что принятие новых титулов не сопровож-далось церковной церемонией венчания на новые „царства“. Наконец, в сношениях со шведским королем Густавом Вазой в августе 1556 г. Иван Васильевич назван „царем и великим князем всеа Руси, и царем казанским и астраханским и всеа Сибирской земли повелителем“. Развернутый титул приобрел следующий вид: „царь и великий князь всея Русии, владимирский, московский, новогородский, царь казанский и царь астараханский, государь псковский и великий князь смоленский и великий князь тверской, югорский, пермский, вятцкий, болгарский и

120 Сб. РИО. Т. 59. № 32. С. 511. Такой же титул содержала и верительная грамота И.М. Воронцову в мае 1556 г. (Сб. РИО. Т. 59. № 33. С. 516-517).

121 Сб. РИО. Т. 59. № 32. С. 511-512.

122 Сб. РИО. Т. 59. № 32. С. 514. Такой же усеченный титул был помещен в верительных грамотах посланникам в Россию Гр. Викторину, Я.Ю. Волчковичу, В. Тышкевичу (Сб. РИО. Т. 59. № 34. С. 533, 535. 10. IX. 1556; № 36. С. 554. 5. V. 1558; № 37. С. 567. 22. XII. 1558).

иных, государь и великий князь Новагорода Низовские земли, Черниговский, Резанский, Волоцкий, Ржевский, Бельский, Ростовский, Ярославский, белозерский, удорский, обдорский, кондинский и иных и всея Сибирские и Северные страны повелитель"[123] Примечательно, что титулы „царь казанский и царь астраханский", по существу уже субъектные, находились в объектной-географической или территориальной части. Обращает на себя внимание и другой факт: Наряду с Сибирью в титуле была представлена и „Северная страна", по отношению к которой государь также выступал „повели-телем". Здесь речь шла о севере Скандинавского полуострова - стране Норботтен, калька перевода этого топонима и была занесена в титул царя в ходе русско-шведской войны 1556-1557 гг. Шведский посол Эрик Йоганссон привез послание короля Густава Вазы от 1 июля 1556 г. - ответ на жалобы русской стороны на шведских „приказных порубежных людей от Нарботские земли, а по руски имянуетца от Северные страны".[124] Норботтен - крайняя северная оконечность Скандинавского полуострова, и включение этой территории в объектную, гео-графическую часть титула царя несомненно свидетельствует о его претензиях на господство в данном регионе.

Цитированный выше вариант стал одним из наиболее распространенных видов титулатуры русского царя, употреблявшихся русской стороной в русско-шведских отношениях, но частично принятой и шведским королем Густавом. В отношениях с польским королем и великим князем литовским Сигизмундом II Августом российская сторона не спешила обнародовать свои притязания на Норботтен. В верительной посланнику в Великое княжество Литовское Роману Олферьеву от февраля 1558 г. были включены лишь царские титулы и дополнение относительно Сибири.[125] Основная объектная часть титула отсутствовала. В отношениях к западному соседу приоритетными в то время казались завоевания на восточных границах - в Поволжье и в Сибири, поднимавшие престиж царя..

Правда, почти одновременнно с этим делались попытки поднять престиж и центральных русских земель. В опасной грамоте шведским послам в январе 1557 г. был повторен термин великий князь перед определением владимирский, таким образом подчеркивалось значение этих территорий - владимирской и московской,[126] а в марте того же 1557 г. термин великий князь добавлен еще перед двумя объектными титулами: „великий князь черниговсикй, великий князь резанский".[127]

123 Сб. РИО. Т. 129. СПб., 1910. № 1. С. 14. Август 1556 г.; № 2. С. 29-30. Февраль 1557 г.; № 3. С. 50. Июль 1557 г.; № 4. С. 62. 26 февраля 1559 г. (послание Густава Вазы).

124 Сб. РИО. Т. 129. СПб., 1910. № 1. С. 9. 1 июля 1556 г.

125 Сб. РИО. Т. 59. № 35. С. 539.

126 Сб. РИО. Т. 129. № 2. С. 26.

127 Сб. РИО.Т. 129. № 2. С. 41.

Начало Ливонской войны и первые успехи на западе не прошли даром для титулатуры. Уже 13 июня 1559 г. в титул после слова „повелитель“ внесено очередное дополнение: „и государь Ливонские земли града Юрьева и иных“.[128] На этот раз утверждалась власть лишь над одним городом Ливонской земли - Дерптом - Юрьевом - Тарту, хотя в литературе принято было считать, что уже в это время речь шла обо всей Ливонии.[129] Однако прилагательное „иных“ врядли можно толковать как „иных городов“. Это обычная концовка всех вариантов титулатуры, соответствующая современному „и так далее“, когда подразумевается продолжение перечисления земель. Однако ливонское дополнение титулатуры в цитированном виде продержалось недолго. В июле 1561 г. уточнение относительно Юрьева исчезло, остался „государь Ливонские земли“[130] В перемирной с новым шведским королем Эриком XIV августа того же 1561 г., титулатура в целом аналогична июльской, однако скорее всего по недосмотру писца или переписчика исчезли слова „великий князь“ перед определением „тверской“.[131] В верительной Андакану Федоровичу Тушину февраля 1562 г. никаких отклонений от образца июля 1561 г. не обнаруживается. В ней также нет упоминания о Юрьеве.[132]

В переводах шведских грамот терминология несколько меняется: царь оказывается „властелем в Сибирской земле и в земли в Северной“, но попрежнему остается „государем Ливонские земли“.[133] В начале 70-х годов в титулатуре происходят существенные изменения: появляется очень развернутое богословие,[134] pluralis majestatis - „ мы“, новые субъектные титулы - „самодержец и облаадатель“, при этом возвращается термин „повелитель“ по отношению ко „всей Сибирской земле“ („всей“ - титул притязания на Сибирь, покорение которой состоялось лишь в 1581 г.). В документах российско-литовско-польских отношений заметно, как усовершенствуется объектный - ливонский титул. В октябре 1562 г. появляется формулировка „государь вотчинный земли Вифлянские“,[135] что подтверждает мнение Н. Ангерманна о том, что мотив „отчины“ по отноше-нию к Ливонии возникает спустя несколько лет после открытия военных дейст-вий - в начале 60-х годов.[136] Затем определение „отчинный“ переносится к сущест-

128 Сб. РИО. Т. 129. № 5. С. 65; № 6. С. 70. Январь 1560 г.; № 7. С. 79 . Июль 1560 г.

129 Лакиер А.Б. История титуа. С. 121.

130 Сб. РИО. Т. 129. № 9. С. 89. Июль 1561 г.

131 Сб. РИО. Т. 129. № 9. С. 98.

132 Сб. РИО. Т. 129. № 10. С. 106.

133 Сб. РИО. Т. 129. № 13. С. 178, 179. 1 июня 1569 г.; № 15. С. 219. 1572 г.

134 Бог наш Троица Отец и Сын, и Святой Дух, им же цари царьствуют и силнии пишут правду, иж подает нам скифетры держати Российского царствия, браздодержательством крестноносные хоругви, сего убо Бога нашего в Троице славимаго (Сб. РИО. Т. 129. № 16. С. С. 221. 1.августа 1572 г.- 7 января 1573 г.).

135 Сб.РИО. Т. 71. № 5. С. 73.

136 Angermann N. Studien zur Livlandpolitik Ivan Groznyjs. Marburg/Lahn, 1972.

вительному „Ливонская земля". Так, в июне 1570 г. и январе 1573 г. царь выступает государем „отчинной земли Лифлянские", а уже в феврале и марте того же года и в последующее время вплоть до своей смерти снова превращается в „государя отчинного" этой земли.[137] Что скрывается за переменой определяемого слова, понять трудно: если в начале 70-х годов „отчинной" именовалась „Вифлянская" или Лифлянская земля, то потом, как и в 1562 г., ее отчинным, т.е. наследственным государем считался царь. Может быть, это результат его неуверенности в сохранении „отчины" за собой?

Завоевание Полоцка 15 февраля 1563 г. сопровождалось дополнением „полоцкий" в объектной части титула. На переговорах с литовскими представителями 24 февраля 1563 г. русская сторона употребляла царский титул с определениями „рязанский" и „полоцкий".[138] Оперативность включения нового определения в титул показывает, что трудно говорить о каких-то устойчивых временных правилах хронологического разрыва между военно-политическими событиями (например, завоеванием той или иной территории) и идеологическими (то есть отражением этого факта в титуле).[139] Видимо, в каждом конкретном случае учитывалась общая ситуация и расстановка политических сил, позволявшая или не позволявшая расширить титул. На этот раз реакция была почти молниеносная, уверенность в окончательной победе в „полоцкой войне" была полная.

В завещании сына Василия Ивановича - Ивана IV великими княжествами названы Владимир, Рязань, Смоленск, Нижний Новгород, Тверь и Новгород Великий. Москва по его завещанию - это центр „царства Руского".[140] Очевидно на протяжении XVI в. изменилось представление о ценности каждой из этих земель. В завещании Ивана Васильевича Грозного упоминается Нижний Новгород, который ранее не входил в состав „великих княжеств", что объясняется стратегическим положением города, как опорного пункта на пути в Нижнее Поволжье и Сибирь.

Преемник Грозного - слабоумный царь Федор Иоаннович столкнулся с претензиями шведского короля Юхана III, своим титулом обнародовавшего претензии на Новгородскую землю („в титле описывался еси нашею отчиною Новгородцкою землею"- упрекали его русские дипломаты от имени царя). В ответ российские идеологи внешней политики решили не мелочиться. Титул нового

137 Сб. РИО. Т. 71. № 24. С. 724. 20 июня 1570 г.; Т. 129. № 17. С. 243, 245. Февраль и март 1573 г.; № 18. С. 264. 9 августа 1574 г.; № 19. С. 277. 23 декабря 1574 г.; № 20. С. 278. 23 декабря 1574 г. (в данном и последующих случаях определения черниговский и резанский не сопровождаются сообщение о роли великого князя); № 20. С. 278, 292, 293. 299, 301, 339, 341 (переговоры на р. Сестре в течение всего 1575 г.); № 21. С. 348, 356. Июнь и ноябрь 1576 г; № 22. С. 357, 365, 372. 15 июля и 13 сентября 1584 г.; № 24. С. 387. 1585 г.

138 Сб. РИО. Т. 71. № 7. С. 125. Лакиер А.Б. Истосиятитула. С. 121.

139 Ср.: Кучкин В.А. Происхождение. С. 11-12.

140 ДДГ. № 104. С. 433-436.

царя они расширили за счет терминов, которые в начале века употреблялись в сношениях с турецким султаном и к которым снова прибег Иван Грозный в 1573 г. Концовка титула Ивана IV в послании королю Юхану 1573 г. звучала так: „государь отчинный земли Лифляmembers и иных многих государств государь, восточным и западным и северным отчичь и дедичь и наследник, [и облаадатель высочайшего нашего порога, честные нашие степени величества]"[141] Выделенные квадратными скобками слова были опущены в титуле царя Федора 1585 г.[142] Изредка в речах царских дипломатов и посланиях шведскому королю проскальзывал и термин „самодержец", который пока не мог найти постоянного места в титулатуре, его относили то к „иным многим государствам", т.е. в заключительную часть титула, то в субъектную часть („Бога в Троице славимаго скифетродержателя Росийского царствия великого государя и самодержца, царя и великого князя").[143] Однако в проект российско-шведского перемирия 1586 г. термин „самодержец" не вошел.[144]

Итоги

Процесс формирования титулатуры главы Государства или Княжества всея Руси происходил весьма неравномерно. Механической, непосредственной по времени связи между приобретением земли и включением ее наименования в титул не было, за исключением казанского, астраханского и ливонского титулов..

Титулатура Княжества или Государства всея Руси в целом была унаследована от конца XV в., когда в состав этого политического образования вошла большая часть независимых княжеств, именовавшихся „великими" или „государств". Именно их обозначения и составили обязательный корпус титулов объектной части. На протяжении столетия к этой основе объектной части добавлялись такие определения как „смоленский" (после 1514 г.), „резанский" (в 30-ые годы). Однако Нижний Новгород или Новгород Низовской земли довольно поздно был включен в титул, хотя с 1392 г., то есть еще при Василии I, он был подчинен власти владимирского и московского князя. Особую актуальность эта территориальная единица приобрела уже после завоевания Казанского и Астраханского ханств, ибо демонстрировала „исконность" нахождения Поволжья в составе Владимирского и Московского княжеств. Пожалуй, теми же мотивами можно объяснить включение в расширенный титул других поволжских земель - прежде всего ярославской. Наряду с этими территориальными определениями в развернутый титул входили и земли более низкого административно-политического статуса - города с волостями.

141 Сб. РИО. Т. 129. № 16. С. 228.
142 Сб. РИО. Т. 129. № 25. С. 387, 417, 439, 490. Сентябрь 1585 г.
143 Сб. РИО. Т. 129. № 25. С. 400, 490. Сентябрь 1585 г.
144 Сб. РИО. Т. 129. № 25. С. 417.

Титул притязаний постоянно предшествовал титулу реального обладания, формулируя задачи внешней политики как на востоке, так и на западе. Что касается запада, то даже после потери Ливонии (временное владычество над которой было зафиксировано формулой „государь отчинный и облаадатель земли Лифлянские немецкого чину")[145] определение „лифляндский" оставалось в объектной части титула вплоть до конца правления царя Федора.[146] То же самое касается и определения „полоцкий", хотя пребывание города в составе Российского царства было ограничено только 16 годами - с 1563 по 1579 год.

Особое место среди титулов притязания занимали Сибирь и Северная страна. Сибирь была представлена в титуле в формуле „всея Сибирские земли повелитель", возникшей в 50-ые годы. Реальное завоевание Сибири в 1581 г. и установление вслед за этим административного порядка взимания дани отлилось в существенное дополнение к прежней формуле -"облаадатель ... великия реки Оби".[147] Появление такого упоминания завершает один из этапов длительной истории завоевания этого региона: еще 5 января 1493 г. Иван III в послании австрийскому эрцгерцогу Сигизмунду гордился властью над одной из „иных" земель - „дальних земль нашего государства, иже есть над востоком на великой реце Оби".[148] Сложные градации пределов власти между „повелителем" и"обладателем" порою стирались или путались дьяками. В 1586 г. царь Федор - обладатель только Сибири и р. Оби, и повелитель Северной страны. В 1589 г. по отношению к Сибири он же выступает и обладателем, и повелителем.

Таким образом, на протяжении XVI столетия не произошло коренных перемен в оценке положения старинных земель Княжества всея Руси и Российского царства, лишь некоторые новые приобретения на востоке сумели потеснить эти земли на менее престижные места в объектной части титула.

145 АСЗ. Т.3. № 478. С. 396. Апрель 1478 г.
146 АСЗ. Т. 3. № 478. С. 397. Июль 1589 г.
147 АСЗ.Т. 3. № 291. С. 237. Август 1586 г.
148 ПДС. Т. I. Стб. 111.

МЕСТНОЕ САМОСОЗНАНИЕ И ЦЕНТРАЛИЗОВАННОЕ ГОСУДАРСТВО: СМОЛЕНСК В XVI ВЕКЕ

М. М. КРОМ

С конца XV до середины XVII в. Смоленск служил яблоком раздора между Россией и ее западным соседом – Великим княжеством Литовским (с 1569 г. – Речью Посполитой). В 1514 г. после нескольких военных кампаний и четырех осад город был взят великим князем московским Василием III и присоединен к его владениям. В течение почти столетия Смоленск находился в составе Российского государства – до тех пор, пока в июне 1611 г. он не был захвачен войском Сигизмунда III, присоединившим его к Речи Посполитой. Примечательно, что в обоих случаях гарнизон и жители оказали упорное сопротивление нападавшим, с той, однако, разницей, что в начале XVI в. они демонстрировали верность литовскому господарю и нежелание переходить под власть Москвы, а сто лет спустя, наоборот, проявили лояльность русскому царю и более 20 месяцев (в 1609 – 1611 гг.) отражали приступы польско-литовских войск.

Чем объяснить такую метаморфозу? Почему позиция местных жителей так быстро (по историческим меркам, разумеется!) менялась? Обладали ли смольняне особым местным самосознанием (идентичностью)? Нужно признать, что ответить на эти вопросы непросто: источники по истории Смоленска в XVI в. (после 1514 г.) крайне скудны. Кроме того, имеющиеся сведения в лучшем случае позволяют проследить *внешнюю* канву жизни смольнян (перевод их в другие московские города, бегство в Литву и т.п.), о мотивах же их поведения можно лишь высказывать более или менее убедительные предположения.

В предлагаемом докладе основное внимание будет сосредоточено на двух аспектах заявленной темы: во-первых, на вопросе о том, какой социальный слой был носителем этой региональной идентичности, жил преимущественно местными интересами; а во-вторых, на том, какова была политика центральной власти по отношению к местному населению.

Находясь в составе Великого княжества Литовского, Смоленск в начале XVI в. обладал многими привилегиями, пожалованными жителям этой земли литовскими господарями.[1] Однако в социальном отношении население Смоленска было

1 Здесь и далее я использую наблюдения и выводы, сделанные в моей книге: *Кром М.М.* Меж Русью и Литвой: Западнорусские земли в системе русско-литовских отношений конца XV – первой трети XVI в. М., 1995. О положении Смоленска в Великом княжестве Литовском на рубеже XV – XVI вв., о пожалованных жителям Смоленской земли привилегиях см. там же. С. 162 – 165.

далеко не однородно. Для нашей темы особенно важно подчеркнуть различия в юридическом статусе смоленских служилых людей (князей и бояр), с одной стороны, и мещан – с другой. Первые по привилею великого князя Александра от 1 марта 1505 г. были уравнены в правах со всей литовской шляхтой: „А которое право дал его милость князем и паном бояром литовским, тое ж право дал его милость князем, паном, бояром смоленским".[2] Права же мещан согласно тому же документу носили более частный характер и, что еще важнее, имели четко выраженную местную специфику (указание конкретных размеров пошлин, право рубить дрова в окрестных лесах, длинный перечень отменяемых господарем несправедливых „новин", введенных прежними смоленскими наместниками и т.п.).[3] Такой же характер носили пожалования Сигизмунда I мещанам в привилее Смоленску от 16 апреля 1513 г.[4] В этой связи можно высказать предположение, что интересы смоленских мещан в большей мере, чем бояр и князей, носили локальный характер, были ограничены местными нуждами. Напротив, бояре как часть формирующегося шляхетского сословия были связаны по службе с особой господаря и Литовской державой в целом.[5] Это проявилось, в частности, в том, что смоленские отряды на рубеже XV – XVI вв. принимали участие в боевых действиях на стороне Литвы далеко за пределами родного города. Например, в 1490-х годах И. Ф. Плюсков и другие смоленские бояре были в числе активных защитников литовских владений на верхней Оке (Мезецк, Серпейск) от натиска Москвы.[6] Даже в июне 1514 г., когда во время последней осады решалась судьба Смоленска, 115 „пеших смольнян" были задействованы в боевых действиях за пределами родного города.[7]

Указанное различие в полной мере проявилось и в драматический момент капитуляции Смоленска летом 1514 г. Для бояр и князей вопрос, какому государю теперь служить, московскому или литовскому, стал проблемой индивидуального или семейного выбора. По моим подсчетам, представители примерно 70 боярских родов предпочли остаться на литовской службе сразу или перебрались в Литву в последующие годы. Однако немало бояр перешли на службу к Василию III: в московской служебной документации середины – второй половины XVI века упомянуто не менее полусотни смоленских боярских фамилий. Во многих семействах произошел раскол: одни представители родов Бакиных, Басиных,

2 Акты, относящиеся к истории Западной России, собранные и изданные Археографическою комиссиею. Т. I. СПб., 1846. № 213. С. 361.

3 Там же. С. 361 – 363.

4 См.: *Кром М.М.* Неизвестный привилей Сигизмунда I Смоленску (1513 год) // От Древней Руси к России нового времени: Сборник статей: К 70-летию Анны Леонидовны Хорошкевич. М., 2003. С. 133 – 139 (текст документа – на с. 138 – 139).

5 См. подробнее: *Krom M.* Die Konstituierung der Szlachta als Stand und das Problem staatlicher Einheit im Grossfürstentum Litauen (15./16. Jahrhundert), in: *Jahrbücher für Geschichte Osteuropas*, 42 (1994). S. 481–492.

6 См.: *Кром М.М.* Меж Русью и Литвой. С. 174 – 175, 207.

7 См.: Радзивилловские акты из собрания Российской национальной библиотеки: первая половина XVI века / Сост. М. М. Кром. М. – Варшава, 2002. № 3. С. 27.

Бобоедовых, Коптевых, Пивовых, Плюсковых, Полтевых служили после 1514 г. в Москве, а другие – в Литве.[8]

Об индивидуальных мотивах выбора мы не можем судить за недостатком источников, но важно подчеркнуть, что в любом случае речь шла о выборе сюзерена, которому предстояло служить; конкретное место службы при этом имело меньшее значение. Сказанное не означает, что выехавшие в Литву смольняне забывали о своем происхождении; напротив, и они сами, и виленские власти помнили об этом еще несколько десятков лет спустя:[9] первые потому, что надеялись на возвращение своих родовых имений после отвоевания Смоленска, вторые – потому, что никогда не отказывались от обязательства вернуть „отчичам“ их имения (это одна из причин, по которым литовская сторона в течение всего XVI века не соглашалась признать переход Смоленска под власть московского государя). Но всё же привязанность к родным местам, как представляется, сама по себе не являлась для бояр решающим мотивом их деятельности. В пользу этого предположения говорит и тот факт, что, как будет показано ниже, перешедшие на московскую службу смольняне успешно служили в дальнейшем вдалеке от родного города.

Смоленские мещане, оказавшись летом 1514 г. в той же драматической ситуации, повели себя по-другому. Их решение, можно сказать, было более консолидированным. Для торговцев и ремесленников покинуть обжитые места означало обречь себя на разорение, причем, в отличие от бояр-шляхты, они не могли рассчитывать на какую-либо компенсацию со стороны литовских властей, предоставление им домов или земель в другом городе. Поэтому представители мещан на переговорах с Василием III в июле 1514 г. предприняли все усилия для того, чтобы добиться для себя наиболее выгодных условий существования при новой власти.

Важная деталь этих переговоров упомянута в описи царского архива XVI в. В 1570-х годах там хранились „три грамоты старые Жигимонта короля жаловальные да две грамоты мещанских“; к этой записи сделано примечание: „а принес Логин, староста смоленской“.[10] Таким образом, мещане во главе со своим старостой попытались добиться от Василия III подтверждения всех привилегий, полученных смольнянами от прежних (литовских) господарей. Можно сказать, что на первых порах им это удалось: об этом свидетельствует такой уникальный документ, как жалованная грамота Василия III Смоленску, датированная 10 июля 1514 г.[11]

8 См.: *Кром М.М.* Меж Русью и Литвой. С. 208 – 212 и прил. II, с. 237 – 253.

9 Так, еще в 1543 г., спустя почти тридцать лет после падения Смоленска, Иван Сысой Нагишка фигурирует в документах Литовской метрики как „боярин смоленский“, хотя к тому времени он уже давно жил в Браславском повете (РГАДА. Ф. 389. Оп. 1. Д. 24. Л. 248 об.).

10 Описи Царского архива XVI в. и архива Посольского приказа 1614 г. М., 1960. С. 26 (ящик 74).

11 Подл.: РГАДА. Ф. 135. Отд. I. Рубр. IV. № 21. Л. 1. Опубл. : Собрание государственных грамот и договоров, хранящихся в Государственной коллегии иностранных дел (далее – СГГД). Ч. I. М., 1813. № 148. С. 411 – 413. – А.А. Зимин поставил под сомнение дату,

Хотя делегацию смольнян на переговорах с московским государем возглавлял боярин Михаил Пивов (его сыновья Роман и Дмитрий впоследствии сделали успешную карьеру в период опричнины Грозного)[12], но смоленские бояре не получили каких-либо новых прав или льгот по жалованной грамоте Василия III: на них распространялась общее обязательство неприкосновенности вотчин и сохранения прежних порядков; лишь одна старинная привилегия сохранялась исключительно за боярами – право держания волостей в Смоленской земле.[13] Зато мещане не только добились подтверждения всех тех льгот и преимуществ, которые были им пожалованы литовскими господарями, от Витовта до Сигизмунда I, но и получили ряд новых привилегий: право собирать в свою пользу торговую пошлину – весчее, освобождение от подводной повинности, а также от ежегодной уплаты 100 рублей, прежде шедших в господарскую казну, и т.д.[14]

Таким образом, мещане сумели с выгодой для себя договориться с новой властью. Однако после раскрытия в городе осенью 1514 г. пролитовского заговора, во главе которого стоял смоленский епископ Варсонофий, достигнутое ранее соглашение потеряло силу; жалованная грамота Василия III в буквальном смысле была сдана в архив, где благополучно сохранилась до нашего времени.

Очевидно, мы уже никогда не узнаем, собирался ли Василий III действительно соблюдать данную им смольнянам жалованную грамоту, или это была с его стороны лишь тактическая уловка. Как бы то ни было, после расправы с заговорщиками в Смоленске к населению города были применены меры, ставшие уже традиционными в Московском государстве по отношению к новоприсоединенным западным землям: переселение части жителей вглубь страны и перевод на их место помещиков и купцов из центральных русских уездов.

В первые годы после смоленского взятия там сосуществовали две категории служилого люда: местные бояре и князья, с одной стороны, и только что испомещенные в Смоленской земле дети боярские из различных уездов Русского государства – с другой. Этот переходный момент зафиксирован в „памяти“, присланной в Смоленск в апреле 1517 г. по случаю предстоявшей встречи проезжавшего через этот город Джованни делла Торре („Яна фон Турна“), члена имперского посольства. Согласно инструкции, на приеме посланца у наместника кн. Б.И. Горбатого должны были присутствовать не только воеводы и „дети

содержащуюся в документе: 10 июля, и предположил, что в действительности грамота была выдана в самом конце // июля (*Зимин А.А.* Россия на пороге нового времени. М., 1972. С. 162, прим. 79). Если считать, что грамота выдана была во время переговоров со смольнянами (с чем согласен и А.А.Зимин), то, на мой взгляд, правдоподобной является и дата „10 июля“, поставленная в самом документе.

12 О карьере Р.М. и Д.М. Пивовых см.: *Веселовский С.Б.* Исследования по истории опричнины. М., 1963. С. 223 – 224; *Кобрин В.Б.* Состав Опричного двора Ивана Грозного // Археографический ежегодник за 1959 год. М., 1960. С. 55 – 57.

13 СГГД. Ч. I. С. 412.

14 Там же.

боярские добрые“, но „и князи и бояре смоленские, которым пригоже“.[15] О количестве испомещенных к тому времени в Смоленске детей боярских дает некоторое представление такая цифра: в той же „памяти“ наместнику кн. Б.И. Горбатому предписывалось послать на проводы „Яна“ из Смоленска „детей боярских дворовых и городовых 200“ (в том числе дворовых – 30).[16]

После 1517 г. термин „бояре“ применительно к местным служилым людям уже не встречается в источниках, однако разделение на „новых“ и „старых“ помещиков в Смоленске сохранялось до конца XVI в.; последние в дальнейшем именовались „земцами“. Это разделение отразилось в памятнике смоленской традиции начала XVII в. – „Повести о победах Московского государства“: вспоминая о времени присоединения Смоленска к России, автор-смольнянин писал: „Изобрал государь изо многих градов лутчих и честных людей, дворян... и расписав их на три стати, первую, и средную, и меншую... и повеле их в смоленских испоместить... Посему повеле земцов собрати града Смоленска, сиречь которые тутошние помещики, в своих же поместьях осталися на ево государево имя. И не повеле государь у них тех поместей отнимати, повеле им по-прежнему владети, кто чем владел, и разобрав их на три стати против их чести, и повеле им особной список учинити. От того бо времени уставися чин во граде Смоленске. Егда бысть смотр, первое повеле государь своих государевых дворян града Смоленска по их дворянскому списку кликати... После же дворясково списку повеле государь земцовский список кликати...“.[17]

Действительно, в разборной десятне по Смоленску 1574 г. под именем „земцев“ фигурируют боярские фамилии Вошкиных, Коверзиных, Перфурьевых, но еще больше там потомков смоленских служилых людей низшего разряда – доспешных, щитных, панцирных слуг и т.п.: Дерновых, Копыловых, Лесковых, Пешковых, Ходневых и др.[18]

Вообще создается впечатление, что московское правительство выселило после 1514 г. из Смоленска цвет местного боярства, в то время как захудалый служилый люд был оставлен жить в родных краях. В Дворовой тетради 50-х годов XVI в. среди „литвы дворовой“ в разных городах обнаруживаем представителей первостатейных смоленских боярских родов: Пивовых – в Ярославле, Коптевых – в Можайске, Плюсковых – в Медыни, Бобоедовых – в Юрьеве, Жабиных – в Можайске и Медыни, Полтевых – в Ярославле, Владимире и Медыни.[19] То, что все они оказались в составе Государева двора, т.е. верхушки служилого сословия

15 Памятники дипломатических сношений древней России с державами иностранными. Т. 1. СПб., 1851. Стб. 180.

16 Там же. Стб. 182.

17 Повесть о победах Московского государства / Подг. Г.П.Енин. Л., 1982. С. 28.

18 *Муравьев М.В.* Разборная десятня 1574 года по Смоленску // Летопись Историко-родословного общества в Москве. 1913 г. Вып. 1 – 2 (33 – 34). М., 1913. С. 71 – 99 (далее – Десятня 1574 г.). Подробнее см.: *Кром М.М.* Меж Русью и Литвой. Прил. II. С. 239, 241, 244, 251 – 253.

19 Тысячная книга 1550 г. и Дворовая тетрадь 50-х гг. XVI в. М. – Л., 1950. С. 144 – 145, 153, 156 – 157, 187, 207.

Русского государства, не позволяет рассматривать это переселение просто как опалу. Разумеется, выводя из Смоленска десятки местных землевладельцев и размещая там помещиков из „коренных“ уездов страны, правительство стремилось гарантировать таким способом лояльность населения новоприсоединенной территории. Но вместе с тем, причисляя смоленских выведенцев к Государеву двору, оно открывало им путь к успешной карьере в Московском государстве. Некоторые смольняне, подобно Роману и Дмитрию Пивовым, этой возможностью сумели воспользоваться. Во всяком случае, положение тех, кто служил по дворовому списку на новом месте, было более завидным, чем участь тех, кто под именем „земцев“ остался прозябать на „малой родине“.

О том, что зависимость старых смоленских помещиков от государевых милостей была сильнее их привязанности к родным местам, свидетельствует эпизод, относящийся к лету 1534 г. 4 июля указанного года мстиславский державца Юрий Зеновьевич доносил Сигизмунду I о прибытии в конце июня в Мстиславль перебежчиков: это были „дети боярские – помещики великого князя из Смоленска, и з жонами, и з детми, на имя Иван Семенович Коверзиных а Василей Иванович, родом смолняне“; перебежчики принесли весть (оказавшуюся ложной) о смерти юного московского великого князя (Ивана IV) и его брата (Юрия).[20] Думается, именно слух о смерти малолетнего государя побудил этих помещиков – коренных смольнян – податься в Литву: вероятно, в этой ситуации служба в родном Смоленске показалась им совершенно бесперспективной. Впрочем, не все Коверзины поддались тогда панике: еще в 1574 г. в Смоленске продолжали служить многочисленные представители этой фамилии.[21]

Любопытные предположения возникают при изучении смоленской десятни 1574 г. По подсчетам В.П. Мальцева, в этом источнике записано всего 520 помещиков, в том числе 305 – переведенцев из других городов и 118 местных помещиков – „земцев“ (еще 71 чел. – дети приставов, дьяков, пушкарей и т.п.).[22] Исследователь полагает, что комплектование состава смоленских помещиков было проведено главным образом в 60-х годах XVI в., и в итоге к 1574 г. тамошний служилый люд был организован фактически заново, т.к. 3/5 его состава являлись переведенцами из других городов.[23] Однако интересно присмотреться к персональному составу этих переведенцев. Так, под рубрикой „выбор 1 статья“ читаем: „Борис да Федор Васильевы дети Полтевы: переведены из Медыни. [...] Иван да Макавей Ефремовы дети Полтевы: из Медыни“.[24] И ниже: „Василей Федоров сын Бакин: с Лук Великих“.[25] Однако и Полтевы, и Бакины принадлежали к числу старинных смоленских боярских фамилий.[26] Какими соображениями руководствовались власти, переводя их на „родину предков“, мы

20 Радзивилловские акты. № 31. С. 85 – 86.
21 Десятня 1574 г. С. 92, 94, 96, 97.
22 *Мальцев В.П.* Борьба за Смоленск (XVI – XVII вв.). Смоленск, 1940. С. 54.
23 Там же. С. 52.
24 Десятня 1574 г. С. 82.
25 Там же. С. 84.
26 См.: *Кром М.М.* Меж Русью и Литвой. С. 206, 211, 237.

не знаем, но, конечно, соблазнительно предположить, что при этом хотя бы отчасти учитывалось стремление самих смольнян вернуться в родные места. Впрочем, само наличие такого стремления отнюдь не очевидно: есть некоторые основания в этом сомневаться.

Сохраняли ли потомки смоленских бояр, служившие в XVI в. в разных городах Российского государства, память о родине своих предков? Прямых данных для ответа на этот вопрос у нас нет, но кое-какие соображения возникают при изучении дворянских родословных конца XVII в.,[27] среди которых есть несколько росписей, поданных представителями старинных смоленских родов, в частности, Плюсковыми и Полтевыми. При обращении к этим документам выясняется, что носители обеих фамилий к 80-м годам XVII века совершенно утратили воспоминания о своих смоленских корнях; акцент в этих родословных сделан на выезде родоначальников из Литвы и Польши, что призвано было обосновать шляхетское происхождение подателей росписей. При этом заметно стремление опереться на авторитетные письменные свидетельства (летописи, Дворовую тетрадь, разряды, посольские книги), что, однако, не спасает составителей от многочисленных ошибок: в ранней своей части (до второй половины XVI в.) родословные Плюсковых и Полтевых очень ненадежны и нуждаются в тщательной проверке. Так, Плюсковы назвали своим предком боярина Ивана Федоровича Плюскова, приезжавшего к Ивану III с посольством, а затем якобы „отъехавшего" к нему в 7014 (1505/1506) году.[28] Факт посольства И. Ф. Плюскова в Москву действительно имел место (в 1487 г.), затем он побывал там же в плену (с 1493 до, вероятно, 1508 года), однако московского подданства не принял: в декабре 1514 г. мы встречаем его имя среди смоленских бояр, покинувших родной город после его взятия Василием III и получивших хлебокормления от Сигизмунда I в Литве.[29] Еще более фантастично звучит рассказ о родоначальнике Полтевых – „шляхтиче" Якубе Александровиче Полтеве, который якобы „при державе благочестивого великого князя Василья Васильевича всеа Русии" выехал из Литвы.[30] Всё это свидетельствует о том, что собственно смоленский период не запечатлелся в семейной традиции обоих родов; сама эта традиция с переменой подданства как бы началась заново. Лишь примерно со времени Ливонской войны генеалогия Полтевых и Плюсковых обретает континуитет и связь с событиями эпохи (походом на Ревель в 1570 г., сражениями Смутного времени и т.д.). Важно также подчеркнуть, что в анализируемых документах нет и следа каких-либо территориальных привязанностей: родство и служба – вот единственный лейтмотив этих родословных.

Если бывшие смоленские бояре, даже покинув (добровольно или принудительно) родной город, не теряли своего сословного (служилого) статуса

27 См. опись-реконструкцию этих родословных документов: *Антонов А.В.* Родословные росписи конца XVII в. М., 1996.

28 РГАДА. Ф. 286. Оп. 1. Кн. 241. Л. 564.

29 См.: *Кром М.М.* Меж Русью и Литвой. С. 174, 207 – 208, 245.

30 РГАДА. Ф. 286. Оп. 1. Кн. 241. Л. 481.

и, как мы видели, имели шансы на успешное продолжение карьеры в других местах, то для мещан выселение означало настоящую катастрофу. Выселений из Смоленска было несколько; два из них мы можем относительно точно датировать: первое имело место сразу после раскрытия в городе пролитовского заговора, в конце 1514 – начале 1515 г., второе (по неизвестному нам поводу) – в 1523-м или начале 1524 г.[31] Во второй раз выселению, наряду с боярами, подверглись и купцы-мещане: великий князь „дворы им на Москве и лавки велел подавати...“.[32] Сохранилось датированное 1526 г. свидетельство купца Игната о том, как происходило это переселение; в пересказе литовского господарского писаря оно звучит так: „коли неприятель наш великий князь Московский взял на себе Смоленьск, тогды жену его (Игната. – М.К.) и з детьми, и со всими статки до Москвы з Смоленьска завели, и он в тот час был в месте нашом Киевском..., то так он тых часов жону свою и з детьми оттуль выкупил и в том себе немалый упад принял, часто там ездячи...“.[33] Тогда-то, в середине 1520-х годов, поток смоленских мещан-беглецов устремился в Литву; возле Могилева возникла их слобода; переселенцы страдали от малоземелья и притеснений местных урядников.[34]

После этого смоленское мещанство как корпорация и заметная общественная сила перестало существовать. В начале XVII в. носителями местного (и в не меньшей степени – общерусского) патриотизма проявили себя смоленские дети боярские, сыгравшие, как известно, активную роль в событиях Смутного времени.[35] Эта активность смоленских помещиков явилась отражением более общего процесса, набиравшего тогда силу в Русском государстве: процесса консолидации уездных дворянских корпораций и формирования служилых „городов“. Настроения смоленских детей боярских эпохи Смуты ярко отразил возникший в их среде памятник – „Повесть о победах Московского государства“: симпатии автора на стороне служилых людей–смольнян, чьи заслуги он неустанно подчеркивает, но в то же время через все сочинение красной нитью проходит тема общерусского патриотизма, верности законному государю и Московскому государству.[36]

Этот „служилый патриотизм“ смольнян начала XVII в. стал закономерным результатом той политики, которую начиная с 1514 г. вело московское правительство по интеграции Смоленска в состав единого Русского государства,

31 См.: *Кром М.М.* Меж Русью и Литвой. С. 225.

32 Сборник Русского исторического общества. Т. 35. СПб., 1882. С. 682 (из наказа посланнику в Литву Григорию Загрязскому, февраль 1524 г.).

33 Акты, относящиеся к истории Южной и Западной России, собранные и изданные Археографическою комиссиею. Т. II. СПб., 1865. Прибавление. № 111. С. 134.

34 РГАДА. Ф. 389. Оп. 1. Д. 14. Л. 188 – 189; Д. 224. Л. 176 – 176 об. (1525 г.); Д. 17. Л. 198 (1531 г.).

35 О поведении и роли смоленских детей боярских в годы Смуты см.: *Козляков В.Н.* Служилый „город“ Московского государства XVII века (От Смуты до Соборного уложения). Ярославль, 2000. С. 42 – 43, 47 – 49, 53 – 54.

36 Повесть о победах Московского государства. С. 5 – 42. Об авторстве повести см. там же статью Г.П. Енина (с. 97 – 101).

по искоренению малейших ростков местного сепаратизма. В начале XVI века в рамках Литовской державы Смоленская земля сохраняла некоторую автономию; разные сословия, при наличии своих особых привилегий, имели возможность солидарных действий. Спустя столетие от этой целостности не осталось и следа: автономия земли и привилегии жителей были аннулированы, население (как купцы, так и служилые люди) несколько раз „перетасовано“. Старые и новые помещики обрели новую идентичность в рамках местной служилой корпорации, идентичность, прекрасно сочетавшуюся с лояльностью к правящей династии.

SZLACHTA, BAUERN UND MAJESTÄTSVERBRECHEN IN SMOLENSK 1654-1764[1]

ANGELA RUSTEMEYER

Peter der Große starb im Januar 1725. Für die im Gebiet Smolensk eingesetzten unteren Ränge seiner Armee bestand kein Zweifel daran, wie der dortige polnischsprachige Adel dieses Ereignis bewertete. Im Sommer 1725 erreichte den Preobraženskij prikaz, eine in Moskau ansässige Zentralbehörde für die Verfolgung von Majestätsverbrechen, die Meldung eines Grenadiers aus einem in den Bezirk (uezd) Dorogobuž abkommandierten Regiment über die Ermordung zweier Kanoniere, die das Regiment mit Heu vom Land eines dortigen „šljachtič" versorgen sollten. Zur Rede gestellt, hatte der Adlige nach Darstellung des Grenadiers nur rüde geantwortet, die Soldaten sollten sich packen, da sie ja nun keinen „Vater" mehr hätten, der für sie einstehen könne (vot de otca vašego ne stalo, i stojat' za vas nekomu).[2] Zwei andere Grenadiere zeigten gewaltsame Übergriffe von „šljachtiči" an, bei denen die von einem Mutterfluch begleitete hämische Bemerkung gefallen sei, nun hätten sie ja keinen Zaren mehr.[3] Auch außerhalb der Armee hatte man von der Loyalität der Smolensker szlachta zum russischen Staat keine hohe Meinung. Ein Pferdedieb aus dem Bezirk Možajsk versuchte 1726 im Preobraženskij prikaz mit einer Geschichte über die Mordabsichten eines „šljachtič" aus einer bekannten Familie gegen Peter den Großen seine Haut zu retten: Andrej Sokolinskij habe in Gegenwart von Zeugen (u. a. eines Skomorochen)[4] geäußert, Peter habe seinen, Sokolinskijs, Bruder schuldlos hinrichten lassen, und wenn der Zar demnächst in Moskau weile, werde er, Andrej Sokolinskij, in seine Fußspuren treten: Dann werde der Herrscher „ein Toter sein, ich bin ja mit der Hexerei geboren" (on de gosudar' budet pokojnik, ja de s koldovstvom i rodilsja).[5]

Smolensk galt also als unsicheres Terrain, sein polnischsprachiger Adel als illoyal. Insofern deckten sich die Einschätzungen der Grenadiere mit denen des Pferdediebs und diese wiederum mit denen der Obrigkeit: Auch aus deren Sicht erschwerte die besondere Stellung der Smolensker szlachta die Kontrolle des Gebiets, das an sich mit seiner von der

1 Gleich zu Beginn des zweiten Nordischen Krieges wurde Smolensk 1654 von Moskauer Truppen (wieder)erobert. 110 Jahre später wurde der Sonderstatus der Smolensker szlachta in der russischen Armee aufgehoben und damit das Ende der Sonderstellung dieser Gruppe besiegelt. Überblick über die Entwicklungen in diesem Zeitraum: ANDREAS KAPPELER Das Moskauer Reich des 17. Jahrhunderts und seine nichtrussischen Untertanen. In: Forschungen zur osteuropäischen Geschichte 50 (1995), S. 185-198, hier 189-192.

2 RGADA, F. 371 (Preobraženskij prikaz) o. 1, d.2741, l.1.

3 F. 371, o. 1, d. 2501, l. 5.

4 Auftritte von Skomorochen (Gauklern) waren seit Mitte des 17. Jahrhunderts illegal.

5 F. 371, o. 1, d.3247, l. 7

Leibeigenschaft geprägten sozioökonomischen Struktur dem Zentrum des Reiches relativ ähnlich war. Die Mechanismen politischer Kontrolle, die der petrinische Absolutismus vom Moskauer Reich geerbt und dann weiterentwickelt hatte, trafen hier einerseits auf ähnliche Anknüpfungspunkte und Hindernisse wie im Zentrum, andererseits auf eine polnischsprachige Adelskorporation und damit einen Fremdkörper. Die Verbindungen der Smolensker szlachta zum polnisch-litauischen Reich standen in einem permanenten Spannungsverhältnis zu dem strategischen und symbolischen Wert, den Smolensk für den russischen Staat hatte.[6]

Bevor Smolensk zum symbolträchtigen Gebietsgewinn des Moskauer Reiches im zweiten Nordischen Krieg wurde, war es mehr als vierzig Jahre lang ein neuralgischer Punkt an der Ostgrenze Polen-Litauens gewesen. Die Historiographie zur Vorgeschichte des zweiten Nordischen Krieges neigt ebenso wie die zum Kriegsverlauf selbst zu polonophiler beziehungsweise russophiler Polarisierung. Dass die Geschichte des Smolensker Gebiets in dem Jahrhundert zwischen der Angliederung an das Moskauer Reich und der Aufhebung des Sonderstatus der Smolensker szlachta in den 1760er Jahren kaum behandelt wurde, ist vielleicht nicht allein auf die notorische Quellenknappheit zurückzuführen, sondern auch darauf, dass die Ambivalenzen dieser Nachkriegsgeschichte sich zur Unterfütterung des sorgfältig kultivierten polnisch-russischen Gegensatzes nicht eignen.

Zur Entideologisierung der Smolenskhistoriographie haben M. Kroms Untersuchungen zum Hintergrund der militärischen Erfolge und Misserfolge des Moskauer Reiches in Weißrussland zu Beginn des 16. Jahrhunderts wesentlich beigetragen.[7] Neuerdings wird jedoch auch die schon überholt geglaubte Tendenz zur Darstellung des Konflikts zwischen Polen-Litauen und dem Moskauer Reich als eine Art „clash of civilizations“ wieder vertreten.[8] Aus dieser Perspektive war Litauen Mitte des 17. Jahrhunderts ein funktionierender, integrierender, Identität stiftender Rechtsverband innerhalb des polnisch-litauischen Reiches, eine vom Moskauer Monolithen gehasste und bedrohte pluralistische politische Ordnung. Deren Träger waren in Weißrussland nicht nur die für ihre zentralistische Orientierung bekannten szlachta-Angehörigen, sondern auch die Bürger der bisher diesbezüglich unterschätzten Städte.

6 Verglichen mit der gleichzeitig erfolgenden Eingliederung der linksufrigen Ukraine war die des Gebiets Smolensk „die einfachere Aufgabe“. Jedoch macht die soziale, kulturelle, sprachliche und religiöse Spezifik von Smolensk „seine Stellung in mancher Hinsicht vergleichbar mit der des Khanats von Kazan'“ (KAPPELER Das Moskauer Reich des 17. Jahrhunderts, S. 189, 192).

7 M. M. KROM Mež Rus'ju i Litvoj. Zapadnorusskie zemli v sisteme russko-litovskich otnošenij konca XV- pervoj treti XVI v. Moskva 1995.

8 So von BARBARA PENDZICH, die in Orientierung an Andrzej Sulima Kamińskis positiverer Wertung der inneren Lage Polen-Litauens im 17. Jahrhundert den Verlauf des zweiten Nordischen Krieges von 1654 an untersucht (BARBARA PENDZICH The Burghers of the Grand Duchy of Lithuania during the War of 1654-1667: Resiliency and Cohesion in the Face of Muscovite Annexation. Dissertation, Georgetown University, 1998). PENDZICH hebt besonders den Entwicklungsgrad der Städte an der Peripherie des litauischen Reichsteils und ihr Potenzial, den Moskauer Truppen Widerstand zu leisten, hervor.

A. Tereškinas' Untersuchung zur Mentalität der Magnaten in Litauen hebt die Widersprüche zwischen dem polnischen und dem litauischen Reichsteil nach der Union von Lublin stärker hervor. Die enorme territoriale Beschneidung Litauens in der Union von Lublin wurde vom Hochadel in diesem Reichsteil keinesfalls akzeptiert, sondern lediglich als vorläufig hingenommen. Die hohen litauischen Adligen definierten zwar einerseits eine gemeinsame Identität mit dem polnischen Adel, etwa wenn sie die litauischen Außengrenzen des Reiches als „Grenzen des Sarmatenlandes" bezeichneten. Sprachen litauische Aristokraten von ihrem „Vaterland", so konnte sowohl Litauen als auch das gesamte Reich gemeint sein. Tereškinas beobachtet zudem eine starke Bindung des Hochadels an den König, die Integrationsfigur des Doppelreiches. Andererseits verteidigten die litauischen Adligen ihre exklusiven Rechte innerhalb „ihres" Reichsteils und waren bereit, in als existentiell empfundenen Konflikten auch mit dem Entzug ihrer Loyalität zu drohen (z. B. 1656, um einen Friedensschluss mit Moskau zu erreichen).[9] Hier ist jene bisweilen paradox erscheinende Kombination einer auf die Rzeczpospolita orientierten kulturellen Identität mit politischer Flexibilität zu beobachten, die sich auch im Verhalten manches Smolensker Adligen nach der Wiederangliederung der Stadt und des umliegenden Gebiets an das Moskauer Reich zeigt.

Damit zurück zum zweiten Nordischen Krieg. Die an sich überzeugende Herangehensweise, die Ursachen für den Kriegsverlauf in der inneren Entwicklung des umkämpften Gebiets zu suchen, führt im Fall von Smolensk zu Widersprüchen. Die Lage der Stadt und ihres Umlands innerhalb des politischen und konfessionellen Spannungsfelds Polen-Litauen in den Jahrzehnten nach 1611 war kompliziert. Als beträchtlicher Territorialgewinn Litauens nach der Reduzierung dieses Reichsteils 1569 war die Annexion des Smolensker Gebiets 1611 für die Stabilisierung der „Ordnung von Lublin" wohl von erheblicher Bedeutung. Doch wurde Smolensk bald zum Experimentierfeld der neuen Intoleranz. Der katholische Adel in dem Gebiet strebte danach, den nichtkatholischen von der politischen Repräsentation in den Verfassungsorganen der Adelsrepublik auszuschließen. Der Kirchenkonflikt, wie B. Florja ihn beschreibt,[10] deutet eine Polarisierung im Verhältnis zwischen katholischem und orthodoxem Adel im Smolensker Gebiet an. Es gibt allerdings auch Hinweise auf eine Annäherung orthodoxer Adliger an den Katholizismus.[11] Auf jeden Fall war Smolensk als Teil des polnisch-litauischen Staates so stabil, dass seine Annexion durch Moskau die Epoche machende Schwächung Polen-Litauens durch den Verlust der linksufrigen Ukraine voraussetzte.

9 ARTŪRAS TEREŠKINAS The Imperfect Body of the Community: Formulas of Noblesse, Forms of Nationhood in the Seventeenth-Century Grand Duchy of Lithuania. Dissertation, Harvard University 1999, S. 57-58,71, 108-181. Zur Drohung des litauischen Adels, sich dem Zaren zu unterstellen, wenn kein Frieden geschlossen würde: S. 45. Auch ist Janusz Radziwiłłs spektakulärer Wechsel auf die schwedische Seite im Jahr 1655 keineswegs als Alleingang zu bewerten (ebd., S. 46).

10 B. N. FLORJA Položenie pravoslavnogo naselenija Smolenščiny v sostave Reči Pospolitoj (20-e – 40-e gody XVII v.) In: Revue des Études Slaves 77 (1998), S. 333-345.

11 N. P. VAKAR Belorussia. The Making of a Nation. Cambridge 1956, S. 60.

Spannungsfelder und Kontrollinstrumente in der Zeit der Annexion

Ähnlich wie hinsichtlich der neu eroberten Gebiete im Westen in den ersten Jahrzehnten des 16. Jahrhunderts[12] ist bezüglich der Wiedereroberung von Smolensk Mitte des 17. Jahrhunderts zu fragen, welche Instrumente das Moskauer Reich einsetzte, um sich diesen ideologisch bedeutenden Gebietsgewinn langfristig zu sichern. Belege dafür, dass der Feldzug nach Litauen 1654 von Aleksej Michailovič – nach der großen innenpolitischen Krise, die seine ersten Regierungsjahre begleitet hatte - als eine Art Kreuzzug propagiert wurde[13], sind ebenso wenig von der Hand zu weisen wie Belege für den religiös-patriotischen Enthusiasmus der Moskauer Kaufleute und Hinweise auf Kriegsgräuel, die an den „Häretikern“ und „Heiden“ verübt wurden.[14] Jedoch dürfte sich der religiöse Impetus des offiziellen Moskau nach dem Zerwürfnis des Zaren mit dem Patriarchen Nikon, der den Feldzug stark favorisiert hatte, abgeschwächt haben. Zudem konnten die territorialen Gewinne allein mit religiöser Unterdrückung nicht gehalten werden. Vielmehr taktierte die Moskauer Regierung in den Kriegsjahren und danach mit verschiedenen Formen von Repression, aber auch mit partieller Privilegierung.

Unter den repressiven Maßnahmen Moskaus ist die Deportation von Teilen des Adels zu erwähnen. An seiner Stelle wurden Dienstleute aus dem Zentrum des Reiches im Smolensker Gebiet angesiedelt. Beides knüpfte an das Vorgehen Moskaus in den eroberten Gebieten in den ersten Jahrzehnten des 16. Jahrhunderts an.[15] Insgesamt gesehen wiederholte jedoch die Integration von Smolensk ins Moskauer Reich ab 1654 nicht einfach die gewaltsame Eingliederung, wie sie zu Beginn des 16. Jahrhunderts erfolgt war, sondern bediente sich eines differenzierteren Instrumentariums. Dabei spielte nicht nur die Erfahrung mit der Eingliederung des Khanats von Kazan', auf die Moskau nunmehr zurückgreifen konnte, eine Rolle,[16] sondern auch der zwischenzeitlich erfolgte innere Ausbau der Autokratie. So kam in Smolensk und Umgebung ein im Vergleich zur pauschalen Gewaltanwendung subtileres Sanktionsmittel zum Einsatz, das das Moskauer Reich bis zur Mitte des 17. Jahrhunderts entwickelt hatte, nämlich die Ahndung ver-

12 Hierzu KROM Mež Rus'ju i Litvoj, S. 220-228.

13 Stark betont bei PENDZICH.

14 (PAVEL ALEPPSKIJ) Putešestvie Antiochijskago Patriarcha Makarija v Rossiju v polovine XVII v., opisannoe ego synom. Perevod s arabskago. In: Čtenija v Imperatorskom obščestve istorii i drevnostej rossijskich, 1897, 4, kn. 6, S. 176-179. Allerdings hatten offenbar vor dem Krieg Flüchtlinge die Nachricht nach Moskau getragen, die Polen planten, wenn sie erst mit den Kosaken fertig seien, "den christlichen Glauben griechischer Konfession auszurotten" (K. V. CHARLAMPOVIČ Malorossijskoe vlijanie na velikorusskuju cerkovnuju žizn'. Band 1, Kazan' 1914. S.62).

15 Vgl. KROM Mež Rus'ju i Litvoj, 221-222; M. M. KROM The Grand Duchy of Lithuania and the Grand Principality of Moscow. Historical Comparisons and Contrasts. In: Russian Studies in History 40 (2000), S. 9-93, hier S. 70, vgl. z. B. Polnoe Sobranie Zakonov Rossijskoj Imperii (PSZ) Serie I, Band 1-45, S.-Peterburg 1830. Hier Band 2, Nr. 967 (1682), S. 478-80.

16 Zur Andersartigkeit des auf die Erfahrungen mit Kazan' zurückgreifenden Integrationsprozesses ab 1654 im Vergleich zur Eingliederung von Smolensk zu Beginn des 16. Jahrhunderts: KAPPELER Das Moskauer Reich des 17. Jahrhunderts, S. 190-191.

schiedenster Formen von Widerständigkeit, schlichter Verweigerung und manchmal auch militärischen Versagens als Majestätsverbrechen.

Die breite Anwendung der Anklage wegen Verrats und/oder Majestätsverbrechen war zwar keine Eigenheit des Moskauer Reiches,[17] aber ein wichtiger Faktor in seiner Geschichte. Die Moskauer Behörden kriminalisierten nicht nur Verschwörungen, Aufstände oder die Preisgabe wichtiger militärischer Bastionen, sondern auch „ungehörige Worte“ über den Zaren selbst beziehungsweise über die politische und militärische Lage oder Pläne, über die Grenze zu entweichen, als Verbrechen direkt gegen den Herrscher. Unabhängig von seiner sozialen Stellung konnte also jeder Einzelne zum Verräter am Herrscher werden. Dem entspricht der Charakter der privilegierten Anzeige, derer sich jeder bedienen sollte, der von einem Verbrechen gegen den Zaren erfuhr. Die Anzeige solcher Verbrechen als „Wort“ oder „Angelegenheit des Herrschers“ (slovo/delo gosudarevo) im Moskauer Reich des 17. Jahrhunderts ist nicht nur als Element des Gerichtsprozesses, sondern gewissermaßen auch als Verfassungselement zu betrachten. Verwandt mit der Bittschrift,[18] stellte sie, ähnlich wie der Untertaneneid auf den Zaren, innerhalb der politischen Ordnung eine Verbindung zwischen dem Herrscher und dem Einzelnen her. Ein noch mittelalterliches Konzept von monarchischer Herrschaft und ein neuzeitliches staatliches Kontrollanliegen fanden hier zusammen.

„Ungehörige Worte“ über den Zaren wurden im neu angegliederten Smolensk und Umgebung ausgesprochen und angezeigt, wobei die Anzeige - wie in den Kerngebieten des Moskauer Reiches – auch zum Ventil für Alltagskonflikte in den unteren Schichten wurde.[19] Was die Anzeige „ungehöriger Worte“ und verratsverdächtigen Verhaltens im szlachta-Milieu anbetrifft, so konfrontiert uns ihre Untersuchung direkt mit dem Problem der ethnischen und religiösen Definition der Smolensker „šljachta“. Zum Adel im Smolensker Gebiet und den angrenzenden Eroberungen Moskaus zählten sowohl Katholiken als auch Unierte und Orthodoxe, Russischsprachige wie Polnischsprachige. Und der Begriff „šljachta“ in den Quellen aus der Zeit des zweiten Nordischen Krieges bezieht sich keines-

17 So wurde nach dem Verlust von Smolensk in Polen-Litauen gegen den Wojewoden und zahlreiche andere Personen eine Verratsanklage erhoben. 1658 wurde dem Wojewoden jedoch postum bescheinigt, dass kein Verrat vorgelegen habe, und 1662 wurden die Urteile gegen all jene Personen aufgehoben, die anschließend im Heer der Adelsrepublik ihr „Blut vergossen“ hatten (Volumina legum. Band. 1-9, S.-Peterburg 1859-1889. Hier Band 4, S. 221, 242, 423. Dazu auch ADAM LITYŃSKI Przestępstwa polityczne w polskim prawie karnym XVI-XVIII wieku. Katowice 1976, S. 58).

18 Die Anzeige eines „Wortes“ oder einer „Angelegenheit des Herrschers“ wird in den Quellen häufig als „izvet“ bezeichnet. „Izvet“ und Bittschrift „vermischten sich in der Praxis“, wie schon der Begriff „izvetnoe čelobit'e“ zeigt (HANS-JOACHIM TORKE Die staatsbedingte Gesellschaft im Moskauer Reich. Zar und Zemlja in der altrussischen Herrschaftsverfassung 1613-1689. Leiden 1974. S. 90).

19 RGADA F. 145 (Prikaz knjažestva Smolenskogo), o. 2, d. 128: Verbannung zweier Smolensker Strelitzen nach Vologda wegen „Beleidigung der zarischen Namen“ im Zusammenhang mit einem Streit um einen Kaftan. „Ungehörige Worte“ in den ländlichen Unterschichten: Anzeige eines Schwiegersohns gegen seinen Schwiegervater, einen Müller aus dem Bezirk Smolensk: F. 145, o. 2, d. 116, ll. 87-110.

wegs nur auf polnischsprachige Katholiken.[20] Zwar zieht der Stimmungsbericht des Sohnes eines Adligen aus Smolensk, den dieser 1665 an seinen offenbar in Moskau weilenden Vater schickte, eine klare Trennlinie zwischen den „ruskie", zu denen er sich selbst rechnet, und der polnischen „šljachta": „Uns ‚ruskich' alle hasst die šljachta so wie die Litauer die Juden, und sie traut uns nicht (vsech nas ruskich šljachta kak litva židov nenavidjat i ne verjat)",[21] schreibt der Sohn Vasilij Azančeevs. Er befürchtet gar eine Verschwörung, ohne sich auf das konspirative Verhalten der „šljachtiči" wirklich einen Reim machen zu können.[22] Eine drakonische Ringhaftung soll nach seiner Meinung die „šljachtiči" gegebenenfalls für den „Verrat" jedes Einzelnen von ihnen zur Verantwortung ziehen: „Wenn einer verrät, sollten alle hingerichtet werden (...). Man kann keinem glauben, einer zeigt auf den Nächsten, und am Ende weiß man gar nichts: Ein Schurke deckt den anderen."[23] Azančeevs klare Unterscheidung zwischen Loyalen und Nichtloyalen entlang ethnisch-religiöser Grenzen wurde jedoch der Wirklichkeit nicht gerecht. Das beweist der Fall des Orthodoxen Vasilij Krasenskoj aus dem gleichen Jahr. Krasenskoj zeigte andere Smolensker Adlige an, die sich mit Waffenbesitz gebrüstet hatten, und hielt auch den Erzbischof für unzuverlässig.[24] Im folgenden Jahr vergab dann der Zar Teile des Dienstguts Krasenskojs an einen Bittsteller, denn Krasenskoj hatte sich inzwischen nach Litauen abgesetzt und galt somit als Verräter.[25] Seine Äußerungen über die Unzuverlässigkeit des Erzbischofs fielen allerdings letzten Endes auf eine katholische Standesgenosssin zurück, die der oberste Smolensker Geistliche seinerseits nach Krasenskojs Flucht als dessen Komplizin und als geistige Verführerin bereits zur Orthodoxie übergetretener Personen denunzierte.[26]

Die Bittschrift des „neu getauften" Ivan Stebljakovskoj an den Zaren zeugt davon, dass es der Smolensker szlachta zumindest zu Beginn des Krieges gelingen konnte, Personen, die die Anzeige als Instrument der Moskauer politischen Ordnung (für sich) zu nutzen gedachten, zu isolieren und auszuschalten:

„(...) Ich habe, Herrscher, (Angehörige der) Smolensker šljachta, die dir nicht wohl wollen, bei dir angezeigt, und dafür sitze ich, dein Cholop, nun in Smolensk in Verwahrung, und die šljachta (....) will mich niedermetzeln, und keiner verbürgt sich für mich".[27]

20 Z. B. E. E.Lykova (Hg.) Krestoprivodnaja kniga šljachty Velikogo knjažestva Litovskogo 1655 g. Moskva 1999 (Pamjatniki istorii vostočnoj Evropy 4), S. 23: Jan Bychovec syn Jaroša ist orthodox; S. 79: Er wird unter „Volkovitckovo povetu šljachta" geführt.

21 RGADA F. 141 (Prikaznye dela starych let), 1665, d. 86, l. 31.

22 Ebd.: „U nich, čaju, krestnoe celovan'e bylo (...) i nyne u nich schodki častye".

23 Ebd.

24 Ebd., l. 5.

25 RGADA F. 141, 1666, d. 79, passim.

26 RGADA F. 141, 1665, d. 95, l. 2: Die Witwe Sofija Ombutova habe Krasenskoj unter anderem Latein beigebracht. Darüber hinaus „verführte sie Angehörige der šljachta (...), die den frommen christlichen Glauben angenommen hatten, zu ihrem römischen Glauben, säte Zwietracht und Unordnung und schmähte den christlichen Glauben". Die Witwe befand sich zum Zeitpunkt dieser Anzeige bereits in Moskau; der Bischof bat den Zaren, dafür zu sorgen, dass sie nicht mehr nach Smolensk zurückkäme.

27 RGADA F. 210 (Razrjadnyj prkaz), Novgorodskij stol, stolbec 162 (1655), l. 203.

Mitte der 1660er Jahre zeigten sich jedoch Smolensker Adlige gegenseitig beim Voevoden als dem Vertreter des Zaren an, weil einer den anderen als „Verräter" bezeichnet hatte. Solche Fälle vor das Gericht des Zaren zu bringen, war im Moskauer Reich Gang und Gäbe und ungeschriebenes Gesetz. Allerdings formulierte der Zar diese Regel 1665 gegenüber den „šljachtiči" noch als Einladung, nicht als Gebot: Die Betroffenen sollten ohne alle Befürchtungen nach Moskau kommen, damit ihr Ruf unter diesen beleidigenden Worten nicht leide („čtob im v tech ponosnych slovach naprasno v glaske ne byt'").[28] Aus Litauen ist die Verhandlung der offenbar als Politikum geltenden Beleidigung als Verräter direkt vor dem Großfürsten ebenfalls überliefert.[29] Doch hielt die Adelstradition im litauischen Weißrussland – anders als im Moskauer Reich – mit dem Duell auch ein anderes Mittel bereit, um Ehrabschneidung zu ahnden.[30] Wenn man, statt zum Säbel zu greifen, zum zarischen Voevoden ging, ist dies also durchaus als Anpassung an die neuen Verhältnisse zu verstehen.

Anzeigen Adliger gegen ihre Standesgenossen waren nur eine Variante der sich ausbreitenden Kontrolle. Eine andere war die Anzeige „von unten". Von dem erwähnten „ruskij" Vasilij Azančeev ist überliefert, dass er sich nicht scheute, sich bei einer Denunziation gegen einen anderen Adligen wegen Verrats von seinen Bauern unterstützen zu lassen.[31] Gingen Bauern zu selbständigen Anzeigen gegen ihre Herren über, hatte jedoch kein szlachta-Angehöriger davon Vorteile zu erwarten. Von den eigenen Bauern wegen angeblicher oder tatsächlicher Verratsabsichten angezeigt zu werden, war für Gutsherren in Weißrussland während des Krieges eine reale Gefahr und für einen in der politischen Kultur der Adelsrepublik verwurzelten „šljachtič" zweifellos ein Skandal erster Güte. Schon jenes andere standesübergreifend integrierende Element der Moskauer politischen Ordnung, mit dem die privilegierte Anzeige von Majestätsverbrechen historisch verbunden war, nämlich der von allen Untertanen abgenommene Treueid auf den Zaren, konnte Anlass zu vorsichtiger Polemik geben.[32] Die privilegierte Anzeige von „Worten" oder „Angelegenheiten des

28 RGADA F. 141, 1665, d. 86, l. 20.

29 Nachweise (allerdings aus dem 16. Jahrhundert): Russkaja istoričeskaja biblioteka. Band 1-39, S. Peterburg – Petrograd - Leningrad 1872-1927. Hier Band 20(Litovskaja metrika), S. 829-30, 1187.

30 Zum Leidwesen der von Moskau während des Krieges in Weißrussland eingesetzten Voevoden (RGADA F. 210, Novgorodskij stol, stolbec 165, l. 260: „Und die šljachta von Nevel' geht bis zu Zweikämpfen [poedinkov] untereinander, und sie schlagen sich mit Säbeln, was viel Unheil anrichtet"). Ins Moskauer Reich kam das Duell erst im 17. Jahrhundert als „europäischer Import" (N. Shields Kollmann, By Honor Bound. State and Society in Early Modern Russia. New York 1999. S. 4).

31 RGADA F. 141, 1666, d. 55, l. 1: Klage Danilo Paseks gegen Vasilij Azančeev: „Ich, dein Cholop, habe ihn und seine Bauern in Smolensk wegen Ruinierung verklagt (...) und er, Vasilij, hat mich gemeinsam mit seinen Bauern fälschlich verräterischer Handlungen bezichtigt: Ich hätte mit meinem Bruder und mit litauischen Leuten Briefe gewechselt, und daraus sei aller mögliche Schaden entstanden".

32 So warnte der „šljachtič" K. Poklonskij – der später selbst die Seite wechseln sollte – den Zaren davor, dem „Cholopeneid" der ukrainischen Kosaken Glauben zu schenken (A. N. MAL'CEV Rossija i Belorussija v seredine XVII veka. Moskva 1974. S. 158).

Herrschers", die jeder gegen jeden vorbringen konnte, also auch ein Bauer oder Cholop gegen seinen eigenen Herrn, musste noch mehr befremden.

Die Anzeige von Untergebenen gegen ihre Herren war im Moskauer Reich nicht unumstritten und unterlag entsprechenden Einschränkungen.[33] Dennoch bezichtigten Bauern ihre Herren während des Krieges in Weißrussland erfolgreich der Absicht, sich aus dem von Moskau kontrollierten Gebiet abzusetzen.[34] Die umgekehrte Praxis – Anzeigen von Adligen gegen ihre Bauern, die über die Grenze geflohen und somit „Verräter" seien - hatte in den Westgebieten des Moskauer Reiches Tradition. Die Bauernflucht auf litauisches Territorium hatte bereits vor dem Krieg erhebliche Ausmaße gehabt. Sie war verbunden mit einer besonderen Form der Bandenkriminalität: Geflohene Bauern kehrten in Gruppen von jenseits der Grenze zu Raubüberfällen auf die Güter ihrer früheren Herren zurück und überredeten verbliebene Bauern, mit ihnen nach Litauen abzuziehen. Mit Ausbruch des Krieges flohen noch mehr Bauern, sowohl aus den Westgebieten nach Litauen als auch aus den südwestlichen Territorien in die Ukraine. Mit ihren Klagen gegen die bäuerlichen „Verräter" versuchten die Gutsherren, beim Zaren freie Hand, aber gegebenenfalls auch staatliche Unterstützung bei deren Verfolgung zu erwirken.[35]

A. Mal'cev sieht die westlichen Grenzgebiete des Reiches schon vor dem Krieg in einen permanenten „kleinen Bauernkrieg" verwickelt.[36] Als Pauschalerklärung für die Flucht von Angehörigen der unteren Schichten nach Litauen im 17. Jahrhundert ist das Klassenkampfschema jedoch von fragwürdigem Wert. Die Abwanderung über die Grenze konnte genauso gut eine Option für die Jüngeren sein, die sich dem Zugriff eines autoritären Familienoberhaupts entziehen wollten, wie offenbar im Fall des Schwiegersohns eines Müllers aus dem Smolensker Gebiet.[37] An dieser Familiengeschichte fällt auf, dass der zur Flucht ent-

33 Die einschlägige Bestimmung im Sobornoe Uloženie von 1649 über die Anzeigepflicht bei Majestätsverbrechen näherte sich dem Anzeigeverbot für Cholopen und Bauern bei allen anderen von ihren Herrschaften begangenen Delikten insofern an, als sie von den Anzeigenden Beweise verlangte: „Und wenn sie keine Beweise haben, dann soll ihrer Anzeige kein Glauben geschenkt werden. Man soll sie hart bestrafen, und zwar gnadenlos mit der Knute schlagen, und dann denen zurückgeben, deren Leute oder Bauern sie sind" (A. G. MAN'KOV (HG.) Sobornoe Uloženie 1649 g. Tekst, kommentarii. L. 1987, gl. 2 st. 13).

34 So berichtete Petr Nepejcyn aus Nevel' dem Zaren, zwei Bauern aus dem Bezirk hätten in der Verwaltung (s"ezžaja izba) eine Anzeige (izvetnaja čelobitnaja) gegen ihren Gutsherrn eingereicht: „gegen den Adligen Michail Borovskij. Er kommt zu ihnen und jagt sie auseinander und beraubt ihre Häuser und quält sie und zwingt sie zu zaubern. (Er sagt,) er werde nach Litauen gehen, er holt sich ihre Frauen und Töchter ins Bett, und er wollte sie niedersäbeln und erschießen". Bei der Gegenüberstellung mit den Bauern leugnete der Gutsherr zunächst. Daraufhin wurden die Bauern gefoltert, blieben aber bei ihren Vorwürfen. Schließlich gestand der Gutsherr: Tatsächlich habe er während eines Streites mit einem szlachta-Angehörigen um sein Dorf erwogen, nach Litauen zu gehen (RGADA F. 210, Novgorodskij stol, stolbec 165 (1657-58), ll. 258-259).

35 MAL'CEV Rossija i Belorussija, S. 199-210.

36 Ebd., S. 200.

37 S. o., RGADA F. 145, o. 2, d. 116, ll. 87-110: Der Schwiegersohn hatte seinen Schwiegervater wegen „ungehöriger Worte" angezeigt. Der Schwiegervater stritt ab, solche Worte geäußert zu haben, und sprach von einer Verleumdung: Sein Schwiegersohn sei zornig, weil er von ihm (ver-

schlossene Schwiegersohn gezielt die Güter eines bestimmten Adligen auf der litauischen Seite anpeilte.[38] Umgekehrt führte die größte nachgewiesene Übersiedlungsbewegung von Bauern aus dem litauischen Weißrussland auf die Moskauer Seite in der zweiten Hälfte des 17. Jahrhunderts die Betreffenden direkt in den Bezirk Zvenigorod auf die Güter B. Morozovs, der sie angeworben hatte.[39] Ein Großgrundbesitzer verlagerte hier die traditionale, inzwischen aber im Moskauer Reich mit Rücksicht auf weniger wohlhabende Gutsbesitzer nicht mehr statthafte Strategie, fremde Bauern mit den günstigen Bedingungen, die ein reicher Herr zu bieten hatte, anzulocken, einfach in das Gebiet jenseits der Grenze.

Alles in allem entsteht der Eindruck, dass die Grenzflucht von Bauern weniger durch religiöse Überzeugungen oder Vorliebe für eine bestimmte politische Ordnung motiviert war als durch Versprechen unternehmerisch gesinnter Gutsbesitzer im Moskauer Kernland oder früherer Herren, die nunmehr jenseits der Grenze in Litauen lebten und ihre auf Moskauer Gebiet verbliebenen Bauern zur Übersiedlung bewegten.

Angesichts der wohl eher pragmatischen Haltung der Migranten ist die Wertung der Grenzflucht als Verrat, der im Moskauer Reich des 17. Jahrhunderts ein Majestätsverbrechen war, aus moderner Sicht merkwürdig und somit aus Sicht der Historikerin besonders interessant. In Grenzgebieten war die Obrigkeit mit der Stigmatisierung abweichenden Verhaltens als Verbrechen gegen den Herrscher besonders schnell bei der Hand. C. Belkin Stevens' terminologische Analyse zeigt in Bezug auf das 16. Jahrhundert, dass der Raub (razboj) in grenznahen Territorien als „vorovstvo" bezeichnet wurde – ein Begriff, in dem laut Belkin Stevens der Vorwurf des Verrats am Herrscher mitschwingt.[40] Jedoch waren der obrigkeitlichen Handhabung des Majestätsverbrechens als Kontroll- und Disziplinierungsinstrument im Grenzgebiet naturgemäß Schranken auferlegt. Was nützte es, einen erfolgreichen Grenzflüchtling als „Verräter am Herrscher" zu stigmatisieren, wenn man seiner nicht habhaft werden konnte? Wollte die Moskauer Obrigkeit solche Personen auch jenseits der eigenen Grenzen verfolgen, so kamen die Beziehungen zu dem betreffenden Nachbarstaat ins Spiel. Zudem traf das weit gespannte Konzept der Majestätsverbrechen im späten Moskauer Reich auf rechtliche Traditionen in Grenzgebieten, die der vom Kerngebiet abweichenden sozialen Organisation der Bewohner entsprachen.

Im hier untersuchten Fall beleuchten die Grenzflucht und andere als Verbrechen gegen den Herrscher geltende Delikte das Verhältnis zwischen den unteren Schichten, der Smo-

gebens) verlangt habe, seine Tochter mit ihm über die Grenze abziehen zu lassen. Der Schwiegervater sagte zudem aus, er habe seinen Schwiegersohn auf die Wangen geschlagen, weil dieser während des Weihnachtsfastens Fleisch gegessen habe. Letzten Endes wurde die Anzeige als unbegründet bewertet und ihr Urheber bestraft.

38 Ebd., l. 93.

39 A. P. IGNATENKO Bor'ba belorusskogo naroda za vossoedinenie s Rossiej. Minsk 1974. S. 67: In 29 Dörfern im uezd Zvenigorod 1150 „vychodcy". Diese waren aber (vgl. L. S. ABECEDARSKIJ Belorussija i Rossija. Očerki russko-belorusskich svjazej vtoroj poloviny XVI-XVII vv. Minsk 1978) von B. Morozov „eingeladen" worden, d. h. sie waren nicht spontan zugewandert.

40 CAROL BELKIN STEVENS Banditry and Provincial Order in Sixteenth-Century Russia, in: Moskovskaja Rus' (1359-1584): Kul'tura i istoričeskoe samosoznanie/Culture and Identity in Muscovy, 1359-1584 (UCLA Slavic Studies, New Series, vol. 3), 578-599.

lensker szlachta und dem Staat. Unter diesen Aspekten soll die Anwendung der Anzeige von Majestätsverbrechen im Gebiet Smolensk vom 17. bis ins 18. Jahrhundert skizziert werden. Dabei wird deutlich, wie sich ihr Stellenwert veränderte. Zu beobachten ist die allmähliche Ablösung des Majestätsverbrechens als Deutungsmuster für Konflikte in einem Grenzgebiet, das unter diesem Gesichtspunkt mit anderen Grenzzonen verglichen werden kann. Der sich abzeichnende Paradigmenwechsel war von erheblicher Tragweite für die Region wie für das gesamte Reich.

Soziale Stellung und kulturelle Orientierung der Smolensker szlachta im späten Moskauer und frühen Petersburger Staat

Die Gewaltakte der Kriegs- und Nachkriegszeit – die Hinrichtung auch adliger „Verräter“ in Weißrussland während des Krieges,[41] die Verbannung eines Teils der szlachta aus dem Smolensker Gebiet – hatten das Loyalitätsproblem, das in den Quellen aus der Mitte der 1660er Jahre zu Tage tritt, nicht gelöst. Die erste Bewährungsprobe für die szlachta – die Bekämpfung des Razin-Aufstands – lässt jedenfalls an ihrer Bereitschaft zweifeln, die für den Provinzadel im Moskauer Reich geltenden Spielregeln zu akzeptieren. Die Smolensker szlachta belohnte sich selbst für ihre Teilnahme an der Niederschlagung der Rebellion, und zwar in einer Weise, die das Vorgehen der Moskauer Truppen in Weißrussland während des Krieges kopierte.[42] In der Gegend von Tambov entführten die „šljachtiči“ am Aufstand beteiligte Personen und verschleppten sie in ihre Häuser im Smolensker Gebiet. Moskau versuchte, dies durch die Aufstellung von Wachposten zu verhindern, drohte „große Ungnade und Strafe" an und führte das nach der erfolgreichen Niederschlagung von Aufständen übliche Argument vom unfreiwilligen „Verrat“ der meisten Beteiligten ins Feld: Auch wenn in den betroffenen Gegenden „Dienstleute, alle möglichen anderen Leute und Leute aus den Bezirken Verrat begangen haben“, taten sie es doch nur „unfreiwillig, verlockt von dem Satansschmeichler Sten'ka Razin (….) Auch wenn sie sich des Verrats schuldig gemacht haben, sind die Bewohner dieser Städte doch unsere, des Herrschers und des Staates, Leute“.[43] Wie gravierend dieses Fehlverhalten der Smolensker szlachta aus Moskauer Sicht sein musste, wird deutlich, wenn man bedenkt, dass die rückhaltlose Unterstützung der Regierung bei der Niederschlagung

41 RGADA F. 210, Belgorodskij stol, stolbec 429, l. 507.

42 Zur Deportation aus Weißrussland z. B. ausführlich PENDZICH The Burghers of the Grand Duchy of Lithuania, S. 242-252. Über einen jungen Adligen, der im Krieg im Schlepptau eines Heerführers nach Moskau verbracht wurde und den sein „Schutzherr“ orthodox taufen ließ: RGADA F. 210, Novgorodskij stol, stolbec 171 (1658-59) l.375.

43 L. V. ČEREPNIN, A. G. MAN'KOV (Hg.) Krest'janskaja vojna po predvoditel'stvom Stepana Razina. Band 3, Moskva 1962, Nr. 15, S. 15-16. Es ist allerdings nicht auszuschließen, dass die Obrigkeit die Aktivitäten der Smolensker szlachta bei der Niederschlagung des Aufstands mit größerem Argwohn beobachtete als die anderer Adliger und dass Missbräuche seitens der „šljachtiči“ dadurch eher aktenkundig wurden. Jedenfalls richtete sich das Verbot, Personen, die „verraten“ hatten, eigenmächtig gefangen zu halten, nicht nur an die szlachta, und Anweisungen, solche Personen frei zu lassen, wurden auch in andere Städte geschickt (Ebd., Nr. 11, S. 12, Nr. 45, S. 53).

von Kosaken- und Stadtaufständen geradezu ein Strukturmerkmal der „gentry" im Moskauer Reich war[44] und dass die Belohnung der an der Niederschlagung von Aufständen Beteiligten durch den Zaren zu den Ritualen der Autokratie gehörte.[45]

In den folgenden Jahrzehnten gestaltete sich das Verhältnis zwischen Moskau und der Smolensker szlachta wechselhaft. Manche Smolensker Adlige erreichten die höheren Ränge in der Moskauer Diensthierarchie,[46] doch können keine Aussagen über die religiöse und sprachliche Zugehörigkeit dieser Personen gemacht werden. Hofkarrieren einzelner szlachta-Angehöriger aus den ersten Jahrzehnten des 18. Jahrhunderts sind in den hier bearbeiteten Akten verbürgt.[47] Mir geht es jedoch in erster Linie um den Fortbestand der szlachta als eigener Gruppe in Smolensk.

Entscheidend für die Stellung der szlachta war ihr Landbesitz, weil dieser den Grad ihrer Unabhängigkeit vom „herrscherlichen Gehalt (gosudarevo žalovan'e)" bestimmte. Günstige Augenblicke, hier gewisse Fortschritte zu erreichen, waren die des Herrscherwechsels oder seiner Vorbereitung. 1674 wurden anlässlich der „Präsentation" (ob''javlenie) des Thronfolgers Fedor Alekseevič in Smolensk Land und Geld verteilt, allerdings nach Maßgabe der Moskauer Diensthierarchie.[48] Ein Erfolg für die szlachta war die Bestätigung des vom polnischen König wie auch vom Zaren verliehenen Besitzes als vollem (veräußerbarem) Eigentum 1682.[49] Außerdem wurden landlosen „šljachtiči" Dörfer aus den Krongütern (dvorcovye volosti) zugeteilt.[50]

Von diesen Zuwendungen profitierten jedoch erstens nicht alle, und zweitens waren die Erfolge nur von begrenzter Wirkungsdauer. Einem Ukas von 1673 zufolge waren Dienst leistenden Söhnen jener Smolensker szlachta-Angehörigen, die nach der Besetzung der Stadt nach Polen-Litauen abgezogen waren, Dienstgüter im Smolensker Gebiet zu verweigern. Sie konnten stattdessen Land bei Kazan' erhalten,[51] einem Verbannungsort der szlachta. Aus der Sicht mittelloser Kleinadliger aus Polen-Litauen, die dem Zaren ihre Dienste anboten, mochte Kazan' als durchaus attraktiv gelten,[52] aus der Per-

44 Valerie A. Kivelson Autocracy in the Provinces: Muscovite Gentry and Political Culture in the Seventeenth Century. Stanford 1997, S. 192

45 Bis hin zur ideellen Belohnung durch eine würdige Memoria: Dazu Ludwig Steindorff Memoria in Altrussland. Untersuchungen zu den Formen christlicher Totensorge. Quellen und Studien zur Geschichte des östlichen Europa 38. Stuttgart 1990. S. 231.

46 Hinweise auf Aufsteiger: PSZ Band 1, Nr. 1299 (1688), S. 931: „kotorye požalovany v stol'niki i v strjapčie i v dvorjane moskovskie i v žit'e". Offizielle Hierarchie in Smolensk 1674: Sobranie gosudarstvennych gramot i dogovorov chranjaščichsja v gosudarstvennoj kollegii inostrannych del (SGGD). Band 1-5, Moskva 1813-1894. Hier Band 4, Nr. 98, S. 321-322.

47 Fedor Krasnoj Milaševič, s.u.

48 SGGD Band 4, Nr. 98, S. 321-322.

49 P. Nikitin Istorija g. Smolenska. Moskva 1848. S. 215.

50 PSZ Band 2, Nr. 962, S. 475.

51 Nikitin Istorija g. Smolenska, S. 203; PSZ Band 1, Nr. 556.

52 RGADA F. 159 (Prikaznye dela novoj razborki), o. 2, 1676, d. 1533, über drei aus Polen-Litauen zugewanderte „šljachtiči", die eine Bittschrift an Zar Fedor Alekseevič richteten: „Wir haben dem polnischen König gedient (,...) wir sind auf den Namen (des verstorbenen Zaren Aleksej Michailovič) und auf deinen Namen ausgereist (,...) wir haben von unseren Brüdern und den Ausländern von deiner Gnade gehört (,...) (aber) deine Entlohnung für die

spektive in Smolensk ansässiger „šljachtiči“, die so für das Verhalten ihrer Väter bestraft wurden, wohl kaum. 1693 wurde der Smolensker szlachta die gegenseitige Abtretung von Dienst- und Erbgütern sowie ihre Weitergabe als Mitgift nach eigenen Regeln untersagt, d. h. diese Rechtsakte durften nicht mehr „durch irgendwelche Urkunden außerhalb der im Gesetz festgelegten Form“ vollzogen werden.[53] Um die Aufhebung der Privilegien beim Rechtsstatus des szlachta-Eigentums zu unterstreichen, verbot Peter der Große 1701 den aus dem Polnischen entlehnten Begriff „maetnost'“.[54]

Unterdessen bestanden die engen Verbindungen der szlachta zu Polen-Litauen weiter. Ausdruck des kulturellen Selbstverständnisses der Smolensker szlachta waren die in Mode gebliebene polnische Kleidung[55] und die polnische Sprache. Gestützt wurden die engen Beziehungen zur Adelsrepublik durch die Struktur des Gesindes in den Haushalten der szlachta, durch Familienbande sowie durch die Religion.

Das Gesinde der Smolensker szlachta hatte für die Vertreter der Moskauer Regierung bereits in den 1660er Jahren ein Kontrollproblem dargestellt, da „šljachtiči“ ihre Gesindeleute an Stelle von auf litauisches Gebiet entwichenen Standesgenossen in die Kompanien (roty) einschrieben und für sie das entsprechende Gehalt kassierten.[56] In späteren Jahrzehnten musste das Gesinde (čeljad') der szlachta der Regierung weiter ein Dorn im Auge sein, denn es stabilisierte die Smolensker szlachta als fest abgegrenzte Gruppe. Einem Prinzip der europäischen Feudalordnung folgend, nahmen szlachta-Angehörige Kinder anderer szlachta-Angehöriger in ihren Dienst. Auch erwachsene „šljachtiči“ treten als Angehörige des Gesindes im weiteren Sinne auf. Nachgewiesen ist zum Beispiel die Tätigkeit eines Smolensker „šljachtič“ im Hause eines anderen in der Funktion des Hauslehrers.[57] Ein praktischer Grund hierfür bestand darin, dass Angehörige der Smolensker szlachta für ihresgleichen die besten Lehrer waren, da die Weitergabe des Polnischen wie des Russischen an die nächste Generation für Identität und Selbstbehauptung entscheidend war.

Zum erweiterten Haushalt der „šljachtiči“ gehörte aber nicht nur das Gesinde. In den 1670er Jahren, als das Problem der Landlosigkeit offenbar groß war, lebte die landlose szlachta bei Verwandten.[58] Eine spätere Quelle belegt, dass Angehörige der Smolensker szlachta ihren Haushalt auch um alt gewordene Standesgenossen erweiterten, die sie aufnahmen, um sie zu ernähren (dlja propitanija).[59] Versorgungsverpflichtungen nahm man

Ausreise (...) hat man uns nicht gegeben(,) und wir wurden in keinen Dienstrang eingeschrieben (ne... [po]verstany)“. Nun zögen sie in Moskau von Hof zu Hof und müssten hungers sterben. „Unser Onkel aber und die Neffen dienen dir (...) in Kazan', und er, unser Onkel, hat uns geschrieben, dass wir auf euren Namen ausreisen sollten, und hat eure (...) Gnade gelobt (;...) befiehl, uns in Kazan' einzuschreiben, mich, Vladislav, als Rottmeister (,...) mich, Stanislav, und Jurij nach der Adelsliste (po dvorjanskomu spisku).“

53 NIKITIN Istorija g. Smolenska, S. 218.

54 Ebd., S. 223.

55 M. BOGOSLOVSKIJ Smolenskoe šljachetstvo v XVIII veke. In: Žurnal Ministerstva narodnogo prosveščenija, č. CCCXXII, 1899, Nr. 3, S. 25-61, hier 28.

56 RGADA F. 141, 1665, d. 86, l. 6.

57 RGADA F. 349 (Moskovskaja kontora tajnych rozysknych del), d. 508 (1735), l. 5-5ob.

58 PSZ, Band 1, Nr. 556 (1673) S. 905

59 RGADA F. 349, d. 508, l. 5-5ob.

außerdem zumindest noch in den 1690er Jahren gegenüber szlachta-Angehörigen von jenseits der Grenze wahr, die „um Getreide" (dlja chleba) anreisten. Darunter waren auch Familienangehörige.[60] Der Kontakt über die Grenze hinweg, den die Regierung zu unterbinden suchte, war für die Smolensker szlachta von vitalem Interesse. Nur so konnte man sich von den für das Smolensker Gebiet so wichtigen Beziehungen zwischen Polen-Litauen und Russland ein Bild machen. Mittelsmänner und -frauen jenseits der Grenze waren aber auch schlicht deshalb notwendig, weil die Moskauer Regierung die Verhältnisse im Smolensker Gebiet nicht völlig neu geordnet hatte, sondern, wie eben erwähnt, den Status des Eigentums von szlachta-Angehörigen auch von den früher verliehenen Privilegien des polnischen Königs abhängig machte. Entsprechende Ansprüche aus polnischer Zeit waren wohl oft nur mit Hilfe von Kontaktpersonen jenseits der Grenze zu belegen.

Das wichtigste Mittel, mit dem sich die Smolensker szlachta quasi als Kaste erhielt, war ihr Heiratsverhalten. Dabei zeigt sich deutlich die Verbindung zwischen dem Fortbestand der engen Beziehung zu Polen-Litauen und den Chancen, die Exklusivität der Gruppe diesseits der Grenze zu bewahren. Schon bald nach der Eroberung hatte die Regierung versucht, Heiraten von szlachta-Frauen mit „russischen" (ruskich) Dienstleuten durch Landprivilegien zu stimulieren.[61] Die Bestrebungen der Moskauer Obrigkeit, das endogame Heiratsmuster der szlachta zu durchkreuzen, hatten jedoch offenbar wenig Erfolg. Was über den Vater des bekannten G. A. Potemkin berichtet wird, zeugt von der dauerhaften normativen Verbindlichkeit dieses Heiratsmusters. Die Potemkiny zählten Ju. A. Borisenok zufolge zur „orthodoxen šljachta".[62] Der Vater des Vertrauten Katharinas II. „war im gesamten Smolensker Gouvernement berühmt dafür, erst der zweite dort ansässige Adlige zu sein, der es sich erlaubt hatte, statt einer einheimischen ‚Polin' eine ‚Großrussin' zu heiraten".[63]

Auf den Bruch mit dem endogamen Heiratsverhalten lief der Übertritt von szlachta-Angehörigen zur Orthodoxie hinaus, weil die orthodoxe Kirche die Heirat zwischen Verwandten wesentlich stärker einschränkte als die katholische. Wir finden daher Fälle, in denen Angehörige der Smolensker szlachta sich als Katholiken in Polen-Litauen trauen ließen und dann nach der Rückkehr zur Orthodoxie übertraten.[64] Die religiöse Identität der szlachta im ausgehenden 17. Jahrhundert und in den ersten Jahrzehnten des 18. Jahrhunderts ist nicht auf eine Konfession festzulegen. Manche einmal konvertierten szlachta-Angehörigen fielen wieder von der Orthodoxie ab und mussten zumindest als Kryptokatholiken gelten.[65] Das Smolensker Gebiet war also keineswegs, wie zwei meščane 1722

60 RGADA F. 145, o. 1, 1694, d. 2 ll. 2ob-4

61 NIKITIN Istorija goroda Smolenska, S. 198.

62 Dass ein Angehöriger der Sippe zu den Katholiken gehörte, gegen die 1728 ein Prozess im Senat geführt wurde (KAPPELER Das Moskauer Reich des 17. Jahrhunderts, S. 191), zeugt von den unten geschilderten verschwommenen konfessionellen Verhältnissen.

63 JU. A. BORISENOK Belorusskoe-russkoe pograničʼe v uslovijach Rossijskoj imperii (vtoraja polovina XVIII-pervaja polovina XIX v.), in: Voprosy istorii 2003, Nr. 3, S. 116-122, hier 117.

64 Opisanie dokumentov i del chranjaščichsja v archive Sv. Prav. Sinoda (ODD). Band 1-22, S.-Peterburg 1869-1914. Hier Band 14, Nr. 400: der Fall Sokolʼskij/Denisova (Heirat 1725).

65 Dies zeigt u. a. ein 1731 begonnener aufwändiger Prozess um ein wundertätiges Marienbild. Eine

in ihrer Klage gegen aus Litauen zugewanderte Juden behaupteten, eine rein orthodoxe Gegend.[66] Umso mehr stellte es für den petrinischen Staat ein Problem dar.

1682 erhielten die zarischen Behörden beunruhigende Nachrichten über die Bereitschaft des polnischen Königs, politische Instabilität in Moskau zu nutzen, um den Abfall der Smolensker szlachta zu provozieren.[67] Dies sowie die unklaren konfessionellen Verhältnisse und die wohl kaum zu übersehende Unzufriedenheit der Smolensker szlachta mit den geschilderten Auflagen hinsichtlich des Landbesitzes ließen Kontrolle und Abschreckung geboten erscheinen. Dafür standen zwei Mittel zur Verfügung: Verfahren gegen als „Verräter" angezeigte Personen und religiöse Verfolgung. Beide wurden gegenüber der Smolensker szlachta angewandt.

Verratsprozesse und religiöse Verfolgung unter Peter dem Großen und seinen NachfolgerInnen

1694 brachte Michail Prokof'ev, ein Bauer aus dem Smolensker Gebiet, mit seiner Anzeige zwei Smolensker „šljachtiči" in den Verdacht verräterischer Umtriebe. Prokof'ev wollte erfahren haben, dass die beiden Adligen über Verwandte und Gesindeleute von gemeinsamen Plänen Polen-Litauens und der Krim für einen Überfall auf das Moskauer Reich erfahren hätten. Im Laufe des Verfahrens geriet auch noch ein dritter szlachta-Angehöriger in Verdacht, der ebenso wie die beiden ersten Kontakte nach Litauen unterhalten hatte, ohne dies dem Voevoden zu melden.

Die Prozessführung respektierte ständische Vorrechte. Bauern und Gesindeleute wurden gefoltert, bei den angeklagten szlachta-Angehörigen beschränkte man sich darauf, einen von ihnen der Folter eines Bauern, der gegen ihn aussagte, beiwohnen zu lassen. Auch das Urteil fiel glimpflich aus: Für „ihrer und ihrer Väter Dienst" wurden die Angeklagten, die eigentlich „grausame Bestrafung, Ruin und Verbannung" verdient hätten, begnadigt. Allerdings erging eine Anordnung, die das mit den religiösen Prozessen von 1728 verfolgte Programm der strikten Isolierung der Smolensker szlachta von Polen-Litauen in Teilen vorwegnahm:

> „Und es wurde befohlen, den Generälen und Obersten und der gesamten šljachta ihren, der großen Herrscher, Ukas zu verkünden, damit niemand von ihnen künftig, ohne vorher bei ihnen, den großen Herrschern, um Erlaubnis zu ersuchen, zu irgendjemandem in irgendwelchen Angelegenheiten über die litauische Grenze reise, und damit sie (künftig) ihre Kinder nicht (mehr) dorthin schickten und damit sie niemanden von der litauischen Seite (mehr) zu sich kommen ließen, mit niemandem korrespondierten, keine Jesuiten und Priester römischen Glaubens zu sich ins Haus ließen und sie auch nicht einlüden. Auf ihren Höfen sollen sie als Cholopen freie russische (ruskich) Leute und eigene Bauern mit einer Registrierung (zapiskoju) entsprechend dem Uloženie aufnehmen, aus dem Ausland aber sollen sie in Zukunft keinesfalls mehr irgendjemanden als Cholop bei sich aufnehmen und auf ihrem Hof halten".

der Hauptfiguren darin war Jakov Azančeev, offensichtlich ein Nachkomme jener Familie, die in den 1660er Jahren so eifrig mit Moskau kollaboriert hatte (ODD Band 10, Nr. 470).

66 ODD Band 2, Teil 2, Nr. 1187.

67 Eindrucksvoll dokumentiert in RGADA F. 159 o. 2 d. 3202.

Für den Fall des Zuwiderhandelns wurden zarische Ungnade und Zorn angedroht.[68] Von unmissverständlicher Bedeutung ist auch die Belohnung, die Denunzianten und Zeugen zuteil wurde: Vier Bauern wurden aus der bäuerlichen Untertänigkeit (iz krest'janstva) bei ihren Herren befreit und auf den Smolensker Krongütern angesiedelt, wobei drei von ihnen gar nicht den Schuldigen, sondern anderen „šljachtiči“ gehört hatten. Die Regierung unterstrich damit noch einmal die Legitimität der Kontrolle des Smolensker Adels durch dessen Leibeigene, die übrigens in dem Prozess bemüht gewesen waren, ihre eigene Loyalität zum Zaren zu unterstreichen.[69]

Umso schwerer wog, dass sich die Anzeige des Bauern Prokof'ev später doch als Verleumdung erwies.[70] Als Legitimation für die Durchsetzung des oben genannten Programms fiel der Prozess damit aus. Die Last einer rigiden sozialen und rechtlichen Stratifikation und die Hoffnung auf Belohnung mochten die Anzeigebereitschaft steigern. Eine zuverlässige Informationsquelle für die Moskauer Obrigkeit waren solche Anzeigen jedoch mitnichten.

Eine entsprechende Erfahrung mit der Anzeige Untergebener machte die Regierung übrigens fünf Jahre später im Fall eines hohen Geistlichen in einem angrenzenden Gebiet. Mit dem Abt Ioasaf (Drannik) des Bizjukov-Klosters in Dorogobuž, zu Zeiten der Zugehörigkeit zu Polen-Litauen eine Bastion der Orthodoxie,[71] geriet 1699 eine exponierte Persönlichkeit unter Verratsverdacht. Ioasaf war aus einem Kloster in Litauen ins Bizjukov-Kloster gekommen.[72] Gegen ihn sagten die Mönche sowie zum Kloster gehörende Bauern aus: Er ruiniere nicht nur das Kloster, sondern pflege auch engste Kontakte nach Litauen und empfange ständig Gäste von dort, wobei zwei angereiste Nonnen sogar in seiner Zelle übernachtet hätten. Anlass für die Bauern, die Verdächtigungen gegen Ioasaf zu bestätigen, war offenbar dessen Brutalität: Man warf ihm vor, er habe Frauen „durch den Hanf schleifen“ lassen.[73] Ins Stocken geriet das Verfahren, als die „Priester, die Mönche und alle Novizen“ des Klosters den Vorsteher (namestnik) Iosif als Urheber der Kampagne gegen Ioasaf enttarnten: wie eine „scharfe Klinge“ habe er den Abt aus eigenem Ehrgeiz verleumdet und sie alle „wie ein reißender Wolf“ verführt, ihn dabei zu unterstützen.[74] Abt Ioasaf blieb bis zu seiner Ablösung wegen Altersschwäche im Jahr 1720 auf seinem Posten.[75] Die Verratsanzeige „von unten“ als Element politischer Kontrolle hatte in dem sensiblen Grenzgebiet ein weiteres Mal ihre Untauglichkeit bewiesen.

Die Verratsanklage im Moskauer Reich richtete sich gegen die Verletzung des äußeren Verhaltenskodex für loyale Untertanen des Zaren. Die religiöse Verfolgung, wie sie sich in den seit 1728 gegen Angehörige der Smolensker szlachta geführten Prozessen darstellt,[76] zielte weit stärker auf die Gesinnung ab. Mit dem Übergang zu dieser Form der Kontrolle

68 RGADA F. 145, o. 1., 1694, d. 2 l. 10.

69 Ebd. l. 11.

70 BOGOSLOVSKIJ Smolenskoe šljachetstvo v XVIII veke, S. 33.

71 FLORJA Položenie pravoslavnogo naselenija Smolenščiny, S.344.

72 ODD Band 2, Teil 1, Nr. 79.

73 Das geht aus der Selbstverteidigung des Abts hervor (RGADA F. 159 o. 2 d. 73 l. l.1).

74 Ebd., l. 2ob.

75 ODD, Band 2, Teil 1, Nr.79.

76 Hierzu BOGOSLOVSKIJ Smolenskoe šljachetstvo v XVIII veke, S. 28-31. Einschlägige Prozesse sind in ODD dokumentiert.

verließ sich die Autokratie nicht mehr auf die regionale Untertanengemeinschaft, innerhalb derer theoretisch jeder jeden anzeigen sollte, wenn Verdacht auf verräterische Aktivitäten bestand. Vielmehr wurde die religiöse Überwachung der szlachta ausdrücklich den Geistlichen als Betätigungsfeld zugeschrieben. Hierbei machte sich die Autokratie die heftigen Konflikte zwischen Geistlichkeit und Smolensker szlachta um Land[77] zunutze. Die auf diesem Wege zustande gekommenen Verfahren verhinderten aber nicht, dass sich Mitte der dreißiger Jahre wieder (oder weiter) kryptokatholische Tendenzen bemerkbar machten. Der religiösen Verfolgung in Smolensk war kein überzeugender Erfolg beschieden. Aber auch ein 1734 begonnener Verratsprozess, dessen Dimensionen den von 1694 in den Schatten stellen, erscheint über weite Strecken als Fiasko.

Im Mittelpunkt des Verfahrens stand ein politisches Komplott mit hochkarätiger Besetzung und hohem Einsatz, wenn auch ohne große Erfolgschancen. Geplant wurde es vom Gouverneur Fürst Aleksandr Čerkasskij, der seinen Schützling aus den Reihen der Smolensker szlachta, Fedor Krasnoj Milaševič, zu seinem Komplizen gemacht hatte. Es ging um nichts Geringeres als um die Einsetzung des Herzogs von Holstein als Nachfolger der Zarin Anna Ioannovna, um die Einsetzung Stanisław Leszczyńskis als polnischem König (was den russischen Plänen zuwiderlief) und um die Wiedereingliederung von Smolensk in den polnisch-litauischen Staat. Milaševič erwies sich jedoch als ungeeigneter Mitverschwörer und zeigte der Zarin das Komplott an.[78]

Dass eine umfangreiche Untersuchung von Nöten war, stand für die Regierung außer Frage. Diese gleich ganz nach Petersburg zu verlegen, erschien angesichts der anstehenden umfangreichen Zeugenbefragungen wohl als kaum möglich, zum einen aus finanziellen Gründen, zum anderen, weil dies ungewollt viel Staub aufgewirbelt hätte. Schließlich bemühte man sich ja, wie immer bei dieser Art von Prozessen, das Verfahren geheim zu führen und die Gründe für die Verhaftung des Gouverneurs nicht vorzeitig bekannt werden zu lassen. Dennoch führte der Prozess im Smolensker Gebiet zu heftigen Unruhen. Verantwortlich dafür waren Čerkasskijs Bauern.

Der Frühling 1734 folgte auf ein Jahr mit schwerer Missernte. Vor dem Hunger flohen zahlreiche Bauern über die Grenze.[79] Im Mai saßen 41 Bedienstete (služiteli) Fürst Čerkasskijs im Zuge des Verfahrens gegen diesen in Smolensk in Haft. Für ihren Unterhalt trieb der Verwalter (prikaščik) Čerkasskijs in dessen Dörfern Geld ein und stieß dabei auf heftigen Widerstand. Die von der Kaiserin für die Untersuchung des Falls Čerkasskij eingesetzte Kommission versuchte daraufhin, die mit der Verhaftung des Fürsten eingebrochene Autorität wiederherzustellen, indem sie dessen Bauern dem Kommando eines gewissen Oberst Šamardin unterstellten - vergebens, wie sich sehr bald zeigen sollte. Šamardin sollte dafür sorgen, dass das für die Versorgung der Gefangenen vorgesehene Geld nach Smolensk gelangte. „Überflüssiges Getreide" aus Čerkasskijs Dörfern sollte ebenfalls zu diesem Zweck eingezogen werden.

77 ODD Band 8, Nr. 702.

78 RGADA F. 6 (Ugolovnye dela po gosudarstvennym prestuplenijam), d. 188; Auszüge (aber ohne die Bauernrevolte) in M. MICHAJLOV (Hg.) Sbornik istoričeskich materialov i dokumentov, otnosjaščichsja k novoj Russkoj istorii XVIII-XIX v. S.-Peterburg 1873.

79 PSZ Band 9, Nr. 6609 .

Gewaltaktionen der Bauern gegen Čerkasskijs Verwalter und die Plünderung des fürstlichen Besitzes folgten auf dem Fuß. Die Bauern stahlen nicht nur Pferde und Getreide, sie ließen auch einen Teil des herrschaftlichen Geflügels verhungern, während sie den anderen Teil schlachteten und die Teiche leer fischten. Besonders entsetzt zeigte sich ein vor Ort eingesetzter Sergeant über die Schändung der herrschaftlichen Wägen und Kutschen: Er schickte Oberst Šamardin einen Fetzen des von den Sitzkissen in den Gefährten heruntergerissenen Stoffs und vergaß auch nicht, die abgerissenen Posamente und Litzen zu erwähnen. Die Bauern weigerten sich, die Felder zu bestellen, traten dem Sergeanten zu fünfhundert Personen mit Spießen (s rogatiny) und anderem Gerät bewaffnet entgegen, zogen agitierend über die Dörfer, bedrohten diejenigen, die sich ihnen nicht anschließen wollten, mit dem Tod und steckten die Häuser der „besten Bauern" in Brand. Erst im September gelang es, die Unruhen zu unterdrücken.[80] Der Prozess gegen Čerkasskij endete mit dessen Verbannung.

Zwei Aspekte dieses großen Verratsprozesses und seiner Begleiterscheinungen sind in unserem Zusammenhang relevant. Gemeint ist zum einen das erneute Scheitern eines aus dem Moskauer Reich des 17. Jahrhunderts ererbten Prinzips gegenseitiger politischer Kontrolle über Standesgrenzen hinweg, das auch den Bauern im Gebiet Smolensk eine entsprechende Funktion zugewiesen hatte. Mit ihrer Revolte demonstrierten die Bauern stattdessen die Risiken, die die Obrigkeit mit Prozessen gegen die Spitzen der feudalen Ordnung einging, und die Schwäche einer unterfinanzierten Provinzverwaltung, die die Mittel für die Untersuchung vor Ort selbst nicht bereitstellen konnte. Zum anderen fällt die passive Rolle der Smolensker szlachta in Čerkasskijs Komplott auf. Milaševič war als ein zunächst am Hof der carevna Ekaterina Ivanovna weilender, dann wegen Kontakten mit der carevna Elizaveta Petrovna von dort entfernter Adliger in Smolensk ein Außenseiter. Was die zunächst in Verdacht geratene gesamte Smolensker szlachta betraf, so erwiesen sich ihre Unterschriften unter einem schriftlichen Treueid auf den holsteinischen Herzog als Fälschung Milasevičs selbst! Die Herrscherin sah sich gezwungen, die falsch in Verdacht geratenen „šljachtiči" mit einer Rangerhöhung zu entschädigen.[81]

Warum standen Čerkasskij und Milaševič sechs Jahre nach Beginn einer Kampagne religiöser Verfolgung gegen die Smolensker szlachta mit ihrem propolnischen Komplott allein? Mag sein, dass ihre Pläne angesichts der Kräfteverhältnisse in Polen-Litauen sowie zwischen Polen-Litauen und Russland als unrealistisch galten. Hinzu kommt aber, dass trotz der weiter bestehenden polnischen kulturellen Identität der Smolensker szlachta ihre Distanz zur Adelsrepublik oder jedenfalls zu deren Vertretern unmittelbar jenseits der Grenze wuchs. Bereits in den 1660er Jahren berichtete ein Voevode aus Smolensk nach Moskau, einige „šljachtiči" bäten darum, ihre Verwandten von dort empfangen zu dürfen, andere hingegen klagten ihm, eben diese Leute kämen mit dem Ziel, ihre Bauern zur Flucht auf die „königliche Seite" zu überreden.[82] In den 1730er Jahren hieß es dann in Smolensk, „die Polen" (sic!), hätten sich nun auch als Mädchenver-

80 RGADA F. 6 d. 188 č. VIII (1) l. 1-16ob.
81 S. das gedruckte Manifest: Ebd., č. I (2), l. 102.
82 RGADA F. 145, o. 1, 1694, d. 2 l. 43.

führer erwiesen, wie die Flucht zweier Töchter des Fürsten Sokolinskij über die Grenze zeige.[83]

Bauernflucht und Bandenkriminalität im 18. Jahrhundert

Es besteht der Verdacht, dass die Darstellung der Bauernflucht als Ergebnis der Unterwanderung durch Adlige aus Litauen die hausgemachten Ursachen dafür verdecken sollte. Der Druck reicher Gutsbesitzer im Smolensker Gebiet, die über Amt und Würden in Petersburg verfügten, auf ärmere Smolensker Adlige ohne entsprechende Verbindungen trug das Seinige zur Grenzflucht der Bauern bei. So klagte der „šljachtič" Wasili Adamowicz (sic!) 1722 gegen die Bauern des Vizekanzlers Baron Petr Pavlovič Šafirov im Senat, nachdem in Smolensk sechs Jahre lang niemand auf seine Beschwerden reagiert hatte: Šafirovs Bauern hätten unter Verletzung der alten Grenzen Grundstücke an sich gebracht, ihn selbst und seine Bauern überfallen, diese seine Bauern überredet, sich nach Litauen abzusetzen, und von ihnen (gegen Geld?) ihre Habseligkeiten angenommen.[84]

Die Klagen über Übergriffe geflohener russischer Untertanen aus Litauen wiederholten sich. Im gleichen Jahr 1722 verübte eine Bande von desertierten Soldaten im Smolensker Gebiet Raubüberfälle und kehrte dann mit der Beute auf das Gut des sie protegierenden "pan Golynskij" in Litauen zurück. Adlige von der polnischen Seite betätigten sich auch selbst in dieser Weise: So entführten Angehörige der Mścisławer szlachta einen Smolensker „šljachtič" mitsamt seiner Habe (požitki) über die Grenze und pressten ihm ein schriftliches Versprechen ab, dass er sie nicht anzeigen werde.[85]

Die Grenzwächter waren mit der Bekämpfung von Fluchtbewegung und Übergriffen hoffnungslos überfordert. Die von russischem Gebiet fliehenden Bauern stellten sich auf Kämpfe ein, machten sich in Gruppen auf den Weg und rüsteten sich „mit Hellebarden,[86] Spießen und Knüppeln" aus.[87] Schon an der Grenze konnten sie von bewaffneten Bauern von der litauischen Seite unterstützt werden. Einen Bericht über einen solchen Fall erhielt der Senat im Mai 1745 aus dem Smolensker Gebiet. Dort waren eines Nachts „Bauern von vier Höfen der votčina des Sergeanten Rykunov", Frauen und Männer, insgesamt achtzehn Personen „mit all ihren Habseligkeiten", bei dem Versuch, nach Polen zu fliehen, gefangen worden. Vier waren entkommen. Als die anderen von einem Grenzposten zum nächsten gebracht wurden, kamen aus dem "polnischen" Dorf eines dortigen Adligen etwa hundert

83 Auf diese Einschätzung der „narodnaja molva" stützte sich wiederum ein Smolensker „šljachtič", der in Moskau zum wiederholten Mal einen „Polen" anzeigte, um den Behörden die Gefährlichkeit dieser Leute zu verdeutlichen. RGADA F. 349, d. 508, l. 2ob.

84 RGADA F. 248 (Pravitel'stvujuščij senat), o. 20, Kn. 1273, Nr. 10 (1722), l. 104-110.

85 Istoričeskie materialy o razbojach v Smolenskoj gubernii, proizvodimych litovskimi pomeščikami s russkimi vladel'cami. O. O., o. J. S. 2-6. Von einem katholischen Priester („ksendz") wird berichtet, dass eine Gruppe von Bauern seiner „maetnost'" Bauern über die Grenze entführten und bei sich festhielten; von eigener Beteiligung des Kirchenmannes ist, anders als in Bezug auf die „šljachtiči", nicht die Rede.

86 Wohl Äxte mit verlängertem Stiel.

87 Bezirk Smolensk, 1725: PSZ t. 7 Nr. 4695.

Personen „mit einem Gewehr, Spießen, Hellebarden und aufgebundenen Sensen“ auf die russische Seite, schlugen die Bewacher halb tot und nahmen die Gefangenen mit.[88]

Von den Ausmaßen, die Raubzüge geflüchteter russischer Untertanen von jenseits der Grenze in der gleichen Gegend in den 1750er Jahren annahmen, zeugt eine vom Smolensker Gouverneur zusammengestellte Liste. Dieser zufolge unterhielt zum Beispiel der „šljachtič Ostrejka“ aus dem Gebiet Mścisław bis zu siebzig Personen, die er mit Pulver und anderem „kriminellen Zubehör (vorovskimi pripasami)" ausstattete und zu Raubüberfällen über die Grenze schickte. Im Jahr 1754 "raubten den Rittmeister der Smolensker šljachta Ivan Ivanov syn Voronc Räuber aus, seine flüchtigen Bauern, die in Polen eine Meile von Dribin entfernt auf dem Gut pan Dubrovskijs leben".[89] Der von den Grenzflüchtlingen verratene Herrscher (zu dieser Zeit die Herrscherin) verschwindet in all diesen Quellen vollständig hinter den Adligen im Grenzgebiet als Opfern organisierter Kriminalität.

Die politische Dimension des von den Adligen in den Grenzgebieten mit solchen Klagen an den Staat gerichteten Schutzanspruchs wird deutlich, wenn man die in den Beständen der Geheimen Expedition (Sekretnaja ėkspedicija) des Senats dokumentierte polemische Argumentation in den 1760er Jahren hinzuzieht. Zu Beginn der Ära Katharinas II. beschrieb ein Bericht des Kollegiums für Auswärtige Angelegenheiten auf das Eindringlichste, wie Polen und Juden mit Hilfe flüchtiger Bauern aus Russland ihre Wirtschaften jenseits der Grenze sanierten, während die Gutswirtschaft der Adligen auf russischer Seite ausblute und ein standesgemäßes Leben als ländliche Grundbesitzer ihnen schlechterdings unmöglich gemacht werde.[90] Die polnische Freiheit (vol'nost'), als Gesetzlosigkeit interpretiert, wurde so zur existentiellen Bedrohung für die Lebensart des russischen Adels erklärt. Innerhalb dieses Deutungsmusters war Smolensk mit seiner szlachta nur mehr ein Teil der von solcher Unterwanderung betroffenen Grenzregion, deren in dieser Weise dramatisierte Lage die kommenden Interventionen in Polen-Litauen und die Annexion weiter Teile seines Territoriums rechtfertigte.[91] Smolensk war auch der Ausgangspunkt für die

88 RGADA F. 248 o. 113, d. 1578, l. 22.

89 Archeografičeskij sbornik dokumentov, otnosjaščichsja k istorii severozapadnoj Rusi. Band 1-14, Vil'na 1867-1914. Hier Band 7, S. 317-320 (Nr. 213).

90 RGADA F. 248, o. 113, d. 1488 (1763), l.22-23ob; ebd. l.1ob-2ob: Bericht der Kollegija inostrannych del an den Senat. Ausführlich lässt sich der Verfasser über eine Bande aus, die Raubüberfälle auf den Straßen nach Petersburg und Moskau unternahm. Ausgerüstet werde diese Bande von der „Jüdin (židovka) Riska“ aus Szkłow, die auch die über die Grenze geschaffte Beute in Empfang nehme. Die „übrigen dortigen Juden und die Polen selbst“ unterhielten ebenfalls solche „Räubernester“ (vorovskie pristani), wie ein eingefangenes Mitglied der Bande berichtet habe. Nachweisen ließen sich die beklagten Aktivitäten der Einwohner von Szkłow allerdings nicht: Generaloberleutnant Pal'menbaum, der im polnischen „mestečko Baranov“ stand, hatte ein Kommando abgeordnet, das jüdische Häuser (also nicht nur das der Verdächtigen Riska) in Szkłow durchsuchte, aber nichts fand, „und sie zu einer Untersuchung zu holen, ließ (der polnische „Gouverneur“) nicht zu“.

91 Von der Annexion als Reaktion auf die Bauernflucht über die Grenze spricht R. E. JONES (Runaway Peasants and Russian Motives for the Partitions of Poland. In: H. RAGSDALE (Hg.) Imperial Russian Foreign Politics. Cambridge 1993, S. 103-116).

Errichtung einer modernen befestigten Grenze, die die Flucht nach Polen-Litauen bremsen sollte.[92]

Schluss

Die im Moskauer Reich praktizierte breite Anwendung der Anklage wegen Majestätsverbrechen erwies sich als Kontrollinstrument im Smolensker Gebiet als unbrauchbar. Die orthodoxen Bauern, in der Historiographie traditionellerweise als „natürliche" Untertanen der Zaren dargestellt, waren als Denunzianten ihrer Herren wenig zuverlässig, zur Finanzierung groß angelegter Verfahren gegen verräterische Adlige wie des Čerkasskij-Prozesses nicht bereit und durch häufige Flucht über die Grenze diskreditiert.

Was die Smolensker szlachta betrifft, so zeigen Verratsverfahren und religiöse Verfolgung, in welchem Maße sie auch noch der Petersburger Obrigkeit als Kontrollproblem galt. Allerdings gibt es deutliche Hinweise auf eine distanzierte Haltung der szlachta zu den ehemaligen Standesgenossen auf der polnischen Seite. Diese Haltung entsprach einer seit den ersten Jahrzehnten des 18. Jahrhunderts zu beobachtenden neuen Deutung des alten Problems der Grenzflucht und der damit verbundenen Bandenkriminalität von Bauern, die im Smolensker Gebiet wie auch in anderen Gegenden an der Westgrenze des Russischen Reiches die Moskauer Interpretation der Grenzflucht als Verrat am Herrscher verdrängte. Ob die Smolensker szlachta diese neue Deutung selbst entwickelt beziehungsweise in welchem Maße sie sie sich zu Eigen gemacht hat, wäre auf breiterer Quellengrundlage zu erforschen. Auf jeden Fall waren die Klagen über die Ruinierung der Lebensgrundlagen durch bäuerliche Grenzflucht und grenzübergreifende Kriminalität, die nunmehr auf den Herrscher als Bezugspunkt verzichteten, der Durchsetzung der neuen Formel förderlich.

Die Bewertung der Grenzflucht als Verrat des Einzelnen am Herrscher im 17. Jahrhundert hatte vielen, die auf der Flucht zur Grenze gefangen worden waren, grausame Strafen eingetragen. Angesichts der Entwicklung im 18. Jahrhundert scheint es jedoch, als hätte diese Interpretation die Entfaltung von Formen der Repression, die weit mehr Personen betrafen, hinausgezögert. Die Deutung der Bauernflucht als Ergebnis der „kriminellen" Wirtschaftsweise polnischer Adliger und Juden verdeckte einheimische Ursachen für die Bauernflucht und bereitete die Annexion großer Teile Polen-Litauens vor. Beim Vergleich der Deutung der Grenzflucht im 17. und im 18. Jahrhundert wird klar, wie stark sich die Wahrnehmung Polen-Litauens in Russland veränderte. Die Interpretation der Grenzflucht als Verrat am Herrscher appellierte letztlich an die Einhaltung des Treueids durch die Untertanen als Prinzip aller Monarchien. Die spätere Deutung hingegen beschrieb die Lebens- und Wirtschaftsweise des Adels in Polen-Litauen

92 RGADA F. 248, o. 113, d. 1578, l. 197-197ob (1754): Zur Verhinderung der Grenzflucht wurde befohlen, vom Gouvernement Smolensk bis nach Kiev und nach Norden bis nach Livland „Verhaue, Gräben und andere Befestigungen" anzulegen. Zum Vergleich: Bei einer Grenzziehung zwischen Polen-Litauen und dem Moskauer Reich Mitte des 17. Jahrhunderts konnten Zar und König sich noch eine Mühle und den dazugehörigen Mühlbach teilen (Akty, otnosjaščiesja k istorii Malorossii, S. 6).

als feindlichen Gegensatz zu der des russischen Adels und als handfeste Bedrohung. Nun entstand tatsächlich die Vorstellung von zwei feindlichen Systemen, die Mitte des 17. Jahrhunderts so noch nicht existierte und daher auch nicht als Ursache für den zweiten Nordischen Krieg herhalten kann.

Die Ablösung der Deutung der Grenzflucht als Verrat betraf auch das südwestliche Grenzgebiet. Nur bot sich hier die angeblich parasitäre, ja gar kriminelle Wirtschaftweise polnischer Adliger und Juden als neue Interpretation des Problems nicht an. Zum einen operierten in der Ukraine Räuberbanden – die Hajdamaken - eindeutig von russischem Gebiet aus auf polnischem, nicht umgekehrt. Zum anderen setzten sich Flüchtlinge aus der Ukraine nicht nur in den Einflussbereich polnischer Gutsbesitzer und jüdischer Stadtbürger ab, sondern auch ins Osmanische Reich. Dementsprechend wurde für die Grenzflucht aus der Ukraine in den 1760er Jahren eine andere Erklärung gefunden, die Ursachen wie obrigkeitliche Willkür und Korruption, Steuerdruck und den Widerspruch zwischen der längst zu Gutsbesitzern mutierten Kosakenelite und den Bauern mit einem Federstrich aufhob. 1765 bereiste Graf Petr Rumjancev die „türkische" Grenze vom Bug bis zum Dnepr. In seinem Bericht an Katharina II. kam er zu folgender Feststellung: „(...) Diese Steppe ist die wichtigste Ursache der Verödung Kleinrusslands und aller Unordnung hier: Ein Volk, gewohnt zu wandern und unstet zu leben, geht dorthin, wo es keinen Dienst leisten und keinen Tribut zahlen muss (....). Bei der ersten ihm auferlegten Zahlung, bei der kleinsten Belastung steht ihm Tor und Tür nach Polen oder in die Türkei offen".[93] Weder innere Missstände noch Provokation von außen waren es demnach, die die Flucht aus der Ukraine bewirkten, sondern die Gewohnheiten eines unsteten Volkes. Die Einführung der Leibeigenschaft für die ukrainischen Bauern wurde so in den Augen der „aufgeklärten" Obrigkeit legitimiert.

Der ukrainische und der Smolensker Fall haben zwei Gemeinsamkeiten. In beiden Fällen betrachtete man im 18. Jahrhundert die Grenzflucht nicht mehr als Problem der Loyalität innerhalb eines noch als Personenverband gedachten Herrschaftssystems, sondern unter dem Aspekt der Bedrohung der wirtschaftlichen Lebensfähigkeit des Staates. In beiden Fällen spielten für die neue Interpretation der Grenzflucht Völkerbilder eine entscheidende Rolle. Zu beobachten ist die Entstehung eines Konzepts der Grenzregion „an sich" als einer strukturell gefährdeten Randzone des Reiches, die vom Gegensatz zwischen Staatsräson und Völkereigenschaften geprägt ist. Dieses Konzept von Region nivellierte historisch bedingte Heterogenität und war klar antiemanzipatorisch.[94] Die Frage, inwiefern die regionalen Eliten selbst „vom Gouvernement Smolensk bis nach Kiev" beziehungsweise nach Norden „bis nach Livland"[95] sich Mitte des 18. Jahrhunderts als russländischer Gutsadel in

93 „[...]sija step' [....] est' glavnoj pričinoj malorossijskoj pustoty i vsem zdešnim neustrojstvam, narod, privykšej brodit' i bespečno žit', idet tuda, gde on služby ne služit i dani ne daet [...] pri pervom naloženii plateža ili malejšej tjagosti otkryty emu vorota i dveri v Polšu ili Turciju" (RGADA F. 20 [Dela voennye], o. 1, d. 247 (1765) l. 2ob)

94 Gemessen an den von CARSTEN GOEHRKE genannten Beispielen für emanzipatorischen Regionalismus in der Geschichte Russlands (CARSTEN GOEHRKE Zum Problem des Regionalismus in der russischen Geschichte. In: Forschungen zur osteuropäischen Geschichte 25 (1978), S. 74-107, v. a. 104-105).

95 Siehe die oben zitierte Planung für die Befestigung der Grenze von 1754, Fußnote 92.

einer so definierten riesigen Grenzregion betrachteten und den Zentralstaat mit seinen Machtmitteln auf den Plan riefen, stellt sich nicht nur in Bezug auf die Smolensker szlachta.

„MOSKOWITERPEST" (МОСКОВСКИЙ МОРЪ): WOHER HAT HERBERSTEIN DIESEN TERMINUS ?

FRANK KÄMPFER

Unter den vielen, bei Sigismund von Herberstein berichtend vorgelegten Sachverhalten findet sich einer, der cum ira et studio vorgetragen wird, der böse-abschätzig ein emotionales Urteil über die Moskauer fällt: „pestis moscovvitica", mit einem deutschen Kompositum übersetzt „Moskowiterpest".

Die russischen Übersetzungen seit A.I. Malein (1908) übersetzen „московская зараза", als handele es sich um eine Seuche.[1] Doch, wie der Zusammenhang ergibt, geht es keineswegs um einen medizinischen Befund, sondern um eine diffamierende Charakteristik der Moskowiter. Ob diese Invektive angesichts der vielfältigen Bedeutung des Wortes „pestis" mit der Erklärung „Tod", „Unheil, Verderben" oder „Geißel" – also analog zu „Tataren-Geißel" - genau getroffen wird[2], kann nur der Fachmann für das Spätlateinische entscheiden – das Pejorative bleibt bestehen.

Aus Walter Leitschs Untersuchung „Russia-Ruteni und Moscovia-Mosci bei Herberstein"[3] wissen wir, dass es falsch wäre, in den Rerum Moscoviticarum Commentarii (Wien 1549, im folgenden zitiert die editio ultima von 1556) wie auch in den deutschen Übersetzungen eine stringent durchgehaltene ethnische Terminologie zu erwarten. Das gilt um so mehr, wenn man beiläufig oder zufällig verwendete Ausdrücke genauer betrachtet. Die immer wieder zu vermutende Genauigkeit der Beobachtungen Herbersteins deckt jene Stellen zu, in denen willkürliche Übernahme fremden Wissens und Meinens seinen humanistischen Ernst unterlaufen. Das zeigt sich in einem Vergleich mit Herbersteins eigener Übersetzung (Moscovia der Hauptstadt in Reissen, Wien 1557), wo der Ausdruck „pestis moscovitica" schlicht fortgelassen ist. Hier hat der Autor (bzw. sein Helfer und Bearbeiter) eliminiert, weil ihm entweder der Ausdruck missfiel oder er ein sachliches Äquivalent nicht gefunden hat.

Etwas Anderes zeigt der Blick auf die deutsche Übersetzung von Heinrich Pantaleon (Moscoviter wunderbare Historien, Basel 1563), weil dort sachliche Überlegungen nicht entscheidend gewesen sein können: Pantaleon ist oft wegen seiner sachlichen Inkompe-

1 Im Slovar' russkogo jazyka XI – XVII vv. findet sich die erste Nennung zu „zaraza" für das Jahr 1628; für „mor" schon 1422 (Bd. 5, Moskva 1978, S. 285; Bd. 9, Moskva 1982, S. 260-61).

2 Vgl. ein Beispiel aus dem 13. Jahrhundert: „... quam pestilens immanitas Tartarorum" in: THOMAS ARCHIDIACONUS Historia Salonitana, Zagreb 1894, S. 178.

3 WALTER LEITSCH Russia – Ruteni und Moscovia – Mosci bei Herberstein, in: U. HALBACH u.a. (Hg.) Geschichte Altrusslands in der Begriffswelt ihrer Quellen. Stuttgart 1986, S. 113-123.

tenz gescholten worden, bei ihm kann es nur um eine sprachlich richtige Übertragung gegangen sein.

Die Besonderheit der Stelle wird durch die Vermeidung der Übersetzung bei Heinrich Pantaleon, der sich durch eine Umschreibung des Gemeinten ohne den zu inkriminierenden Ausdruck hilft, noch deutlicher. Heinrich Pantaleon hat „pestis moscovitica“ sehr wohl als Invektive verstehen müssen, und den Ausdruck (dennoch?) vermieden. In Zusammenhängen wie diesem erhält die Pantaleon-Übersetzung einen spezifischen Wert für die Interpretation, denn der gelehrte Arzt und Humanist aus Basel (1522-1595) könnte uns als Muster-Rezipient dienen. Pantaleon repräsentiert für die Forschung das Lateinverständnis des deutschsprachigen Humanismus und der gebildeten Leserschaft jener Zeit. Ständiges Übersetzen aus dem Lateinischen ins Deutsche begleitet Pantaleons Leben, eigene lateinische Werke treten hinzu. An Osteuropa interessiert, wendet er allen Scharfsinn auf das möglichst richtige Verständnis und auf die Übersetzung des Textes. Bisher war in der Forschung mehr die Rede von seinen unrichtigen Übersetzungen und seiner tatsächlichen Unkenntnis der Materie - doch des humanistischen Spätlateins ist er in vollem Umfange mächtig. So bietet seine Übersetzung uns mehr als nur ein Vehikel für das Verständnis Herbersteins – er gehört für uns zum Material für eine „Theory of Response“. Bei der Aneignung der globalen Welt mit ihren schwer beschreibbaren kulturellen Unterschieden bildete – nach den Kreuzzügen - die geistige Bewältigung Asiens als Folge des Mongolensturms den primären Wissensschub. Leider haben wir wenig methodisch befriedigende Quellen, aus denen eine Rezeptionsgeschichte rekonstruiert werden könnte. Mit der „Gutenberg-Galaxis“, gesehen als Entstehungsprozess des modernen (auch illustrierten) Handbuchs, erscheint die mehrfache, zeitnahe und vielsprachige Übersetzung desselben Textes , lässt sich die Gruppe jener auch namentlich fassen, die als Übersetzer zugleich Translatoren, Multiplikatoren und Interpreten sind. Den lateinischen Bericht über das frappierend Andere durch intensives Lesen, Nachschlagen und Räsonieren in die Koordinaten bisherigen Wissens einzuordnen, Unverständliches (Namen, Sachen, Daten,Termini) so gut es geht zu umschreiben - darin liegt die Leistung jener, deren Werk wir - vielleicht etwas vorschnell – nur durch „richtig-unrichtig-falsch“ qualifizieren.

Der Gegensatz

Herberstein charakterisiert die Novgoroder als sehr zivilisiertes Volk:„gens humanissima ac honesta“, das jedoch nach 1478 durch die Deportation der Führungsschicht und die Einsiedlung von Moskauern verdorben worden sei. Dieser negative Gegensatz des Heute zum Einst wird im Superlativ formuliert: „corruptissima“. Die Ursache dieser Umkehrung liegt in der Vermischung Alt-Novgoroder Bevölkerung mit der Moskowiter-Pest.

Editio 1556	*Herberstein 1557*	*Pantaleon 1563*
Gentem quoque humanissimam ac honestam habebat: Sed quae nunc procul dubio peste Moscovuitica, quam ei commeantes Mosci secum invexerunt, corruptissima est.	[Großneugarten] sol ain Eerlichs unnd garmenschlichs volckh daselbstn gewest sein / Es ist aber vermischt worden	Vor zeyten hatt es ein freundlich und ehrlich volk, dieweyl aber jetzumal die Moscoviten dahin kommen, unnd ire verderbte gebreuch mit inen gebracht, ist alle boßheit bey inen angangen

Tendenziell dieselben Wertungen (cultiori & humaniori mores Plescoviensium) verwendet Herberstein beim Vergleich der Menschen von Pskov mit den Moskauern. Ihnen werden dieselben guten Eigenschaften zugeschrieben, bevor sie nach der Annexion 1510 teils deportiert oder von eingesiedelten Moskauern verdorben worden sind.

Editio 1556	*Herberstein 1557*	*Pantaleon 1563*
ipsisque per colonias alio deductis, introductisque in eorum locum Moscis, libertatem eorum prorsus imminuit. Unde factum, ut pro cultioribus, atque adeo humanioribus Plescovuiensium moribus, corruptiores in omnibus fere rebus	[Vasilij III. hat] die Inwoner darauß genumen und außgethailt. Die Moscoviter an jrer stat darein gesetzt und damit die sittigkhait, menschait und guette sitten gantz verendert	Nach disem hatt er sy hin und wider in andere lender außgeteilet, die Moscoviten in ir statt eingesetzet und ir freyheit gar geminderet. Auß welchem sich begeben, daß für der Plescovwer freundtliche und bürgerliche geberden der Moscoviten boese und verkerte gewonheiten an disem ort eingefueret worden.

Unausgesprochen ist die „Moskowiterpest“ also auch im Abschnitt über Pskov enthalten, denn die deutsche Fassung sagt etwa, die aus Moskau eingesiedelten Neu-Pskover hätten Sittsamkeit, Menschlichkeit und gute Lebensart der genuinen Alt-Pskover in ihr Gegenteil verkehrt. Insgesamt ist die Häufung positiver Wertungen für die Pskover ebenso auffällig wie es die negativen Appraisoren für die Moskauer sind – dem Leser wird suggeriert, man habe es mit gegensätzlichen Volkscharakteren oder Mentalitäten zu tun.

Eine ganz allgemeine und doch muß direkt hierzu passende Kritik an den Moskauern, die auf Erfahrungen aus dem Hören-Sagen beruhen muss, übt die folgende Passage, die klingt, als habe jemand Herberstein im voraus gewarnt, die Moskauer gäben sich Ausländern gegenüber als Pskover (?) oder Novgoroder (?) aus.

Editio 1556	*Herberstein 1557*	*Pantaleon 1563*
Gens Moscovuiae caeteris omnibus astutior & fallacior esse perhibetur, fluxa in primis in contractibus fide: cuius rei ipsi haud ignari, si quando cum externis commercia habent, quo maiorem fidem obtineant, non Moscovuitas se, sed advenas esse simulant.	Das volckh zu der Mosqua ist vil listiger und betrieglicher für andere daselbstn umb des sy nun wissen, das man sich vor jnen hüett darumb bekhennen sy sich nit gern sunder nennen sich außlender und verlaugnen jres haimat.	Das volk, so zu Moscavw wonet, solle mitt list und betrug die anderen alle weyt übertreffen. Vorab halten sy in dem kauffen und verkauffen nit guten glauben. Sy wüssend auch dises an inen selbs wol, deßhalben, wan sy mit den außlaendischen handlen woellen, tun sy dergeleichen, als wan sy nit Moscoviten, sonder außlaendische waeren, damit inen dester mehr glauben geben werde.

Hansischer versus orientalischer Handel

Herbersteins erste Reise hat ihn 1516 in die nordwestrussische Region geführt, die über die Liquidation der freien Stadt Pskov 1510 und die Deportation der Pskover Elite aufgewühlt war: Wenn Großfürst Vasilij III. circa 300 führende Familien aus Pskov nach Zentral-Russland umgesiedelt hat, dürfte die gesamte wirtschaftlich-politische Führungsschicht für die Stadt verloren gegangen und dann durch Moskauer Bojaren, Kaufleute und Dienstmannen ersetzt worden sein.[4] Die Deportationen der Novgoroder und Pskover Eliten hatten die wohlhabenden Kaufleute-Bojaren und ihre Clans getroffen, eben jene Russen, die den Hanseaten seit Generationen partnerschaftlich verbunden waren.[5] Diese Änderung könnte nach der Wiedereröffnung des St.-Peter-Kontors 1515 für die Hanseaten eine böse Überraschung gewesen sein, weil ihre Partner nicht mehr nach altem - hanseatischem - Brauch Handel trieben, sondern more moscovitico.

Herberstein schreibt ein zweites Mal über die Pskover – in Moskau, als er von seinen eigenen Einkäufen in Moskau berichtet - und ebenso vom Geschäftsgebaren der Moskauer allgemein. Das heißt, hier spricht er von eigenem Augenschein und am Ort Gehörten. Er bestätigt die schon bei Johann Fabri geschilderte Schlichtheit russischer

4 Pskovskie letopisi Band II, M.-L. 1955, Moskva-Leningrad 1955, S. 225; GERTRUD PICKHAN Gospodin Pskov. Entstehung und Entwicklung eines städtischen Herrschaftszentrums in Altrußland. Berlin 1992, 327 ff.; JULIA PRINZ AUS DER WIESCHE Die Russisch-Orthodoxe Kirche im mittelalterlichen Pskov. München 2003.

5 Die Institution der hanseatischen „lerekinder“, also das Russisch-Lernen beim Handelspartner, läßt erkennen, daß man von langfristiger Partnerschaft, sei sie auch streckenweise spannungsgeladen, durchaus sprechen darf.

Kaufleute, wie Fabri sie aus russischem Munde protokolliert hat[6] – nur eben ausschließlich auf die Pskover Kaufleute bezogen, indes er die Moskauer als deren Gegenstück charakterisiert. In Russland gehe es nicht um Geld-Waren-Handel, sondern um „Stich und Tausch" (bei Fabri: mercem pro merce), das heißt spätmittelalterliche Handelspraktiken, die in West- und Zentraleuropa bereits als überholt angesehen wurden.

Editio 1556	Herberstein 1557	Pantaleon 1563
Tanta enim in contractibus Plescovuiensium erat integritas, candor, & simplicitas, ut omni verbositate in fraudem emptoris omissa, uno tantum verbo res ipsas indicarent	[die Pskover] sein hievor der erwerkhait gewest /mit wenig wortten jr sachen beständigclichen gehandlt / khain waar uberpotten / sonder mit ainem wort verkhaufft und khaufft	Dann vorhin warend die Plescavwer in iren hantierungen und gewerben also fromm, auffrecht und einfaltig, daß sy wenig wort in den keuffen, die leut zu betriegen, gebrauchet, sonder ir gemuet allein mit einem wort geoffenbaret.

Ausführlich und böse zieht Herberstein über die Moskowiter (im engeren Sinne) her.

Editio 1556	*Herberstein 1557*	*Pantaleon 1563*
Mercantur fallacissime ac dolosissime: nec paucis verbis, ut quidam scripserunt. Quin dum precium afferunt, ac rem minoris dimidio precio in fraudem uenditoris licentur: mercatores nonnunquam non uno tantum aut altero mense suspensos ac incertos detinent, uerum ad extremam desperationem quosdam perducere solent.	Sy khauffen lisstigclich und betrieglich / thuern jre waarn umb drey gelt bieten / des verkhauffer güter nit umb halben weert antzunemen / und geschiecht nit mit wenig wortten / als etliche geschriben haben / halten ye ain Monat oder zway auf / welcher dan den andern uberharrn mag / der hat den pessten khauf /	Sy kauffend mit grossem list und betrug; es geht auch nitt mitt wenig wohrten zu, als etliche darvon geschrieben. Dann wann man ein wahr zu inen bringet, so bieten sy nur den halben teil darauff, was es wert ist, damitt der kauffmann schaden leyde.....
Caeterum qui mores illorum tenet, dolosaque verba, quibus precium rei imminuunt, tempusque extrahunt, non curat, aut dissimulat: is res suas sine		...Welcher aber ihre geberden und weyß erkennet, der fraget nit vyl noch ihren betruglichen und beschissenen worten, mitt woelchen sie die waar

6 Vgl. FRANK KÄMPFER Herbersteins nicht eingestandene Abhängigkeit von Johann Fabri aus Leutkirch, in: Jahrbücher für Geschichte Osteuropas 44 (1996), S. 1-27.

aliquo dispendio uendit.		verkleineren, sonder er kann daß sein ohn allen verlurst [sic!] mit nutz verkauffen
Item, quamprimum iurare incipiunt, aut obtestari, scias illico dolum subesse. animo enim fallendi ac decipiendi iurant.	so pald die anheben zu schweren / so wellen sy betriegen /	Du solt auch wüssen, alsbald sy anfahen zu schweren und fluchen, daß gewüßlich ein betrug dahinder ist, dann sy schwoeren darumb, damitt sy bescheyssen und betriegen kennen.

In der letzten Anschuldigung erkennt man schon eines der Mißverständnisse: Das angeblich lügnerische Schwören (vermutlich auch das Ehrenwort) gehörte in Moskau nicht zu den Regeln bzw. Tabus, weil man dort den Kreuzkuß vornahm, wenn etwas hoch und heilig zu versichern war. Die Handelspraktiken der Moskauer beschreibt Herberstein mit deutlich negativen Wertungen. Der Ausdruck „Moskowiterpest" fällt nicht, doch innerhalb des geschilderten Zusammenhangs (also des Berichts über den Handel) werden Eigenschaften und Verhaltensweisen skizziert, die unzweifelhaft darauf hinauslaufen. Man könnte das als einen selbst beobachteten eklatanten Unterschied zwischen den durch den Hanse-Handel europäisierten Nordwest-Russen und den Stadt-Moskauern interpretieren. Die Zitate aus Herbersteins persönlicher Erfahrung ergeben einen Blick auf den Moskauer Handel, der augenscheinlich durch die Anpassung an Herberstein fremde, ja abstoßende Praktiken des orientalischen Geschäftswesens bestimmt war.

Das Feilschen, das Hoch- und Heruntertreiben von Preisen, die Ausnutzung von Zwangslagen der Handelspartner u.ä.m. zeigt, dass der Handelsplatz Moskau durch den Südost-Handel, hinab den Wolga-Weg (über die Kazan'-Tataren bis hin zu den armenischen Seidenhändlern) in den Orient geformt worden war.[7] Der Reisebericht des Kaufmanns Afanasij Nikitin gibt Hinweise auf diesen - unter eigenen Regeln und Traditionen stehenden - Orienthandel im 15. Jahrhundert.

Novgorod und Pskov unterlagen demgegenüber seit Jahrhunderten dem Handelsbrauch des Ostseeraums und so hatte sich dort wohl eine eher westliche Handelsmentalität ausgeprägt.

Weil Großfürst Vasilij III. nach der Annektion von Pskov dessen Münzfuß beseitigt und das Moskauer Zoll- und Währungssystem eingeführt hatte (dasselbe gilt für Novgorod), wurde diese Grenze zwischen westlicher und östlicher Handelsmentalität nach Westen verschoben.

7 WOLFGANG KNACKSTEDT Moskauer Kaufleute im späten Mittelalter: Organisationsformen und soziale Stellung, in: Zeitschrift für Historische Forschung 1976, S. 1-17, hier S. 9, 12 f.

Die Moskowiterpest - ein Westblick

Wenig spricht für die Wahrscheinlichkeit, Herberstein als den Erfinder der unsachlichen, ja verächtlichen Bezeichnung zu betrachten. Man wird vermuten dürfen, dass diese Prägung kein aus Herbersteins eigener Erfahrung oder eigenem Gestaltungswillen herrührender Gedanke war – für den homo politicus wären Invektiven dieser Art höchst ungewöhnlich, für den Kosmographen humanistischer Ausbildung nicht minder.

Wie wäre das Schimpfwort als solches, also ohne die soeben gebotene ökonomische Exemplifizierung zu deuten? Hat Herberstein das Wort nur benutzt, um mit einer politischen Vokabel seinen wirtschaftlichen Beobachtungen Wert zu verleihen? Oder: Gelangen wir zur allgemeinen Haltung Herbersteins gegenüber den Moskowitern ? Immerhin können wir ihm eine gewisse – vielleicht auch verächtliche - Distanz zu den Moskauern (im strikten Sinne) nicht absprechen. „Erstaunlich ist, wie viel Abfälliges und Böses sich über den Herrscher und seine russische Verwandtschaft findet...“ – so hatte ich in meinem Aufsatz „Fakten, Informationen und Hoftratsch in Herbersteins Russlandbuch“[8] geschrieben und eine Reihe von Beispielen angeführt.

Die kompromittierende Anekdote, dass Großfürst Vasilij III. sich aus Furcht vor den Tataren drei Tage lang unter einem Heuhaufen versteckt habe, wird von Herberstein – sicherlich nicht zufällig - in allen drei Redaktionen je dreimal dargeboten und der „Tyrann“ eindrücklich zum Feigling gestempelt.[9]

Das Schimpfwort „Moskowiterpest“ ist entweder während einer der beiden Russlandreisen, also vor 1527, in den Wortschatz Herbersteins gelangt, oder entstammt den darauf folgenden beiden Jahrzehnten der Redaktion des Rapports vor Erzherzog Ferdinand. Zunächst wäre zu fragen, welcher Nicht-Moskowiter ihm diese Invektive wohl zugetragen haben könnte. In Frage kämen Alt-Pskover oder Alt-Novgoroder, die Herberstein in Novgorod selbst oder später in Moskau hätte treffen können, denn dorthin war die Elite der beiden Stadtrepubliken deportiert worden.[10] Auch von den Gästen des Novgoroder Kontors hätte der Ausdruck kommen können. Die Hanseaten hatten nach der Schließung des Jahres 1494 im Februar 1515 den Petershof wieder in Besitz genommen.1516 haben die frisch dort etablierten Hansen die von Polen-Litauen her Novgorod erreichende kaiserliche Gesandtschaft sicherlich als ein gutes Omen für bessere Zeiten angesehen und sie ehrenvoll empfangen. In Herbersteins Autobiographie ist zu lesen, wie entkräftend die Reise für ihn gewesen ist. In diesem Text - ebenso wie in der „Moscovia“ - erwähnt Herberstein, die erfreuten Hanseaten hätten sich seinen Schlitten, mit dem er aus Augsburg gekommen war, ausgebeten, um ihn in ihrer Peters-Kirche „sacra perpetuae memoriae“ („zw ainer gedächtnuss“) aufzustellen. Der kurze

8 FRANK KÄMPFER, Fakten, Informationen und Hoftratsch in Herbersteins Rußlandbuch, in: CHRISTOPH AUGUSTYNOWICZ u.a.(Hg.), Rußland, Polen und Österreich in der Frühen Neuzeit. Festschrift für Walter Leitsch zum 75. Geburtstag. Wien u.a. 2003, S. 31-40.

9 KÄMPFER, ibidem.

10 Ähnlich schon A.L. CHOROŠKEVIČ Die Quellen Herbersteins und die Moscovia als Quelle zur politischen, Sozial- und Wirtschaftsgeschichte der Rus' im ersten Viertel des 16. Jahrhunderts, in: G. PFERSCHY (Hg.) Siegmund von Herberstein. Kaiserlicher Gesandter und Begründer der Rußlandkunde und die europäische Diplomatie. Graz 1989, S. 179-243, hier 204.

Aufenthalt in Novgorod hatte für Herberstein durchaus eine gewisse Bedeutung. Hier konnte er sich von der beschwerlichen Reise ausruhen und erste Eindrücke über Russland sammeln. Hier stand ihm eine Gruppe Deutscher - vor allem wohl Livländer aus Dorpat und Reval - zur Verfügung, die ihm in Gesprächen manches Interessante vermitteln konnten. Die Tage in Novgorod waren für eine Besichtigung des Detinec (Kremls) ausreichend, auch die sogenannte Bronzetür aus Korsun' samt der Legende gehört zu Herbersteins Notizen. Ebenso ist das Verhältnis der tristen Gegenwart zur grossartigen Geschichte der Stadtrepublik Herberstein mit zahlreichen Einzelheiten vermittelt worden. Zwar musste er nach wenigen Tagen mit seiner engeren Begleitung nach Moskau aufbrechen, doch der größere Teil des Gefolges blieb in Novgorod („Ich muest meine phärdt unnd das maist Gesindt da zue Gross Newgarten verlassen..."). Ein halbes Jahr später traf Herberstein seinen Tross in Wilna wieder und hat wohl noch manches Interessante von seinen Leuten erfahren. Die negative Wertung der Moskowiter konnte so an ihn gelangt sein, trefflich zu seinen eigenen Erfahrungen gepasst haben und dann eingearbeitet worden sein.

Es ist jedoch zu bedenken, dass noch zur Zeit der zweiten Russlandreise Herbersteins der Ausdruck „Moscovia. Moscoviter" gerade erst in den allgemeinen Gebrauch gelangt ist.

Ob man „Rutheni" oder „Moskowiter" zu sagen habe, also die historische oder die politische Bezeichnung zu gebrauchen sei, war zur Zeit, als Herberstein 1527 vor seinem Dienstherrn seinen Rapport vortrug, eine noch offene Frage. Johann Fabri hat sich in seinem Buch von 1526 für das politische Ethnonym Moscovita entschieden (populos, quos communi vocabulo nos Moscovitas appellamus hodie, olim, teste Plinio, Roxolanos esse dictos ...). Er bezeichnet diesen Namen als aktuell und allgemeingültig (existat hodie passim vulgo). Raffaelo Volaterranus hatte zwei Jahrzehnte zuvor unter Hinweis auf die antiken Namen noch ausdrücklich gesagt, „hodie vero Ruteni". Frühestens zu dieser Zeit ist also ein semantisches Feld zum Komplex „Moskauer Russland" entstanden – für einen speziellen Begriff wie „pestis moscovitica" war es vermutlich noch zu früh. So bleibt die dritte Möglichkeit am wahrscheinlichsten, dass „Moskowiterpest" erst nach den vielen Russland-Informationen der folgenden Jahrzehnte in den Sprachschatz Herbersteins gelangt ist: während der Redaktionsarbeit für die Editio prima. Der Gebrauch dieses Kompositums reicht also von 1549 bis 1556. Als sich die Beurteilung des großen Reiches im Osten wandelte, verschwand die Invektive – als offensichtliche Entgleisung – aus der deutschen Übersetzung von 1557. Auch in der Übersetzung Pantaleons 1563 wird der neue Begriff eliminiert, obgleich er gut in die anti-moskowitische Stimmung während des seit 1558 tobenden russisch-livländischen Krieges gepasst hätte.

„QUIS POTEST CONTRA DEUM ET MAGNAM NEUGARDIAM?“ NOVGOROD UND SEIN VERHÄLTNIS ZUM MOSKAUER ZENTRUM IM LICHTE VON AUSLÄNDERBERICHTEN DES 16. UND 17. JAHRHUNDERTS

ANDREAS KAPPELER

In einem Band, der sich mit der Geschichte des Moskauer Russland aus der Perspektive seiner Peripherien befasst, darf ein Beitrag zu Novgorod nicht fehlen. Die mittelalterliche Veče-Republik Novgorod, ihre von der Fürstenherrschaft in Vladimir-Suzdal' und Moskau abweichende sozio-politische Struktur und ihre kommerzielle und geistig-religiöse Brückenfunktion zu Nord- und Westeuropa sind seit dem 19. Jahrhundert immer wieder als Alternative zur Moskauer Autokratie gesehen worden.[1] Nachdem die sowjetischen Dogmen von der Fortschrittlichkeit des russischen zentralisierten Staates und vom reaktionär-feudalen Charakter Novgorods gefallen sind, haben russische Historiker den Novgoroder gegenüber dem Moskauer Weg aufgewertet. Dabei stand und steht die Epoche der selbständigen Stadtrepublik im 12. bis 15. Jahrhundert im Mittelpunkt des Interesses. Weniger Aufmerksamkeit haben dagegen die Geschichte Novgorods nach seiner Unterwerfung durch Ivan III. im Jahre 1478 und die Frage nach dem Fortleben seiner republikanischen Traditionen gefunden. Die wenigen sowjetischen und postsowjetischen Monographien zur Geschichte Novgorods im 16. und 17. Jahrhundert weisen zwar auf die Erhaltung gewisser administrativer und rechtlicher Besonderheiten in Novgorod hin, doch harrt die von Carsten Goehrke vor fünfundzwanzig Jahren gestellte Frage nach dem Fortleben eines Novgoroder Regionalismus in der Frühen Neuzeit noch immer einer Antwort.[2]

Ich will im folgenden versuchen, die Frage eines Novgoroder Sonderbewusstseins im 16. und 17. Jahrhundert auf der Basis eines kleinen Ausschnittes von Quellen, näm-

1 N.I. KOSTOMAROV O značenii Velikago Novgoroda v russkoj istorii. In: DERS. Istoričeskija monografii i izsledovanija, vol. 1, t. 1, Spb. 1903, S. 199-214; DERS. Istorija Novgoroda, Pskova i Vjatki, vo vremja udel'no-večevago uklada (severnorusskija narodopravstva). Spb. 1868 (= Istoričeskija monografii i izsledovanija t. 8).

2 A.P. PRONŠTEJN Velikij Novgorod v XVI veke. Char'kov 1957; V.N. BERNADSKIJ Novgorod i Novgorodskaja zemlja v XV v. M.-L. 1961; M.N. TICHOMIROV Rossija v XVI stoletii. Moskva 1962, S. 276-316; V.A. VARENCOV, G.M. KOVALENKO V sostave Moskovskogo gosudarstva. Očerki istorii Velikogo Novgoroda konca XV - načale XVIII v. Spb. 1999; R.G. SKRYNNIKOV Tragedija Novgoroda. Moskva 1994; CARSTEN GOEHRKE Zum Problem des Regionalismus in der russischen Geschichte. Vorüberlegungen für eine künftige Untersuchung. In: Forschungen zur osteuropäischen Geschichte 25 (1978), S. 75-107, hier S. 83-89.

lich einer Reihe von Ausländerberichten, anzugehen.[3] Dabei bin ich mir der Schwierigkeiten, vor die diese Quellengattung die Historiker stellt, bewusst. Die Prägung durch eigene Wertsysteme und Lebenswelten haben eine selektive Wahrnehmung des Fremden zur Folge, und ihr „Bild vom Anderen" sagt oft mehr über „das Eigene" aus als über Russland. Dazu kommt gerade bei den Autoren der frühneuzeitlichen Russlandberichte, die oft Mitglieder diplomatischer Missionen waren oder die nach einem längeren Aufenthalt aus Russland geflohen waren, direkte politische Parteinahme. Auch die Vorprägung durch ein vor allem von Herberstein und die Schriften über den Tyrannen Ivan (IV.) geschaffenes Russlandbild muss in Rechnung gezogen werden.[4]

Andererseits konnten Ausländer im Gegensatz zu den Verfassern offiziöser russischen Quellen offen über gegen Moskau gerichtete partikularistische Strömungen berichten. Sie kamen trotz ihrer Abschirmung gegenüber der russischen Umgebung gelegentlich mit Russen (vor allem in Moskau, gelegentlich auch in Novgorod) ins Gespräch und erfuhren so von Ereignissen, Stimmungen und Gerüchten. Allerdings muss in Rechnung gezogen werden, dass Ausländer ein Interesse daran haben konnten, einen gegen Moskau gerichteten Novgoroder Partikularismus zu konstruieren.

Erste Reaktionen auf die Annexion durch Moskau

Es ist bemerkenswert, dass zur Geschichte der unabhängigen Stadtrepublik Novgorod, mit der die Hansekaufleute und andere Nordeuropäer jahrhundertelang in engem Kontakt standen, fast keine über die Dokumentation der kommerziellen Transaktionen und ihrer rechtlichen Rahmenbedingungen hinausgehenden ausländischen Schriften überliefert sind. Die Aufzeichnungen des burgundischen Ritters Ghillebert de Lannoy sind meines Wissens der einzige bekannte ausländische Reisebericht aus dieser Epoche.[5] Auch aus der Zeit unmittelbar nach der Annexion Novgorods durch Ivan III. sind keine Augenzeugenberichte überliefert. So hat etwa Nikolaus Poppel, der erste österreichische Gesandte, der Anfang 1489 auf seiner Reise nach Moskau in Novgorod weilte,

3 Vgl. dazu die Vorarbeiten von V.O. KLJUČEVSKIJ Skazanija inostrancev o Moskovskom gosudarstve. Petrograd 1918, S. 239-241; VARENCOV, KOVALENKO V sostave Moskovskogo gosudarstva, S. 156-167.

4 GABRIELE SCHEIDEGGER Das Eigene im Bild vom Anderen. Quellenkritische Überlegungen zur russisch-abendländischen Begegnung im 16. und 17. Jahrhundert. In: Jahrbücher für Geschichte Osteuropas 35 (1987), S. 339-355; DIES. Perverses Abendland - barbarisches Russland. Begenungen des 16. und 17. Jahrhunderts im Schatten kultureller Missverständnisse. Zürich 1993; MARSHALL T. POE „A People Born to Slavery". Russia in Early Modern European Ethnography, 1476-1748. Ithaca-London 2000.

5 Vgl. ANDREAS KAPPELER Burgundskij rycar' v Rossii (Zametki ob otčete Gil'bera de Lannoa o poezdkach v Novgorod i Pskov v načale XV v.). In: Istočnikovedenie i kraevedenie v kul'ture Rossii. Sbornik k 50-letiju služenija Sigurda Ottoviča Šmidta Istoriko-archivnomu institutu. Moskva 2000, S. 50-52 (mit Literaturhinweisen).

keine Aufzeichnungen hinterlassen.[6] Als Zentrum des Pelzhandels und als Kommune, die jetzt vom Moskauer Fürst abhängig sei und ihm jährlich einen Tribut zu bezahlen habe, wird Novgorod im Bericht des Venezianers Contarini erwähnt. Während Contarini, der im Winter 1476/77 fast vier Monate in Moskau verbrachte, die halbsouveräne Situation Novgorods zwischen 1471 und 1478 umschreibt, ergänzt sein Landsmann Barbaro in seinem erst 1543 gedruckten Werk, dass Novgorod früher vom Volk regiert worden sei, seine Bewohner ohne Vernunft gewesen seien und es unter ihnen viele Häretiker gegeben habe. Erst seit der Unterwerfung durch den Moskauer Fürsten herrsche dort Recht und Ordnung.[7] Barbaro, der selber Russland wohl nie besucht hat, kontrastiert also die Lage Novgorods unter Moskauer Herrschaft positiv mit der vorangehenden Anarchie. Diese Interpretation, die von der fast aller anderen ausländischen Beobachter abweicht, dürfte von offiziösen russischen Informanten stammen.

Den ersten eingehenden ausländischen Bericht über Novgorod unter Moskauer Herrschaft hat der Hamburger Theologe und Politiker Albert Krantz (1448-1517) verfasst, der seit 1486 im Dienste der Hanse wirkte und 1491 nach Livland reiste. Seine in den ersten Jahren des 16. Jahrhunderts verfasste, aber erst 1519 posthum gedruckten Geschichte der Slawen (*Wandalia*, Wandalen hier für Wenden) ist von der Russland-Historiographie bisher kaum berücksichtigt worden. Schon im ersten Buch, in dem er die Russen, Litauer, Polen und andere Völker (*magnae nationes*) vorstellt, und ausführlicher im 13. und 14. Buch seines Werks kommt Krantz auf den Moskauer Großfürsten zu sprechen. Dabei schränkt er allerdings ein, dass er die Geschichte der Russen nicht erzählen könne, da „uns keine ihrer Annalen, falls es sie geben sollte, überliefert sind". Dennoch dürfe man Russland nicht übergehen,

> „denn es hat berühmte Städte, so Moskau, jetzt die Hauptstadt des Reiches, das gesehen zu haben sich niemand erfreut... Diesem Fürsten gehorcht jetzt Groß-Novgorod (*magna Neugardia*), dessen Bewohner seine Schätze und Kräfte selbst nicht einschätzen konnten und deshalb das Sprichwort gebrauchten: 'Wer kann gegen Gott und Groß-Novgorod etwas ausrichten' (*quis potest contra Deum et magnam Neugardiam*)?", „im Glauben, dass die Stadt Gott immer als Beschützer und Helfer hätte, solange sie mit ihm verbunden bleibe". „Etwas ausrichten gegen sie konnte allerdings der gegenwärtige Fürst von Moskowien Ivan (*Iwanus, quem nos Iohannes dicimus*): Er lud die Patrizier (*optimates*)

6 JOSEPH FIEDLER Nikolaus Poppel, erster Gesandter Österreichs in Russland, in: Sitzungsberichte der Kaiserlichen Akademie der Wissenschaften. Philosophisch-historische Classe. Bd. 22 (1856), S. 187-220. In Berichten hansischer Gesandtschaften der Jahre 1489 und 1494 finden sich keine für unsere Fragestellung verwertbaren Nachrichten: WALTER STEIN (Hrsg.) Hansisches Urkundenbuch Bd. 11, 1486-1520. München, Leipzig 1916, Nr. 276, S. 201-204; F.G. v. BUNGE (Hrsg.) Liv-, est- und kurländisches Urkundenbuch. 2. Abt., Bd. 1. Riga, Moskau 1900, Nr. 34, S. 27-32.

7 E.Č. SKRŽINSKAJA (Hrsg.) Barbaro i Kontarini o Rossii. K istorii italo-russkich svjazej v XV v. Leningrad 1971, S. 205, 134. Barbaro berichtet auch, dass einige glaubten, die Novgoroder näherten sich allmählich dem Katholizismus an; andere hielten dies für falsch. Dabei könnte es sich um einen Reflex des Moskauer Vorwurfes handeln, Novgorod wolle zum katholischen König von Polen abfallen.

> der Stadt, damit sie nichts Böses fürchteten, zum Schein zu einem Gastmahl ein. Als sie gekommen waren, ließ er die Ahnungslosen nach Moskowien wegführen. Da er seine Truppen bereit hatte, um die Stadt zu belagern, drohte er ihnen, sie zu zerstören, wenn sie sich nicht ergebe. Und dies tat das Volk, nachdem die Oberschicht bereits weggeführt worden war. Da alle in Angst waren und keine vorteilhaftere Lösung sahen, überließen sie sich der Gnade jenes [Fürsten]. Dieser schickte die Vornehmen, die nach der Übergabe der Stadt noch dort verblieben waren, wie die anderen mit ihren Familien nach Moskowien". „Er ersetzte sie durch Bewohner aus seiner Gegend, damit jene besser gehorchten und keine Rebellion im Sinn hätten". „Unsere Kaufleute haben von dort nicht viel Gewinn, da die Dinge sich ständig zum Schlechteren entwickeln: Denn sie trieben dort einen weniger erfolgreichen Handel, seit die Stadt unter dem Joch der Knechtschaft zu seufzen begann. Denn der Handel will vor allem ein freies Volk, Waffen und Handel vertragen sich schlecht".[8]

Krantz ordnet diese bemerkenswerte Erzählung über die Annexion Novgorods und ihre Auswirkungen nach einem Bericht über die Heirat Maximilians von Habsburg mit Maria von Burgund (1477) in sein Werk ein. Als Quellen dürften ihm Augenzeugenberichte hansischer Kaufleute und eine um 1480 entstandene Lübecker Chronik gedient haben; der Lübecker Chronist beruft sich für seinen knappen Eintrag zum Jahr 1477, in der die Eroberung Novgorods durch den „Konynk van Muschov in ruslandt" und die dort erbeuteten Reichtümer genannt werden, auf Kaufleute, „de neugarden wol kenden"; zum Jahr 1479 berichtet er außerdem von einem Feldzug der Novgoroder nach Finnland, wo diese schreckliche Grausamkeiten begangen hätten, und vom erfolgreichen Gegenschlag der Schweden „gegen de van neugarden unde de russen"[9]. Für Krantz steht der Hansehandel im Vordergrund, der infolge der Angliederung Novgorods durch Moskau einen Niedergang erlebte. Seine Sympathien sind auf Seiten der Novgoroder Patrizier, die von Ivan III. getäuscht und dann ins Innere des Moskauer Staates deportiert wurden, während die Stadt unterjocht und ihre Handelsbeziehungen zur Hanse gekappt wurden. Als Symbol für das Goldene Zeitalter der Novgoroder Republik führt er (meines Wissens erstmals) das erwähnte Sprichwort an, das später von mehreren ausländischen Russlandreisenden aufgenommen werden sollte. Im Zusammenhang mit dem Lübecker Hansetag von 1497 bestätigt Krantz die Krise des Novgorodhandels seit 1494. Die hanseatischen Kaufleute, die in den letzten Jahren dort

8 ALBERTUS KRANTZ Wandalia in qua de Wandalorum populis... gestis. Coloniae 1519, Liber 1, cap. 2, S. a IIII-v; liber 13, cap. 15, S. P III. Dazu V.A. NORDMAN Die Wandalia des Albert Krantz. Helsinki 1934 (Annales Academiae Scientiarum Fennicae, B, XXIX, 3); POE „A People Born to Slavery", S. 29.

9 F.H. GRAUTOFF (Hrsg.) Chronik des Franciscus Lesemeisters Detmar, nach der Urschrift und mit Ergänzungen aus anderen Chroniken. Hamburg 1830 (= Die lübeckischen Chroniken in niederdeutscher Sprache, 2. Teil), S. 403, 411-412. Vgl. schon NORDMAN Die Wandalia, S. 155-162.

geblieben seien, hätten Schlimmes erlebt, seien in Fesseln gelegt und beraubt worden. Einige seien freigelassen worden, jedoch auf der Rückfahrt in der Ostsee ertrunken.[10]

Knapper sind die Nachrichten der frühen Russlandbücher des Matthäus (Maciej) von Miechów (1517) und Paolo Giovios (1525). Der Krakauer Gelehrte berichtet von Novgorod nicht im Kapitel über *Moscovia*, sondern in dem Teil seines Werks, das dem Großfürstentum Litauen gewidmet ist: Großfürst Witold habe Novgorod erobert, und der Moskauer Fürst Ivan habe es erst 1479 dem litauischen Großfürsten Kasimir entrissen. Novgorod sei eine große Stadt, „im Umfang etwas weiter als Rom", und werde bis zur Gegenwart von sagenhaft reichen Kaufleuten bewohnt. Deshalb habe Ivan III. Novgorod erobert, dessen Schätze an sich genommen und dreihundert Wagen voller Gold, Silber und Edelsteinen nach Moskowien geschickt. Es folgt eine pittoreske Geschichte davon, wie die Novgoroder Bürger Räuber und Diebe aburteilten:

> „Wenn man einen des Diebstahls Verdächtigen ergriffen hatte, wurde an die Glocken des Rathauses (*pretorii*) geschlagen, wo hundert Senatoren oder Richter mit langen Bärten nach ihrem Brauch saßen. Auf den Klang der Glocken eilte das Volk der ganzen Stadt zusammen, und jeder Bewohner trug mit sich zwei Steine ... Die Senatoren verurteilten den Angeklagten",

der darauf von der Menge gesteinigt wurde. Der Erlös aus dem Verkauf des Hauses des Getöteten fiel an die Republik (*Respublica*).[11] Die Schilderung des Zusammenwirkens von Behörden und Volk und die Erwähnung der (*Veče*)-Glocke spielen offensichtlich auf die Verfassung der Novgoroder Stadtrepublik an. Der Moskauer Fürst Ivan, so Matthäus weiter, habe nach der Eroberung der Stadt, um solche Unruhen und Plünderungen zu vermeiden, in den fünf Hauptstraßen fünf Hauptleute mit Bewaffneten eingesetzt - ein Reflex der traditionellen Einteilung Novgorods und des Novgoroder Landes in Fünftel (*pjatiny*), die auch unter Moskauer Herrschaft bestehen blieb. Schließlich hebt Matthäus von Miechów die prächtige Novgoroder Sophienkathedrale und sieben Klöster hervor.

Paolo Giovio, dessen Russlandbuch auf den Erzählungen des Moskauer Dolmetschers Dmitrij Gerasimov basiert, bestätigt die Bedeutung der Stadt, „die immer die höchste Würde innehatte, wegen der unglaublichen Menge der Gebäude... und des Ruhmes ihrer altehrwürdigen Kirche, die vor vierhundert Jahren dem Vorbild der Kai-

10 KRANTZ Wandalia, Liber 14, cap. 12, S. IIIv. Vgl. dazu N.A. KAZAKOVA Russko-livonskie i russko-ganzejskie otnošenija. Konec XIV - načalo XVI v. Leningrad 1975; ERIK TIBERG Moscow, Livonia and the Hanseatic League 1487-1550, bes. S. 60-62; NORBERT ANGERMANN Deutsche Kaufleute in Novgorod im 16. und 17. Jahrhundert, in: DERS., KLAUS FRIEDLAND (Hrsg.) Novgorod. Markt und Kontor der Hanse. Köln u.a. 2002, S. 97-115.

11 Tractatus de duabus Sarmatiis Asiana et Europiana et de contentis in eis (Mathie de Myechow). Augsburg 1518, S. F III- F IIIv. Vgl. auch MACIEJ Z MIECHOWA Opis Sarmacji Azjatyckiej i Europejskiej. Wrocław u.a. 1972.

ser von Byzanz folgend nach der heiligen Sophia benannt wurde". Novgorod sei sogar, so behauptet Giovio, vor wenigen Jahren die Hauptstadt ganz Moskowiens gewesen.[12]

Herbersteins Novgorodbild

Wie für das frühneuzeitliche Russland insgesamt sind die 1549 erstmals erschienenen „*Rerum Moscoviticarum commentarii*" Herbersteins die gehaltvollste ausländische Quelle auch für Novgorod. Die Beschreibung, die der österreichische Diplomat von der Stadt gibt, ist reicher an Informationen und Einblicken als alle anderen mir bekannten Ausländerberichte des 16. und 17. Jahrhunderts. Sigismund von Herberstein, der im April 1517 auf dem Weg nach Moskau einige Tage in Novgorod verbrachte, nimmt in seiner „*Moscovia*" Nachrichten Matthaeus' von Miechów und Giovios auf, während er die „*Vandalia*" von Krantz nicht benutzte. „Neugartn das groß, da vorzeitten die Reissischen Fürssten iren Stuel und hoffhaltung gehalten", so beginnt (allerdings nur in der deutschen Fassung und in seiner Autobiographie) seine Schilderung von Novgorod.[13] Damit knüpft Herberstein an die Falschmeldung Giovios an, doch ist seine Formulierung allgemeiner, so dass man die Information auf die von ihm ebenfalls wiedergegebene Herrschaft Rjuriks in Novgorod beziehen könnte. Direkt führt Herberstein Miechóws Nachricht von den dreihundert Wagen an, die Ivan III., „wie Gewisse geschrieben haben", aus dem eroberten Novgorod habe abtransportieren lassen. Gleich folgt indessen eine Korrektur: „Als ich in Moskowien darüber genauer nachfragte, vernahm ich, dass viel mehr Wagen beladen aus Novgorod weggeführt worden seien".[14]

Herberstein gibt ein erheblich vollständigeres Bild vom unabhängigen Novgorod als seine Vorgänger, so von der administrativen Gliederung der *pjatiny*: „Dieweil die Stat in iren Freihaiten gewest ist, het ain groß weit gepiet... in funff thail gethailt. Also das ain jeglicher thail sein sonderliche Obrigkhait in der Stadt gehabt hat".[15] Zwar gibt er keine direkten Hinweise auf die Volksversammlung (*veče*), doch erwähnt er, dass „sie

12 PAULI IOVII Novocomensis de legatione Basilii Magni Principis Moschoviae ad Clementem VII. Pontificum Max. Liber, in: Rerum Moscoviticarum Commentarii Sigismundi Liberi Baronis in Herberstain, Neyperg, & Guettenhag, Basileae 1571 (reprint Frankfurt a.M. 1964, zit. im folgenden als HERBERSTEIN, RMC), S. 158-172, hier S. 166.

13 Moscovia der Hauptstat in Reissen, durch Herrn Sigmunden Freyherrn zu HERBERSTEIN, Neyperg und Guetenhag... zusamen getragen (zit. HERBERSTEIN, Moscovia). Wien 1557, S. L IV; Th. G. VON KARAJAN (Hrsg.) Selbst-Biographie Sigismunds Freiherrn von Herberstein 1486-1553. Wien 1855 (Fontes Rerum Austriacarum. 1. Abt. Scriptores, I. Band), S. 67-396, hier S. 116. Vgl. SIGIZMUND GERBERŠTEJN Zapiski o Moskovii. Moskva 1988; A.L. CHOROŠKEVIČ Die Quellen Herbersteins und die Moscovia als Quelle zur politischen, Sozial- und Wirtschaftsgeschichte der Rus' im ersten Viertel des 16. Jahrhunderts, in: GERHARD PFERSCHY (Hrsg.) Siegmund von Herberstein. Kaiserlicher Gesandter und Begründer der Rußlandkunde und die europäische Diplomatie. Graz 1989, S. 179-241, = Veröffentlichungen des Steiermärkischen Landesarchives 17.

14 HERBERSTEIN, RMC, S. 74 (letzteres nicht in der deutschen Fassung von 1557).

15 HERBERSTEIN, Moscovia, S. L IV.

die Fürsten, die ihrer Republik vorstanden, durch ihre Entscheidung und ihren Willen einsetzten. Sie vermehrten ihre Herrschaft", indem sie „ire Nachpern mit allem fleiß zu irer freundtschafft unnd guetem willen getzogen, auch mit großen gaben uberkhumen, als ire beschützer". „Aus Bündnissen mit diesen Völkern, deren Dienste die Novgoroder zur Erhaltung ihrer Republik nutzten", hätten die Moskauer und die Litauer Ansprüche auf Novgorod abgeleitet. In Bezug auf Litauen könnte Herberstein auf die Zuordnung Novgorods zu Litauen bei Matthäus von Miechów und auf die im 15. Jahrhundert häufige Bestellung litauischer Dienstfürsten anspielen. Schließlich erwähnt Herberstein die Bedeutung des Novgoroder Erzbischofs, konkret wahrscheinlich des Vladyka Evfimij (1429-1458): „Ein Erztbischof hat ain zeitlang da grosses ansehen gehabt, und vasst Regiert".[16]

Herberstein betont die wirtschaftliche Bedeutung des unabhängigen Novgorods:

> „In jener Zeit war dort der größte Handelsplatz ganz Russlands, und eine ungeheure Menge von Kaufleuten aus Litauen, Polen, Schweden, Dänemark und Deutschland strömte dort zusammen, und die Bürger vermehrten infolge des so häufigen Zustroms fremder Völker ihr Vermögen".

Er unterstreicht die große Ausdehnung des früheren Novgoroder Herrschaftsgebietes im Norden und Osten, wo es zwar nicht fruchtbar sei, „so haben sy doch grossen genieß von Wildprät, raucher waar (Pelzen), hönig, wachs, und vil Vischen".[17]

Auch über die Annexion Novgorods durch Moskau zeigt sich Herberstein wohlinformiert:

> „Hat der Großfürst Hanns den Khrieg siben jar wider sy gefuert... Haben sy sich mit etlichen Conditionen oder beschaidenheiten ime ergeben, und ain Stathalter darein genumen. Da aber der Großfürst, noch nit völligen gwaldt uber sy hette, und solches on waffen zubekhumen nit verhoffte, hat er den weg erdacht, und fürgeben, Sy die Neugartner wolten ain newen glauben an sich nemen (*sub religione praetextu, ac si a Ruthenico ritu deficere volentes*), und ist mit seinem hör (Heer) dahin khumen, als wolt er sy im glauben erhalten. Unnd damit in die Stat khumen, sy in ewige dienstperkhait genumen, den Ertzbischof, Burger, Khaufleut und außlender gantzlich beraubt... Den Ertzbischoff un Burger (*ditiores et potentiores omnes*) auch mit in die Mosqua gefüert, ire heüser andern zubewonen geben, sy die Burger in der Mosqua behalten ... Ainen neuen Bischoff dahin gesetzt, dem er ein khlains von dem einkhumen verordnet. Nach desselben todt, ist das Ertzbisthumb lang on ain Bischove gestanden". „Dennoch hat er, als die Bürger und das Volk ihn sehr baten, sie möchten nicht ständig ohne Bischof sein, wieder einen eingesetzt, als wir dort waren".[18]

Die Erzählung, die im wesentlichen durch russische Quellen bestätigt wird, spiegelt offensichtlich die Novgoroder Sicht der Annexion wider, mit der Herberstein wohl

16 HERBERSTEIN, RMC, S. 74; HERBERSTEIN, Moscovia, S. L IV.

17 HERBERSTEIN, RMC, S. 73; HERBERSTEIN, Moscovia, S. L IV.

18 HERBERSTEIN, Moscovia, S. LIV-LIVv; HERBERSTEIN, RMC, S. 74.

während seines Aufenthaltes in der Stadt bekannt wurde.[19] Sie kann als Reflex des Fortbestehens eines politischen Regionalismus in Novgorod vier Jahrzehnte nach seiner Einverleibung durch Moskau interpretiert werden. Darauf deutet hin, dass Herberstein Ivan III. den Bruch der mit den Novgorodern geschlossenen Vereinbarungen vorwirft und dessen Begründung für die endgültige Unterwerfung der Stadt (die Gefahr ihres Abfalls zum Katholizismus, d.h. zu Litauen) als Vorwand abtut. In seiner Chorographia ordnet Herberstein Novgorod unter die Gebiete des Moskauer Russlands ein, folgt also nicht Miechów, der es zum Großfürstentum Litauen rechnet.

Herberstein sieht den Novgoroder Erzbischof als wichtigen Träger eines Novgoroder Partikularismus, sowohl in der Person des letzten nach Moskau deportierten und seiner Güter beraubten *vladyka*, wie in der Tatsache, dass der Großfürst dessen Nachfolger einsetzte (das heisst, dass er nicht, wie bisher in Novgorod üblich, gewählt wurde), sowie in der Maßnahme, das Erzbistum nach dem Tod (in Wirklichkeit der Absetzung) von Serapion lange (17 Jahre) nicht wieder zu besetzen.[20] Ein Reflex dieser Nachrichten findet sich in der 1585 gedruckten ersten Biographie Ivans IV. von Paul Oderborn. Der litauische Pastor berichtet davon, dass sich die Novgoroder während der Herrschaftszeit Vasilijs III. unter Führung ihres Erzbischofs *Theophilus* (erstmals wird hier der Name Feofils genannt) „in der Hoffnung auf Freiheit“ bewaffnet gegen die Moskauer Herrschaft erhoben hätten, von einem Moskauer Heer jedoch besiegt und erneut unterworfen worden seien. Oderborn vermischte wohl die Informationen Herbersteins mit Gerüchten über den Konflikt Vasilijs III. mit Serapion, der sich geweigert hatte, einem Befehl aus Moskau nachzukommen; dies führte zur Absetzung und Verbannung des Erzbischofs.[21]

Die der Unterwerfung folgenden Zwangsmaßnahmen der Enteignung und Zwangsumsiedlung der Novgoroder Elite und des Erzbischofs werden von Herberstein ohne Beschönigung dargestellt. Ungeachtet des Verlustes der Unabhängigkeit und der Kolonialgebiete bezeichnet er die wirtschaftliche Lage der Stadt aber nach wie vor als gut. So bezieht er die Information über ihren reichen wirtschaftlichen Ertrag aus den Gebieten im Osten und Norden auf die Gegenwart. Auch die Sonderstellung Novgorods als Handelsmittler zu Nordeuropa habe die Stadt, so Herberstein, nicht eingebüßt: „Der zeit Ich da was Teütscher Khauffleut händler oder Factores gewest“.[22] Offensichtlich ist damit der 1494 zwar aufgelöste, 1514 aber wieder eröffnete „deutsche Hof“ gemeint; dies erklärt seine positivere Bewertung des Novgoroder Hansehandels im Vergleich zu Krantz, der sein Werk schon zu Beginn des 16. Jahrhunderts, als die Niederlassung der Hanse geschlossen war, verfasst hatte. Die deutschen Kaufleute hätten in Novgorod

19 Hinweise auf Gespräche Herbersteins und mögliche Gesprächpartner gibt CHOROŠKEVIČ Die Quellen Herbersteins; S. 199f., 204f.

20 Vgl. PRONŠTEJN Velikij Novgorod, S. 228- 233.

21 PAULUS ODERBORNIUS Ioannis Basilidis Magni Moscoviae Ducis vita. Witttenberg 1585, S. B 7- B 7v.

22 HERBERSTEIN, Moscovia, S. L IV.

auch „ain khirchen, der Römischen gehorsame“[23] gehabt, wo sie den Schlitten, mit dem Herberstein aus Augsburg angereist war, zum Gedächtnis aufstellten. Überhaupt „ist auch nit allen Khauffleuten vergundt mit iren waaren in die Mosqua zukhumen, von Christen vasst niemand dan den Lithischen und Polnischen. Die andern als Teutsche, Denmarckht, Schweden, Leiflender und handtstetter, haben ire handlungen und niderlag zu Großneugarten. Da halten sy ire Factores uber jar“.[24]

Trotz dieser Würdigung Novgorods als Handelsstadt ist das Fazit Herbersteins ein negatives, denn er schließt seine Ausführungen über Novgorod mit den vielsagenden Worten: Novgorod „hatte einst ein sehr menschliches und ehrenhaftes Volk: Doch jetzt ist es ohne Zweifel durch die moskowitische Pest (*peste Moscovitica*), die die dort angesiedelten Moskauer mit sich brachten, gänzlich verdorben“[25] Ob Herberstein diese vernichtende Aussage über den Niedergang Novgorods von einem Novgoroder Bürger oder den erwähnten deutschen Kaufleuten, wie Anna Choroškevič vermutet[26], gehört haben mag - sie bestätigt den Kontrast zwischen der blühenden freien, reichen Stadrepublik der Vergangenheit und der seit der Unterwerfung durch Moskau im Niedergang befindlichen Stadt. Dies entspricht der Grundhaltung auch von Krantz und Miechów, die das unabhängige Novgorod als große und unerhört reiche Stadtrepublik mit einer besonderen Verfassung und einem mächtigen Erzbischof darstellen, die durch Ivan III. unterjocht und ausgeraubt worden sei. Der Kontrast zwischen der Blütezeit der Vergangenheit und dem Niedergang in der Gegenwart sollte auch in der Folgezeit das Grundmuster der Erzählungen von Ausländern über Novgorod bleiben. Das auf ein „Goldenes Zeitalter“ der Selbständigkeit rekurrierende kollektive Gedächtnis kann als wichtiges Element eines Novgoroder Regionalbewusstseins gelten.

Der Novgorod-Zug Ivans IV. von 1570

Die nächste Gelegenheit, die Novgorod in den Blickpunkt ausländischer Russlandberichte treten ließ, war der Feldzug Ivans IV. gegen die Stadt im Winter 1569/1570. Im Vordergrund der zeitgenössischen Schriften stehen die Grausamkeiten, die der Tyrann Ivan dort an Adligen, Kaufleuten und gemeinem Volk, gegenüber Erzbischof, Mönchen und Geistlichen verübte. Dabei wird der Reichtum der Handelsstadt wiederholt hervorgehoben, was durch die große Beute, die der Zar und seine Opričniki bei den Novgoroder Bojaren und Kaufleuten, dem Erzbischof und den Klöstern machten, bestätigt wird:

> „Was von Gold, Silber, Kloster geschmuck, und anderen herrlichen wahren und gütern, er aus dieser reichen lande art zusammen gerafft, hat er alles miteinander gen Alexandri-

23 KARAJAN (Hrsg.) Selbst-Biographie , S. 117.
24 HERBERSTEIN, Moscovia, S. I IVv.
25 HERBERSTEIN, RMC, S.75. – Vgl. den Beitrag von Frank Kämpfer in diesem Band.
26 CHOROŠKEVIČ Die Quellen Herbersteins, S. 204f.

> am Sobodiam füren lassen".[27] „Die Stadt war nämlich seit alters reich, und in ihr waren reiche und mächtige Kaufleute. In ihren Häusern waren alle Orte gefüllt mit Waren aller Art".[28]

Diese Erzählungen machen deutlich, dass Novgorod auch im Rahmen des Moskauer Staates weiter eine bedeutende Handelsstadt geblieben war und dass die Kaufleute, der Novgoroder Erzbischof und die zahlreichen Klöster inner- und außerhalb der Stadt wohlhabend waren. Das wirtschaftliche Fundament für einen politischen Partikularismus war also vorhanden. Dies bestätigen auch die englischen Russlandberichte des 16. Jahrhunderts. Sie heben allerdings Novgorod nicht besonders hervor, da die Engländer von Norden über Cholmogory und später Archangel'sk nach Moskau reisten. Immerhin bezeichnet Richard Chancellor 1553 Novgorod als nach Moskau zweitwichtigste Stadt Russlands und als „the chiefest and greatest mart town of all Muscovy... well frequented by merchants". Er weist darauf hin, dass dort einst die Niederländer (*the Flemings*) eine Handelsniederlassung gehabt, dann aber ihre Privilegien verloren hätten. Ähnlich rechnet später Giles Fletcher Novgorod zu den größten Handelsplätzen Russlands.[29]

Von Widerstand der Novgoroder gegen die Truppen des Zaren im Jahre 1570 ist nur vereinzelt die Rede. So wird in einer zeitgenössischen Broschüre berichtet, dass der Erzbischof von Novgorod Ivan zugeredet hätte,

> „ob er auch was mehr kündte, dann die Leut so jämmerlich one erbarmung umb ihr leben bringen zulassen. darauff er geantwort. Ja, er habe als ein Großfürst macht, Bapst, Bischoff, und dergleichen zuwehlen, aber sie hergegen keinen Großfürsten. Damit er aber sehe, das er macht uber in als Bischoff hab, hat er ihn Tyrannischer weiß ins Wasser werffen lassen".[30]

27 Warhafftige Newe Zeitung vom grausamen Feindt der Christenheit dem Moscoviter... s.l. et a., S. A IIIv. Vgl. dazu ANDREAS KAPPELER Maloizvestnaja nemeckaja „gazeta" ob opričnine, in: Rossija v X - XVIII vv. Problemy istorii, istoriografii i istočnikovedenija. Moskva 1999, S. 170-172; DERS. Die letzten Opričninajahre (1569-1571) im Lichte dreier zeitgenössischer deutscher Broschüren, in: Jahrbücher für Geschichte Osteuropas 19 (1971), S. 1-30.

28 Christa PROKSCH-TREPLIN Die Aufzeichnungen Albert Schlichtings über Ivan Groznyj als historische Quelle. Phil.Diss. (Ms.) Erlangen 1952 (zit. PROKSCH Schlichting), S. 63; englische Übersetzung von Hugh Graham in: Canadian-American Slavic Studies 9 (1975), S. 213-266. Vgl. allg. ANDREAS KAPPELER Ivan Groznyj im Spiegel der ausländischen Druckschriften seiner Zeit. Ein Beitrag zur Geschichte des westlichen Rußlandbildes. Bern-Frankfurt/M. 1972.

29 Rude & Barbarous Kingdom. Russia in the Accounts of Soxteenth-Century Voyagers. Ed. by Lloyd E. Berry and Robert O Crummey. Madison u.a. 1968, S. 30-31, 124, 160-161.

30 Eigentliche Warhafftige Beschreibung etlicher Handlung, so sich in Reussen, zur Moscaw, plesskaw, Naugarten... verloffen und zugetragen... Frankfurt a M. 1572, S. A IV; kommentierte russische Übersetzung: ANDREAS KAPPELER, R.G. SKRYNNIKOV Zabytyj istočnik o Rossii ėpochi Ivana Groznogo, in: Otečestvennaja Istorija 1999, 1, S. 132-144.

Zur sadistischen und grotesken Abrechnung des Zaren mit dem Novgoroder Erzbischof fügen andere Ausländer weitere makabre Episoden hinzu; bemerkenswert ist, dass der vladyka auch 1570 wie schon 1478 als wichtigster Repräsentant der Stadt erscheint.

Vom mutigen Widerspruch des mit dem Erzbischof verbundenen Novgoroder Kaufmanns und D'jaken Fedor Syrkov (*quendam nobilem ac illustrem virum Theodorum Sircova, Archigrammateum Novogrodensem*) berichtet Albert Schlichting, der ehemalige Diener des Leibarztes Ivans IV. Der Großfürst habe Syrkov in den Fluss Volchov werfen und wieder herausziehen lassen. Darauf habe er ihn gefragt, was er im Wasser gesehen habe. Syrkov antwortete, er habe „böse Geister gesehen, die in der Tiefe des Wassers des Flusses Volchov und im Ladogasee wohnten, und bald in Kürze hier sein und die Seele aus Deinem Körper reißen werden“ (*iam iamque brevi affuturos hic et erepturos animan tuo e corpore*). Syrkov wurde darauf weiteren Folterungen ausgesetzt und getötet.[31]

Die erwähnte Broschüre kommt auf Widerstand breiterer Bevölkerungskreise, mit denen der Autor sympathisiert, gegen die Auferlegung eines hohen Tributes durch den Zaren zu sprechen: „Weil aber die guten Leut sich beschweret und beklagt haben, als unmüglich solches zusammen zubringen, auch vil von deßwegen entlauffen und weggezogen“, habe man andere und schließlich ihre Ehefrauen als Geiseln genommen, an den Pranger gestellt und gemartert, bis sie ihr Vermögen herausgaben.[32]

Mehrere Ausländer berichten, dass Ivan IV. den Novgorodern misstraute, sie wollten sich dem König von Polen ergeben; dies sei der Anlass für seine Strafexpedition gewesen:

> „Der Moscowiter war bericht worden, als solte in gemelten Stedten und Heusern, sich eine verretherey erreget haben, unnd sich haben ansehen lassen, als hetten sie an die E. Kön.Ma. ihre gesandten abgefertiget, und dero sich zuergeben erbotten. Weil dann diese verretherey zu Nowogrod, so die grosse Stadt genennet wird (denn sie fast reich, und derselben landsart nach, eine schöne Stadt ist) verzeichnet funden, und dem Moschowiter were zugeschickt worden, habe er sich alsbald mit viertzig tausent mann auffgemacht“.[33]

Diesen Bericht des am Novgoroder Zug beteiligten und dann nach Polen-Litauen geflohenen Ermolaj Andreevič bestätigen die damals im Dienst Ivans IV. stehenden Livländer Taube und Kruse: Im Jahre 1569 habe der Großfürst seine Opričniki versammelt,

> „und als er ihm, mehr aus Gottes verhengknus, den Leuten zu straff der Sünden eingebildet, das die Stat Neugarten und alle Bischoffe, Clöster und Landtvolck beschlossen, sich

31 PROKSCH Schlichting, S. 62. Vgl. SKRYNNIKOV Tragedija Novgoroda, S. 91-93.

32 Eigentliche Warhafftige Beschreibung, S. B.

33 Eigentliche Warhafftige Beschreibung, S. AIIv-AIII.

> an die Cron Polen zuergeben, ist er mit seinem Eltesten Sohn, und funffzehn tausent. Man, gleich als ob er seinem Feinde begegnen wolte, ... auffgezogen".[34]

Das Thema des Novgoroder Separatismus, der Verschwörung mit dem König von Polen-Litauen, taucht hier also wie schon in den Erzählungen zur Annexion durch Ivan III. erneut auf. Wie damals stellen die Autoren den Verrat der Novgoroder in Zweifel, und trotz Anspielungen russischer Quellen ist es unwahrscheinlich, dass es diesmal geheime Verhandlungen der Novgoroder mit Polen-Litauen gab. Dass der paranoide Ivan IV. Berichten über einen Abfall der Novgoroder (oder, wie Jerome Horsey berichtet, ihres Komplottes mit dem unzufriedenen Adel[35]) glaubte, ist indessen wahrscheinlich. Allein die Tatsache, dass es solche Gerüchte gab, weist auf die noch immer bestehende Sonderstellung Novgorods im Rahmen des Moskauer Staates hin. Die Massenhinrichtungen und Aussiedlungen von Adligen, Kaufleuten, einfachen Bürgern, Priestern und Mönchen und die vollständige Ausplünderung der Stadt schienen Novgorod jedoch endgültig das Genick zu brechen. „So erschien diese alte Stadt der Slaven, der Sitz der Novgoroder Fürsten [sic!], zerstört und dem Erdboden gleichgemacht".[36] „Which being thus done and destroyed, the city left desolate and waste", bestätigt Jerome Horsey, der nach dem Tode Ivans IV. einige Jahre in Moskau lebte, und ergänzt, dass dieser die große Stadt Novgorod ruiniert und mit Adligen, Bauern, Kaufleuten und Mönchen aus anderen Gegenden wiederbesiedelt habe; doch seien viele von ihnen der Pest zum Opfer gefallen.[37]

Da Gesandtschaften aus dem Nordwesten Europas über Novgorod nach Moskau zogen und schwedische Diplomaten, die als nicht ebenbürtig angesehen wurden, vom Novgoroder Statthalter abgefertigt wurden und deshalb länger in der Stadt verweilten, wäre zu erwarten, dass in ihren Berichten Informationen über Novgorod besonders reichhaltig seien. Dies ist indessen mindestens im 16. Jahrhundert nicht der Fall. So kommen die Stadt Novgorod und ihre Bewohner im Bericht Paul Juustens kaum zur Sprache, obwohl die von ihm geleitete schwedische Gesandtschaft 1569/70 (während der Abrechnung Ivans IV.) und 1572 zweimal längere Zeit unfreiwillig in der Stadt verweilte.[38] Der Livländer Franz Nyenstädt berichtet in seiner erst zu Beginn des 17. Jahrhunderts verfassten Chronik vom Niedergang des Hansehandels in Novgorod seit der Schließung des „Comptoirs" im Jahre 1494 und illustriert dies damit, dass bei seinem Besuch der Hof der Hanse zerfallen gewesen sei. Diese Begründung überzeugt

34 (GEORG VOM HOFF) Erschreckliche, greuliche und unerhorte Tyranney Iwan Wasilowitz... s.l. 1582, S. D IVv (Taube und Kruse). Vgl. die russische Übersetzung in: Russkij istoričeskij žurnal 8 (1922), S. 10-59.

35 Rude & Barbarous Kingdom, S. 268.

36 PROKSCH Schlichting, S. 64.

37 Rude & Barbarous Kingdom, S. 269.

38 HUGH F. GRAHAM (Hrsg.) Paul Juusten's Mission to Muscovy, in: Russian History 13 (1986), S. 41-92.

wenig, denn Nyenstädt weilte ausgerechnet im Jahr 1570, also nach der Zestörung Novgorods durch Ivan IV., in der Stadt.[39]

Jakob Ulfeldt, der 1578 mit einer dänischen Gesandtschaft nach Moskau reiste, beklagt sich, dass er in Novgorod mehrere Wochen lang aufgehalten worden sei. In seinem *Hodoeporicon Ruthenicum* kommt er auf die Geschichte Novgorods zu sprechen,

> „das vor achtzig [in Wirklichkeit hundert] Jahren den Moskauer Fürsten nicht als Herrn anerkannt hatte, sondern nach den Gesetzen seines Magistrats lebte... Es war so lange mächtig, als es sich gegen die Feinde der angrenzenden Königreiche leicht verteidigen konnte, woher das Sprichwort gekommen ist: Wer kann etwas ausrichten gegen Gott und das große Novgorod? Es dauerte seine Macht bis zu jenem Tag, als Hass und Streit unter seinen Konsuln entstand, und die Sache sollte dadurch gelöst werden, dass sie den Moskowiter als Schlichter einsetzten, der sich darauf der schwächeren Partei anschloss und die andere unterdrückte, sich dann der Stadt bemächtigte und ihr seine Herrschaft auferlegte".[40]

Ulfeldt entwirft damit ein Bild von der vergangenen Größe Novgorods, das er erstmals seit Krantz mit dem bekannten Sprichwort illustriert. Den Verlust seiner Eigenständigkeit führt er allerdings nicht nur auf die geschickte Politik Ivans III., sondern als erster auch auf die inneren Streitigkeiten der Novgoroder Amtsträger zurück. Er fügt hinzu, dass Novgorod „auf die vorzügliche ruthenische Art gebaut und mit unzähligen Kirchen und Klöstern geschmückt" sei und in einer fruchtbaren Gegend [sic!] liege. Allerdings sei es wie andere Städte und Dörfer dieser Gegend vor acht Jahren (also im Jahr 1570) zerstört worden. Ulfeldt nennt als Begründung den Verdacht Ivans IV., dass die Novgoroder wegen seines von ihm vergifteten Bruders (seines Cousins Vladimir Andreevič) von ihm hätten abfallen wollen. Er gibt einen Abriss der Grausamkeiten des Zaren (*imperator*) gegen die Novgoroder, die er von der Brücke in den Volchov habe werfen lassen, so dass der Fluss wegen der Menge der Leichen über die Ufer getreten sei. Dabei beruft sich Ulfeldt auf russische Gewährsleute aus Novgorod.[41]

Ein Jahrhundert nach dem Ende seiner Unabhängigkeit war also die Erinnerung an das Goldene Zeitalter Novgorods noch nicht verblasst, doch wurde sie überschattet von den jüngeren Schreckensnachrichten über die Ausplünderung und Zerstörung der Stadt durch Ivan IV.

Novgorod in der Smuta

In der Zeit der „Wirren" (1598-1618) kam Novgorod erneut in die Schlagzeilen. Aus den ersten Jahren der *Smuta* ist der Bericht einer hansischen Gesandtschaft überliefert,

39 FRANZ NYENSTÄDT Livländische Chronik nebst dessen Handbuch. Hrsg. von G. Tielemann. Riga, Leipzig 1839, in Monumenta Livoniae antiqua 2, S. 32-33.

40 KNUD RASMUSSEN (Hrsg.) Jacob Ulfeldts Rejse i Rusland 1578 (Jacobi Nobilis Dani Hodoeporicon Ruthenicum). Roskilde 1978, S. 58.

41 RASMUSSEN (Hrsg.) Jacob Ulfeldts Rejse, S. 60-62.

die im Juni 1603 auf dem Rückweg aus Moskau einige Tage in Novgorod weilte. Der Autor weist auf das ehrwürdige Alter Novgorods und seine zahlreichen Kirchen und Klöster hin. Die Mönche und Nonnen seien „aber dermaßen arm und unvermügen, daß ihnen die zerrissene kleider kaum an der haudt hengen konnen". Er führt diesen elenden Zustand direkt auf die Expedition Ivans IV. von 1570 zurück, „durch welche vielfältige geübete Tyrannye und Bludtsturtzung dass gantze Landt verwüstet unnd verödet, dass es bies diesen Tagk zu voriger Vollmacht noch nicht gedeyen". Dass auch die allgemeine Wirtschaftskrise des frühen 17. Jahrhunderts dafür verantwortlich war, zeigt seine eindringliche Schilderung der in Russland und Livland herrschenden Teuerung und Hungersnot.[42]

Während Novgorod in den meisten Ausländerberichten über die *Smuta* (Bussow, Margeret, Massa) kaum vorkommt, wird es im Jahre 1611, als es von schwedischen Truppen besetzt wird, für Nordeuropäer erneut interessant. Anthonius Goetheeris, der Novgorod mit einer niederländischen Gesandtschaft im Jahre 1615 besuchte, schildert die eigentümliche Doppelregierung mit einem schwedischen und einem russischen Statthalter. Er erinnert an die große Vergangenheit der Stadt, gibt eine anschauliche Beschreibung ihrer Bewohner und erzählt von einer Begegnung mit dem Novgoroder Metropoliten Isidor, ohne weiter auf politische Probleme einzugehen.[43]

Direkt involviert in die Politik der Zeit war dagegen der schwedische Diplomat und Historiker Petrus Petreius, der 1615 in schwedisch und 1620 in deutsch eine ausführliche „Historien und Bericht von dem Großfürstenthumb Muschkow" publizierte, in denen er die schwedisch-russischen Auseinandersetzungen im Detail beschreibt. Für seinen historischen Abriss schöpft Petreius aus den Werken von Matthäus von Miechów und Herberstein und verweist wie diese auf die nun schon weit über ein Jahrhundert zurückliegende Epoche der Novgoroder Unabhängigkeit. Dabei erwähnt er erstmals die besondere Bedeutung Novgorods als eines der vier Hansekontore:

> „Der grosse Newgarten ist vorzeiten ein besonder Reich und Stadt gewest", „war zu der Zeit eine von den vieren vornhemsten GewerbsStädten in Europa, als Bergen in Nortwegen, Wißby auff Godtland, und Antwerpen in Brabant, da die reichsten Kauffleute, aus vielen Königreichen, Ländern und Oertern, aus ganz Europa, ihre Niederlage und Factoreyen hatten, und ein uberauss grossen Handel trieben". „Und ist vor zeiten, do sie ihre Fürsten und Regenten gehabt, ehe sie unter das Muschkowitische Joch und Regiment, mit Hinterlist und Practiken gebracht wurde, mächtig und Volckreich gewesen". „Als sie aber Anno 1477. von Iwan Vasiliwitz Grotzdyn [Groznyj] eröbert, und gezwungen worden, hat sie sehr abgenommen, beydes an Volck unnd Reichthumb".[44]

42 LUDWIG SCHLEKER (Hrsg.) Reisebericht der hansischen Gesandtschaft von Lübeck nach Moskau und Nowgorod im Jahre 1603, in: Hansische Geschichtsblätter, hrsg. vom Verein für Hansische Geschichte 1888, Leipzig 1890, S. 31-64, hier S. 51-52, auch 53, 55.

43 ANTHONIUS GOETEERIS Journael Der Legatie inde Iaren 1615. ende 1616. S'Graven-Hage 1619, S. 35-47.

44 PETRUS PETREIUS DE ERLESUNDA Historien und Bericht von dem Großfürstenthumb Muschkow/... Leipzig 1620, S. 72-74. Vgl. die russische Übersetzung PETR PETREJ Istorija o

In seiner Darstellung der Annexion Novgorods folgt Petreius Herberstein und hebt wie dieser hervor, dass der Vorwurf Ivans III., die Novgoroder wollten zum Katholizismus abfallen, unbegründet gewesen sei. Neu ist seine Behauptung, dass der Novgoroder Erzbischof Ivan III. bei der Unterwerfung der Stadt unterstützt habe. Durch die Ausplünderung der Stadt seien „die Muschkowitter reich, und die andern arm worden".[45] In seiner Schilderung des Novgorod-Zugs Ivans IV. folgt er dem Bericht Schlichtings, der ihm über das 1578 erstmals gedruckte Werk Guagninis bekannt war, wobei er die Abrechnung mit dem Novgoroder Metropoliten (anachronistisch für den Erzbischof) besonders betont. Auch die Anekdote von Fedor Syrkov gibt er wieder und legt dem Novgoroder Kaufmann noch deutlichere Worte in den Mund als vor ihm Schlichting: „Allergnädigster Großfürst. Ich sahe, daß alle Teuffel, ... zusammen kamen, und waren gesinnet, deiner Seelen dich zu berauben, und in Abgrund der Hellen zu führen."[46]

Mehr als andere Ausländer hebt Petreius die Bedeutung des Metropoliten und Erzbischofs hervor,

> „der an Hoheit und Würdigkeit, dem Patriarchen in der Muschkow am nechsten ist. Er hat zu Newgarten gleiche Macht, wie der Patriarch in der Muschkow. Ja keiner kan auch ohne seine Bewilligung zum Patriarchen erwehlt werden. Deßgleichen kan auch kein Großfürst gekrönet werden, sondern er muß zur Stelle seyn, und die Krönung in allen Puncten bewilligen".

Das Zeugnis Petreius' lässt darauf schließen, dass die traditionelle Sonderstellung des Novgoroder Hierarchen auch zu Beginn des 17. Jahrhunderts noch nicht ganz verschwunden war. Dennoch schreibt auch Petreius von der vergangenen Größe Novgorods und illustriert dies erneut mit dem Satz „Wer kan wieder die Götter, und die grosse Newgarten streiten?". Während Krantz das Sprichwort damit Lügen gestraft hatte, dass Ivan III. sehr wohl gegen Gott und Novgorod vorgehen konnte, ist der Held Petreius' der schwedische Graf Jakob de la Gardie. Dieser ließ sich vom Sprichwort nicht beindrucken, „sondern nechst Gott, einen mannhafften Muth, und unerschrockenes Hertz gefasset" und mit nur 5000 Mann die von 100'000 Mann [sic!] verteidigte Stadt einnahm „und der Cron Schweden mit grossem Ruhm unterworffen".[47]

Eingehend schildert Petreius die sechs Jahre von 1611 bis 1617, als Novgorod unter schwedischer Herrschaft stand. Nach der Übergabe der Stadt durch den „Metropoliten Isidorus unnd den Stadthalter Ivan Nikitiwitz Odiduski" (Odoevskij) sei

> „ein freywilliger ungezwungener vertrag beyderseits uffgerichtet worden, ... daß die Newgardischen dem Könige zu Schweden, ... für ihren und des gantzen Reussischen Reichs Schutzherrn ... erkandt, angenommen und gehuldiget haben". „Die sämptliche Newgardischen Stände, so wol Geistliche als Weltliche, ihre Deputirten, als nemlich von

Velikom knjažestve Moskovskom, in: O načale vojn i smut v Moskovii. Moskva 1997, S. 151-464.

45 PETREIUS Historien, S. 73-74.

46 PETREIUS Historien, S. 212.

47 PETREIUS Historien, S. 73-75.

> der Ritterschafft ..., von den Geistlichen ..., von der Bürgerschafft ... nach Jaroßlaw, an die daselbsten versamlete Reussische Stende abgefertiget".[48]

Die Novgoroder Delegation kehrte jedoch unverrichteter Dinge aus Jaroslavl' zurück. Sie bat den schwedischen Herzog Karl Philipp, „sie als arme irrende Schaffe, so ohne Hirten weren, unter seine Regierung versamlen, und auffnehmen wolte". Dieser widersprach, da er

> „nicht allein der Newgardischen, sondern auch der Wolodimerschen, Mußcowitischen und andern Herrschafften des Reussischen Reichs zu einem Könige und Großfürsten were gegeben und vergönnet worden". „Sie aber verharreten auf ihrer vorigen bitte, vorwendend, Daß die Newgardische Herrschafft, ehe sie mit gewalt unter die Mußcow gezwungen worden, ihre besondere Großfürsten, von denen sy regiret worden, gehabt, unter welchen auch einer Schwedischen Geblüts, mit namen Rurich gewesen, bey welcher Regierung sie sich sehr wol befunden. Gleich wie aber die Newgardische Herrschafft zu der zeit ihre Großfürsten stattlich und Fürstlich hetten erhalten, und unter ihrem schutz etliche hundert jahr von umbliegenden und benachbarten Völkern sicher seyn könnnen, also köndte auch solches noch jetziger zeit wol geschehen".[49]

Die Schweden gingen indessen auf dieses Angebot einer Unterwerfung Novgorods nicht ein, sondern beharrten auf ihrem Anspruch auf ganz Russland. Im Frieden von Stolbovo trat Schweden dann 1617 Novgorod an Russland ab.

Petreius' Bericht ist doppelt bemerkenswert. Zum einen spricht er von den drei Novgoroder Ständen der Ritter, Geistlichen und Bürger. Dies kann zwar als Übertragung schwedischer Traditionen auf Novgorod gedeutet werden, doch schreibt er der Stadt immerhin eine „westliche" sozio-politische Organisation zu. In der Novgoroder Bitte um Unterstellung unter schwedische Herrschaft zeigt sich zweitens ein Separatismus, der auf das Goldene Zeitalter der Unabhängigkeit vor der gewaltsamen Unterwerfung durch Moskau und sogar auf den ersten „schwedischen Großfürsten" Novgorods Rjurik rekurriert. Diesem vereinzelten Zeugnis eines „normannistisch" argumentierenden Novgoroder Regionalismus in der Smuta stehen allerdings Äußerungen der Verbundenheit Novgorods mit Moskau (gegen Schweden) gegenüber. Trotz der Besetzung und vorübergehenden Angliederung Novgorods an Schweden kam es nicht zu einem wirksamen Novgoroder Partikularismus.

Dieser Schluss ergibt sich auch aus der erst 1671 erschienenen „Geschichte des zehnjährigen schwedisch-moskowitischen Krieges" (1607-1617) des schwedischen Historikers und Archivars Johann Widekind. Auf der Basis schwedischer Archivquellen schildert Widekind noch ausführlicher als Petreius die Taten Jakob de la Gardies, dem es trotz des Vertrages von 1611 und mehrerer Treueschwüre nicht gelang, Novgorod auf Dauer von Moskau abzuspalten. In einem Anhang gibt er einen Überblick über die Geschichte der Stadt und ihrer Beziehungen zur Hanse, die nach der Eroberung

48 PETREIUS Historien, S. 473, 476.
49 PETREIUS Historien, S. 481-482.

durch Ivan III. einen Niedergang erlebten. Er verweist direkt auf Albert Krantz und das von ihm erstmals zitierte Sprichwort und schließt mit einem Gedicht auf Novgorod.[50]

Novgorod in den Ausländerberichten des 17. Jahrhunderts

Mit der Rückkehr Novgorods unter Moskauer Herrschaft im Frieden von Stolbovo verlor die Stadt in den Augen der ausländischen Beobachter ihre Sonderstellung endgültig und wurde zu einer normalen Provinzstadt Russlans. Adam Olearius, der Novgorod im Jahre 1634 besucht hatte, schildert es in seinem berühmten, 1656 erschienenen Werk als „eine zimlich grosse Stadt, .. ist aber vor zeiten noch viel grösser gewesen", als sie unabhängig war und von ausländischen Kaufleuten besucht wurde. Er schöpft seine Informationen über Novgorod aus früheren Werken, u.a. denjenigen Ulfeldts und Petreius'. Als Symbol für die vergangene Größe führt er erneut das alte Sprichwort an, erstmals in russischer Sprache: „*Ochto moschet stojati protif Bocho Dai Naugard?*" Der mit Olearius reisende deutsche Dichter Paul Fleming, der sich länger in Novgorod aufhielt, hat der Stadt einige Gedichte gewidmet, die für unsere Fragestellung nicht von Belang sind.[51]

In Berichten ausländischer Diplomaten aus dem dritten Viertel des 17. Jahrhunderts wird Novgorod zwar immer wieder erwähnt, ohne dass sich daraus Rückschlüsse auf einen Novgoroder Regionalismus ergeben würden. Der Novgoroder Aufstand von 1650, der dazu hätte Anlass bieten können, wird nicht genannt. Mayerberg, der 1661 in Novgorod weilte, schildert lediglich seinen Empfang durch die dortigen Behörden und gibt einen knappen Abriss der Geschichte Novgorods, in dem er die schon von Matthäus von Miechów postulierte Abhängigkeit Novgorods von Litauen im 15. Jahrhundert wieder aufnimmt und seinen Niedergang damit demonstriert, dass es 1611 von den Schweden leicht erobert werden konnte.[52]

Jakob Reutenfels geht in seinem ein Jahrzehnt später entstandenen Werk ausführlicher auf die Geschichte Novgorods ein. Wie Petreius behauptet er, dass Ivan III. Novgorod 1477 mit Hilfe des Erzbischofs Feofil erobert habe; die gewaltsame Auflösung des Hansekontors datiert er richtig auf das Jahr 1494.[53] Noch heute, schreibt er an ande-

50 JOHANN WIDEKIN Thet Swenska i Ryßland Tiio Ahrs Krijgz-Historie, zitiert nach der russischen Edition JUCHAN WIDEKIND Istorija desjatiletnej švedsko-moskovitskoj vojny. Moskva 2000, S. 500-503.

51 ADAM OLEARIUS Vermehrte Newe Beschreibung der Muscowitischen und Persischen Reyse. Schleswig 1656 (Reprint 1971), S. 121-125. Vgl. DIETMAR LOHMEIER Paul Flemings poetische Bekenntnisse zu Moskau und Rußland, in: MECHTHILD KELLER (Hrsg.) Russen und Rußland aus deutscher Sicht. 9.- 17. Jahrhundert. München 1985, S. 341-370 (= West-östliche Spiegelungen Reihe A, Band 1).

52 AUGUSTIN BARON DE MAYERBERG Relation d'un voyage en Moscovie. Vol. 1-2. Paris 1858, vol. 1, S. 72-80; vol. 2, S. 52-53.

53 JACOB REUTENFELS De Rebus Moschoviticis ad Serenissimum Magnum Hetruriae ducem Cosmum Tertium. Padua 1680, S. 62. Vgl. die russische Übersetzung JAKOV REJTENFEL'S

rer Stelle, hätten aber die Lübecker und Schweden die Erlaubnis freien Handels und ein abgabenfreies Haus (*immunem domum*) in der Stadt.[54] Dennoch sei die vergangene Größe wie die anderer Städte dahin: „Denn bei den Moskauern sind Novgorod, Tver', Pskov und andere, die einst große Freiheiten (*immunitates*) und militärische Kräfte besaßen, heute unter der Herrschaft der Fürsten so sehr in Knechtschaft abgesunken, dass sie es nicht weiter wagen, ihre Augen auf ihr früheres Glück zu richten" (*hodie sub Principum imperio adeo in servitutem sunt prolapsae, ut attollere oculos ad pristinam sortem amplius non ausint*".[55]

Diese Feststellung des Kurländers Reutenfels bringt die Haltung der ausländischen Zeitgenossen zur Stellung Novgorods im Moskauer Staat auf den Punkt. Die Erinnerung an das „Goldene Zeitalter" der Unabhängigkeit verblasste im Laufe des 17. Jahrhunderts. Von einem Novgoroder (und Tverer oder Pskover) Regionalismus konnte in den siebziger Jahren des 17. Jahrhunderts nicht mehr die Rede sein. In den Russlandbüchern der ersten Hälfte des 16. Jahrhunderts (Krantz, Miechów, Herberstein) lassen sich Hinweise darauf finden, dass trotz der Deportationen der Novgoroder Elite die Erinnerung an die unabhängige Stadtrepublik noch lebendig war und man sich von der Moskauer Zentrale abgrenzte. Die Schriften, die sich mit dem Terror Ivans IV. in Novgorod beschäftigen, dokumentieren einzelne Elemente von Widerstand, und unter den Rahmenbedingungen der Smuta, als die Moskauer Zentralgewalt zusammengebrochen war, wirft Petreius ein letztes Schlaglicht auf einen Novgoroder Regionalismus. So lässt das Studium der ausländischen Berichte über Novgorod den vorsichtigen Schluss zu, dass man im ersten Jahrhundert der Moskauer Herrschaft über die Stadt von einem Novgoroder regionalen Sonderbewusstsein sprechen kann, das nach 1570 geschwächt wurde und nach 1617 endgültig verschwand. Weitergehende Aussagen über ein Novgoroder Regionalbewusstsein im 16. und 17. Jahrhundert sind indessen nur aufgrund einer umfassenden Analyse russischer Quellen möglich. Eine solche Untersuchung steht noch immer aus.

Skazanija svetlejšemu gertsogu Toskanskomu Koz'me tret'emu o Moskovii, in: Utverždenie vlasti. Moskva 1997, S. 231-406.

54 REUTENFELS De Rebus Moschovticis, S. 261.

55 REUTENFELS De Rebus Moschovticis, S. 164.

РУССКИЙ СЕВЕР И МОСКОВСКИЙ ЦЕНТР В XV - XVII ВЕКАХ

А. В. КАМКИН

Отношение Центра и периферии в период становления и укрепления Московского государства XV - XVII веков давно и пристально изучается в отечественной и зарубежной историографии. В работах многих историков и правоведов XIX - XX веков показана широкомасштабность и многоаспектность этой проблемы.

Но малоизученных вопросов остается еще очень много. В частности, недостаточно исследован вопрос о роли и значении многоступенчатой иерархии территориально-пространственных систем российских регионов: административных, этно-культурных, природно-географических и др. На безбрежных просторах России такие системы складывались повсеместно, а потому специальный взгляд на этот аспект проблемы представляется полезным.

Для Севера Европейской России он по-особому актуален еще и потому, что огромный по площади регион с весьма низкой плотностью населения и различными системами расселения входил в древнерусскую, а затем и Московскую государственность поэтапно, в течение ряда веков.

В настоящем докладе предпринимается попытка увидеть, хотя бы и обзорно, типы территориально-пространственных систем Севера и их роль в становлении его взаимоотношений с Центром.

Поморье XV- XVII веков как крупнейший регион Московского царства

Под Европейским Севером России, к которому для эпохи XV-XVII веков применим термин „Поморье", понимается территория от водораздела Северной Двины и Волги (на юге) до берегов Ледовитого океана (на севере), от Уральских гор (на востоке) до Финляндии (на западе). При известных разногласиях среди исследователей, такое определение региона все же является наиболее употребимым в литературе. Очерченное пространство занимало огромную территорию - примерно 1,2 млн. кв. км. К концу XVII века здесь проживало около 1 млн. крестьян, объединенных примерно в 500 общин-волостей и составлявших примерно 11 % населения страны. Крайне редкой была сеть северных посадов - 12, из которых наиболее значительными были Вологда, Великий Устюг, Холмогоры, Тотьма и Каргополь.

Изначально Север был заселен финно-угорскими племенами. Древнерусский летописец называет весь, чудь заволоцкую, пермь, печеру, ямь, угру, карелов, лопарей, саамов, ненцев и др. В IX - XII веках все они были включены в сферу влияния древнерусской государственности. Большая часть оказалась под властью Новгорода, а Белозерье вместе с землями по Сухоне и Великим Устюгом – Владимиро-Суздальского княжества.

Одновременно с этим процессом идет славянская колонизация Севера, начавшаяся также с IX века. Сначала славянское население из Новгородской земли заселило землю веси, в X - XI веках - Белозерье, Приладожье, а в XII веке отмечено его массовое проникновение и далее на Север. С XI-XII веков славянская колонизация из Владимиро-Суздальских земель заселяет земли чуди заволоцкой, перми и печеры. Исследователи выделяют четыре формы колонизации региона: промыслово-земледельческую (первичную), боярско-купеческую и государственную (с XII века), и монастырскую (с XIII-XIV веков). К исходу XV века первый этап славянского освоения региона завершился. По подсчетам исследователей большинство русских поселений Западного и Центрального Поморья, зафиксированных в государственной учетной поземельной документации XVII века, существовало здесь уже в конце XV века.

В XVII веке завершается складывание севернорусской этнографической общности, ее социально-хозяйственных и культурно-бытовых признаков. Европейский Север приобрел признаки единой хозяйственно-культурной макротерритории, в основе которой лежало пашенное земледелие - основа севернорусского хозяйствования. В регионе было распространено приречно-приозерное очаговое расселение, тесно связанное с природным ландшафтом и отличающееся общей невысокой плотностью населения. Социально-правовой доминантой было преобладание черносошно-государственного крестьянства (особенно после ликвидации землевладения новгородского боярства) и соответствующих механизмов управления и эксплуатации, свойственных системе „государственного феодализма".

Все это обеспечило к XVII веку относительно оптимальное согласование между важнейшими компонентами северноросcийского варианта аграрно-крестьянского общества: а) системой земледелия, б) системой землепользования, в) системой расселения, г) крестьянской поземельной и территориальной организацией.

Важно, что эта целостность региона хорошо отражена в приказном делопроизводстве XVI-XVII веков, где всю территорию севернее „Замосковных городов" по направлению к Студеному морю привычно именуют „Поморскими городами", „Поморьем". Восприятие региона в качестве некой устойчивой целостности несомненно бытовало в сознании центральной власти, но тогда оно еще не привело к какому-либо его формальному территориально-административному объединению. Это произойдет позднее, при создании первых русских губерний в начале XVIII века, когда практически весь регион объединится в Архангелогородскую губернию.

Субрегионы Поморья

Общие черты макротерритории разумеется не означали отсутствия в ее пределах каких-либо зон, обладающих спецификой, не разрушающей, впрочем, ее целостности. И дело здесь не в былой разобщенности земель, имевшей место в эпоху освоения Севера переселенцами из различных центров раздробленной Руси и подогреваемой, помимо реальных отличий в этнических традициях, политическим противоборством. Речь идет о создании в ходе славяно-русской колонизации Севера ряда субрегионов.

В основе образования субрегионов лежит несколько факторов: хозяйственный (тесные торговые, хозяйственные связи), коммуникационный (наличие удобных и освоенных путей и средств сообщения), административный (наличие административного и церковно-территориального единства, сопровождаемого существованием общепризнанного центра в виде крупного города и села), культурно-этнический (историческая память об общем прошлом, о ядре расселения, о заселении из одних „областей исхода“). Разумеется, границы субрегионов весьма условны, размыты и подвижны, и означали лишь одно - некую зону взаимного притяжения территории, сила которого могла ослабевать по мере удаления от центра субрегиона.

Первый из субрегионов могут составить Тотемские, Великоустюжские, Сольвычегодские и - в значительной степени - Яренские земли. Подавляющее число крестьянских миров располагалось вдоль Сухоны, Югу и Вычегде, устремившихся навстречу друг к другу и образующих при своем слиянии сначала Малую, а затем и Большую Северную Двину. Помимо крупных судоходных рек, эта зона была пересечена казенными и торговыми трактами. Признанным административным, церковным, культурным и торгово-хозяйственным центром субрегиона неизменно был Великий Устюг.

Преобладающую роль в хозяйстве занимало земледелие. Тотемские и Устюжские земли в XVII веке выступали как значительные районы по производству зерна, хмеля и продуктов животноводства. К концу XVII века сюда прекратился прилив населения в связи с завершением освоения естественно-пригодных для земледелия земель, но не наблюдается и отлива, характерного в целом для Поморья в XVII веке.[1] Все передвижения происходили лишь в границах субрегиональной территории, где шло активное образование починков и выселков.

Второй субрегион может составить среднее и нижнее Подвинье, включая бассейны таких крупных притоков Двины как Вага, Пинега, побережье Двинской и

1 Власова И. В. Сельское расселение в Устюжском крае в XVIII - первой четверти XVIII вв. М., 1976.

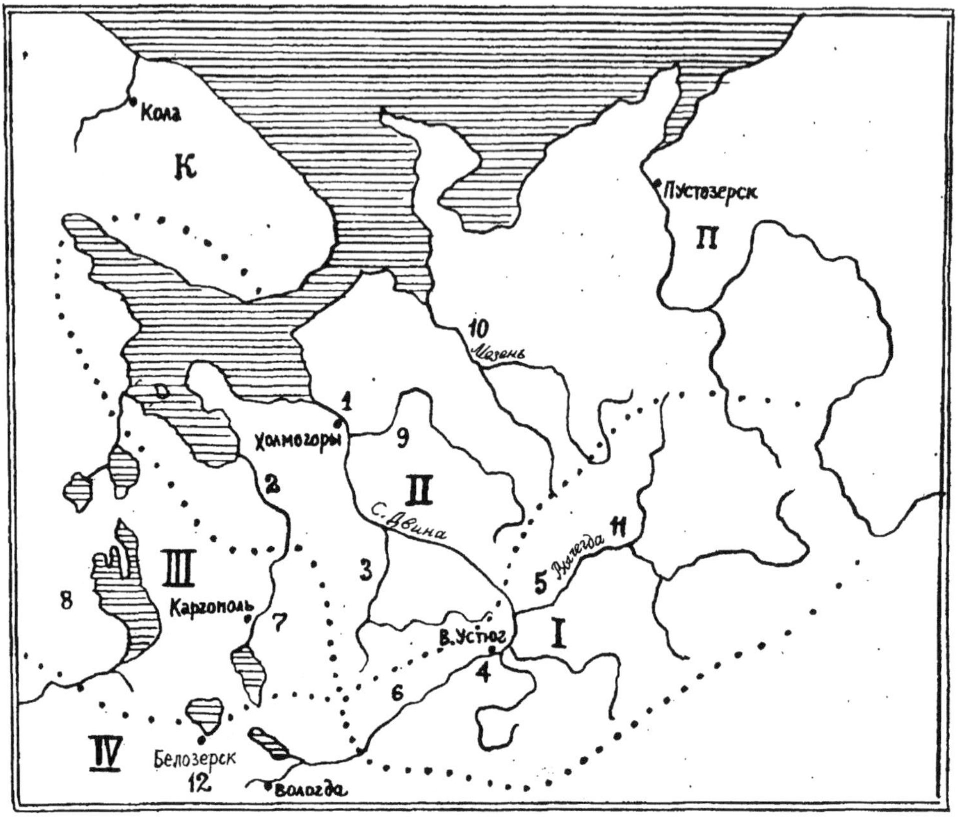

Территориально-пространственные
системы Европейского Севера России (до 1780 г.)

Субрегионы: I - Устюжский край
II - Собственно Поморье
III - Северо-Западный
IV - Вологодский-Белозерский

Периферийные зоны: К - Кольский у., П - Пустозерский у.
Мезотерритории-уезды:

1 Двинский	7 Каргопольский
2 Турчасов стан	8 Заонежские погосты
3 Важский	9 Кеврольский
4 Велико-Устюжский	10 Мезенский
5 Соль-Вычегодский	11 Яренский
6 Тотемский	12 Белозерский

Онежской губы Белого моря, Турчасов стан, а также исторически и географически тяготевший к нижнему Подвинью Мезенский край. Мощные северные реки, морское побережье и веками освоенные тракты были средствами субрегионального единения. Историческая память роднила названные территории: длительное пребывание в составе Новгородской земли, особая форма земского самоуправления со времен Ивана Грозного, обычноправовые нормы землепользования и др.[2]

В течение длительного времени несомненным центром субрегиона были Холмогоры. Расположившиеся в густонаселенном районе Нижнего Подвинья, там, где рукава Северной Двины сформировали систему плодородных ландшафтных урочищ, Холмогоры как бы естественно выросли из крестьянских миров, олицетворяя особый тип севернорусского посада, генетически и функционально связанного с окружающим крестьянским миром.[3]

Важнейшей чертой хозяйственно-экономического развития субрегиона было своеобразное равновесие между земледелием, животноводством и промыслами: солеварением, морским промыслом, рыболовством и охотой. Субрегион имел две особые территории. Во-первых, это поморские села, расположенные вдоль морского побережья, жизненный уклад и трудовые ритмы которых сильно отличались, да и земледелие здесь играло подсобную роль по отношению к промыслам.[4] Во-вторых, это земли по Ваге, где было много дворцовых крестьян, что по своему формировало и административно-территориальное деление, методы управления и правовой статус крестьянских миров.[5]

Третий субрегион могут составить северо-западные земли: Каргопольский уезд без Турчасова стана, Чаронда, Олонецкие земли и Заонежские погосты. Эта территория обладала развитой сетью озерно-речных и волоковых коммуникаций, освоенных еще со времен проникновения сюда промысловых партий древних новгородцев. Пути эти переплетались, сходились и расходились, а порой шли как бы параллельно, пересекая субрегион с юга на север. В XVI веке признанным культурным, экономическим и духовным центром субрегиона был Каргополь, в XVII веке стала возрастать роль Олонца.[6]

2 Носов Н.Е. Становление сословно-представительных учреждений в России. Л., 1969; Власова И. В. Традиции крестьянского землепользования в Поморье и Западной Сибири в XVII-XVIII вв. М., 1984.

3 Овсянников О. В. Средневековые города Архангельского Севера: люди, события, даты. Архангельск, 1992).

4 Ушаков И.Ф. Кольская земля. Мурманск, 1972; Бернштам Т.А. Поморы. Л., 1978.

5 Васильев Ю.С. Феодальное землевладение на Ваге// Аграрная история Северо-Запада России (вторая половина XV - начало XVI вв.). Л., 1971; Его же. Важский уезд // Аграрная история Северо-Запада России XVI века. Л., 1978.

6 Алферова Г.В. Каргополь и Каргополье. М., 1973; Овсянников О.В. Средневековые города Архангельского Севера..; Старостина Т. В. Начальная история г. Олонца (1649 - конец 1670-х гг.)// Европейский Север: история и современность. Петрозаводск, 1990.

Заселение характеризуемой территории отличалось разнообразием типов - здесь сосуществовал речной тип заселения (по р. Онеге) с озерным (Заонежье, Каргополье) и сележно-озерным (Олонецкие земли). В рамках субрегиона существовало вполне определенное разграничение проживания русского населения и карел. В силу неблагоприятных условий для земледелия, преобладающее значение для населения имели речные промыслы, солеварение и ремесла.

Четвертым субрегионом стали Вологодско-Белозерские земли. Наиболее густонаселенные и связанные старинными трассами ранней славянской колонизации по Шексне, Кубенскому озеру, эти земли рассматривались как преддверие По-морья, перевалочный пункт огромного грузооборота, отсюда начинались великие торговые и миграционные пути к Архангельску и Белому морю, а также в Сибирь. Особенность этого субрегиона было наличие (ощутимо, правда лишь с XVII века) помещичьего и обширного монастырского землевладения. Показательно, что М.М.Богословский даже решил исключить Вологду из поля зрения своего исследования о земском самоуправлении на Русском Севере в XVII веке, так как не мог его здесь найти. Но все же Ю. В. Готье, а вслед за ним и П. А. Колесников посчитали возможным включить этот субрегион в общее пространство Поморья.[7] К этому склоняется и автор этих строк.

Помимо четырех указанных субрегионов, в пространственной организации Поморья выделяются еще две периферийные зоны: Кольский и Пустозерские уезды. Эти огромные территории, в общей сложности охватывающие четверть Севера, были крайне малонаселенными. Вместе с тем они имели важное стратегическое значение для всего Русского государства. Кольские земли были пограничными с Швецией и Норвегией, а также имели старинный порт - Колу. Через пустозерские просторы шли самые древние северные пути к Ледовитому океану и за Урал. С XV-XVI веков были известны потенциальные богатства подземных кладовых этого края - наличие серебряных и медных руд. Эти периферийные зоны отличались полиэтничностью и значительной долей местного аборигенного населения (саамы, ненцы).

Показательно, что естественно-исторически сложившиеся субрегионы с конца XVI века постепенно стали отдаваться под управление особых московских территориальных приказов -Новгородской и Устюжской четвертей. Под контроль Новгородской четверти передавались бывшие новгородские пятины с Подвиньем, что соответствовало неформальным границам второго и третьего субрегионов, а под контроль Устюжской четверти - Чаронда, Тотьма, Устьянские земли, Устюг и Сольвычегодск, что, в основном, соответствовало пределам первого субрегиона. В официальных документах этот субрегион именовался Устюжской землей. Другими словами, существование субрегионов „на месте“ породило официальные

7 Богословский М.М. Земское самоуправление на Русском Севере в XVII веке. Т.I. М., 1909; Т. II. М., 1912; Готье Ю.В. Замосковный край в XVII веке. М., 1937; Колесников П.А. Северная деревня в XV - первой половине XIX века. Вологда, 1976.

управленческие структуры „в Центре“. Отметим, что так было и в других регионах – достаточно указать на „юрисдикцию“ Казанского, Сибирского, Малороссийского и некоторых других приказов.

В 1682 году некоторые из севернорусских субрегионов получили официальное церковное офомление - были образованы Великустюжско-Тотемская и Холмогорско-Важская епархии. Единство субрегинов приобрело формальные черты „на месте“, благодаря единой церковной юрисдикции. До этого времени распределение церковной юрисдикции в Поморье было весьма сложным и определялось инициативными устремлениями Новгородской, Ростовской и Пермской епархий.

По мнению Е.Н.Швейковской, в XVII веке „государственные деятели, ... формируя территорию четвертей, учитывали как раз старинные областнические комплексы, которым была присуща известная целостность“.[8]

Поморские уезды

В XVI-XVII веках Поморье делилось на 18 территориально-административных единиц: 14 уездов и 4 округа (Заонежские и Лопские погосты, Устьянская волость и Чарондская округа).

Как правило, поморский уезд - это пространственная и расселенческая система, сложившаяся вдоль большой реки с притокам. Ю. С. Васильев выделил три типа уездов:[9] а) сложившиеся из бывших новгородских волостей-земель: Кольский - из волости Тре, Каргопольский - из части Заволочья и Онежской земли, Двинской - из северной части Заволочья и Двинской земли, Вологодский - из волости Вологда (в данном случае термин „волость“ отражает старинное деление новогородских владений), Важский - из южной части бывшего Заволочья и Важской земли, Яренский - из части волости Пермь, Пустозерский - из волости Печеры. К этой группе примыкают Заонежские и Лопские погосты, сложившиеся из части прежней Обонежской пятины Новгорода. Все эти уезды начали образовываться на рубеже XV - XVI веков, а в течение XVI века территория их продолжала складываться.

Вторая группа уездов образовалась из территорий бывших княжеств: Белозерский (с XIII века здесь существовало самостоятельное княжество) и Устюжский (из части Ростовского княжества). Небольшие княжества Кубеноозерья, наоборот не стали территориальным ядром будущих уездов.

Третья группа уездов возникла в результате административных мероприятий московского правительства после Смуты в начале XVII века. Это - Тотемский (вероятно - выделен из части Заозерских волостей Вологодского уезда и из Устюжской земли), Сольвычегодский (вероятно, входил ранее в Устюжские

8 Швейковская Е.Н. Государство и крестьяне России. Поморье в XVII веке. М.,1997. С. 228.

9 Васильев Ю.С. Аграрные отношения в Поморье в XVI - XVII вв. Сыктывкар, 1979.

земли), Кеврольский и Мезенский уезды (выделены из Двинской земли), а также Чарондская округа и Устьянские волости.

Уездные города сосредотачивали административную, судебно-полицейскую и военную власть, которая распространялась как на жителей самого города, так и на сельское население. Город и уезд были связаны в податном отношении, а также землевладельчески и земледельчески.[10]

Система государственного управления северными уездами в XV - XVII веках основательно исследованы. Отметим итоги их эволюции к XVII веку.

Средоточием правительственной власти в уезде в XVII веке был воевода и съезжая изба с ее аппаратом (воевода, дьяки, „подъячие с приписью" и местные подъячие). Воевода назначался в московском приказе-четверти и действовал на основании наказа. Его деятельность строго регаментировалась. Но наряду с этим продолжала функционировать и земская власть (староста, целовальники, земский дъячок, денежные сборщики, посыльщики и др.), которая соучаствовала в судебно-полицейских, налогово-финансовых и управленческих делах уезда. Это было реализацией принципа сословно-представительного управления на уездном уровне, обеспечивающего социальную и правовую защищенность каждого слоя. Земские должностные лица собирали налоги, доставляли их в Москву, ездили на места преступлений и земельных споров, проводили земельные досмотры и т. д. В то же время нужно отметить, что, несомненно, полномочия и функции земской власти в XVII веке были уже не те, что при самоуправлении. Она была ведомой в связке „воевода-земство".

Неофициальные внутриуездные историко-культурные ареалы

Историко-культурные ареалы - естественным образом сложившиеся системы расселения, основой которых были крестьянские миры, а центром посад, острог или слобода. Иногда они совпадали с уездами (Вага, Мезень, Чаронда), но чаще не совпадали, составляя в рамках одного уезда несколько таких ареалов.

Приведем примеры таких ареалов. В пределах Тотемского уезда в 1676 году по данным М.М. Богословского насчитывалось 26 миров -22 волости (четверо из них именовались улусцами) и 4 слободы. Рисунок пространственного размещения миров-волостей выявил яркие примеры таких ареалов. Так, явно тяготели друг к другу Стрелицкая, Тиксненская волости, а также Векшинский, Ихалицкий и Нутренский улусцы. Они были расположены близко друг к другу, связаны важным торгово государственным трактом, идущим от Вологды к Тотьме. Еще один ареал составили концентрирующиеся близь Тотьмы Окологородная, Царевская, Вожбальская, Усть-Печенгская, Старототемская волости и Верхоеденгский улусец.

10 Швейковская Е.Н. Государство и крестьяне. С 216-217.

Другой пример. В Южской трети Устюжского уезда почти все миры-волости сконцентрировались в три ареала: один по верхнему Югу и его притоку Шарженьге (Никольская и Шарженские волости, Новоегорьевский и Староегорьевские станы), другой ареал по среднему Югу и его притоку Кичменьге (Шонгский, Благовещенский, Кобыльский, Спасский станы и Пичужский улусец), третий ареал сложился по р. Вохме и ее притокам (Вознесенский, Флоровский, Спасский, Троицкий станы и Вочевские, Черновские, Луптюжские починки и Никольский приход).

На верхней Ваге ярким ареалом стали волости Устьянские волости по р. Устье (Дмитриевская, Введенская, Никольская, Шангальская, Чадромская, Ростовская и Соденская). Напомним, в связи с этим о создании Судебника 1589 года, имевшего хождение в этом ареале и, возможно, созданного на основе общероссийских правовых норм местными знатоками права (еще один признак „историчности“ данного ареала).

В Двинской земле 12 волостей-миров составили знаменитое Куростровье, а еще 11 волостей составили ареал вокруг села Емецкого - в указанных двух ареа-лах в начале XVIII века проживало более 70% населения уезда. Такие историко-культурные ареалы можно обнаружить в каждом субрегионе Поморья, почти в каждом его уезде.

Проявлялось единство таких ареалов весьма выразительно и его признаки прежде всего лежали в сфере повседневности, коллективной памяти и микролокальной идентичности. Так, например, в пределах ареалов складывалась свое территориально-календарное распределение праздников, когда крестьяне в течение годичного праздничного цикла „гостевали“ по престольным приходским праздникам, переезжая по очереди из одной волости в другую. Более поздние материалы (1720-30-х годов, когда стали оформляться метрические книги) дают основание считать идущей с более ранних времен практику так называемых „брачных кругов“, когда выбор невест и женихов также традиционно определялся территорией историко-культурных ареалов.[11]

Имеются свидетельства и о солидарном несении некоторых государственных повинностей - дорожных, содержания мостов и перевозов. С этой целью практиковались межволостные сходы, могли выбираться общие посыльщики для предъявления своих требований к властям.

Показательно, что при образовании Холмогорско-Важской и Устюжско-Тотемской епархий в 1682 году, когда в их пределах стали назначаться десятские попы, т. е. старшие над группой (десяткой) территориально близких храмов, то такие „десятки“ чаще всего совпадали с территорией историко-культурного ареала. В их пределах практиковались традиции крестных ходов и паломничества к местной святыне.

11 Камкин А.В. Традиционные крестьянские сообщества в XVIII веке. Дисс. на соискание ученой степени докт. ист. наук. М., 1993.

Можно говорить и о наличии локальной коллективной исторической памяти. В частности, бытовали представления о различной престижности тех или иных волостей в рамках ареала. Одни воспринимались, как более значимые, древние, материнские, другие - как менее значимые, дочерние, почти маргинальные. Вероятно, в этом жила память об этапах славянского заселения, о его первоачальных очагах, осознававшихся в качестве наиболее значимых.

Встречаются и признаки микролокальной идентичности, проявлявшейся в самоназваниях жителей ареалов - кокшары, кулойцы, усть-цылемы, пустозеры, тарножане, руфенки, илежане и т.п.[12]

Неформальный статус историко-культурных ареалов приводил к тому, что они „выпадали" из системы прямой государственной регламентации взаимоотношений центра и „места". Именно здесь в наибольшей степени в живой крестьянской повседневности сохранялась общественная инициатива и самодеятельность.

Официальное внутриуездное территориальное деление

Весьма пестрым было официальное внутриуездное административно-территориальное деление. Некоторые уезды до XVII века делились на половины (Каргопольский - на Каргопольскую и Турчасовскую, Двинской - на верхнюю и нижнюю, Яренский - на Вычегодскую и Вымскую). Иногда эти половины именовались „землями". В XVII веке деление на половины („земли") отмирает, но в официальном делопроизводстве появляются четверти и трети. Важский уезд делился на Шенкурскую, Верховажскую, Кокшеньгскую и Подвинскую четверти, а Устюжский, например, на трети - Двинскую, Сухонскую и Южскую.

Низовой территориальной единицей в Двинском, Кевrольском, Каргопольском, Важском уездах были станы. Но и сами станы были не одинаковыми - одни были равнозначны волостям, а другие представляли собой сложные конфедерации еще более мелких единиц: волостей, погостов, починков (в данном случае под погостом и починком имеется ввиду определенный территориальный округ, состоящий из нескольких поселений).

В Белозерском, Сольвычегодском, Устюжском уездах и Заонежских погостах станы (сложные и простые) сосуществовали с обычными волостями. Так, в 1620 году Устюжский уезд состоял из 4 сложных станов (Комарицкий стан, например, включал в себя 7 волостей), 4 простых станов и 33 отдельных самостоятельных волостей.

В Кольском уезде, Лопских и Заонежских погостах, а также в Яренском уезде сохраняется деление на округа-погосты. Много погостов-округов было на дворцовых и владычных землях Вологды.

12 Русский Север. Этническая история и народная культура XII - XX века. М., 2001. С. 117-130.

В остальных уездах Поморья наблюдается терминологическая пестрота в наваниях низовых территориально-административных единиц - волости, сотни, сошки, улусцы.

Важно, что исследователями установлено сосуществование соответствующей вертикали органов и должностных лиц крестьянского самоуправления. Так, над сотским (старостой) обычной волости стоял сотский (староста) стана, а над ним мог оказаться сотский (староста) уездной трети (земли). Есть сведения и об всеуездных старостах. Собирались сходы уездных третей, сложных станов и обычных волостей. Конкретные функции и деятельность этих органов уже была предметом исследования ряда ученых. Поэтому отметим здесь главное - соработничество земской власти с воеводской администрацией в таких ситуациях рассредотачивалось на свои микроуровни. У крестьянского сообщества в целом появлялась дополнительная возможность для маневра во взаимоотношениях с воеводской администрацией. Промежуточные звенья между низовой административной единицей (волостью) и воеводой могли как усиливать меры воздействия последней, так и ослаблять, „гасить“ их, а то и запутывать, сводить к нулю.

Севернорусский крестьянский мир-триада

Рассмотрим теперь традиционные крестьянские сообщества - общину, волость, приход. Именно они относятся в российской истории к числу наиболее жизнестойких общественных институтов. На Европейском Севере России они приобрели ряд ярких региональных особенностей, давно признанных отечественной историографией. Крестьянские сообщества являлись здесь, по точной и изящной формулировке С. В. Юшкова, миром единым, но троичным в своих проявлениях.[13] Действительно, веками, вплоть до XIX века, в среде северного черносошно-государственного крестьянства община (как поземельное сообщество), волость (как административно-территориальное сообщество) и православный приход (как духовно-литургическое сообщество) в большинстве случаев совпадали, соединяясь в универсальную крестьянскую триаду - мир.

Границы мира были обусловлены естественными возможностями расселения в пределах освоенных ландшафтных урочищ. Высокая степень риска при заселении и освоении сурового Севера, большая трудозатратность хозяйственного обустройства сформировали в крестьянской среде устойчивую потребность в кооперации труда. Этим же в немалой степени определялось и единство производственного быта. Яркой чертой северорусского мира являлась его относительно широкая автономия, общепризнанное распределение функций между ним и государством, что, в свою очередь, способствовало прочной укорененности традиций мирского общественного служения. Отсутствие частно-

13 Юшков С.В. Очерки истории приходской жизни на Севере России в XV - XVII вв. СПб., 1913.

феодальной зависимости большинства северного крестьянства, способствовало закреплению этой традиции. Таким образом, мир, аккумулировавший производственный, общественный и духовный опыт северного крестьянства, вмещал в себя тот неповторимый строй жизни, который вот уже на протяжении двух столетий привлекает внимание и специалистов, и широкой общественности.

В познании многовековых судеб названной крестьянской триады по особому значимым представляется выяснение внутренних механизмов ее саморегулирования и воспроизводства, а также путей интеграции в общественные, церковные и государственные структуры сменяющих друг друга эпох.

Северная крестьянская триада, органично соединяющая в себе социальные, производственные, духовные и этнические начала, являлась важнейшим структурообразующим звеном региональной этно- и социокультурной системы. Будучи лишь базовым элементом этой многоуровневой системы, крестьянские сообщества, в свою очередь, сами являлись самовоспроизводимой и саморегулируемой системой, составляющие части которой (выборные органы, неформальные кланы и контактные группы, организация обжитого пространства, нормы обычного права и др.) заслуживают отдельного изучения.

В то же время сообщества были включены в социальные системы более высокого порядка: государственная система управления, макро-, суб- и микротерритории, демоэкосистемы, право, церковный аппарат и др.

При территориальном совпадении волости-общины и прихода есть все же убедительные основания для их отдельного рассмотрения.

Волость-община на Европейском Севере определяется как устойчивое территориальное сообщество с признанным юридическим статусом, обладающее, с одной стороны, широкой автономией, а с другой - характеризующееся известной степенью интегрированности в систему государственного управления. Традиционный круг функций волости-общины определялся как обычаем, так и писаным правом, а также текущей распорядительной деятельностью местной и центральной администрации. Волость-община ведала земельным фондом, путем разработанных форм учета закрепляла за каждым крестьянским хозяйством его надел, фиксировала все изменения в его составе. Она играла решающую роль в раскладке налогов и повинностей и сборе их. „Именно на ней покоилась сложная громада фискальной организации и через нее доходила до каждого плательщика. Круговая порука волощан обеспечивала государственный интерес фиска“.[14] Волость-община, как известно, была и мощным инструментом социальной защиты ее жителей, важным орудием в борьбе с захватническими устремлениями „внешних сил“ (феодалов, городов, купцов и пр.) и с растущей государственной эксплуатацией. Волость-община имела свою систему органов, в которой, несмотря на

14 Копанев А.И. Крестьяне Русского Севера в XVII веке. Л., 1984. С. 208.

множество местных вариантов, всегда наличествовали институты прямой демократии (сход) и выборные должностные лица.[15]

Сельский приход представлял собою устойчивое территориальное сообщество православных людей, находившихся в сфере иных отношений - духовных, молитвенно-литургических (с точки зрения цели единения) и церковно-канонических (с точки зрения юрисдикции). Строго говоря, это был территориальный моноконфессиональный союз, основой которого являлось литургическое единение в храме под духовных водительством пастыря, правильно рукоположенного и состоящего в юрисдикции епископа. В рамках прихода реализовывались только ему присущие цели (литургическое единение, душепопечительство, тайносовершительство), специфические функции (например, катехизация, воцерковление) и формы общения (богослужение, церковные праздники, молебны, крестные ходы). Приходское сообщество создавало двусоставную иерархию: формальную (клир и церковный актив) и неформальную (вкладчики, книжники, знатоки веры, старики). Исторической особенностью северорусского прихода была долго сохраняемая традиция выборности клира, гармонично сочетающаяся с общим строем общественной жизни черносошной деревни.[16]

В качестве крестьянских сообществ волость-община и приход различались и структурно-образующей основой. В волости таковой было дворохозяйство. Именно оно было и единицей обложения, и отправной точкой всех расчетов, и общепризнанным элементом внутриволостной демократии. В приходских отношениях неизмеримо большее значение в качестве структурообразующего элемента имела семья („малая церковь“), в которой взаимные обязательства супругов и детей освящались Церковью. Подсистемами волости были: деревня, куст деревень. Здесь часто складывался свой круг вопросов, собирались сходы, было свое должностное лицо (десятский, пятидесятский). На такую подсистему могли быть возложены отдельные обязанности в рамках самоорганизации волостной жизни. Аналогичными подсистемами приходов были так называемые часовенные приходы, бравшие на себя часть забот по духовному окормлению православных.

Другими словами, волость-община-приход и в условиях нарастающей централизации XVII века сохраняли традиций самоуправления. Значительная часть мирской деятельности по-прежнему базировалась на традициях обычного права. Мир сохранял качество самоценности, оставаясь ничем не заменимой сферой бытования и развития общественной самодеятельности крестьянства, механизмом саморегулирования крестьянских сообществ. В то же время очевидны и нарастающие механизмы адаптации к усиливающейся государственной регламентации.

15 Система мирского самоуправления на более поздних материалах представлена нами в работе: Камкин А.В. Общественная жизнь северной деревни в XVIII веке. Вологда, 1990.

16 Камкин А.В. Православная церковь на Севере России. Очерки истории до 1917 года. Вологда, 1992.

При этом очевидно и другое - местная государственная власть (воеводское правление) была заинтересована в сохранении деятельного мирского самоуправления, а потому и не пыталась реформировать его.

Резюме

Отношения Московского центра и Поморья в XV-XVII веках в сфере местного управления были сложными и неоднозначными. Как процесс централизации, так и эволюция „земства“ не были однолинейно направленными. По мере вхождения региона сначала в Древнерусское, а затем и в Московское государство на различных его территориях складывались и надолго закреплялись различные варианты взаимоотношений центра и периферии.

В Поморье XV-XVII веков имелось шесть типов территориально-пространственных систем - регион в целом, субрегионы, уезды, официальные и неофициальные внутриуездные территориальные общности, крестьянские миры-волости. С каждым из них у Центра складывалась своя система отношений.

В сознании центральной власти несомненно имелось восприятие целостности Поморья, но пока оно не привело ее к какому-либо официальному объединению региона. Наличие на территории Поморья субрегионов вызвало оформление официальных управленческих структур „в Центре“, прямо на них (на субрегионы) направленных, но не имевших собственных субрегиональных структур „на месте“. Наиболее заметным усиление государственной власти наблюдается на уровне северных уездов, где к XVII веку земская власть была уже ведомой в связке „воевода-земство“. В то же время многоуровневость внутриуездного официального деления давала „земству“ в целом большие возможности для маневра во взаимоотношениях с воеводской администрацией, вплоть до ее значительного ослабления (или, наоборот, усиления).

Историко-культурные ареалы „выпадали“ из системы официального взаимоотношения центра и „места“ и были той пространственной средой, где в наибольшей степени сохранялось крестьянская общественная инициатива и самодеятельность. Видимо, отношение вертикальных властных структур с управляемыми „горизонталями“ таково, что повседневные этнокультурные сферы, не представляющие непосредственного интереса и практической выгоды, имели больше шансов на свое сохранение, автономию и идентичность.

Волости же, как официальные единицы, вынуждены были адаптироваться к усиливающейся государственной регламентации. Но и эти механизмы адаптации не носили разрушительного характера, поскольку власть была кровно заинтересована в сохранении деятельного мирского самоуправления.

„ALTER GLAUBE“ UND „NEUER GLAUBE“ IN EINEM EINZELNEN BEZIRK: DER FALL KARGOPOL‘ (1653-1700)

ALEKSANDR LAVROV

Die Fragestellung, die in diesem Aufsatz angeboten wird, kann auf den ersten Blick als zu eng und zu speziell erscheinen. Mit dem gleichen Recht könnte man das Schicksal der liturgischen Reform des Patriarchen Nikon in jedem anderen Bezirk des russischen Staates erörtern. Warum soll ein zwischen dem Weißen Meer und einer Kette von Seen liegender, in den nordrussischen Wäldern verlorener Bezirk als Untersuchungsobjekt repräsentativer oder relevanter sein als jeder andere?[1] Und ist es überhaupt sinnvoll, die Entstehung des Altgläubigentums, einer alternativen religiösen Strömung, die mit der Nichtanerkennung der liturgischen Reform des Patriarchen Nikon verbunden war, im Rahmen einer Lokalstudie zu erforschen?

Die Idee, dass das frühe Altgläubigentum nicht nur eine rein religiöse Erscheinung, sondern eine Äußerung sozialer und lokaler Interessen darstellte, wurde schon in der Mitte des 19. Jahrhunderts von Afanasij P. Ščapov geäußert.[2] Die sozialen Hintergründe des Altgläubigentums wurden danach von der marxistischen, später von der sowjetischen Geschichtsschreibung gern betont, während die lokalen unbeachtet oder den provinziellen Kirchenhistorikern überlassen bleiben. Der heutige Zustand der Erforschung des religiösen Protests in Russland in der frühen Neuzeit erlaubt eine solche Nichtbeachtung nicht mehr. Georg Michels stellt das frühe Altgläubigentum als ein Konglomerat oppositioneller Strömungen unterschiedlicher Provenienz dar. Er bevorzugt sogar den Begriff „Raskol“, der von den kirchlichen Eliten verwendet wurde. „Mit

1 Über Kargopol‘ und den Kargopoler Bezirk: S.P. KORABLEV Ėtnografičeskij i geografičeskij očerk g.Kargopolja, Oloneckoj gubernii, s slovarem osobennostej tamošnego narečija. Moskva 1851; FEDOR K. DOKUČAEV-BASKOV Kargopol‘. Archangel'sk 1996² (zuerst veröffentlicht 1912); GALI V. ALFEROVA Kargopol‘ i Kargopol'e. Moskva 1973; G. DURASOV Kargopol'e. Chudožestvennye sokrovišča. Moskva 1973; G.P. GUNN Kargopol'skij ozernyj kraj. Moskva 1984. Dem Altgläubigentum in Kargopol‘ und in seiner Umgebung sind folgende Arbeiten gewidmet: KARP A. DOKUČAEV-BASKOV Raskol v Kargopol'skom krae. In: Živaja starina. 1892. God 2. Vyp. 2, S. 154-162; ELENA M. JUCHIMENKO Kargopol'skie „gari“ 1683-1684 gg. (K probleme samosožženij v russkom staroobrjadčestve). In: Staroobrjadčestvo v Rossii (XVII-XVIII vv.). Moskva 1994, S. 64-119; ELENA M. JUCHIMENKO Vygovskaja literaturnaja tradicija kargopol'skich sobytij. In: Staroobrjadčeskaja kul'tura Russkogo Severa. Moskva-Kargopol‘ 1998, S. 63-68; VERA S. RUMJANCEVA Kargopol‘ v novgorodskom dviženii raskola XVII veka. Ibid., S. 32-34.

2 AFANASIJ P. ŠČAPOV Zemstvo i raskol. In: AFANASIJ P. ŠČAPOV Sočineniia. T.1. Sankt-Peterburg 1906² (zuerst veröffentlicht 1862).

dem plötzlichen und starken Eindringen in die alten lokalen und persönlichen Autonomien schuf die Kirche eine populare Opposition gegen ihre Reform. Die Ablehnung der Reformen Nikons war deshalb weitgehend eine Antwort der Gemeinschaften wie der Individuen auf das kirchliche Beharren darauf, die religiösen Angelegenheiten in der Provinz des Moskauer Reiches zu kontrollieren“. [3]

Wenn wir die Entwicklung des frühen Altgläubigentums nicht als eine chronologische Tabelle denken, sondern auf eine Karte Russlands projizieren, erhalten wir folgendes Bild. Seitdem im Jahr 1682 Moskau und später Novgorod als Zentren des alten Glaubens „ausgelöscht“ worden waren, traten in der ersten Hälfte der 1680er Jahren das Dongebiet und der Bezirk Kargopol‘ hervor, um danach, in der zweiten Hälfte der 1680er Jahren, ihren Platz Karelien und Westsibirien zu überlassen. Die Interpretation des frühen Altgläubigentums als Trägers einer regionalen (oder lokalen) Opposition gegen das Zentrum wird aber durch die soziale Homogenität dieser Gebiete in Frage gestellt: Nordrussland und Sibirien waren von den „schwarzen“, von der Leibeigenschaft de facto freien Bauern geprägt, das Dongebiet vom Kosakentum. Ist es überhaupt sinnvoll, die regionalen Ursprünge des Altgläubigentums zu suchen, wenn das „Regionale“ in diesem Fall dem „Sozialem“ so nahe liegt?

Als mögliche Argumente gegen eine „regionale“ Interpretation könnte man auf eine besonders aktive Rolle der Gemeindegeistlichkeit und des Mönchtums, also der „weißen“ und der „schwarzen“ Geistlichkeit, hinweisen, und auf die wichtige Rolle der „Fremden“, also derjenigen, die nicht im Bezirk ansässig waren. Im ersten Fall erhält man eine Konzeption, derzufolge das Altgläubigentum eine Schöpfung der kirchlichen Eliten gewesen ist, die sich langsam in der Laiengesellschaft ausbreitete. Im zweiten Fall ergibt sich das Bild einer überregionalen religiösen Opposition, so etwas wie Robert Crummeys *textual community*, die sich heute in der einen und morgen in der anderen Region ihre Schlacht mit der nikonianischen Kirche lieferte.

Kirche und Gemeinden im Bezirk Kargopol‘ im 17. Jahrhundert

Das Hauptproblem besteht darin, dass das „Religiöse“ im Kargopoler Bezirk von den eigenartigen sozialen Bedingungen des russischen Nordens deutlich geprägt war. Die Bauerngemeinden und die Stadtgemeinde genossen eine gewisse Autonomie, die im 17. Jahrhundert durch die Ernennung der Gouverneure (voevody) aus Moskau erheblich eingeschränkt wurde. Der Gouverneur stellte eine relativ neue Figur dar, die nach der Wirrenzeit neben die Selbstverwaltung trat. Im Bezirk Kargopol‘ existierte ebenso wie in einigen nordrussischen Bezirken auch die Bezirksgemeinde (*vseuezdnoe zemstvo*), die als Gesprächspartner des Gouverneurs auftrat und die die oberste Ebene darstellte, auf der im Moskauer Staat die Stimme des Bauerntums zu hören war.

Die großen Bauerngemeinden (*volosti*) waren meistens mit den Kirchengemeinden identisch. Dem Kataster von 1648 zufolge hatten nur zwei von 31 großen Bauerngemeinden des Kargopoler Bezirks keine Kirche und bildeten keine Kirchengemeinde,

3 GEORG BERNHARD MICHELS At War with the Church. Religious Dissent in Seventeenth-Century Russia. Stanford 1999, S. 220.

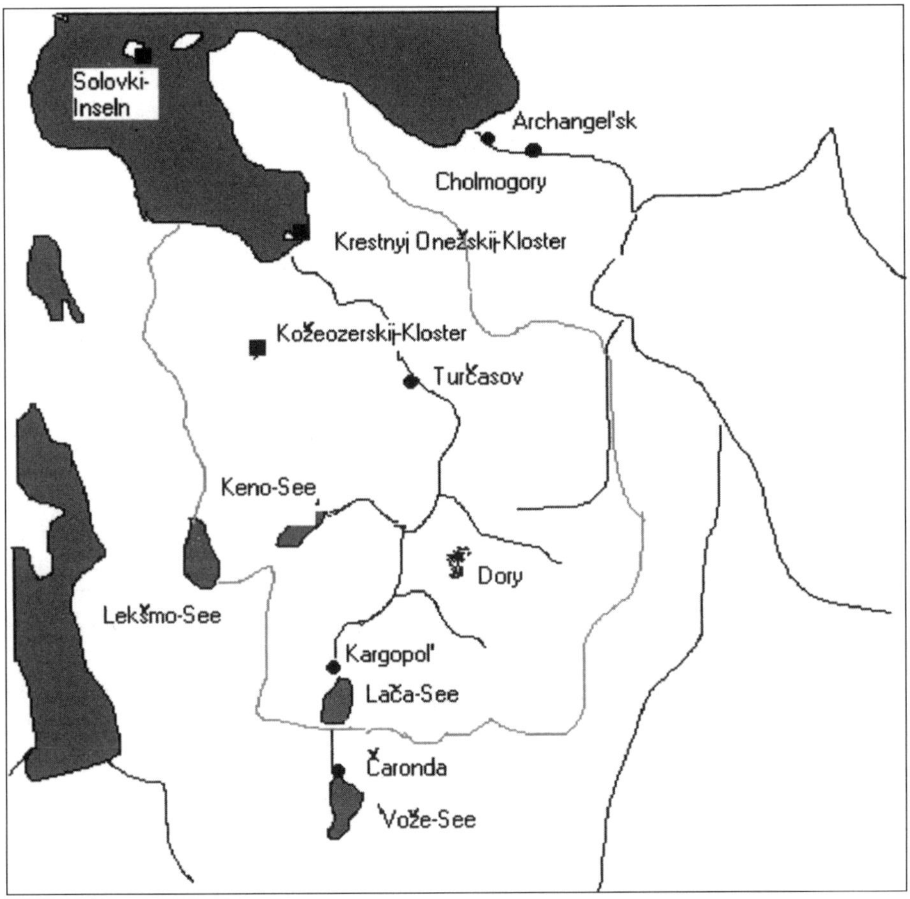

Der Bezirk Kargopol' im 17. Jahrhundert

Grenze des Bezirks Kargopol' nach der Karte Ivan Kirillovs

• Städte und Posady

■ Klöster

alle anderen stellten gleichzeitig Kirchengemeinden dar. Die absolute Mehrheit der kleinen Bauerngemeinden (*volostki*), die den Kreis (*stan*) Turčasov, einen Teil des Bezirks von Kargopol', bildeten, stellten ebenfalls Kirchengemeinden dar.[4] Die Kirchengemeinden hatten das Recht, die Priester, die Diakone, die Hostienbäckerinnen und die Gemeindeältesten zu wählen. Es scheint, dass die Priesterwahl nicht nur auf dem Lande, sondern auch in der Stadt Kargopol' existierte.[5] Analog zu den ländlichen und städtischen Kirchengemeinden wollte die Bezirksgemeinde auf die kirchlichen Angelegenheiten auf Bezirksebene den gleichen Einfluss ausüben.

Hier ist anzumerken, dass der Bezirk in der institutionellen Struktur der russischen orthodoxen Kirche im 17. Jahrhundert ein schwaches, um nicht zu sagen: ein fehlendes Glied darstellte. Eine Ausnahme bildete jene Minderheit der Bezirksstädte, die gleichzeitig auch Sitz eines Metropoliten, eines Erzbischofs oder eines Bischofs waren.[6] In allen anderen Bezirken wurden im 17. Jahrhundert die kirchlichen Angelegenheiten des Bezirks von Zehntensammlern (*desjatil'niki*), von Erzpriestern (*protopopy*) oder von Priesterältesten (*popovskie starosty*) verwaltet. Die Zehntensammler waren Beamte des Bischofs, die aus den Laien rekrutiert wurden und in deren Machtbereich das Gericht über die Geistlichkeit und das Einsammeln der „Steuern" für den Bischof lagen. Die Existenz der Zehntensammler widersprach an sich dem kirchlichen Recht. Die Erzpriester wurden vom Bischof ernannt. Nur die Priesterältesten wurden von der lokalen Geistlichkeit gewählt und bildeten eine Art Selbstverwaltung.[7] Ein „durchschnittlicher" Bezirk stellte also eine Kombination der bischöflichen Administration mit der Selbstverwaltung des lokalen Klerus dar, eine Kombination, die im Rahmen der Kirche die Kombination des ernannten Gouverneurs mit der Selbstverwaltung der Gemeinden des Bezirks spiegelte.

In der kirchlichen und der säkularen Selbstverwaltung entstand sogar ein Bewusstsein für die Ähnlichkeit ihrer Interessen. So plädierte die Bezirksgemeinde von Kargopol' 1614 in einer Bittschrift für die Befreiung des Bezirks von den Zehntensammlern und den „Bojarensöhnen" des Metropoliten von Novgorod, zu dessen Diözese der Bezirk Kargopol' gehörte. Aber erst der Metropolit Affonij (1635-1649)

4 MICHAIL M. BOGOSLOVSKIJ Zemskoe samoupravlenie na Russkom Severe v XVII v. T.II. Dejatel'nost' zemskogo mira. Zemstvo i gosudarstvo. Moskva 1912. S.19; Vgl. N.I. KRECHALEVA Administrativno-territorial'noe delenie Kargopol'skogo uezda v XVI-XX vekach. In: Kargopol'. Istoričeskoe i kul'turnoe nasledie. Kargopol' 1996, S. 77-93.

5 ALFEROVA Kargopol' i Kargopol'e, S. 74.

6 Die Grenzen der russischen Bistümer fielen teilweise nicht mit den Grenzen der Bezirke zusammen, sondern mit den uralten Grenzen der Fürstentümer des russischen Mittelalters. Diese Nichtübereinstimmung der Grenzen der Diözesen mit den Verwaltungsgrenzen, die im 18. Jahrhundert die Grenzen der Gouvernements waren, wurde erst 1787 beseitigt. Die Folgen dieser Reform für den russischen Norden hat Aleksandr V.Kamkin beschrieben (ALEKSANDR V. KAMKIN Pravoslavnaja cerkov' na Severe Rossii. Očerki istorii do 1917 goda. Vologda 1992, S. 98).

7 Der Fehler V.S. Šul'gins, der behauptete, die Priesterältesten seien ernannt und nicht gewählt worden, ist für die sowjetische Geschichtsschreibung leider charakteristisch (V.S. ŠUL'GIN Religija i čerkov', in: Očerki russkoj kul'tury XVII veka. Č. 2. Moskva 1979, S. 309.

schrieb vor, dass es künftig "wegen der Gewalt der ansässigen Zehntensammler keine ansässigen Zehntensammler“ in Kargopol‘, in Cholmogory und auf Vaga mehr geben solle: Die Priesterältesten der Stadt und des Bezirks sollten deren Aufgaben übernehmen.[8] Die Ersetzung der Zehntensammler durch die Priesterältesten war eine Erleichterung, die nur mit der Ersetzung eines Gouverneurs durch die gewählten Vertreter der Gemeinden zu vergleichen ist.

Im Weiteren treffen wir in Kargopol‘ zunächst einen Priesterältesten: Dieses Amt übernahm 1654 sowie 1656-57 der Priester der Troickaja-Kirche und 1658 und 1663 der Priester der Roždestvenskaja-Kirche. Im Jahr 1673 tritt jedoch in Kargopol‘ der Erzpriester als Vorsteher des Klerus in Erscheinung. Als erster Erzpriester ist der Priester der Roždestvenskaja-Kirche Avtonom Taras’ev erwähnt, der früher schon als Priesterältester (1670) die kirchlichen Angelegenheiten verwaltet hatte.[9] Diese Veränderung lässt sich nur als Schritt der kirchlichen Obrigkeit in Richtung der Beseitigung des Wahlprinzips interpretieren.

Bei seiner Tätigkeit hatte der Erzpriester oder der Priesterälteste den Gouverneur als Verhandlungspartner. Es wäre nicht korrekt, den Gouverneur als allmächtigen Vertreter Moskaus im Bezirk und den Priesterältesten als Bittsteller zu bezeichnen. Doch wenn der Gouverneur seinen Status behaupten und seinen Machtbereich erweitern wollte, so ging dies im russischen Norden meistens auf Kosten der Strukturen der städtischen und bäuerlichen Selbstverwaltung vonstatten, nicht selten aber auf Kosten des Priesterältesten oder des Erzpriesters.

Das Bild des Kirchenlebens im Kargopoler Bezirk wäre unvollständig ohne die Klöster. Die Klöster gehörten zu den ältesten Trägern der Christianisierung in diesem Gebiet. Zu den ältesten Mönchengemeinschaften des Bezirks zählten das Aleksandrov-Oševenskij-Kloster, das Pachomiev-Kenskij Klöster und die Spasskaja Strokina-Einsiedelei. Die Klöster spielten im 17. Jahrhundert unterschiedliche Rollen. Einige Klöster, zum Beispiel das Aleksandrov- Oševenskij-Kloster, scheinen sich dem bäuerlichen Modell der Beziehungen mit der Kirche vollkommen angepasst zu haben. Dieses Kloster stellte ein geistliches Zentrum mehrerer Kirchengemeinden dar. Die anderen Klöster erschienen den Bauern als gefährliche Konkurrenten. So entstand 1654 eine (vom Gemeindeältesten unterschriebene!) Bittschrift der großen Bauerngemeinde (*volost’*) Bol’saja Šalga mit einem Protest gegen die Aneignung von Gemeindeland durch die Spasskaja Strokina-Einsiedelei.[10] Es ist aber keineswegs sinnvoll, das bekannte Modell des „Kampfes um Land“ zwischen Bauern und Klöstern auf die Realitäten des Bezirks Kargopol‘ im 17. Jahrhundert anzuwenden. In einem mit Wäldern bedeckten, von archaischen landwirtschaftlichen Tradition geprägten Bezirk stellte Landmangel kein Problem dar. Der Anteil des klösterlichen Landbesitzes im Bezirk lag nur bei drei

8 BOGOSLOVSKIJ Zemskoe samoupravlenie na Russkom Severe. T.II., S. 74; PETR S. STEFANOVIČ Prichod i prichodskoe duchovenstvo v Rossii v XVI-XVII vekach. Moskva 2002, S. 219.

9 KARP A. DOKUČAEV-BASKOV Cerkovno-prichodskaja žizn‘ v gorode Kargopole v XVI-XIX vekach. Moskva 1900, S. 21-23, 26.

10 BOGOSLOVSKIJ Zemskoe samoupravlenie na Russkom Severe. T.II., S. 43.

Prozent, wuchs allerdings rapide, zum Beispiel zwischen 1620 und 1670 um sechs- oder achtmal.[11] Das Hauptproblem war, dass die Klöster die wirtschaftlichen Schlüsselpositionen zu übernehmen strebten. So besaß zum Beispiel das Koželozerskij-Kloster Salzsiedereien und beschäftigte sich mit dem Salzhandel.

Die Klöster, deren Äbte in Novgorod ernannt wurden - der Bezirk Kargopol' stellte einen Teil der Novgoroder Metropolie dar - boten der Obrigkeit der Diözese eine gute Möglichkeit, ein Gegengewicht zur Selbstverwaltung der Gemeindegeistlichkeit zu schaffen. Der Metropolit von Novgorod konnte zum Beispiel die kirchlichen Angelegenheiten des Bezirks einem Vertreter der „schwarzen Geistlichkeit", also des Mönchtums, delegieren, der nicht zum Erzpriester ernannt und nicht zum Priesterältesten gewählt werden konnte. In diesem Fall konnte ein Abt oder ein Archimandrit die Verpflichtungen eines Priesterältesten übernehmen, ohne dessen Titel zu tragen. In seiner neuen Qualität sollte dieser Abt oder Archimandrit nicht nur die Interessen des Mönchtums, sondern auch die Interessen der Gemeindegeistlichkeit vertreten.

Wie gesagt, gehörte der Bezirk von Kargopol zur Metropolie von Novgorod. Wegen der großen Entfernung vom Zentrum der Metropolie war der Bezirk in gewissem Sinne sich selbst überlassen. Selbst die Formierung des neuen Bistums von Cholmogory, das um 1682 aus der Novgoroder Metropolie ausgegliedert wurde, änderte diese Lage nicht. Diese Entfernung Kargopol's von Novgorod führte dazu, dass die Diözesanverwaltung spät und unzureichend auf die Ereignisse reagierte. Damit wäre es sinnvoll, den Bezirk von Kargopol' im kirchlichen Sinne als eine „Grenzregion" zu betrachten, in der die Zentralmacht entsprechend schwach war.

Die liturgische Reform des Patriarchen Nikon im Bezirk Kargopol'

Die Reform des Patriarchen Nikon begann 1653 mit den Änderungen der liturgischen Texte und der Riten, darunter der Ersetzung des Zweifingerkreuzes durch das Dreifingerkreuz. Die korrigierten oder „neuen" Bücher sowie die Informationen über die Änderungen verbreiteten sich in der russischen Provinz nur langsam, und dies war eine gute Voraussetzung dafür, dass die durch die Nichtakzeptanz der „Neuerungen" bedingten Konflikte ebenfalls mit Verspätung auftraten. Es gab aber zwei in der Geschichtsschreibung bislang nicht ausreichend beachtete Faktoren, die die schnelle Übertragung der „hauptstädtischen" religiösen Auseinandersetzungen in die Provinz förderten. Dies war erstens die Verbannung der Opponenten der Reform und zweitens die Gründung der „Patriarchenklöster", die zu Bastionen der Reform werden sollten, in unserem Fall des Krestnyj Onežskij-Klosters auf der Insel Kij vor der Küste des Kargopoler Bezirks.[12]

11 Ibid. T.I. Moskva 1910, Priloženie, S. 64; VLADIMIR I. IVANOV Monastyri i monastyrskie krest'jane v Pomor'e v XVII v. In: Čtenija pamjati V.B.Kobrina. Problemy otečestvennoj istorii i kul'tury perioda feodalizma. Moskva 1992, S. 72-73.

12 Über die Rolle der „Patriarchenklöster", zum Beispiel des Iverskij Klosters: MICHELS At War with the Church, S. 24

Seit seiner Patriarchenweihe benutzte Nikon das Koževozerskij-Kloster, in dem er früher Mönch und Abt gewesen war, als Verbannungsort für Geistliche.[13] Es ist unklar, ob der Patriarch sich auf die Mönche der Klöster meinte verlassen zu können oder einfach das Kloster wegen seiner Befestigungen und seiner entfernten Lage bevorzugte. Schon 1652 (oder etwas später) landete hier der Priester Ivan Ševelev (Nasedka), der ehemalige Korrektor des Druckhofes.[14] Weitere Verbannungen fanden nach der Abdankung Nikons statt, zum Beispiel wurde 1660 der Priester Nikon aus Kostroma, wahrscheinlich ein Gegner der liturgischen Reform, in dieses Kloster verbannt. Es folgten die Teilnehmer des Aufstands im Soloveckij-Kloster. Einem von ihnen, dem Mönch Iov (Saltykov), gelang 1674 die Flucht.[15] Es könnte sein, dass die Moskauer Obrigkeit wegen Iovs gelungener Flucht ihre Absicht änderte, die 1676 geplante Verlegung des Erzpriesters Avvakums und seiner Mitgefangenen, des Priesters Lazar', des Diakons Fedor (Ivanov) und des Mönchs Epifanij, ins Koževozerskij-Kloster durchzuführen.[16] Wäre der Erzpriester Avvakum mit seinen Glaubensgenossen ins Koževozerskij-Kloster verlegt worden, so wäre sein Einfluss auf das religiöse Leben des Bezirks entsprechend stark geworden, wie in Pustozersk. Aber der Erzpriester Avvakum blieb mit seinen Glaubensgenossen bis zur Hinrichtung in Pustozersk, und ihre Briefe und Schriften gelangen zwar nach Moskau, aber nicht ins benachbarte Kargopol'. Wie der Autor des 1683 geschriebenen orthodoxen Traktates „Geistige Furche (*Brozda duchovnaja*)" anmerkte, war die „Irrlehre" der Altgläubigen des Kargopoler Bezirks nicht die gleiche wie bei Avvakum „und bei anderen, die mit ihm nutzloses Zeug reden (*s pročiimi ego sueslovniki*)".[17] Im Rahmen meiner Untersuchung konnte ich keinen direkten Einfluss eines verbannten Opponenten der Reform auf die Entwicklung der religiösen Opposition gegen die Reform im Kargopoler Bezirk nachvollziehen. Eher zeigte die Transportierung der Verbannten nach Norden oder ihre Verlegung von einem Ort zum anderen den Bewohnern des Bezirks das Ausmaß des innerkirchlichen Kampfes.

Das Krestnyj-Onežskij-Kloster war 1656 als Realisierung eines Gelübdes des Patriarchen Nikon gegründet worden. Im Jahr 1639, während seiner Abreise von den

13 Wichtige Bemerkungen über die Reaktion auf die Reformen Nikons im Koževozerskij Kloster: MICHELS At War with the Church, S. 137-139.

14 PETR F. NIKOLAEVSKIJ Moskovskij pečatnyj dvor pri patriarche Nikone. In: Christianskoe čtenie. 1891, Nr. 2, S. 151-186, hier S. 161-163. Über Ivan Nasedka: TAT'JANA A. OPARINA Ivan Nasedka i polemičeskoe bogoslovie kievskoj mitropolii. Novosibirsk 1998.

15 MICHELS At War with the Church, S. 137; Rossijskij gosudarstvennyj archiv drevnich aktov (RGADA). Fond 210 (Razrjadnyj prikaz), Stolbcy bezglasnogo stola. Nr. 12, Stolpik 2, L. 9. Vgl. auch: RGADA, Fond 125 (Monastyrskie dela), 1683 g., Nr. 60, L. 1 (Verbannung des Mönchs Gavriil ins Koževozerskij Kloster, 1683).

16 VLADIMIR I. MALYŠEV. Novye materialy o protopope Avvakume. In: Trudy Otdela drevnerusskoj literatury. T.XXI. Moskva-Leningrad 1965, S. 330-332.

17 Biblioteka Rossijskoj Akademii nauk. Rukopisnyj otdel. Archangel'skoe sobr., D 512, L. 17ob. Über die „Geistliche Furche" als Quelle: ALEKSANDR LAVROV Le rituel ecclésiastique et la religion populaire en Russie au 17e siècle. In: Religious Ceremonials and Images: Power and Social Meaning (1400-1750). Ed. by José Pedro Paiva. Coimbra, 2001, S. 377-386.

Solovki-Inseln, wurde das Boot des zukünftigen Patriarchen vom Sturm erfasst und danach ans Ufer der Insel Kij gespült. Hier stellte er ein hölzernes Kreuz zum Andenken an seine Rettung auf, das er 1652 während seiner Reise ins Soloveckij-Kloster unversehrt fand, woraufhin er das Gelübde ablegte, ein Kloster an diesem Ort zu gründen. Genauso wie andere vom Patriarchen gegründete Klöster - das Iverskij-Valdaijskij-Kloster, das Voskresenskij-Kloster - stellte das Krestnyj-Onežskij-Kloster eine Bastion der liturgischen Reform dar. Hier diente man nach den „neuen Büchern". Andererseits führte die eigenwillige Art des Patriarchen, seine Lieblingsinstitutionen zu versorgen, zu Konflikten mit den vorhandenen kirchlichen Strukturen sowie mit den bäuerlichen Gemeinden. Erstens wurden die kleinen Klöster, Syr'in und Pečenskij, dem Krestnyj-Kloster „zugeschrieben" und verloren damit ihre institutionelle Unabhängigkeit. Obwohl diese Klöster nach dem Beschluss des Konzils von 1667 ihren alten Status wiederbekommen sollten, konnte diese Maßnahme dauerhaften Unmut gegen das neue Kloster verursachen. Zweitens erhielt das Kloster die Gewinn bringenden Salzsiedereien Kuzereckoe und Pol'skoe, die früher dem Soloveckij-Kloster gehört hatten. Drittens wurden dem Krestnyj-Kloster Bauerngemeinden (*volosti*) zugeschrieben, die übrigens ausschließlich im Bezirk Kargopol' und im Kreis Turčasov lagen.[18] Damit entstand die Möglichkeit einer doppelten Auseinandersetzung mit dem neuen Kloster: Es verkörperte die liturgischen Neuerungen und bedrohte gleichzeitig das existierende Gleichgewicht im wirtschaftlichen Leben.

Es nimmt nicht Wunder, dass das erste Zeugnis der Nichtakzeptanz der liturgischen Reform im Bezirk Kargopol' die Rolle des Krestnyj-Klosters ausdrücklich thematisiert. Bei dem von mir im Archiv gefundenen Fragment der Bittschrift handelt es sich um eines der ersten Zeugnisse des Protestes gegen die Reform in der russischen Provinz überhaupt. Im Jahr 1657 oder 1658 schrieb ein Bewohner des Bezirks Kargopol', dessen Name nicht überliefert ist, dem Vorsteher (*stroitel'*) des Krestnyj-Klosters Isajja. Er teilte mit, dass er schon an die Bezirksverwaltung von Kargopol' (*Kargopol'skaja s''ezžaja izba*) eine „Bittschrift mit einer Anzeige" geschickt habe, derzufolge „diese Priester von Turčasov dem Erlass des großen Herrschers und dem Beschluss des Kirchenkonzils trotzen, nach den neuen Dienstbüchern nicht dienen und Wirren und Tumult in Gottes Kirchen veranstalten". „Sie sehend, versuchen einige Priester im Bezirk uns Arme zu beschämen, schimpfen über den Gottesdienst, und schmähen euch Herren, unsere Herrschaften", d.h. diese Priester äußerten sich negativ über die Obrigkeit des Krestnyj-Kloster.[19] Bemerkenswert ist, dass hier zuerst die städtische

18 Materialy dlja istorii raskola za pervoe vremja ego suščestvovanija. T. 2. Akty, otnosjaščiesja k soboru 1666-1667 goda. Moskva 1876, S. 405, 410; Materialy i dokumenty, otnosjaščiesja k istorii Onežskogo Krestnogo monastyrja. Komm. i publ. L.Ju. Astachinoj. In: Paleoslavica. Vol.IX. 2001, S. 143-163, hier 152-153).

19 *„izvetnuju celobitnuju"*, *„čto te turčasovskie popy velikogo gosudarja ukazu i sobornomu uložen'ju činjatca silny, po novym služebnikom ne služat i činjat smutu i mjatež cerkvam Božiim"* (RGADA. Fond 1455 [gosudarstvennye i častnye akty pomestno-votčinnych archivov XVI-XIX vv.], Opis' 5, Nr. 252a). Das Fragment der Bittschrift trägt kein Datum und wird in der Bestandsübersicht anhand der Mitteilung P.M. Stroevs datiert, nach der Isajja das Amt des Vorstehers (*stroitel'*) des Klosters 1658 bekleidete (P.M. STROEV. Spiski ierarchov i

Gemeindegeistlichkeit als Träger der „kirchlichen Wirren“ auftritt und damit der ländlichen Gemeindegeistlichkeit ein schlechtes Beispiel gibt.

Eine ähnliche Lage – eine eher passive Nichtakzeptanz der Reform durch die städtische Gemeindegeistlichkeit – entstand in der Stadt Kargopol‘. Hier war diese Nichtakzeptanz mit der Autorität Evfimijs, des Abtes des Spaso-Preobraženskij-Klosters (1662-1668 und 1674-1677) und Priesterältesten, verbunden. Der altgläubigen „Vita Kornilijs“ zufolge war Evfimij selbst „der alten Frömmigkeit“ zugetan und „diente nach dem alten (Ritus)“. Ein indirekter Beweis für Evfimijs Nichtakzeptanz der liturgischen Reform gibt das Stiftungsbuch des Spaso-Preobraženskij Klosters, in dem die „neu korrigierten Bücher“ erst nach Evfimijs Wechsel ins Aleksandrov Oševenskij-Kloster erscheinen.[20]

In der „Kochzelle (*povarnaja kel'ja*)“ des von Evfimij verwalteten Klosters fanden Flüchtlinge aus dem Soloveckij-Kloster Unterschlupf – die Mönche Ignatij, German (Korovka) und Iosif (Suchoj). Damit entstand eine Beziehung zwischen den Kargopoler Altgläubigen und dem Soloveckij-Kloster, das offen die „neuen Bücher“ ablehnte und während einer mehrjährigen Belagerung (1668-1676) den regierungstreuen Truppen Widerstand leistete. Diese Beziehung existierte wohl auch nach dem Fall des Soloveckij-Klosters. In dem von Evfimij verwalteten Kloster herrschte eine tolerante Stimmung, die nichts mit der späteren Lage im Kargopoler Bezirk gemein hatte. Hier fanden offensichtlich Diskussionen des altgläubigen Mönchs Kornilij, der in einer Einsiedelei in der Umgebung lebte und Kargopol‘ oft besuchte, mit den Anhängern der Reform Sergij und Filofej statt. Bei einer dieser Diskussionen soll Sergij Filofej gesagt haben: „Schweig! Zwar ist die Wahrheit nicht auf unserer Seite ist, aber so soll es sein“.[21]

In dieser Zeit scheint die Nichtakzeptanz der neuen Religion sich auch unter den Laien der Stadt Kargopol‘ ausgebreitet zu haben. Der „Vita Kornilijs“ zufolge gab es in Kargopol‘ viele „gute Leute“; die Posadleute „schützten“ Kornilij vor den Anhängern der „Neuheiten“. Unter diesen erwähnt der Autor der „Vita“ die Isakovy und Kušnikovy.[22] Einige neue Namen werden im „Vinograd rossijskij“ des altgläubigen Chronisten

nastojatelej monastyrej Rossijskija cerkvi. Sankt-Peterburg 1877, S. 818). Es scheint möglich, die Amtszeit Isajjas genauer einzugrenzen. Als Vorsteher des Klosters übernahm er am 30. März 1657 den Klosterschatz. Aber schon am 27. März 1658 wird als Archimandrit des Klosters ein gewisser Stefan erwähnt (Opisi cerkvej Onežskogo Krestnogo monastyrja 1656 i 1657 gg. Publ. Ljudmily A. Astachinoj, in: Paleoslavica. Vol. 5. 1997, S. 277-286, hier 277, 283; Sbornik gramot kollegii ėkonomii. T. 2. Gramoty Dvinskogo, Kol'skogo. Kevrol'sko-Mezenskogo i Važskogo uezdov. Leningrad 1929, Nr. 151, S. 488).

20 DMITRIJ BREŠČINSKIJ Žitie Kornilija Vygovskogo Pachomievskoj redakcii (teksty). In: Drevnerusskaja knižnost‘ po materialam Puškinskogo doma. Leningrad 1985, S. 62-107, hier S. 90; Rossijskaja nacional'naja biblioteka. Rukopisnyj otdel (im Folgendem – RNB) Q.I. 337, L. 200 (1681-2, Psalter mit „vossledovanie“), L. 202 (26. November 1681, Psalter).

21 BREŠČINSKIJ Žitie Kornilija Vygovskogo, S. 89.

22 Wahrscheinlich handelt es sich um Michail Kušnikov, der 1688 zum Opfer einer von ihm organisierten Selbstverbrennung im Černyj-Wald wurde. Der Name „Isakov“ ist sehr verbreitet; trotzdem kann ich eine hypothetische Identifizierung mit Nikita Isakov, dem

Semen Denisov erwähnt. Dazu gehört der Schreiber (*pod'jačij*) Koz'ma Prokošev, den der Chronist als Leser des Neuen und Alten Testaments charakteristiert, welcher die Heilige Schrift nicht nur den Posadleuten, sondern auch den Landbewohnern auslegte. Prokošev diente in der Bezirksverwaltung von Kargopol'.[23] Es ist kein Zufall, dass bei einer solchen „Deckung" alle gegen die Altgläubigen gerichteten Anzeigen (im Sinne der oben erwähnten Bittschrift von 1657-58) im Schreibtisch schmorten.

Eine Wende im Leben der altgläubigen „Gemeinde" in Kargopol' kam um 1670. In diesem Jahr formulierten die Gemeindepriester und die Gemeindemitglieder von Kargopol' eine Bittschrift gegen Evfimij, in der ihm unter anderem der Dienst nach den alten Büchern und die Nichtakzeptanz der „neuen Bücher" zum Last gelegt wurden. Leider ist das farbenfrohe Bild Evfimijs, das von den Autoren der Bittschrift gezeichnet wird, mit den Topoi der innerkirchlichen Polemik des 17. Jahrhunderts beladen. Die weibliche Gesellschaft, die alkoholischen Getränke und sogar die Schießerei aus dem Gewehr sind präsent.[24] Die Bittschrift zeigte Wirkung, und schon am 17. Juni 1670 verwaltete die Kargopoler Geistlichkeit als Priesterältester nicht mehr Evfimij, sondern der Priester der Auferstehungskirche Avtonom Tarasov. Später, 1673-74, wirkte er als Erzpriester. Schon 1675 aber stand an der Spitze der Kargopoler Geistlichkeit eine andere Person – ein gewisser Diakon-Mönch (*ierodiakon*) Filofej. Mit seinem Bruder, dem Priestermönch Sergij, gehörte Filofej zur Umgebung Nikons. Die Brüder begleiteten Nikon auf der Reise, bei der er die Reliquien des Heiligen Metropoliten Filipp nach Moskau holte, und blieben danach in der in den Wäldern des Kargopoler Bezirks verborgenen Čelmogorskaja-Einsiedelei. Der Autor der altgläubigen „Vita Kornilijs" behauptet etwas direkt, dass beide Brüder „aus Moskau von der geistlichen Obrigkeit (*vlasti*) zwecks Stärkung der nikonianischen Lehre geschickt wurden".[25] Die Leitung

Geschworenen des Salzhandels des Krestnyj-Klosters in Kargopol', nicht ausschließen (JUCHIMENKO Kargopol'skie „gari", S. 81. Prim. 43; Kniga soljanoj prodaži (prichodno-raschodnaja) celoval'nika Nikity Isakova, komandirovannogo prodavat' sol' v gg. Kargopol', Ves'egonsk, Tver' i Torzok (s 1 janvarja 1658 g.). In: Palaeoslavica. Vol. VI. 1998, S. 217-226).

23 SEMEN DENISOV Vinograd rossijskij, ili opisanie postradavšich v Rossii za drevlecerkovnoe blagočestie. Moskva 1906, L.107 (Kapitel 67, „Über den Schreiber Koz'ma Prokošev"). Hier gibt es jedoch ein Rätsel. In den von Elena M. Juchimenko veröffentlichten Dokumenten der Kargopoler Bezirksverwaltung wird ein Efrem Timofeev Prokošev erwähnt (JUCHIMENKO Kargopol'skie „gari", S. 92). Es ist klar, dass es sich um ein und dieselbe Person handelt. Die unterschiedlichen Namen könnten sich zum Beispiel durch ein mögliches heimliches Mönchsgelübde erklären.

24 Archiv Sankt-Peterburgskogo filiala Instituta rossijskoj istorii. F. 171. Nr. 166, L. 240ob. und weiter. Diese Bittschrift wurde von V.S. Šul'gin in seiner unveröffentlichen Dissertation benutzt (V.S. ŠUL'GIN Dviženija, oppozicionnye oficial'noj cerkvi v Rossii v 30-ch –60-ch godach XVII veka. Dissertacija... kandidata istoričeskich nauk. Moskva 1967, S. 103-104).

25 DOKUČAEV-BASKOV Cerkovno-prichodskaja žizn', S. 15, 23; KARP A. DOKUČAEV-BASKOV Čelmenskij pustynnik, prepodobnyj čudotvorec Kirill i ego pustyn'. In: Christianskoe čtenie. 1889, Nr. 3-4, S. 498; Istoriko-statističeskoe i archeologičeskoe opisanie Čelmogorskoj mužskoj pustyni Kargopol'skogo uezda Oloneckoj gubernii. Pod red.N. Tokmakova. Moskva 1896, S. 32-33; BREŠČINSKIJ Žitie Kornilija Vygovskogo, S. 89.

der geistlichen Angelegenheiten des Bezirks von der Einsiedelei aus war vielleicht nicht möglich, und schon im nächsten Jahr wurde der Archimandrit des Krestnyj-Klosters Gerasim zum Vorsteher der Kargopoler Geistlichkeit gemacht.[26] Diese Ernennungen zeigen, dass die Lage im Bezirk von Kargopol‘ und das Wachstum des Altgläubigentums auch in Novgorod die Aufmerksamkeit auf sich zogen.

Bauerngemeinden und Altgläubigentum

In dieser Zeit, also in den 1670er Jahren, entstanden neue Siedlungen in den Wäldern von Kargopol‘, die von altgläubigen Laien gegründet und bevölkert wurden. Der „Geistlichen Furche“ zufolge begaben sich die Anhänger des alten Glaubens „ohne Grund seit dem Jahr 180 (1671/72 – A.L.) bis ins jetzige Jahr 191 (1682/83 – A.L.) in die Wälder... und wandten sich von den heiligen Kirchen und von den Beichtvätern ab“.[27] Eine Erwähnung im späteren „Vinograd rossijskij“ erlaubt es, die Gründung der wichtigsten Siedlung der Altgläubigen – Dory – noch genauer zu datieren. Im „Vinograd rossijskij“ erzählt Semen Denisov, dass Boten aus den Wäldern von Dory und aus der Kurženskaja-Einsiedelei zu dem Mönch Trefilij kamen, der im Kirillov-Kloster im Gefängnis saß. Die Boten wollten wissen, ob die in der Zeit des Patriarchen Iosif gedruckten Bücher orthodox seien, und bekamen eine positive Antwort.[28] Das Archiv des Kirillov-Klosters gibt genaue Auskunft über die Todesstunde des Mönchs Trefilij. Er starb „im Jahr 183, in der Nacht auf den 8. Juli“ und „wurde in die Leichenhalle gebracht und mit Erde bestreut“.[29] Also existierte die altgläubige Siedlung in den Wäldern von Dory schon vor Juli 1675.

In der vorhandenen Literatur wird sehr oft eine direkte Kontinuität zwischen den Aktivitäten des altgläubigen Mönchtums - dem Mönch Kornilij und seiner Umgebung - und dieser Umsiedlung der altgläubigen Laien in die Wälder vermutet. Mir scheint aber, dass es sich eher um zwei verschiedene Strömungen handelt, die voneinander relativ unabhängig blieben. Erstens gibt es keinen Hinweis, dass die Siedlung Dory oder eine andere, ähnliche Siedlung irgendwelche Verbindungen mit dem Kreis um Kornilij oder mit den Mönchen des Soloveckij-Klosters hatte – mit einer Ausnahme, die gleich erörtert wird. Im Gegenteil: Die Mönche betrachteten die Siedler von Dory mit einem gewissen Vorbehalt. Als der Mönch Iosif Suchoj sich den Siedlern von Dory anschließen wollte (offensichtlich nach der ersten, aber vor der zweiten Selbstverbrennung), riet ihn der Mönch Ignatij von Solovki ab: „.. Nicht zu deinen Gunsten wird dies sein, Vater, lass‘ sie. Nicht du hast sie gesammelt; sollen die Väter, die sie gesammelt haben,

26 DOKUČAEV-BASKOV Cerkovno-prichodskaja žizn‘, S. 23-24.

27 *„so 180-go leta do sego 191-go leta... ni ot čego v lesy ot‘‘ezžajut..., i ot svjatych cerkvej i ot otcev duchovnych otvratilis‘“* (RNB. O.I.209, L. 52).

28 SIMEON DENISOV Vinograd rossijskij, L. 81 (Kap.50 „Über den bewunderswerten Vater Trifilij“). Über Trefilij s.: MICHELS At War with the Church, S. 101.

29 *„Vo 183-m godu ijulja protiv 8-ego čisla v noci prisyl'noj starec Trefilej umre v Kirilove monastyre pod krugloj bašnej i položen v ubogoj dom i zagreben“* (RGADA F. 196 [F.F. Mazurin]. Op. 2. Nr. 77, L. 1-2, 4ob.).

mit ihnen sterben, du aber wirst deine eigene Leute sammeln". Iosif sollte seinem Lehrer nicht gehorchen und doch nach Dory gehen. Er überlebte die Selbstverbrennung und bereute danach seine eigenmächtige Entscheidung.[30] Auch dass die Bewohner von Dory sich an Trefilij, der mit der Moskauer altgläubigen Gemeinde verbunden war, um Rat wandten, spricht für eine besondere altgläubige Tradition in Dory. Die von Ivan Kirilov und von seinen Mitarbeitern gezeichnete Karte des Kargopoler Bezirks (1730) erlaubt uns, die beiden Strömungen in verschiedenen Gegenden zu lokalisieren. Kornilij und andere Mönche lebten im Westen des Bezirks am See Vodlozero. Dory, wo die altgläubigen Laien sich konzentrierten, befand sich im geographischen Zentrum des Bezirks, nördlich der Stadt Kargopol'.[31]

Die Ansichten der Bewohner von Dory lassen sich auf Grund einer Predigt rekonstruieren, die in der gleichen Handschrift wie die „Geistliche Furche" überliefert ist und vielleicht aus der Feder des gleichen Autors stammt. Besonders wichtig ist, dass diese Predigt schon 1680-81, also vor der ersten Selbstverbrennung, verfasst wurde. Dem Prediger zufolge verbieten die „Pseudogelehrten und Pseudolehrer und Pseudopropheten" von Dory die Heirat und nennen sie einen „Frevel (*skverna*)". Ähnlich äußerten sie sich über die orthodoxe Taufe. Ihre Lehre sei von eschatologischen Prophezeiungen geprägt, von denen viele sich angeblich schon erfüllt hätten. Damit sei auch die Neigung der Bewohner von Dory zur Selbstvernichtung verbunden: Viele von ihnen hätten sich verbrannt oder sich in der Erde vergraben.[32] Diese Ansichten lassen sich als eine frühe Version der Lehre der radikalen Priesterlosen (*bespopovcy*) einordnen, denn für die Geistlichkeit ist hier kein Raum vorgesehen. Wenn wir uns in Erinnerung rufen, dass die Gemeindegeistlichen zu den ersten Vertretern des Altgläubigentums im Bezirk von Kargopol' gehörten, dann wird die Spezifik der religiösen Tradition von Dory noch klarer. In den Ereignissen der Jahre 1683-84 in Dory spielten altgläubige Mönche oder Priester keine Rolle, die Initiative ging ganz von den Laien aus.

Auf diese Dominanz der Laien ist der besondere Charakter von Dory und von anderen, gleichzeitig entstandenen Siedlungen zurückzuführen: Diese Siedlungen stellten ein Zwischenstadium zwischen den „altgläubigen Dörfern" und den „Einsiedeleien" dar. Der Meinung Elena M. Juchimenkos, dass die von „Altgläubigen in abgelegenen, unbesiedelten Orten gegründeten und aus einigen Häusern bestehenden Dörfer" dem „traditionellen, im Pomor'e vorherrschenden küstennahen Typus der Siedlung" entsprachen[33], kann ich nicht zustimmen.

Der wichtigste Unterschied zwischen einer solchen Siedlung und einer Mönchsgemeinschaft bestand im Zusammenleben beider Geschlechter. Dieses Zusammenleben gab den orthodoxen Polemikern Anlass zur Kritik und stellte die spätere fromme altgläubige Chronistik vor solche Probleme, dass die Märtyrer von Dory an den Rand der altgläubigen Erinnerungskultur gedrängt wurden. Es scheint aber, dass dieses Zusammenleben der Siedler und der Siedlerinnen von Dory (unter der Bedingung der

30 IVAN FILIPOV Istorija Vygovskoj staroobrjadčeskoj pustyni. Sankt-Peterburg 1862, S. 67.

31 IVAN KIRILOV Landkarta Kargopol'skogo uezdu. o.O., 1730.

32 RNB. O.I.209, L. 188ob.-206, hier L.189.

33 JUCHIMENKO Kargopol'skie „gari", S. 75.

sexuellen Abstinenz) sich auf ein Vorbild berief. Dies war das Modell der gegenseitigen Verpflichtungen des Klosters mit einem „kleinen“ Stifter (*vkladčik*), bei dem ein Bauer durch eine kleine Stiftung das Recht auf Versorgung im Alter oder im Krankheitsfall bekam. Krank oder verwitwet, kam ein solcher Stifter ins Kloster und konnte mit einem Existenzminimum rechnen. Mit einer gewissen Ironie vergleicht der Historiker S.V. Juškov die Kollegien der Stifter mit einer „Gläubigergemeinschaft, in der die Mönche die Vollmitglieder sind, und die Stifter die Anteilseigner (*tovariščestvo na vere, gde polnymi tovariščami javljajutsja starcy, ..., a pajščikami – vkladčiki*)“.[34] Als ein gutes Beispiel kann eine Autorität unter den Altgläubigen von Dory, der Mönch Andronik, dienen, ein ehemaliger Bauer, der nach seiner Genesung von einer Krankheit, „seinem Gelübde“ gemäß das Mönchsgelübde im Nikolaevskij Padengskij-Kloster ablegte, „weil er da eine Stiftung gemacht hatte“. Gleichzeitig konnte er seine Frau mit dem kleinen Sohn als „Laiin“ (*belica*) beim Kloster unterbringen, wo sie als Kuhmagd in der klösterlichen Wirtschaft arbeitete. Nach Dory übergesiedelt, betrachtete Andronik diesen Ort eher als ein Kloster denn als ein Dorf: Im Verhör bezeichnete er die Häuser der Siedler nicht als Bauernhäuser (*izby*), sondern als „Zellen (*kel'i*)“. [35] Es ist zu vermuten, dass einige Siedler ihre Beziehungen mit der neu gegründeten Gemeinschaft nach diesem Muster strukturierten.

Eine Schwierigkeit besteht darin, dass die wichtigsten Quellen, die das Leben der Siedlung Dory beschreiben, in der letzten Phase ihrer Existenz oder sogar nach ihrem tragischen Ende entstanden. Dies gilt für das schon erwähnte orthodoxe Traktat gegen die Altgläubigen, die „Geistliche Furche“, und für das Traktat des altgläubigen Autors Evfrosin „Polemische Schrift über den neu erfundenen Weg der Selbstmorde“ (*Otrazitel'noe pisanie o novoizobretennom puti samoubijstvennych smertej*), das auch gegen Selbstverbrennungen gerichtet ist, genauso wie für die Untersuchungsakten, die von Elena M. Juchimenko teilweise veröffentlicht wurden. Deswegen belegen diese Quellen die Selbstverbrennungen von 1683 und 1684, nicht aber die Gründe für den Bruch der Siedler mit ihrer Umgebung und ihre Auswanderung in die Siedlung. Und obwohl die Liste der aus dem Feuer geretteten Bewohner von Dory oder die Berichte der Ältesten der Dörfer über die nach Dory ausgewanderten und dort ums Leben gekommenen Bauern als Quellen sehr wichtig sind, bleibt ihre Relevanz hinsichtlich der Bevölkerung der Siedlung, also auch hinsichtlich derer, die nicht zur Selbstopferung bereit waren und bei Ankunft der Regierungstruppen auseinander liefen, fragwürdig. Trotzdem erlauben diese Quellen einige Schlussfolgerungen.

Die Mehrheit der Bewohner von Dory gehörte zu den schwarzen Bauern. Die Präsenz von Klosterbauern ist ebenfalls zu vermuten, aber sie werden nicht direkt erwähnt. Ein Versuch, die soziale Basis der Siedlungen nach der klassischen „sozialen“ dreistufigen Klassifikation zu charakterisieren - arme Bauern, mittlere und Großbauern - ist von vornherein zum Scheitern verurteilt. Einige Bewohner von Dory gehörten zur ärmsten Schicht der Dorfbevölkerung, zum Beispiel Semen Ivanov, dessen Hof die Bewohner

34 S.V. JUŠKOV Očerki prichodskoj žizni na Severe Rossii v XV-XVII vv. Sankt-Peterburg 1913, S. 98.

35 RGADA. F. 159 (Prikaznye dela novoj razborki). Op. 3. Nr. 2129, L. 113-114.

der Gemeinde (*volost'*) Nimetskaja nach der Selbstverbrennung nicht gefunden haben, weil er als „Bobyl' und ohne Frau und Kinder" lebte. Über Afanasij Sergiev teilten die Bewohner mit, dass er „in unserer Gemeinde umherwanderte und Almosen sammelte, aber Hof und Hab und Gut hatte er nicht".[36] Zum Gegenpol im Dorfleben gehörten jene Bauern, die in ihren Dörfern stattliche Wirtschaften hinterlassen hatten. Besonders betrifft dies die „Brüderfamilie" Pavlovy-Varaksiny, die durch die Tragödie von Dory vollkommen ausgelöscht wurde. Diese „Brüderfamilie" besaß „vier Kühe, drei Kälber (*podtelok*) und fünf Schafe". Bei der Familie Anufriev wurden ein Pferd, zwei Fohlen, und „neun (Stück) Hornvieh, und vier Schafe" vorgefunden.[37] Diese Beschreibungen widersprechen der Behauptung E.M.Juchimenkos, dass die altgläubigen „Bauern mit ihrem Gut in die neuen Orte übersiedelten" und dass sie „die belebten Orte verließen, nicht um sich dem Feuer zu überlassen, sondern um zu versuchen, eine eigene, altgläubige Siedlung zu organisieren".[38] Dies scheint nur für einen Teil der Altgläubigen zu stimmen. Der andere Teil erwartete die Erfüllung der Prophezeiungen schon in der nächsten Zeit.

Während unter den Geretteten und „zur Orthodoxie bekehrten" Bewohnern von Dory die Anteile der Männer und der Frauen ungefähr gleich sind (44 und 39), springt der relativ hohe Anteil der unverheirateten Frauen oder der Witwen mit Kindern ins Auge. Von 39 „bekehrten" Frauen waren sieben verwitwet. Um die Proportion deutlicher zu machen, sei angemerkt, dass weitere neun Frauen minderjährig waren.[39] Wenn wir die Minderjährigen ausschließen, ergibt sich ein Verhältnis der verheirateten, unverheirateten und verwitweten Frauen von 1:1:1. Dies erklärt sich möglicherweise damit, dass die allein stehenden Frauen innerhalb der Bauerngemeinde eine unsichere Position hatten und oft zum Opfer der dörflichen Kriminalität wurden.

Andererseits war der Anteil der ehemaligen Mitglieder der erweiterten Familien, zum Beispiel der „Brüderfamilien", relativ groß. Eindeutig bildeten die in einem Haushalt lebenden Vasilij und Jakov Pavlov Varaksiny (Dorf Koltovskoe) beziehungsweise die ebenfalls zusammenlebenden Michail und Vasilij Anufrievy (Dorf Založ'e) eine solche Familie. Es scheint, dass die Widersprüche innerhalb einer „erweiterten Familie", besonders diejenigen, die mit einer bevorstehenden Haushaltstrennung verbunden waren, zum Hinausdrängen der schwächsten Mitglieder und zu ihrer Aussiedlung in den altgläubigen Siedlungen führen konnten. Zur Zahl dieser „Schwächsten" gehörte zum Beispiel Lev Antonov, der auf dem Hof seines Bruders wohnte, oder Ul'jana, die auf dem Hof ihres Onkels lebte (Dorf Šultuskaja).[40]

36 *„žil bobylem, ženy i detej net", „v našej voloste skitalsja v mire Christovym imenem, a dvora i života u nego net"* (RGADA. F. 159 (Prikaznye dela novoj razborki). Op. 3. Nr. 2129, L. 134-135).

37 Ibid., L. 128, 131.

38 JUCHIMENKO Kargopol'skie „gari", S. 76.

39 JUCHIMENKO Kargopol'skie „gari", S. 107-110.

40 RGADA. F. 159 (Prikaznye dela novoj razborki). Op. 3. Nr. 2129, L. 128, 131, 133.

Ursprung und Wirkung der Selbstverbrennungen

Die Gemeinde von Dory zog schon 1681 die Aufmerksamkeit der kirchlichen Obrigkeit auf sich. In diesem Jahr schrieb der Metropolit von Novgorod, Kornilij, der durch seine entschiedene Position bei der Bekämpfung des Altgläubigentums bekannt ist, dem Gouverneur von Kargopol‘, Andrej I. Saltykov, dass die Bewohner des Bezirks weder in die Kirche noch zur Beichte oder zur Kommunion kämen.[41] Der Metropolit befahl auch dem Archimandriten des Krestnyj-Klosters Paisij, der in dieser Zeit offensichtlich das Amt des kirchlichen Vorstehers des Bezirks bekleidete, entsprechende Maßnahmen zu treffen. Im März 1682 informierte Archimandrit Paisij den Metropoliten, dass die Altgläubigen sich in der Gegend von Dory sammelten, weigerte sich aber wegen des langen Wegs und der Gefahr für das eigene Leben, nach Dory zu fahren. Stattdessen wurde eine von dem Priester Grigorij Vasil’ev geführte kirchliche Mission dorthin geschickt. Diese Mission provozierte die erste Selbstverbrennung, im Laufe derer siebzig Altgläubige mit einem gewissen Grigorij Tšannikov an der Spitze starben.[42] Die kleine kirchliche Mission stellte keine Gefahr einer Zwangsbekehrung dar, weil die Übermacht auf der Seite der Altgläubigen war. Hier sei die Hypothese erlaubt, dass der ersten Selbstverbrennung der radikalste Teil der Bewohner zum Opfer fiel, dessen Vertreter schon zur Selbstopferung bereit waren und eigentlich nur einen Anlass dafür suchten. In diesem Fall wäre zu erwarten, dass nach der ersten Selbstverbrennung der Einfluss der Anhänger der Selbstverbrennungen entsprechend schwächer geworden wäre.

Es ist wohl klar, dass weder Archimandrit Paisij noch die Gemeindegeistlichkeit des Bezirks imstande war, die Aufgabe der „Bekehrung“ der Altgläubigen zu übernehmen. Hier war die Position des Gouverneurs des Bezirks entscheidend. Offenbar hatte der Gouverneur zwischen zwei Möglichkeiten zu wählen: den Kampf gegen die Altgläubigen zu führen oder diesen Kampf zu sabotieren. Im ersten Fall bekam er damit eine Möglichkeit, sich gegenüber der Bezirksgemeinde (*vseuezdnoe zemstvo*) und den anderen Strukturen der Selbstverwaltung zu profilieren, womit auch die Unterstützung aus Moskau gesichert war. Im zweiten Fall konnte er mit der Unterstützung der Bevölkerung rechnen, die oft mit den Altgläubigen sympathisierte.

41 RGADA. F. 159 (Prikaznye dela novoj razborki). Op. 3. Nr. 1442, L. 6. Das Schreiben Kornilijs ist nicht überliefert, sein Inhalt lässt sich aber auf Grund der Antwort Saltykovs, die zwischen 15. April un 10. Mai 1681 verfaßt wurde, rekonstruieren.

42 JUCHIMENKO Kargopol’skie „gari“, S. 66-67, 85-88; ELENA M. JUCHIMENKO Vygovskaja staroobrjadčeskaja pustyn‘. Duchovnaja žizn‘ i literatura. T.I. Moskva 2002, S. 209; Otrazitel’noe pisanie o novoizobretennom puti samoubijstvennych smertej. Vnov‘ najdennyj staroobrjadčeskij traktat protiv samosožženija 1691 goda. Soobščenie Ch. Lopareva (PDL CVIII), S. 77. Die „Polemische Schrift“ wurde von Ch. Loparev nach einer ihm zugänglichen Handschrift veröffentlicht. Eine zweite Kopie der „Polemischen Schrift“ (verkürzte Redaktion) habe ich in einer Handschrift der Russländischen Staatsbibliothek gefunden (Rossijskaja gosudarstvennaja biblioteka. Otdel rukopisej. Sobr. 17 (E.V. Barsov). Nr. 229, L. 166-199).

Es scheint, dass wenigstens ein Gouverneur von Kargopol' – der Fürst Vladimir Ivanovič Volkonskij – letztere Möglichkeit bevorzugte. Ich kann allerdings nicht sagen, ob die diesbezügliche Entscheidung dieses Rjurikiden durch reines politisches Kalkül oder durch eigene Verbindungen zum alten Glauben bedingt war. Als Metropolit Kornilij und Archimandrit Paisij ihn um die Suche nach Altgläubigen in der Gegend von Dory und Jangory baten, schickte Volkonskij... den uns schon bekannten Kozma-Efrem Prokošev mit zwei anderen Schreibern der Bezirksverwaltung von Kargopol'! Es ist schwer zu sagen, worüber Prokošev mit seinen Glaubensgenossen sprach, aber nach seiner Rückkehr erzählte er, dass die „Brüder in Dory (*dorskaja bratija*)" versprochen hätten, die Vollstrecker eines gegen die Altgläubigen gerichteten Erlasses zu erschießen. Wie eine Verhöhnung klang auch eine andere Information Prokoševs: Die Bauern des Kargopoler Bezirks könnten nicht zeigen, wo die „Jangory oder Velikie Seen" sich befänden. Dies war eine offene Lüge: Auf der schon erwähnten Karte des Kargopoler Bezirks findet man ohne weiteres „Jan'gory" und den „See Velikoe".[43] Die Sabotage der Mitarbeiter der Bezirksverwaltung wirkte in die gleiche Richtung wie die schwache Koordination der staatlichen und kirchlichen Behörden. Der Archimandrit des Krestnyj-Klosters schrieb dem Metropoliten von Novgorod, der Metropolit von Novgorod schrieb nach Moskau, und aus Moskau wurden Erlasse an den Gouverneur von Kargopol' geschickt.

Die Schwäche der lokalen kirchlichen Strukturen und die offensichtliche Untätigkeit des Gouverneurs zwangen die Regierung zu einem komplizierten Vorgehen, dessen Verlauf in Elena M. Juchimenkos Quellenpublikation gut dokumentiert wird. Aus Moskau wurde der Oberst Fedor Kozin geschickt, der sich schon als Verfolger der Altgläubigen einen Namen gemacht hatte.[44] Mit einer Abteilung Strelitzen drang er aus Cholmogory in den Bezirk Kargopol' vor. Die Offensive der Regierungstruppen erfolgte also aus einem anderen Bezirk, dem Bezirk Cholmogory, und aus einer anderen Diözese, dem Erzbistum von Cholmogory, dem der Erzbischof Afanasij (Ljubimov) vorstand, ein bekannter Gegner der Altgläubigen.

Feodosij Kozins Abteilung näherte sich den altgläubigen Siedlungen im Februar 1684. Was in den Siedlungen in dieser Zeit vor sich ging, lässt sich nur hypothetisch rekonstruieren. Einerseits kann man vermuten, dass es nach der ersten Selbstverbrennung einen Zulauf von Anhängern der religiösen Selbstopferung gab. Anderseits kamen auch gemäßigte Altgläubige in dieser Zeit nach Dory. Zu ihnen gehörte Andronik, der seinem späteren Verhör zufolge „zehn Wochen vor" der Ankunft der Abteilung Kozins nach Dory kam, also zwischen der ersten und der zweiten Selbstverbrennung. In der „Polemischen Schrift über den neuerfundenen Weg der Selbstmorde" heißt es: „Frü-

43 Beide befanden sich südlich des Koževozerskij-Klosters, also relativ weit von Dory entfernt (IVAN KIRILOV Landkarta Kargopol'skogo uezdu). Es scheint, dass die Regierungstruppen diese altgläubige Siedlung nie erreicht haben, obwohl auch dort eine Selbstverbrennung stattfinden sollte.

44 Otrazitel'noe pisanie, S. 81.

her“ lobte Andronik „die Selbstverbrennungen nicht“.[45] Genau dieser Andronik wird in den Untersuchungsakten als einer der Anführer der Altgläubigen in Dory dargestellt. Man kann auch vermuten, dass der Abzug eines Teils der Altgläubigen mit Ivan Vasil'ev Nečaev (Ivan Ul'jachin) an der Spitze auf Unstimmigkeiten unter den Altgläubigen hinweist.[46]

Vielleicht führten die Meinungsunterschiede und der fehlende Wille zur Selbstopferung dazu, dass die zweite Selbstverbrennung weniger Opfer forderte als die erste (47). Den Strelitzen gelang es, 153 Personen aus den Flammen zu retten. Die Mehrheit der Geretteten überlebte allerdings den winterlichen Weg unter der Bewachung der Strelitzen nicht. Dieses Geschehen veranlasste später einen altgläubigen Historiker zu der makabren Bemerkung, dass nur die Würdigen gestorben seien, während diejenigen, die „des Sündenfalls schuldig waren“, gerettet worden seien.[47] Nach der ersten Selbstverbrennung kam es zu einer Kette weiterer Selbstverbrennungen, von denen viele kaum dokumentiert wurden. Nach Schätzung einer altgläubigen Schrift, der „Klage der Mönche des Pomor'e (*Žalobnica pomorskich starcev*)“ (1691), kamen bei diesen Ereignissen im Kargopoler Bezirk „mehr als siebenhundert Männer, Frauen und Kinder“ ums Leben.[48]

Es ist nicht klar, ob das Erscheinen des aus Moskau geschickten neuen Gouverneurs Zlobin, dessen Namen der altgläubige Chronist gern zum Omen macht, eine Routinemaßnahme oder eine Reaktion auf das Verhalten seines Vorgängers war.[49] Es scheint, dass Zlobin die erste der beiden oben genannten Möglichkeiten vollkommen realisierte – die Bekämpfung des Altgläubigentums, die dem Amt des Gouverneurs eine neue Bedeutung geben sollte. Praktisch bedeutete dies, dass die nordrussische Stadt mit ei-

45 RGADA. F. 159 (Prikaznye dela novoj razborki). Op. 3. Nr. 2129, L. 114; Otrazitel'noe pisanie, S. 82. Es ist interessant, dass Evfrosin hier gegen einige „Brandstifter *(zažigateli)*“ polemisiert, die sich diesen Märtyrer anzueignen und ihn als einen Anhänger der Selbstverbrennungen darzustellen versuchten. Die Rolle Androniks ist sehr unklar. Nach der zweiten Selbstverbrennung gefangen genommen, machte er vor seiner Hinrichtung ausführliche autobiographische Aussagen. Aber in diesen Aussagen findet man keine Spur seines Aufenthaltes in den „Einsiedeleien bei Nižnij Novgorod“, über den Semen Denisov und Ivan Filipov informiert waren. Wenn diese Information stimmen würde, zerfiele das von Andronik präsentierte Selbstbild eines „einfachen“ Bauern, während weitgehende altgläubige Beziehungen Androniks zu vermuten wären (DENISOV Vinograd rossijskij, L. 116, Kap. 71 („Über den Vater Andronik von Dory und die anderen“); FILIPOV Istorija Vygovskoj staroobrjadčeskoj pustyni, S. 65).

46 Dies wurde bereits von Elena M. Juchimenko bemerkt (JUCHIMENKO Vygovskaja staroobrjadčeskaja pustyn‘, S. 210, 217).

47 FILIPOV Istorija Vygovskoj staroobrjadčeskoj pustyni, S. 66-67.

48 N.S. DEMKOVA Sočinenija protopopa Avvakuma i publicisticeskaja literatura rannego staroobrjadčestva. Materialy i issledovanija. Sankt-Peterburg 1998, S. 152.

49 DENISOV Vinograd rossijskij, L. 99. In der von A. Barsukov verfassten unvollständigen Liste der Gouverneure von Kargopol‘ wird Zlobin nicht erwähnt (ALEKSANDR P. BARSUKOV Spiski gorodovych voevod i drugich lic voevodskogo upravlenija Moskovskogo gosudarstva XVII stoletija. Sankt-Peterburg 1902). Es ist schwer zu sagen, ob Zlobin in Kargopol‘ selbst oder im benachbarten Städtchen Čaronda als Gouverneur tätig war.

nem früher ungekannten Maß an Gewalt, darunter öffentlichen Hinrichtungen, konfrontiert wurde.

Im März 1684 wurde der Altgläubige Avraamij Leont'ev verhaftet, der die Leiche seines im Gefängnis gestorbenen Vaters gestohlen hatte. Er wurde zuerst auf die Folter gespannt und danach bei Frost „nur in einem Hemd" aufgestellt und mit eiskaltem Wasser begossen. Danach wurde er in einem Holzwerk (*srub*) verbrannt, wobei „eine Menge... zahllosen Volkes mit Rührung und Tränen" zusah. Danach wurden Andrej, der Bruder von Avraamij, mit seiner Tochter Glikerija, ein gewisser Ioann, Afanasij, „der andere" Andrej, Andrej Semigolov, Nikita und Neoila gefasst. Zlobins Befehl zufolge wurden ihnen zuerst die Folterinstrumente gezeigt, danach wurden sie auf die Folter gespannt und mit „glühenden Zangen" gebrannt, und ihnen wurde sogar kaltes Wasser auf das Genick gegossen. Wenigstens fünf von ihnen wurden hingerichtet.[50]

Die Ereignisse von 1683-84 im Kargopoler Bezirk beeinflussten in starkem Maße die Regierungspolitik gegenüber den Altgläubigen. Viele Maßnahmen, die zuerst in diesen lokalen Auseinandersetzungen erprobt wurden, prägten danach das Vorgehen der Regierung im Allgemeinen. So geschah es mit dem Scheiterhaufen, der für die festgenommenen Altgläubigen vorgesehen wurde, die „der Kirche Gottes den Gehorsam" verweigerten. Zuerst erwähnt im Erlass an den Gouverneur Strešnev in Bezug auf die Kargopoler Ereignisse[51], wurde der Scheiterhaufen seit den grausamen „Gesetzesartikeln" von 1685 zur allgemeinen Strafmaßnahme. Auch die Praxis, Bauern aus benachbarten Dörfern als „Beistände (*ponjatye*)" bei der Suche nach Altgläubigen einzusetzen, wurde im Rahmen der Kargopoler Ereignisse erprobt. Dem altgläubigen Chronisten zufolge „banden" und „schlugen" die Beistände in der Zeit der zweiten Selbstverbrennung Menschen, „die nichts Böses getan hatten, wie irgendwelche Räuber und übten (an ihnen) Missbrauch unterschiedlicher Art".[52] Hier gab die Schwäche des Staates Anlass, die orthodoxen Bauern den altgläubigen Bauern gegenüberzustellen.

Der Einfluss der Kargopoler Ereignisse auf das Altgläubigentum war zwar groß, aber nicht so bedeutend, wie man denken könnte. Nicht die Kargopoler Selbstverbrennungen, sondern die Selbstverbrennungen in Paleostrov von 1687 und 1688, die eine beispiellose Zahl von Opfern forderten, provozierten eine Diskussion über die Legitimität der Selbstopferung und führten zu einer Spaltung der Altgläubigen in Bezug auf diese Frage. Schon im ersten Zeugnis dieser Diskussion, in der „Klage der Mönche des Pomor'e" (1690), wurde ein schwerer Vorwurf gegen die Mönche Ignatij und German von Solovki erhoben. Die beiden sollten die Selbstverbrennung von Dory organisiert haben.[53] Erstens findet diese Behauptung in den Untersuchungsakten keine Bestätigung. Sie zu akzeptieren, bedeutet schlicht, den Quellenwert der Untersuchungsakten und die Fähigkeit der Regierung, den Fall zu untersuchen, insgesamt in Frage zu stellen. Zweitens handelt es sich dabei um eine Art „Verschwörungstheorie", weil German und Ignatij die Tragödie von Dory überlebten. Hier nähern sich die Behauptungen der Auto-

50 MICHELS At War with the Church, S. 209; DENISOV Vinograd rossijskij, L. 99-103.

51 JUCHIMENKO Kargopol'skie „gari", S. 101-102.

52 DENISOV Vinograd rossijskij, L. 116ob.

53 N.S. DEMKOVA Sočinenija protopopa Avvakuma, S. 152.

ren der „Klage“ den Behauptungen der orthodoxen Polemiker, die die Organisation der Selbstverbrennungen wandernden altgläubigen Predigern zu Last legten, die selbst vom Selbstmord verschont geblieben seien. Mir erscheint die Existenz solcher „Anstifter“ höchst unwahrscheinlich: Obwohl einige der Anführer der Altgläubigen beabsichtigt haben mögen, eine von ihnen organisierte Selbstverbrennung zu überleben, wurden sie oft in eine Gruppendynamik eingebunden und zur Selbstopferung quasi gezwungen. Das spätere Schicksal Ignatijs von Solovki ist nur ein Beispiel dafür.

Was den Einfluss der Ereignisse von 1683-1684 auf den Bezirk Kargopol‘ betrifft, so wirkten hier die Verfolgungen in die gleiche Richtung wie die Selbstverbrennungen der Altgläubigen. Die altgläubigen Gemeinden von Kargopol‘ wurden bis zur Mitte der 1680er Jahren derart vernichtet oder zerstreut, dass die folgende Generation der Altgläubigen die Erinnerung an diese Ereignisse nicht systematisieren konnte. Damit erklären sich auch die oben konstatierten Lücken und Widersprüche in den altgläubigen Quellen. Die Altgläubigen, darunter der Mönch Kornilij und seine Mitbrüder, flohen nach Karelien. Hier wurde die Koinobie (*obščežitel'stvo*) von Vyg gegründet, die zu einem geistigen Zentrum der Altgläubigen im russischen Norden wurde, während Kargopol‘ seine Bedeutung als Zentrum vollkommen verlor.

Zu Beginn des 18. Jahrhunderts geriet der Bezirk Kargopol‘ unter den Einfluss der Koinobie von Vyg, die hier die Čazenskij-Einsiedelei (*skit*) gründete (1710), danach unter den Einfluss der Anhänger Filips (*Filipovcy*, einer Strömung der Priesterlosen), noch später unter den Einfluss der altgläubigen Strömung der Wanderer (*Stranniki*). Zwischen 1734 und 1745 kam es hier zu einer neuen Serie von Selbstverbrennungen.[54] Alle diese Selbstverbrennungen fanden nach dem gleichen Muster statt: Zuerst kam die Nachricht, dass altgläubige Bauern sich in einem Ort versammelt hatten. Dorthin wurde ein Militärkommando geschickt, bei dessen Ankunft die Selbstverbrennung stattfand. Kaum jemand wurde gerettet, weshalb auch die Resultate der folgenden Untersuchung kaum brauchbar waren. Man vermutete einen Einfluss der Koinobie von Vyg, aber es gab keinen klaren Hinweis darauf. Die Opfer dieser Tragödie, die „Hofbauern“ oder die Bauern des schon erwähnten Krestnyj-Klosters, gehörten normalerweise nicht zu den sogenannten „eingeschriebenen Kirchenspaltern“ (*zapisnye raskol'niki*), sondern wurden von der Obrigkeit als „orthodox“ betrachtet. Dies zeigt, dass das petrinische Angebot, die Freiheit des Gewissens durch eine doppelte Steuerlast zu erkaufen, für die Bauern des Kargopoler Bezirks keine vertretbare Option darstellte. Die dafür notwendigen Mittel fehlten den Bauern. Erst nach dem Erlass Peters III., der die Ermittlungen gegen Kirchenspalter (sledstvie po raskol'ničeskim delam) und damit auch die Aussen-

54 RGADA. F. 1195 (Krestnyj Onežskij monastyr‘). Op. 4. Nr. 72, L. 1-2; FILIPOV Istorija Vygovskoj staroobrjadčeskoj pustyni, S. 75-76; Opisanie dokumentov i del, chranjaščichsja v archive Svjatejšego Pravitel'stvujuščego Sinoda. T. XIV (1734). Sankt-Peterburg 1910, Nr. 373, S. 499-500; Ibid., T. XIX (1739). Sankt-Peterburg 1913, Nr. 500, S. 597-599; D.I. SAPOŽNIKOV Samosožženie v russkom raskole (so vtoroj poloviny XVII veka do konca XVIII v.). Istoričeskij očerk po archivnym dokumentam. Moskva 1891, S. 61, 82-83, 103-105, 107-108; DOKUČAEV-BASKOV Raskol v Kargopol'skom krae, S. 152, 157, 160-161.

dung der nutzlosen und provozierenden Militärkommandos beendete, endete auch die Kette der Selbstverbrennungen.

Bemerkenswert sind die Orte dieser späten Tragödien. Die erste Selbstverbrennung (1734) fand in der Gemeinde Kašinskaja statt, bei einer anderen gingen die Bauern der Gemeinden Nikol'skaja und Kovežskaja in den Kreis Čaronda (1744). Drei Selbstverbrennungen fanden im Mošenskij Kreis (*stan*) (1739, 1741 und 1745) statt, also in fast der gleichen Gegend, wo sich Dory befand. Das zeigt, dass die in der altgläubigen Geschichtsschreibung vergessenen und verdrängten Erinnerungen an die Ereignisse von 1683 und 1684 in der lokalen mündlichen Tradition fortlebten.

Das frühe Altgläubigentum im Kargopoler Bezirk war viel mehr eine autochtone als eine importierte Erscheinung. Nur die allgemeine altgläubige Eschatologie wurde akzeptiert, nicht aber die Autorität der „fremden“ Anführer. Die soziale Basis des Altgläubigentums bildete das „schwarze“ Bauerntum des Bezirks. Dies bedeutet aber keineswegs, dass das Altgläubigentum unerschöpfliche Ressourcen in diesem Bezirk gehabt hätte. Die oben ausführlich dargestellte Chronik der Ereignisse von 1683-84 zeigt eher, dass zwei Selbstverbrennungen und eine Welle von Repressionen das „regionale“ Altgläubigentum ziemlich schnell eliminierten.

Meiner Meinung nach beweist das, dass die offene Bekehrung zum „alten Glauben“ (und die davon untrennbare Übersiedlung in eine altgläubige Siedlung) nur eine Option für die Minderheit des nordrussischen Bauerntums blieb. Die nordrussische Gemeinde war „einig, aber dreifaltig in ihrer Erscheinungen“ (*edin, no troičen v svoich projavlenijach*)“ und stellte gleichzeitig die Dorfgemeinde, die Kirchengemeinde und die niedrigste Stufe der lokalen Selbstverwaltung dar (S.V. Juškov). Ein Austritt aus der Kirchengemeinde war nur als Auswanderung aus der orthodoxen Bauerngemeinde möglich. Zu einem solchen Schritt konnten diejenigen geneigt sein, deren Positionen innerhalb der Bauerngemeinde schwach oder von Marginalisierung bedroht waren. Für ein „durchschnittliches“ Gemeindemitglied bedeutete ein solcher Schritt jedoch einen Bruch mit vielen sozialen Bindungen, also einen sozialen „Sprung ins Nichts“. Es ist nicht erstaunlich, dass die Mehrheit der ländlichen Bevölkerung sich weigerte, eine solche Entscheidung zu treffen. Für das „Bleiben“ sprach auch die relativ gute Machtposition der nordrussischen Kirchengemeinden gegenüber der Gemeindegeistlichkeit - das Recht der Priesterwahl blieb im 17. Jahrhundert ungetastet - sowie der Unwillen, die schon in die institutionelle Kirche getätigten „Investitionen“ zu verlieren. Es sei nur daran erinnert, dass die Kirchengebäude hier normalerweise auf Kosten der Gemeindemitglieder gebaut und die Ikonen auf Kosten der Gemeinde gekauft wurden. Die offene Bekehrung zum Altgläubigentum bedeutete auch in dieser Hinsicht einen Anfang bei Null.

Eine solche Erklärung erlaubt es, einige Schlussfolgerungen hinsichtlich der Hintergründe der Selbstverbrennungen zu ziehen. Für die Aussiedler, die ihre Heimatdörfer verlassen hatten, nahmen die neu gegründeten altgläubigen Siedlungen eine überdimensionale Bedeutung an, sie konzentrierten in sich alle sozialen Beziehungen, die den Altgläubigen übrig blieben. Deswegen versetzte eine reale (oder eine erfundene) Gefahr für die weitere Existenz einer Siedlung die Altgläubigen in eine hoffnungslose Lage, sie fühlten sich an die Wand gedrängt und reagierten positiv auf die Agitation der Anhänger der Selbstverbrennungen. Eine solch massive Überschätzung der Rolle der Gemeinschaft der Glaubensgenossen, die oft nicht ohne tragische Folgen bleibt, wird von Religionswissenschaftlern auch bei den Mitgliedern einiger heutiger religiöser Denominationen bemerkt. Genau diese Selbstidentifizierung mit dem Schicksal der Gemeinde bleibt in der Geschichtsschreibung unbeachtet, während die Einschätzungen der Historiker zwischen der „Verfolgungstheorie“ und der „eschatologischen“ Erklärung schwanken. Während erstere Konzeption die Selbstverbrennungen als Resultat der Repressionen oder als Antwort darauf thematisiert, hebt letztere die Rolle der Endzeiterwartung hervor. Meiner Meinung sind diese beiden Erklärungen nur teilweise anwendbar. Wie schon gesagt, erfolgte die erste Selbstverbrennung in einer Lage, in der die Bewohner von Dory kaum bedroht waren. Und die altgläubige Eschatologie, die überall verbreitet wurde, kann nicht erklären, warum es nur in bestimmten Gegenden, nämlich im russischen Norden und in Sibirien, zu Selbstverbrennungen kam. Wie schon die Autoren der „Klage der Mönche des Pomor'e“ bemerkten, fiel nur der „einfache bäuerliche Stamm (*prostyj poseljanskij rod*)“, nicht die Stadtbevölkerung, diesen Tragödien zum Opfer.[55]

Folgende Schlüsse sind möglich. Erstens wurde das Altgläubigentum in den Kargopoler Bezirk nicht von Flüchtlingen aus dem Zentrum des Moskauer Staates gebracht, sondern entstand hier als Reaktion der lokalen Gemeindegeistlichkeit und des Mönchtums auf die liturgische Reform des Patriarchen Nikon. Meiner Meinung nach stellte diese kurzlebige Opposition der Gemeindegeistlichkeit eine allrussische Erscheinung dar, die sich auch in zentralrussischen Städten nachvollziehen lässt, zum Beispiel in Kolomna. In dieser Zeit prägte die Opposition gegen die Reform die Zentren des Bezirks, Kargopol‘ und Turčasov, während die einzige deutlich linientreue Mönchsgemeinschaft, das Krestnyj-Kloster, an der Peripherie lag. Im Weiteren sollte der „neue Glaube“ in Kargopol‘ siegen und der „alte Glaube“ an die Peripherie des Bezirks gedrängt werden. Zweitens sollten wir zumindest ab den 1670er Jahren nicht von „einem“ Altgläubigentum, sondern von mehreren unabhängigen, sich gleichzeitig entwickelnden Strömungen sprechen. Als dominierend setzte sich eine Strömung durch, die sich doktrinal weitgehend vom Einfluss des Priestertums emanzipierte und sozial mit dem Kargopoler Bauerntum eng verbunden war. Auch dieses Altgläubigentum, das in den 1680er Jahren durch Selbstopferung und Repressionen dezimiert wurde, scheint weitgehend autochthon zu sein. Ob diese Dominanz der „Hiesigen“ gegenüber den „Fremden“ eine Besonderheit Kargopol's darstellt oder auch die anderen Regionen des russischen Nordens – die Bezirke Vologda und Cholmogory, Karelien - prägte, müssten weiteren Regionalstudien zeigen.

55 DEMKOVA Sočinenija protopopa Avvakuma, S.150, 152.

THE MONASTIC REFORMS OF ARCHBISHOP AFANASII OF KHOLMOGORY (1682-1702)*

GEORG B. MICHELS

The establishment of a new eparchy in the far north of Muscovy in March 1682 introduced episcopal power into an area which had remained largely beyond centralized church control since the Middle Ages when Russian settlers had first moved into this area.[1] During the seventeenth century there were more than forty monasteries in this area, ranging in size from formidable monastic foundations such as the Solovki and Antonievo-Siiskii monasteries (with nearly two hundred monks) to small hermitages (with less than ten monks).[2] In this paper I will examine the efforts of Archbishop Afanasii of Kholmogory (1682-1702) to gain control over these monasteries, focusing on the conflicts that were generated when the archbishop investigated, and tried to change, age-old traditions of local monastic life. I will also assess the extent to which Afanasii's reform efforts were successful.

Northern Russian monasteries had developed strong traditions of local autonomy, and were unaccustomed to following church orders. Large monasteries such as Solovki ruled over huge territories with vast trading empires. Smaller monasteries were also involved in trade (often with English and Dutch merchants), and many owned fertile lands, fishing grounds, and mining sites for valuable minerals such as mica, iron ore, and salt. Under the powerful Patriarch Filaret, for example, these northern monasteries had rejected basic

* This article is based, in part, on research materials gathered by the late Jenifer Stenfors. I want to thank my colleague Paul Werth for making these materials available to me, and dedicate this article to her memory.

1 The Kholmogory eparchy comprised the far-flung Arkhangel'sk, Kevropol', Kholmogory, Mezen, Pustoozersk, Pinega, and Vaga districts as well as the vast territories of the Solovki Monastery. Cf. Episkop Makarii, „Khristianstvo v predelakh Arkhangel'skoi eparkhii,“ *Chteniia v Imperatorskom obshchestve istorii i drevnostei rossiiskikh pri Moskovskom universitete* (hereafter *Chteniia*), 1878, bk. 3, 54.

2 It is difficult to estimate the exact number of northern monasteries because small hermitages often existed without official recognition (and were noticed only when they came into conflict with official authority). I have relied here on data presented in Makarii, „Khristianstvo v Arkhangel'skoi eparkhii,“ 9-19; Pavel M. Stroev, *Spiski ierarkhov i nastoiatelei monastyrei Rossiiskiia tserkvi* (St. Petersburg, 1877). Reprinted in vol. 35 of *Bausteine zur Geschichte der Literatur bei den Slaven*, ed. Fedor B. Poliakov (Cologne and Vienna, 1990), 816-35; V. Veriuzhskii, *Afanasii arkhiepiskop kholmogorskii, ego zhizn' i trudy v sviazi s istoriei Kholmogorskoi eparkhii* (St. Petersburg, 1908), 256-58.

disciplinary measures and refused to pay taxes.[3] During the 1660s and 1670s, several of them became embroiled in serious conflict with Moscow over the implementation of Patriarch Nikon's liturgical reforms, a conflict that could only be resolved after the Kremlin's successful military campaign against the Solovki Monastery (1668-76) and the ensuing mass execution of Solovki's rebellious monks.[4]

The Kremlin's military campaign against Solovki created the motivation for the intrusion of church power into the far north. The systematic institutional subordination of the Russian north was initiated by Patriarch Ioakim, who ascended the patriarchal throne in 1674 after having gained first-hand experience with the north's unruly monasteries as metropolitan of Novgorod. One of Ioakim's first acts as patriarch was to assemble a church council that called for the creation of a new bishopric in Arkhangel'sk (sic). Ioakim intended that the new bishop would help the metropolitan of Novgorod „to rule over monasteries and churches," and thus unify a territory that had been splintered into areas nominally claimed by the patriarch as well as the bishops of Rostov, Vologda, and Novgorod.[5] During the following years, this plan was modified several times: in September 1681, for example, it seemed that five new suffragan bishoprics (all subordinated to the metropolitans of Novgorod) would be opened in Kholmogory, Kola, Kevropol', Mezen', and Vaga. However, due to financial constraints and the insistence of prospective suffragan bishops that they be given full authority in their own right (*byt' osobymi, a ne pod mitropolitami podvlastnymi*), the plan was eventually scaled down to one new archbishopric in Kholmogory.[6]

Patriarch Ioakim could not have picked a more devoted or energetic bishop to head the new eparchy. Afanasii had acquired the reputation of a rigorous disciplinarian, having previously demonstrated his reform zeal as abbot of the Dalmatov Monastery (in the southern region of Perm province). He fought determinedly against the corruption and violence that threatened the monastery from within, and stood up to raiders from the

3 M. M. Bogoslovskii, *Zemskoe samoupravlenie na russkom severe v XVII veke*, 2 vols. (Moscow, 1909), 1: 79-97; Sergei F. Platonov, *Proshloe russkogo severa. Ocherki po istorii kolonizatsii pomor'ia* (Berlin: Obelisk, 1924). Reprinted in *Russian Reprint Series*, ed. Alexandre V. Soloviev (The Hague, 1966), esp. 78-80, 85; *Akty, sobrannye v bibliotekakh i arkhivakh Rossiiskoi imperii Arkheograficheskoiu ekspeditsieiu Imperatorskoi Akademii nauk*, 4 vols. (St. Petersburg, 1836) [hereafter *AAE*], 3: 170-73.

4 Cf. Georg B. Michels, „The Solovki Uprising: Religion and Revolt in Northern Russia," *The Russian Review* 51 (1992), no. 1: 1-15.

5 *AAE*, 4: 262-63; P. Smirnov, *Ioakim patriarkh moskovskii* (Moscow, 1881), 11-16; Veriuzhskii, *Afanasii arkhiepiskop kholmogorskii*, 50-59; Ivan M. Pokrovskii, *Russkie eparkhii v XVI-XIX vv; ikh otkrytie, sostav i predely*, 2 vols. (Kazan', 1897-1913), 1: 66-67, 81-83, 86, 89-90.

6 Pavel F. Nikolaevskii, *Patriarshaia oblast' i russkie eparkhii v XVII veke* (St. Petersburg, 1888), 40, 34-40. Several other plans were floated including a plan to create two suffragan eparchies with headquarters in the Antonievo-Siiskii and Pechenskii monasteries. This is very interesting if one considers these two monasteries' determined resistance against Archbishop Afanasii. Cf. Pokrovskii, *Russkie eparkhii*, 1: 320-21 (based on a manuscript found by Sergei I. Belokurov).

Kalmyk, Nogay, and Bashkir tribes who threatened to destroy the monastery from outside.[7] This remarkable resilience brought him to the attention of the Siberian reform bishops Simeon and Kornilii, and eventually to the attention of Patriarch Ioakim who made him a personal attaché in August 1679.[8] After Afanasii assumed his new position in Moscow, he expanded his already considerable erudition under the tutelage of the Chudov monk Evfimii. By the time of his election as archbishop of Kholmogory in March 1682, Afanasii was one of Muscovy's most learned men. Influential contemporaries glorified his departure to Kholmogory as a missionary[9] expedition that would bring church power and spiritual salvation to the remote north.[10]

Shortly after his arrival in Kholmogory in October 1682, Archbishop Afanasii began a careful scrutiny of the monasteries within his eparchy. In December 1682, he sent out agents to visit five hermitages in the Vaga district, an area that had attracted attention for its rebelliousness during the 1670s. The agents were to investigate the monks' moral behavior and verify that the systematic confiscation of old liturgical books by Kremlin agents in the wake of the Solovki revolt had in fact been successful. The abbots were instructed that they now had to pay regular taxes to the episcopal treasury and buy official appointment charters (*nastol'nye*) from the episcopal chancellery in Kholmogory. They were also instructed to travel immediately to Kholmogory to meet the archbishop. The model of the Vaga district investigation was soon applied to all regions of the Kholmogory eparchy and thus permitted episcopal officials to gather data about local monastic affairs.[11]

7 The Dalmatov Monastery escaped destruction during Afanasii's tenure as abbot, but repeatedly fell victim to Kalmyk, Nogay, and Bashkir tribal revolts thereafter. Cf. *Opisanie muzhskogo Uspenskogo monastyria i byvshogo pripisnym k nemu zhenskogo Vvedenskogo monastyria* (Ekaterinburg, 1891), 10-14; Veriuzhskii, *Afanasii arkhiepiskop kholmogorskii*, 10, 16-17.

8 „Kopii s aktov, otnosiashchikhsia ko vremenam Afanasiia arkhiepiskopa Kholmogorskogo i Vazhskogo," *Arkhangel'skie gubernskie vedomosti*, 1869, no. 51, chast' neoffitsial'naia, cols. 5-7.

9 The missionary aspects of Afanasii's church policies towards the orthodox laity and the native population are discussed in Georg B. Michels, „Rescuing the Orthodox: The Church Policies of Archbishop Afanasii of Kholmogory, 1682-1702," in Robert P. Geraci and Michael Khodarkovsky, eds., *Of Religion and Empire. Missions, Conversions, and Tolerance in Tsarist Russia* (Ithaca/London, 2001), 19-37.

10 See, for example, letters by Empress Sophia and Metropolitan Kornilii of Novgorod, in Aleksandr Ivanovskii, ed., „K aktam kholmogorskogo Spaso-Preobrazhenskogo sobora," *Arkhangel'skie gubernskie vedomosti*, 1869, no. 10, chast' neoffitsial'naia, cols. 7-8. On Afanasii's extraordinary erudition, see T. V. Panich, *Literaturnoe tvorchestvo Afanasiia Kholmogorskogo: „Etestvennonauchnye" sochineniia* (Novosibirsk, 1996) and „Pis'mo Evfimiia Chudovskogo Afanasiiu Kholmogorskomu. (K voprosu ob uchastii Afanasiia v perevodakh kontsa XVII veka)," in *Obshchestvennoe soznanie, knizhnost', literatura perioda feodalizma* (Novosibirsk, 1990), 155-61.

11 „Akty i materialy sobrannye v kholmogorskom Spasopreobrazhenskom sobore," *Trudy Arkhangel'skogo statisticheskogo komiteta za 1865 god* (Arkhangel'sk, 1865), 1-96, esp. 19-29; Episkop Makarii, ed., „ Materialy dlia istorii Arkhangel'skoi eparkhii," *Chteniia*, 1880, bk. 2, 1-35,

Archbishop Afanasii had high hopes for his efforts to subsume monastic leaders under his authority. In highly rhetorical encyclicals and memoranda, he called upon abbots and archimandrites to become active educators and preachers. They were to teach ordinary Russians „the word [of God]...with great patience“ and admonish and, if necessary, coerce them to obey church authority. For these selfless actions they would be richly rewarded by Christ. Abbot Varlaam of the Bogoslovskii Monastery in the Vaga district, for example, was instructed to teach local peasants the Our Father, Hail Mary, and the Creed „because these prayers...bring great benefit (*pol'zu*) to all Orthodox Christians.“[12]

Efforts to Reform the Solovki and Antonievo-Siiskii Monasteries

Archbishop Afanasii's optimism was quickly disillusioned during the first year of his tenure. In June 1683, he visited the most important monastery in the Russian north, the Solovki Monastery, whose vast territories comprised the core of the new Kholmogory eparchy. Afanasii discovered that many of the Solovki monks were not living religious lives. Powerful monastic elders (*sobornye startsy*), including tonsured boyars, were competing with each other over lucrative salt production sites (*sluzhby*), and they preferred living in the vicinity of these sites rather than within the walls of the monastery. Their priority was the extraction of mineral wealth for foreign trade, and not the ascetic and coenobitic life advocated by the monastery's founders. Other powerful monks rarely participated in monastic life because they were constantly traveling on allegedly secret (*utaikoiu*) missions to the monastery's estates. Afanasii collectively accused these absentee monks of thievery, corruption, and unlawful behavior (*bezchinstvo*).[13]

Inside the monastery, the situation was hardly better. Afanasii observed that alcoholic beverages were freely available everywhere on the Solovki Islands, and that drinking and smoking were common. In fact, the monks participated in a lively trade in wine and tobacco with foreign merchants. Archimandrite Ilarion had apparently made no attempt to stop this behavior, and Afanasii learned from a handful of informers that Ilarion was not really in control of his own monastery. „Strongmen who were full of mischief (*sil'nye*

esp. 8; F. Khorevich, ed., „Sbornik aktov kholmogorskogo Spasopreobrazhenskogo sobora,“ *Arkhangel'skie gubernskie vedomosti*, 1869, no. 5, chast' neoffitsial'naia, cols. 3-7 (charter dated from December 1687).

12 *Akty kholmogorskoi i ustiuzhskoi eparkhii,* pts. 1-3 (St. Petersburg, 1890-1908) (=vols. 12, 14, 25 of *Russkaia istoricheskaia biblioteka*), 2: 465, 475-77; F. Khorevich, ed., „Sbornik aktov kholmogorskogo Spasopreobrazhenskogo sobora, "*Arkhangel'skie gubernskie vedomosti*, 1869, no. 10, chast' neoffitsial'naia, cols. 3-5 (charter dated August 20, 1690).

13 Arkhimandrit Dosifei, *Geograficheskoe, istoricheskoe i statisticheskoe opisanie stavropigial'nogo pervoklasnogo Solovetskogo monastyria*, 3 vols. (Moscow, 1836), 3: 241-50, esp. 244-46; Aleksandr P. Golubtsov, *Chinovniki kholmogorskogo Preobrazhenskogo sobora* (Moscow: Izd. Imper. Obshchestva istorii i drevnostei rossiiskikh pri Moskovskom universitete, 1903), 141-49.

ozorniki)," and included members of the monastic council, were constantly forming alliances and fighting each other for supremacy. In the resulting chaos (*smuta*), exiles were freed from prison and allowed to walk around the monastery as they pleased.[14]

Afanasii was shocked by his visit to Solovki and after returning to Kholmogory, he wrote an angry memorandum demanding Solovki's immediate subordination to his authority. The letter called on Archimandrite Ilarion to subdue „depraved and selfish troublemakers" and „enemies of God" and thus restore the spiritual mission of the monastery. Monks who „did not follow the tradition of the Holy Fathers and keep their monastic vow" were to be arrested, shackled, and beaten in front of the entire community. Absentee monks who had left the monastery with some secret agenda of their own were to be tracked down by search parties (*krepkie pogoni*) and publicly punished as a warning to others. Anyone who dared to disobey the archimandrite's disciplinary actions was to be reported immediately to the episcopal chancellery in Kholmogory and subjected to „church punishment" (*tserkovnaia kazn'*). And as if this warning were not enough, Afanasii threatened to turn the unruly monks over to secular authorities who would punish them in the name of the tsar.[15]

It appears, however, that Afanasii's memorandum had hardly any effect. For the rest of his episcopal career, Afanasii remained at loggerheads with the Solovki Monastery and much of his energy was consumed by these perpetual conflicts. In January 1687, Afanasii finally managed to force Archimandrite Ilarion out of office and install his own candidate, a monk named Innokentii. Shortly afterwards, the new archimandrite launched an investigation into the whereabouts of ca. four thousand rubles which some monks had allegedly buried „in a small monastery" situated somewhere on Solovki's territory. The money was never located and the frustrated Archimandrite Innokentii remained powerless to impose his will over the unruly monks. Innokentii finally abdicated his position in June 1689.[16]

Innokentii's successor, Archimandrite Firs, had the endorsement of the Solovki monks and was completely unwilling to cooperate with Archbishop Afanasii. This became painfully obvious in the course of investigations conducted by episcopal agents during the mid 1690s. Never before, not even during the vicious conflict with the Kremlin two decades earlier, had the behavior of the Solovki elite been investigated in such detail. Numerous rank-and-file monks and laymen living on the monastery's hinterlands cooperated with episcopal authority, and the large volume of meticulously assembled evidence allowed Archbishop Afanasii to send a series of devastating reports to Patriarch Adrian (1690-1700), the head of the Russian Orthodox Church.[17]

14 Dosifei, *Opisanie Solovetskogo monastyria*, 3: 246-48.

15 Ibid., 241-43, 245-48.

16 Veriuzhskii, *Afanasii arkhiepiskop kholmogorskii*, 282 (summary of charter dated April 1687 from Solovki archive); Dosifei, *Opisanie Solovetskogo monastyria*, 1: 172-73; Stroev, *Spiski ierarkhov*, 817. It is unclear to which small monastery the monks referred. For information about hermitages located in the territory of the Solovki Monastery, see Dosifei, *Opisanie Solovetskogo monastyria*, 2: 313-415.

17 For a summary of these reports, see G. A Skvortsov, *Patriarkh Adrian ego zhizn' i trudy v sviazi*

The most extensive of these reports, dispatched to the patriarchal court on June 14, 1695, accused Archimandrite Firs of sheltering a rapacious group of monks that was plundering the monastery's wealth. The monk Varsonofii, the former client (*kholop*) of a boyar, was one of the worst offenders. According to Afanasii, Varsonofii had only become a monk in order to enrich himself. In his capacity as the monastery's chief administrator in the town of Suma, an important trading outlet on the White Sea littoral, Varsonofii was known for his ruthless violence: Russian merchants who refused to pay racketeering money were beaten and tortured until they paid; others were ambushed on their way to or from Suma and all their merchandise was stolen. Local peasants fared even worse. Varsonofii and his cronies regularly descended upon peasant villages and threatened to murder peasant elders unless bribes were paid. Peasants also reported that Varsonofii and his gang had raped their wives and daughters.[18]

Archbishop Afanasii, apparently anticipating the patriarch's disbelief, implored Adrian „in front of Our Savior and Lord Jesus Christ" to trust his report. He himself had found it difficult to believe the harrowing stories that had reached him through the petitions of merchants and peasants. However, his agents had verified the stories and „good and trustworthy monks" from Solovki had provided conclusive evidence: monk Varsonofii was indeed the leader of a criminal network that was not accountable to anyone and acted entirely according to personal whims. In fact, Varsonofii had only laughed when he heard about the archbishop's investigation and bragged that „[he] feared nobody (*ia de neboius' nikogo*)." Peasants who tried to stop Varsonofii's excesses risked losing their lives.[19]

Several sections of the report were written from the perspective of local peasants and conveyed a lot of anger. One section focused on a particularly scandalous incident in which peasants had surprised one of Varsonofii's cronies, the monk Damask, in the act of rape. The monk had then pulled a knife and stabbed one of the village elders to death. Two other peasants were seriously injured. To prevent these victims from testifying against Damask, Varsonofii had thrown them into prison where „they were beaten so that they would die more quickly." The writer of the report observed that such vicious brutality, which absolutely enraged peasants, was quite typical.[20] Another report dated October 2,

s sostoianiem russkoi tserkvi v poslednee desiatiletie XVII veka (Kazan', 1913), 87-94. On Firs' long and unchallenged tenure as archimandrite (1689-1718), see Dosifei, *Opisanie Solovetskogo monastyria*, 1: 173-83.

18 This report supplemented an earlier report dispatched in January 1695. Cf. Skvortsov, *Patriarkh Adrian*, 87; F. I. Bulgakov, ed., „Grammaty patriarkha Adriana i arkhiepiskopa Kholmogorskogo Afanasiia o Solovetskom monastyre," *Pamiatniki drevnei pis'mennosti* 3 (1879), 1-38, esp. 9-10, 14-22. Facsimile reproductions of handwritten excerpts from the letters exchanged between Patriarch Adrian and Archbishop Afanasii of Kholmogory can be found in *Numernyia izdaniia Obshchestva liubitelei drevnei pis'mennosti* 22 (1878), Otdel'nye listy, nos. 50 and 65. I thank Edward Kasinec of the New York Public Library's Slavonic Division for calling my attension to this extraordinary series of facsimile reproductions.

19 Bulgakov, „Grammaty patriarkha Adriana i arkhiepiskopa Afanasiia," 12-13, 16.

20 Ibid., 14-15.

1695 provides further confirmation about the culture of violence that permeated monastery life. It contained detailed information about knife-carrying monks and deadly knifings at the Solovki Monastery. Such incidents occurred even in the cell of Archimandrite Firs, who was in the habit of having drunken orgies with his retainers.[21]

Much to Archbishop Afanasii's frustration, Patriarch Adrian sided with the Solovki elite. In a short and curt letter, the patriarch informed Afanasii that Archimandrite Firs had visited him in Moscow and assured him that everything was in good order at the Solovki Monastery. If there were indeed any minor problems, „the Almighty Lord...would mend everything to the better and provide." Afanasii should turn to the Almighty for help and not bother him anymore with such trifling matters. And, by the way, Afanasii should not criticize Archimandrite Firs for traveling to Moscow without episcopal permission; only the patriarch had the authority to supervise the many different affairs of the Solovki Monastery.[22]

Afanasii tried to assuage the patriarch by explaining that he had not been acting arbitrarily and had, in fact, followed the customary protocol by informing Archimandrite Firs about his intention to investigate crimes committed at Solovki before proceeding. But Patriarch Adrian's pronouncement was final. In vain were Afanasii's demands that the worst perpetrators be turned over to the episcopal court in Kholmogory for interrogation, and in vain were his accusations against the Solovki elite for supporting and harboring schismatics. Afanasii concluded that the monastic elite's „cunning and artificial rhetoric" (*khitrokhudozhestvennoe ritoroslovie*) served merely to camouflage their secular excesses and to appease influential supporters among the Muscovite elite.[23]

In the end, the machinations of Archimandrite Firs prevailed. The Muscovite elite, both secular and religious, proved unwilling to give up the myth of Solovki's great holiness. Powerful churchmen and boyars continued to make donations to the monastery and asked the monks to pray for their souls.[24] Even Tsar Peter Alekseevich, Afanasii's friend and supporter, failed to provide any assistance. Perhaps the tsar's reluctance can be attributed to his need for the monastery's enormous cash resources, and after 1700, for its logistical support in defense of the far north against invading Swedish troops. In any case, it is interesting to note that Peter I. visited Solovki on two occasions and at least twice donated several hundred rubles to the monastery to have the monks pray for his soul. Although the

21 Ibid., 30-33.

22 Ibid., 25-26.

23 Ibid., 18-19, 28, 35-36.

24 One must consider that church and Kremlin had closely cooperated in the selection of the monks who replaced the executed rebels in 1676. An entirely new monastic elite had been formed that derived its legitimacy from connections with leading hierarchs and boyar families. On donations to the monastery by male and female members of the Romanov clan, members of the Morozov, Streshnev, and Miloslavskii clans (to mention just a few), and powerful hierarchs (such as Ignatii Rimskii-Korsakov of Tobol'sk), see Dosifei, *Opisanie Solovetskogo monastyria*, 1: 172, 229-30; 3: 237-41.

tsar later undertook a monastic reform project of his own, he apparently exempted the Solovki monks from any disciplinary measures.[25]

During the entire period of Afanasii's tenure as archbishop, the obstreperousness of the Solovki Monastery placed great obstacles in the way of episcopal efforts to reform northern monasticism. Events at the Antonievo-Siiskii Monastery, located on the Northern Dvina to the south of Kholmogory, illustrate a similarly pervasive crisis of episcopal authority that remained unresolved. Abbot Feodosii, accustomed since the early 1640s to ruling the Antonievo-Siiskii Monastery without any opposition, considered himself the sole arbiter of local church affairs.[26] For example, he appointed parish priests, managed the affairs of the hermitages under his control, and essentially treated the monastery and its territories as his personal fiefdom. Archbishop Afanasii questioned these practices, but without much success. Feodosii and his supporters only pretended to cooperate with Afanasii, but then forged documents and, to use Afanasii's own language, „acted in secrecy and lied, forgetting their monastic vows." To further bolster his position vis-à-vis the new archbishop, Feodosii even traveled to Moscow to remind the tsar that the monastery's great privileges had been granted by Patriarch Filaret, the father of the Romanov dynasty.[27]

Feodosii's death in October 1687 opened an unprecedented opportunity for Afanasii. With the support of Patriarch Ioakim, the predecessor of the indifferent Patriarch Adrian, Afanasii managed to install his own candidate, Abbot Varsonofii (not to be confused with the Solovki monk of the same name), at the monastery. However, this success was only short-lived. Abbot Varsonofii was soon confronted with so much opposition and hatred that he ruled in name only.[28]

In May 1692, Varsonofii fell victim to an intrigue spun by the monastery's treasurer, monk Nikodim, who was a declared enemy of Archbishop Afanasii. During one of Nikodim's long sojourns in Moscow, he had befriended the patriarchal treasurer Paisii. Paisii was not only in charge of the Patriarch's Finance Office, but he was also the right hand of Patriarch Adrian. On May 4, 1692, the newly elected Patriarch Adrian dealt a deathblow to Archbishop Afanasii's aspirations to bring the Antonievo-Siiskii Monastery under episcopal control. Responding to Paisii's urging, Adrian deposed Varsonofii and replaced him with Nikodim. Raised to the prestigious rank of archimandrite, (whereas Varsonofii had only been abbot), Nikodim saw no further reason to obey Archbishop

25 Ibid., 1:175-83, 230. On Petrine monastic reforms, see James Cracraft, *The Church Reform of Peter the Great* (New York, Toronto, 1971), 85-90; Igor Smolitsch, *Russisches Mönchtum Entstehung, Entwicklung und Wesen 988-1917* (Würzburg, 1953), 383-90.

26 On the power of the Antonievo-Siiskii Monastery in the Russian north and its close affiliation with the patriarchal see (since the times of Patriarch Filaret who had lived in exile at the monastery during the Time of Troubles), see Episkop Makarii, „Istoricheskie svedeniia ob Antonievo-Siiskom monastyre," *Chteniia*, 1878, bk. 3, 67-68, 73, 76-78 and *AAE*, 3: 240-42, 380-81.

27 Makarii, „Istoricheskie svedeniia ob Antonievo-Siiskom monastyre," 58-66, 69-70, 99; Veriuzhskii, *Afanasii arkhiepiskop kholmogorskii*, 312-13.

28 Makarii, „Istoricheskie svedeniia ob Antonievo-Siiskom monastyre," 100; Stroev, *Spiski ierarkhov*, 821.

Afanasii, and the monastery and its hinterlands soon degenerated into chaos. Shortly before his death in 1702, Archbishop Afanasii had to concede that all his efforts in regard to the Antonievo-Siiskii Monastery had been in vain.[29]

Confrontations with Smaller Monasteries

Archbishop Afanasii was not able to subdue the largest and most powerful monasteries in the Russian north.[30] Were the abbots and monks of less powerful monasteries more easily controlled? A handful of smaller monasteries maintained close connections with Moscow, and some used these ties to protect themselves against the interference of Archbishop Afanasii. The best documented example is the Pertominskii Monastery, whose Abbot Mikhail enjoyed the support of the highest Kremlin authorities.[31] Afanasii had visited the monastery in June 1683 and personally inspected the liturgical books and vestments in the monastery's sacristy (*riznitsa)*. On this occasion, Abbot Mikhail had proudly displayed donations that he had received from the tsar, among them „a large shroud from the Holy Sepulchre." Afanasii soon came to understand the significance of this symbolic act: Abbot Mikhail's allegiance was to the Kremlin, and not to the archbishop.[32]

During the following years, Archbishop Afanasii gathered considerable evidence against Abbot Mikhail. He discovered, for example, that the abbot had a mistress, a nun who was living with him at the Pertominskii Monastery. During one of Abbot Mikhail's frequent trips to Moscow, he had disguised his mistress as a monk and hidden her in a lock-room (*chulan*) at the Moscow court (*podvor'e*) of the Trinity Monastery. But according to Archbishop Afanasii, Abbot Mikhail was not monogamous: he led a life of great debauchery and had raped many peasant women. A monastic servant had been murdered after protesting the rape of his wife, and the wife „had also been found dead." A woman living

29 Afanasii's appeals to replace greedy monks, who plundered and tortured local peasants, with „good and experienced monks" fell on deaf ears, and repeated visits by episcopal emissaries likewise had no apparent impact. See Veriuzhskii, *Afanasii arkhiepiskop kholmogorskii*, 315-17 (summary of materials from monastic archive); Makarii, „Istoricheskie svedeniia ob Antonievo-Siiskom monastyre," 67, 84-87, 100, 111-14 (including information about the official Paisii who also happened to be one of the monastery's most important depositors).

30 Church efforts to break the immense powers of the Krestnyi Monastery had begun already after the exile of Patriarch Nikon (who was the monastery's founder and principal promoter), see ibid., 68 and Episkop Makarii, „Istoriko-statisticheskoe opisanie zashtatnogo Pertominskogo monastyria," *Chteniia*, 1881, bk. 4, 14.

31 On the monastery's close relations with members of the Romanov dynasty (including Tsar Fedor Alekseevich and the sisters of Tsar Aleksei Mikhailovich), see Arkhimandrit Amvrosii, *Istoriia rossiiskoi ierarkhii*, 6 vols. (Moscow, 1807-1815), 5: 512-14. Other monasteries with close relations to the Kremlin included the Shenkurskii Troitskii and Kandalazhskii monasteries, ibid., 4: 342, 6/2: 724-27.

32 Makarii, „Istoriko-statisticheskoe opisanie zashtatnogo Pertominskogo monastyria," 5-6, 11; Golubtsov, *Chinovniki kholmogorskogo Preobrazhenskogo sobora*, 140-41.

at one of the monastery's salt production sites who apparently had carried Mikhail's baby was so badly beaten by the abbot that she aborted the fetus.[33]

Numerous witnesses reported other violent excesses perpetrated by Abbot Mikhail. Monk Timon, for example, who never received monastic garb when he entered the monastery, was badly beaten after requesting to be dressed properly as a monk. Merchants from Kargopol' were ambushed by a raiding party under the leadership of the abbot and „mercilessly beaten with clubs." And a village clerk was flogged to death for refusing to hand over his boat to the abbot. No one dared to interfere with the ruthless abbot who bragged that he „enjoyed the sovereign's grace and always had unrestricted access to the sovereign's mansion (*pozhalovan vkhodit' v ikh Gosudarskie khoromy vsegda ne-vozbranno*)."[34]

Only a regime change in the Kremlin in September 1689 gave Archbishop Afanasii the opportunity to make his case against the powerful Abbot Mikhail. An investigation conducted by the patriarchal court under the auspices of Patriarch Ioakim (1674-90) confirmed all of Afanasii's accusations, and the patriarch himself issued an order (*ukaz*) exiling Abbot Mikhail to Siberia. Thus, a political transition in the Kremlin as well as the help of the highest-ranking Muscovite churchman was required in order for Afanasii to impose his authority over the small Pertominskii Monastery.[35]

Another small northern monastery that presented formidable opposition was the Pechen-skii Monastery on Kola Peninsula. Since the middle of the sixteenth century, the Pechen-skii monks had dominated trade along the Murmansk coast from the mouth of the White Sea all the way to Norway. Their ships traveled regularly along the Norwegian coast, and in return Norwegian ships were permitted to moor at the monastery. Dutch and Danish sea captains signed contracts with the enterprising monks to receive deliveries of fish, salt, fur, and other raw materials directly on the ships. However, the monks' enormous wealth was not only due to foreign trade. They also established a rather oppressive tax regime in order to exploit the labor of the indigenous Lapp population. And the monks received rich donations from Russian merchants who passed through the area to pray for protection against the dangers of the northern seas at the grave site of the monastery's legendary founder, St. Trifon.[36]

Archbishop Afanasii was angered that the ascetic ideals of monastic life „had been suppressed by the material and secular interests" of the enterprising monks.[37] They were

33 Gosudarstvennyi istoricheskii muzei (GIM), Sinodal'noe sobranie svitkov, no. 110 (as summa-rized in Veriuzhskii, *Afanasii arkhiepiskop kholmogorskii*, 277-78).

34 Ibid.

35 Makarii, „Istoriko-statisticheskoe opisanie zashtatnogo Pertominskogo monastyria," 15-16.

36 Isaak U. Budovnits, *Monastyri na Rusi i bor'ba s nimi krest'ian v XIV-XVI vv.* (Moscow, 1966), 264-69; Amvrosii, *Istoriia rossiiskoi ierarkhii*, 4: 579-85, esp. 582; Platonov, *Proshloe russkogo severa*, 79; Makarii, „Khristianstvo v Arkhangel'skoi eparkhii," 35.

37 Afanasii's attitude toward the Kola monks is accurately reflected in this quote from the Russian scholar Bogoslovskii who studied the economic and social fabric of Russia's northern-most monasteries. See Bogoslovskii, *Zemskoe samoupravlenie na russkom severe*, 1: 80. One can

constantly fighting over the appropriation of the monastery's plentiful resources, and their relatives participated in these quarrels as well. During the early 1690s, a handful of monks belonging to powerful merchant and musketeer families from the Kola Posad had seized control of the monastery. The monk Silvestr, for example, had entered the monastery only three years earlier and was now robbing large sums from the treasury in order to provide for an extended family that included „sisters, married sons, nephews, and many [other] relatives.“ The monk Kalist, who had also only recently taken his monastic vows, stole from the treasury in order to take care of his son and brothers. Like other monks, Kalist frequently absented himself from the monastery to visit his family, and it was not unusual for him to be seen in the local tavern so drunk „that he could not even leave [the premises].“ Finally, the monk Arsenii, who was the youngest and most energetic of the group, had been sent into the monastery by his mother and his uncle „to organize robberies from the monastery's surpluses.“ Arsenii could more frequently be found in the local tavern than in the monastery.[38]

Archbishop Afanasii, who deeply believed in the spiritual mission of Russian monasticism, was appalled by the Pechenskii monks' decidedly non-monastic way of life. In April 1696, he replaced Abbot Iosif, who was away on business in Moscow, with monk Pavel. An episcopal agent, who had gathered information from a local parish priest, had identified Pavel as the only monk „living ... a god life *(zhitie...prekhodit dobroe)*“ in the monastery. Afanasii also replaced the old and nearly blind treasurer (*kaznachei*) with „a well-meaning monk chosen from one of [the Kholmogory] monasteries.“ While Afanasii was sure of the new treasurer's loyalty, he apparently harbored some doubts about Abbot Pavel. Pavel was ordered to come immediately to Kholmogory where he was to stay over the summer and fall to receive basic training in the monastic and liturgical traditions of the Russian Orthodox Church.[39]

However, Archbishop Afanasii was gravely mistaken when he assumed that Abbot Pavel would eradicate rampant corruption and drunkenness at the monastery. Rather than „disciplining the monks and...beating them mercilessly with whips,“ Pavel quickly formed an alliance with the worst troublemakers and gave his own family access to the treasury. By the end of the 1690s, monastic discipline had totally broken down: Pavel's children participated in drunken orgies with him at the monastery; the monks paid regular visits to local bathhouses; women were regular visitors in their monastic cells; and the local Lapp population was in uproar because the monks systematically assaulted and plundered them.[40]

In response to the monastery's continuing insubordination, Archbishop Afanasii finally

also apply Budovnits' astute observation that the monks had become entrepreneurs „who were striving to foster their economic interests under the guise of a monastery“ (Budovnits, *Monastyri na Rusi*, 264).

38 Makarii, „Materialy dlia istorii Arkhangel'skoi eparkhii,“ 18-20. At least two of the Pechenskii monks had entered the monastery after their family businesses had gone bankrupt in order to escape heavy debts and poverty.

39 Ibid., 21-22.

40 „Akty i materialy v Spasopreobrazhenskom sobore,“ 39-42.

took drastic action. In May 1701, he procured a charter from Peter I. that permanently „ascribed“ (*pripisal*) the Pechenskii Monastery and its vast hinterlands to the episcopal see of Kholmogory. In August 1701, Afanasii's agents arrived at Kola with a copy of the Petrine charter and deposed Abbot Pavel. The subsequently exiled Pavel was then succeeded by the monk Lavrentii, a powerful official in the episcopal palace and personal protégé of Archbishop Afanasii. The monastery's vast economic resources were also to be managed by a reliable treasurer, the monk Isaiah from Kholmogory. Abbot Lavrentii soon purged the monastery of all „fornicators (*bludnye*) and evil people,“ and kept the monks' relatives away by force in order to establish his own authority. The monastic community was then subjected to strict discipline: alcohol consumption and food intake were drastically reduced and contacts with females were strongly forbidden. Troublemakers were put into chains and severely beaten.[41]

There is evidence that Archbishop Afanasii used similar methods to gain control over other small monasteries. In 1684, Abbot Kiril of the Arkhangel'skii Monastery in Arkhangel'sk was replaced with Archpriest Peter of Kholmogory, a zealous supporter of Afanasii's reform policies. In 1685, Abbot Diodor of the Novoprilutskii Monastery was deposed for committing random acts of rape, child molestation, and sodomy. His deputy, Superior Tikhon, suffered the same fate for helping the abbot establish a tyrannical regime in which sexual assault and other forms of violence had become daily occurrences.[42] And in 1694, Abbot Iosif of the Krasnogorskii Monastery was removed from office for using the monastery's funds to build himself luxurious living quarters. These were only the most spectacular cases which left significant trails in the records of the episcopal archives.[43]

However, the appointment of a loyal and reform-minded abbot did not necessarily mean that Archbishop Afanasii was in a position to impose his authority. After all, the new abbots had to face the anger of powerful local families who were now denied access to monastic wealth. This could lead to violent conflicts, as demonstrated by the frightened pleas for help by several of Afanasii's appointees. A typical case involved the newly appointed Superior Iakov of the Verkhvezhemskaia Hermitage in the Vaga district. Iakov was instructed to reform the hermitage, that is, lead regular church liturgies (according to the new rites) and strictly enforce monastic rules. However, he faced insurmountable

41 Ibid., 41, 43-44, 50-52; Amvrosii, *Istoriia rossiiskoi ierarkhii*, 4: 585. Curiously enough, the takeover of the monastery occurred just after Abbot Pavel had signed two lucrative contracts with Dutch merchants for the delivery of large quantities of fish and other commodities. These contracts were honored by Archbishop Afanasii („Akty i materialy v Spasopreobrazhenskom sobore,“ 44-50, 52-58), suggesting that his takeover of the monastery might have been motivated by economic considerations as well as religious ones.

42 Amvrosii, *Istoriia rossiiskoi ierarkhii,* 3: 305; Veriuzhskii, *Afanasii arkhiepiskop kholmogorskii,* 279.

43 V. Chelmogorskii, „Istoricheskoe opisanie Krasnogorskogo monastyria,“ *Chteniia*, 1880, bk. 3, pt. 1, 1-131, esp. 90-92. For similar interventions in other monasteries, see *Istoricheskoe opisanie prikhodov i tserkvei Arkhangel'skoi eparkhii*, 2 vols. (Arkhangel'sk, 1894), 2: 93-94; Veriuzhskii, *Afanasii arkhiepiskop kholmogorskii*, 291, 293 fn. 100.

difficulties: in the past, a local peasant strongman named Fedor Kokora had handpicked his own candidates for abbot and, only a year earlier, he had chased away Archbishop Afanasii's appointee. During a conversation at the episcopal palace in October 1684, the newly appointed abbot asked Archbishop Afanasii how he was to deal with the powerful Kokora who was the monastery's richest depositor (*vkladchik)* and basically considered the monastery as his private property. For example, how was he, Iakov, to prevent Kokora from using the monastery as a beer brewery? And how was he to prevent Kokora from entering the monastery and beating up everyone (as had happened in the past)? Archbishop Afanasii's response is revealing: Iakov was to trust in God and live a life that would lead him to spiritual salvation. We don't know how Iakov fared, but it seems likely that he did not fare much better than his predecessor.[44]

The obstacles confronting the archbishop were truly formidable. Suffice it to enumerate only the most important ones: large distances and poor communications; lack of qualified candidates for abbot (since the bishop was hesitant to part with too many of his officials); the great power of depositors (who often lived inside the monastery); the absence of any strict boundaries that separated monks from their relatives and neighbors (who walked in and out of the monastery as they pleased); the frequent company of women and children; the illiteracy of nearly all the monks; the monks' ignorance of the new liturgy (and even the old liturgy) as a result of their general inability to read church books; the monks' frequent failure to conduct any church services (especially in faraway hermitages that lacked ordained priests); the importance of commercial incentives and the concomitant demise of spiritual priorities; the habitual sheltering of itinerant monks and runaway serfs (especially in smaller hermitages); and finally, the frequent presence of nuns in male monasteries.[45]

Archbishop Afanasii must have realized that he could not change these deeply entrenched social realities of northern monasticism overnight. Thus, he gradually narrowed his reform efforts to three principal agendas: first, the creation of a small number of exemplary monasteries (in the vicinity of Kholmogory); second, the promotion of female monasticism at the expense of male communities (which he considered to be hopelessly corrupt); and third, a drastic assault on small monasteries and hermitages (which he considered to be uncontrollable). When Afanasii died in 1702, his efforts had yielded a few significant successes as indicated, for example, by the flourishing of the new Uspenskii Convent in Kholmogory (under Abbess Praskoviia, Afanasii's mother), and the destruction of several hermitages in outlying areas.[46] However, these limited successes were hardly

44 Akty i materialy v Spasopreobrazhenskom sobore," 35-36.

45 *Akty kholmogorskoi i ustiuzhskoi eparkhii*, 1: IX, 86-87; *AAE*, 4: 498; Makarii, „Materialy dlia istorii Arkhangel'skoi eparkhii," 15-22; Chelmogorskii, „Istoricheskoe opisanie Krasnogorskogo monastyria," 28-33; F. Khorevich, ed., „Sbornik aktov kholmogorskogo Spasopreobrazhenskogo sobora,"*Arkhangel'skie gubernskie vedomosti*, 1869, no. 6, chast' neoffitsial'naia, cols. 3-7 (charter dated May 11, 1701); Veriuzhskii, *Afanasii arkhiepiskop kholmogorskii*, 262, 296-97.

46 Veriuzhskii, *Afanasii arkhiepiskop kholmogorskii*, 8, 298-99, 323-24, 383; „Akty i materialy v Spasopreobrazhenskom sobore," 28, 87-89; Amvrosii, *Istoriia rossiiskoi ierarkhii*, 3: 299-311,

sufficient to achieve the transformation of northern monasticism that Afanasii had originally envisioned.

Conclusions

A number of deeply embedded institutional and social realities challenged, and ultimately thwarted, Afanasii's monastic reform efforts. First, large institutions such as the Solovki and Antonievo-Siiskii monasteries proudly held on to their age-old independence and refused to accept the archbishop's authority. For nearly twenty years, Afanasii fought in vain against these monks' secular priorities and the culture of violence that dominated their behavior. Second, Afanasii could not rely on Moscow's support in confronting these, and other, unruly monasteries. Patriarch Adrian, for example, protected corrupt archimandrites and supported intrigues that toppled reform-oriented monastic leaders. A final, and most important, factor was the close affiliation between northern monks and their native villages and towns. Depositors (*vkladchiki*) as well as the monks' relatives perceived local monasteries and hermitages as private property and claimed the right to exploit their economic resources. Not surprisingly, Afanasii faced serious difficulties when he tried to install abbots and other monastic leaders of his own choosing.

Afanasii's frustration with monastic unruliness was by no means unique or unprecedented in Muscovite history. Since the middle of the sixteenth century, church councils had continuously lamented that monks failed to follow even the basic rules of monastic discipline. For example, it was common practice for local strongmen to invest their wealth in monasteries and then either take over as abbots, or claim authority over „their monks" from outside the monasteries. Church reformers identified the privatization of monasteries as the principal cause of moral decline: depositor-abbots acted according to their own whims, and abbots who had been chosen by depositors were hardly interested in fighting drunkenness, fornication, and violence. Efforts to transform these basic social realities of Russian monasticism remained unsuccessful, even after the creation of the powerful Monastic Office (1649-77) and the strict demands for moral improvement that were issued by the 1667, 1674, 1681, and 1682 church councils.[47]

A comparative study would be required in order to determine whether other monastic regions of Muscovy were more easily reformed than the Russian north. But a cursory look at the evidence suggests that this was not the case.[48] What, then, was distinctive about the

430-31; 4: 85-86, 793-802; 6/1: 561-63.

47 Grigorii Vorob'ev, *O moskovskom sobore 1681-1682 goda. Opyt istoricheskogo izsledovaniia* (St. Petersburg: Izd. knigoprodavtsa I. L. Tuzova, 1885), 75-109; „Deianiia, ili postanovleniia Moskovskogo sobora 1666-1667 gg," *Dopolneniia k aktam istoricheskim, sobrannye i izdannye Arkheograficheskoiu kommissieiu*, 12 vols. (St. Petersburg, 1846-1872), 5: 439-510, esp. 446, 489-90; Cathy Jean Potter, *The Russian Church and the Politics of Reform in the Second Half of the Seventeenth Century*, 2 vols. (New Haven: Yale University Ph. D. thesis, 1993), 2: 334-41.

48 For documents illustrating a similar monastic crisis in other eparchies during the 1680s and early 1690s, see *AAE*, 4: 343, 355-56, 401-3, 416, 426-28, 442-43, 460-64, etc.

clash between Archbishop Afanasii and the monasteries of the Russian north? One must first consider that the creation of the new bishopric in Kholmogory impacted a region with a high concentration of monasteries that had previously experienced very little episcopal regulation. Similar scenarios occurred after the creation of the Viatka (1657), Nizhnii Novgorod (1672), and Velikii Ustiug (1682) eparchies in regions with a similar number of monasteries that had also long remained without episcopal supervision.[49] However, none of these new eparchies was headed by such an energetic reformer as Archbishop Afanasii, nor one who so noticeably departed from previous administrative practices.[50]

Afanasii's determination to bring about institutional and religious reforms was truly exceptional. Unlike other bishops, he did not hesitate to interfere in local monastic life. He was, in fact, probably the most zealous executor of the moral agenda formulated by the great reform councils of the late seventeenth century.[51] Afanasii strongly believed in the transformative power of the ascetic ideals conveyed by the councils' rhetoric, and repeatedly made use of this rhetoric in his own appeals to the rowdy monks of the Russian north.[52]

Archbishop Afanasii's uncompromising zeal recalls the battles waged by Old Believers against ecclesiastical corruption and gives credence to the theory that in his youth, Afanasii had most likely been an Old Believer himself.[53] In particular, we might see parallels

49 For a short list of monasteries by district, see Iaroslav E. Vodarskii, „Tserkovnye organizatsii i ikh krepostnye krest'iane vo vtoroi polovine XVII-nachale XVIII veka," in A. L. Narochnitskii, ed., *Istoricheskaia geografiia Rossii XII-nachalo XX veka: sbornik statei k 70-letiiu prof. L. G. Beskrovnogo* (Moscow, 1975), 70-96.

50 On the rather ineffectual leaders of the Viatka and Velikii Ustiug bishoprics who fell victim either to popular revolt or to corruption, see Rossiiskii gosudarstvennii arkhiv drevnich aktov (RGADA), f. 27, Tainyi prikaz, d. 364, O razbore del Tainogo prikaza, pt. 2, fols. 421v, 427v; Gerasim Nikitnikov, *Ierarkhiia viatskoi eparkhii* (Viatka, 1863), 112-26; „Chelobitnaia ustiuzhskikh zemskikh liudei patriarkhu Adrianu na arkhiepiskopa Veliko-Ustiuzhskogo Aleksandra," *Russkaia starina* 68 (1890), 438-42. The metropolitans of Nizhnii Novgorod left large monasteries to their own devices and focused on fighting schismatic (*raskol'nich'i*) hermitages. Cf. RGADA, f. 163, Raskol'nich'i dela, d. 4, Chelobitnaia nizhegorodskogo mitropolita Filareta ob ukaze voevodam prinimat' k rozysku i gradskomu sudu raskol'nikov.

51 A good example of Afanasii's moral zeal is found in Rossiiskaia natsional'naia biblioteka (RNB), Solovetskoe sobranie, d. 665/723, Okruzhnoe pouchitel'noe poslanie po eparkhii kholmogorskoi...protivu raskol'nikov, fols. 6-22.

52 By contrast, see the corrupt alliances and patronage networks created by other bishops. Archbishop Iosif of Kolomna, for example, rewarded his favorite abbots and archimandrites with hunting trips and wild parties. Cf. A A. Titov, ed., „Iosif arkhiepiskop kolomenskii (Delo o nem 1675-76 gg.)," *Chteniia*, 1911, bk. 3, pt. 1, 1-160, passim.

53 This is suggested by two leading authorities on Archbishop Afanasii, in Veriuzhskii, *Afanasii arkhiepiskop kholmogorskii*, 13 and Panich, *Literaturnoe tvorchestvo Afanasiia Kholmogorskogo*, 7. I am convinced of this connection because of Afanasii's close affiliation with Archbishop Simeon of Tobol'sk, who was both an associate and a supporter of Archpriest Avvakum and other Old Believers.

between Afanasii and Archpriest Ivan Neronov, who was exiled to northern monasteries during the 1630s and again during the 1650s. Neronov too had railed against the monks' corruption and their ignorance of basic orthodox teachings.[54] But while Neronov barely escaped the monks' wrath with his life, Afanasii commanded great institutional power and was thus presumably in a better position to initiate reforms. However, the powerful bishop Afanasii was hardly more successful in implementing his ideas than was the disenfranchised religious dissenter, Neronov. This striking similarity in the experiences of these two determined reformers reveals the very deep-seated nature of monastic opposition to interventions by the church hierarchy.

The fact that one of Russia's most energetic church leaders remained powerless to reform important church institutions within his vast eparchy is indicative of a general crisis of ecclesiastical authority. Church power in the newly created Kholmogory diocese remained diffuse and unfocused because influential churchmen, (that is, archimandrites, abbots, and superiors), pursued their own, often secular, agendas and disregarded their bishop's priorities. In the final analysis, then, this institutional fragmentation and lack of coordinated purpose undermined the Orthodox Church's ability to impose its reform agenda on Russian society as a whole.

54 „Zhitie Grigoriia Neronova, sostavlennoe posle ego smerti," in Nikolai I. Subbotin, ed., *Materialy dlia istorii raskola za pervoe vremia ego sushchestvovaniia*, 9 vols. (Moscow, 1875-94), 1: 243-305, esp. 269-70.

THE CULT OF THE TRUE CROSS IN MUSCOVY AND ITS RECEPTION IN THE CENTER AND THE REGIONS

ISOLDE THYRÊT

The years following the breakup of the Soviet Union have witnessed an increasing interest in the religious heritage of Old Russia. Museum exhibits and scholarly conferences in Russia and abroad have been rendering new insights into liturgical and popular expressions of Russian Orthodox piety.[1] In the wake of this trend cultural historians no longer content themselves with the study of icons and literary sources, such as the lives of saints and their miracle stories. The rediscovery of reliquaries and the saintly relics they contain in various museum and church vaults in Russia has given rise to new opportunities to examine the dissemination of holy remains in early modern Russia and their meaning in Russian Orthodox society. While the new focus on the material aspects of Russian Orthodox spirituality is long overdue, unfortunately research in this area has been hampered by traditional approaches in Russian cultural history and by a lack of appreciation of the problems inherent in the study of material Christianity. In Russia the investigation of religious objects has fallen primarily to art historians, who subject them to the same type of descriptive analysis they apply to visual images. In the case of reliquaries, this has led to a new awareness of the style and craftsmanship of these objects and the uncovering of the inscriptions they bear. In most cases the latter are too terse to permit an appreciation of the role these objects played in the early modern Russian mindset. The situation becomes even more difficult if one seeks to unravel the impact of a certain relic contained in a reliquary since the saintly bones or contact relics consist of organic material and thus do not easily submit to historical analysis. In order to determine the use of particular relics and reliquaries by their patrons and the role of these objects in the establishment or evolution of their cults, historians must employ an interdisciplinary approach. In this way they can juxtapose the visual details of the material

1 In 1998 the Kremlin Museum put on an exhibit about Christian relics; see A. M. Lidov, ed., *Khristianskie relikvii v Moskovskom Kremle* (Moscow, 2000). The exhibit „Gifts to the Tsars: 1500-1700, Treasures from the Kremlin" in the Indianapolis Museum of Art, September 23, 2001 – January 13, 2002 featured a series of religious objects. For conference materials, see A. M. Lidov, ed., *Relikvii v iskusstve i kul'ture vostochnokhristianskogo mira: tezisy dokladov i materialy mezhdunarodnogo simpoziuma* (Moscow, 2000) and Valerie Kivelson and Robert H. Greene, eds., *Orthodox Russia: Belief and Practice under the Tsars* (University Park, PA, 2003). I wish to thank Northern Illinois University Press for granting me permission to reproduce some material from Chapter 2 of my monograph *Between God and Tsar: Religious Symbolism and the Royal Women of Muscovite Russia* (DeKalb, Ill., 2001). Michael Flier has graciously provided me with helpful commentary on this project.

objects with other documentary, literary, and visual sources that set them into a proper historical context. A particularly good candidate for such an investigation is the cult of the True Cross in seventeenth-century Russia. The existence of True Cross fragments and reliquaries at the Muscovite court and in the regions and abundant references to their use in documentary and literary sources allow the researcher to investigate the *Sitz im Leben* of this cult, its appeal to royal, ecclesiastic, and monastic patrons. Moreover, the different cultural agendas of these patrons can be unraveled by the study of a unique religious image, „The Veneration of the Cross," which emerged in the second half of the seventeenth century as a direct response to a heightened interest of the Muscovite cultural elite in the cult of the True Cross.

The Iconographic Development of „The Veneration of the Cross"

The iconography of the image „The Veneration of the Cross" has a long and complex history. The composition seems to have developed out of the traditional depictions of the crucifixion, which shows the Virgin and her women companions, the disciple John, and the Roman soldier Longinus surrounding the cross and mourning.[2] In the upper register a number of angels surround the scene. The connection with the Crucifixion image is also evident in a composition entitled „The Adoration of the Cross," which is located on the reverse of an icon of the Savior not made by Hands dating from the late twelfth/early thirteenth century. The composition shows Archangels Michael (on the left) and Gabriel (on the right) bowing before an eight-ended Orthodox cross that features a wreath as a symbol of victory. The association of the image with Christ's Passion is maintained through the depictions of angels to the left and right of the upper cross bars, the representation of Golgotha beneath the cross, and by the fact that the two archangels hold the symbols of the Passion, the spear and sponge. At the same time, the bowing posture of Michael and Gabriel and their veiled hands, which denote their pious respect for the cross, give the composition a liturgical meaning. The celebration of the cross of victory, not contemplation of Christ's suffering, is the central theme of this icon.[3]

This celebratory theme is further developed in the depiction of the feast day of the Elevation of the Cross, which shows Bishop Macarius of Jerusalem in the process of

2 For a Russian example from ca. 1500 ascribed to the icon painter Dionisii, see Kurt Weitzmann, Gaiané Alibegašvili, Aneli Volskaja, Manolis Chatzidakis, Gordana Babić, Mikhail Alpatov, and Teodora Voinescu, *The Icon* (New York, 1982), 291.

3 Tret'iakov Gallery (hereafter GTG), inventory no. 14245; see V. I. Antonova and N. E. Mneva, *Gosudarstvennaia Tret'iakovskaia Galereia. Katalog drevnerusskoi zhivopisi XI-nachala XVIII vv.*, 2 vols. (Moscow, 1963),1, no. 7, pp. 33, 66-67, plates 26, 27. For a color reproduction, see *Novgorod Icons, 12th-17th Century* (Leningrad, 1983), no. 11. The icon possibly comes from Novgorod. Early Christian antecedents of this image can be found in *ampullae* containing holy oil from the Holy Sepulcher, used by pilgrims; see I. A. Shalina, „Relikvii v vostochnokhristianskoi ikonografii," in Lidov, *Khristianskie relikvii*, 277.

erecting the holy cross while the emperor Constantine and his mother Helena look on.[4] The feast day of the Elevation of the Cross, which is celebrated on September 14, commemorates the discovery of the True Cross of Christ by Helena in 395. The cross was taken from Jerusalem to Constantinople and revered there.[5] The Discovery of the True Cross eventually developed into an iconographic theme of its own. In essence it repeats the composition of the Elevation of the Cross but depicts Helena alone. At the bottom of the icon individual scenes of the discovery of the True Cross are often displayed.[6]

The association of the Byzantine emperor and empress with the establishment of the cult of the True Cross in time led to the creation of yet another composition, which features Constantine and Helena alone with the cross of Christ. The imperial mother and son are depicted flanking the cross and raising their hands in prayer – a sign of their veneration of the True Cross.[7]

The image „The Veneration of the Cross" was reproduced in numerous copies, (most dating from the eighteenth century), which have recently been studied by T. M. Kol'tsova.[8] As Kol'tsova points out, most of the „Veneration" images were painted in oil on canvass, but some were executed on wooden boards like icons.[9] Amongst the earliest examples is a copy presently located in the Museum of Applied Art in the Kremlin (see Plate 1).[10] Painted on a lavish black and gold background, it was originally placed over the sacrificial altar (*zhertvennik*) in the Church of the Crucifixion in the

4 For a seventeenth-century example from Moldavia, see Weitzmann, *The Icon*, 397. Another example is located in Heinz Skrobucha, ed., *Ikonen. 13. bis 19. Jahrhundert* (Munich, 1969), fig. 213. Saint Helena is located either behind her son, as for example in icon no. 20694 of the Tret'iakov Gallery, or on the opposite side of Constantine, as in the icon published by Skrobucha and in an icon from the mid-sixteenth century in the Hermitage collection; see A. S. Kostsova, ed., *Drevnerusskaia zhivopis' v sobranii Ermitazha: Ikonopis', knizhnaia miniatiura i ornamentika XIII – nachalo XVII veka* (St. Petersburg, 1992), no. 8, p. 56. For the connection of the Veneration image with the composition „The Elevation of the Cross," also see O. P. Posternak, „Ikonografiia „Kiiskogo kresta' i ego povtoreniia XVIII veka," in *Original i povtorenie v zhivopisi. Ekspertiza khudozhestvennykh proizvedenii. Sbornik nauchnykh trudov* (Moscow, 1988), 52.

5 See Walter Felicetti-Liebenfels, *Geschichte der russischen Ikonenmalerei* (Graz, 1972), 71-72; L. Uspenskii and V. Losskii, *Der Sinn der Ikonen* (Bern and Olten, 1952), 151.

6 For a sixteenth-century Russian example, see GTG no. 20694 in Antonova and Mneva, *Katalog drevnerusskoi zhivopisi*, 2, no. 625, plate 76. An example from Crete dating from 1580-1600 is found in Weitzmann, *The Icon*, 359. On the confusion of the two iconographic themes, also see Shalina, „Relikvii," 270-71.

7 For two examples from seventeenth-century Wallachia, see Weitzmann, *The Icon*, 407, 410 (right). The latter example shows Constantine and Helena with donors.

8 T. M. Kol'tsova, „'Krestovyi obraz' Kiiskogo Krestnogo monastyria," in E. I. Ruzhnikova, ed., *Nauchno-issledovatel'skaia rabota v khudozhestvennom muzee: sbornik statei* (Arkhangelsk, 1998), 14-32.

9 Kol'tsova, „Krestovyi obraz,"14.

10 Inventory number MMK 1714.

Plate 1. „The Veneration of the Cross." Museum of Applied Art, Moscow Kremlin (MMK 1714)

Plate 2. „The Veneration of the Cross." Historical Museum of Moscows (GIM 17505 I-VIII 5300). Photograph courtesy of Rodney Bohac.

Terem Palace.[11] According to Kol'tsova, the icon painter Ivan Saltanov painted it on canvass in icon style some time between 1667 and 1677.[12] Later copies of the image can be found in the Novgorod Museum, the Novodevichii Monastery branch of the Historical Museum in Moscow, the Kharkov Art Museum, the Historical Museum in Moscow (see Plate 2) and the Museum of the New Jerusalem Monastery.[13] The Kharkov copy and the images from the Historical Museum and its Novodevichii branch all are ascribed to the workshop of I. I. Bogdanov-Karbatovskii in Onega.[14] The „Veneration" theme also occurs in another canvass icon from 1785, which in the early twentieth century was located in the Zachat'evskii Monastery in Moscow. Its present location is unknown.[15] The „Veneration" theme can also be found in an ivory that was once located in the Church of the Dormition on Sennaia Square in St. Petersburg.[16]

11 "Izobrazhenie kresta gospodnia s predstoiashchimi emu tsariami i sviatitelem," in Komitet dlia izdaniia Drevnostei Rossiiskogo gosudarstva, ed., *Drevnosti Rossiiskago gosudarstva, izdannyia po vysochaishemu poveleniiu*, 6 vols. (Moscow, 1849-1853), 4: 3. This church was erected in 1681 under Tsar Fedor Alekseevich; see G. Markova, comp., *The Great Palace of the Moscow Kremlin*, trans. M. Wilkinson (Leningrad, 1981), 32. For a black and white reproduction of the Kremlin icon, see Frank Kämpfer, *Das russische Herrscherbild von den Anfängen bis zu Peter dem Großen* (Recklinghausen, 1978), plate 138. Color reproductions of the Kremlin copy are found in Gosudarstvennyi istoriko-kul'turnyi muzei-zapovednik "Moskovskii Kreml'", ed., *Moskovskii Kreml'. Patriarshie palaty* (n. p., 1994), 38 and Barry Shifman and Guy Walton, eds., *Gifts to the Tsars, 1500-1700: Treasures from the Kremlin* (New York, 2001), 158.

12 Saltanov entered the Armory workshop in 1667; see Kol'tsova, „Krestovyi obraz," 15. I. E. Zabelin mentions that Saltanov painted an icon of the „Veneration" type in February 1678 and that this icon ended up in one of the *terem* churches in the Kremlin. Since this image by Saltanov, however, reportedly included a depiction of Aleksei Alekseevich, it does not match MMK 1714; see I. E. Zabelin, *Domashnii byt russkikh tsarei v XVII st.*, 2d ed. (Moscow, 1872), 175. Also see O. S. Evangulova, *Izobrazitel'noe iskusstvo v Rossii pervoi chetverti XVIII v.* (Moscow, 1987), 71.

13 The „Veneration" icon located in the Sector of the History of Novgorod in the Novgorod Museum, which dates from the second half of the eighteenth century, is painted on a black and light green background. The attire of the figures is executed in dark red and green colors. The copy located in the collection of the Historical Museum in the Novodevichii Monastery (inventory number 1941) dates from 1785; see N. F. Trutneva and M. M. Shvedova, *Russkie mastera zhivopisi i graviury XVI-XVIII vv. Katalog vystavki. Gosudarstvennyi ordena Lenina Istoricheskii Muzei* (n. p., 1989), plate 44. The Kharkov copy dates from 1773. The Kharkov, Novodevichii, and Novgorod images are published in Kol'tsova, „Krestovyi obraz," 30-32. The image in the Historical Museum (GIM 17505 I-VIII 5300), which dates from 1780, is reproduced in *Patriarkh Nikon: Oblacheniia, lichnye veshchi, avtografy, vklady, portrety* (Moscow, 2002), 77.

14 Kol'tsova, „Krestovyi obraz," 24-25; *Patriarkh Nikon: Oblacheniia*, 76.

15 The image is published in A. I. Rechmenskii, *Sobranie pamiatnikov tserkovnoi stariny v oznamenovanie 300-letiia Doma Romanovykh* (Moscow, 1913), 67, no. 17 and V. Trutovskii, "Romanovskaia tserkovno-arkheologicheskaia vystavka v Moskve," *Starye gody* 2 (1913): 36-43; also see Kämpfer, *Herrscherbild*, plate 139. Judging from the early twentieth century

The composition of „The Veneration of the Cross“ features a large seven-ended reliquary cross covered with numerous squares and stars. The squares and stars are marked by inscriptions that refer to holy relics. Three crowned male and two crowned female figures in luxurious dress flank the cross, holding scrolls in their hands. Inscriptions identify all figures. The man in upright position on the left represents „the holy pious tsar Constantine.“ The figure standing directly below him and performing a bow is identified as „the Lord Tsar and Grand Prince Aleksei Mikhailovich“. Below the tsar another male figure is kneeling on the ground. While he remains unidentified in the image from the Kremlin Museum and in the canvass icon, the remaining copies refer to him as „the most holy Nikon, Patriarch of Moscow“. To the left of the cross, opposite to Constantine, stands Constantine's mother, „the holy pious tsaritsa Elena“. Immediately below her, Aleksei Mikhailovich's first wife, „the Mistress Tsaritsa and Grand Princess Mariia Il'ichna,“ respectfully bows before the cross.[17]

The Politics of True Cross Relics in the Muscovite Center

The subject and the inscriptions of „The Veneration of the Cross“ suggest that the composition of the image was the result of an intense effort on the part of both the Russian tsar and the patriarch in the seventeenth century to acquire relics from the Holy Land and to employ them for their own political and spiritual purposes. An important clue to the prehistory of this image comes from the scroll of Constantine, which refers to the emperor's supernatural experience on the night before the battle of the Milvian Bridge in 312. The inscription on the Kremlin copy reads:

> O honorable Cross of Christ, I saw you in the sky and entered into the faith of Christ. Your evil enemy Maxentius, who did not believe in Christ, the Son of God, was defeated by you. I saw you in the water of baptism.

The reference to the cross of Constantine is odd since the actual cross depicted in the icon is a reliquary cross and the remaining scrolls all invoke the cross of Christ's Passion in Jerusalem. A look at the cultural and religious politics of the medieval Russian political and spiritual leadership, however, explains this apparent discrepancy in the composition of the icon and the peculiar reference to the cross of Constantine. As Dan-

reproductions, this canvass icon was already then in poor condition. For the dating and location of this icon, see Rechmenskii, *Sobranie pamiatnikov*, 67, no. 17.

16 See the last page of *Izvestiia imperatorskago arkheologicheskago obshchestva* 10 (1884). No measurements or date of the ivory are provided. S. Shul'ts notes that the Church of the Dormition contained precious liturgical objects, which were removed from the structure shortly after the revolution; see S. Shul'ts, *Khramy Sankt-Peterburga. Istoriia i sovremennost'* (St. Petersburg, 1994), 111, no. 22 (196). Other „Veneration" compositions existed in the nineteenth century in the altar room of the cathedral church of the Spaso-Evfimiev Monastery in Suzdal' and in the parish church of Mikulin Gorodok, but they have not survived; see *Drevnosti Rossiiskago gosudarstva*, 4: 5-6. For two lists of known „Veneration" images, see Kol'tsova, „Krestovyi obraz," 24-26 and Posternak, „Ikonografiia," 49.

17 Inscriptions cited from the Kremlin copy. All translations are my own.

iel Rowland and Frank Kämpfer have pointed out, Muscovite literary sources held up Constantine the Great, the first Christian Byzantine emperor, as a model for the Russian rulers, who were to distinguish themselves through their piety. Since the reign of Ivan III, the Muscovite ruler was hailed as a New Constantine in the same way as the Kievan Grand Prince Vladimir was compared with the illustrious emperor.[18] Metropolitan Makarii often likened Ivan IV to Constantine the Great in his sermons.[19] Under Fedor Ivanovich, foreign Orthodox hierarchs continued to address the Russian ruler and his wife as imitators of Saints Constantine and Helena.[20] In 1588 Patriarch Jeremiah of Constantinople presented Fedor Ivanovich with precious relics, a bone of one of Constantine's hands and a *panagiia* with pieces of the life-giving cross and the robes of Christ and the Virgin.[21] In the negotiations about the establishment of the Russian patriarchate, both Eastern Orthodox hierarchs and the Russian court drew parallels between the Russian tsar and Emperor Constantine, who gave his support to Pope Sylvester.[22]

During the reign of the first two Romanov tsars, the interest of the Russian rulers in associating themselves with the pious Byzantine emperor reached beyond the occasional invocation of the Constantine typology. In 1630 Mikhail Fedorovich and his father, Patriarch Filaret, gained knowledge of the existence of a life-giving cross of Christ in the Vatopedi Monastery of the Annunciation on Mount Athos. Constantine the Great had allegedly constructed this cross in the image of the cross he had seen before the battle against Maxentius. Constantine and other Byzantine emperors after him used this cross in battles with their enemies. Expressing their interest to acquire the relic, Mikhail Fedorovich and Filaret sought to engage the help of the patriarch of Constantinople and sent the archimandrite of the Vatopedi Monastery, Ignatii, with gifts – mostly money – to both the patriarch and the Vatopedi Monastery. However their efforts were brought to nothing when the monk decided to keep the money for himself and settled down in

18 See Daniel Rowland, „Ivan the Terrible as a Carolingian Renaissance Prince," in Nancy Shields Kollmann, Donald Ostrowski, Andrei Pliguzov, and Daniel Rowland, eds., *„Kamen' kraeug"l'n": Rhetoric of the Medieval Slavic World. Essays presented to Edward L. Keenan on his Sixtieth Birthday by his Colleagues and Students*, in *Harvard Ukrainian Studies*, 19 (1995), 600; Frank Kämpfer, „Beobachungen zu den Sendschreiben Filofejs," *Jahrbücher für Geschichte Osteuropas* 18 (1970), 40-41.

19 See for example Metropolitan Makarii's sermon on the occasion of the tsar's wedding to Anastasiia Romanovna; see N. I. Novikov, ed., *Drevniaia rossiiskaia vivliofika*, 20 vols., 2d ed. (Moscow, 1788-91), 13: 231. Michael Flier notes the Constantine typology in Makarii's sermon upon Ivan IV's successful return from his Kazan' campaign; see Michael S. Flier, „The Iconography of Royal Procession: Ivan the Terrible and the Muscovite Palm Sunday Ritual," in Heinz Duchhardt, Richard A. Jackson, David Sturdy, eds., *European Monarchy: Its Evolution and Practice from Roman Antiquity to Modern Times* (Stuttgart, 1992), 124.

20 On this point, see Thyrêt, *Between God and Tsar*, 85-86.

21 See A. S. Zverev, „Konstantinopol'skie i grecheskie relikvii na Rusi," in Lidov, *Khristianskie relikvii*, 126-28 (a reproduction of the reliquary for Constantine's hand is found on p. 127); A. N. Murav'ev, *Snosheniia Rossii s vostokom po delam tserkovnym*, 2 vols. (St. Petersburg, 1858-60), 1: 194-95.

22 See for example Murav'ev, *Snosheniia*, 1, 247, 250.

Galich.[23] Twenty-two years later, in 1652, a delegation from Vatopedi Monastery, seeking financial support from Aleksei Mikhailovich, told the tsar that the relic had been donated by Emperor Theodosius with the explicit demand that it not be removed from the monastery.[24] Aleksei Mikhailovich, however, who recently had acquired a fragment of the True Cross from Gavriil, a hieromonk previously assigned to the Church of the Holy Sepulcher, expressed his desire to see the relic.[25] In order to accommodate the tsar, the hegumen of Vatopedi, Damaskin, remembered that the cross had once been on loan to a Moldavian prince, whose wife had been ill and subsequently received healing from the relic. Heartened by this story, Aleksei Mikhailovich asked the monastery to send the cross, along with another relic, the head of John Chrysostom, to Moscow, while obliging himself to return the relics to Vatopedi after he had duly honored them.[26] Working miracles along the way, the cross arrived in Moscow in June 1655. The tsar, who was in the middle of his Smolensk campaign, received the relic in the town of Shklov. A letter he sent home to his family makes clear that he associated the object with victory.[27] Encouraged by his own military success, Aleksei Mikhailovich decided to keep the relic for twenty years and dismissed the protesting Damaskin with a large amount of money. Future delegations from Vatopedi failed in their endeavors to change the tsar's mind. At one occasion, a Vatopedi monk named Kirill, who was upset because the monastery had lost its supernatural protection against the Turks and because the monastery's traditional patrons refused to give more alms since it had mismanaged its relics, hurled insults at the tsar during a reception. The tsar responded by dispatching Kirill to Solovki to cool off and by announcing to the monastery that he would keep the relics indefinitely since it was not proper for them to remain under the rule of the infidel Turks. The Vatopedi monks eventually achieved the release of Kirill, but the relics remained in Moscow.[28]

The arrival of the cross of Constantine in Moscow in 1655 and its prehistory involving Mikhail Fedorovich and Filaret express a long-standing appetite for holy relics on the part of the Muscovite political and spiritual leadership. Not surprisingly, Aleksei Mikhailovich's acquisition of the cross of Constantine inspired Patriarch Nikon to obtain a similar object for himself. One year after the cross of Constantine arrived in Russia, Nikon commissioned the construction of the Monastery of the Cross on the island of

23 Rossiiskii Gosudarstvennyi arkhiv drevnikh aktov (RGADA), f. 52, Grecheskie dela, opis' 1, 1629, no. 16; opis' 1, 1631, no. 5.

24 RGADA, f. 52, opis' 1, 1652, no. 37.

25 Letter from the *protosynkellus* Gavriil to Aleksei Mikhailovich from August 1652 in B. L. Fonkitch, ed., *Gresko-russkie sviazi serediny XVI – nachala XVIII vv. Grecheskie dokumenty moskovskikh khranilishch. Katalog vystavki* (Moscow, 1991), 39-40.

26 RGADA, f. 52, opis' 1, 1652, no. 37.

27 N. F. Kapterev, *Kharakter otnoshenii Rossii k pravoslavnomu vostoku v XVI i XVII stoletiiakh*, 2d ed., Slavistic Printings and Reprintings 107 (1914; reprint, The Hague, 1968), 66-67. For the tsar in Shklov, see Arkheograficheskaia kommissiia, ed., *Pis'ma russkikh gosudarei i drugikh osob tsarskago semeistva*, 5 (Moscow, 1896), 31, no. 33.

28 RGADA, f. 52, opis' 1, 1665, no. 17; opis' 1, 1683, no. 3; opis' 4, no. 63. For a summary of the events around the Vatopedi relics, see Kapterev, *Kharakter otnoshenii*, 63-69.

Kii in the White Sea to fulfill a vow he made after he nearly perished in a storm but landed safely on Kii in 1639. To commemorate his rescue, Nikon had erected a cross on the island in 1639. Thirteen years later he stopped at the same place when he returned from Solovki with the relics of Saint Filip. He found the island deserted but according to the local lore, his cross, which was still standing, saved people from drowning. This inspired Nikon to petition the tsar for the erection of a church and a monastery on Kii in the name of the life-giving cross. On June 13, 1656, Aleksei Mikhailovich ordered the *voevoda* of Kargopol' to execute Nikon's plan.[29] To honor his foundation, Nikon commissioned a life-giving cross of Christ to be made in Palestine. Constructed out of cedar, the cross was to correspond to the exact size of the Lord's cross. After its arrival in Moscow, Nikon had the object decorated with silver, gold, and precious stones and had relics placed into it before dispatching it to Kii in 1657.[30] The reliquary cross contained a fragment of the life-giving cross, items popular amongst pilgrims to the Holy Land, such as relics of Christ, the Virgin, and various Old and New Testament figures. In addition, Nikon's donation to the Monastery of the Cross featured relics of the Apostles, martyrs, and various other Early Christian and Byzantine saints. Notably the cross also included a relic of Constantine the Great and ten Russian saints. A plaque on the foot of the cross commemorated Nikon's donation of the reliquary cross to the Monastery of the Cross. As if to underscore Nikon's personal devotion to the cross, the plaque contains a plea that Christ save the soul of his servant „through the power of your true and

29 *Akty istoricheskie sobrannye i izdannye Arkheograficheskoi kommissiei* (hereafter *AI*), 4:244-245; also see Kol'tsova, „Krestovyi obraz,"14-15; Protoierei Lebedev, „Novyi Ierusalim v zhizni sviateishego patriarkha Nikona. K 300-letiiu so dnia konchiny - 17 avgusta 1681 goda," *Zhurnal Moskovskoi patriarkhii*, 1981, no. 8, 73; *Pravoslavnye russkie obiteli. Polnoe illiustrirovannoe opisanie vsekh pravoslavnykh russkikh monastyrei v Rossiiskoi imperii i na Afone* (St. Petersburg, 1994), 51-52.

30 *Drevnosti Rossiiskago gosudarstva*, 4: 3; Kämpfer, *Herrscherbild*, 233; Lebedev," Novyi Ierusalim," 73; Kol'tsova, „Krestovyi obraz,"15; Kapterev, *Kharakter*, 62. The number of relics is disputed. Following Shusherin's *life* of Patriarch Nikon, most scholars give the number 300; see I. K. Shusherin, *Izvestie o rozhdenii i vospitanii i o zhitii sviateishago Nikona patriarkha Moskovskago i vseia Rossii* (Moscow, 1871), 29; I. K. Shusherin, *Zhitie sviateishago Patriarkha Nikona, pisannoe nekotorym byvshim pri nem klirikom* (St. Petersburg, 1817), 52; Kapterev, *Kharakter*, 62; Kol'tsova, „Krestovyi obraz,"15. Rossiiskaia gosudarstvennaia biblioteka (RGB), f. 178, Muzeinoe sobranie, no. 9427, which contains a list of the relics placed into the cross, gives the number 118. Recent studies of Nikon's True Cross have identified 104 square and 16 star-shaped slots on the face of the cross, which served as containers for relics; see *Kiiskii krest Patriarkha Nikona* (Moscow, 2000), 18-22; *Patriarkh Nikon: Oblacheniia*, 72-75. Both publications provide a list of the identified relics. The discrepancy in the number of relics may be due to the scholarly focus on the front of the True Cross; at least one description mentions relics of saints without names that were inserted in the back side of the cross; see *Pravoslavnye russkie obiteli*, 53. For reproductions of this cross, see *Patriarkh Nikon: Oblacheniia*, 73-75.

life-giving cross and for the sake of the prayers of the saints whose relics are installed in this cross."[31]

True Cross Imagery from the Perspective of the Patriarch's Court

Patriarch Nikon's interest in the cult of the True Cross of Christ cannot only be explained by his personal piety but rather corresponds to his larger preoccupation with the symbolism of the New Jerusalem. According to N. F. Kapterev, Nikon issued a circular letter, proclaiming that pilgrims to the True Cross relic in the Monastery of the Cross would be exposed to the same kind of thaumaturgical power as those travelling to the cross of Christ in Jerusalem. The construction of the Monastery of the Cross in 1656 by the patriarch was begun simultaneously with the erection of the New Jerusalem Monastery.[32] Not surprisingly, an antecedent to the icon „The Veneration of the Cross" is found in the Golgotha Chapel of the Cathedral of the Resurrection in the New Jerusalem Monastery, which was built in 1658 under the patriarch's supervision.[33]

According to a description found in the 1679 inventory of the New Jerusalem Monastery, the composition in the Golgotha Chapel consisted of two panels that flanked a cross encased in a ciborium with an elaboratedly carved canopy (*sen'*). The cross featured the Crucifixion with the Virgin Mary, the Myrrh-bearing women, John the Theologian, and Longinus. The right panel showed Constantine the Great and the Russian figures Aleksei Mikhailovich and Patriarch Nikon „in prayer". The equivalent spaces on the left were taken up by the Byzantine empress Helena, Tsaritsa Mariia Il'inichna, and

31 Kol'tsova, „Krestovyi obraz," Prilozhenie 1, 22-23. The information comes from a nineteenth-century description of the cross preserved in the Monastery of the Cross. The plaque with the inscription is reproduced in all copies of "The Veneration of the Cross" except the Kremlin copy. In all instances the inscription mentions that the cross Patriarch Nikon sent to Kii had been decorated with gold and silver. The St. Petersburg ivory, following Shusherin, gives this summary: "In the holy cross in the Monastery of the Cross on the island of Kii in the ocean there are gathered holy relic parts [which consist of] up to three hundred holy objects." The Novodevichii copy further elaborates on the event in an inscription on the bottom frame: „Tale about the holy relics in the holy cross, which is located in the Monastery of the Cross on the island of Kii in the gulf of the White Sea, in the ocean. A hundred different holy objects were gathered in this cross by the most holy Nikon, Patriarch of Moscow; and after that other holy relics were placed and locked into this cross, which is holy, without inscription, . . . truly depicted." According to Kol'tsova, the Kii cross was located in a museum on Solovki in the 1920s and 1930s. It was later moved to the Novodevichii Monastery in Moscow. In 1991 it was given to the patriarchate of Moscow; see Kol'tsova, „Krestovyi obraz," 15. It is presently located in the Church of Saint Sergius in Krapivniki in Moscow; see Shifman and Walton, *Gifts to the Tsars*, 159.

32 Kapterev, *Kharakter*, 62. Nikon himself spent nearly a year on Kii in 1660/61 to oversee the construction of the first stone buildings in the Monastery of the Cross; see Kol'tsova, „Krestovyi obraz,"15.

33 Kämpfer, *Herrscherbild*, 233.

Tsarevich Aleksei Alekseevich.[34] All figures except Aleksei Alekseevich held scrolls. Inscriptions next to Aleksei Mikhailovich, Mariia Il'inichna, Aleksei Alekseevich, and Nikon referred to the fact that the arrangement was commissioned in 1658 when the three figures in question were twenty-eight, five, and fifty years old respectively.[35] While the original panels have not survived, the Museum of the New Jerusalem Monastery features a set of tracings of the two panels.[36]

While no direct evidence exists that Patriarch Nikon actually commissioned the Golgotha panels, their location in a monastery founded by Nikon supports this assumption. The 1685 inventory of the monastery attributes the accompanying cross to Nikon. According to G. M. Zelenskaia the panels were made at Nikon's initiative in 1658 shortly before the patriarch's abdication and sent to the New Jerusalem Monastery at the tsar's order.[37] Nikon's kneeling posture in the copy of the respective Jerusalem panel suggests that he indeed was the actual donor of the composition. In Byzantine iconography donors and patrons are often depicted „in prayer," i.e. kneeling or bowing. Kneeling denotes the most humble disposition. The inclusion of the Muscovite ruling family in the image suggests that the relations between the patriarch and the royal family were close at the time of the composition of the panels. In 1654/55, when the plague struck Moscow and Aleksei Mikhailovich was on his Smolensk campaign, Nikon had taken care of the tsar's family and removed it from the capital to escape contagion.[38] Tsarevich Aleksei does not carry a separate message in the image because of his young age. The parallelism between Constantine and Aleksei Mikhailovich, who was often hailed as a new Constantine by contemporary Eastern Orthodox hierarchs, may have served to reinforce

34 Mariia and her son Aleksei are also depicted „in prayer;" see the inventory of the New Jerusalem Monastery from September 13, 1679 in *Chteniia v Obshchestve istorii i drevnostei rossiiskikh pri Moskovskom universitete* (hereafter *ChOIDR*), 1874, bk. 4, pt.1: 195; Arkhimandrit Amfilokhii, ed., "Vypiska iz podrobnoi opisi imushchestvu Voskresenskago Novoierusalimskago monastyria, 1680 goda," *Izvestiia imperatorskago arkheologicheskago obshchestva* 4 (1863): cols. 48-50; Kämpfer, *Herrscherbild*, 233.

35 The inscriptions read: „The image of the pious lord tsar and grand prince Aleksei Mikhailovich of all Great, Little, and White Russia was painted in his twenty-ninth year, in the year 1658 from the beginning of the world"; „The image of the great lord, the most holy Nikon, archbishop of the royal city of Moscow, patriarch of all Great, Little, and White Russia, was painted in his fiftieth year"; „The image of the pious mistress, tsaritsa and grand princess Mariia Il'inichna was painted in her twenty-eighth year, in 1658 from the beginning of the world"; „The image of the pious lord tsarevich Aleksei Alekseevich was painted in his fifth year"; see Amfilokhii, "Vypiska," cols. 49-50. These inscriptions may not be contemporary with the original panels. It is not clear whether the cross originally belonged to the three-part composition. The 1685 inventory of the monastery states that it was erected by Nikon in 1662; see *ChOIDR*, 1874, bk. 4, pt. 1: 291, 243.

36 Kevin Kain, „Izobrazheniia Patriarkha Nikona v iskusstve XVII – nachala XX veka," *Nikonovskie chteniia v Muzee „Novyi Ierusalim." Sbornik statei* (Moscow, 2002), 83. The tracings are reproduced in G. M. Zelenskaia, „Prizhiznennye izobrazheniia Sviateishego Patriarkha Nikona," in *Nikonovskie chteniia*, 10.

37 Zelenskaia, „Prizhiznennye izobrazheniia," 9.

38 Philip Longworth, *Alexis, Tsar of All the Russias* (New York, 1984), 101.

Nikon's notion of Moscow as a New Jerusalem, expressed also in the names of the cathedral church and its chapels in the New Jerusalem Monastery.[39]

The themes of Christ's passion and his resurrection, central to the New Jerusalem imagery, are developed in the scrolls of Aleksei Mikhailovich and Empress Helena. Aleksei Mikhailovich refers to the cross as „the divine sacrifice."[40] Helena's scroll makes mention of the empress's role in the discovery of the True Cross and in the erection of the Holy Sepulchre in Jerusalem. The inscription refers to early versions of *The Tale of the Discovery of the True Cross* found in the church histories of Rufinus, Socrates, Sozomen, and Theodoret, which report that Helena put the relic of the cross to the test after it was unearthed to assure its authenticity. The empress was eventually convinced of the cross's power when it resurrected a local woman from the dead.[41]

In keeping with the New Jerusalem symbolism, the Golgotha panels exhibit an eschatological theme. This is particularly evident in the scroll of Constantine the Great,

39 The Patriarch of Jerusalem, Paisius, was fond of exhorting the Russian tsar to take Constantine and his mother Helena as his model and to erect churches in the Holy Land and free it from the infidel; see for example N. Kapterev, „Snosheniia ierusalimskikh patriarkhov s russkim pravitel'stvom poloviny XVI do kontsa XVIII stoletii," *Pravoslavnyi palestinskii sbornik*, 15 (1895), no. 1, 143 (letter by Paisius to Aleksei Mikhailovich from March 2, 1649). Also compare the patriarch's remarks on the occasion of a reception given by the tsar in Moscow on February 4 of that year; see Kapterev, „Snosheniia," 137-38. "Resurrection" and "Golgotha" both refer to the Christian salvation drama centered on Jerusalem. The cathedral church also has an underground chapel named in honor of Constantine and his mother Helena, who discovered the True Cross in Jerusalem and founded the Church of the Resurrection there; see M. Il'in, *Podmoskov'e* (Moscow, 1974), 195-202 for a description of the monastery. A number of scholars in East and West have pointed out the significance of the symbolism of the New Jerusalem for Muscovite Russia; see, for example, Daniel Rowland, "Moscow – The Third Rome or the New Israel?" *Russian Review* 55 (1996), 591-614; Michael S. Flier, "The Iconology of Royal Ritual in Sixteenth-Century Muscovy," in Speros Vryonis, Jr., ed., *Byzantine Studies. Essays on the Slavic World and the Eleventh Century* (New Rochelle, 1992), 53-76; and I. L. Buseva-Davydova, "Ob ideinom mysle 'Novogo Ierusalima' patriarkha Nikona" in A. L. Batalov and A. M. Lidov, eds., *Ierusalim v russkoi kul'ture* (Moscow, 1994), 174-181.

40 „O most true cross, you are the divine victory; you bring about our salvation; you are victory to the believers and the divine sacrifice; protect those who sing to you!" (Amfilokhii, „Vypiska," col. 49).

41 The inscription on the respective Golgotha panel reads: „O most true cross of Christ, I recognized the heavenly light during the conception of my son Constantine, and I raised you with my own hands from the womb of the earth at the advice of my son Constantine, and I erected in your honor a holy church to you. Defend us and the believers after us from all evil. And now I, who kneel before you and embrace you, have recognized you yourself and your holy power in the dead maiden, and through her who was resurrected by you, I . . . spoke [the name of] Christ, who was crucified on you. As you have granted that girl resurrection, so grant all who honor you deliverance from all evil and eternal consolation, here and in the Last Judgment" (Amfilokhii, „Vypiska," col. 50). Also see Jan Willem Drijvers, *Helena Augusta: The Mother of Constantine the Great and the Legend of the Finding of the Cross* (Leiden, 1992), 101, 102, 106 and 108.

which talks about a final battle between good and evil, the Second Coming, and the salvation of the faithful:

> O most honorable Cross of Christ, I saw you in the sky and entered into the faith of Christ. When your evil enemy Maxentius did not believe in Christ, the Son of God, he was defeated by you. I saw you and I was illuminated in the water during baptism; but Maxentius, who did not believe in you, drowned in the water. And now help those who honor and believe in you in all matters, and place the enemies opposing them at their feet. When at the Second Coming the Lord will have Christ stand before us, grant those honoring you to stand without pretense at your right and to rejoice merrily in the heavens.[42]

The eschatological theme is further expressed in Nikon's scroll, which relates the patriarch's petition that the cross might enlighten him „on the way to Christ's kingdom."[43] It is also found in Helena's scroll, which contains the plea that the cross „grant all who honor you deliverance from all evil and eternal consolation, here and in the Last Judgment" and in Mariia Il'inichna's scroll: „I am bowing to the cross for the salvation of the faithful."[44]

One of the striking features of the Golgotha panels is the petitionary tone of the scrolls of all participants. Fear of the Final Coming of Christ induces all figures to plead to the cross for mercy. Constantine and Aleksei Mikhailovich are primarily concerned with the vanquishing of their enemies. Helena, Nikon, and Mariia Il'inichna on the other hand seek assurance that they will have the spiritual enlightenment necessary to reach salvation. Nikon and the two women are connected in their recognition that this enlightenment can be achieved through the liturgical veneration of the True Cross. This is emphasized in their scrolls, which contain the words „kneeling," „bowing," and „embracing."

True Cross Imagery from the Perspective of the Tsar's Court

Although the conception of the image „The Veneration of the Cross" was very likely a result of Nikon's initiative, the composition, like the actual cult of the True Cross, did not appeal to the ecclesiastical hierarchy alone. Both Mikhail Fedorovich and Aleksei Mikhailovich displayed a vivid interest in relics of the True Cross because of its connection with the victorious emperor Constantine. The image attributed to Ivan Saltanov seems to have been commissioned by the tsar. Kol'tsova's vague statement that the Kremlin copy was commissioned by either Nikon or Aleksei Mikhailovich is undermined by her own dating of the icon to 1667-77. When Nikon was deprived of his patri-

42 Amfilokhii, „Vypiska," col. 49.
43 „I kneel before you that is animated, and I appeal to you, my most holy cross, enlighten my mind, ear, lips, tongue, breath, and eyes on the way to Christ's Kingdom" (Amfilokhii, „Vypiska," col. 49).
44 Mariia's scroll reads in full: „I am bowing to the cross for the salvation of the faithful and I kiss it warmly. And embracing it, I shout: Most blessed wood of Christ, I pray, enlighten my soul and mind"(Amfilokhii, „Vypiska," col. 50).

archal rank in 1666, his influence at court waned, making his patronage of the image unlikely.[45] Given the fact that the icon was eventually displayed in a *terem* church in the Kremlin, the image seems to have served as a propaganda piece that expressed the position of the royal family in relationship to the divine. Within this context, the reference to Nikon's involvement in the cult of the True Cross represented a distraction.

The interest of both the patriarch and the tsar in the image „The Veneration of the Cross" can provide clues to the symbolic meaning of the composition. In view of the connection of the „Veneration" image with the New Jerusalem symbolism (evident in the Golgotha panels), G. Vernadskii's view that „The Veneration of the Cross" expressed Nikon's claim that the spiritual authority of the patriarch was to be valued higher than the secular authority of the tsar is unconvincing.[46] Based on his study of the garments of Constantine, Aleksei Mikhailovich, and Nikon, Vernadskii concludes that the image expresses Nikon's theory of a diarchy of the secular and ecclesiastical powers. The fact that the patriarch is depicted with the same type of *sakkos* as Constantine and Aleksei Mikhailovich seems to support his view. Nevertheless, Vernadskii distinguishes Constantine's imperial crown from the Caesarean crown worn by Nikon. As the scholar himself is forced to admit, Nikon's equal status is undermined by the fact that he does not wear the imperial crown.[47] Moreover, Nikon is the only kneeling figure in the image, which seems to indicate his lesser rank. From this perspective, Frank Kämpfer's theory that the „Veneration" image expresses the piety of the royal family and the patriarch in the act of worshipping the cross and their aspiration to be equal with the ideal Christian rulers in their imitation of Constantine and Helena seems more plausible.[48]

A study of the peculiarities of the individual figures and their relationship to each other shows that the icon does not simply represent a theory of church-state relations or a political ideology of tsardom. Rather, the image symbolizes the religious role of the members of the royal family and the patriarch as leaders of the Orthodox flock in the Christian salvation drama. The composition proclaims the spiritual resemblance of the Russian ruler and his wife to the ruler saints Constantine and Helena, who distinguished themselves in their respect of the True Cross. By joining them in the liturgical worship of the cross, the Russian tsar and tsaritsa imitate the lives of their Byzantine predecessors and become junior members of the family of ruler saints. The intimate connection between the two ruling pairs is particularly evident in the deviation of the Kremlin copy from the Golgotha panels in the depiction of Constantine and Helena. In the extant tracings of the Golgotha panels, the Byzantine imperial figures hold long cross scepters over their shoulders. The Kremlin copy drops these symbols of superior power.

45 Kol'tsova, „Krestovyi obraz,"16. On this point, also see Shifman and Walton, *Gifts to the Tsars*, 159.

46 G. Vernadskii, "Note sur les vêtements sacerdotaux du patriarche Nikon", in Gabriel Millet, ed., *L' art byzantin chez les Slaves; les Balkans*, 1, pt. 2, Orient et Byzance IV (Paris, 1930), 412-15.

47 Vernadskii, "Note sur les vêtements," 414-15.

48 Kämpfer, *Herrscherbild*, 234.

The arrangement of the male figures on the left and the women on the right shows that in addition to spiritual authority, gender determined the saintly hierarchy depicted in „The Veneration of the Cross". The inscriptions elaborate on the gender symbolism. The two male rulers seem to be concerned foremost with the protection of the realm from outside enemies. Constantine refers to his vision of the cross, which brought him victory and spiritual enlightenment.[49] In contrast to the Golgotha panel, the Kremlin copy, along with all the later icons, drops the plea for help against any physical or spiritual enemy. As a result, the Kremlin copy focuses on the emperor's success in battle as a function of his faith in God.[50] The tsar invokes the episode of Constantine's victory through the cross in his plea for protection and salvation. Aleksei Mikhailovich's scroll in the Golgotha panel emphasizes the notion of Christ's sacrifice for man. In the remaining icons the phrase „you are the divine sacrifice, protect those who sing to you" is substituted by the words „you are the divine kingdom, protect those who beseech you".[51] The change in words results in a clear juxtaposition of the heavenly kingdom with the earthly realm of the Russian tsar, which appears unstable and in need of protection. The tsar's plea may well reflect Aleksei's concern for his country's fortunes in the war with Catholic Poland, which lasted from 1654 to 1667 or even the religious turmoil that Russia faced in the 1660s.

While the respective Golgotha panel portrays both emperor and tsar as petitioners, the supplicatory aspect of Aleksei Mikhailovich's invocation in the remaining icons stands in sharp contrast with that of Constantine the Great, who already experienced victory. Since the tsar has no supernatural experiences of his own, he appears as a supplicant who must plead for the divine intervention of the cross on his behalf.

The royal women on the right perceive the cross primarily as an object of liturgical worship. The inscription on Helena's scroll in the icons repeats the first few lines of the Golgotha panel but omits Helena's plea for deliverance from evil and the references to the Second Coming, the authentication of the relic, and the empress's church building activity and worship of the cross.[52] In contrast to Constantine, who only recognized Christ during baptism after his victory over Maxentius, Helena experienced spiritual enlightenment directly during the act of conception. The appearance of the theme of miraculous conception in conjunction with the saintly Byzantine empress reflects the

49 The inscriptions on the Kremlin copy and the later icons, which are shorter than the ones on the Golgotha panels, are published in *Drevnosti rossiiskago gosudarstva*, 4: 4. The St. Petersburg ivory gives the inscriptions in an extremely truncated form, but the artist's familiarity with the inscriptions in the painted icons is clear.

50 „O honorable Cross of Christ, I saw you in the sky and entered into the faith of Christ. Your evil enemy Maxentius, who did not believe in Christ, the Son of God, was defeated by you. I saw you in the water of baptism."

51 Aleksei Mikhailovich's scroll reads in full: „O honorable cross, you are the divine victory; you bring about our salvation; you overcome our enemies; you are the divine kingdom, protect those who beseech you!"

52 „O honorable cross of Christ, I recognized you through the divine light during the conception of my son, and I raised you with my own hands from the womb of the earth at the advice of my son Constantine."

perception common at the Muscovite court that the wives and mothers of Orthodox rulers had a special propensity to experience divine intervention during the birth of royal children.[53] The reference to Helena raising the cross of Christ „from the womb of the earth“ implies a liturgical reenactment on her part of the birth experience that symbolizes the awakening of the spirit in man. Thus, Helena's devotional deed reinforces her son's spiritual strength and acts as an additional guarantee for his success against his enemies.

Like Saint Helena, Mariia Ilin'ichna is associated with the performance of a liturgical role, identified by the acts of bowing to, kissing, and embracing the holy relic. While in the Golgotha panel and in later „Veneration“ copies Mariia is said to pray for her own enlightenment, the Kremlin copy omits the pronoun „my“.[54] As a result, the tsaritsa appears more concerned about the fate of mankind than her own and thus, like Helena, she functions as an intercessor. Pictorially this is expressed by her bowing posture and the absence of a kneeling figure below her.[55]

Mariia Ilin'ichna's intercessory function depicted in „The Veneration of the Cross“ icons associates the tsaritsa with the representatives of the ecclesiastical hierarchy, who traditionally were considered intercessors for the tsar.[56] This role of the church dignitaries is captured in the posture of Patriarch Nikon, who is kneeling below Aleksei Mikhailovich. Pictorially the similarity in the crowns of Nikon and Mariia Ilin'ichna in the Kremlin icon alludes to the similar religious function of the patriarch and the tsaritsa.[57] The close resemblance of the inscription on Nikon's scroll to the words in the tsaritsa's scroll also corroborates this:

53 The myth of Helena's miraculous birth was most likely conveyed to the Russian court by foreign Orthodox ecclesiastics. In a letter Patriarch Paisius sent to Mariia Il'inichna from Putivl on July 1, 1649, he expressed his wish to the tsaritsa that „you might see in the fruit of your womb your lord, crowned by God, on the throne of the great tsar Constantine so that your heart might rejoice as that of Saint Helena;" see Kapterev, „Snosheniia," 151. For a general discussion of the myth of miraculous birth and royal women, see Thyrêt, *Between God and Tsar*, 16-46.

54 „We are bowing to the cross for the salvation of the faithful, and we kiss it affectionately; and embracing you, blessed wood of Christ, I pray that you enlighten soul and mind."

55 The exclusion of Aleksei Alekseevich in the image might be explained by the fact that the icon was not yet completed by the time of the tsarevich's death in 1670. Still, the absence of the next tsarevich, Fedor Alekseevich (1661-82), in the composition suggests that the commissioner of the Kremlin copy was not interested in highlighting the tsaritsa's motherhood but rather her liturgical and intercessory function, which in itself represented a valuable asset to the realm.

56 Already Ivan IV expressed this notion in a summons to a church council in 1564: "And for this reason I sent word throughout the entire realm of my royal autocracy to those under the authority of the most holy Russian metropolitanate, to my intercessors. And I ordered the most holy archbishops and bishops, the most honorable archimandrites and hegumens, and the most holy synod to gather together. . ." *AI*, 1, 332.

57 The similarity in crowns seems to have disturbed the commissioners of the later „Veneration" images. The painters enlarged the circlet and central dome of Nikon's crown, but did not change its general shape.

We fall to our knees and appeal to you, who are full of life, my most holy cross; enlighten my mind and soul, ears, lips and tongue, and my breath.

The association of the patriarch, the spiritual leader of the Orthodox flock, with liturgical acts such as kneeling and praying for spiritual enlightenment seems commonplace. Nevertheless, a closer look at the Kremlin copy reveals that the patriarch does not appear in an intermediary role for his religious community, but rather as a petitioner on his own behalf. Nikon does not pray for the people entrusted to him, but rather for his own spiritual enlightenment. This explains his alignment with Aleksei Mikhailovich, who himself appears as a supplicant.[58]

The Cult of the True Cross in a Northern Russian Monastic Context

T. M. Kol'tsova argues that the Kremlin copy of „The Veneration of the Cross" became a model for later images, which were produced either in the Monastery of the Cross or purchased by it from local artists residing on its lands.[59] Nevertheless, these later images show sufficient compositional innovations to support the thesis that the copies from the Russian north reflect a cultural context and meaning quite different from the ones found in conjunction with the Golgotha panels or the Kremlin copy. Kol'tsova's study of the inventories of the Monastery of the Cross shows that since the 1670s, the monastery engaged icon painters from the Russian North to paint images of this type. By trading and selling these images or donating them to potential donors, the monks of the Monastery of the Cross promoted the cult of the True Cross, on which the appeal of their monastery hinged.[60] In other words, the cult of the True Cross, which Patriarch Nikon instituted on Kii because of his own spiritual disposition, received a new connotation within its northern Russian monastic context.

The new context of the icon can be surmised from some subtle changes in the depiction of the personages in the „Veneration" image. The eighteenth-century icons contain more formal references when identifying the persons depicted. They generally carry the inscription „image of the holy tsar Constantine and Helena who are equal to the apostles," while the Kremlin copy omits both the epithet and the word „image."[61] Moreover, the later copies express a greater distance between the nimbed Byzantine saints, Constantine and Helena, and the Russian figures. As in the tracings of the Golgotha panels, Constantine and Helena both are shown with cross scepters denoting their superior imperial status. These images distinctly diverge from the Kremlin copy, which

58 For a detailed discussion of the Kremlin icon, see Thyrêt, *Between God and Tsar*, 64-70.

59 Kol'tsova, „Krestovyi obraz,"16.

60 Kol'tsova, „Krestovyi obraz,"17-19.

61 For example, the Novodevichii copy contains the inscription: "The image of the saints, the pious tsar Constantine and the pious tsaritsa Helena." The ivory reads: "The image of the holy and pious [plural form] tsar Constantine and tsaritsa Helena." The Novodevichii copy adds "autocrat of all Great, Little, and White Russia" to Aleksei Mikhailovich's inscription. The ivory omits Mariia Ilin'ichna's title "Grand Princess" and many of the more detailed inscriptions, which can be explained by the limitations imposed by the material.

celebrates the spiritual closeness of the Russian ruling couple with its Byzantine counterpart.

The efforts of the monastic patrons of the Veneration image to separate the cult of the True Cross from its association with the Byzantine and Russian rulers and to give it a new local meaning and appeal is also evident in the rendition of the gaze of the figures in the locally produced icons. In the tracings of the Golgotha panels and in the Kremlin image, all the participants focus their eyes intensely on the True Cross, the object of their liturgical worship. In the later images, however, Constantine turns his head away from the cross to face the viewers of the icon directly as if to invite them to join in the celebration of the cross. The effort to shift the viewers' attention away from the historical, imperial and royal liturgical contexts of the cult of the True Cross and to emphasize its current potential spiritual appeal amongst the clientele of the Monastery of the Cross is even more visible in the Novodevichii and New Jerusalem copies of „The Veneration of the Cross," where Aleksei Mikhailovich joins Constantine in reaching out to the believers. The participatory liturgical aspect of the composition is also heightened in the copy from the Historical Museum and in the ivory. In the image from the Historical Museum all three male figures face the onlooker, while in the ivory Constantine, Helena, and Mariia Il'inichna meet the viewer's gaze.

The local northern Russian interpretation of the „Veneration" image is also evident in the rendition of the details of the reliquary cross. The royal context of the Kremlin copy explains its conspicuous omission of the plaque that celebrated Nikon as donor of the reliquary cross and contained his prayer for mercy. Clearly aware that the original cross contained such a plaque, the Kremlin artist painted a black square in the respective spot. Painted in the aftermath of Nikon's removal from the patriarchal seat and designed to exalt the spiritual position of the Muscovite ruler couple, the Kremlin image eschewed all references to Nikon's personal piety and the patriarch's lavish decoration of the cross. In keeping with its emphasis on the pious disposition of Tsar Aleksei Mikhailovich and his wife, the Kremlin copy preferred the depiction of a general, nameless hierarch to that of the flamboyant and controversial Nikon. During the turmoil the Russian church experienced in the 1660s – the time when the Kremlin icon was painted – some court circles may have viewed the royal family as the one force that maintained Russia's connection with the divine. This view was not shared by the patrons of the northern Russian copies, who felt indebted to Nikon for his generous gift. As a result, all of the later „Veneration" images retain the plaque with the inscription.

Although Patriarch Nikon instituted the cult of the True Cross at the Monastery of the Cross, the subsequent production of the „Veneration" images in the Russian north was not dependent on the patriarch. Therefore these images show no indebtedness to Nikon's ideological agenda of the New Jerusalem. Accordingly, the inscriptions on the northern Russian „Veneration" images do not contain eschatological themes. The monastic copies include the shorter inscriptions found on the Kremlin copy. They do not contain any references to the Second Coming or any pleas for deliverance from evil. They also do not develop the „Resurrection" theme found in the Golgotha panels; e. g. the story of the discovery of the True Cross in Jerusalem by Helena is toned down. As in the Kremlin copy, the cross is referred to as the „divine kingdom,“ rather than „the sacrifice for man.“

The conscious rejection of any patriarchal or royal court agendas in later „Veneration“ copies seems to be connected with the monastic patrons' desire to use the image to promote the cult of the True Cross in their immediate, i. e. northern Russian environment. To enhance the visibility and appeal of their precious relic, the monks of the Monastery of the Cross had to do more than merely point out the connection of the relic with the Russian patriarch and the royal family and its illustrious Byzantine predecessor. Pilgrims and donors could only be attracted if they were impressed by the efficacy of the True Cross. As if to emphasize the importance of the True Cross as a cult object, an early variant of the northern Russian „Veneration“ images depicts the cross within a columned structure, which probably denotes a ciborium within which the Kii cross was originally placed.[62] Another variant, an icon made of wood that seems to have been produced in the Monastery of the Cross in 1728, underscores the centrality of the True Cross by eliminating the depictions of the Byzantine and Russian ruler couples and of Patriarch Nikon all together. The texts arranged in four boxes each on either side of the cross relate the story of Nikon's reliquary cross and contain explanatory remarks about the relics that the patriarch had placed into it. The decorative golden curled leaf design that serves as the background of the image provides a liturgical context for the True Cross by placing the historical event of Nikon's dedication referred to in the inscriptions within the timeless, eternal framework of salvation history.[63]

The efforts of the monastic patrons to highlight the power of the True Cross is particularly evident in the presence of a new compositional element in all later copies depicting the veneration of the True Cross by Nikon and the Byzantine and Russian ruler pairs -- two medallions that flank the top cross bar of the cross. [64] These medallions contain elaborate eulogies of the True Cross that explicate the central role of the cross of Christ in the Christian salvation drama. The medallion in the upper left of the image identifies the awe-inspiring position of the True Cross in heaven, its consoling, healing, and life-giving power on earth, and its control over the underworld:

> The cross is the savior of the entire universe.
> The cross is the beauty of the church. The cross is power to the tsars.
> The cross is victory in conflict. The cross is the confirmation of the believers.
> The cross is glory to the angels. The cross is hope to the Christians.
> The cross is a tutor to those lost. The cross is silence to those laboring.

62 See Kol'tsova, „Krestovyi obraz," 20. Kol'tsova gives two examples, a copy in the Arkhangelsk Art Museum (inventory no. 2365-DRZh) and another in the Tret'iakov Gallery (inventory no. 23119). The canvass icon once located in the Zachat'evskii Monastery also belongs to this group of images.

63 The icon was displayed in the Museum of the New Jerusalem Monastery in spring 2003 as part of the exhibit „Patriarch Nikon i ego vremia."

64 Besides the Kremlin copy, only the ivory lacks these medallions due to the limitations imposed by the material.

> The cross is the enemy to the ailing. The cross is the resurrection of the dead.
> The cross is a sore to demons.[65]

While the verses in the upper left seek to impress upon the viewer the strengths of the True Cross, the medallion in the upper right furnishes the liturgical language necessary for its personal, affective veneration. The onlooker is invited to join in creation's celebration of the final victory of the True Cross over the dividing force of evil:

> May creation rejoice and play.
> For today the cross shines in all areas from heaven,
> enlightening what is earthly and joined together.
> It shows what is separated. Today men celebrate with the multitudes of angels, for the central wall of quarrel is destroyed by the cross, and it joined everything together openly, thereby illuminating the entire creation with grace more than the sun.
> It explains and saves the one honoring it truly.[66]

The conscious interpretation of the True Cross as the cross of Christ's passion, evident in these texts, is striking insofar as the actual cross depicted in the composition is Nikon's reliquary cross. No mention is made of the power of the saintly relics that Nikon placed into the cross. While the plaque on the bottom of the cross relates Nikon's reliance on the intercessory prayers of the saints whose relics the cross contained, the medallions focus solely on the power of the relic of the True Cross, which was placed in the center of the Kii cross.[67] Clearly the monastic patrons of the later „Veneration" images felt that the instrument of Christ's crucifixion would have a greater spiritual impact on the lay believers and potential supporters of the monastery than other relics, less known or less significant in the Russian north. In view of the fact that the monks of the Monastery of the Cross were not exposed to the rhetoric of foreign Orthodox figures who extolled the value of the relics associated with the Holy Land and the Byzantine East, it is conceivable that they were less enthusiastic about the acquisition of such items than members of the Muscovite court. Moreover, the relics of Russian saints that Nikon had placed into the reliquary cross all stemmed from known protector saints of the Russian realm. Nikon chose ecclesiastical saints (Metropolitans Iona and Filip of Moscow, Archbishop Gurii of Kazan', and Archbishop Iona of Novgorod), saintly princes (Aleksandr Nevskii, Roman of Uglich, Vladimir Iaroslavich of Novgorod, and Georgii Vsevolodovich of Vladimir) and two special protector saints of the royal family (Sergius of Radonezh and Savva Storozhevskii).[68] Except for Filip, none of these saints

65 Kol'tsova, „Krestovyi obraz," Prilozhenie 2, 23.

66 Kol'tsova, „Krestovyi obraz," Prilozhenie 2, 23.

67 Kol'tsova, „Krestovyi obraz," 22.

68 On Filip, see Paul Bushkovitch, „The Life of Saint Filip: Tsar and Metropolitan in the late Sixteenth Century," in Michael S. Flier and Daniel Rowland, eds., *Medieval Russian Culture*, 2 (Berkeley, 1994), 29-46. On Vladimir of Novgorod and Georgii of Vladimir, see N. P. Barsukov, *Istochniki russkoi agiografii* (St. Petersburg, 1882), cols. 107-8, 122-3. For the cults of Saints Sergius of Radonezh and Savva Storozhevskii, see David Miller, „The Cult of Saint Sergius and Its Political Uses," *Slavic Review* 52 (1993), 680-99; Nancy S. Kollmann, „Pilgrimage and Symbolic Space in Sixteenth-Century Russian Politics," in *Medieval Russian*

had a special connection with the Russian north, and even in Filip's case, the cult of his relics from 1591 to 1652, when they resided in the Solovki Monastery, did not spread far beyond the monastery's territories.[69] Thus these saints seemed to have commanded little local appeal that might have induced the monks of the Monastery of the Cross to embrace and promote their cults. Faced with the task of having to reach out to the population in their immediate environment, they chose Christianity's most powerful symbol, the True Cross of Christ, to make their spiritual, political and economic appeal. They thus presented the theme of Christ's cross in emotional language to persuade the local inhabitants to become active participants in the cult of the True Cross. The inscriptions found in the medallions of the Novgorod copy, which differ slightly from those found in the other icons, exhort the viewer outright to appreciate the mercy that Christ's cross had shown him or her and to contemplate Christ's sacrifice for man. Through his crucifixion the Savior had assured mankind's victory over the demons.

This study shows that ideological constructs, such as the idea of Moscow the New Jerusalem, and diplomatic cultural-economic exchanges, such as the interaction between the Muscovite tsar and patriarch and ecclesiastics from the Orthodox East, triggered the Muscovite leaders' interest in the promotion of the cult of the True Cross. Patriarch Nikon's personal devotion to the True Cross led to the construction of a reliquary cross and the establishment of a monastery in the Russian north. He also used the cult of Christ's cross in his construction of the notion Moscow the New Jerusalem. This notion took pictorial form in the Golgotha panels, which made explicit the eschatological framework of the cross symbolism, i.e. the connection of Christ's cross, denoting salvation and victory for the faithful, with the Byzantine and Russian rulers Constantine the Great and Aleksei Mikhailovich through Empress Helena, who found Christ's cross in Jerusalem and had it transferred to Constantinople. This symbolism was then combined with the historical information concerning Nikon's donation of the reliquary cross to the Monastery of the Cross to produce the iconographic composition „The Veneration of the Cross.“ The extant copies of this image show that the composition was utilized by different patrons, notably the tsar's court and the Monastery of the Cross, to express their own ideological and cultural goals. The Kremlin copy clearly de-emphasized Nikon's involvement in the cult of the True Cross and instead promoted the idea of the spiritual proximity of the Byzantine and Russian ruler couples and the notion that the tsaritsa served as a spiritual intercessor for her royal husband. The monastic commissioners on the other hand cared less for these ideas than for the participation of the lay patrons of their institution in the veneration of the True Cross. Insofar as Nikon's donation of the reliquary cross laid the groundwork for the cult of the True Cross in the Russian north, the commissioners were ready to acknowledge his contribution in the inscriptions of the image. Overall though they sought to achieve their goal by focusing on

Culture 2, 163-81; S. Smirnov, *Istoricheskoe opisanie Savvina Storozhevskago monastyria* (Moscow, 1860), 15-26; Longworth, *Alexis*, 69-70.

69 Only three miracles occurred at the saint's shrine after the arrival of the relics in Solovki; see Bushkovitch, „Life of Saint Filip," 41.

the cross of the Passion rather than Nikon's reliquary cross and by including explanatory and liturgical eulogies of the True Cross in the composition.

The evolution of the iconographic composition „The Veneration of the Cross" gives us some valuable insight into the interpretation of the cult of the holy relics in Muscovy by the spiritual and political authorities in the Muscovite capital. The personal pious disposition on the part of the Russian patriarch and ruler and ideological agendas and concepts current at the court in seventeenth-century Muscovy, such as the notions of Moscow the Second Jerusalem and the *imitatio Constantini et Helenae* by the Russian ruler couple, played an important part in the reception of the True Cross by the Kremlin elite. The interest of the elite in the cult was promoted by foreign Orthodox dignitaries, who during their diplomatic missions to Moscow constantly brought new relics of the True Cross to the Russian court. Moreover, these visitors reinforced the curiosity of the Russian patriarch and tsar in these objects by narrating not only familiar stories about the discovery and elevation of the True Cross but also new tales about the salvific power of True Cross relics throughout the history of the Orthodox community. Assimilating this learned tradition about the relics of the True Cross, the Russian tsar and patriarch in essence sought to establish a connection between themselves and the illustrious historical past of the cross, which made the Russian ruler and hierarch appear as significant figures in Christian salvation history.

When both the relics of the True Cross and the image „The Veneration of the Cross" were exported to the regions, the cult of the cross of Christ lost some of its original politico-liturgical connotation and acquired a more local meaning that used the liturgy of the cross to convince the local believers of the power emanating from the True Cross as a result of Christ's Passion. In this context the agendas of the Russian authorities in Moscow and their personal interest in the True Cross relic, expressed in their efforts to collect such objects, became less important. The new liturgical texts in the medallions of the Veneration images produced in and for the Monastery of the Cross prove that the northern Russian patrons of the True Cross may have felt indebted to the Muscovite elite for donating precious relics. At the same time they did not feel obliged to disseminate the agendas of the political and spiritual elite at the center. Instead, they skillfully used the new objects and their narratives and iconographic renditions to attract their own clientele. By marketing the cult of the True Cross for the local population, the Monastery of the Cross, the proud owner of a True Cross relic, boosted its universal spiritual appeal as the symbol of Christ's suffering for mankind's salvation, which in turn had political and economic benefits for the monastery.

RELIGION AND REGIONAL IDENTITIES: THE CASE OF VIATKA AND THE MIRACLE-WORKING ICON OF ST. NICHOLAS VELIKORETSKII

DANIEL C. WAUGH

The study of „Regionalism“ or „Regional Identity“ in Early Modern Russia offers a number of challenges. As with so many of the topics we might wish to examine for the period from the sixteenth to the early eighteenth centuries, we must begin by questioning the sources, and, when we discover they do not always contain many answers, see whether the source base might be expanded by the inclusion of material not previously studied. This paper is an effort to explore sources for the study of regional identity in Viatka and in particular focus on the place of religious belief and practice in the formation of regional identity. In part, it is a summary of research recently published (although by no means the last word on the subject), but the largest part of the paper consists of preliminary observations on a body of evidence which I have only begun to explore.[1] My presentation at the Vienna conference on regions involved primarily the work already finished; the new material is the result of research undertaken following the conference but confined to what I could obtain in a relatively brief trip to Russia.

This paper makes certain assumptions about identity and the study of identity and does not attempt to explore the theoretical literature. I am assuming that we can speak of the development in a region such as Viatka of some sense of common belonging and history, which is regional, not national in its focus. As I have argued elsewhere and maintain here, it is striking that this developing sense of regional identity is to be seen precisely at the time when, by traditional wisdom, we think that regional identities are being supplanted by national ones. The two can and do coexist, of course, since in any time and place, it is reasonable to expect that people have multiple identities, depending on the framework in which they would articulate any sense of self and community. Furthermore, it is important to emphasize the role of religious belief and practice in identity formation, since too often the application of theories of modernization has meant that religion is relegated to a secondary role on the assumption that a secular world view was becoming dominant.[2] I would argue, on the contrary, that we cannot

1 See Daniel' Uo [=Waugh], *Istoriia odnoi knigi: Viatka i „ne-sovremennost',, v russkoi kul'ture Petrovskogo vremeni* (St. Petersburg, 2003).

2 In addition to my book see my „We Have Never Been Modern: Approaches to the Study of Russia in the Age of Peter the Great,“ *Jahrbücher für Geschichte Osteuropas* 49 (2001), S. 321-345. Among a growing number of stimulating publications taking a fresh look at religious life in Russia, note especially Valerie A. Kivelson and Robert H. Greene, eds., *Orthodox Russia: Belief and Practice Under the Tsars* (University Park, Pa.: 2003).

understand change in „Early Modern" Russia if we fail to appreciate how important religion continued to be, even for those who conventionally have been perceived of as the leaders in the country's „modernization."

In studying the development of identities, in the first instance we would wish to find them articulated in written texts. However, given the fact that visual and oral culture were still so important in Russia for the mass of the population, we need to recognize that other kinds of evidence must be included. My concern in the first part of what follows is with the written record and in the second with what we can infer from it about practice and perception amongst those who did not do the writing and in most cases probably were not literate in the conventional sense. I do not attempt here to deal with the evidence from the arts except insofar as the veneration of icons is a central part of the material to be discussed.

The texts

My evidence concerns the specific example of Viatka, the region north of Kazan and approaching the western slopes of the Urals which traditionally (and probably wrongly) has been considered one of the backwaters of Russia. Viatka was forcibly incorporated into the Muscovite state in 1489. While naturally the Orthodox Church was active there, notably with the founding of the Monastery of the Dormition in the main town, Khlynov (later Viatka, now Kirov), in the late sixteenth century, Viatka had to wait until 1657 to receive its first bishop.[3] As near as I can determine, Viatka indeed was slow to develop much of a „local" literature.[4] As in other regions, the bishopric was the catalyst in changing that picture. The first bishop, Aleksandr, was obviously well educated and energetic, as was his successor Iona, now elevated to the rank of Archbishop, who occupied the see during the last quarter of the seventeenth century. We can document some bare beginnings of Viatka historical writing under Aleksandr as well as an interest in recording tales of locally venerated relics (possibly even just before he arrived). Although it is difficult to determine his direct contributions, under Iona the process of developing a local literature and promoting local cults was if anything more actively pursued, carrying well beyond his death into the eighteenth century.

Two texts are of particular interest: The Tale of the Viatka Land (*Povest o strane Viatskoi*, here referred to by the abbreviation PSV) and the Tale about the Wonder-working Icon of St. Nicholas Velikoretskii (here referred to as the Icon Tale). The two are closely interconnected, since the second was one of the sources for the first. I shall

3 For the history of church administration in the region prior to the establishment of the bishopric, see V. V. Nizov, „Tserkovnoe upravlenie na Viatke v kontse XIV-nachale XVII vv.," in *Sbornik „Slobodskoi i slobozhane". Materialy IV nauchno-prakticheskoi konferentsii* (Slobodskoi, 2001), pp. 4-8.

4 See my *Istoriia odnoi knigi*, ch. 1; cf. a well-informed overview which I had failed to consult, V. V. Nizov, „Knigi i chitateli srednevekovoi Viatki," in *Entsiklopedia Zemli viatskoi* (hereafter *Entsiklopediia*), 10 vols. in 11 (Kirov, 1994-2002), vol. 9 (Kirov, 1999), pp.189-206.

discuss PSV first, since the Icon Tale will lead directly into a broader discussion of the cult of that icon.

I have argued elsewhere in detail that PSV is the work of one Semen Popov, a sacristan in the Bogoiavlenskii cathedral in Khlynov and one of the first elected *burmistry* in Khlynov in 1700 and again in 1704.[5] He probably compiled PSV some time between 1704 and 1710 as a way of asserting local identity in the face of the increasingly distressing pressures of the demands of the central government, which threatened the well-being of Viatka and in particular its clerical establishment.

The theme of PSV is that Viatka draws upon a positive tradition of independence, which it inherited from its founding fathers, the Novgorodians who had colonized the region. Furthermore, Viatka is a Holy Land and Khlynov a Holy City, as evidenced by a miracle at the time of its founding and by the presence there of the chief local relic, the icon of St. Nicholas which had, according to tradition, been discovered on the River Velikaia, a tributary of the Viatka, and brought to the regional center.

In developing these themes, the author of PSV drew upon a variety of sources. Among them were Novgorod chronicles, a seventeenth-century Novgorodian piece of historical fiction known as „Nachalo Velikomu Slovensku“, other chronicle sources, including local ones whose compilation probably began under Bishop Alexander, the Icon Tale, and the Synaxarion (*Prolog*). At the core of PSV is a short tale whose date and authorship are still not certain (it probably was written no earlier than the middle of the seventeenth century) which provides a somewhat sarcastic account of why the Novgorodians first came to Viatka. Using his other materials and his vision of the Novgorodian connection as a positive thing, the author of PSV reworked this short account and emphasized the Novgorodian tradition of „samovlastie“. Citations from chronicle entries about Viatka's early encounters with outside aggression reinforced the message about the region's tradition of independence in the face of external threat. Among the threats faced by the Orthodox *viatchane* were those of the indigenous non-Christian population. Khlynov's importance in part lay in its being a Christian outpost in a largely still pagan land. Apart from political considerations then, affirmation of Khlynov's significance was provided by the presence there of the wonderworking icon of St. Nicholas, whose early history included confounding the pagan Cheremis.

As with any of our early modern written sources, we confront a variety of challenges in analyzing PSV. There are other proposed datings, although probably all that are reasonable would place the writing of the tale no earlier than the late seventeenth century in the time of Archbishop Iona.[6] Popov's authorship may be disputed. The text itself, in

5 *Istoriia odnoi knigi*, ch. 6. A somewhat different, earlier version of this material is D. K. Uo, „Novoe o 'Povesti o strane Viatskoi',“ in *Evropeiskii Sever v kul'turno-istoricheskom protsesse (K 625-letiiu goroda Kirova): Materialy Mezhdunarodnoi konferentsii* (Kirov, 1999), pp. 350-380.

6 V. V. Nizov, who is arguably the best informed scholar working today on the early history of Viatka, argues for a date prior to 1698. See his „Slobodskoi spisok 'Povesti o strane Viatskoi',“ in *Sbornik 'Slobodskoi i slobozhane': materialy III nauchno-prakticheskoi konferentsii* (Slobodskoi, 1998), pp.3-9. While I do not cite this article in my book, I respond there to Nizov's arguments presented another publication of his concerning the Slobodskoi copy of the

its century-old standard edition undoubtedly needs to be re-edited. So far, however, I have not seen any evidence to suggest we will be confronted with a need for fundamental reassessment of what the content of the tale provides for a study of perceptions in Viatka about the region's origins and importance. We are still left with the fact of the late development of any serious effort there to compile local history and invent historical traditions suited to the self-perceptions of the tale's author and his compatriots. We will always be left to hypothesize about readership in the period of particular interest here, since there are no manuscripts and no evidence of citation of PSV in other works prior to 1725.

By „late development," I have in mind the following. We normally consider traditions of chronicle writing to have pretty much died out in the face of development of a more „modern" approach to writing history by the late seventeenth century in Muscovy. In fact though chronicles continued to be compiled in places such as Novgorod and Vologda well into the eighteenth century. Viatka clearly is not out of step with such areas, even if something of a newcomer. It is true, and Novgorod again is a prime example, that we see new developments in the creation of what we might call historical fictions (in particular with regard to origins) in the mid- and late seventeenth century.[7] However, it would be foolish to suggest that such developments have much to do with any kind of „objective" or „source-critical" modernity in historical writing.

The second key text for us is the Icon Tale, which, like PSV, is so far available to us from a century-old edition, incomplete at that. While the local Viatka historian (who also published PSV), A. S. Vereshchagin, printed several variants of the Icon Tale from different manuscripts, he chose not to include in his edition the long list of miracles attributed to the icon.[8] Vereshchagin published the accounts concerning the icon's discovery and initial miracle-working properties and about its reception when taken to

Tale. Cf. *Istoriia odnoi knigi*, pp. 215-217. In conversations with him in the summer of 2003, he remained unconvinced by my case.

7 On the development of „historical fiction" in the seventeenth century, see especially E. K. Romodanovskaia, *Russkaia literatura na poroge novogo vremeni. Puti formirovaniia russkoi belletristiki perekhodnogo perioda* (Novosibirsk, 1994). The Novgorod tale of particular interest is discussed by A. V. Lavrent'ev and A. A. Turilov, „'Povest' o Slovene i Ruse' ('Skazanie o Velikom Slovenske') o proiskhozhdenii i rannei istorii slavian i Rusi," in *Slaviane i ikh sosedi. Mif i istoriia. Proiskhozhdenie i ranniaia istoriia slavian v obshchestvennom soznanii pozdnego srednevekov'ia i rannego Novogo vremeni: Tezisy 15-oi konferentsii* (Moscow, 1996), pp. 19-25.

8 A. S. V[ereshchagi]n, *Povesti o Velikoretskoi ikone sviatitelia Nikolaia: Pamiatniki Viatskoi pis'mennosti XVII-XVIII veka* (Viatka, 1905) (also published in *Trudy Viatskoi uchenoi arkhivnoi komissii*, 1905, vyp. IV, otd. II, pp. 28-102). Another copy of the redaction of the tale which Vereshchagin attributed to Viatka archbishop Iona in the late seventeenth century (texts III and IV in his edition), has been published recently by Arkhimandrit Makarii (Veretennikov), „Vserossiiskii mitropolit Makarii – pochitatel' sviatitelia Nikolaia Mirlikiiskogo," in *Pochitanie sviatykh na Rusi. Materialy IV Rossiiskoi nauchnoi konferentsii, posviashchennoi Pamiati Sviatitelia Makariia (5-7 iiunia 1996 goda)* (= Makarievskie chteniia, vyp. IV, ch. 1) (Mozhaisk, 1996), pp. 68-76. This publication, like Vereshchagin's, does not include any of the appended miracles.

Moscow in the 1550s and again in the early seventeenth century. The earliest written texts about the icon are the passages in the mid-sixteenth century Nikon Chronicle dealing with its reception in Moscow in mid-1555.[9]

The earliest physical copy of a text dealing with the icon's origins is apparently a mid-seventeenth century Synodal Library manuscript, which includes a list of miracles up to 1647. It seems likely that the text in the Synodal manuscript is of Viatka origin, and that particular redaction is to be connected with the repainting (*ponovlenie*) of the icon perhaps in conjunction with the establishment of a special feast day for the saint in the local church calendar in Viatka in the middle of the seventeenth century.[10] It is plausible to suggest that the *composition* of the Icon Tale dates to the same time in middle of the seventeenth-century, one additional compelling reason being the pressures being exerted by the Patriarchate concerning the need for verification of the authenticity of local cults.[11] The account in the Synodal manuscript is important for its claim that even though the date when the icon was brought to Khlynov was not known, it was honored (not specified by whom) by the commissioning of an *oklad* in 1521 in the time of Grand Prince Vasilii III Ivanovich and Metropolitan Varlaam. However, it was only with a new edition of the tale, apparently under the aegis of Archbishop Iona in the late 1690s, that the discovery of the icon was assigned a date, 1383. As Vereshchagin has convincingly argued, that date was borrowed from an account about the discovery of the

9 *Polnoe sobranie russkikh letopisei*, vol. 13 (Moscow, 1965; reprint of 1904 ed.), p. 254. For a detailed examination of the texts concerning the bringing of the icon to Moscow and its installation in the Pokrovskii sobor, see A. L. Batalov, „O rannei istorii Sobora Pokrova na Rvu i obretenii 'lishnego' prestola, „in A. L. Batalov and L. A. Beliaev, eds. *Skral'naia topografiia srednevekovogo goroda* (= Izvestiia Instituta khristianskoi kul'tury srednevekov'ia, vol. 1) (Moscow, 1998), pp. 51-63. As Batalov shows, there are several later Moscow versions of the events. Clearly none of these texts has anything to do with the history of the icon while it was in Viatka. See also A. L. Batalov and L. S. Uspenskaia, *Sobor Pokrava na Rvu (Khram Vasiliia Blazhennogo)* (Moscow, 2002), pp. 8-13, where on p. 9 is a good color reproduction of a copy of the icon dated to the second half of the sixteenth century.

10 In the Viatka cathedral manuscripts' list of miracles just prior to the miracle of 1647 is the indication „Siia chiudesa ponovleniia sv. chudotv. obraza" (Gosudarstvennyi arkhiv Kirovskoi oblasti (hereafter GAKO), f. 170, op. 1, d. 270, fol. 29). The Synodal manuscript ends after the next miracle (1647). When recording of the miracles was resumed in the later redaction, the next one is dated 1657. See also Stefan Kashmenskii, „O chudotvornoi Velikoretskoi ikone Sviatitelia i Chudotvortsa Nikolaia," in *Viatskie eparkhial'nye vedomosti* (hereafter *VEV*), 1875, no. 16, Otd. dukh.-lit., pp. 506-507.

11 On the shift in church policy toward miracles, see Paul Bushkovitch, *Religion and Society in Russia: The Sixteenth and Seventeenth Centuries* (New York and Oxford, 1992), ch. 5. While the mid-seventeenth-century break in the recording of miracles associated with the icon of St. Nicolas Velikoretskii might be taken as confirmation, its continuation (and in fact a lot of other evidence) contradicts Bushkovitch's statement that „no longer did clerics carefully keep lists of the cures to append to the texts of ... the icon tales" (p. 107). It is probably significant that the 1647 miracle account is the first one with a very explicit description of an investigation to prove the claim that a miracle had occurred.

Icon of the Tikhvin Mother of God.[12] Vereshchagin also cites somewhat more equivocal evidence in a charter of 1546 that suggests the icon was still in its original location on the River Velikaia, not in Khlynov, at that time.[13] In fact, just as in the case of Viatka's origins, we have no even remotely contemporary witnesses to the supposedly fourteenth-century origin of the icon of St. Nicholas. Nonetheless, with the exception of Vereshchagin's work, all the literature about the icon to this day – and there is a substantial amount, since the procession of the cross with the icon is now enjoying a revival – places its origins and that of the famous procession of the cross taking it from Khlynov to Velikoretskoe and back in 1383 or soon thereafter.[14] According to the Icon Tale itself, the beginning of the procession must antedate 1551, for in that year supposedly its omission brought on plague and other catastrophes, which ceased only when the procession was restored.

Apart from the narrative about the origin and history of the icon, the list of miracles itself has some special problems.[15] The icon was taken to Moscow in 1555 supposedly in part because of its reputation but perhaps more importantly because it needed resto-

12 V[ereshchagi]n, *Povesti*, pp. 74-76.

13 The document in question was first published in *Akty, sobrannye...Arkheograficheskoi ekspeditsiei*, vol. 1, pp. 199-200 and has been reprinted, most conveniently in a collection of documents on Viatka history, *Drevnie akty, otnosiashchiesia k istorii Viatskogo kraia. Prilozhenie k 2-mu tomu sbornika „Stoletie Viatskoi gubernii"* (Viatka, 1881), pp. 20-22. In it, Ivan IV cites a petition of the people of Shestakov in which they distinguish between going to Khlynov and going „k Nikole chiudotvortsu k Velikoretskomu molitisia."

14 Characteristically, among the older accounts, one finds a statement such as that by Protoierei Stefan Kashmenskii using as his reference point the mid-sixteenth century: „Let sto piat'desiat', ne menee, kazhdogodno sovershali krestnyi khod iz Khlynova na Velikuiu-reku" (Kashmenskii, „O chudotvornoi Velikoretskoi ikone," *VEV*, 1875, no. 10, Otd. dukh.-lit., p. 315).

15 Since I have not examined the Synodal manuscript, and the current location of the two other key manuscripts containing the extended list of the miracles is not known (if in fact they are still extant), for the following discussion I have relied on two sources to reconstruct the miracle accounts. One is a somewhat cryptic and very difficult to read hand-written numbered summary of each and every miracle compiled by Vereshchagin himself and based primarily on the information in the two now missing manuscripts which had been housed in the Trinity Cathedral in Viatka. Another hand has added notations to this list based, apparently, on the information in the Synodal manuscript. The additions in particular provide details about family connections of the individuals who experienced the miracles. This list of the miracles is in GAKO, f. 170, op. 1, no. 270, fols. 24-29v. I have collated Vereshchagin's listing of the miracles with Kashmenskii, „O chudotvornoi Velikoretskoi ikone," *VEV*, 1875, no. 9, Otd. dukh.-lit., pp. 286-294; no. 10, Otd.dukh.-lit., pp. 311-327; no. 11, Otd. dukh.-lit., pp. 359-371; no. 12, Otd. dukh.-lit., pp. 379-393; no. 16, Otd. dukh.-lit., pp. 495-510; no. 17, Otd. dukh.-lit., pp. 523-538; 1876, no. 9, Otd. dukh.-lit., pp. 256-262. Also relying on the two Viatka manuscripts, Kashmenskii summarizes, quotes, and/or apparently renders in full in a modern Russian translation a great many of the miracle accounts, especially for the seventeenth century. While obviously we need still to consult all the extant early manuscripts which contain the miracle lists, my sense is that the information I have compiled from Vereshchagin and Kashemskii is quite complete for the categories of evidence being discussed here.

ration after a disastrous church fire in Khlynov which the icon had barely survived.[16] The fire destroyed any records of the miracles pertaining to the icon (if such existed), and thus the list of dated miracles begins only on the icon's return from Moscow, the first entry apparently pertaining to 1557.[17] The compilers of the account and miracle list in the seventeenth century are explicit about having had to rely on oral tradition for anything to do with the icon prior to the fire. Until we get well down into the seventeenth century, the entries in the miracle list are quite formulaic, although they do provide specific dates and names of those involved. It is plausible enough to assume some kind of running record of the miracles was being kept beginning when the icon returned to Khlynov in the 1550s and was drawn upon in the seventeenth century. However, we cannot exclude the possibility of a rather late invention even of specific names and dates in an effort to solidify the miracle-working credentials of the icon at a time when documenting such matters was being required by the Church. As the seventeenth century progressed, it is clear that considerable care began to be taken to verify the accounts about the miracles or at least assert that verification had been provided. The accounts begin to specify that the narratives had been told personally to a named archpriest, and in some instances the civil authorities – the local *voevoda* – were involved in interrogation of those who claimed miracles had occurred. The initial compilation of miracles (the last dated 1647) was brought up to date when the Icon Tale was re-edited and copied in the late 1690s. With the production of an additional copy in the 1750s, three final miracles were added, the last dated 1711. In all then, we have some 222 dated miracles connected with the icon. Most are healing miracles, with blindness constituting about two-thirds of the cases, and two-thirds of those who experienced the miracles were women.

For our analysis here, we are not going into the issue of whether or not the miracles actually occurred or whether or not the list in part at least might be pure invention. We will assume that some kind of running record of miracles was being kept in the Khlynov cathedral housing the icon beginning in the 1550s.

The veneration of the icon of St. Nicholas Velikoretskii

Using the evidence in the Icon Tale and additional materials on processions of the cross, let us examine what we know about the development of the cult of the icon in the Viatka region. I would argue that pilgrimage and icon processions are an important component in establishing a sense of regional identity. A number of studies pertaining

16 The account in the Nikon Chronicle suggests clearly that the initiative for bringing the icon to Moscow was that of the viatchane. The Icon Tale in the Synodal manuscript repeats essentially the same story. It is only with the revision of the tale under Iona that the claim is made the Tsar ordered that the icon be sent to Moscow because of its renown.

17 It is worth noting that there are some discrepancies and obvious errors in the dates in the Vereshchagin and Kashmenskii lists. Both consistently record September-December dates in the „September years“ calculated „from the Creation“ as being a year later than they are in the modern calendar. Vereshchagin gives what are apparently erroneous dates for the first two miracles (1554 and 1555 instead of 1557 and 1558).

both to Russia and to locations in Western Europe confirm the importance of locally venerated relics and images both for purely political purposes as well as for less easily defined conceptions of place.[18] Whether in Khlynov or on the road, the icon of St. Nicholas served as a locus of devotion for believers and had the practical effect of bringing together individuals who might not otherwise come into contact and establishing Khlynov as a place of pilgrimage and, more abstractly, as a source of divinely dispensed aid. It is difficult to find texts which take us beyond the immediate personal concerns of those who venerated the icon; so what we are talking about here in the first instance is evidence of practice. In particular what I shall focus on is the issue of the geographic extent of the cult and how that may have changed over time. We have considerable evidence about the home location of people who came to pray before the icon, and we can also at least begin to reconstruct the history of the processions which took the icon outside Khlynov itself. To use Victor Turner's term applied to pilgrimages, what interests us is the „catchment area" of worshippers whose focus was this particular icon.[19]

Let us examine first the information on where the worshippers who came to the icon lived. The miracle accounts frequently specify a home region, administrative subdivision (*stan*), town or even parish of the individual. There are, however, many instances where no home location is specified. For the sake of our statistics, I am going to assume that in such instances the individual lived locally that is in Khlynov or its *uezd* or in the location where the icon was at the time the person came to pray before it. Of course there is a reasonably good chance that some of those we assume are local in fact traveled some distance. My statistics then may be more „center-weighted" than the realities. These qualifications in mind, the leading locations of the homes of those experiencing miracles are as follows:

18 See, for example, Patrick J. Geary, *Furta Sacra: Thefts of Relics in the Central Middle Ages* (Princeton, 1978); Philip M. Soergel, *Wondrous in his Saints: Counter-Reformation Propaganda in Bavaria* (Berkeley, etc., 1993); Jean-Claude Schmitt, *The Holy Greyhound: Guinefort, healer of children since the thirteenth century*, tr. Martin Thom (Cambridge etc., 1983). Of particular relevance here is the article by Vera Shevzov, „Miracle-Working Icons, Laity, and Authority in the Russian Orthodox Church, 1861-1917," *The Russian Review* 58 (1999), pp. 26-48. While her focus is on the period indicated in her title, she discusses a variety of evidence about the history of icon veneration and chuch policies toward its local manifestations going well back into the eighteenth century. One of the points she emphasizes is the role of locally venerated icons as „symbol(s) of local identity" (p. 32) and „keepers of collective memories" (p. 33). See also her „Icons, Miracles, and the Ecclesial Identity of Laity in Late Imperial Russia," *Church History* 69 (2000), pp. 610-631, and „Letting the People into Church: Reflections on Orthodoxy and Community in Late Imperial Russia," in Kivelson and Greene, eds., *Orthodox Russia*, pp. 59-77.

19 See Victor Turner, „Pilgrimages as Social Processes," in idem, *Dramas, Fields, and Metaphors: Symbolic Action in Human Society* (Ithaca and London, 1974), ch. 4; Victor Turner and Edith Turner, *Image and Pilgrimage in Christian Culture: Anthropological Perspectives* (New York, 1978).

Khlynov and Khlynov uezd	18
Kotel'nich	71
Kazan'	18
Slobodskoi	17
Shestakov	14
Velikaia Perm'	11
Orlov	9
Luza and its region	9
Verkhokam'ia	8

Among the other locations (this list is not exhaustive) represented by no more than four individuals are Ustiug, Urzhum, Velikoretskoe, Vokhma, Nizhnii Novgorod, Zavoloch'ie, and Cheboksary.

A second measure of geographic scope of the cult is the location where the miracle took place. Here our data are more reliable than the previous set:

Khlynov and its uezd	113
Kazan' and its uezd	18
Kotel'nich	14
Slobodskoi	13
Shestakov	11
Velikoretskoe	6
Orlov	4

and a few others with individual instances. The inclusion of Kazan' in both lists, we should note, is the result of the exceptional circumstance of the icon's having been taken through Kazan' on the way to and from Moscow on the one occasion in 1613-15.

Apart from the gross statistics of location, we need to note the chronology of change in location over time. Possibly significant is the fact that we have no record of a miracle occurring anywhere but in Khlynov before January 1569. In mid-January 1569 and again in late December-early January 1571-72, the icon was in Kotel'nich, and in mid-June 1572 in Slobodskoi. The first time that the miracle list includes Velikoretskoe is 1595. We shall have to examine in greater detail the implications of this information for the traditional dating of what eventually became regular processions with the icon that included the named towns.

With the exception of the journey which took the icon through Kazan' to Moscow in 1613-15, most of the miracles occurred in a few key towns of Viatka in a core territory around Khlynov. While one might wish to quantify a progression in the presumably expanding geographical scope of the icon's veneration, the miracle lists are of little help. Even in the early years of the late 1550s, individuals from a range of locations – Kotel'nich, Shestakov, Orlov, Slobodskoi, Velikaia Perm', Verkhokam'ia – were coming to Khlynov. In fact, well over half of the recorded miracles in the first two decades for

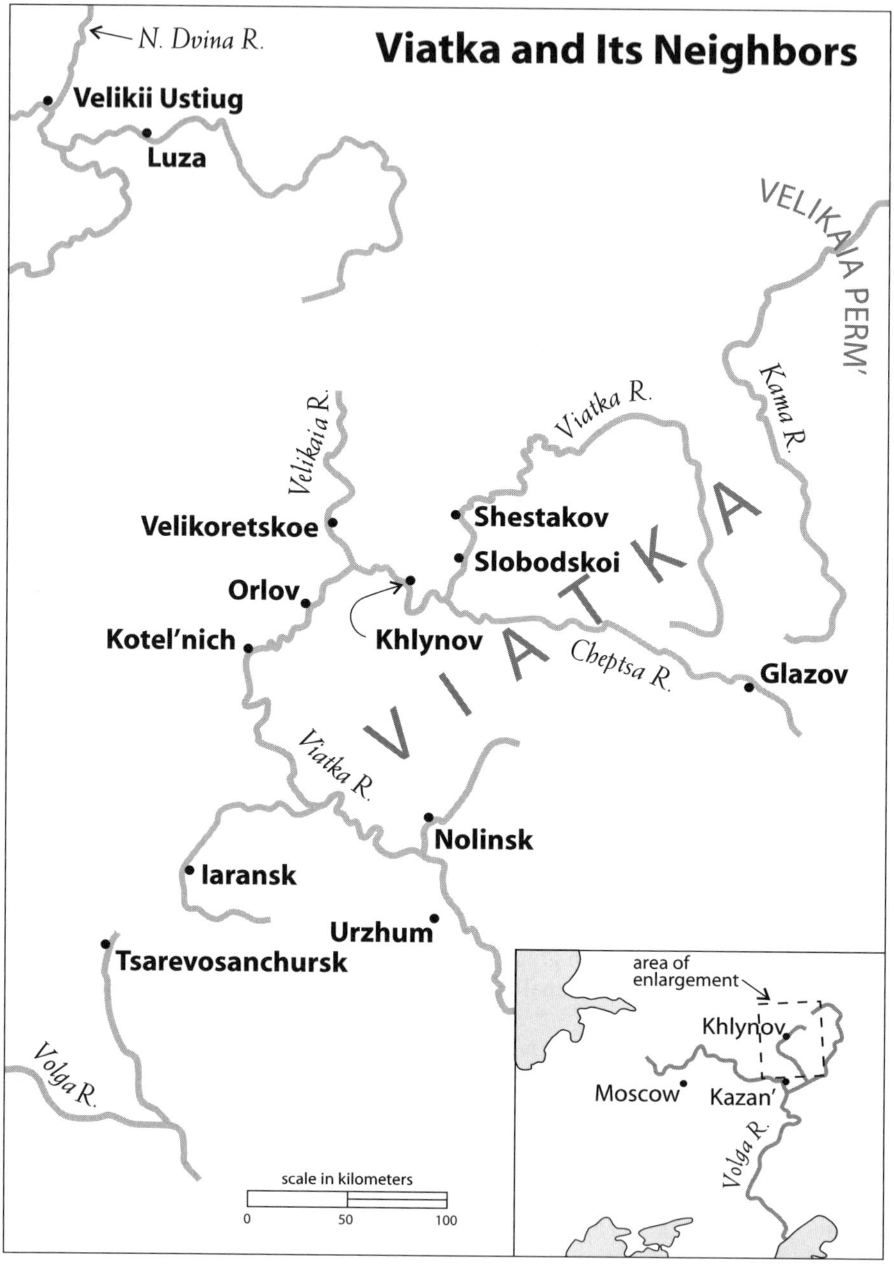
Viatka and Its Neighbors
N. Dvina R.
Velikii Ustiug
Luza
VELIKAIA PERM'
Kama R.
Viatka R.
Velikaia R.
Velikoretskoe
Shestakov
Slobodskoi
Orlov
Khlynov
Kotel'nich
VIATKA
Cheptsa R.
Glazov
Viatka R.
Nolinsk
Iaransk
Urzhum
Tsarevosanchursk
Volga R.
scale in kilometers
0
50
100
area of enlargement
Khlynov
Moscow
Kazan'
Volga R.

which we have evidence involve individuals not from Khlynov itself. In one regard though, in the late seventeenth century, the territorial reach of the icon apparently expands, in conjunction with the fact that it seems unnecessary for people to be venerating it directly at the time a miracle occurs. Such instances may well have occurred earlier, but the record does not state as much. Simply vowing to go to pray before the icon may be enough for one to be healed or saved on the spot. Thus we have a few cases occurring in the Luza River region well north of Khlynov, somewhere on the road through to western Siberia or in the icy waters of the Arctic Ocean.[20] Even in those instances though, the accounts stress the importance of actually venerating the icon directly. One may be cured or saved in some distant location, but only if one then fulfills a promise to come to the icon, which in most cases means coming to Khlynov, the town which the accounts regularly refer to as „bogospasaemyi".

It is of some interest to consider how the reputation of the icon spread. If we believe the tale of its origins, as we might well expect initially oral reports drew attention to it. Even as late as the seventeenth and early eighteenth centuries, as attested by the miracle accounts, some individuals specify that they prayed to the icon because someone had told them about it. In one instance, a witness reported knowing about it because he and his family were „rodom...viatchane." Yet in contrasting testimony, another witness emphasized the miraculous nature of a vision she had had of St. Nicholas by indicating that she had not in fact heard of the icon previously.[21] It seems likely that for many the first knowledge of the icon was when it „went on tour" in the regularly scheduled processions of the cross.

As Vereshchagin has emphasized, the event that seems to have had a major impact on the icon's fame was its being taken to Moscow in 1555-56 and recognized by the Tsar and church leadership.[22] It is well documented that one chapel in the new Church of the Intercession on the Moat (St. Basil's) was dedicated to the image and a copy of it placed there. The restored original, repainted in part by Metropolitan Makarii himself, was sent back to Khlynov, and in several locations, presumably on account of the journey or some communication by the central authorities, churches or chapels were dedicated to it.[23] It was only upon the return of the icon from Moscow that a cathedral dedi-

20 See Kashmenskii, „O chudotvornoi Velikoretskoi ikone," *VEV*, 1875, no. 16, Otd. dukh.-lit., pp. 504-505; no. 17, Otd. dukh.-lit., pp. 525-528, 533-537.

21 Ibid., *VEV*, 1875, no. 16, Otd. dukh.-lit., pp. 509-10; no. 17, Otd. dukh-lit., pp. 527, 533.

22 A. S. V[ereshchagi]n, *Pochitanie Nikoly Mozhaiskago na Viatke v XVII veke* (Viatka, 1902), pp. 3-5.

23 There is one copy of the icon on which a dated inscription indicates is was painted May 28, 1558, by Andrei Vasil'ev, apparently for one of the churches in Sol'vychegodsk. See S. P. Belov, „Ikona 'Nikola Velikoretskii' 1558 g. iz Sol'vychegodska," *Pamiatniki kul'tury. Novye otkrytiia. Pis'mennost'. Iskusstvo. Arkheologiia.* Ezhegodnik 1987 (Moscow, 1988), pp. 202-206. Belov dates (to my mind, quite speculatively) another early copy of the icon to 1556, when it is possible the icon came through Vologda on its way back to Viatka. See S. P. Belov, „Ikona 'Nikola Velikoretskii' serediny XVI veka iz sobraniia Vologodskogo gosudarstvennogo istoriko-arkhitekturnogo i khudozhestvennogo muzeia-zapovednika," in *Vologda. Istoriko-kraevedcheskii al'manakh,* vyp. 1 (Vologda, 1994), pp. 261-269. On a third

cated specifically to it was built in Khlynov (prior to the fire it had been housed in a chapel of a church dedicated to St. Prokopii of Ustiug). Given the absence of hard documentation before these events of the 1550s, might we not even venture the possibility that the local (i.e., Viatka and specifically Khlynov) cult of the icon did not exist much before 1550? Just as the decision to honor it in Staritsa, Vologda and Tot'ma seems to have been a direct consequence of its having been honored in Moscow, so also might the construction of the cult of St. Nicholas Velikoretskii in Khlynov itself have been the result of the icon's having been recognized in Moscow as particularly important. We need to consider the possibility that local cults (and more generally local identity) may have developed at least in part as direct responses to actions in the center. There is, after all, a large body of opinion that sees the creation of markers of identity as a reactive process.

The processions of the cross

Viatka is a region known for a particularly large number of processions of the cross.[24] Some came into being to celebrate quite specific events (e.g., the end of a visitation of the plague), but the reasons for the establishment of others can only be inferred.[25] In the 18th and 19th centuries, when the Church questioned whether or not to permit some of them or whether to make changes in how, when or where they occurred, often the

sixteenth-century copy of the icon and its iconographic prototypes, see M. A. Makhan'ko, „Ikona sv. Nikoly Velikoretskogo v Kollektsii Ambroziano Veneto i pochitanie chudotvornogo obraza v XVI v. *„Pamiatniki kul'tury. Novye otkrytiia. Pis'mennost''. Iskusstvo. Arkheologiia*. Ezhgegodnik 1997 (Moscow, 1998), pp. 240-251. Clearly a thorough study of all the copies of the icon will help us to learn mor about the spread of its cult. The Sol'vychegodsk and Vologda copies would seem to support the ideo that the fame of the icon began to spread widely almost immediately upon its recognition in Moscow.

24 For an extensive descriptive listing from the late 19th century, see „Krestnye khody v Viatskoi gubernii," *Kalendar' Viatskoi gubernii na 1889 g.* (Viatka, 1888), pp. 15-32. Shevzov distinguishes between „processions of the cross" and „icon visitations": in the former the „focus of the activity was on the act of processing itself. In icon visitations, the focus was on the particular icon that was being carried" („Miracle-Working Icons," p. 34, n. 48). The term „procession of the cross" is used for the Viatka occurrences under discussion, but most of them are clearly focussed on the bearing of a particular icon or icons, thus presumably qualifying them as „icon visitations." It is only with rare exceptions though that the icon of St. Nicholas was brought to private homes. She further notes that „the laity initiated most visitations" (p. 36). Whether that was the case for the early modern period is difficult to determine. In connection with this question, note the emphasis in several of the essays in Kivelson and Greene, *Orthodox Russia*, on the role of „popular initiative" and also on the fact that in many instances we may be wrong to posit a dichotomy between what the „official" church and the ordinary believers wanted.

25 S. N. Amosova has noted the difficulties of writing the history of the processions and is beginning to work seriously on filling the void in scholarship on the subject. See her „Krestnye khody i prazdniki v gorode Orlove i Orlovskom uezde," forthcoming in *Gertsenka: Viatskie zapiski*, vyp. 4. I am grateful to her for sharing this yet unpublished article.

weight of popular tradition was cited as the reason for not changing anything. While we cannot always explain origins, we can often say something about changes in dates, routes or the inclusion of particular relics. However, the bare evidence of the documents does not reveal much about perceptions. We must infer that pilgrimage and procession involve expanding one's geographical and human horizons by virtue of experiencing both new locations and human interactions with others, in whom one may discover communalities (or, of course, differences).

The most important of the processions with the icon of St. Nicholas is the eponymous „Velikoretskii khod,“ whose schedule has now been fixed (by the old calendar) as May 21-28, taking the icon from Khlynov (Viatka, Kirov) to the village of Velikoretskoe and back and thus including May 24, the day on which the icon was supposed to have been discovered.[26] Tradition has it that the Velikoretskii khod was established as a result of the icon's having been removed from its original location to Khlynov. Both the icon itself (and the local population of Velikoretskoe) protested; as a compromise, an agreement was reached on the annual journey of the icon back to its place of origin. When that occurred though is a good question. As suggested above, we have reason to believe the icon was still in Velikoretskoe as late as 1546, which does not mean, however, that there was as yet no procession (perhaps from Velikoretskoe to Khlynov and back, not vice versa?). The Icon Tale insists though that a procession starting in Khlynov was in place by 1551, and there can be no question about the location of the icon there (procession or not) on its return from Moscow a few years later.

The first time the list of miracles includes one in Velikoretskoe (or on the route between it and Khlynov) is May 25, 1595. There are subsequent entries for miracles there for seven years between 1613 and 1667, on dates ranging from May 12 to May 25, in other words close to or overlapping with what later came to be the standard calendar for the procession.

While silence concerning earlier concretely dated miracles in Velikoretskoe of itself is not necessarily persuasive, it seems to me that there may be serious reason to question

26 An overview of the history of the procession which is valuable primarily for its use of the 18th and 19th century archival documents is A. I. [?], *Velikoretskii krestnyi khod*, (Viatka, n.d.) (reprinted from *VEV*, 1869, no. 18). The anonymously authored brochure (24 pp.), *O Velikoretskoi Chudotvornoi Ikone Sviatitelia Nikolaia, Arkhiepiskopa Mirlikiiskago, nakhodiashcheisia v Kafedral'nom sobore v g. Viatke* (Viatka, 1909), is a unique example of a work that uses the miracle lists for a discussion of the various processions involving the icon of St. Nicholas. For an illustrated evocation of the procession focussing on its revival in the post-Soviet period, see A. G. Balyberdin et al., *Velikoretskii krestnyi khod* (Kirov, 2000). For a nineteenth-century description of a somewhat skeptical participant in the procession, see S. V. Kurbanovskii, „Na 'Velikoi reke' (Vpechatleniia bogomol'tsa). (Bytovoi ocherk),“ *Kalendar' Viatskoi gubernii na 1893 god* (Viatka, 1892), pp. 255-271. I thank Aleksei Musikhin for bringing to my attention some short reminiscences about the procession recorded in the 1990s and published in *Viatskii fol'klor. Predaniia i legendy* (Kotel'nich, 1998), pp. 15-17. Recent impressions by a rare American participant in the procession are in Lerri E. Kholms [=Holmes], *Rossiia: Strannaia zemlia i ee zagadochnye liudi. Zapiski amerikantsa, pozhivshego v Viatke i drugikh gorodakh rossiiskikh* (Kirov, 2003), pp. 117-125.

the generally accepted traditions as to when the Velikoretskii khod was established. Might we not in fact need to re-write the early history of the icon as follows? Indeed an icon of St. Nicholas came to be venerated locally in Velikoretskoe prior to 1546 but not necessarily prior to the sixteenth century. It *may* have been in existence as early as 1521, when covered with an *oklad*, but we cannot be sure of that date, where that event occurred, or in fact the accuracy of that report. Some time around 1550 the icon was taken off to Khlynov, where perhaps its reputation was enhanced by the recording of miracles. When the church authorities commandeered the icon to Khlynov, they simply left a copy of it in Velikoretskoe, and at the time saw no need to establish an annual procession to take the original there. When the original icon nearly burned up soon thereafter, and in the wake of Ivan IV's conquest of Kazan, the local elite decided to take it to Moscow to have it repaired and perhaps use it to solicit the Tsar's favor (for what privileges, one cannot be certain). Having persuaded the authorities in Moscow of the icon's importance in a circumstance where in fact they may not have needed much persuasion, the good viatchane returned home and used the recognition the icon had achieved to promote vigorously the local cult. Part of the process was to build a new church dedicated specifically to the icon. The number of recorded miracles then piled up quickly over the next decade or so, all of them occurring in Khlynov itself, although they involved individuals coming to Khlynov even from territories that were beyond its formal administrative reach. While there is some evidence for a procession of the cross having been undertaken to Kotel'nich as early as 1569 and repeated a couple of years later and to Slobodskoi in 1572, regular processions of the cross to outlying towns were established for the icon only some time around 1590.[27] While the procession to Velikoretskoe *should* have been the earliest of these to have been observed on an annual schedule, we cannot be certain that such was the case. It is likely that all these first processions involving the icon developed in the same period, although we can only guess why then as opposed to some earlier time.

Using our dated miracle list as evidence, we see that a route for the period between July 2 and July 10 starting in Khlynov and going up river to Slobodskoi and Shestakov seems to be developing only by the early 1590s. While there is some rather shaky evidence that Slobodskoi, some 25 km. from Khlynov, existed as early as the late fourteenth century, it was probably not until the middle of the sixteenth century that it achieved any prominence as an economic or administrative center.[28] Only much later

27 The brochure, *O Velikoretskoi Chudotvornoi Ikone*, pp. 18-19, cites this evidence from the miracle lists to draw the conclusion that regular processions down the Viatka River to Kotelnich (the „Nizovskii khod") and up river to Slobodskoi probably did not begin before the late sixteenth or early seventeenth centuries. However, presumably because of the requirement that this discussion of the icon not question the traditional views about the origins and date of the Velikoretskii khod, the brochure ignores the obvious corollary conculsion from the miracle list which should force reconsideration of the date for the establishment of that procession.

28 V. V. Nizov does the best one can to trace Slobodskoi's history back to the late 14th century. See his „Drevneishie izvestiia o Viatskom gorode Slobodskom," in *Sobrnik materialov nauchno-prakticheskoi konferentsii, posviashchennoi 490-letiiu pervogo upominaniia o*

would it become a regional manufacturing center of some importance. Shestakov was even slower to develop and likely down to the middle of the sixteenth century marked just about the boundary beyond which Khlynov's influence did not extend.[29] Given the history of these towns, there seems to have been no particular reason for the icon to have been sent to them before the last third of the sixteenth century. Individuals from Slobodskoi at least could (and did) travel to Khlynov in a day or two to worship the icon there, but eventually having the icon appear at least once annually in the main cathedral of Slobodskoi became important. The icon is documented as having been in Slobodskoi six times between 1592 and 1662 in early July and five times in Shestakov between 1597 and 1624; the evidence is thus sufficient to suggest a regular schedule of visits had been established. Since both towns are on the Viatka River, the procession would have been on boats and rafts.

In similar fashion, our miracle list is suggestive about the beginnings of the so-called „Nizovskii“ route, going downriver from Khlynov and encompassing Orlov and Kotel'nich, the two towns that are mentioned with Khlynov as being core settlements of the Viatka region from early times. Eventually the regular dates for this procession (whose compass would expand considerably) begin on September 1 and end in December. The first record of the icon's having been in Orlov within this range of dates is for October 1588, and in Kotel'nich, September 1599. On two other occasions (1613, 1617) it was in Orlov in September. Eventually Kukarka, further down the river from Kotel'nich, would be included in this procession route; the only instance in the miracle list of thc icon's being there is for September 1659. We probably should be extremely cautious in reading back too far into the Muscovite period from the eighteenth- and nineteenth-century evidence about there having been a far-flung and complicated Nizovskii khod, and there certainly seems no reason to believe the „tradition“ cited as evidence for its having come into being in 1555, when the icon was off in Moscow.[30]

Although we cannot attempt here to write the whole later history of these processions of the cross, looking at some of the evidence for the eighteenth and nineteenth centuries is instructive, since it reinforces the impression of the gradual development and extension of the procession routes and also raises interesting questions about the rationale for the changes.

As several recent books have emphasized, the Orthodox Church authorities in the seventeenth century began to take an increasingly tough stand on local cults of all

gorode Slobodskom v aktovykh istochnikakh (Slobodskoi, 1995), pp. 3-16. See also A. V. Reva, „Slobodskoi,“ in *Entsiklopediia*, vol. 1 (Kirov, 1994), pp. 109-133.

29 For an overview of Shestakov's history, see P. N. Luppov, „Shestakov,“ in *Entsikopediia*, vol. 1, pp. 160-170.

30 Cf. „Krestnye khody,“ p. 18, for the undocumented assertion about the date 1555, and the map „Religioznoe vozrozhdenie“ in [I. Iu. Trushkova et al., eds.], *Istoriko-etnograficheskii atlas Kirovskoi oblasti* (Moscow, 1998), p. 38, showing the route as it may have existed only in the late 19th century and indicating that the initial date of the procession along it with the icon of St. Nicholas was 1552. It is possible that the date 1555 is cited because of the likelihood the icon passed through Orlov and Kotel'nich on its way downriver when being taken to Moscow in that year.

kinds.[31] The sanctity of locally venerated individuals and icons was questioned; in many cases the supporters of the cults were forced to abandon them or risk severe penalties. Even well back in the nineteenth century, those who tried to date the Tale about the Viatka Land (PSV) and who concurrently wrote about our Icon Tale suggested that the promotion of the local cult of St. Nicholas by Archbishop Iona may have been a response to pressures from the center that the by then well established Velikoretskii procession of the cross be abandoned.[32] We do know that Iona was unsuccessful in having the locally venerated *Prepodobnyi* Trifon (founder of the Monastery of the Dormition in Khlynov) elevated to the ranks of the saints. The pressure from the central Church authorities became even greater with the establishment of the Synod, whose leaders, backed by the government, were determined to stamp out what they regarded as superstition.[33] Under the pretext of needing instructions from the Synod, the Ukrainian Archbishop of Viatka Lavrentii Gorka in fact did suspend the Velikoretskii khod for three years in the 1730s.[34] On his death, a vigorous local protest from Viatka persuaded Empress Anna to restore it in a decree of 1737. From that time, she decreed, the procession was never again to be suspended.

In the documentation regarding this decree and in later papers connected with the processions involving the icon of St. Nicholas, one issue which comes to the fore is simply a matter of cost. By the middle of the eighteenth century, when it undertook to combine or otherwise alter such processions, the Church may have been concerned less with issues pertaining to potentially uncontrollable local expressions of piety and more with issues of balancing the budget. Such considerations seem to have been in the forefront when the Synod decided in 1777 that the processions (at least in Viatka) no longer would travel primarily by water up and down the rivers but would instead move mainly overland, where there was no need to incur the cost of rafts and boats, stocking of substantial provisions and the like. Likewise, instead of having overlapping processions involving different icons, why not combine some of them and have them occur simultaneously?[35]

31 Bushkovitch, *Religion and Society*; Georg B. Michels, *At War with the Church: Religious Dissent in Seventeenth-Century Russia* (Stanford, 1999); A. S. Lavrov, *Koldovstvo i religiia v Rossii 1700-1740 gg.* (Moscow, 2000).

32 E.g., A. [A.] Spitsyn, „Pervyi trud po istorii Viatskogo kraia," *Viatskie gubernskie vedomosti*, 1888, no. 83, p. 6.

33 On the Synod's policies, see Shevzov, Miracle-Working Icons," pp. 38-40. For parallel examples of how the process of verification of saints' cults developed between the sixteenth and eighteenth centuries, see Eve Levin, „From Corpse to Cult in Early Modern Russia," in Kivelson and Greene, eds., *Orthodox Russia*, pp. 81-103. Levin reminds us that at least initially the purpose of such investigations was not to debunk the cults but rather to verify their veracity.

34 See A. I., *Velikoretskii*, pp. 2-3.

35 Ibid., pp. 5-7; for another example of where financial considerations were involved, GAKO, f. 237, op. 133, d. 686, esp. fols. 4-4v., dealing with a question of combining processions. In 1780, the decision was made to have an icon of the Tikhvin Mother of God accompany that of St. Nicholas, the possible reason being the belief that both icons had made their miraculous appearance in the same year, 1383 (*O Velikoretskoi Chudotvornoi Ikone*, p. 21).

An important consequence of the decision about land travel was the opening up of possibilities for the routes of the processions to include additional stopping places that previously had been too far out of the way. While there may also be precise documentation for earlier dates, so far I have lists of the places the Nizovskii khod visited as of 1765, 1798 and 1830.[36] The first of these dates is prior to the decision that the processions should proceed by land, not by river. In 1765 the only major town on the route beyond Kukarka was Nolinsk, at which point the route headed north-east by north and then back to Khlynov. By 1798, a loop to the southwest had been added, encompassing Iaransk, and by 1830, it had been extended further to the southwest corner of the province at Tsarevosanchursk. By that time Urzhum, south of Nolinsk, had also been added.[37] In looking at these lists from the eighteenth and nineteenth centuries, one's first impression is of somewhat aimless wanderings through the rural landscape, stopping in most cases at obscure villages. Part of the rationale though seems quite clear: in any given region, the goal was to visit as many villages which had churches or chapels as possible. At least the local religious centers would be included, where in most of them we are talking about the existence of stone churches of some size and substance which would have drawn believers in from neighboring villages that perhaps could not afford to have a priest and a church.[38] It is likely that the choice of towns visited may in part too have reflected the desires of the local population to have a visit by the icon, although in some cases perhaps purely practical considerations of connecting the dots to include most parishes within striking distance of the route was the more important consideration that would explain why many of the otherwise obscure villages ended up on the route.[39]

Whatever the reasons for the choices of routes and changes in them, it is reasonable to posit that the processions would reinforce the presence and authority of the Church. This could have been a consideration of equal importance for local as well as for Syno-

36 These are drawn respectively from GAKO, f. 243, op. 1, d. 2, misdated 1705 in the opis', „Delo o krestnom khode do g. Orlova, Kotel'nicha," fols. 1v-2; f. 237, op. 1, d. 8, „Delo o khozhdenii s ikonami iz Viatskago devich'ego monastyria v goroda Orlova, Kotel'nicha, Iaranska, Nolinska," fols. 2-2v; f. 237, op. 133, d. 686, fols. 8-8v. „Rospisanie. Otpravlenie sviatykh ikon imeet byt; iz onago Spasskago sobora sentiabria 1 dnia."

37 Eventually (late 19th century?), there was a reconfiguration in some of the processions, with an upriver loop leading to Slobodskoi, up the Cheptsa River to Glazov and then way off to Sarapul in Perm' (*O Velikoretskoi Chudotvornoi Ikone*, p. 24). The map in [Trushkova et al.], *Istoriko-Etnograficheskii atlas*, p. 38, suggests that the loop to Glazov was part of the Nizovskii khod, perhaps because there is partial overlap in the dates on the upriver and downriver routes. However, it seems that the route encompassing Glazov and Sarapul was a separate procession. The brochure of 1909 lists it as such.

38 So far the only map I have seen which is sufficiently detailed to include most of the locations visited by the procession is *Karta Viatskoi gubernii sostavlena General'nym shtabom v 1873 godu v 10 verst diuim*. That map specifies every location with a church or chapel.

39 According to the evidence presented in *O Velikoretskoi Chudotvornoi Ikone*, p. 23, the establishment in 1742 of a procession going from Khlynov through Orlov to Kurino and back for the month of July and involving the St. Nicholas icon and two others was a response to popular demand.

dal hierarchs. One cannot but be impressed by the amount of bureaucratic paper involved in the decisions affirming a procession's route. Lists were drawn up in the provincial consistory; once affirmed by the higher authorities, they were communicated to the parishes along the route. Administration of the processions (which, however, presumably did not receive much financial support) was an important part of keeping the parishes connected purely from an administrative/hierarchical standpoint.

Synodal intervention in the management of at least the Velikoretskii khod raises another important issue – the possible connections of it with pre- or non-Christian traditions. In 1839 and 1840, a substantial amount of bureaucratic paper was generated when one of Nicholas I's minions, the Viatka governor I. P. Khomutov, brought to the Synod's attention various improprieties which he considered were taking place in Velikoretskoe at the time the icon was there.[40] While he was bothered by things such as commercialization of what was supposed to be a deeply religious experience, at the core of the governor's concerns was the practice of preparing free meals for the pilgrims by public slaughter of sheep. Clearly this must have had overtones of some kind of pagan ritual. One could not ban the feeding, but as a consequence of the discussions, the slaughtering was moved indoors out of sight and under controlled conditions, so that at very least it did not resemble public spectacle.

Whether or not the governor's concerns were justified in the given instance, one can find any number of other examples suggesting that the establishment of Christian shrines and Orthodox religious processions and pilgrimage, especially in a region such as Viatka, were important in the effort of the Christian community to stake out and defend its territory in an area that would long continue to be occupied by peoples who had not converted.[41] An important thematic thread in our Muscovite sources such as PSV and the Icon Tale is the battle of Christianity, its saints and its holy icons against the „pagans." This was part of the tradition about the very beginnings of the cult of St. Nicholas Velikoretskii. One can at least posit that the region along the River Velikaia was a bastion of resistance to Christianization. It seems reasonable to suppose that the Velikoretskii khod and all the other processions to outlying regions were a way of strengthening the position of local parishes by providing a public reminder of the power of Orthodoxy to bring together significant numbers of believers willing to undertake sacrifices in the name of the faith. The importance of the newly converted non-Russians

40 See A. I., *Velikoretskii*, pp. 8-15. The documents are in GAKO, f. 582, k. 129, no. 178, „Ob obriadakh pri prazdnestve vo vremia khoda s iavlennogo ikonoiu Sv. Nikolaia v Viatskoi gubernii." The sensitivity of the issue was such that some of the documents were marked „Secret." There certainly is a plausible connection between some aspects of rituals in icon processions and pre-Christian beliefs, especially, it seems, where non-Slavic converts are involved. See V. A. Korshunkov, „Obriad na Nizhnem Potoke i Velikoretskii krestnyi khod: Pochitanie vodnykh istochnikov v Viatskom krae," in *VIII Gertsenovskie chteniia (Materialy nauchnoi konferentsii)* (Kirov, 2002), pp. 77-83.

41 See my *Istoriia odnoi knigi*, esp. pp. 240-248, with references to some of the literature about the marking out of Christian boundaries. What I say there about the icon processions was based on very incomplete information and has been substantially expanded and corrected in the current piece.

was not lost on those who kept the records about miracles. In a few instances, those who experienced the power of the icon seem to have been non-Russian converts, and in one of the last entries in the list, the Saint's power was enacted through the agency of a good Cheremis (against the new embodiment of the pagan threat, the Kalmyks).[42]

Conclusion

In the circumstances of the sixteenth and seventeenth centuries, when a person in Muscovy might be identified in the first instance by his faith and place of residence, the most likely basis for establishing or asserting an identity beyond the confines of one's immediate home would be religion. However, our local written sources for Viatka do not articulate such a religion-based sense of identity before the late seventeenth or early eighteenth centuries, even though the basis for developing such an identity had been laid earlier, most prominently in the establishment of the cult of the icon of St. Nicholas Velikoretskii. Beginning with the 1550s, it was this icon which best might draw individuals to travel long and often difficult routes from the periphery of the Viatka lands to the regional capital Khlynov. As the fame of the icon spread, so also were the local efforts enhanced to make it available to individuals beyond the immediate surroundings of Khlynov. Thus a regular schedule of processions with the icon along several different routes connecting the major towns of the Viatka heartland was established. At their inceptions, such processions probably touched the lives primarily of those who lived along the route. It was only over time that they would draw larger numbers of individuals willing to travel long distances to participate. The cult of the icon thus helped to strengthen the ties among the people at the center of the Viatka land and gradually drew into its orbit those from far-flung territories that might never become subject to the Viatka administration. By the time of Archbishop Iona and the sacristan Semen Popov in the late seventeenth century, the cult of the icon and its processions were an established part of local tradition and could be used in the invention of written traditions about what constituted the essence of Viatka and its capital Khlynov. What had developed through practice thus became enshrined in writing, although there is no particular reason to think that the texts had much of an impact on the way ordinary viatchane, largely illiterate, thought about themselves. Nonetheless the expressions of faith by those ordinary viatchane were an important component of the development of a documentable sense of regional identity during the Petrine era.

Obviously many points in the foregoing summary beg for further elucidation and proof. There is more that can be done to search out and analyze local literary traditions, and there certainly is much more to be done to bring together what I think will prove to be a mass of evidence about local cults and the processions of the cross. I have ventured here what will undoubtedly be denounced as heretical suggestions concerning the widely accepted chronology of the cult of the Velikoretskii icon and its processions. It seems to me that the burden of proof for an early date ultimately is on the shoulders of

42 Kashmenskii, „O chudotvornoi Velikoretskoi ikone," *VEV*, 1875, no. 17, Otd. dukh.-lit., p. 528.

those who would rely on late texts that arguably were composed as *ex post facto* defenses for claims concerning the importance of the icon for Khlynov and Viatka. We certainly should not continue to take the story back to the fourteenth century, and should we agree to redate it to the sixteenth, we may be able to provide a rather coherent and persuasive case about the way in which the elements which might constitute the basis for proclaiming a regional identity come together. It seems certain that this example repeats what we can observe in other areas of the Russian north. Whether it can be generalized yet further geographically remains to be seen. The work on our subject, in a sense, has just begun.

ТЮРКСКИЕ НАРОДЫ ПОВОЛЖЬЯ И ПРИУРАЛЬЯ: ОТ ЗОЛОТОЙ ОРДЫ К МОСКОВСКОМУ ЦАРСТВУ (ПРОБЛЕМЫ АДАПТАЦИИ).[1]

В.В. ТРЕПАВЛОВ

Многонациональное Российское государство формировалось на протяжении нескольких столетий. Со второй половины XV в. его границы раздвигались все шире, в том числе на юг и на восток, поглощая территории расселения различных народов, некоторые из которых обладали собственной государственностью. В составе единой российской державы эти народы постепенно адаптировались к ее политическому строю и законодательству, осваивали общение посредством доминирующего русского языка, овладевали достижениями российской науки и культуры, привнося в них и свой вклад.

Регионы, населенные неславянскими народами, один за другим попадали в сферу господства московского правительства. Как правило, этот процесс изображается в историографии довольно одномерно – как последовательное включение народов и территорий в состав России. Однако на самом деле обретение новых владений оказывалось делом долгим и сложным. Ведь за исключением завоеванных татарских ханств, остальные владения в Сибири, в кочевой степи и на Кавказе вступали в различную степень зависимости от Москвы посредством мирных, в том числе договорных отношений. Правящая традиционная элита совсем не желала сразу лишаться привычных привилегий и статуса, превратившись в „холопов“ царя; и правительство, как правило, не форсировало номинальное присоединение земель к России, но обставляло это разнообразными дипломатическими процедурами.[2]

Распространение территории России в Поволжье и на Урал в XVI в. имело следствием, во-первых, вступление в непосредственный, повседневный контакт с инокультурным тюрко-мусульманским миром; во-вторых, организацию управления, налогообложения, религиозной политики и т. д. по отношению к многочисленному неславянскому населению, не знакомому с нормами внутригосударственных отношений внутри Руси. Перед московским правительством вставала

1 Работа выполнена при поддержке Российского гуманитарного научного фонда, проект № 03-01-00561а.

2 Из последних работ на эту тему см., например: *Khodarkovsky M.* Russia's Steppe Frontier. The Making of a Colonial Empire, 1500–1800. Bloomington; Indianapolis, 2002; см. также нашу рецензию на эту книгу (Отечественная история. М., 2003. № 2. С. 181–185).

задача адаптации новоприсоединенных земель и народов к новой геополитической ситуации – пребыванию их в пределах России, „под высокою рукою Белого царя".

Наследие Золотой орды

Все регионы и народы, примыкавшие к Московскому государству с востока, в свое время входили в состав Улуса Джучи (Золотой Орды). Отсюда вполне объясним формальный, типично „евразийский" взгляд на присоединение их к России как на „собирание" ею бывших ордынских владений.[3] В XV–XVI вв. население этих территорий продолжало сохранять значительное ордынское государственное наследие.

Золотая Орда имела разработанную и разветвленную систему управления. Она формировалась и изменялась на протяжении всех почти трех столетий существования государства. Начав с введения в завоеванном Дешт-и Кипчаке традиционных, принятых для всей Монгольской империи институтов, Джучиды впоследствии сумели также рационально использовать административные традиции покоренных народов и соседних стран. Образовался сложный комплекс управленческих органов и должностей, иерархически организованных центральных и местных ведомств.

Историки традиционно проявляют большой интерес к джучидской системе управления[4], что вызывается несколькими причинами. Во-первых, она оказалась настолько устойчивой, что надолго пережила государство, в котором была создана, и продолжала функционировать (в основных чертах) в наследных пост-золотоордынских ханствах и ордах. В других бывших улусах Монгольской империи – в Китае и Иране – этого, как известно не произошло; правда, в Средней Азии некоторые устои имперской государственности то и дело обретали второе дыхание благодаря политике Тимура и узбекских ханов, переселившихся в Мавераннахр в XVI в.

3 Действительно, и в географическом, и в геополитическом отношении Российское государство вполне может расцениваться в качестве историчекого наследника Золотой Орды (или шире – Монгольской империи). Подобная трактовка встречается в современной историографии и в целом, очевидно, отражает геополитическую реальность XV–XVII вв. (см., например: *Каппелер А.* Россия – многонациональная империя. Возникновение, история, распад. М., 2000. Глава 2; *Halperin Ch.* Russia and the Golden Horde. The Mongol Impact on Medieval Russian History. Bloomington, 1985).

4 Наиболее детальные очерки административного устройства Золотой Орды см.: *Березин И.Н.* Очерк внутреннего устройства Улуса Джучиева // Труды Восточного отделения Русского археологического общества. СПб., 1864. Т. 8; *Егоров В.Л.* Государственное и административное устройство Золотой Орды // Вопросы истории. М., 1972. № 2; *Федоров-Давыдов Г.А.* Общественный строй Золотой Орды. М., 1973; *Spuler B.* Die Goldene Horde: Die Mongolen in Russland, 1223–1502. Wiesbaden, 1965.

Во-вторых, система управления Золотой Орды объективно оказывала значительное воздействие на русские княжества. Поэтому изучение истории Руси XIII–XVI вв. оказывается неполным без учета этого фактора, и в историографии сложилось целое направление, изучающее восточные черты русской государственности и культуры. Кроме того, рассуждения о широчайшем влиянии средневековых монголов и тюрок на формирование русской государственности и культуры часто встречаются в современной политологической публицистике и научно-популярной литературе Татарстана и Казахстана.

В-третьих, государственность Золотой Орды обнаруживает достаточно редкий исторический пример длительного бесконфликтного сосуществования на огромной территории подданных, принадлежащих к разным сферам экономики (кочевые скотоводы и оседлые земледельцы), исповедующих разные религии и говорящих на разных языках.

В истории джучидской державы было несколько событий, которые можно интерпретировать как решающие вехи в трансформации ее административного устройства. Обретение государством фактической независимости от имперского правительства во второй половине 1260-х годов побудило сарайских ханов обустраивать государство в соответствии с новым, самостоятельным статусом. Первым признаком этого была выдача ханом Менгу-Тимуром от своего имени ярлыков русским православным иерархам. Однако разгоревшиеся после его смерти распри отвлекли джучидскую элиту от налаживания управления, и окончательно управленческая структура независимой Золотой Орды сложилась, очевидно, после окончания смуты, при хане Тохте (начало XIV в.). Вскоре принятие ислама Узбеком в качестве государственной религии повлекло новые преобразования, в результате которых Орда превратилась в одно из мусульманских государств-султанатов со всеми присущими им приемами и канонами управления, отработанными на протяжении столетий.

В дальнейшем, насколько можно судить по источникам, принципиальных преобразований в данной области не происходило. Междоусобицы 1360-х – 70-х годов и нашествия Тимура не давали правителям Орды возможности совершенствовать ее устройство. Ведя жестокую борьбу за власть, они ограничивались лишь поддержанием тех административных институтов, которые сохранялись после политических катаклизмов.

Некоторые параметры управления оказались весьма устойчивыми и жизнеспособными. Они обнаруживаются как в Золотой Орде, так и в постордынских государствах – следовательно, являлись характерными для организации управления в этой части средневековой Евразии. К таким параметрам можно отнести:

1) монархическую власть хана;
2) участие в управлении *карачи-беков* – представителей нескольких (обычно четырех) аристократических татарских родов;

3) разделение кочевого населения и иногда территории на правое и левое крылья;
4) улусную систему – совокупность контингентов подданных и территориальных уделов, пожалованных ханом в управление военачальникам и „штатским“ сановникам;
5) институт наместников-*дарухачи (даруга)*, или *баскаков*, в управлении городским и сельским оседлым населением;
6) *ясачное* налогообложение;
7) сочетание государственной администрации с традиционными органами управления местных жителей[5].

Пункты 2, 3 и 4 были присущи могущественной и единой кочевой империи и целесообразны только для нее. Поэтому они были сохранены в наследных ханствах, но оказались не востребованными в Российском государстве (как одном из геополитических преемников Золотой Орды). Что касается прочих пунктов, то в разной степени их аналогии просматриваются в российской истории XV–XVII вв. Кроме того, история наследных *юртов* (Крым, Астрахань, Казань и др.) являла, на мой взгляд, в значительной степени процесс постепенного угасания устоев и принципов джучидской государственности.

В первой половине XVI в. ближайшими восточными соседями России были тюркские государства, „осколки“ Золотой Орды – Казанское ханство и Ногайская Орда. Далее к востоку располагались земли башкир, по большей части подчинявшихся ногаям. Южнее, в низовьях Волги, располагалось небольшое и слабое Астраханское ханство. Оно было отрезано от русских владений обширными казанскими и ногайскими землями и до 1550-х годов не вступало в активные политические отношения с Москвой. С начала XVII в. все более заметным

5 Специальные исследования концепции верховной власти в Монгольской империи и Золотой Орде см.: *Скрынникова Т.Д.* Харизма и власть в эпоху Чингис-хана. М., 1997; *Султанов Т.И.* Поднятые на белой кошме. Потомки Чингиз-хана. Алматы, 2001. Раздел I; *Трепавлов В.В.* Государственный строй Монгольской империи XIII в. (проблема исторической преемственности). М., 1993. С. 59–74; института *карачи-беков* – см.: *Shamiloglu U.* The *Qarachi Beys* of the Later Golden Horde. Notes on the Organization of the Mongol World Empire // Archivum Eurasiae medii aevi. Wiesbaden, 1984. Vol. 4. P. 283–297; крыльевых и улусных структур – см.: *Трепавлов В.В.* Государственный строй Монгольской империи XIII в. С. 96–102, 136–139; *Федоров-Давыдов Г.А.* Общественный строй. С. 43–67, 138–144; института *даруга* – см.: *Manz B.* The Office of the Darugha under Tamerlane // Journal of Turkish Studies. 1985. Vol. 9. P. 59–69; *Vasary I.* The Golden Horde Term *Daruga* and Its Survival in Russia // Acta orientalia Academiae scientiarum Hungaricae. 1976. Vol. 30. № 2; о *ясачном* налогообложении – см.: *Бахрушин С.В.* Ясак в Сибири в XVII в. // Научные труды. Т. III. Ч. 2. М., 1955. С. 49–85; *Федоров-Давыдов Г.А.* Общественный строй . С. 129.

становится присутствие и политическое воздействие мигрантов из Центральной Азии – калмыков.

Подчинение Казанского и Астраханского „царств" и его последствия

Принципиальным рубежом в повышении статуса русского монарха в глазах соседних татарских правителей явилось подчинение Казанского и Астраханского „царств". В руках московских властей оказались бывшие ханские домены, включая „царево место" – руины Сарая. Именно подчинение татарских государств Поволжья и Сибири трактовалось в России как начало обретения Иваном IV царского достоинства, „а преж сего в Русской земле царей не бывало".[6] Само понятие „царь", очевидно, справедливо расценивается некоторыми историками в качестве демонстрации независимости по отношению к ханам.[7] Хотя по своему происхождению на Руси оно, несомненно, греко-византийское, появление русского царя можно равным образом связывать с послеордынской политической ситуацией.

Наиболее наглядно специфический статус царя проявился в отношении к нему ногайской знати. С начала 1550-х годов в общении ее с царем появляется новый оттенок. Военная мощь его державы, распоряжение судьбами еще независимых, но уже запуганных им поволжских ханств поневоле принуждали степняков признавать больший политический вес и статус Ивана IV в системе послеордынских юртов. Поскольку в тюрко-монгольской государственной традиции того времени легитимный правитель юрта мог происходить только из рода Чингисхана, Иван Васильевич (как и ногайские бии) не имел доступа к ханскому трону. Однако под воздействием новых политических реалий некоторые тюркские аристократы закрыли глаза на династическое несоответствие и льстиво стали называть его Чингисидом.[8] Тем самым они как бы подсказывали царю путь к узаконению своего ранга среди тюркских ханств.

Правда, история предложила Ивану IV не очень много поводов проявить себя в этом своеобразном статусе. Например, в 1555 г. сибирский бек Ядгар, подвергавшийся узбекско-ногайским набегам, попросил царя принять его под покровительство и защиту, обязавшись выплачивать за это 30 000 соболей ежегодно. Тот

6 Полное собрание русских летописей (далее – ПСРЛ). Т. XXXIV. М., 1978. С. 188; см. также: *Котошихин Г.* О России в царствование Алексея Михайловича. СПб., 1906. С. 1.

7 *Vernadsky G.* A History of Russia. New Haven, 1969. P. 97.

8 Подробнее см.: *Трепавлов В.В.* История Ногайской Орды. М., 2001. С. 630. А.Беннигсен и Ж.Вайнштейн полагают, что у русских и ногаев имелось общее идеологическое наследие – доставшиеся от Золотой Орды чингисидские традиции (*адат-и чингизийе*), что позволяло ногаям чувствовать себя ближе к русским, чем, допустим, к османам (*Bennigsen A., Veinstein G.* La Grande Horde Nogay et le commerce des steppes pontiques (fin XVe siècle – 1560) // Türkiye'nin sosyal ve ekonomik tarihi, 1071–1920. Ed. by O. Okyar, H.Inalcik. Ankara, 1980. P. 58).

сперва колебался. Но посольства из Искера прибывали снова и снова. Наконец Иван Васильевич повелел считать сибиряков своими данниками и оказывать им подмогу против враждебных царевичей. В соответствии с положением старшего государя, как это было принято в Золотой Орде и в ее наследных владениях, Иван Грозный выдал Ядгару и Бек-Пуладу ярлык на княжение (бекство), обложил их юрт ясаком и назначил туда своего наместника-*даругу*.[9] Впрочем, вскоре власть на Иртыше захватил Кучум, и зависимость ханства от Москвы сошла на нет.

Тем не менее ясно, что после подчинения поволжских государств московский государь превратился в старшего государя по отношению к правителям Заволжья и Сибири. Причем исключение из сферы внешней политики казанского, астраханского, позднее – сибирского и отчасти ногайского факторов не привело к игнорированию восточной парадигмы управления. Во-первых, внутренняя организация бывших ханств была изменена и их элита лишена власти, но отдельные татарские и ногайские роды вошли в состав российской аристократии и формирующегося дворянства. Во-вторых, распространенная в ханствах система ясачной эксплуатации была не только в первое время сохранена там, но и взята на вооружение русскими властями, послужив в дальнейшем основным принципом отношений с народами Сибири.

В ходе экспансии за Урал правительство и воеводы использовали и другие перенятые из татарской административной практики приемы управления новоприсоединенными подданными: заключение *шертных* договоров с определением взаимных обязательств, взятие заложников-*аманатов* и др.[10] Именно таким образом, с точки зрения и администрации, и местного населения, и должна была действовать законная власть – в том числе от лица „Белого царя“[11].

Традиционно начало экспансионистской эпопеи Московского царства отсчитывается с завоевания Казанского ханства. Сначала войска Ивана IV заняли правобережье средней Волги – так называемую Горную сторону, населенную в основном чувашами и черемисами (марийцами). Местные народы перешли в подданство новому сюзерену практически без сопротивления.[12]

При этом следует отметить два важных момента. Во-первых, этническая атрибуция новых российских подданных не имела определяющего значения. Для русских властей жители Горной стороны являлись прежде всего жителями

9 ПСРЛ. Т. XIII. Ч. 1. СПб., 1904. С. 248, 276, 285.

10 См.: *Khodarkovsky M.* Russia’s Steppe Frontier. Chapter 2.

11 Во время правления Василия III (1505–1533) у московского правителя появляется новое своеобразное обозначение – „Белый царь“, связываемое некоторыми исследователями с традиционной тюрко-монгольской геосимволикой (белый – цвет запада) (подробнее см.: *Трепавлов В.В.* Статус „Белого царя“: Москва и татарские ханства в XV–XVI вв. // Россия и Восток: проблемы взаимодействия. Ред. С.А. Панарин. М., 1992. С. 59–62). Оно применялось в сношениях Москвы с народами Востока.

12 См. об этом превосходное исследование А.Г. Бахтина: XV–XVI века в истории Марийского края. Йошкар-Ола, 1998.

западных областей Казанского ханства, и их национальная принадлежность отступала на второй план. Не случайно торжественное посольство от поволжских народов в Москву летом 1551 г. возглавляли татары.

Во-вторых, смена элитой политической ориентации не может служить показателем настроений всего населения. Мы не имеем каких-либо надежных свидетельств об одобрении подданства царю со стороны простонародья. Зато достоверно известно, что уже весной 1552 г. вся Горная сторона восстала против русской администрации (которая удержала за собой лишь новую крепость Свияжск) и воссоединилась с Казанским ханством. Впрочем, как только огромная царская рать в августе двинулась на Казань и подошла к Свияжску, „горные люди" тут же подтвердили свое подданство Москве.

Как известно, 2 октября 1552 г. Казань пала. С запада начали прибывать стрельцы и служилые люди, русских в Среднем Поволжье становилось все больше; началась раздача земельных угодий помещикам и церкви. К 1557 г. последние очаги вооруженного сопротивления в Среднем Поволжье были подавлены. Очевидно, окончательное присоединение края к России должно датироваться окончанием освободительного движения в апреле 1557 г. Однако еще десятки лет тлело недовольство, вспыхивали мятежи. Сохранились свидетельства о переговорах местных заговорщиков с крымцами и ногаями о возможности избавления края от власти Москвы.[13]

Нужно различать официальные мотивы „Казанской войны" (интересы веры и обороны) и реальные государственные потребности (интересы казны и дворянства).[14] Идеологическое обоснование кампании может свидетельствовать о зарождении имперского политического сознания в России.[15] Какими бы искусственными ни выглядели утверждения о распространении православия, о возмездии „нечестивым басурманам" за их набеги, они, эти утверждения, предстают как полноценное обоснование военной экспансии за пределы собственной этнической территории русских. Закладывалась основа концепции всеобъемлющей, наднациональной власти „Белого царя".

Победа была ознаменована включением в большой царский титул словосочетания „царь Казанский", означавшего господство над всеми землями Казанского ханства. Данная формула подразумевала обращение в российское подданство народов завоеванного государства – не только казанских татар, но и чувашей, мордвы, черемисов, удмуртов, части башкир. Никаких дополнительных указаний

13 Новые факты и интерпретации см.: Присоединение Среднего Поволжья к Российскому государству. „Круглый стол" в Институте российской истории РАН 14 ноября 2002 г. Ред. А.Н. Сахаров, В.В. Трепавлов. М., 2003.

14 Анализ см.: *Бахтин А.Г.* Причины присоединения Поволжья и Приуралья к России // Вопросы истории. 2001. № 5. С. 52–72; *Pelensky J.* Russia and Kazan. Conquest and Imperial Ideology (1438–1560s). The Hague; P., 1974.

15 См. также: *Хоскинг Дж.* Россия: народ и империя. Смоленск, 2000. С. 16.

на их присоединение (например, „князь Чувашский", „князь Черемисский" и т. п.) в титуле не требовалось.

После взятия Казани московское правительство решило продолжить экспансию, чтобы завладеть всей Волгой. В отношении Астраханского ханства не действовали те доводы, которые могли оправдывать завоевание Казани. Господствующий в историографии стандартный набор причин завоевания поволжских ханств (прекращение татарских набегов; освобождение из полона множества русских невольников; пополнение земельного фонда для раздачи дворянам плодородных угодий; овладение торговыми путями) не применим к Астрахани, за исключением разве что последнего пункта. Нижневолжский юрт всегда являлся для России сравнительно безопасным, отдаленным, был окружен не благодатными пашнями, а полупустынями. Для обоснования экспансии возникла удивительная по своей фальшивости идея о тождестве Астрахани с древней Тмутараканью – уделом князя Мстислава Владимировича (XI в.) и потому якобы исконной вотчиной великого государя.[16]

Отношения с башкирами и ногаями

Проблема установления российской власти на землях, населенных башкирами, в историографии сводится, как правило, к описанию первых контактов местных предводителей с царем Иваном IV и с казанскими воеводами по поводу принятия подданства, а также к выяснению содержания выданных тогда „жалованных грамот". Из-за недостатка источников и, может быть, из-за кажущейся второстепенности вопроса исследователи обходят молчанием тему насаждения московской гегемонии на Южном Урале – то есть смену старых гегемонов новым и единственным. Известно, что ареал расселения башкирских племен в XV – первой половине XVI в. был разделен между тремя юртами – Казанским и Сибирскими ханствами и Ногайской Ордой. Причем бо́льшая часть современного Башкортостана находилась в ногайском „секторе влияния". Если гегемония Казани и Искера была сломлена Россией в результате военной победы, то отношения с ногаями выстраивались совсем иначе. Русско-ногайской войны не произошло, и Россия утверждалась в регионе без большого кровопролития, хотя сложностей и конфликтов здесь тоже хватало.

Ногайско-башкирско-русские противоречия диктовались в первую очередь стремлением местного населения, и прежде всего местной аристократии, к поиску более надежного и могущественного патрона. Таковым после 1552 г. явно становился царь и великий князь Иван Васильевич. Начался обычный для средневековья переход знати от одного государя в подчинение другому. Ослаблению власти ногайских правителей-биев способствовали также политический кризис и экономическая катастрофа, разразившиеся в Орде в середине – второй

16 См.: *Соловьев С.М.* Сочинения. Кн. III. М., 1989. С. 468.

половине 1550-ых годов (о голоде, эпидемиях и падеже скота свидетельствует множество независимых друг от друга источников, в том числе башкирские шежере). Падение ногайского господства, следовательно, оказалось следствием ослабления державы ногаев и усиления России. „Ногайская" Башкирия неизбежно становилась ареной столкновения интересов двух государств.

Относительно стройная система управления Ногайской Орды начала рушиться здесь в 1550-ых годах. Из информации некоторых преданий можно сделать вывод, что угасание ногайского господства было связано с завоеванием Казан-ского ханства в 1552 г.; этого же мнения придерживается и большинство исто-риков: вскоре после падения Казани произошел исход ногаев из Башкирии. Однако имеются веские доводы, чтобы утверждать, что массовая откочевка про-изошла гораздо позже, приблизительно в 1570-х годах, хотя рецидивы ногайского владычества сказывались здесь на протяжении еще нескольких десятилетий.

Во второй половине XVI в. бий Ногайской Орды для взимания ясака вынужден был „ежегод" снаряжать военные экспедиции на север[17]. Пост наместника Ногайской Башкирии сохранился в „номенклатуре" Орды. Но этот наместник проживал уже далеко на юге – в районе реки Эмбы (западный Казахстан), откуда и направлял к башкирам своих „даньщиков"[18].

Как уже указывалось, русские на Южном Урале не пошли по „казанско-сибирскому" пути – не встали на путь прямого завоевания. Вооруженная сила применялись воеводами лишь по отношению к ногайским „даньщикам". Здесь российские власти действовали быстро и жестко, хотя в принципе не возражали против того, чтобы ногаи продолжали кочевать на Южном Урале. Сборщиков ясака, снаряженных биями и наместниками, хватали, вязали и бросали в тюрьмы.

Наивысшего напряжения русско-ногайские отношения достигли по поводу строительства Уфы, о чем свидетельствует переписка бия Уруса и царя Федора Ивановича во второй половине 1580-ых годов. Уруса возмущало возведение крепостей в Поволжье, на Белой Волжке (Агидели) и на нижнем Яике. Появление русских и казачьих поселений на исконно ногайских землях (Яик), в башкирском наместничестве и на волжском рубеже заставило его задержать у себя одно из московских посольств. Проекты широкого крепостного строительства бий воспринимал как „досадные слова" и задавал Федору Ивановичу резонный вопрос: „А теми местами твои отцы и деды владели ли?!".[19]

Московское правительство не собиралось отступать от планов постепенной восточной экспансии, да и не видело уже в ногайском лидере деятеля, с мнением которого следовало бы считаться в этом вопросе. Русская администрация в столице и на местах пыталась отвадить тюркских аристократов-мирз от всяких по-

17 См.: Российский государственный архив древних актов (далее: РГАДА). Ф. 127. Оп. 1. Д. 8. Л. 46; 1586 г. Д. 8. Л. 9.

18 Там же. Оп. 1. Д. 10. Л. 131 об.

19 Там же. 1586 г. Д. 8. Л. 8.

ползновений на управление. Тем не менее набеги отдельных разрозненных отрядов продолжались до середины XVII в., причем ногаи заходили далеко на север – до Исети.[20]

На рубеже XVI–XVII вв. в рассматриваемом регионе начинает проявляться присутствие еще одной политической силы – калмыков. Объективно они вместе с Россией, башкирами и казахами приняли участие в дележе геополитического ногайского наследства. Главные интересы калмыцких правителей-тайшей были обращены на нижневолжские и западносибирские степи. Поэтому вторжения их в Башкирию, удаленную от основных калмыцких кочевий, оказались эпизодическими. Тем не менее признаки экспансионистских устремлений просматриваются в источниках. В 1623 г. тайши Уруслан заявил жителю одной деревни Катайской волости Уфимского уезда: „...Кочуем де мы все таиши здесе по Тоболу реке... Наперед де вы сего давывали ясак нагайцом, а ныне де дадите ясак мне, а я де к вам пришлю для ясаку послов своих“. В ответ на возражения башкир (платим, мол, русскому государю) тайши пригрозил им нашествием сибирско-татарского царевича Ишима, сына хана Кучума.[21]

Полагаю, что в условиях постоянных притязаний ногаев на южноуральские территории и эпизодических угроз со стороны калмыков могучий тыл в виде русских воевод и крепостных гарнизонов послужил значительным стимулом для лояльности башкир по отношению к России.

Русское присутствие в регионе имело и другое важнейшее следствие – придание законности занятию башкирами опустевших ногайских кочевий. Ведь просто захватить земли было недостаточно – следовало законодательно закрепить их за собой и своими потомками. В фольклорных памятниках функция пожалования башкирам прав на вотчинное владение землями единодушно связывается с Иваном IV. В историографии эта ситуация описана многократно, поэтому не будем на ней подробно останавливаться. Выделим лишь некоторые принципиальные для нашей темы аспекты.

Во-первых, в документальном оформлении нуждалось не только обладание родовыми землями башкирских племен и кланов. Царскими пожалованиями требовалось утвердить также пользование бывшими ногайскими владениями. В августе 1740 г. глава Оренбургской комиссии и предводитель карательной экспедиции, генерал-лейтенант В.А.Урусов в своей речи, обращенной к

20 См.: *Вельяминов-Зернов В.В.* Источники для изучения тарханства, жалованного башкирам русскими государями // Записки имп. Академии Наук. СПб., 1864. Т. 4. Приложение № 6. С. 43; *Миллер Г.Ф.* История Сибири. Т. 2. М.; Л., 1941. С. 33; приложение. С. 218, 219; *Шишонко В. Н.* Пермская летопись с 1263–1881 гг. Первый период: 1263–1613 гг. Пермь, 1881. С. 184.

21 *Миллер Г.Ф.* История Сибири. Т. 2. Приложение. С. 293.

башкирским „бунтовщикам", заявил, в частности: „Земли вам даны почти все те, где весь нагайский народ жилище свое имел".[22]

Во-вторых, ослабление Ногайской Орды и исход ногаев давали башкирам возможность существенно расширить пределы своего расселения. В одном из исторических сказаний приводится обращение их к московскому государю: „Мы, народ из ста илей... взяли себе земли бежавших ногайцев с обеих сторон реки Белой".[23] В другом памятнике тоже говорится, будто Иван Васильевич пожаловал башкирам „землю, оставшуюся по обеим сторонам реки Белой, вверх по реке Кугуш и вниз по реке Кугуш".[24] А.Рябинин в 1866 г. опубликовал недатированную грамоту Ивана IV башкирам на вотчинное владение яицкими кочевьями. По этому „межеванию", случившемуся якобы через три года после завоевания Казани (т. е. около 1555 г.), земли четырех башкирских родов очерчивались на юге „по Яику в урочище Сарайчук"[25], то есть в районе развалин ногайской столицы Сарайчука на нижнем Яике, разрушенной казаками в 1581 г.

В-третьих, в оспаривании у ногаев Южного Урала русские власти могли опереться на солидарность и помощь местного населения. Башкиры самостоятельно, не дожидаясь подхода стрелецких отрядов, расправлялись с ногайскими наместниками и их представителями. По одним сказаниям, их хватали и передавали русским (что соответствует приведенным выше данным официальных документов об участи „даньщиков"), по другим – все оставшиеся здесь ногаи были перебиты башкирами.[26]

Основание русской крепости в Уфе и расквартирование в ней гарнизона воеводы Михаила Нагого в 1586 г., а тем более учреждение там особого уезда (аналога прежнего ногайского наместничества!) знаменовало собой фактическое окончание владычества Ногайской Орды над башкирами. Очевидно, кроме прочих факторов, размещение русской администрации в бывшей главной ногайской ставке Имэн-кале имело по отношению к ногаям и некоторый оттенок демонстрации. Россия прочно утверждалась в Заволжье и на Урале и неуклонно двигалась в Сибирь. Ослабленные раздорами и экономическими неурядицами правители Ногайской Орды, как и раздробленные в то время калмыки, не могли воспрепятствовать формированию нового гегемона Евразии.

22 Цит. по: *Витевский В.Н.* И.И. Неплюев и Оренбургский край в прежнем его составе до 1758 г. Вып. 4. Казань, 1895. Приложение. С. 67.

23 *Кузеев Р.Г.* Башкирские шежере о присоединении Башкирии // Советская этнография. 1957. № 4. С. 117.

24 *Соколов Д.Н.* Опыт разбора одной башкирской летописи // Труды Оренбургской ученой архивной комиссии. Оренбург, 1898. Вып. 4. С. 52.

25 *Рябинин А.* Уральское казачье войско. Ч. 2. СПб., 1866. С. 4.

26 См.: Башкирское народное творчество. Т. 2: Предания и легенды. Сост. Ф.А. Надршина. Уфа, 1987. С. 190; *Кузеев Р.Г.* Башкирские шежере о присоединении Башкирии. С. 78.

Постепенное утверждение власти России

В присоединенных владениях устанавливалась власть русских наместников-воевод и вводилась административная система, присущая всему Московскому царству. В тех землях, что входили в состав государства добровольно, оставляли прежнее племенное устройство, но теперь уже под верховенством царя и воевод. Отношения между Москвой и новоприсоединенными подданными оформлялись особыми договорами-шертями. Кроме того, в России XVI–XVII вв. существовали два вассальных ханства – Касимовское (до 1681 г.) и Калмыцкое. Их правители назначались из Кремля и полностью зависели от правительства.

В Среднем Поволжье, которое до начала XVIII в. официально именовалось Царством Казанским, новая власть устанавливалась трудно. Как указывалось выше, пять лет в бывшем Казанском ханстве бушевало партизанское движение, позднее местные народы неоднократно поднимали восстания („черемисские войны") против русской администрации. Вся полнота власти – гражданской и военной – принадлежала там казанскому и свияжскому воеводам. Поволжье выступило как бы испытательным полигоном для воеводской системы, которая в XVII в. была распространена на всю державу. Специально для контроля за новыми территориями на Волге, за поступлением оттуда налогов в столице образовали особое ведомство – приказ Казанского дворца.[27]

Для окончательного утверждения на Волге правительство применяло разнообразные меры. Развернулась христианизация края. Наряду с широким церковным строительством и организацией в Казани епархии (с 1589 г. – митрополии), церковные иерархи получали и административные полномочия; но главная задача их состояла в крещении местного населения. Перешедшие в православие пользовались податными льготами, что приводило к значительному росту прослойки *новокрещенов*.

Традиционная элита волжских народов была оттеснена от власти. Большую часть татарских беков истребили или „вывели" в Центральную Россию. Лишь на самом низшем уровне, в волостях, правительство сохранило „лучших людей" – татарских мирз (мурз), чувашских, марийских и удмуртских сотенных князей. При этом власти стремились увеличить число так называемых служилых татар, наделяемых за службу поместьями. Служилые освобождались от выплаты ясака и получали поместное жалованье. Остальное население составляло слой ясачных людей (ясак здесь сохранялся до введения подушной подати в 1724 г.).

27 Подробно см.: *Алишев С.Х.* Исторические судьбы народов Среднего Поволжья. XVI – начало XIX в. М., 1990; Национальные окраины Российской империи. Становление и развитие системы управления. Ред. С.Г. Агаджанов, В.В. Трепавлов. М., 1998. С. 15–22. Общий очерк организации отношений русских властей с народами Поволжья см.: *Каппелер А.* Россия – многонациональная империя. С. 24–31.

В Поволжье хлынуло множество русских: служилых людей, дворян, монахов. Именно из русских формировалась отныне администрация. Русские „татарские головы" из дворян вершили суд среди местного населения. Сразу после завоевания Казани началось испомещение – главным образом, в окрестностях Казани и Свияжска.

Постепенно росло и крестьянское русское население края. Сначала сюда шли жители Русского Севера, затем двинулись крестьяне верхнего Поволжья.[28] На новых местах они получали освобождение от несения повинностей на три года. Наиболее активно заселялись ими церковные и монастырские земли.

У башкир вся местная верхушка поначалу оставалась в неприкосновенности. Этот народ делился на племена и роды во главе с биями. Кроме того, от прежних времен уцелело деление Башкирии на пять провинций-*дорог* (от *даруга*), а они, в свою очередь, состояли из волостей. Каждая волость соответствовала, как правило, одному племени; с разрастанием и ветвлением племен волостей становилось все больше. Через волостных биев (по-русски – „старшин") осуществлялась вся правительственная политика в крае. Но башкиры имели и значительную автономию. Например, для решения важных вопросов не всегда привлекали уфимского воеводу, а собирали волостной сход-*йыйын*; известны и общебашкирские йыйыны.

Подданство царю башкиры рассматривали как свой свободный выбор, как результат взаимного согласия с Москвой. Но во второй половине XVII в. стало окончательно ясно, что правительство и местные власти вовсе не рассматривают их как равноправных политических партнеров и союзников. На башкирских пастбищах и охотничьих угодьях появлялись русские деревни, произвольно менялись нормы налогообложения. Эти нарушения, вместе со злоупотреблениями воевод, вызвали массовое возмущение башкир и череду их восстаний в 1660-ых гг. Народные движения удалось подавить, но недовольство тлело, и следующем столетии вновь вылилось в новые мятежи.

В определенном смысле правитель Московского государства по отношению к поволжским и заволжским народам принимал на себя функции верховного сюзерена, традиционно связывавшиеся некогда с правителями Золотой Орды, Казани и Сибири. В XVIII в. башкиры вспоминали о той ситуации именно в таком контексте: „Мы, башкирские народы, наши отцы, деды и прадеды, великому государю в подданство пришли своими волями, *оставя своих ханов*, и великие государи нас содержали по нашей воле...".[29] Да и сам Иван IV в обращении к

28 *Кузеев Р.Г.* Народы Поволжья и Приуралья. Этногенетический взгляд на историю. М., 1992. С. 151, 156.

29 Цит. по: *Асфандияров А.З.* Башкирские источники XVI–XIX вв. о добровольном присоединении края к Русскому государству // Историческое значение добровольного присоединения Башкирии к Русскому государству. Ред. Р.Г.Кузеев, В.П.Иванов, Х.Ф. Усманов. Уфа, 1982. Курсив мой.

населению Южного Урала призывал его платить ясак русскому царю, „якоже и прежним казанским царям“.[30]

Следовательно, в отношении восточных и южных соседей Россия XV–XVII вв. представала как победоносный участник борьбы за геополитическое наследие Золотой Орды. Соответственно при налаживании отношений с бывшими ордынскими подданными – татарами, башкирами и ногаями – зачастую использовались привычные для них схемы, что обеспечивало их менее болезненную адаптацию к жизни в пределах Московского государства. С калмыками, пришедшими на Волгу относительно поздно, центральные и местные власти выстраивали отношения в целом по тем же традиционным моделям.

30 ПСРЛ. Т. XIII. Ч. 1. С. 221.

ДЕЯТЕЛЬНОСТЬ ПРАВОСЛАВНЫХ МОНАСТЫРЕЙ В СРЕДНЕМ ПОВОЛЖЬЕ В ЭПОХУ ИВАНА ГРОЗНОГО (1551-1556 ГГ.)

С.М. КАШТАНОВ

Процессу освоения Русским государством территории Среднего и Нижнего Поволжья, завоеванной в 50-х годах XVI в., уделялось значительное внимание в российской историографии. История возникновения и деятельности монастырей в Поволжье как глобальная тема не изучалась, но затрагивалась в ряде трудов. Постановке этой темы способствовала публикация грамот и писцовых книг.

В данном сообщении мы ограничились рассмотрением материалов, относящихся к Казанско-Свияжскому региону, не касаясь источников по истории других регионов Среднего и Нижнего Поволжья.

Ход издания источников

Собирание и копирование грамот, имевших отношение к Казанскому краю в XVI в., велось уже в XVIII в. В.Н. Татищев обнаружил грамоту Ивана IV архиепископу Гурию о пожаловании Казанского Илантова монастыря.[1] Начиная, кажется, с XVIII в. этот монастырь назывался Зилантовым (по имени Зиланта – казанского дракона или василиска, изображавшегося на печатях). Мы, однако, следуя тексту грамот XVI в., будем называть его Илантовым. Грамота Гурию, подлинник или аутентичная копия которой нам неизвестны, отличается странностью стиля, наводящей на мысль о ее неподлинности. Грамота эта пользовалась, тем не менее, большим доверием в историографии и неоднократно публиковалась. В первый раз она была напечатана, наверное, в 1789 г.[2]

Платон Любарский, являвшийся в 1772–1785 гг. архимандритом Казанского Спасо-Преображенского монастыря,[3] составил сборник документов по истории Казанской епархии (1782 г.), который увидел свет только в 60-х годах XIX в.[4] В первой половине XIX в. некоторые грамоты были опубликованы архимандритом

1 Татищев В.Н. История российская в семи томах. Л., 1968. Т. 7. С. 385-387. № 171.

2 Продолжение Древней российской вивлиофики. СПб., 1789. Ч. V. С. 241-244.

3 См.: Строев П. [М.]. Списки иерархов и настоятелей монастырей Российския церкви. СПб. Стб. 295.

4 Сборник древностей Казанской епархии и других приснопамятных обстоятельств, старанием и трудами Спасоказанского Преображенского монастыря архимандрита Платона составленный, 1782 года. Казань, 1868 (далее – Платон Любарский. Сборник).

Амвросием Орнатским,[5] а также в изданиях Археографической комиссии,[6] в Ученых записках Казанского университета,[7] в книгах по истории Казани[8] и в местной прессе.[9] Круг опубликованных источников был весьма невелик. В конце 50-х – 70-х годах XIX в. он расширился благодаря выходу в свет сборников С. Мельникова,[10] Платона Любарского[11] и князя Хилкова.[12] В 1863 г. Н.И. Суворов издал опись Свияжского Богородицкого монастыря, составленную в сентябре 1613 г. и содержащую ценные сведения о грамотах, в том числе и ныне утраченных.[13]

В начале XX в. Г.З. Кунцевич заново подготовил к печати грамоты Казанского Илантова (Зилантова) монастыря,[14] а И.М. Покровский ввел в научный оборот тексты грамот казанского архиерейского дома XVI – XVII вв.[15] В последней четверти XIX – первом десятилетии XX в. в связи с общим ростом интереса российской историографии к социально-экономическим проблемам были частично изданы писцовые книги Казанского[16] и Свияжского[17] уездов XVI в.

В советское время определенный этап в истории публикации казанских источников XVI – XVII вв. составили 30-е годы XX в. В 1932 г. были изданы писцовые

5 См., например: Амвросий. История российской иерархии. М., 1815. Ч. VI. С. 535-539. № II и др.

6 См., например: Акты, собранные в библиотеках и архивах Российской империи Археографическою экспедициею императорской Академии наук. СПб., 1836 (далее – ААЭ). Т. I. № 235, 241/I-IV и др.; Акты исторические, собранные и изданные Археографическою комиссиею. СПб., 1841 (далее – АИ). Т. I. № 162, 184, 191, 193 и др.

7 Ученые записки, издаваемые Казанским университетом, 1839. Казань, 1839. Кн. IV. С. 137-141 и др.

8 См., например: Рыбушкин М. Краткая история города Казани. Казань, 1834. Ч. I. С. 41-43; То же. 2-е изд. Казань, 1848. Ч. I. С. 40-41, примеч.

9 См., например: Прибавление к Казанскому вестнику, 1829. № 26. С. 206, примеч.; Заволжский муравей. Казань, 1832. Ч. 2. № 14, июль. С. 856-860.

10 Акты исторические и юридические и другие царские грамоты Казанской и других соседственных губерний, собранные Степаном Мельниковым. Казань, 1859. Т. 1.

11 См. выше, примеч. 4.

12 Сборник князя Хилкова. Пб., 1879. С. 156-157. № 58.

13 Суворов Н.И. Опись Свияжского Богородицкого мужескаго монастыря, составленная в 1614 году // Известия императорского Археологического общества. СПб., 1863. Т. IV. Вып. 6.

14 Кунцевич Г. [З.]. Грамоты Казанского Зилантова монастыря // Известия общества археологии, истории и этнографии при императорском Казанском университете. Казань, 1901. Т. XIII. Вып. 5-6.

15 Покровский И. [М.]. Казанский архиерейский дом, его средства и штаты преимущественно до 1764 года. Казань, 1906.

16 Список с писцовых книг по г. Казани с уездом. Казань, 1877.

17 Список с писцовой и межевой книги города Свияжска и уезда письма и межевания Никиты Васильевича Борисова и Димитрия Андреевича Кикина (1565-1567 г.). Казань, 1909.

книги по городу Казани 1565-1568 и 1646 гг.,[18] а в 1937 г. переизданы вкупе с другими источниками некоторые ранее опубликованные грамоты XVI в., касающиеся Казанской земли.[19]

В 40-х – 60-х годах XX в. новых публикаций казанских грамот не было. Вместе с тем акты XVI в., относящиеся к Среднему и Нижнему Поволжью, фигурировали в нашем перечне иммунитетных грамот (1962, 1968 гг.).[20] В 1973 г. нами был издан ряд публичноправовых и частных актов 50-х – 70-х годов XVI в., характеризующих состояние монастырского землевладения в Казанском и Свияжском уездах.[21] В 1978 г. автор настоящего сообщения издал две жалованные грамоты 70-х годов XVI в. на свияжские вотчины Троице-Сергиева монастыря,[22] а в 1997 г. – две грамоты 1578 г. на торговые поездки Спасо-Евфимьева и Троице-Сергиева монастырей вниз по Волге до Астрахани и обратно.[23]

Публикацию казанских грамот продолжили и другие исследователи. Так, грамоты XVI – XVII вв., вновь найденные в казанских хранилищах, были изданы И.П. Ермолаевым и Д.А. Мустафиной.[24] Состав опубликованных казанских грамот пополнился некоторыми документами, вошедшими в сборник актов Спасо-Евфимьева монастыря.[25] В сборнике актов светских землевладельцев напечатан ряд документов, содержащих сведения о пребывании служилых людей в Казани и под Казанью.[26] С конца 70-х годов XX в. усилиями казанских ученых

18 Материалы по истории Татарской АССР. Писцовые книги города Казани 1565-68 гг. и 1646 г. М.; Л., 1932

19 История Татарии в документах и материалах. М., 1937.

20 Каштанов С.М. Хронологический перечень иммунитетных грамот XVI века. Часть вторая // Археографический ежегодник за 1960 год. М., 1962. С. 129-200 (далее – ХП. II); Каштанов С.М., Назаров В.Д., Флоря Б.Н. Хронологический перечень иммунитетных грамот XVI в. Часть третья // Археографический ежегодник за 1966 год. М., 1968. С. 197-203 (далее – ХП. III).

21 Каштанов С.М. Возникновение русского землевладения в Казанском крае (Документы) // Из истории Татарии. Казань, 1973. Сборник V (Ученые записки КГПИ. Вып. 116). С. 3-35.

22 Каштанов С.М. К истории феодального землевладения в Свияжском уезде в 70-х годах XVI в. (Жалованные грамоты 1572 и 1575 гг.) // Историография и источниковедение: Вопросы методики исследования. Казань, 1978 (Ученые записки КГПИ. Вып. 184). С. 132-142.

23 Каштанов С.М. К истории волжского торгового судоходства во второй половине XVI в. // Вопросы истории народов Поволжья и Приуралья. Чебоксары, 1997. С. 44-58.

24 Документы по истории Казанского края из архивохранилищ Татарской АССР (вторая половина XVI – середина XVII в.). Тексты и комментарии. Казань, 1990.

25 Акты Суздальского Спасо-Евфимьева монастыря 1506-1608 гг. М., 1998. № 204, 205, 218.

26 Акты служилых землевладельцев XV – начала XVII века. М., 1997-1998. Т. I-II.

возродилось издание писцовых книг Казанского уезда. К настоящему времени опубликованы книги 1602-1603 и 1647-1656 гг.[27]

Историография

Как шла разработка истории казанско-свияжских монастырей в исследовательском плане? Огромную роль сыграли сводные труды общероссийского масштаба, где приводились данные о монастырях и их настоятелях. В начале XIX – это публикация Амвросия Орнатского,[28] в 70-х годах – справочник П.М. Строева с перечнями церковных иерархов и настоятелей монастырей,[29] в 90-х годах – трехтомник В.В. Зверинского, в котором давались краткие исторические и довольно полные библиографические сведения по всем монастырям Российской империи.[30] Труды П.М. Строева и В.В. Зверинского до сих пор сохраняют свое научное значение. Ничего заменяющего их в позднейшей историографии создано не было, хотя изучение истории отдельных монастырей заметно продвинулось.

В дореформенный период социально-экономическое развитие Казанского края во второй половине XVI в. практически не изучалось. Этот сюжет почти не затрагивался в книгах по истории города Казани, вышедших в 30-х – 40-х годах XIX в.[31] Ту же особенность имеет описание Казанского Илантова монастыря, принадлежащее перу архимандрита Гавриила.[32] Более ярко интерес к истории монастырской колонизации Среднего Поволжья стал проявляться в пореформенный период. Тогда вышли две монографии Г.И. Перетятковича, в которых уделялось определенное внимание процессу распространения церковно-монастырского землевладения в средневолжском регионе во второй половине XVI – XVII вв.[33] Другой аспект истории православных духовных корпораций в Среднем Поволжье – развитие миссионерского дела – изучал А. Можаровский.[34] Заметим, что в актовом материале второй половины XVI в. – главном объекте нашего исследования – эта сторона деятельности монастырей запечатлелась слабо.

В последней четверти XIX в. популярной темой казанской историографии была не история монастырской колонизации, а история взятия Казани войсками Ивана

27 Писцовая книга Казанского уезда 1602-1603 годов. Публикация текста. Казань, 1978; Писцовая книга Казанского уезда 1647-1656 годов. М., 2001.

28 Амвросий. История российской иерархии. М., 1807-1815. Ч. I-VI.

29 Строев. Списки иерархов. Стб. 287-306.

30 Зверинский В.В. Материал для историко-топографического исследования о православных монастырях Российской империи. СПб., 1890, 1892, 1897. Т. I-III.

31 Рыбушкин. Краткая история; Баженов Н. [К.]. Казанская история. Казань, 1847. Ч. II-III.

32 Гавриил. Историческое описание Казанского Успенского второклассного Зилантова монастыря. Казань, 1840.

33 Перетяткович Г. [И.]. Поволжье в XV-XVI веках. М., 1877; Он же. Поволжье в XVII и начале XVIII века (Очерки по истории колонизации края). Одесса, 1882.

34 Можаровский А. Изложение хода миссионерского дела по просвещению казанских инородцев с 1552 по 1867 год. М., 1880.

Грозного в 1552 г. Она изучалась с „военно-инженерной" точки зрения, в связи с чем очень подробно, с использованием картографических, а иногда и актовых источников реконструировалась древняя топография Казани и в особенности казанского Кремля.[35] Несколько иную направленность имело исследование древних городищ на территории Казанского края (труды С.М. Шпилевского[36] и др.).

Вместе с тем в начале XX в. произошел явный сдвиг в сторону изучения истории церковно-монастырского землевладения. Главным показателем этого сдвига было появление обширной монографии И.М. Покровского о землевладении и штатах казанского архиерейского дома в XVI – XVIII вв.[37]

После 1917 г. разработка церковно-монастырской тематики не получила развития, вероятно, в связи с отрицательным отношением новой идеологии к религии и церкви. Несмотря на издание и переиздание некоторых источников XVI – XVII вв. в 30-х годах XX в., антиклерикальный период сильно затянулся. Вообще история Казани и Казанского края во второй половине XVI – XVIII вв. надолго перестала быть предметом специальных исследований, и только топография города Казани и ее крепости (Кремля) занимала исследовательскую мысль.[38] Но уже в начале 60-х годов появляются работы, посвященные изучению казанских и свияжских писцовых книг XVI в. как источников по истории татарской деревни (Е.И. Чернышев)[39] и опричной земельной реформы (Р.Г. Скрынников).[40] Описа-

35 См., например: Платон Заринский. Очерки древней Казани. Казань, 1877; ср.: Заринский П.Г. Топография города Казани в 1552 году, во время осады его русскими войсками // Труды четвертого Археологического съезда в России, бывшего в Казани с 31 июля по 18 августа 1877 года. Казань, 1884. Т. I. [Отд. II]. С. 59-98; Иловайский Д. Покорение Казани // Русский архив. М., 1888. № 12. С. 473-496; Трофимов В. Поход под Казань, ее осада и взятие в 1552 году. Казань; 1890; Богдановский М. Инженерно-исторический очерк осады Казани 7060-7061 гг. (1552). СПб., 1898; Он же. К вопросу о расположении городовой стены казанского посада в 1552 г. СПб., 1899; Борисов В. [Рец. На книгу: Богдановский М.]. Инженерно-исторический очерк осады Казани 7060-7061 гг. (1552 г.) // Известия Общества археологии, истории и этнографии при Казанском имп. университете. Казань, 1898. Т. XIV. Вып. 6; Он же. Ответ г-ну Богдановскому по поводу его статьи „К вопросу о расположении городовой стены казанского посада в 1552 г.". Казань, 1899; Малеев Л. К осаде Казани в 1552 г. // Инженерный журнал, 1899. №1 [Отд. III]. Смесь. С. 1-4; К 350-летию покорения Казани 1552 2.X. 1902 / Под редакциею, с примечаниями и планом В. Афанасьева. М., 1902.

36 Шпилевский С.М. Древние города и другие булгаро-татарские памятники в Казанской губернии. Казань, 1877.

37 Покровский. Казанский архиерейский дом.

38 См., например: Жеребов Д.К., Майков Е.И. Русское военно-инженерное искусство в XVI-XVII вв. // Из истории русского военно-инженерного искусства. Сб. статей. М., 1952. С. 33-34. Топографии Казани XVI в. уделялось значительное внимание в обобщающих работах по истории города: Калинин Н.Ф. Казань. Исторический очерк. [Казань], 1952; Изд. 2. [Казань], 1955.

39 Чернышев Е.И. Татарская деревня второй половины XVI и XVII вв. // Ежегодник по аграрной истории Восточной Европы. 1961 год. Рига, 1963. С. 174-183; ср.: Он же.

ние хозяйственных особенностей Казанского и Астраханского регионов в XVI в. дал М.Н. Тихомиров, пользовавшийся материалами писцовых книг, записок иностранцев и других источников.[41]

В тот же период автор настоящего сообщения обратился к анализу актового материала второй половины XVI в. по Казани и Свияжску.[42] Эти занятия продолжались и в дальнейшем.[43] Основным предметом наших исследований является земельно-иммунитетная политика правительства Ивана Грозного в Казанском крае.

Несколько позже, со второй половины 70-х годов возродилось изучение казанской истории второй половины XVI – XVII в. и в Казанском университете. Большая заслуга в этом деле принадлежит И.П. Ермолаеву. В 1980 г. он опубликовал хронологический перечень документов, относящихся к истории Казанского края второй половины XVI – XVII вв.,[44] в 1982 г. – монографию об управлении Казанским краем в тот же период.[45] Свой вклад в разработку истории Казанского края внесли и ученики И.П. Ермолаева. Так, диссертация Ю.Н. Иванова была посвящена изучению (преимущественно по писцовым книгам) землевладения

Селения Казанского ханства (по писцовым книгам) // Вопросы этногенеза тюркоязычных народов Среднего Поволжья. Казань, 1971 (Археология и этнография Татарии. Вып. 1)

40 Скрынников Р.Г. Опричная земельная реформа Грозного 1565 г. // Исторические записки. [М.], 1961. [Т.] 70. С. 223-250.

41 Тихомиров М.Н. Россия в XVI столетии. М., 1962. С. 480-515.

42 Каштанов С.М. О внутренней политике Ивана Грозного в период „великого княжения“ Симеона Бекбулатовича // Труды Московского гос. историко-архивного института. М., 1961. Т. 16. С. 427-462; Каштанов С.М., Литвин А.Л. К проблеме достоверности исторических источников // Из истории Татарии. Краеведческий сборник. Казань, 1965. С. 297-318.

43 Каштанов С.М. Земельно-иммунитетная политика русского правительства в Казанском крае в 50-х годах XVI в. (по актовому материалу) // Из истории Татарии. Казань, 1970. Сборник IV. (Ученые записки КГПИ. Вып. 80). С. 164-203; Он же. Возникновение русского землевладения; Он же. К истории феодального землевладения; Он же. Финансы средневековой Руси. М., 1988; Он же. Села Казанского и Свияжского уездов как объекты внутренней политики во вт. пол. XVI в. // II всесоюзная конференция по историческому краеведению, апрель 1989 г. Тезисы докладов и сообщений. Пенза, 1989. С. 209-210; Он же. К истории волжского торгового судоходства; Он же. Экономическая политика русского правительства в Казанском крае в начале 60-х годов XVI в. // Сообщения Ростовского музея. Ростов, 1998. Вып. IX. С. 45-56; Он же. К изучению казанской топографии (Острова Коровнич и Ирыхов) // Великий Волжский путь. Материалы Круглого стола и Международного научного семинара. Казань, 26-28 августа 2000 года. Казань, 2001. С. 293-307.

44 Ермолаев И.П. Казанский край во второй половине XVI – XVII вв. (Хронологический перечень документов). Казань, 1980.

45 Ермолаев И.П. Среднее Поволжье во второй половине XVI – XVII вв. (Управление Казанским краем). Казань, 1982.

казанской архиерейской кафедры в XVI – XVII вв. (1982 г.).[46] Диссертация Д.А. Мустафиной касалась казанского светского землевладения во второй половине XVII в. (1986 г.).[47] Темой диссертации Е.В. Липакова явилась история дворянства Казанского края в конце XVI – первой половине XVII в. (1989 г.).[48]

В зарубежной литературе по истории России казанской проблематике уделяется значительное внимание. Наиболее подробно рассматривается вопрос о завоевании Казанского ханства и значении этого события для дальнейшей судьбы как народов присоединенных регионов, так и самой России. Изучается также развитие социальных и межнациональных отношений в Среднем Поволжье во второй половине XVI в. и позднее. Мы не будем сейчас входить в обсуждение общих концепций, выдвигавшихся по поводу присоединения Казани учеными Германии, Англии, Франции, США и других западных стран. Эти идеи представляют большой интерес и в настоящее время оцениваются российской наукой иначе, чем в советский период. Появляются специальные исследования молодых ученых, посвященные изучению концепций зарубежных авторов по казанскому вопросу.[49]

В исторической науке за рубежом подчеркивается выдающаяся идеологическая роль церкви и монастырей в подготовке и проведении Казанского взятия. Так, Ф. Кемпфер обратил внимание на то, что во время осады Казани активную идейную помощь и поддержку царю оказывали прибывшие сюда старцы и священники Троице-Сергиева монастыря.[50] Миссионерскую роль монастырей в христианизации народов Поволжья в XVI – XIX вв. отметила вслед за А. Можаровским французская ориенталистка Шанталь Лемерсье-Келькеже.[51]

Казанские писцовые книги XVI в. как источник по истории крестьянства изучал английский историк Р.Э.Ф. Смит.[52] Социально-экономические и межэтнические отношения в Казанском крае во второй половине XVI в. довольно подробно рассмотрел А. Каппелер. При этом он использовал писцовые книги и

46 Иванов Ю.Н. Феодальное землевладение в Казанской епархии (вторая половина XVI – XVII вв.). Автореф. дисс. кандидата ист. наук. Казань, 1982.

47 Мустафина Д.А. Феодальное землевладение и социальные категории населения в Казанском крае во второй половине XVII в. Автореф. дисс. кандидата ист. наук. Казань, 1986.

48 Липаков Е.В. Дворянство Казанского края в конце XVI – первой половине XVII вв. Формирование, состав, служба. Автореф. дисс. кандидата ист. наук. Казань, 1989.

49 См., например: Петухов А.В. Восточная политика России в середине XVI в. в англо-американской историографии. Автореф. дисс. кандидата ист. наук. Казань, 2003.

50 Kämpfer F. Die Eroberung von Kasan 1552 als Gegenstand der zeitgenössischen russischen Historiographie // Forschungen zur Osteuropäischen Geschichte. Berlin, 1969. Bd. 14. S. 72.

51 Lemercier-Quelquejay Ch. Les missions orthodoxes en pays musulmans de moyenne – et basse Volga. 1552-1865 // Cahiers du monde russe et soviétique, 8 (1967), pp. 369-403.

52 Smith R.E.F. Peasant Farming in Muscovy. Cambridge, 1977. P. 197-218.

отчасти акты.[53] Из актовых источников особый интерес вызывали у иностранных авторов грамоты и наказы Ивана IV вновь поставленному казанскому архиепископу Гурию. И. Глацик коснулся, например, грамоты, определяющей размеры довольствия, назначенного архиерею.[54] А. Каппелер напомнил, что в своем наказе Гурию1555 г. царь рекомендует проводить христианизацию не насильственными методами.[55]

Не претендуя дать последовательное и всеохватывающее обозрение развития иностранной историографии по казанскому вопросу, мы отметили лишь некоторые моменты, более или менее прямо связанные с темой нашего сообщения.

Источники и периодизация

После краткого обзора историографии следует сказать несколько слов о круге используемых в работе источников. Главными из них являются для нас грамоты правительства Ивана Грозного и его местных органов, частные акты, летописи и писцовые книги XVI в. по Казани и Свияжску. В качестве дополнительных источников необходимо привлечь картографические материалы XVIII – XX вв., списки населенных мест Казанской губернии, географические и историко-географические справочники по Казанской губернии и р. Волге.

Мы предлагаем следующую периодизацию взаимоотношений между монастырями Среднего Поволжья и центром в эпоху Ивана Грозного: 1) 1551-1552 гг. (от основания Свияжска до взятия Казани); 2) 1552-1554 гг. (время после завоевания Казани до образования Казанской епархии); 3) 1555-1560 гг. от образования Казанской епархии до конца правления „Избранной Рады“); 4) 1561-1564 гг. (период между „Избранной Радой“ и опричниной); 5) 1565-1572 гг. (время опричнины); 6) 1573-1575 гг. (период между опричниной и началом правления Симеона Бекбулатовича); 7) 1575-1576 гг. (время правления Симеона Бекбула-товича); 8) 1576-1580 гг. (период после правления Симеона Бекбулатовича до собора 1580 г.); 9) 1580-1584 гг. (промежуток между собором 1580 г. и смертью Ивана Грозного). В настоящем сообщении рассматриваются только первые три периода.

Первый период (1551-1552 гг.)

О первом периоде известно из летописей. Первыми духовными учреждениями, созданными русской властью в Казанской земле, были не монастыри, а церкви. 24 мая 1551 г. русская судовая рать пришла на Свиягу. Очистив от леса Круглую гору, воеводы заложили здесь город Свияжск, а в нем церковь Рождества

53 Kappeler A. Russlands erste Nationalitäten. Das Zarenreich und die Völker der Mittleren Wolga vom 16. bis 19. Jahrhundert. Köln; Wien, 1982. S. 94-120, etc.

54 Glazik J. Die Islammission der Russisch-Orthodoxen Kirche. Münster, 1959. S. 46.

55 Kappeler A. Russland als Vielvölkerreich. Enstehung. Geschichte. Zerfall. München, 1992. S. 31.

Богородицы и чудотворца Сергия.[56] Вероятно, датой основания этой церкви можно считать июнь 1551 г. Протопоп Московского Архангельского собора Тимофей, посланный на Свиягу со святыми водами, сообщал в июле 1552 г. Ивану IV о молебнах и крестных ходах, совершаемых священниками Рождественской церкви в Свияжске.[57] В августе 1552 г. церковь посетил прибывший в Свияжский город царь Иван IV.[58] Протопоп свияжской Рождественской церкви участвовал в октябре 1552 г. в освящении вновь созданной соборной церкви Благовещения Богородицы в городе Казани. В Никоновской летописи этот протопоп назван Афанасием,[59] а в Царственной книге – Андреем.[60]

Таким образом, первой православной духовной корпорацией, появившейся в Казани, был Благовещенский собор, освященный 6 октября 1552 г. Он находился в северо-западной части Кремля, обращенной к р. Казанке.[61]

Второй период (1552-1554 гг.)

С основания Благовещенского собора начинается второй период в истории православных учреждений Казанско-Свияжского региона. До образования Казанской епархии в 1555 г. Благовещенский собор и Троице-Сергиев монастырь были главными духовными корпорациями края. О Благовещенском соборе в этот период упоминается, помимо летописей, в частном акте – отписи Ивана Мачехина 1553/54 г.[62]

Права Троице-Сергиева монастыря в Казани были закреплены в трех царских грамотах февраля 1553 г. Две из них – жалованные – были выданы на имя игумена Троице-Сергиева монастыря Гурия,[63] одна – указная – адресовалась казанскому воеводе кн. А.Б. Горбатому.[64] Речь в них шла о предоставлении Троице-Сергиевому монастырю двух дворовых мест – одного „в городе“ (т.е. в Кремле) для строительства церкви и устройства монастыря, другого – „за городом“ (т.е. вне стен Кремля) для клеймения продажных ногайский лошадей. В царской жалованной грамоте от 1 февраля 1553 г. предписывалось держать у

56 ПСРЛ. СПб., 1904. Т. XIII, первая половина. С. 164; ПСРЛ. СПб., 1906. Т. XIII, вторая половина. С. 466; подробнее см.: Каштанов С.М. Отношения между Москвой и Казанью в 1545-1551 гг. и мирное вхождение Горной стороны в состав Российского государства // Известия Национальной академии наук и искусств Чувашской республики. Научный журнал, 2002. №4. С.3-19.

57 ПСРЛ. Т. XIII, первая половина. С. 192; вторая половина. С. 489.

58 ПСРЛ. Т. XIII, первая половина. С. 201; вторая половина. С. 497-498.

59 ПСРЛ. Т. XIII, первая половина. С. 221.

60 ПСРЛ. Т. XIII, вторая половина. С. 516.

61 См.: РГАДА, Ф. 1356. Каз. губ., №169; Подробнее см.: Каштанов. Земельно-иммунитетная политика. С. 197, примеч. 75.

62 Каштанов. Возникновение русского землевладения. С. 23. №7.

63 Там же. С. 17-19. №2, 3.

64 Там же. С. 19-21. №4.

церкви чудотворца Сергия на городском дворе „монастырского черного священника, и ведати церковь чюдотворца Сергея монастырьскому священнику черному, кому игумен прикажет“.[65] В 7061 (1552/53) г. Гаврила Кондырев продал Владимиру Радилову „двор свой в Казани у Сергея у чюдотворца на вымле внутри города“.[66] Что подразумевается под „Сергеем чюдотворцем“ – церковь или уже возникший монастырь? Ни церковь, ни монастырь не могли здесь быть ранее февраля 1553 г., поскольку только тогда по царским грамотам Троице-Сергиев монастырь получил право приобрести двор в „городе“ Казани для воздвижения церкви и монастыря. Следовательно, грамота Г. Кондырева относится к периоду после 1 февраля и до 31 августа 1553 г. Дочерний Троицкий монастырь в Казани наверняка существовал в 7062 г. Этим годом датируются восемь частных актов, выданных троицкому игумену Лариону.[67] Под тем же 7062 г. в одном из актов фигурирует троицкий слуга Герасим Васильев.[68] 7062 г. охватывал время с 1 сентября 1553 г. по 31 августа 1554 г. В 1553-1554 гг. Казанский Троицкий монастырь активно приобретал городские дворы светских землевладельцев, покидавших Казань по истечении срока службы. О каких-либо сельских вотчинах монастыря в этот период сведений нет. Вероятно, он их не имел.

Казанский Троицкий монастырь до настоящего времени не сохранился. Он был расположен в том месте, где позднее находился дом батальона военных кантонистов,[69] т.е. в южной части Кремля, юго-восточнее Благовещенского собора.[70]

Предоставляя Троице-Сергиеву монастырю право взимать пятенную пошлину с продажи ногайских лошадей в размере 8 денег, правительство оговаривало свое право брать с покупателя каждой лошади по алтыну (6 денег).[71] Троицкий монастырь имел и в Москве бан на клеймение ногайских лошадей. Восьми-денежный размер пятенной пошлины был подтвержден монастырю правительством Елены Глинской в сентябре 1534 г.[72] Перенесение этой привилегии на казанскую почву не только способствовало обеспечению материальных интересов Троице-Сергиева монастыря, но и укрепляло политические позиции правительства на вновь завоеванной территории.

В жалованной грамоте Ивана IV от 30 марта 1572 г. излагается челобитье троицкого архимандрита Феодосия, согласно которому „пожаловали деи есмя преже сего богомолца своего, Сергиева монастыря игумена Гурья з братьею в Свияжском городе местом, а велели им на том месте строити монастырь во имя живоначалные Троицы да чюдотворца Сергия, да х тому деи монастырю на

65 Там же. С. 17. №2.
66 Там же. С. 21-22. №5.
67 Там же. С. 23-29, 30-31. №8-14, [16].
68 Там же. С. 29-30. №15.
69 Зверинский. Материал. Т. III. С. 191. № 2147.
70 РГАДА. Ф. 1356. Каз. губ., №169; Каштанов. Земельно-иммунитетная политика. С. 190, примеч. 3.
71 Каштанов С.М. Возникновение русского землевладения. С. 20. №4.
72 Каштанов С.М. Очерки русской дипломатики. М., 1970. С. 437. Приложение №1.

пашню и на животинной выпуск пожаловал(и) дал(и) им к монастырю три пустоши, селища Киждеево да Городище, лес дикой, да против Казанского устья лес черной на Услоне, против Гостина острова, да в узех на песку неводную рыбную ловлю; и грамота деи наша жаловалная богомолцу нашему игумену Гурью з братьею на то место, и на пустоши, и на лес, и на рыбную ловлю была дана, и та де у них наша жаловалная грамота в пожар в приход крымского царя згорела“.[73] О предоставлении жалованной грамоты игумену Гурию упоминается и в грамоте января 1575 г.[74]

Гурий был игуменом Троице-Сергиева монастыря в 1552-1554 гг. (до 14 марта 1554 г.).[75] По-видимому, грамоту на свияжские земли он получил примерно тогда же, когда ему были выданы грамоты на казанские дворовые места, т.е. в 1553 г. Судя по цитированному пересказу челобитья архимандрита Феодосия, в момент выдачи грамоты Гурию Троицкого Свияжского монастыря еще не существовало: его предстояло только основать. Летописное сообщение о воздвижении в Свияжске в 1551 г. церкви во имя Рождества Богородицы и чудотворца Сергия некоторыми авторами понималось в том смысле, что возникло два храма: один в честь Богородицы, другой в честь Сергия, и последний якобы и являлся Троицким Свияжским монастырем.[76] Подобное толкование кажется нам абсолютно произвольным. Троицкий Свияжский монастырь был основан при игумене Гурии, не раньше 1553 – 1554 гг.

П.М. Строев упоминает под 1557 г. Мартирия в качестве первого игумена Свияжского Троицкого монастыря.[77] Источник этого известия нам неизвестен. Троицкий монастырь находился в юго-восточной части Свияжска, напротив затона р. Свияги. Рождественская церковь была расположена севернее, на пути в Казань.[78] Последним игуменом Троицкого Свияжского монастыря П.М. Строев считал Евстратия Булаховского, поставленного на этот пост в 1754 г.[79] В пояснениях к планам начала XIX в. говорилось, что Троицкий монастырь – женский, в прошлом мужской.[80] В.В. Зверинский писал о нем: „Совсем уничтожен“.[81]

Если верить изложению челобитья архим. Феодосия в грамоте 1572 г., земельные владенья, полученные Троицким монастырем в Свияжском уезде, были довольно обширны. Кроме дворового места в Свияжске для основания монастыря, игумену Гурию давались и сельские вотчины – селища Киждеево,

73 Каштанов С.М. К истории феодального землевладения.С. 134. №1.
74 Там же. С. 137. №2.
75 Строев.Списки иерархов. Стб. 139.
76 Рыбушкин.Краткая история. 2-е изд. Ч. II. С. 130, примеч.; ср.: Зверинский. Маттериал.. Т. III. С. 191. №2148.
77 Строев.Списки иерархов. Стб. 305. №14.
78 РГАДА. Ф. 1356. Каз. губ., №192; ср. №196; Каштанов. Земельно-иммунитетная политика.С. 190, примеч. 12.
79 Строев. Списки иерархов П. [М.]. Указ. соч. Стб. 305. №14.
80 См. выше, примеч. 77.
81 Зверинский . Материал. Т. III. С. 191.

Городище, черный лес на Услоне и рыбные ловли. Киждеево мы отождествляем с позднейшим Троицким-Кильдеевым в 27 верстах к юго-востоку от г. Свияжска, а Городище – с селом Утяковым Большим в 27 верстах к юго-западу от г. Свияжска.[82] Значительной была, вероятно, площадь пожалованного монастырю черного леса на Услоне, у правого берега Волги, к востоку от г. Свияжска.[83]

Для периода 1552-1554 гг. предоставление монастырю земель в сельской местности Казанско-Свияжского региона – явление уникальное. Других подобных примеров до 1555 г. у нас нет. Отсюда и известные сомнения в достоверности челобитной архимандрита Феодосия. Может быть, в грамоте Гурию речь шла только о городском дворе в Свияжске? Тем не менее, сама выдача грамот Троице-Сергиеву монастырю на казанско-свияжские земли характеризует исключительное положение этой духовной корпорации. Видимо, в 1552 – 1554 гг. Иван IV рассматривал Троице-Сергиев монастырь как наиболее надежного союзника в деле закрепления мирными способами правительственных позиций в завоеванном крае.

Какие еще духовные учреждения православной церкви существовали в изучаемом регионе в 1552 – 1554 гг.? В частных актах 1553 – 1554 гг. на дворы в Казани фигурируют церковь св. Дмитрия у Дмитриевских ворот[84] и церковь свв. Киприана и Устиньи у Спасских ворот.[85] Церковь св. Дмитрия в летописях не упоминается. Основание церкви Киприана и Устиньи Казанский летописец приписывает Ивану IV,[86] однако при сравнении грамот на один и тот же двор мы видим, что в акте 1552/53 г. нет сведений о наличии у Спасских ворот церкви Киприана и Устиньи,[87] а появляется это указание только в акте 1553/54 г.[88] Следовательно церковь возникла, вероятно, не раньше 1553/54 г., т.е. не при Иване Грозном.

Для рассмотренного второго периода церковно-монастырской колонизации Казанского края (1552-1554 гг.) характерно отсутствие каких-либо иммунитетных пожалований, но вместе с тем показательно предоставление бана на сбор пятенной пошлины Троице-Сергиеву монастырю.

Третий период. Первая половина (1555-1556 гг.)

Третий период начинается с образования Казанской епархии. 3 февраля 1555 г. был избран первый казанский архиепископ Гурий. Казанская архиепископия заняла почетное место в российской церковной иерархии. Она была поставлена на

82 Каштанов. Земельно-иммунитетная политика.С. 191, примеч. 13.
83 Там же. С. 191-192, примеч. 14.
84 Каштанов. Возникновение русского землевладения.С. 30. [№] 16.
85 Там же. С. 24. №9.
86 ПСРЛ. М., 2000. Т. XIX. Стб. 170.
87 Каштанов С.М. Возникновение русского землевладения.С. 16. №1.
88 Там же. С. 24. №9.

второе место после новгородской, выше ростовской.[89] Образованию казанской архиепископии предшествовало суровое подавление борьбы местного населения против русских властей в 1552-1555 гг.[90] Учреждение в Казани архиепископской кафедры должно было способствовать дальнейшему укреплению позиций правительства и усмирению края. Интересно, что избрание архиепископа как бы санкционировалось бывшим казанским ханом Едигер-Махметом (в крещении Симеон), который наряду с Иваном IV и его братьями присутствовал на церемонии поставления.[91] Архиепископ Гурий и вместе с ним вновь назначенные настоятели монастырей (Герман и Варсунофий) отправились из Москвы 26 мая 1555 г. Они прибыли в Свияжск 27, а в Казань 28 июня 1555 г.[92] Все новоявленные пастыри Казанского края принадлежали к осифлянским кругам русской церкви и пользовались доверием царя.

Царские грамоты, выданные архиепископу при отъезде, датируются маем 1555 г., реальная же раздача земель казанскими воеводами началась в августе 1555 г. В мае 1555 г. получили жалованные грамоты и отъезжавшие в Казань и Свияжск архимандриты вновь учрежденных монастырей. 16-м мая 7063 (1555) г. датирована сохранившаяся в подлиннике жалованная грамота Ивана IV архимандриту Свияжского Успенского Богородицкого монастыря Герману.[93] В ней не указаны какие-либо конкретные земельные владения – их монастырю еще предстояло получить, но сформулированы основы судебного иммунитета. Архимандриту предоставлялся полный судебный иммунитет – норма, невозможная для центральной Руси в это время. Свияжские воеводы не должны были судить архимандрита с братьею, их слуг, деловых людей и крестьян „ни в чем". Архимандриту предоставлялось право суда над его людьми „во всем".

В исковых делах архимандрит подчинялся самому царю или его дворецкому – норма вообще-то обычная, но в 50-х годах почти исключительная, ибо по майской ревизии жалованных грамот 1551 г. многие настоятели стали ведаться в исковых делах не царем, а митрополитом или областным архиереем.[94] Казанский архиепископ не получил этого права в отношении монастырей своей епархии, которые ставились в прямую судебную зависимость от царя. Статья о смесном суде, имевшаяся в грамоте, не заключала в себе ничего специфического, будучи выражением общерусских норм судебного иммунитета монастырей.

Жалованная грамота Ивана IV архимандриту Казанского Спасо-Преображенского монастыря Варсунофию, известная по публикации Платона Любарского, не содержит в дате указания месяца и числа. В ней фигурирует лишь „7063" год.[95] Вместе с тем эта грамота почти полностью совпадает по формуляру с грамотой

89 ПСРЛ. Т. XIII, первая половина. С. 250.
90 Там же. С. 228-247.
91 Там же. С. 250.
92 Там же. С. 259; Исторический архив. М.; Л., 1950. Т. V. С. 20.
93 Документы по истории Казанского края. С. 28-30. №1; ср.: ХП-III. С. 232. №I-319.
94 Подробнее см.: Каштанов. Финансы. С. 130-136.
95 Платон Любарский. Сборник. С. 55-56; ХП-II. С. 703. №703.

свияжскому архимандриту Герману и должна быть отнесена тоже к маю 1555 г. В ней, как и в свияжской грамоте, отсутствует какой-либо конкретный перечень владений. Здесь упоминаются те же категории монастырских подданных, но с добавлением еще одной группы людей – слобожан, которые не фигурируют в грамоте Герману. Видимо, предполагалось, что у казанского монастыря, в отличие от свияжского, будут слободы. Все нормы судебного иммунитета в казанской грамоте сформулированы так же, как и в свияжской.

Встает вопрос, была ли такого рода иммунитетная грамота выдана самому архиепископу Гурию, или дело ограничилось только инструкциями в отношении миссионерской и управленческой деятельности.

Иммунитетные грамоты духовным корпорациям предшествовали получению ими земельных владений. Функцию раздачи земель выполняли местные воеводы. Первая грамота казанского воеводы кн. П.И. Шуйского архиепископу Гурию на земли и воды датируется 13-м августа 1555 г.[96] Она была выдана через две недели после приезда архиепископа в Казань.

В грамоте выделяется шесть основных групп объектов: 1) бывшие ханские дворцовые села, расположенные в южной части Казанского уезда, в междуречье Волги и Меши; 2) рыбные ловли и острова на всем протяжении р. Волги от Казанского устья до р. Камы по казанской и свияжской сторонам; 3) рыбные ловли от Камского устья на юг до р. Чертык и в р. Чертыке; 4) рыбные ловли в р. Казанке; 5) пожни и озеро около Волги, по-видимому, недалеко от Казанского устья; 6) дворовые места, слобода и огород в самой Казани.

К первой группе относились „трои Кабаны, да Тарлаши, да село Кадыш, да село Караить, да село Карадулай на реке на Меше“. Известны д. Малый Кабан (Иванчев Кабан) в 19 верстах на юго-восток от Казани[97] и еще юго-восточнее с. Введенское – Большой Кабан (Караич-Кабан).[98] Третий Кабан – это, по-видимому, фигурирующий в описаниях XVII в. „Селик Кабан, а Столбища тож“.[99] Село Столбище (Гурьево) находилось в 18 верстах к юго-востоку от Казани, на позднейшем Оренбургском почтовом тракте.[100] Тарлаши (Покровское) – селение в 28 верстах на юг от Казани, при оз. Тарлашинском (позднее Архиерейском).[101] Тарлаши, находившиеся недалеко от Волги, имели большое стратегическое значение, т.к. напротив существовал перевоз Тарлаша.[102] Из трех Кадышей, фигурирующих в „Списке населенных мест“, два расположены вне Казанского уезда XIX в. – в уездах Цывильском и Ядринском.[103] Для отождествления с

96 АИ. Т. I. С. 298-299. №162.

97 Казанская губерния. Список населенных мест по сведениям 1859 г. СПб., 1866 (далее – СНМ Каз.). №138.

98 Там же. №137.

99 См.: Покровский. Казанский архиерейский дом. Списки и выписи. С. 10 –12.

100 СНМ Каз. № 116.

101 Там же. №126.

102 ПСРЛ. Т. XIII, первая половина. С. 165; вторая половина. С. 467.

103 СНМ Каз. №2826, 3749.

Кадышем грамоты 1555 г. мы не можем избрать д. Кадыш-Кудаш на р. Нурме в позднейшем 2-м стане Лаишевского уезда[104] или д. Кадышево на р. Солонице в 3 верстах к северу от Казани.[105] Кадыш идентифицируется с Сакуркадышем в районе р. Меши, т.е. с позднейшим селом Сокуры или Богородским-Покровским.[106]

Караить – д. Караишево при р. Меше в 1-м стане Лаишевского уезда.[107] Карадулай – Карадули (Вознесенское) при р. Меше в 1-м стане Лаишевского уезда.[108]

Описания этих сел даются в писцовых книгах XVI – XVII вв.[109] Расположение их выясняется по атласам конца XVIII в.[110]

Главный массив земель, полученных архиепископом, сосредотачивался в южной части Казанского уезда, не в непосредственной сфере деятельности луговых людей, но в районе тоже очень неспокойном.[111] Окруженный с юга ногайскими степями, откуда грозила постоянная опасность, а с востока территорией, где активно действовали луговые люди, этот край требовал к себе пристального внимания. Под контролем архиепископа оказались подступы к Казани с запада (Волга от Казанского устья до Камского), юга (Камское устье и р. Чертык) и юго-востока (дворцовые села). Архиерейскому дому предстояло включиться в различные формы борьбы за усиление позиций русского землевладения и тем самым Русского государства в пределах Казанского края.[112]

Среди угодий, предоставленных архиерейскому дому, были дворовые места, места под мельницы, слободка, огород, села, пожни, леса, озера, бортные ухожаи, бобровые гоны, рыбные ловли. Общее количество пашенной земли определялось в 2 тысячи четвертей.

Архиерейский дом находился в Кремле, восточнее Благовещенского собора.[113] Резиденция архиепископа возникла на месте бывшего двора Федора Адашева,[114] к которому по августовской грамоте 1555 г. было „прибавлено место в городе…по Болшую улицу по Тезицкой по первой переулок“.[115]

104 Там же. № 1021.
105 Там же. №312.
106 Список с писцовых книг…С. 72-73; Покровский И Казанский архиерейский дом. С. 42; СНМ Каз. №894.
107 СНМ Каз. №878.
108 Там же. №879.
109 См.: Список с писцовых книг. С. 66-73; Покровский. Казанский архиерейский дом. Списки и выписи. С. 5, 10-14, 68-71, 76-77, 82, 83, 122-123.
110 См.: РГАДА. Ф. 1356. Каз. губ. №22, 48, 49.
111 В 1553 г. восставшие „арьские люди и побережные, и луговые город себе поставили на Меше, а от Казани от города 70 верст, и землею стены насыпали, хотяше тут отсидется“ (ПСРЛ. Т. XIII, первая половина. С. 230).
112 См.: Каштанов. Земельно-иммунитетная политика. С. 171-172, 194 (примеч. 58).
113 РГАДА. Ф. 1356. Каз. губ. №169.
114 ААЭ. Т. I. С. 259. №241/ II.
115 АИ. Т. I. С. 299. №262.

В начале 1556 г. наблюдается новое расширение кафедральных владений в уезде. 11 января 1556 г. казанский воевода П.И. Шуйский „и все воеводы" дали архиепископу Гурию „по цареву…слову" „в Казанском уезде озеро Баш-Кабан".[116] И.М. Покровский предполагал, что под Баш-Кабаном надо подразумевать „нынешние озера Кабаны" - Нижний и Средний. По его мнению, все три Кабана в течение трех лет принадлежали Спасо-Преображенскому монастырю пополам с благовещенским протопопом, а со времени передачи Баш-Кабана Гурию за Спасским монастырем остался только Верхний или Третий Кабан, при котором стояла монастырская деревня Борискова, Первый же и Второй Кабаны сделались всегдашними рыбными ловлями архиерейского дома.[117] Это представление основано на превратном толковании текста писцовой книги, где разрешение Спасо-Преображенскому монастырю и протопопу ловить рыбу „по половинам" „во всех Кабанех в озерах и в истоках" приписано грамоте П.И. Шуйского января 1557 г.[118] Следовательно, если верить писцовой книге, с 1557 г. архиепископ как раз и не мог быть владельцем всех Кабанов. Не давались они ему и по грамоте 1555 г. В грамоте Петра I марта 1703 г. упоминалось, что по сказке 1700 г. благовещенский протопоп имел рыбные ловли „в Кобанех озерах пополам с Спасским Преображенским монастырем".[119]

И.М. Покровский сообщает, что с 1777 г. Верхний или Третий Кабан под д. Борисковой отдавался архиерейским домом из оброку за 4 руб.[120] Приобретение Верхнего Кабана архиерейским домом относится, по-видимому, к XVIII в., и скорее всего к послесекуляризационному периоду, когда пало монастырское землевладение. О владении архиепископа другими Кабанами сведений нет.

Согласно писцовой книге 60-х годов XVI в., д. Борискова принадлежала Спасо-Преображенскому монастырю и находилась на „Третьем Кабане на Верхнем".[121] Это косвенно свидетельствует о том, что в XVI в. Верхним Кабаном пользовался Спасо-Преображенский монастырь, а не архиерейский дом.

Нами было отмечено, что писцовые книги и летописи не называют ни одно из трех озер Кабанов, расположенных под Казанью, озером „Баш-Кабан". Писцовые книги различают три Кабана: Нижний или Первый, Средний или Второй, Верхний или Третий. Мы обратили также внимание на то, что в казанских писцовых книгах XVI – XVII вв. фигурируют „Таш-Кабак" (или „Таш-Кабан") и „Таш-кабацкая дорога". В татарском языке слово „баш" и „таш" имеют совершенно разные значения: „баш" – голова, главный, начальный; „таш" – камень, каменный. Но писец грамоты 1556 г. вполне мог спутать близкие в русском звучании слова „таш" и „баш".[122]

116 Покровский. Казанский архиерейский дом. Грамоты. С. 1. №1.
117 Там же. С. 78.
118 Список с писцовых книг. С. 77.
119 Приавление к Казанскому вестнику, 1829. №3. С. 22.
120 Покровский . Казанский архиерейский дом. С. 462.
121 Список с писцовых книг. С. 76.
122 Каштанов. Земельно-иммунитетная политика. С. 199-200, примеч. 96, 97.

Мы выдвинули гипотезу, что „Баш-Кабан“ – это, видимо, искаженное написание озера „Таш-Кабан“ (Перевозного), расположенного у Волги, южнее озера Царева, полученного кафедрой еще в 1555 г. Судя по картам XVIII в., озеро Перевозное находилось возле южного конца Таш-Кабацкой дороги, у Каменного перевоза.[123] Таким образом, пожалование 1556 г. расширило землевладение кафедры в южной части Казанского уезда, поставив под контроль архиепископа основные переправы через Волгу ниже Казани.[124]

Не будучи полностью уверены в бесспорности собственной гипотезы, отметим еще раз слабые стороны концепции И.М. Покровского. Во-первых, трудно согласиться с его предположением, что до пожалования Гурию озеро Кабан находилось в течение трех лет во владении Спасо-Преображенского монастыря и благовещенского протопопа.

Спасо-Преображенский монастырь в течение трех лет, предшествующих 1556 г., вообще не существовал и, следовательно, не имел никаких вотчин в Казанском уезде. Источники не дают также оснований думать, что до 1556 г. озером Кабан монопольно владел Благовещенский собор. Во-вторых, судя по писцовым книгам, грамота И.П. Шуйского января 1557 г. давала Спасо-Преображенскому монастырю и благовещенскому протопопу право совместного пользования всеми тремя Кабанами. Трудно предположить, что через год после пожалования озера Кабан Гурию оно было у него отобрано и передано благовещенскому протопопу и Спасо-Преображенскому монастырю. Такой скачок в политике местных властей кажется маловероятным.

Объем статьи не позволяет нам рассмотреть перипетии земельно-иммунитетной политики второй половины третьего периода (1557 – 1560 гг.). Остается надежда, что данное исследование будет иметь продолжение.

123 РГАДА. Ф. 1356. Каз. губ. №13, 22,73 и др.

124 Каштанов. Земельно-иммунитетная политика. С. 177.

ИСЛАМ И ПРАВОСЛАВИЕ В СРЕДНЕМ ПОВОЛЖЬЕ ПОСЛЕ 1552 Г.

ИСКАНДЕР ГИЛЯЗОВ

Завоевание войском Ивана Грозного Казанского ханства кардинальным образом перекроило многие стороны жизни народов Восточной Европы. Изменились исторические декорации - политическая и этническая карта, политические авторитеты, экономическая жизнь, социальная структура. Решительно вступив в борьбу за политическое наследие Золотой Орды, Московское государство стало и многоэтничным, и многоконфессиональным. С того времени самым тесным образом переплелись исторические судьба православия и ислама, волею судьбы оказавшихся в рамках одного государства.

Первые контакты ислама и православия в Среднем Поволжье.

К 1552 г. православие и ислам в Восточной Европе подошли с разным „багажом", имея разный опыт „сосуществования".

Православие уверенно занимало ведущую идеологическую позицию в Московском государстве, представляя порой серьезную „конкуренцию" светской власти, обладая не только идеологическим, но и серьезными материальными ресурсами. Именно православие стало главным идеологом похода на Казань (хотя на втором плане этого „идеологического обоснования" всегда находился фактор материальный – церковь очень рассчитывала на получение от колонизации новых материальных выгод. Как известно, дворянский идеолог Иван Пересветов призывал „крестить крепко" население ханства.[1] И митрополит Макарий в своем послании к русскому войску призвал его отмстить „безбожникам", „всегда безвинно проливавшим кровь христианскую". А Иван Грозный в своем ответе митрополиту всячески поддержал идею „священной войны".[2] Источник XVI в.

1 Пересветов И. Сочинения. М., Л., 1956. С. 182.

2 Можаровский А. Покорение Казани Русской державе и христианству. Казань, 1871. С. 7. А. Малашенко считает, что сопротивление Ивану Грозному со стороны жителей Казанского ханства „облекалось в форму религиозной войны – джихада против неверных" (Малашенко А.В. Исламское возрождение в современной России. М., 1998. С. 23). Такая точка зрения, на мой взгляд, требует определенной корректировки, так как сторонники „джихада" в Казанском ханстве реально активизировались только к концу 40-х годов XVI в., когда фактически начался „крестовый поход" против „бусурманской" Казани. Такой точки зрения, например, придерживался глава мусульманского духовенства Казани, сеид Кул Шариф. Это можно считать своеобразным идеологическим ответом Казани на московское наступление.

„Казанская история“ также представляет победу Москвы над Казанью как победу добра над злом.[3] Таким образом, можно представлять, что отношение официального православия к исламу до завоевания Казани было, мягко говоря, недружелюбным. Однако здесь необходимо также констатировать: на территории Московского государства не было еще значительного массива мусульманского населения, чтобы можно было говорить о формировании отношения церкви и государства к исламу, об опыте сосуществования двух религий в границах одного государственного образования.

Иначе обстояло дело в Золотой Орде и в позднейших татарских ханствах. Ислам был принят Волжской Булгарией еще в 922 г. в качестве государственной религии и довольно быстро завоевал прочные позиции в этом государстве[4]. После монгольского нашествия территория Волжской Булгарии стала одной из северных провинций могущественного Джучиева Улуса. Это государство имело в составе приверженцев различных конфессий и, как известно, отличалось довольно широкой религиозной толерантностью еще до того, как ислам стал государственной религией. Ярлыки первых ханов оберегали православное духовенство и его имущество, освобождали его от всех видов дани и разных повинностей перед ханом. За оскорбление церквей, хуление веры, уничтожение церковного имущества полагалась смертная казнь. Причем, когда власть ханов ослабела, русские церковники обращались к ним за защитой своих привилегий от укрепившихся русских православных князей. Уже в 1261 г. хан Берке, сам будучи мусульманином, повелел открыть в столице Золотой Орды православную епископию. Причины этого важного события М. Полубояринова видит в том, что, во-первых, в самой Золотой Орде складывалась значительная по численности прослойка русского населения; во-вторых, власти Джучиева Улуса сумели наладить отношения с привилегированным православным духовенством и не противились распространению его влияния на новых землях; в-третьих, через православную епископию возникала возможность установления нормальных отношений с Византийской империей. Кроме того, и само православное духовенство очень надеялось на поддержку ханов в борьбе против католического влияния в Восточной Европе.[5] Многочисленные факты из источников доказывают: ислам и православие в Золотой Орде мирно уживались и в дальнейшем, хотя здесь с течением времени значительно усиливалась роль ислама и мусульманского духовенства.[6]

3 Казанская история. М.:Л., 1956. С. 163. 170.

4 См. об этом подробнее: Давлетшин Г.М. Волжская Булгария: духовная культура. Казань, 1990; Халикова Е.А. Мусульманские некрополи Волжской Булгарии X – XIII вв. Казань, 1986; Хузин Ф.Ш. Волжская Булгария в домонгольское время (X - начало XIII вв.). Казань, 1997.

5 Полубояринова М. Русские люди в Золотой Орде: духовенство // Татарский мир. № 2. Август 2002 г. – С. 3.

6 См. об этом: Усманов М.А. Этапы исламизации Джучиева Улуса и мусульманское духовенство в татарских ханствах XIII-XVI вв.// Духовенство и политическая жизнь на Ближнем и Среднем Востоке в период феодализма. М., 1985. С. 177-185.

Довольно трудно сказать, насколько и в какую сторону изменилось лояльное отношения официального ислама к православию после распада Золотой Орды, например, в Казанском ханстве. Но, учитывая, что Казанское ханство в социальном и политическом отношении во многом следовало опыту своего предшественника, можно полагать, что и здесь отношение к православию было довольно спокойным. Мнение М.Г. Худякова по этому поводу кажется вполне правомерным: он считал характерную для Казанского ханства веротерпимость одной из самых светлых сторон его жизни.[7] И вряд ли можно считать, что православие было возведено в ранг государственного врага для казанских ханов. Такое положение, очевидно, сохранялось до конца 40-х годов XVI в., когда в казанском обществе начали появляться и антихристианские настроения. Об этом свидетельствует дискуссия, которую заочно провели между собой известный поэт Мухаммедьяр, сторонник традиционной толерантности, и представитель более „сурового" похода, сеид Кул Шариф. Потому и противостояние между Москвой и Казанью во второй половине 15 – первой половине 16 вв. – это не религиозное противостояние (как это интерпретировалось православными идеологами того времени), а противостояние политическое. Более того – и отношение собственно к исламу в Казанском ханстве было довольно спокойным. Ислам, являясь государственной религией, конечно, занимал значительное место в жизни ханства. Мусульманское духовенство обладало серьезным политическим влиянием, а глава духовенства – сеид, считавшийся потомком пророка Мухаммеда, фактически был вторым после хана лицом в стране.[8] И все же ханы не были особенно заинтересованы в серьезной инструментализации религиозного фактора. Взаимоотношения религии и светской власти в Казанском ханстве по своему содержанию и форме не сопоставимы с взаимоотношениями православия и светской власти в Московском государстве того же времени.

События 1552 г. привели к тому, что в рамках одного государства оказываются многочисленные представители разных конфессий, причем официальной государственной религией является православие, а ислам на своих традиционных территориях становится религией подчиненной. Как же складывались отношения между исламом и православием в Московском государстве после 1552 г.?

Конечно, в данном случае отрывать политику государства от позиции церкви по отношению к исламу вряд ли возможно. И целесообразно было бы потому говорить об отношении государства и церкви к исламу в новых условиях. На это отношение по своему влияли и прежние установки (фактор „священной войны против неверных"), и внутри- и внешнеполитические моменты (общая ситуация в стране, противостояние Речи Посполитой, и особенно Турции и Крымскому ханству), а также и экономические интересы (колонизация завоеванных земель).[9]

7 Худяков М.Г. Очерки по истории Казанского ханства. М., 1991. С. 198.

8 Фаизов Г.Б. Государственно-исламские от ношения в Поволжье и Приуралье. Уфа, 1995. С. 38.

9 При этом экономические интересы для церкви очень часто выходили на передний план, и потому совершенно прав И. Загидуллин, отмечавший, что „в глазах местных народов,

К тому же здесь необходимо учитывать и очень важный психологический момент: если до 1552 г. мусульмане для Московского государства являлись в наибольшей степени внешним врагом, то с завоеванием Казани они представали в новом качестве: они превратились в подданных православного русского государя. Изображать их, как раньше, „погаными бусурманами“, „безвинно проливавшими кровь христианскую“, было бы уже политически неверно. Негативное отношение к исламу, к их традиционной религии, вполне могло вызвать у них закономерную реакцию протеста. С этим должны были считаться и православная церковь, и светское государство. Потому и отношение к исламу в Русском государстве во второй половине XVI – XVII вв. развивалось по-разному. Если общая тенденция была направлена на то, чтобы подчинить, покорить, а в лучшем случае – и уничтожить мусульманство как идеологическое течение, то это наступление в иные моменты форсировалось, а иногда, наоборот, сдерживалось. И все же во второй половине XVI - XVII вв. наступление государства и православной церкви на ислам продолжалось планомерно.

Взаимоотношения ислама и христианства в Среднем Поволжье как объект изучения исторической науки

Очень интересно проследить, как проблема взаимоотношений православия и ислама в Среднем Поволжье после 1552 г рассматривалась в исследовательской литературе. Как оказывается, при освещении историко-религиозных сюжетов российская и советская историография вплоть до недавнего времени находились под явственным влиянием политических симпатий и антипатий.

Русские историки XIX - начала XX вв., специально изучавшие или даже только затрагивавшие указанные проблемы, в абсолютном большинстве своем представляют откровенно миссионерскую позицию. Для примера можно взять исследователей общей истории православной церкви.[10] Для них все иные верования являют собой несомненно враждебную идеологию. Деятельность же государства и православной церкви, какие бы формы она не принимала, в их представлении являлась абсолютным благом для церкви, государства, а также и самих иноверцев. На схожих позициях стояли и историки отдельных епархий,[11] и первый автор, который специально обратился к истории миссионерской деятельности право-

особенно в первые годы „знакомства“ с новыми властями, церковь представилась прежде всего не как главный идеолог Московского государства, а предприимчивый, инициативный, сильный феодал-колонизатор“ (Загидуллин И.К. Причины отпадения старокрещеных татар Среднего Поволжья в мусульманство в XIX в. // Ислам в татарском мире: история и современность. Казань, 1997. С. 36)

10 См., например: Голубинский Е.Е. История русской церкви. Т. 1 – 2. М., 1911; Знаменский П. Руководство к русской церковной истории. Казань, 1888.

11 Макарий. История Нижегородской иерархии. СПб., 1858; Покровский И. Казанский архиерейский дом, его средства и штаты, преимущественно до 1764 г. Казань, 1906; Чернавский Н.М. Оренбургская епархия в прошлом и настоящем. Вып. 1-2. Т. 1. Оренбург, 1900.

славной церкви в Поволжье – А.Можаровский.[12] Симптоматично, что А.Можаровский представляет миссионерство как факт „просвещения", а представители ислама и язычества в Поволжье до русского завоевания находились, в понимании этого историка, на стадии варварства и непросвещенности. Правда, тот же А.Можаровский заметил, что „просвещение", проводившееся насильственными методами, породило среди „иноверцев" закономерную реакцию протеста и привело к ряду крупных восстаний.

Татарские историки второй половины XIX – начала XX вв., т.е. современники русских историков-миссионеров, прежде всего Шигабутдин Марджани и Ризаэтдин Фахретдинов, занимали свою позицию в освещении взаимоотношений ислама и православия. Нет сомнений, что они знали реакцию мусульманского сообщества на деятельность православной церкви и Российского государства, были знакомы с русскими и татарскими источниками по данной проблематике. Но они все-таки предпочли вообще не затрагивать эту проблему в своих сочинениях по татарской истории. Для Марджани, например, ислам после 1552 г. остался как бы „вещью в себе", и серьезные влияния на него извне оставлены ученым практически без внимания. Его больше привлекла внутренняя эволюция исламского сообщества в России, история отдельных приходов, мечетей, деятельность крупнейших мусульманских ученых.[13] Р. Фахретдинов, который все-таки отметил конкретные факты насильственного крещения мусульманского населения в Поволжье и Приуралье, конкретно объяснил, почему он затрагивает данный сюжет лишь мельком. Подобное рассмотрение, по его мнению, „было бы объемным повествованием, равным большой книге".[14] Такая несколько странная „деликатность" двух крупнейших татарских интеллектуалов, просто обошедших поворотную для судьбы мусульман России тему, объяснялась, по-видимому, цензурными соображениями.

Историческая литература советского периода продемонстрировала довольно разные подходы в освещении указанной проблемы. На волне „революционного пересмотра" исторического прошлого проведение религиозной политики, направленной на христианизацию иноверцев в Поволжье и Приуралье, некоторыми историками рассматривалось как явление отрицательное и реакционное. Такой подход, например, особенно ярко был продемонстрирован А.Н. Григорьевым, а также, в некоторой степени, Г. Губайдуллиным (Г. Газизом).[15] Но по мере формирования „новой исторической общности - советского народа" из истории стали постепенно изыматься сюжеты, в которых наличествовали противоречия

12 Можаровский А. Изложение хода миссионерского дела по просвещению казанских инородцев с 1552 по 1867 годы. М., 1880.

13 Мэржани Ш. Мостафад ал-ахбар фи эхвали Казан вэ Болгар (на татарском языке). Казань, 1989.

14 Фэхретдинов Р. Болгар вэ Казан тореклэре (на татарском языке). Казань, 1993. С. 53.

15 Григорьев А.Н. Христианизация нерусских народностей как один из методов национально-колониальной политики царизма в Татарии // Материалы по истории Татарии. Вып. 1. Казань, 1948. С. 226-285; Газиз Г. История татар. М., 1994.

между народами и религиями. Советская идеология проповедовала дружбу народов и пролетарский интернационализм, и потому внимание историков направлялось и на то, чтобы в прошлом они искали и находили конкретные истоки „братской дружбы народов СССР“. Потому не слишком теплые взаимоотношения ислама и православия в Поволжье и Приуралье после 1552 г. почти не упоминались и в общих учебниках по истории региона, и в работах по истории религии, или же, если упоминались, то со значительным количеством ошибок.[16]

Только в последние 10-15 лет появились работы российских историков, демонстрирующие более гибкий подход к сложной проблеме межконфессиональных отношений в истории России и Среднего Поволжья. Это и работы более общего плана,[17] и специальные исследования, основанные на новых источниках, отличающиеся более широким и разнообразным взглядом на проблему.[18] Проблемы взаимоотношения ислама и православия становятся темой для конструктивного обсуждения на различных научных конференциях.[19] Ислам как конфессия, к 1552 г. имевшая в Поволжье и Приуралье значительные традиции и большой авторитет, предстает в этих исследованиях как достойный идеологический соперник православия. Политическая победа Русского государства над Казанским ханством привела к серьезным изменениям в идеологических и политических позициях ислама. Контакт ислама и православия рассматривается в современной исторической литературе все более непредвзято и объективно, хотя эмоции (как бы в качестве реакции на прошлые оценки) иногда берут верх над научным подходом.

Идеологические штампы и стереотипы, казалось бы, отошли в прошлое. И все же нельзя не отметить и новую тенденцию: когда в мире, в том числе и в России, усиливаются исламофобские настроения, в российской научной и педагогической литературе порой вновь возрождаются оценки миссионеров XIX в.[20]

16 См., например: История Татарской АССР. Казань, 1980. С. 47; Церковь в истории России (IX в. – 1917 г.). Критические очерки. М., 1967.

17 Журавский А.В. Христианство и ислам. М., 1990; Ланда Р.Г. Ислам в истории России. М., 1995; Малашенко А.В. Исламское возрождение в царской России. М., 1998.

18 Загидуллин И.К. Христианизация татар Среднего Поволжья во второй половине XVI-XVII вв. // Ученые записки Татарского гуманитарного института. 1997. № 1. С. 111-165; Ислаев Ф.Г. Ислам и православие в Поволжье XVIII столетия: От конфронтации к терпимости. Казань, 2001; Он же. Православные миссионеры в Поволжье. Казань, 1999; Исламо-христианское пограничье: Итоги и перспективы изучения. Казань, 1994; Макаров Д.М. Самодержавие и христианизация народов Среднего Поволжья (XVI-XVIII вв.). Чебоксары, 2000; Фаизов С.Ф. Государственно-исламские отношения в Поволжье и Приуралье. Уфа, 1995; Он же. Ислам в Поволжье VIII-XX вв. М., 1999.

19 Ислам в России: традиции и перспективы. Материалы Всероссийской научно-практической конференции, 4-5 декабря 1997 г. М., 1998; Ислам и христианство в диалоге культур на рубеже тысячелетий. Материалы международной научно-практической конференции, 16-17 ноября 2000 г. Казань, 2001.

20 Что особенно тревожно, некритический, а, скорее, идеологический и нетолерантный подход демонстрируют, например, некоторые современные школьные учебники по истории России. Стремясь показать значительную положительную роль православия в историческом развитии русского народа, их авторы вновь демонстрируют тенденцию

Несколько слов необходимо здесь сказать и о западных исследователях, которые специально занимались историей религии и религиозной политики в Российском государстве XVII-XVIII вв.[21] Именно с их „легкой руки" в лексикон российской исторической науки вошло слово „толерантность". Но, когда мы говорим о религиозной политике в России во второй половине XVI – XVII вв., употребление данного термина требует, на мой взгляд, определенной корректировки и уточнений. Если принимать этот термин при определении характера религиозной политики Русского государства в XVII в. следует учитывать некоторые важные моменты. Во-первых, эта политика была *сравнительно* толерантной (если ее сравнивать с религиозными гонениями в той же России в 30-40-е годы XVIII в. или же с инквизицией в Западной Европе). Но ведь по сути она терпимой не являлась – ислам для православной церкви и государства оставался идеологией враждебной, которую надлежало победить (об этом еще пойдет речь ниже). Во-вторых, эта политика была *вынужденно* толерантной. Русское правительство должно было учитывать, что резкие движения в деликатной идеологической сфере могут привести к соответствующей реакции протеста со стороны и многочисленных мусульман, теперь уже подданных русского царя, и мусульманских государств, которые внимательно следили за положением своих единоверцев в Русском государстве. И XVII в., век „религиозной толерантности", был временем поиска форм, приемлемых для борьбы против ислама. Тогда была взята линия на дарование экономических привилегий за принятие православия (об этом также будет говориться ниже). Так что мусульмане оставались в более невыгодной хозяйственной ситуации, что также вряд ли можно считать примером терпимости по отношению к ним. И, наконец, эта политика была *временно* толерантной. Как только в России укрепился абсолютизм, как только через религиозно-экономическую политику удалось во многом раздробить татарский феодальный класс, уже при Петре I „толерантность" была забыта, и начались жесткие репрессии в отношении мусульман и язычников.

оправдывать все действия православной церкви в прошлом. Так, в учебнике А.А. Преображенского и Б.А.Рыбакова христианизация нерусских народов Поволжья в XVII-XVIII в. вообще предстает как идиллический процесс, протекавший очень гладко и „тепло" принимавшийся местным населением. По-видимому, поэтому здесь вообще не упомянуты жесточайшие репрессии против мусульман в 30-40-е годы XVIII в., а оценки христианизации, проводившейся в XVII-XVIII вв. вообще даны исключительно с миссионерских позиций и как бы вырваны из контекста событий – по словам авторов, „Россия была страной веротерпимости. Народы, исповедовавшие ислам, буддизм и прочие верования не подвергались за это гонениям". (Преображенский А.А.; Рыбаков Б.А. История Отечества. Учебник для 6-7 класса. М., 2000. С. 247).

21 Josef Glazik, Die Islammission der russisch-orthodoxen Kirche. Eine missionsgeschichtliche Untersuchung nach russischen Quellen und Darstellungen. Münster/Westf. 1959; Hans-Heinrich Nolte, Religiöse Toleranz in Rußland 1600-1725. Göttingen 1969; Ders. Verständnis und Bedeutung der religiösen Toleranz in Rußland, in: Jahrbücher für Geschichte Osteuropas 17 (1969), S. 494-530.

Религиозная политика русского правительства и православной церкви в Среднем Поволжье после завоевания Казани.

Теперь взглянем более конкретно на развитие исторических событий во второй половине XVI – XVII вв.

В 1555 г. открылась Казанская епархия во главе с архиепископом Гурием, которой и было поручено проведение христианизации населения края и борьба с исламом. Гурий должен был проявлять особую заботу о тех иноверцах, которые сами желали принять православие: приручать к себе, обласкать, беречь во всем. Он должен был руководствоваться „началами любви христовой", вести миссионерское дело путем убеждения, без жестокостей и насилия. В Наказной памяти Ивана Грозного советовалось архиепископу угощать и поить и тех татар, которые придут к нему „с просьбой не о крещении", „обходиться с ними кротко, убеждать к принятию христианства тихо". В итоге татары-мусульмане должны были „приучаться любовью на крещение". Причем представители местной администрации должны были слушать архиепископа не только как духовного настав-ника, но и советоваться с ним „о всяких делах государских любовно, без всякой хитрости".[22]

Но подобная, не совсем конкретная, недетализированная политика и этой вновь созданной церковной структуры, и новой светской администрации привела в общем к закономерному итогу: церковь уделяла куда больше внимания увеличению своих земельных владений, чем широкой христианизации мусульманского населения. Наблюдавшийся при этом рост числа крещеных татар и представителей других народов Поволжья, однако шел медленнее увеличения земельных богатств церкви. Поэтому уже в 90-е годы XVI в. предпринимаются попытки активизировать христианизацию и борьбу с исламом: после получения информации от митрополита Гермогена 18 июня 1593 г. царь Федор направил в Казань предписание резко активизировать политику христианизации, причем с применением самых жестких мер: расселять новокрещен и иноверцев, за отход от христианства наказывать – заковывать в цепи, бить и заключать в тюрьмы, разрушить все построенные мечети и т.п. Эту грамоту вполне можно рассматривать как закономерную реакцию на первые ощутимые неудачи в противостоянии исламу во второй половине XVI в. Однако бурные события конца XVI – начала XVII вв. в России отвлекли внимание правительства и церкви на более серьезные общегосударственные проблемы, и потому наступление миссионеров заметно ослабло. Здесь важно привести в качестве иллюстрации некоторые конкретные факты, которые показывают, что дело христианизации в XVII в. все более сосредотачивает в своих руках более прагматичная светская власть.[23]

22 Можаровский А. Изложение хода миссионерского дела. С. 15-17.

23 Из всех местных православных иерархов на протяжении второй половины XVI – XVII вв. только Гурий (1555-1564), Герман (1564-1567), особенно Гермоген (1589-1606) и Лаврентий (1657-1672) в той или иной мере занимались настоящим миссионерством, т.е. посвящали свою деятельность проведению политики христианизации, чему в разное время способствовали разные причины. Так что и успех „чистой" христиа-

1628 г. – царь Михаил Федорович повелел отнять православных работников у иноверцев в Москве и других российских городах и впредь не позволять им быть в услужении у иноверцев.

1649 г. – появляется новый свод российских законов – Соборное Уложение. Некоторые его статьи очень важны для понимания отношения к исламу и христианизации: если работник-иноверец желал принять крещение, то его хозяин-иноверец должен был дать ему освобождение и выплатить 15 рублей вознаграждения; если мусульманин обращал русского человека в ислам, то такового мусульманина надлежало сжечь на костре; у некрещеных татар и мордвы, которые получали поместья от русских людей, поместья следовало отбирать.

1653 г. – право продажи поместий получили только крещеные „инородцы“.

1654 г. – после смерти землевладельца мусульманина право наследования его земель получали только его крещеные родственники.

1660 г. – крымский везирь Сефер-гази потребовал от царя Алексея Михайловича прекратить разрушение мечетей в России.

1681 г. – у некрещеных татар отписывались (т.е. отбирались) земли, на которых проживали крещеные люди. В том же году был уточнен закон о наследовании земли – за принятие крещения бывшие мусульмане получали земли, отбираемые у их родственников, остававшихся мусульманами, им представлялось освобождение от податей на шесть лет и денежное вознаграждение.

1682 г. – татары отправили делегацию к турецкому султану Мехмету 4 с просьбой оказать им помощь, освободить из-под власти русского царя, который притесняет их веру (обратим внимание: в представлении мусульман притеснение идет не со стороны православной церкви, а со стороны светского государя).

1683 г. - по указу некрещеные татары землевладельцы утрачивали поместное право.

1684 г. все новокрещены освобождались от холопства и никто не имел права закрепостить их.[24]

Указанные факты свидетельствуют: политика борьбы с исламом тесно увязывалась с экономической политикой. Такая двойственность была выгодна и светской власти – она таким образом шла по пути религиозной унификации, и церкви – противостояние исламу приносило ей неплохие материальные дивиденды. К тому же решение задач христианизации приводило и к стратегически важному социальному сдвигу - через христианизацию шло разложение, размывание татарского феодального класса как единого целого, как основы татарской государственности, как единственно возможной силы в России для организации оппозиции

низации, проводимой только силами церкви, был явно минимальным (Загидуллин И.К. Христианизация татар. С. 40-46).

24 См.: Можаровский А.Н. Изложение хода миссионерского дела. С. 32-35. Весьма подробный анализ российских законодательных актов, в которых земельные права напрямую увязывались с вероисповеданием, содержится в исследовании А.И. Ногманова: Ногманов А.И. Татары Среднего Поволжья и Приуралья в российском законодательстве второй половины XVI-XVIII вв. Казань, 2002. С. 29-64.

и реального сопротивления центральной власти. Это происходило, во-первых, потому что часть татар-землевладельцев, не выдерживая давления, принимало крещения и постепенно русифицировалась, вливаясь в состав русского феодального класса. А во-вторых, на протяжении всего XVII в. некрещеные землевладелцы, имевшие поместное право, все—таки довольно свободно распоряжались своими поместьями – продавали, меняли, дарили, делили по наследству и пр. Это происходило из-за того, что эти земли в большинстве случаев было некому обрабатывать: крепостных крестьян у татарских землевладельцев было очень мало. Официальная же власть, вместо того, чтобы пресечь подобные незаконные операции, закрывала на них глаза, прекрасно понимая, что так подмывается экономическая база татарского феодального класса. Так дробилось татарское землевладение и татарский феодальный класс.[25]

Ислам в условиях „религиозной толерантности“

Ислам как идеология, мусульманское духовенство как общественная структура переживали во второй половине XVI- XVII вв. глубокий кризис. Здесь необходимо учитывать, что для мусульманского населения изменилась не только религиозная ситуация, но и весь привычный уклад жизни – экономической, политической, социальной, культурной. Так что христианизация и православие воспринималось им как одна из составных частей (может быть, одна из важнейших) установления новой власти: мусульмане „должны были приспосабливаться к московским порядкам, к которым в то время и своему было трудно привыкнуть, а не то что к чужому“.[26] Мусульманское духовенство, безусловно, на определенное время утратило свою внутреннюю систему взаимосвязей, хотя в исламе и не было такой организационной структуры, каковой в Московском государстве XVII в. являлось патриаршество. Ислам не мог организовать сколь-либо серьезного сопротивления христианизации и в отношениях с православием он оставался стороной обороняющейся. Но в то же время в XVII в. ислам пережил такую неожиданную метаморфозу в своем существовании, которую как раз и сделало возможным наступление со стороны государства и православной церкви. И связано это было со значительными социальными и экономическими изменениями в жизни. Поскольку у мусульманского населения Среднего Поволжья на

25 Этот сюжет рассмотрен в следующих работах: Алишев С.Х. Социальная эволюция служилых татар во второй половине XVI-XVIII вв. // Исследования по истории крестьянства Татарии дооктябрьского периода. Казань, 1984. С. 52-69; Гилязов И.А. Эволюция социальной структуры татарского общества и ислам (вторая половина XVI-XVIII вв.) // Ислам в татарском мире: история и современность. Казань, 1997. С. 13-21; Губайдуллин Г.С. К истории разложения феодального класса у приволжских татар // Известия Восточного факультета Азербайджанского университета: Востоковедение, т. 2. 1928. С. 1-26; Степанов Р.Н. К вопросу о служилых и ясачных татарах // Сборник аспирантских работ: Право, история, филология. Казань, 1964. С. 52-70.

26 Перетяткович Г. Поволжье в XV-XVII веках: Очерк из истории края и его колонизации. М., 1877. С. 268-269.

протяжении всего XVII в. деформировался феодальный класс, значит, у татар постепенно исчезала определенная общественная сила, наиболее грамотная, образованная часть общества, определявшая его экономический, социальный и культурный прогресс. Не оставалось и основного социального заказчика и потребителя духовной культуры. Если при этом учесть и то, что после завоевания Казани татары полностью лишились и своей городской прослойки и стали по существу сельским, крестьянским народом, то силой, которой в известной степени сумела бы консолидировать мусульманское татарское население Русского государства, могло стать и стало мусульманское духовенство, несмотря на все понесенные им потери и общую слабость. Другого для татар просто-напросто не было. Все указанное приводило в свою очередь к тому, что ислам в силу социальных обстоятельств, приобретал для татар функции, которые ранее ему не были присущи, он становился идеологией консолидации, идеологией протеста, идеологией надежды. Это подтверждается и тем, например, что он играл очевидно большую роль в эволюции этнической идентичности татар Поволжья и Приуралья, т.е. в формировании татарской нации. Не случайно, что в XVII-XIX вв. многие из татар, определяя свою этническую принадлежность, предпочитали именовать себя мусульманами.[27] Более того, в отсутствие феодального класса служители мусульманского культа заполнили опустевшую социальную нишу: они стали господствовать в обществе и в социальном плане, заменив отсутствующих светских эксплуататоров, став по словам М.А.Усманова, „постоянными собирателями и пожирателями всевозможной дани с населения".[28] В определенное время, а именно в XVIII в., религиозные деятели становятся и значительными фигурами в движениях социального протеста (например, муллы Батырша и Мурат).

Полностью превалировало мусульманское учение и в сферах культуры и общественной мысли, светское направление которые на протяжении XVII в. в силу указанных факторов фактически заглохло. В это время у татар могла развиваться и развивалась только религиозная художественная литература, только религиозная история, только религиозное просвещение, только религиозная общественная мысль. В этом видится заметная однобокость и ограниченность татарской общественной мысли и культуры в XVII - первой половине XVIII вв.

Ислам в XVII в. стал играть в жизни татар столь исключительную роль как в силу имевшихся традиций, так и в силу сложившихся обстоятельств (при этом последние сыграли роль своеобразного катализатора). Даже в период существования самостоятельных тюркских государств в Восточной Европе – Золотой

27 Гилязов И.А. Этническое самосознание поволжских татар: некоторые вопросы формирования и его особенности // Ислам и проблема идентичности татар. Казань, 2002. С. 51-57; Исхаков Д.М. Становление национального самосознания татар // Татарстан . 1993. № 6. С. 54-58. Тогда же, в XVII в. на это обратил внимание вождь восставших казаков и крестьян Степан Разин: в одном из своих „прелестных" писем он обращался не к „татарам", а к „казанским посадским бусурманам" (т.е. мусульманам) и „бусурманским веродержцам" (Гобэйдуллин Г. Стенька Разин һэм татар крестьяннары // Гобэйдуллин Г.С. Тарихи сэхифэлэр ачылганда. Казань, 1989. С. 275).

28 Усманов М.А. Заветная мечта Хусаина Фаизханова. Казань, 1980. С. 183.

Орды, Казанского ханства – подобного не наблюдалось. Теперь же, в условиях государства, в котором главенствующую роль играло православие, ислам, с одной стороны являлся идеологически врагом для официальной церкви и светской власти; но, с другой стороны, он стал единственной притягательной и объединительной идеологией для подавленного мусульманского населения. И чем сильнее было давление на ислам, тем притягательнее он становился в глазах мусульманских подданных русского царя.

Таким образом, можно констатировать, что на протяжении XVII в. ислам в татарском обществе оказался фактически в уникальной ситуации. Русское правительство и православная церковь усиленно боролись с мусульманством, создавали благоприятные условия для разложения татарского феодального класса. Такая политика неожиданно усилила объединяющие функции ислама и мусульманского духовенства - то, что до 1552 г. было нетипично для ислама в Поволжье и Приуралье. Получается, таким образом, что даже в дорусский период татарской истории ислам не играл такой значительной роли в духовной жизни народа, как в период притеснений второй половины XVI – середины XVIII вв. Причем подтолкнула этот процесс, сама того не желая, русская официальная политика.

МЕЖКОНФЕССИОНАЛЬНЫЕ ОТНОШЕНИЯ НА НАЧАЛЬНОМ ЭТАПЕ ХРИСТИАНИЗАЦИИ НАРОДОВ КАЗАНСКОГО КРАЯ (ВТОРАЯ ПОЛОВИНА XVI-XVII ВВ.)[*]

ЛЕОНИД ТАЙМАСОВ

Проблема межконфессиональных отношений в Казанском крае во второй половине XVI-XVII вв. в научной литературе не являлась предметом специального исследования. В работах авторов XIX - начала XX вв. приоритет отдавался изучению церковной истории и политики христианизации нерусских народов.[1] Г.И. Перетяткович[2] и Н.А. Фирсов[3] обратили внимание на религиозный фактор в процессе русской колонизации Поволжья. В советский период в ходе освещения вопросов истории народов Среднего Поволжья феодальной эпохи были затронуты некоторые аспекты интересующей нас темы.[4] В последние годы историография Волго-Уральского региона пополнилась работами российских[5] и зарубежных[6]

* Работа выполнена при поддержке гранта Минобразования России. Проект Г 02-1.2-40.

1 А. Можаровский. Изложение хода миссионерского дела по просвещению казанских инородцев с 1552 по 1867 год. М., 1880; А.Г. Хрусталев. Очерк распространения христианства между инородцами Казанского края // Миссионерский противо-мусульманский сборник. Казань, 1874. Вып. 5. 128 с.; Н.В. Никольский. Христианство среди чуваш Среднего Поволжья в XVI-XVIII вв. Казань, 1912; П.Н. Луппов. Христианство у вотяков со времени первых исторических известий о них до XIX века. СПб., 1899.

2 Г. Перетяткович. Поволжье в XV-XVI вв. М., 1877; Его же. Поволжье в XVII и начале XVIII в. Очерки по истории колонизации края. Одесса, 1874.

3 Н.А. Фирсов. Положение инородцев Северо-Восточной России в Московском государстве. Казань, 1866.

4 Г.Н. Айплатов. Навеки с тобой, Россия. Йошкар-Ола, 1967; Н.И. Воробьев. Казанские татары. Казань, 1953; И.П. Ермолаев. Казанский край во второй половине XVI—XVII в.: Хронологический перечень документов. Казань, 1980; Он же. Среднее Поволжье во второй половине XVI-XVII вв. (Управление Казанским краем). Казань, 1982; М.Н. Тихомиров. Русское государство XV-XVII веков. М., 1973; П.В. Денисов. Религиозные верования чуваш. Чебоксары, 1959; Г.Е. Кудряшов. Динамика полисинкретической религиозности. Чебоксары, 1974; Н.М. Маторин. Религия у народов Волжско-Камского края прежде и теперь. Язычество, ислам, православие, сектантство. М., 1929; Н.Ф. Мокшин. Религиозные верования мордвы. Саранск, 1969.

5 Г.Н. Айплатов, А.Г. Иванов. Монастырская колонизация Марийского Поволжья. Йошкар-Ола, 2000; С.Х. Алишев. Тернистый путь борьбы за свободу. Казань, 1999; А.Г. Бахтин. XV-XVI века в истории Марийского края. Йошкар-Ола, 1998; В.Д. Димитриев. Мирное присоединение Чувашии к Русскому государству. Чебоксары, 2001; Д.М. Исхаков. От средневековых татар к татарам нового времени: (Этно-

авторов, в которых обозначены новые подходы в осмыслении вопросов межконфессиональных отношений. Накопленный историографический материал не отражает в полной мере всех сторон этой многогранной проблемы.

Мы отдаем себе отчет, что заявленная тема требует специального комплексного исследования. Правы те историки, которые отмечают „отсутствие достаточного эмпирического материала“ для анализа раннего этапа христианизации в Казанском крае.[7] В то же время крайне скудны источники о межконфессиональных отношениях на этнобытовом уровне. Тем не менее анализ документальных и повествовательных источников, опубликованных в разное время в специальных собраниях и сборниках летописей, документов и материалов,[8] позволяет рассмотреть основные факторы изменения религиозной ситуации и особенности межконфессиональных отношений во второй половине XVI-XVII веков.

Территория бывшего Казанского ханства сегодня входит в состав Приволжского федерального округа и в историко-этнографической литературе обычно соотносится с регионом Среднего Поволжья. При рассмотрении событий XVI-XVII вв. в литературе используются понятия „Казанская земля“, „Казанский край“. Сегодня, как и много веков назад, эту территорию отличает пестрая этноконфессиональная мозаика. Здесь компактными группами и дисперсно расселены русские, чуваши, марийцы, мордва, удмурты, татары-кряшены, основная часть которых относит себя к православным, и татары-мусульмане. В местах проживания нерусских народов, особенно в пределах национальных республик

логический взгляд на историю волго-уральских татар XV-XVII вв.) Казань, 1998; Д.М. Макаров. Самодержавие и христианизация народов Среднего Поволжья (XVI-XVIII вв.) Чебоксары, 2000.

6 A. Kappeler. Rußlands erste Nationalitäten. Des Zarenreich und die Völker der Mittleren Wolga vom 16. bis 19. Jahrhundert. Köln, Wien, 1982; Его же. Россия – многонациональная империя. Возникновение, история, распад. М., 2000. (перевод с нем.); A. Frank. Islamic Historiography and ‘Bulghar’ Identity among the Tatars and Bashkirs of Russia. Leiden, Boston, Köln, 1998.

7 Н.В. Никольский. Христианство среди чуваш Среднего Поволжья в XVI-XVIII вв. С. 29-40.

8 Акты археологической экспедиции Т. 1-4. СПб., 1836; Акты исторические. Т. 1-5. СПб., 1841-1842; Дополнения к актам историческим. Т. 1-12. СПб., 1845-1872; Полное собрание русских летописей (ПСРЛ). Т. 3, 13, 14, 19. СПб., 1841; Г.Н. Анпилогов. Нижегородские документы XVI в. М., 1977; С.Н. Каштанов. Хронологический перечень иммунитетных грамот XVI в. Ч. 2 // Археографический ежегодник за 1960 г. М.1862; Восстание И. Болотникова: документы и материалы. М., 1959; Крестьянская война под предводительством Степана Разина. Сб. документов. Т. 1-4. М., 1964-1976; Документы и материалы по истории Мордовской АССР. Саранск, 1940; История Марийского края в документах и материалах. Йошкар-Ола, 1992; История Татарии в документах и материалах. М., 1937; Материалы по истории Чувашской АССР. Чебоксары, 1958. Вып. 1; Разрядная книга 1475-1598 гг. М., 1966; Список с писцовых книг по г. Казани с уездом. Казань, 1877; Список с писцовой и межевой книги по г. Свияжску и уезду. Казань, 1909; Россия XV-XVII вв. глазами иностранцев. Л., 1986; С. Герберштейн. Записки о Московии. М., 1988; Казанская история. М.; Л., 1954.

региона (Марий Эл, Чувашии, Мордовии, Удмуртии), возрождается традиционная (языческая), или, как ее называют, „народная вера". Наряду с православными, мусульманами, неоязычниками в регионе проживают представители многих других конфессий, в последнее время действуют эмиссары и миссионеры различных религиозных направлений, однако традиционные религии (православие, ислам, язычество), имеющие богатое историческое и духовное наследие, прочно удерживают свои позиции.

События последнего десятилетия убедительно показали важность религиозного фактора в жизнедеятельности многонационального российского общества. Изменение отношения россиян к религии, религиозное возрождение в стране вызвали небывалый интерес к духовному прошлому и сделали религиоведческую проблематику одной из наиболее актуальных в современной историко-этнографической науке. Результаты исследований сегодня приобретают особую научную и практическую ценность при решении политических, социальных и национальных вопросов.

Этноконфессиональная ситуация в Казанском ханстве в середине XVI в.

Среднее Поволжье с глубокой древности представляло своеобразный религиозный перекресток, где сходились пути разных религиозных систем. Летописцы, путешественники, государственные деятели прошлого отмечали эту особенность региона. Например, в 1523 г. австрийский дипломат С. Герберштейн заметил, что за Нижним Новгородом „находится восточная граница (распространения) христианской религии. Ибо хотя государь Московии и имеет за этим Новгородом крепость, называемую Сурой,[9] однако живущий здесь народ, зовущийся черемисами, который занимает значительную часть страны по сию сторону Волги до Суры, следует не христианской, а магометанской вере".[10] В другом месте он снова отметил приверженность „черемис" „учению Магомета".[11] Хотя свидетельства С. Герберштейна фрагментарны и не дают полной картины этноконфессиональной ситуации в Казанском крае, но тем не менее они свидетельствуют о влиянии ислама на нетатарское население накануне его присоединения к России. Население Казанского ханства в середине XVI в. состояло из мусульман, язычников и христиан, представленных в основном русскими „полоняниками". При этом нужно заметить, что конфессиональная принадлежность, как правило, отражала социальное положение человека в казанском обществе. Ислам являлся государственной религией, поэтому власть была сосредоточена в руках татар-мусульман. По мнению чувашского исследователя В.Д. Димитриева, до завоевания русскими Казани среди татар не было ясачных крестьян и все они относились к приви-

9 Видимо, С. Герберштейн имел в виду крепость Васильсурск, основанный русскими на марийской земле при слиянии р. Суры и Волги в 1523 г.

10 С. Герберштейн. Записки о Московии. С. 134.

11 Там же. С. 162.

легированным сословиям.[12] Также он считает, что мусульманская правящая элита „проповедовала воинственную нетерпимость к иноверцам", а татарские духовные и светские феодалы стремились к насаждению ислама среди подвластных им народов, в особенности среди тюркоязычных чувашей.[13] Некоторые авторы, в частности С.Х. Алишев, не согласны с утверждением об отсутствии среди татар ясачных крестьян.[14] Не вдаваясь в подробности дискуссии, следует признать, что основная податная часть населения ханства все же состояла из нетатарского ясачного населения, придерживавшегося традиционных верований (язычества). Вопрос же о проведении в ханстве политики насильственной исламизации, на наш взгляд, требует более глубокого изучения. Однако мы склонны предположить, что правящая мусульманская элита не стремилась особо к распространению ислама на податные слои общества. Как объект миссионерского воздействия мог представлять интерес скорее всего служилая категория из немусульман: тарханы, уланы, казаки и, возможно, сотенные, десятные князья, от которых зависела прочность военно-феодального государства. Следует признать, что ислам оказал значительное воздействие на традиционные верования языческих народов. Этнографические исследования показали наличие в религии чувашей, марийцев, удмуртов элементов ислама, что, несомненно, являлось следствием многовековых этнокультурных контактов между приверженцами двух религиозных систем.[15]

При всех имеющихся в исторической литературе мнениях не вызывает сомнения сам факт существования политического, социального, национально-религиозного неравенства между разными слоями полиэтнического казанского общества. В общем виде социально-конфессиональную структуру Казанского ханства можно представить следующим образом: на верхней ступени размещалась правящая мусульманская военно-феодальная элита, затем шла категория служилых людей, верставшаяся преимущественно из мусульман, следующую ступень занимали ясачные языческие народы, и, наконец, на самой низшей ступени находились рабы, в основном русские полоняники-христиане. Количество последних, по некоторым источникам, к середине XVI в. достигало до 100 тыс. человек.[16] Неравноправное положение в Казанском ханстве представителей разных конфессий не могло служить гарантом государственной стабильности. Исторические

12 В..Д Димитриев. Мирное присоединение. С. 12; Он же. Национально-колониальная политика московского правительства в Среднем Поволжье во второй половине XVI-XVII вв. // Вестник Чувашского университета. 1995. №2. С. 7.

13 Там же. С. 36.

14 С.Х. Алишев. Исторические судьбы народов Среднего Поволжья. XVI - начало XIX в. М., 1990. С. 80.

15 О мусульманских элементах в традиционных религиях народов Поволжья и Приуралья писали такие исследователи как Н.И. Ашмарин, Н.И. Ильминский, Е.А. Малов, Н.В. Никольский, В.А. Сбоев, И.Н. Смирнов, П.В. Денисов и др.

16 ПСРЛ. Т. 13. С. 169; Казанская история. С. 97; С.О. Шмидт. Предпосылки и первые годы „Казанской войны" (1545-1549) // Труды Московского государственного историко-археологического института. М., 1954. Т. 6. С. 297-334.

события середины XVI в. показали, что конфессиональные различия народов Казанского ханства сыграли не последнюю роль в его падении.

Религиозный аспект московско-казанских отношений в период завоевания Казанского ханства

Взятие Казани стало переломным этапом в исторических судьбах народов Среднего Поволжья. Не вызывает сомнения, что устремления русского правительства на Восток прежде всего были вызваны геополитическими и торгово-экономическими интересами. По мнению А. Каппелера, решающим для качественного перехода Москвы к завоеванию и аннексии Казанского ханства явилось „новое политическое самосознание, которое в эти годы стало присущим молодому московскому государю и его окружению“.[17] Видимо, нельзя исключить и стремление значительной части русских людей отомстить „ордынцам“, за многовековое угнетение и унижение. Многие исследователи не без основания отмечали религиозный характер войн между Москвой и Казанью. Религиозные лозунги борьбы с „бусурманами“ и „погаными“ всегда сопровождали военные походы Москвы против татар, о чем писали многие авторы.[18] Завершающий военный поход также готовился и осуществлялся при мощной идеологической и материальной поддержке церкви. Напутствуя русских воинов, митрополит Макарий в 1552 г. подчеркивал, что они идут сражаться „за святыя церкви и за святую веру християнскую“.[19] В ответном послании царя содержалась та же мысль, но, по мнению Д.М. Макарова, она уже выходила за рамки войны с казанскими татарами.[20] Иван Грозный просил митрополита молить Бога, чтобы Создатель устроил „путь нам мирен и немятежен, и враги бы наши иноплеменные в покорение и во умирение привел“.[21] Видимо, царь уже тогда зажегся идеей с божьей помощью установить господство православия на всей Казанской земле.

Правители Москвы и Казани совместно с духовными иерархами усиленно создавали у своих подданных „образ врага“. Русские православные правители и церковники утверждали, что „поганые“ и „бусурмане“ будут всегда стремиться „жадно пить кровь христиан, опустошать русские области, полонить христиан, разграблять священные для русских монастыри и церкви“.[22] Казанские правители, видимо, также проводили аналогичную политику, нагнетая антихристианские настроения. С.Х. Алишев в одной из своих работ заметил, что фанатичные муллы и сеиты, так же как и православное духовенство, призывали к священной войне („газават“) против неверных „гяуров“, величали хана воителем („алгазый“).[23]

17 А. Каппелер. Россия-многонациональная империя. С. 26.
18 См.: Д.М. Макаров. Самодержавие и христианизация. С. 21-23.
19 Акты исторические. Т.1. С. 294..
20 Д.М. Макаров. Самодержавие и христианизация. 2000. С. 24.
21 Акты исторические. Т.1. С. 296.
22 Акты исторические. Т. 1. С. 160.
23 С.Х. Алишев. Исторические судьбы. С. 53.

Существует ряд свидетельств, что накануне и в период военных походов на Казань Русская церковь усиленно нагнетала антимусульманские, антиязыческие настроения среди православных. Однако, на наш взгляд, не следует чрезмерно преувеличивать в событиях Казанской войны религиозный фактор, так как известно, что московскому правительству уже тогда приходилось иметь дело с подданными разного вероисповедания и проявлять гибкость в решении конфессиональных вопросов. На службе Московского государства находилось много мусульман, преимущественно касимовских татар. Известно о существовании так называемой московской партии среди казанских феодалов. В 1551 г. жители Горной стороны, в основном чуваши и марийцы, присоединились к Москве. Российские мусульмане, по определению Б.Р. Рахимзянова, являлись „дипломатическим козырем во внешней политике России в отношении исламских стран".[24] Ивану IV приходилось учитывать поликонфессиональный характер своего обновленного царства. В составе московского войска в походе на Казань участвовали многие мусульмане и народы горной стороны – чуваши, горные марийцы, мордва. Воинские отряды из „казанских иноверцев" активно использовались в войнах России второй половины XVI-XVII вв. Поэтому Ивану IV приходилось учитывать религиозное многообразие Русского государства, однако нельзя исключить, что такую ситуацию он воспринимал как временный компромисс с „иноверцами".

Успешное завершение казанской кампании укрепило царя в мысли о православной унификации поликонфессионального населения завоеванной территории. Примечательна речь Иван IV, адресованная духовенству во время его встречи в Москве при возвращении из казанского похода. Поблагодарив „достойных Святителей Церкви" за их молитвы, за духовную поддержку, царь сделал важное заявление по поводу дальнейшей конфессиональной политики в регионе: „...Да познают Бога истинного неверные, новые подданные России и вместе с нами да славят Святую Троицу во веки веков".[25] По существу, Иван IV обозначил общую государственно-церковную задачу христианизации народов Казанской земли. Церковная иерархия проявила полную солидарность с идеей царя, которая была выражена в ответном слове митрополита Макария, благословившего Ивана IV на „подвизи и труды" во имя распространения „света Христова" среди „иноверцев" казанских.[26] Утверждение православия в Казанской земле рассматривалось одним из основных направлений установления полного господства Москвы в регионе. Однако политика христианизации натолкнулась на ряд серьезных проблем: военно-политических, экономических, национальных, географических и т.д.

Наиболее сложной следует в этом ряду считать слабость церковной организации в Казанском крае. В начальный период христианизации

24 Б.Р. Рахимзянов. Касимовское ханство: эволюция социально-политической ситуации (XV—XVI вв.) // Актуальные проблемы истории государственности татарского народа. Казань, 2000. С. 77.

25 ПСРЛ. Т. 13. С. 223, 224.

26 ПСРЛ. Т. 13. С. 226.

православная церковь испытывала острый недостаток миссионерских центров. Малочисленное духовенство, сосредоточенное преимущественно в городах, не имело возможности вести какую-либо миссионерскую работу в гуще „иноверного“ населения. Кроме этого, они не знали языка и традиций местных народов и совершенно не были подготовлены к миссионерскому поприщу. Да и военно-политическая обстановка не благоприятствовала деятельности миссионеров. На присоединенной территории в первое время практически всем управляли военные. Следуя царскому заявлению о христианизации нерусских народов, воеводы использовали меры принуждения и насилия. В частности, в летописях встречаются сообщения, что в 1552-1555 гг., заставляя татар принять крещение, сажали в тюрьмы, а затем тех, кто „…не захотели, то их метали в воду“.[27] Такие жестокие меры в отношении „иноверцев“ в первые годы московского управления Казанской землей во много раз усиливали антимосковские настроения. Когда не хватало сил для вооруженного сопротивления, многие татары и представители других поволжских народов, не желая изменить своей вере, бежали в заволжские, оренбургские степи, в Башкирию и там снова брались за оружие.

Государственно-церковная политика Москвы по христианизации народов региона хорошо изучена и освещена в научной литературе, поэтому мы не будем акцентировать внимание на ее подробном изложении.[28] Отметим, что учреждение в 1555 г. Казанской епархии стало началом официальной политики христианизации народов Казанского края. Новоучрежденная епархия первоначально включала обширную территорию: на западе ее граница простиралась до р. Суры, на северо-западе и севере доходила до реки Ветлуги и среднего течения реки Вятки, на востоке – до предгорий Урала, на юге – до р. Терек. Осуществление эффективной миссионерской политики на этих просторах при отсутствии надлежащей церковной структуры и кадрового потенциала могло быть делом далекой перспективы. Хотя постепенно по мере укрепления позиций царизма на новых землях из состава Казанской епархии выделялись новые епархии, в рассматриваемый период она оставалась одной из крупных в русской православной церкви.

Антимосковские мятежи 1552-1557 гг. заставили московское правительство перейти к более гибкой и взвешенной политике в вопросах веры. Перемена в тактике властей четко обозначилась в „наказной памяти“ Ивана IV первому казанскому архиепископу Гурию (Рогатину) при его назначении в Казань. Как известно, в документе акцент делался на ненасильственные меры при обращении „иноверцев“ в православие: „крещение неволею не приводить, обращаться с иноверцами кротко, с умилением, жестокостей им не чинить, а при необходимости освобождать их от суда воевод и наместников...“[29] Однако власти не меня-

27 ПСРЛ. Т. 3. С. 157.

28 Д.М. Макаров. Самодержавие и христианизация; А. Можаровский. Изложение хода.; П.Н. Луппов. Христианство у вотяков; П.В. Денисов. Религиозные верования чуваш. Чебоксары, 1959. Н.В. Никольский. Христианство среди чуваш и др.

29 Акты археографической экспедиции. Т. 1. С. 259.

ли курса на христианизацию новых подданных московской короны, полагая, что установление господства на завоеванной территории будет прочным только тогда, когда бывшее Казанское ханство всецело превратится в совершенно православно-русскую область Московского царства.

Этносоциальная и конфессиональная природа „новокрещен"

Говоря о специфике межконфессиональных отношений в рассматриваемый период, следует сразу разграничить официальный и народный уровни. На официальном уровне отношения с „неверными" строились исходя из политических и экономических интересов государства и церкви и имели одностороннюю направленность. Церковно-государственная политика преследовала установление полного господства православия в регионе. Политика христианизации, несомненно, оказывала заметное воздействие на конфессиональную ситуацию, но она в рассматриваемый период была малоэффективной. Точное количество крещеных практически невозможно установить из-за отсутствия надежных источников. Сведения из Казанского летописца о том, что уже в первые годы установления московского господства „мнози же от неверных прихождаху з женами и з детьми и крещахуся…",[30] не находит подтверждения. „Многие" – это слишком относительная величина для какого-то обобщения. Н.Р. Романов по различным актовым материалам XVII в. число крещеных чувашей определил примерно 8000 человек, или около 6 % чувашского населения.[31] Эти цифры далеки от действительности, так как методика подсчетов весьма спорна. Подсчеты Н.Р. Романова проводились на основе христианских имен, но распространение русских (христианских) имен нельзя объяснять только следствием христианизации. Статистика в исторической науке вещь важная, но в данном случае неубедительная. По сведениям разных источников, в нерусских деревнях в XVII в. „новокрещены" встречаются очень редко. Видимо, небольшое их число обитало в монастырских вотчинах, но точных данных нет.

Сам по себе факт крещения еще не свидетельствует о религиозной ориентации человека. Крещеные „иноверцы", как правило, совсем не знали новой веры и крестились ради освобождения от налогов и получения каких-то иных льгот.[32] Поэтому „новокрещены", считаясь христианами, оставались при старых религиозных убеждениях. Истинная ситуация с „новокрещенами" ярко представлена в грамоте митрополита казанского и астраханского Гермогена царю Федору Ивановичу от 18 июля 1593 г.:

> „...В Казани и в Казанском и в Свияжском уездах живут новокрещены с татары, и с чувашею, и с черемисою, и с вотяки вместе, и едят, и пьют с ними с одново, и к

30 ПСРЛ. Т. 19. С. 478.

31 Н.Р. Романов. Чувашия в XVII в. // Материалы по истории Чувашской АССР. Вып. 1. Чебоксары, 1958. С. 181.

32 П.Н. Луппов. Христианство у вотяков. С. 55-58; Д.М. Макаров. Самодержавие и христианизация. С. 43.

> церквам божиим не приходят, и крестов не себе не носят, и в домах своих божих образов и крестов не держат, и попов в домы свои не призывают… и детей своих не крестят, только поп не обличит их, и умерших к церкви хоронити не носят... Многие-де русские полоняники и не полоняники живут у татар, и у черемисы, и у чуваши, и пьют с ними, и едят с одного, и женятся у них".[33]

Непосредственное отношение к прояснению обозначенной в данной работе проблемы имеет определение социального и этнического значения термина „новокрещен". В источниках он начинает встречаться уже в 50-е годы XVI в. Этимология термина обычно не вызывает вопросов: так называли представителей нерусских народов, принявших крещение. Несколько сложнее установить социальную и этническую природу новокрещеных. В исторических источниках второй половины XVI-XVII вв. „новокрещены" обычно фигурируют иногда как особая группа или в сочетании „служилый новокрещен", что может свидетельствовать о близости категорий „новокрещены" и „служилые люди", но в то же время первые встречались и среди землепашцев. Анализируя источники, мы обратили внимание на тот факт, что термин „новокрещен" во второй половине XVI – начале XVII века использовался более для обозначения социальной категории, нежели конфессиональной. Крестились многие, возможно, для повышения своего социального статуса, дающего какие-то льготы, привилегии. Мы склоняемся к мысли, что этот термин постепенно менял свое первоначальное содержание. Новокрещеные, приняв православие в рассматриваемый период, официально теряли свое этническое имя, поэтому установить по источникам, представитель какого народа на самом деле скрывался под именем „новокрещен", весьма сложно. Но крещеные фактически продолжали идентифицировать себя со своим этносом – татарами, чувашами, марийцами и др.

Многие исследователи склонны видеть в новокрещенах XVI в. большей частью татар. Действительно, значительная часть крещеных татар в последующем стала известна как особая этноконфессиональная группа „кряшен", или „старокрещеных татар", как их называли позже, чтобы не путать с новокрещеными, обращенными в православие в XVIII в. По поводу формирования этноконфессиональной группы старокрещеных татар в источниках и литературе встречаются разные версии: согласно одной, она образовалась из необращенных в ислам татар, а по другой – из отатарившихся чувашей, марийцев, удмуртов. А некоторые исследователи считали старокрещеных успевшими забыть свое мусульманское прошлое татарами. Видный этнограф профессор Н.И. Воробьев писал: „Эти татары (старокрещеные –Л.Т.) или совсем не были мусульманами, или находились в исламе так мало, что он не проник в их быт".[34] За этой этноконфессиональной группой еще в XVIII в. закрепился этноним „кряшены". Правда, на этот счет есть и другое мнение: автор кряшенской энциклопедии М.С. Глухов утверждает, что этимология имени „кряшен" связана с названием одного из старинных тюркских племен кераитов. Он считает кряшен не этноконфессиональной группой, а особой этни-

33 История Татарии в документах. С. 147-148.

34 См.: Н.И. Воробьев. Кряшены и татары. Казань, 1929. С. 12.

ческой общностью.[35] По мнению татарского этнографа Д.М. Исхакова, конфессиональная принадлежность к православию и изолированность от основной массы татар способствовали приобретению крещеными татарами черт эндогамности.[36] Н.И. Ильминский считал, что Казанское царство, в котором господствующее положение занимали татары, только по имени было исламским, а распространение же ислама в массе татарского населения Н.И. Ильминский относил ко времени русского господства. На его взгляд, крещение рано отделило старокрещеных татар от общей массы татарского населения и отстранило их от общего движения татар „в магометанском направлении и образовании", поэтому они и остались шаманистами.[37] Видимо, в решении проблемы кряшен, как показала дискуссия накануне всероссийской переписи 2002 г., еще рано ставить точку, однако несомненно то, что эта субэтническая общность сформировалась в результате многовековых сложных интеграционных и ассимиляционных процессов и под воздействием политики христианизации.

По замыслу государственных чиновников и церковников XVI в. термин „новокрещен" задумывался как временный, переходный на пути к полному обрусению крещеных народов. Основная масса новокрещеных, как уже отмечалось нами, только по имени была христианами, оставаясь на самом деле верной исламу или язычеству и продолжая идентифицировать себя с родным народом. В XVII в. термину „новокрещен" стали чаще прибавлять определение социального статуса лица. Например, в наказе Казанских воевод князя Григория Куракина и Михаила Волынского сотенному голове Дмитрию Аристову о наблюдении за действиями взбунтовавшихся уфимских башкир в 1663 г. поручалось ехать „из Казани на Каму реку, заставу, а у него в сотне казанские служилые новокрещены, и мурзы, и татаровя, и ясачные новокрешены, и чуваша, и черемиса, и вотяки, и мордва".[38] Как видим, в наказе казанских воевод приведены разные категории новокрещеных. Следующее изменение термин „новокрещен" претерпел, видимо, уже в период петровских реформ, когда были упразднены категории служилых людей, и позже, с переводом ясачных людей в категорию государственных крестьян. В годы проведения политики массовой христианизации нерусских народов термин „новокрещен" стал использоваться с этническими определениями: новокрещеные татары, новокрещеные черемисы и т.д., что объяснялось, с одной стороны, изменениями статуса новокрещен и существованием большой разницы между крещеными из разных народов. Отсутствие четкого разделения новокрещеных по этнической принадлежности, видимо, создавало разные сложности чиновникам и церковникам. Видимо, во второй половине XVI-XVII вв. под именем „новокрещен" выступали крещеные представители разных народов, но большинство среди них составляли татары, так как в XVIII помимо них среди „старокрещеных"

35 М.С. Глухов. Tatarica. Энциклопедия. Казань, 1997. С. 330.

36 Д.М. Исхаков. Этнографические группы татар Волго-Уральского региона. Казань, 1993. С. 23.

37 [Ильминский Н.И.] Письма к обер-прокурору Св. Синода К.П. Победоносцеву. С. 32.

38 Акты археографической экспедиции. Т. 4. С. 34.

представители других народов не упоминаются. Незначительная часть „новокрещен“ из чувашей, мордвы и др., скорее всего, обрусела.

Роль русской колонизации в утверждении православия в Казанском крае.

Важным фактором, качественно преобразившим этноконфессиональную карту Среднего Поволжья, следует считать русскую колонизацию. В условиях непрекращающихся народных восстаний, слабости управленческих структур, отсутствия надежной социальной опоры новой власти московское правительство избрало путь, позволявший решать все основные политические, экономические, религиозные задачи комплексно: оно стало всячески поддерживать заселение края русскими православными людьми. В историографии достаточно хорошо освещена проблема этнической христианизации Казанского края, в то же время почти не говорится о ее территориальной (пространственной) христианизации. Поэтому создалось ошибочное мнение о малоэффективности церковной политики в этот период. На наш взгляд, церковь тогда за неимением достаточной материально-хозяйственной, социальной, кадровой базы и не ставила задачу масштабной христианизации всех „иноверцев“. Ее задача заключалась в создании сильной церковной инфраструктуры, с ней, как мы считаем, она успешно справилась. Казанская епархия к концу рассматриваемого периода превратилась в одну из ведущих епархий русской церкви.

Анализ источников и литературы дает основание говорить о совместных согласованных действиях правительства и церкви в колонизационном процессе. Города, возникавшие в Казанской земле уже с середины XVI столетия (Чебоксары, Алатырь, Тетюши, Цивильск, Кокшайск, Царевококшайск, Уржум, Санчурск и др.), становились не только военно-политическими, административными центрами, но и форпостами православия. В городах-крепостях и вокруг них под защитой военных гарнизонов активно строились церкви и монастыри, предназначавшиеся, прежде всего, для русского православного населения, которое также концентрировалось преимущественно в городах и вокруг них.

Интенсивно проходил процесс монастырской колонизации. Правительство оказывало всемерную помощь в укреплении церковно-монастырского хозяйства. На основании изучения писцовых и дозорных книг историками изучен рост монастырского землевладения в Казанской земле. Значительные земельные владения были пожалованы архиепископскому дому. Достаточно подробные сведения о предоставлении первому архиепископу Казани Гурию земельных и других угодий были приведены Г.И. Перетятковичем,[39] С.М. Каштановым.[40] Уже в 1555 г. воевода П.И. Шуйский „до цареву приказу“ дал Гурию грамоту на

39 Г. Перетяткович. Поволжье в XV-XVI вв. М., 1877. С. 248-250.

40 Каштанов С.М. Хронологический перечень. С. 167; Его же. Земельно-иммунитетная политика русского правительства в Казанском крае в 50-х годах XVI в. (По актовому материалу) // Из истории Татарии. Казань, 1970. Сб. 4. С. 165.

владение семью населенными пунктами с двумя тысячами четвертей земли.[41] По данным писцовых книг 1565-1568 гг., во владении архиепископа и казанских монастырей находились значительные земельные угодия, им принадлежали 4 села, 4 сельца, 6 деревень, 10 починков, 4 пустоши и займище. В них было 165 дворов, „а людей 170, да 9 дворов пустых", доброй пашни 920 четей, перелогу 842 чети, зарослей и дубравы 746 четей „в поле, в дву по тому же" (всего 3762 десятины в трех полях) сена 13 270 копен и леса у деревень пашенного 486 дес., черного 33,5 версты в длину, 20,5 версты в ширину.[42] За свияжскими Богородицким (1555 г.) и Троицким (1553 г.) монастырями числились 2 сельца, 2 слободки, 10 деревень, 3 починка, займище и пустошь, в которых насчитывалось 116 только русских хозяев. Земли монастырям было отмерено: пашни – 372 четверти, сена – 4 тыс. копен, лесу пашенного – 515 дес. и „черного лесу на 9 верст в длину и на 5 верст в ширину".[43]

Прежде всего, интенсивно росли монастырские владения Казанского и Свияжского уездов. Некоторые исследователи, ссылаясь на писцовые книги, полагают, что в этих уездах было роздано русским монастырям 57554 дес. пашни, 770 дес. перелога, на 305710 копен (15285 дес.) лугов и 14582 км^2 лесов.[44] К монастырям XVI в. Зилантову и Спасо-Преображенскому, Иоанновскому Предтеченскому в Казани, Богородицкому в Свияжске, Пурдошанскому в Мордовии, Троицкому в Чебоксарах и др. в XVII в. прибавилось свыше 30 новых монастырей.[45] Церковно-монастырские владения находились под защитой государства. По мнению С.М. Каштанова, „появление тарханных грамот на казанские и вятские места было вызвано необходимостью укрепления позиций правительства в присоединенной Казани и соседних с ней землях".[46] Аналогичные грамоты выдавались и другим монастырям Казанского края. Например, в книге Г.Н. Айплатова и А.Г. Иванова приведен документ о выдаче Спасо-Юнгинскому монастырю „бережельной грамоты" в 1630 г.[47] Расширение иммуннитетных и несудимых прав монастырей на свои земли и крестьян способствовало росту населения в монастырских вотчинах, что позволяло черному духовенству интенсивно заселять монастырские вотчины русскими крестьянами, бобылями и „всякими вольными людьми". Рост монастырского землевладения в Казанском крае шел вразрез с общей политикой правительства по отношению к монастырскому землевладению, направленной на сдерживание роста монастырского землевладения в

41 Г. Перетяткович. Поволжье в XV-XVI вв. С. 249.

42 Список с писцовых книг по г. Казани с уездом. С. 63.

43 Список с писцовой и межевой книги по г. Свияжску и уезду. С. 124.

44 М. Худяков. Очерки по истории Казанского ханства. М., 1921. С. 196; С.Х. Алишев. Исторические судьбы. С. 93.

45 См.: Материалы для историко-топографического исследования о православных монастырях в Российской империи с библиографическим указателем. Составил В.В. Зверинский. СПб., 1890; Русские монастыри. Центральная часть России. М., 1995; Д.М. Макаров. Самодержавие и христианизация. С. 76-82.

46 С.М. Каштанов. Финансы средневековой Руси. М., 1988. С. 139.

47 Г.Н. Айплатов, А.Г. Иванов. Монастырская колонизация. С. 56-59.

центральных уездах страны. В „иноверческом“ же крае, где усиление дворянско-монастырского землевладения, составлявшего опору самодержавного режима в крае, считалось важнейшей государственной задачей, правительство поддерживало и поощряло расширение церковно-монастырских земельных владений. По мнению С.Х. Алишева, в составе зависимого населения казанских духовных феодалов помимо русских находились также татары и чуваши.[48] Все же следует признать, что подавляющая часть монастырских крестьян была русской.

Наряду с церковно-монастырской колонизацией Казанского края происходил рост помещичьих и дворцовых владений. На бывших ханских землях формировалось дворцовое хозяйство. По мере заселения их русскими крестьянами образовались дворцовые села в окрестностях Казани, на реках Волге и Каме. По дозорной книге 1599 г. описано 27 дворцовых сел с 568 дворами.[49] Все формы аграрной колонизации, с одной стороны, способствовали укреплению русского феодального землевладения, а с другой стороны, ускоряли перемещение русского населения на территорию бывшего Казанского ханства.

Динамика русской колонизации впечатляет. По данным Г.И. Перетятковича, в 60-х годах XVI в. в Казанском и Свияжском воеводствах русских крестьян было немного, всего около 1000 дворов.[50] По подсчетам И.П. Ермолаева и Е.В. Липанова, в эти годы в Казанском и Свияжском воеводствах число помещичьих и монастырских крестьян составляло более 5 тыс. душ обоего пола.[51] Рост русского этнического элемента в Казанском крае происходил не везде одновременно. Если интенсивное переселение русских на территории вокруг Свяжска и Казани началось уже во второй половине XVI в., то заселение ими Марийского и Чувашского Поволжья относится преимущественно к XVII в., когда со строительством новых крепостей, оборонительных линий стало относительно безопасным обоснование здесь русского населения,[52] что в свою очередь воздействовало на темпы утверждения православия в различных частях региона.

Во второй половине XVII в. численность русского населения в Казанской земле продолжала быстро расти. В 1678 г. на территориях современных Чувашской и Марийской республик помещичьих, монастырских и дворцовых крестьян насчитывалось более 1416 дворов,[53] Татарстана – 8655 тыс., а в Мордовии - около 16

48 С.Х. Алишев. Исторические судьбы народов Среднего Поволжья. С. 93.

49 И.П. Ермолаев, Е.В. Липаков. Крестьяне дворцовых сел Казанского уезда в конце XVI-первой четверти XVII века: по материалам дозорных и переписных книг) // Исследования по истории крестьянства Татарии дооктябрьского периода. Казань, 1984. С. 9-25.

50 Г. Перетяткович. Поволжье в XV-XVI вв. С. 294.

51 И.П. Ермолаев, Е.В. Липаков. Крестьяне дворцовых сел Казанского уезда в конце XVI-первой четверти XVII века С. 25-26.

52 Многие исследователи отмечали относительно позднее заселение русскими территорий современных Чувашской и Марийской республик: С.Х. Алишев. Исторические судьбы. С. 93; М.Н. Тихомиров. Россия в XVI столетии. М., 1962. С. 491-503; В.Д. Димитриев. История Чувашии в XVIII в. Чебоксары, 1959. С. 34.

53 Я.Е. Водарский. Итоги переписных книг как источник определения размера пашни в Среднем Поволжье на рубеже XVII-XVIII вв. // Историография и источники по истории

тыс. дворов.[54] Эти цифры показывают общую численность населения в тогдашних уездах, потому что в составе указанных категорий нерусских крестьян к этому времени было совсем мало. Ссылаясь на данные упомянутой выше переписи 1678 г., В.М. Кабузан полагает, что „на землях, включенных, в основном, в состав бывшего Казанского ханства (в 27 уездах), коренное население примерно достигало 50%, а русское также 50%".[55]

Результаты русской колонизации имели самое непосредственное отношение к формированию новой этноконфессиональной карты региона: произошло территориальное закрепление православия, которое утвердилось в местах компактного расселения русского населения. К концу рассматриваемого периода колонизационные процессы вывели межконфессиональные отношения на новый уровень. „Русская вера" стала соседствовать с мусульманством и язычеством. Между верующими разных конфессий начались непосредственные контакты. Межконфессиональные отношения повлияли и на характер внутриконфессиональных процессов. Русские селения, возникавшие в непосредственной близости проживания местных народов, становились очагами русского культурного влияния на аборигенное население. В первое время появления русских переселенцев на землях татар, чувашей и других народов сохранялась враждебность в отношениях между соседями. Но постепенно происходила притирка и сближение русского и нерусского крестьянства на основе единства мировосприятия, общих хозяйственных интересов, угнетенного социального положения. Религиозная принадлежность отступала на второй план. В социальных движениях XVII в. крестьяне независимо от национальностей и конфессиональной принадлежности совместно выступали против властей, о чем свидетельствует ряд источников.[56]

Крестьян, по сравнению с остальными социальными группами, отличала большая веротерпимость. Этнографы в XIX в. неоднократно отмечали, что, по представлениям новокрещеных Казанского края, в мире 77 языков (народов) и 77 вер и у каждого народа должна быть своя вера. В то же время они считали, что вер много, а Бог един. Скорее всего, эти представления сложились не в XIX в., а гораздо раньше, и на протяжении многих веков способствовали мирному сосуществованию приверженцев различных вероисповеданий на одной территории. Жизненные условия русского крестьянского населения мало отличались от ясачных крестьян. Как отмечали многие исследователи, помещичьи, дворцовые и церковно-монастырские крестьяне, состоявшие в основном из русских, в правовом и экономическом отношениях оказались примерно в одинаковых условиях с ясачными. Кроме того в „русской вере" существовало четкое различие между ортодоксальным православием, проповедуемым теолога-

аграрной истории Среднего Поволжья. Саранск, 1981. С. 62.

54 С.Х. Алишев. Исторические судьбы. С. 94.

55 В.М. Кабузан. Население Приволжского федерального округа Российской Федерации в XVI-XX вв. в его современных границах. М., 2002. С. 7.

56 Акты исторические. Т. 2. С. 168-170, 325-327; Акты археографической экспедиции. Т. 2. С. 204-205 и др.

ми и церковью, и теми формами массового религиозного сознания, которые реально существовали в среде русского крестьянства, о чем, в частности, писали А.И. Клибанов,[57] Г.А. Носова[58] и некоторые другие авторы. Основываясь на исследованиях историко-этнографического, краеведческого характера, можно утверждать о самобытности народной русской веры, которая во многом отличалась от канонических норм христианского учения. Традиционные верования земледельческих народов, несмотря на официальную их принадлежность к той или иной конфессии, имели много общего. В них фигурировали весьма схожие сверхъестественные и божественные существа. Крестьяне были суеверными, но в них почти не замечалось набожности.

Весьма любопытные наблюдения о религиозных представлениях марийцев зафиксировал в середине XVII в. А. Олеарий, дважды посетивший Россию в составе посольства Голштинского двора. Например, когда один мариец услышал, как А. Олеарий с хозяином дома в Казани, где он остановился, говорили о воскресении мертвых, мариец рассмеялся и сказал: „Кто раз помер, тот мертв и для черта. Или разве покойники восстанут, а с ними и мои лошади и коровы, околевшие несколько лет тому назад?“. Тогда А. Олеарий его спросил, знает ли он, кто создал небо и землю, а тот насмешливо ответил: „Черт знает“.[59] Не менее интересен и другой пример из записок А. Олеария. Путешественник записал, что марийцы „молятся также солнцу и месяцу, так как замечают, что их действие благоприятно для земли и скота. Особенно же во время урожая высоко чтится ими солнце“.[60] Попытка А. Олеария внушить одному из марийцев, что „неправильно чтить скот и другие твари как бога и молиться им - он давал такого рода ответ: что же такое представляют собой боги русских, вешаемых на стенку? Ведь в них нет ничего, кроме дерева и краски, и он поэтому не желает им поклоняться, гораздо лучше и разумнее обожать солнце и то, что имеет жизнь“.[61] Этот пример еще раз подчеркивает известное положение о стихийном материализме и рационализме крестьян, которым были ближе и понятнее объекты живой природы, чем идеалистические религиозные образы. Подобного рода фактов довольно много приведено в историко-этнографической литературе.

Считаем необходимым особо отметить, что в истории региона не зафиксированы сведения о крупных столкновениях между крестьянами на религиозной почве. Только в первые десятилетия после присоединения Казанских земель к Москве наблюдались случаи разорения повстанческими отрядами „черемис“ русских деревень. Например, данные нижегородской дозорной книги 1588 г., опубликованные Г.Н. Анпилоговым, содержат сведения о сожжении марийцами в ходе войны 1582-1584 гг. многих крестьянских дворов в Нижегородском крае. Источник, к сожалению, не позволяет судить о побудительных мотивах агрессив-

57 А.И. Клибанов. Духовная культура средневековой Руси. М., 1996.

58 Г.А. Носова. Язычество в православии. М., 1975. С. 3-40.

59 Россия XV-XVII вв. глазами иностранцев. Л., 1986. С. 426-429.

60 Там же.

61 Там же.

ных действий марийцев. Скорее всего, они могли быть вызваны реакцией на действия русской военно-административной власти. Поход марийцев на нижегородские земли в данном случае был скорее актом возмездия за причиненные разорения со стороны русских „силовых структур". В то время территория Нижегородского уезда многими жителями Казанской земли еще продолжала восприниматься как вражеская. В ходе военных акций марийцы, скорее всего, испытывали неприязненные чувства к православным. Например, в тех же книгах встречается факт сожжения марийцами православной церкви: „Село Велдеманово … на Гремячем ручью, а в нем место церковное, церковь сожгли черемисы".[62]

Нападения повстанческих отрядов имели место и в XVII в. Источники сообщают о разорении „воровскими отрядами" монастырей в „смутное время".[63] В ходе восстания ясачных людей в 1615-1616 гг. марийские крестьяне разгромили поселения Вятского Успенского монастыря по рекам Ошторме, Тойме и Слутке.[64] Нападения на монастыри и церкви происходили и в годы крестьянской войны 1670-1671 гг. Однако говорить здесь однозначно о том, что захваты монастырей совершались из каких-то религиозных убеждений, нельзя, так как нередко среди их разорителей в источниках отмечаются и русские люди. Почему именно культовые центры православия становились объектами нападения крестьянских повстанческих отрядов? Объяснение этому явлению, вероятно, заключается в том, что монастыри и церкви нерусским населением воспринимались как государственные учреждения, а в духовенстве оно видело таких же „кровопийц", каковыми считало помещиков и чиновников. Еще одна причина, делавшая монастыри и церкви объектом нападений для повстанческих отрядов и различного рода разбойников – это их богатства. Там всегда можно было поживиться. Помимо этого нельзя забывать и то, что крестьяне часто питали ненависть к церковникам из-за земельных захватов монастырей и церквей. Поэтому, на наш взгляд, нападения на монастыри и церкви были вызваны скорее всего причинами экономическими, политическими, военными и в гораздо меньшей степени религиозными.

Изменение этносоциальной природы ислама

Следующий фактор, существенно повлиявший на характер межконфессиональных отношений в регионе, – это изменение социальной природы ислама. Упорное многолетнее сопротивление татар-мусульман и находившихся под их политическим и религиозным воздействием марийцев, чувашей и др. заставило власти перейти, по определению А. Каппелера, „от агрессивной к более мягкой и гибкой

62 Г.Н. Анпилогов. Нижегородские документы XVI в. С. 36-38.
63 Акты исторические. Т. 2. С. 325-327.
64 В.Д. Димитриев. Восстание ясачных людей Среднего Поволжья и Приуралья 1615-1616 гг. // Вопросы древней и средневековой истории Чувашии. Чебоксары, 1980. Труды ЧНИИ, В. 105. С. 114-115.

политике“.[65] По мнению исследователя, такая перемена в политике Москвы по отношению к Казани имеет два объяснения. Первое – это наступивший в 1553 г. в результате тяжелой болезни царя внутриполитический кризис, вследствие чего традиционная прагматическая политика государства вновь возобладала над агрессивной нетерпимостью церкви. Вторым объяснением может служить многолетняя борьба татар и нетатарского населения, прежде всего марийцев, против чужеземного господства за независимость.[66] Принимая во внимание эти аргументы, мы считаем, что последняя причина, обозначенная А. Каппелером, являлась более важной. Вооруженная борьба народов Казанского края в первые годы ее присоединения к Москве убедила царя, что репрессивные меры вызовут еще больший рост антимосковских настроений. Тем более в этот период из-за внутренней и внешней нестабильности Москва не имела достаточных сил для проведения жесткой религиозной политики, о чем свидетельствуют постоянные колебания от „жесткости“ к „мягкости“ и наоборот. „Мягкость“, декларированная монархом, не проявлялась в действиях местных властей. Нерусские народы ощутили на себе в полной мере экономическое, национальное и религиозное угнетение новых хозяев. Многолетние выступления народов Казанской земли убедительно демонстрируют отношение местного населения к московской власти. Восстания затихали лишь на время, чтобы в подходящее время разгореться с новой силой. Только в 80-е годы XVI в. удалось временно погасить пламя антимосковских („черемисских“) войн.[67]

Церковь и правительство прилагали совместные усилия, прежде всего, для сужения сфер влияния ислама, в котором они видели главного идеологического и религиозного оппонента. С этой целью особое внимание уделялось христианизации феодальной верхушки местных народов. Москву более всего беспокоил сепаратизм татаро-мусульманской знати. Правительство применяло все доступные меры для ее ликвидации. Значительная часть крупных и средних феодалов была истреблена в ходе военных столкновений, в период завоевания Казани и в годы антимосковских восстаний, остальные постепенно были крещены и русифицированы. В отношении мелкой и средней феодальной прослойки использовались те же меры, а активных противников христианизации нивелировали с ясачными людьми. Многие исследователи считали ясачных крестьян крепостными государства, какими помещичьи крестьяне являлись по отношению к своим господам.[68] Осуществляя политику ликвидации феодально-служилого сословия местных народов, московское правительство одновременно стремилось сохранить государственную форму феодальных отношений в регионе.

65 А. Каппелер. Россия – многонациональная империя. С. 27.

66 Там же.

67 ПСРЛ. Т. 14. С. 36.

68 В.Д. Димитриев. Чувашия в эпоху феодализма. Чебоксары, 1986. С. 241-269; Он же. Национально-колониальная политика. С. 8; С.А. Князьков. Граф П.Д. Киселев и реформа государственных крестьян // Великая реформа. Русское общество и крестьянский вопрос в прошлом и настоящем. М., 1911. Т.2. С. 210.

Несомненно, все это осуществлялось из политических, экономических и управленческих соображений. Но нам интересен другой вопрос: как эти преобразования изменили этноконфессиональную ситуацию в регионе и повлияли на межконфессиональные отношения? В результате социальной нивелировки татарского населения мусульмане оказались ближе к народным массам. Ислам в Казанском крае, вытесненный из городов, становится религией сельского, преимущественно податного населения. Значительно расширяется территория, занимаемая мусульманами. Как справедливо заметил В.Д. Димитриев, „если народные массы чувашей, мари, удмуртов и мордвы в Казанском ханстве в исламе видели религию господствующего класса… в Русском государстве ислам стал религией оппозиционной господствующей православной церкви“.[69] Таким образом, постепенно ислам становится народной религией, но сохраняет моноэтничный характер: лица, принимавшие ислам, неизбежно отатаривались. Например, подсчеты В.Д. Димитриева, основанные на анализе писцовых книг 1565-1568 гг. и 1603 г. и других актов, показали, что в начале XVII в. в Казанском уезде было около 200 чувашских селений, а во второй половине того же века многие из них считались уже татарскими.[70] Случаи перехода в ислам зафиксированы и среди других народов региона. Ислам становится мощной консолидирующей силой татарского общества. Если в период Казанского ханства, как было отмечено выше, мусульмане особо не стремились пополнять свои ряды за счет рекрутирования язычников, то по мере социального нивелирования татар с основной частью населения региона, ислам начинает распространяться через посредство народного миссионерства. Мусульманские прозелиты привлекали в оппозиционную религию своих соседей, недовольных усилением экономического, национального и религиозного гнета со стороны русского государства и православной церкви. Ислам укрепился количественно, но в качественном отношении он явно пострадал. В годы войн и восстаний сократилось число мусульманского духовенства, было уничтожено большое число культовых зданий, нанесен значительный ущерб татарскому образованию, искусству. Как отмечают татарские исследователи, татар лишили естественного хода общественно-политического и культурно-экономического развития. „Было ликвидировано профессиональное искусство и фактически наблюдался регресс во всех областях национальной культуры“.[71]

Важно обратить внимание и на другой аспект при анализе межконфессиональных отношений на раннем этапе осуществления христианизаторской политики. Ислам и язычество под угрозой духовной агрессии со стороны государственной церкви были обречены на сближение и сотрудничество в отстаивании своих интересов. Они вместе представляли значительную силу, взаимно дополняя

69 В.Д. Димитриев. Национально-колониальная политика. С. 10.

70 Там же. С. 11.

71 И.К. Загидуллин. Периодизация татарской истории и государственность: постановка проблемы // Актуальные проблемы истории государственности татарского народа. Казань, 2000. С. 84.

друг друга в противостоянии официальной политике христианизации. Православным миссионерам приходилось вести борьбу на два фронта, что делало их действия импульсивными и менее эффективными.

Природно-географический фактор межконфессиональных отношений

Еще одним фактором, на который следует обратить внимание при изучении вопросов межконфессиональных отношений, являются природно-географические условия обитания разных народов и этнических групп. Как показывает анализ источников, русская колонизация прежде всего охватила наиболее плодородные территории по долинам и устьям рек волжского бассейна. Практически все города-крепости были заложены на реках, которые служили важными торговыми артериями, были богаты биоресурсами, а на малых их притоках можно было ставить водяные мельницы и т.д. Как нами было замечено, именно здесь концентрировалось русское православное население и располагались церкви и монастыри. Нерусские народы, проживавшие на этих территориях и в прилегающих к ним районах, испытывали более сильное воздействие русской православной культуры, чем жители отдаленных областей. Уровень знакомства местного населения с православной культурой зависел и от отдаленности от миссионерских центров. В рассматриваемый период этот фактор особенно не обозначился по причине отсутствия действенной миссионерской политики. Только в XVIII - первой половине XIX в. стали проявляться различия в религиозно-нравственном состоянии различных групп крещеного населения. Например, мордва была более привержена православию, чем другие народы региона.[72] Горные марийцы в отличие от луговых соплеменников намного раньше изменили свою религиозную ориентацию на православие, а восточные более склонялись к восприятию ислама.[73] Русско-православная колонизация Казанского края имела еще одно существенное последствие: она привела к расширению ареала язычества и ислама на территории „дикого поля". В аграрном осваивании новых территорий на востоке и юго-востоке Волго-Уральского региона наравне с русскими участвовали татары, чуваши, марийцы, мордва, удмурты.

Заключение

Таким образом, во второй половине XVI-XVII вв. в Казанском крае произошло кардинальное изменение этноконфессиональной структуры населения. Утверждение православия в Среднем Поволжье в рассматриваемую эпоху происходило в основном благодаря русско-православной колонизации, которая, являясь состав-

72 См.: И.Н. Смирнов. Мордва. Историко-этнографический очерк. Казань, 1895; П.И. Мельников. Очерки мордвы. М., 1867; Н.Ф. Мокшин. Этническая история мордвы, XIX-XX вв. Саранск, 1977; Мордва: историко-этнографические очерки. Саранск, 1981.

73 И.Н. Смирнов. Черемисы. Казань, 1889; Г.А. Сепеев. Восточные марийцы. Йошкар-Ола, 1975; Н.С. Попов. Православие в Марийском крае. Йошкар-Ола, 1987.

ляющей государственной политики, перекроила этноконфессиональную карту региона, создала условия для массовой христианизации нерусских народов в последующие эпохи. Число православных жителей (в основном русских) к этому времени практически уравнялось с количеством „иноверцев". Политика христианизации местных народов в силу нестабильной политической ситуации, при относительно слабой церковной инфраструктуре была малоэффективной. Новокрещеные составляли небольшой процент и являлись скорее социальной категорией, чем конфессиональной. Небольшая их часть обрусела, а основная масса сохраняла верность религии предков. Во второй половине XVI-XVII вв. была осуществлена не этническая, а территориальная христианизация Казанского края. Православная церковь с помощью государства превратилась в господствующую религиозную структуру в регионе с мощной экономической, кадровой базой. Казанская епархия стала одной из крупных в русской церкви, ее архиереи оказывали воздействие на государственную политику России. Здесь появилась общероссийская святыня – чудотворная икона Казанской Божьей Матери.

Мусульмане выдержали натиск церковно-государственной атаки. При существенных качественных потерях они значительно увеличили численность своих рядов за счет исламизации ясачного населения в контактных зонах. Верования большей части ясачно-языческого многонационального крестьянства в силу своей относительной удаленности от зон мусульманского и христианского влияния, прикрепленности его к земле не испытали особых потрясений и продолжали функционировать без особых изменений.

Межконфессиональные отношения строились на двух уровнях: официальном и народно-бытовом. На первом они формировались политикой насильственной христианизации, которая приводила к антицерковному протесту и религиозной самоизоляции нерусских народов. На народно-бытовом уровне межконфессиональные отношения развивались в ходе экономических и культурных контактов на биполярной основе (форма диалога), когда приверженцы разных религиозных систем проявляли веротерпимость, нередко объединялись для решения общих социально-экономических задач.

РАЗВИТИЕ РЕГИОНА МАРИЙСКОГО ПОВОЛЖЬЯ В СОСТАВЕ РОССИЙСКОГО ГОСУДАРСТВА ВО ВТОРОЙ ПОЛОВИНЕ XVI – XVII ВВ.

АНАНИЙ ИВАНОВ

Заявленная тема доклада имеет своей целью целостное рассмотрение вопроса о развитии Марийского Поволжья в составе Российского государства во второй половине XVI–XVII вв. и является составной неразрывной частью в изучении обширной комплексной проблемы о взаимоотношениях регионов и центра периода Московского царства. В этой связи ставятся конкретные вопросы о том, какие изменения произошли в организации власти, управления и административного устройства на исторической территории расселения марийского этноса – одного из древнейших аборигенных народов Среднего Поволжья после его присоединения к Московскому государству, а также выявление того, какое влияние оказало новое русское господство на хозяйственное развитие ясачных марийцев, сословно-этнический состав населения, социальные отношения в новоприсоединенном крае, быт и культуру марийского народа, и, в свою очередь, как влияла повседневная жизнь ясачных людей и события, происходившие в Марийском Поволжье на пришлое русское население и в известной мере на регионально-национальную политику Московского правительства. Эти поставленные вопросы получили некоторое освещение в российской и зарубежной историографии, однако в недостаточной степени.[1]

В существующей литературе этно-территориальный термин „Марийское Поволжье“ стал привычным.[2] Исторически он восходит к источникам XVI-XVII

1 См.: Г.Н. Айплатов. Вопросы истории Марийского края во второй половине XVI – XVII вв. в дореволюционной и советской историографии // Вопросы историографии истории Марийской АССР. Киров – Йошкар-Ола, 1974. С. 3-49; он же. Марийский край в составе Российского государства второй половины XVI–начала XVIII веков: проблемы социально-экономической и политической истории. Науч. докл. (диссертация)… докт. ист. наук: 07.00.02. – отечественная история. Чебоксары, 2002. С. 5-9; К.И. Козлова. Очерки этнической истории марийского народа. М., 1978. С. 55-229; В.Д. Димитриев. Чувашия в эпоху феодализма (XVI – начало XIX в.). Чебоксары, 1986; A. Kappeler. Rußlands erste Nationalitäten: das Zarenreich und die Völker der Mittleren Wolga vom 16. bis 19. Jahrhundert. Köln, Wien, 1982; А.Г.Бахтин. XV – XVI века в истории Марийского края. Йошкар-Ола, 1998. С. 4-28.

2 К.И. Козлова. Очерки этнической истории. С. 127; Г.Н. Айплатов, А.Г. Иванов. Монастырская колонизация Марийского Поволжья. По материалам Спасо-Юнгинского монастыря Козьмодемьянского уезда 1625-1764 гг.: Исследование. Тексты документов.

вв. Еще до присоединения марийцев к Русскому государству, известный австрийский дипломат начала XVI в. Сигизмунд Герберштейн, знакомя просвещенного европейского читателя с „Московией“, впервые дал пространственные очертания проживания марийского народа, как „зовущийся черемисами (Czeremissae)“ в своеобразном „треугольнике“ между городами *Нижний Новгород – Вятка – Казань* в составе Казанского ханства, где река Волга выступала своеобразным природным барьером, разделявшим *„горных марийцев“* в правобережной Горной стороне и *„луговых марийцев“*, населявших обширное левобережье Луговой стороны.[3] В трактате видного дипломата XVI в. папского посла А.Поссевино, эта марийская территория в числе других регионов, обладателем которых к концу шестнадцатого столетия стал „московский князь“, упоминается как „Черемисия“.[4] Русские летописи XV-XVI вв. сохранили важные сведения о марийцах пограничных и глубинных владений Казанского ханства, известного чаще всего в контексте взаимных военных походов и столкновений между ними („рать черемисская“ (1462 г.), „черемисы воевать“, „прииде в землю Черемискую“ (1468 г.), „повоеваше черемису по Вятке-реке“ (1468 г.), „черемисе к горней и луговой“ (1531 г.), „горная черемиса“ (1546 г.) и русскими.[5] В „Казанской истории“ середины XVI века относительно расселения марийцев в Среднем Поволжье и их этнических „земляческих“ группах сказано, что „две бо черемисы в Казанской области, языки их три, четвертый же язык – варварский и той владеюще ими: едина бо черемиса об сю сторону Волги промеж великих гор, по удолиям, и та словет *горняя;* другая же черемиса об ону страну Волги живет, и та наричется *луговая* низоты ради и равности земля тоя ... в той же стране Луговой есть черемиса *кокшайская* и *ветлуская*“.[6] О „горных черемисах“, проживавших по берегам реки Суры, правобережном притоке Волги, писал участник „казанского завоевания“ 1552 г. князь А.М. Курбский.[7] Вышеприведенные факты позволяют очертить границы расселения марийцев к середине XVI в. в междуречье рек Ветлуги, Большой и Малой Кокшаг, Вятки в Левобережье и ниже реки Суры в сторону Свияги в Правобережье Волги. Эта основная территория проживания марийцев не изменялась и в XVII веке, за исключением пограничной контактной зоны с рус-

Йошкар-Ола, 2000. Заметим, что понятию „Марийское Поволжье“ равнозначен термин „Марийский край“, охватывающий территорию современной Республики Марий Эл и соседние районы компактного проживания марийцев.

3 С. Герберштейн. Записки о Московии / Пер. с нем. А.И. Малеина и А.В. Назаренко. Вступительная статья А.Л. Хорошкевич. М. 1988. С. 134,162,164,170-178.

4 А. Поссевино. Исторические сочинения о России XVI в. („Московия“, „Ливония“ и др.). М. 1983. С. 44.

5 Полное собрание русских летописей (ПСРЛ). Т.13. Первая половина. С. 56, 149-150; Т. 18. С. 118-119; Т. 31. С. 127; Т. 33. С. 120; Т. 37. С. 46, 107.

6 Казанская история / Подгот. текста, вступ. ст. и примеч. Г.Н. Моисеевой. М.-Л. 1954. С. 86.

7 Памятники литературы Древней Руси (ПЛДР). Вторая половина XVI века. М., 1986. С. 232.

СРЕДНЕЕ ПОВОЛЖЬЕ В XVII ВЕКЕ

скими и другими соседними народами (чувашами, татарами, удмуртами, мордвой).

Являясь составной частью обширной полиэтничной и разноязычной Казанской земли, рассматриваемый регион, упоминаемый в источниках как „Черемиская земля", во второй половине XVI-XVII вв. претерпел существенные перемены и в отличие от соседних районов бывшего Казанского ханства имели заметное своеобразие.

Введение воеводского управления и градостроительство

Установление господства Московского царства над Казанским ханством в результате победоносного похода и завоевание Казани православным царем Иваном IV Грозным в 1552 г., явилось преддверием дальнейшего продвижения России „на Восток" и одним из важных источников пополнения „государевой казны".[8] Последнее обстоятельство невозможно было без четко организованной системы центрального и местного управления новоприсоединенным краем, богатым природными и людскими ресурсами. Однако упрочение московской власти в Среднем Поволжье, и в особенности, в лесном марийском „мятежном" крае („черемисские войны" 50-80-х гг. XVI в.) происходило с большим трудом и потребовало введения новой практики воеводского управления и активной градостроительной деятельности в Казанской земле. На исторической территории расселения поволжских марийцев за короткий срок была создана целая сеть опорных пунктов военно-административного назначения, совпавшая по времени их основания с завершающим этапом длительной полосы „черемисских войн". Построенные в конце XVI в. на марийских землях города-крепости Кокшайск (1574 г.), Козьмодемьянск (1583 г.), Царевококшайск (1584 г.), Царевосанчурск (1584 г.), Уржум (1584 г.), Яранск (1591 г.) по своему предназначению представляли собой тип военного „служилого" города с подведомственной Приказу Казанского дворца воеводской властью, с абсолютно преобладавшим в нем военным стрелецким составом населения, призванном осуществлять на территории уезда с ясачным марийским населением различные военно-полицейские функции и время от времени привлекавшимся к участию в военных походах и несению погранично-сторожевой службы на южных и западных рубежах государства.[9]

Важные перемены, наметившиеся в XVII в. в социально-экономической структуре городов Марийского Поволжья, выразившиеся в появлении и увеличении тяглого посадского населения (за исключением Кокшайска, где рядом с деревянной

8 В.Д. Димитриев. Мирное присоединение Чувашии к Российскому государству. Чебоксары, 2001. С. 102.

9 Разрядная книга 1475-1598 гг. М. 1966. С. 252, 300, 348-513; И.П. Ермолаев. Среднее Поволжье во второй половине XVI-XVII вв. (Управление Казанским краем). Казань, 1982. С. 175-176; Г.Н. Айплатов. „Черемисские войны" второй половины XVI в. в отечественной историографии // Вопросы истории народов Поволжья и Приуралья. Сб. мат-лов. Чебоксары, 1997. С. 70-79.

городской крепостью не имелось посада и посадской общины из числа пришлых извне, - как это было в других городах, - беглых посадских людей, крестьян, бобылей, захребетников, гулящих людей и др.), а также в заметном уменьшении удельного веса военно-служилых людей по прибору в общей массе малочисленного (не свыше 1 тыс. чел.) городского населения; в постепенном распространении торгово-ремесленной и промысловой деятельности не только среди посадских людей, но и других слоев населения, включая городских стрельцов и торгующих крестьян; в усилении роли уездных городов во втягивании марийского района в систему складывающегося всероссийского рынка и преодолении средневековой замкнутости, в целом свидетельствовали о том, что „служилый" город с его военно-полицейской и административными функциями все более стал приобретать черты "смешанного" типа уездного города с преобладанием хозяйственно-производственной деятельности городского населения. Разумеется, при рассмотрении эволюции города в это время важно учесть и правительственную политику, направленную на подчинение русского города феодальному государству, наиболее ярко отразившуюся в соответствующих статьях Соборного уложения 1649 г. При этом нельзя не учитывать и указы с целью поддержки купеческой торговли и обеспечения нормальных условий функционирования посадской общины, в том числе в русских уездных городах в регионах с нерусским населением, постепенно интегрировавшихся в общероссийскую социально-экономическую и политическую систему.[10]

Вышеназванные города уже с конца XVI в. (а Казань с 1552 г.) становились центрами своих уездов. По мнению известного специалиста К.И. Козловой, московская администрация довольно удачно провела поуездное размежевание марийских земель с учетом специфики историко-культурных традиций этнолингвистических общностей небольших „земляческих союзов" луговых марийцев из числа „кокшайской", „царевской", „санчурской", „яранской", „уржумской черемисы", а также *горных* марийцев Козьмодемьянского уезда, расселившихся в Правобережье и частично в Левобережье по рекам Арда, Парат, Рутка, Ветлуга и их притокам. При этом в пределах каждого уезда сохранялось традиционное

10 А.Г. Иванов. Об эволюции уездных городов Марийского края в конце XVI-XVIII вв. // Столичные и периферийные города Руси и России в средние века и раннее новое время (XI-XVIII вв.). Тезисы докладов научной конференции (Москва, 3-5 декабря 1996 г.). М., 1996. С. 148-149. Заметим, что уездные города, расположенные на берегах Волги (Козьмодемьянск и Кокшайск) и ее притоков (Царевококшайск, Царевосанчурск, Уржум и Яранск), играли ведущую роль в интеграции Марийского Поволжья в общероссийскую систему. Об этом свидетельствует и активизация волжского торгового судоходства со второй половины XVI в. (см.: С.М. Каштанов. К истории Волжского торгового судоходства во второй половине XVI в. // Вопросы истории народов Поволжья и Приуралья. С. 44-58) и значительные поставки марийского хлеба в „понизовые города" в XVII в. Так, в 1627 г. из Козьмодемьянска в Астрахань „рекою Волгою" были отправлены на речных судах „государевы хлебные запасы" общим весом в 5192 четвертей ржи, овса, муки ржаной, круп и толокна. (см.: Нижний Новгород в XVII веке. Сб. док. Горький, 1961. С. 68-70).

деление ясачного марийского населения на более мелкие административные единицы – „сотни", „пятидесятни" и „десятки", а в рамках обширнейшего Казанского уезда – сравнительно крупные „дороги", унаследованные от Казанского ханства – Алатская, Галицкая, Арская со своими „сотнями" – „волостями" включавшими отдельные марийские поселения „илемы".[11]

Во второй половине XVI – начале XVII века управление и суд в уездах с марийским населением, как и в целом в Казанской земле, осуществляли воеводы. Они были наделены военной, административной, фискальной и судебной властью. При этом в условиях непрекращающихся восстаний и волнений в крае воеводы в большей степени выступали военачальниками, нежели гражданскими правителями. Опираясь на вооруженную силу городского гарнизона из числа стрельцов и других приборных служилых людей, а также местных сотных и десятных князьков и тарханов, воеводская власть использовала ее для охраны городской крепости, сбора ясака, подавления народных восстаний, несения погранично-сторожевой службы, направляла часть вооруженных людей для сопровождения судов по Волге и ее притокам, а во время войн с соседними странами – в военные походы.[12]

Сосредоточием воеводской власти в уездных городах являлись приказные или съезжие избы, а в Казани – палата, располагавшаяся в крепости. Аппарат воеводского управления кроме воеводы включал подьячих, голов, приставов, толмачей. В городах Казани, Свияжске и Чебоксарах в воеводской администрации имелись дьяки. Специальным „татарским головам" из числа русских дворян и детей боярских воеводы поручали управление местным населением. Согласно уставной грамоты Казанской земли 1574 г. „татарские головы" вершили суд, „докладывая бояр и воевод", приговаривая с их лутчими людьми, которые будут „выбраны землею вправду без поноровки". Во время военных походов „татарские головы" возглавляли отряды ясачных людей.[13]

Особое место в системе воеводского управления занимали сотники и пятидесятники, стоявшие во главе марийских сотен, пятидесятен и волостей, те есть ясачных марийских поземельных общин. В уставной грамоте 1574 г. они названы „лутчими людьми". По справедливому мнению В.Д.Димитриева, под „лутчими людьми" подразумевалась местная феодальная прослойка нерусских народов, в том числе марийские сотные и десятные князьки, тарханы и служилые новокрещены. Кроме участия в воеводском суде над ясачными общинниками, они

11 ПСРЛ. Т. 13. С. 181, 198, 200, 246, 287; Т. 14. С. 362-514; К.И. Козлова. Очерки этнической истории марийского народа. С. 93-125.

12 Разрядная книга 1475-1598 гг. С. 131-153, 247-252, 327-349.

13 В.Д. Димитриев. Документы по истории народов Среднего Поволжья XVI – начала XVII в. // Ученые записки ЧувНИИ. Вып. XXII. Чебоксары, 1963. С. 136. Заметим, что в штате воеводской администрации города Козьмодемьянска в 1594 г. упоминаются должности „житнишнова ключника" и „целовальников". – См.: Государственный архив Республики Марий Эл (ГА РМЭ), ф. 252, оп. 1, д. 1, л. 1. В конце XVI в. в Козьмодемьянске упоминается „Ямская слобода" во главе с ямским сотником, подвластным воеводе.

обладали административно-полицейской властью и фискальными функциями, владели земельными угодьями на русском поместном праве, были освобождены от ясака, несли военную и погранично-сторожевую службу, возглавляли отряды ясачных марийцев своей сотни или пятидесятни. В мирное время они выполняли в основном административно-судебные и фискальные функции и опирались на выборных сельских старост и десятников.[14]

В своей деятельности воеводская власть руководствовалась нормами Судебника 1550 г., а также присылаемыми царскими указами и наказами. Содержание уставной грамоты ясачным волостям Казанской земли 1574 г. свидетельствует, что воеводы и должностные головы должны были принимать меры по предотвращению антифеодальной и антиправительственной борьбы со стороны „горных и луговых людей", устанавливать тайную слежку за поведением нерусского населения, своевременно пресекать разбои и грабежи, обеспечивать поступление в казну с ясачных людей налога, ясака, а также медвяного оброка и пошлин за бортные ухожаи, куничного оброка за места охоты на зверя. В числе повинностей упоминаются несение военной службы служилыми и ясачными людьми. Сотники и „лутчие люди" обязаны были выставлять пеших воинов и „конную черемису" на дальнюю службу: летом ратников с трех дворов по человеку, зимой – с двух дворов по человеку; а на ближнюю службу против ногайцев – с каждого двора по человеку. Воевода обязан был заботиться о „городовом деле" и принуждать местное население заготавливать и перевозить строительный лес на строительство города, возводить крепости и остроги. Уставная грамота запрещала воеводам наносить обиды местному населению и допускать насильства, принимать взятки и приносы, предписывала управлять и судить безволокитно. Специфичной в воеводском управлении являлась практика пресечения „кузнечного и серебряного дела" во избежание изготовления оружия местным населением, а также институт „аманатства", при котором от крестьянских общин ясачных людей насильно брались в города заложники в „аманатные дворы" и своей головой отвечали за платеж ясака и поведение общинников. К этому следует добавить наличие переводчиков – толмачей, ябедников, коштанов и тарханов, как сподручных воеводы. В обязанности воеводы входило и оказание помощи присылаемым писцам при размежевании ими земельных границ различных владельцев, оказание содействия церковным властям по внедрению православия в „иноверческую" среду и другие вопросы.[15]

14 См.: В.Д. Димитриев. О социально-экономическом строе и управлении в Казанской земле // Россия на путях централизации. М., 1982. С. 100; Разрядная книга 1475-1598 гг. С. 155-227; Писцовая книга Казанского уезда 1602-1603 годов. Казань, 1978. С. 126-127, 130.

15 В.Д. Димитриев. Жалованная уставная грамота волостям Казанской земли 1574 года // Димитриев В.Д. Чувашия в эпоху феодализма. Чебоксары, 1986. С. 65-75; Он же. Заповедные товары и запрет кузнечного и серебряного дела в национальных районах Среднего Поволжья в XVII в. // Вопросы истории Чувашии. Чебоксары, 1977. С. 55-65; Список с писцовых книг по г. Казани с уездом. Казань, 1877. С. 35; Список с писцовой и межевой книги города Свияжска и уезда (1565-1567 гг.). Казань, 1909. С. 44-49;

По наблюдениям И.П. Ермолаева, одной из основных обязанностей воевод было составление списка служилых людей уезда и контроль за их службой. Так, в сохранившейся „памяти" из приказа Казанского дворца казанскому воеводе князю Г.А.Булгакову от 29 мая 1585 г. имеются сведения о переводе служилого человека Недая Саламыкова из Казани в Кокшайск, в связи с чем кокшайскому воеводе В.П. Головину предписывалось, чтобы он у себя „Недая в список написал".[16]

В целом, первые шаги становления воеводской системы управления вполне соответствовали основным задачам реализации правительственной политики в крае. Вместе с тем, слабый контроль со стороны центральной власти, широкие полномочия и всесилие уездных воевод нередко порождали их злоупотребление властью. Так, в 1601 г. состоялся боярский суд „ в верху" над А.А.Репниным, воеводой города Яранска. Он обвинялся „в воровстве", „что он в Яранском государеву... казну, денги, и из житницы, хлеб, рожь и овес крал". Видимо, воеводские злоупотребления в городах Казанской земли явились одной из причин участия ясачных людей в „Смуте" и временной ликвидации воеводской власти в ходе бурных событий в 1608-1610 гг. в Козьмодемьянске, Царевококшайске, Царевосанчурске, Яранске и других поволжских городах.[17]

Тем не менее, воеводская система управления, впервые апробированная в Среднем Поволжье, с воцарением новой династии Романовых в 1613 г., была распространена на территорию всего Российского государства. В этой связи, применительно к регионам Марийского края, XVII век можно определить как важнейший этап в эволюции государственного управления, характеризующийся дальнейшим развитием, оформлением и расцветом воеводской практики управления. На этом этапе установились твердые принципы преемственности в управлении с учетом местной специфики, значительно расширился круг вопросов воеводского управления и наметилось все более близкое соприкосновение воеводской власти с будничными интересами всех слоев населения города и уезда, в том числе ясачных марийских крестьян с их общинной организацией самоуправления.

Наказы воеводам

Процесс оформления местного управления в XVII в. наиболее точно может быть прослежен по наказам воеводам уездных городов, являющимися своеобразными инструкциями по управлению краем. Непосредственно вопросы управления в Марийском крае сохранились в подробных наказах воеводам городов Царевококшайска 1628 г. и Кокшайска 1645 г., а также в пяти наказах казанским воеводам 1613, 1649, 1677, 1686 гг. (публикация в 1974 г. осуществлена В.Д.Дими-

Г.Н.Айплатов, А.Г. Иванов. Монастырская колонизация Марийского Поволжья. С. 46-49; Макаров Д.М. Самодержавие и христианизация народов Среднего Поволжья (XVI – XVIII вв.) Чебоксары, 2000. С. 53-66.

16 См.: И.П. Ермолаев. Среднее Поволжье во второй половине XVI – XVII вв. С. 43.

17 Там же. С. 44-45, 76-103; В.Д. Димитриев. Чувашия в эпоху феодализма (XVI – начало XIX вв.). Чебоксары, 1986. С. 124-229.

триевым) и 1697 г. Заметим, в XVI – XVIII вв. больше половины территории современной Республики Марий Эл входила в обширный Казанский уезд (Алатская, Галицкая, Арская дороги) с центром в Казани (пригороды, Арск, Алаты, Малмыж, Лаишев, Тетюши, Заинск и др).

Материалы царских наказов царевококшайскому и кокшайскому воеводам свидетельствуют, что уже в период правления царя Михаила Федоровича в основном определилась внутренняя структура и круг важнейших вопросов с конкретными функциями воеводского управления. Содержание наказа, как правило, имело такие моменты, как процедуру передачи власти и вступления в должность, общие принципы и задачи управления, социально-политическая обстановка, военные, полицейские, судебные права и обязанности, и в особенности, фискальные задачи и финансовое управление, а также хозяйственно-экономические и другие вопросы.

Конкретно, наказ царя Михаила Федоровича царевококшайскому воеводе В.Я. Воронову от 29 марта 1628 г. начинается с определения его вступления в должность нового воеводы, порядка приема дел от предшественника и оформления этого акта. Согласно этому наказу, В.Я.Воронов должен был принять от прежнего воеводы В.П.Зиновьева „город и острог, и городовые, и острожные ключи и на городе и на остроге наряд, и в государеве казне зелье и свинец, и всякие пушечные запасы, да в казне ж прежние государевы наказы и грамоты, и денги, книги приходу и расходу денгам и хлебу, и царевококшайским всяким служилым и жилецким людем имянные списки и ясачные книги, почему збирают с черемис ясак и посопной хлеб, и царевококшайским всяким доходом доимочные росписи – на ком что донять всяких доходов на прошлые годы и на нынешней на 136-й год, и всякие дела, и в житницах всякие хлебные запасы, что он по свой приезд заедет налицо“.[18] Как видно, воевода нес личную ответственность за боеспособность города и его подготовленность к обороне и непосредственно ведал городовыми и острожными ключами, а также всем вооружением. Большое внимание уделяется сохранности денежной казны и запасов хлеба, наличии в делопроизводственной документации для руководства прежних государевых наказов и грамот, именных списков служилых людей, ясачных, приказных, расходных и доимочных книг. В дальнейшем процедура передачи дел включала придирчивую опись всей наличности вооружения, казны, хлеба, а при недостаче – взыскание долгов с прежнего воеводы В.П.Зиновьева. Лишь после этого предшествовавший воевода с отчетной документацией мог выехать в Москву. Одновременно новый воевода обязан был направить подробную „подлинную роспись“ о приеме дел и о своем вступлении в воеводскую должность в приказ Казанского дворца.

Как и в XVI веке, воеводская власть в XVII в. распространялась „во всем“ на подвластный воеводе город и уезд. Типичным в этой связи представляется наказ царя Михаила Федоровича кокшайскому воеводе А.П.Суровцеву 1645 г., в котором ему предписывалось в качестве основной задачи „о всяких делах ис

18 В.Д. Димитриев. Наказ царя Михаила Федоровича царевококшайскому воеводе В.Я. Воронову 1628 года // Марийский археографический вестник. 1992. Вып.2. С. 66.

приказу Казанского дворца, и государевым всяким делом радети и промышляти, и государю во всем искать прибыли".[19]

Как свидетельствуют материалы наказов воеводам уездных городов Марийского Поволжья первой половины XVII в. и города Казани второй половины этого же столетия, к числу важнейших „дел" относилось обеспечение воеводской властью всеми доступными ей средствами социально-политической стабильности в крае. Воеводам строго предписывалось: „беречь того накрепко, чтоб в руских людех, в татарех, чуваше, черемисе и вотякех не было измены, шатости и воровские смуты". С целью недопущения недовольства местного населения и своевременного искоренения разрозненных вспышек социального протеста и стихийных народных движений, воеводы обязаны были организовать службу политической разведки, тайной слежки среди местных народов, применять ряд запретительно-карательных и предупредительно-предохранительных мер. Воеводы должны были „шатости и измены проведывать тайно". Для этого они использовали из приказных людей – толмачей и приставов, выборных лиц общинного самоуправления – сотников и старост, а также асламчеев (нерусских торговцев) и „черемисских" ябедников-коштанов (прослойки сельских заправил, являвшихся посредниками между крестьянской ясачной общиной и воеводским управлением). Подозреваемых в „измене и шатости" под вымышленным предлогом арестовывали и тайно приводили в уездные города, где бросали в тюрьму и пытали „накрепко". Материалы пыточного допроса направлялись в приказ Казанского дворца, а уездными воеводами городов Марийского края с середины XVII в. и к „старшему" воеводе в город Казань. По линии полицейской службы воевода обязан был арестовывать и наказывать всех лиц, нарушавших законы; подвергнуть проверке пришлых людей, участвовать в поимке беглых людей и возврате их на прежнее местожительство.

Применительно к нерусским народам, в том числе ясачным марийцам, воевода должен был не допускать их проживание в городе и входа в крепость группами. Сохранение института заложников-аманатов из числа авторитетных ясачных марийцев в городах края, призвано было обеспечить „законное" поведение общинников и исправное несение ясачных податей и повинностей. Согласно наказам, воеводы всячески должны были выискивать нарушителей из числа нерусских людей, занимающихся кузнечным и серебряным делом, производством оружия и подвергать их наказанию. Важным фактом стабильности являлось „полюбовное" решение многочисленных поземельных споров между различными землевладельцами, в которых участвовал и воевода. Одновременно воевода должен был добиваться того, чтобы требование закона о запрете расхищения ясачных земель русскими помещиками, монастырями и приказными людьми было нерушимым. На практике, как показывают материалы многолетнего поземельного спора между Спасо-Юнгинским монастырем и ясачными марийцами Акпарсовой сотни Козьмодемьянского уезда, воеводская власть чаще всего оказывалась на

19 Наказ Государя царя Михаила Федоровича, данный на управление городом Кокшайском с уездом, чувашскими и черемисским волостями. Кострома, 1613. С. 12.

стороне русских феодалов. Воеводы должны были не допускать того, чтобы русские феодалы, купцы, приказные служители закабаляли ясачных людей и превращали в своих крепостных крестьян и дворовых людей, тем самым защищать государственные интересы и обеспечить меры предупреждения социальных протестов. В наказах постоянно выступает требование ко всем воеводам, военным, дворянам, детям боярским, приказным служителям, сборщикам податей, тарханам, служилым новокрещенам, ябедникам и коштанам из нерусских народов „не жесточить ясачных людей", „держать ясака и привет, и береженье" к ним, не взыскивать с них незаконные сборы, не брать с них „посулов и поминок". Однако эти грозные требования чаще всего нарушались воеводской властью. Не случайно, в годы Крестьянской войны 1670-1671 гг. под предводительством С.Т. Разина в первую очередь воеводская приказная изба подвергалась нападению со стороны местных восставших людей. Возможность подрыва местного управления, нарушения и попыток расправ с некоторыми особо ненавистными воеводами сохранилось на всем протяжении XVII в. В связи с этим следует рассматривать, в известной мере, и военные функции воеводы по исправному содержанию крепости и города, поддержанию постоянной боевой готовности стрелецкого гарнизона и служилых людей, контроль за „городовым нарядом", своевременным обеспечением поместным и денежным окладом служилых людей.[20]

Немало места отведено в наказах судебно-полицейским полномочиям воевод. Согласно наказу 1628 г., царевококшайский воевода обязан был „царевококшайских всяких русских служилых и жилецких людей, и новокрещенов,и черемису в управных во всяких делех судити и расправа меж ими чинити по государеву указу вправду". В судебной деятельности воевода руководствовался государевыми грамотами, указами, наказами, а с 1649 г. соответствующими статьями Соборного Уложения и различными „новоуказными статьями". В случае невозможности рассмотрения спорных дел на месте, воеводе приписывалось направить „те спорные дела и по исцы и ответчика поручных записи" в Москву в приказ Казанского дворца. За исполнение судебных функций воеводе предлагалось взиматься с судных дел „с русских людей с рубля по гривне да пересуду и правого десятка по семи алтын по две денги, а черемисы против того вполы". Наказы требовали, чтобы воевода и приказные люди судили и чинили управу „безволокитно в правду", чтобы воевода по „дружбе по посулам" не норовил, „а по недружбе" не мстил. За неправый суд Соборное Уложение 1649 г. предусматри-

20 См.: В.Д. Димитриев. „Царские" наказы казанским воеводам XVII в. // История и культура Чувашской АССР. Чебоксары, 1974. Вып.3. С. 284-419; Он же. Наказ царя Михаила Федоровича. С. 67-68; Он же. Национально-колониальная политика Московского правительства в Среднем Поволжье во второй половине XVI – XVII вв. // Вестник Чувашского университета. Чебоксары, 1995. №2. С. 10-12; Наказ Государя царя Михаила Федоровича. С. 4-6; Полное собрание законов (ПСЗ). Т. III. № 1579; И.П. Ермолаев. Среднее Поволжье во второй половине XVI – XVII вв. С. 108-112; Г.Н. Айплатов, А.Г. Иванов. Монастырская колонизация Среднего Поволжья. С. 51-68, 72-78, 79-103, 122-146, 148-149 и др. Заметим, что в XVII в. воеводская власть принимала лишь слабое участие в христианизации марийцев, предпринятых монастырями.

вал наказания воеводам и дьякам. Наказ 1697 г. напоминал воеводам „смотреть… чтоб лихоиманий и суда неправого отнюдь не было“. Однако нарушения законов воеводами, за небольшими исключениями, оставались без наказаний. О полицейских функциях воеводской власти нами уже было упомянуто. Следует лишь еще раз подчеркнуть, что воевода помимо расследований, связанных с грабежами, воровством и убийствами, обязан был уделить особое внимание по пресечению различных форм социального протеста тяглого населения; не допускать провоцирования приказными людьми недовольства ясачных людей: „и над головою стрелецким и над подьячими, и над толмачами, и над приставы, и над всякими русскими людьми смотрити и беречи того накрепко, чтоб они черемисы не обидили, и посулов и поминков с них не имали, и насильства им никому не чинили“.[21]

Одними из важнейших функций воеводского управления являлись фискально-податные и хозяйственно-экономические вопросы. Царские наказы строго предписывали воеводам своевременный сбор с податных слоев населения окладных и неокладных денежных и хлебных сборов, организацию и сбор кабацких и таможенных денег, контролирование казенных оброчных статей и промыслов, исполнение земских повинностей, наблюдение торговыми операциями, управление посадом, дворцовым волостным хозяйством, Ямской слободой (в Козьмодемьянске) и другими вопросами.

Содержание многих воеводских наказов свидетельствует, что сбор казенных налогов являлся одной из основных забот уездных воевод Марийского Поволжья. В этом регионе наибольшая величина взимавшихся ежегодно окладных сборов приходилась на ясачные платежи. Обычно ясак в марийской деревне взимался хлебом и деньгами, а оброчные платежи за обладание промысловыми угодьями – больше всего медом и пушниной. Ясачные сборы в марийских волостях и деревнях производились приказными людьми воеводской съезжей избы в сопровождении стрелецких отрядов и нередко сопровождались всевозможными злоупотреблениями. Как отмечалось в воеводском наказе 1697 г., в Казанском уезде в 60-х гг. XVII в. „сборщики ясашным людем многие налоги и обиды чинили и сверх ясачных денег собирали с них многие деньги, и от того ясачным деньгам и хлебу учинилась многая доимка“. В связи с этим, в 1671 г. после подавления разинского движения, указом царя Алексея Михайловича воеводам запретили направлять в ясачные волости дворян, детей боярских и подьячих. „Ясачные всякие зборы“ отныне должны были собирать выборные из числа самих марийцев „лучших и пожиточных людей“, утвержденные в этой должности воеводской властью. Воеводы отвечали за составление и достоверность сведений о ясачных дворах, фиксируемых подьячими и писцами в“ясачных окладных книгах“ и других фискально-податных документах (писцовые, переписные книги и т.п.) Для

21 В.Д. Димитриев. Наказ царя Михаила Федоровича царевококшайскому воеводе В.Я. Воронову. С. 66-67; ПСЗ. Т. III. № 1579; История Марийского края в документах и материалах. Эпоха феодализма. Сост. Г.Н. Айплатов, А.Г. Иванов. Йошкар-Ола, 1992. С. 113-115, 121-125, 127-128; Российское законодательство X-XX вв. М., 1985. Т. 3. С. 102-103.

увеличения контингента налогоплательщиков, воеводам предписывалось „в черемиских деревнях новоприбыльных ясачных людей черемису выискивати… и тех новоприбыльных ясачных людей велети в оброчные, в ясачные книги писати имянно", и сборщикам платежи „на них положити, смотря по их прожитком и по промыслом". В случае обнаружения ясачных беглых людей из других уездов, их следовало выслать на прежнее местожительство. Воевода также осуществлял надзор за таможенными и кабацкими головами и целовальниками по сбору ими откупных денег в казну, вел наблюдение за торговыми операциями в городе и уезде, требовал от горожан принятия мер противопожарной безопасности. Кроме того, царевококшайский, яранский, царевосанчурский воеводы опекали приказчиков царских Дворцовых волостей, и козьмодемьянский – сотского Ямской слободы. В полном ведомстве воевод находились и казенные житницы в городах, за сохранность которых непосредственно отвечали житничные головы и целовальники. Хлеб из „государевых житниц" выдавался служилым людям взамен денежного оклада. Собранные в воеводскую казну деньги (ясачные, ямские, полоняничные, стрелецкие, „за лес низовых отпусков", таможенных, кабацких и др.) на основе указов приказа Казанского дворца уездный воевода по приходно-расходной „росписи" направлял на содержание приказных и служилых людей: „в тех городех на жалованье ратным и служилым людем", а часть – в другие города Казанской земли. На воеводах же лежали обязанность организовать исполнение земских повинностей посадского и уездного населения: постройка и починка городских и крепостных сооружений, съезжей избы, таможенных и кабацких дворов, ремонт и починка дорог, мостов, направление пешей и „конной черемисы" подведомственного уезда на военную службу и другие вопросы.[22]

В целом воеводы уездных городов являлись полновластными хозяевами уезда. В особенности широкую компетенцию они имели в финансовых вопросах, что давало им большие возможности для личного обогащения в форме „воеводского кормления" с подвластного населения.[23]

22 В.Д. Димитриев. Наказ царя Михаила Федоровича царевококшайскому воеводе В.Я. Воронову. С. 68-70; Наказ Государя царя Михаила Федоровича. С. 8-10; ПСЗ. Т. III. № 1579; Г.Н.Айплатов. Ясачное землевладение в Среднем Поволжье. С. 95-111; И.П. Ермолаев. Среднее Поволжье во второй половине XVI – XVII вв. С. 113-122; Г.Н. Айплатов, А.Г. Иванов. Владенные выписи ясачных марийцев Кокшайского уезда 1686 года // Марийский археографический вестник. 1997. Вып.7. С. 119-139.

23 Г.П. Енин. Словесный суд воеводский. СПб., 1995. С. 20-32; Он же. Праздничное „кормление" царевококшайского воеводы в начале 60-х гг. XVIII века // Марийский археографический вестник. 1993. Вып. 3. С. 25-33. См. также: Г.П.Енин. Воеводское кормление в России в XVII веке (содержание населением уезда государственного органа власти). СПб., 2000.

Социальное положение ясачных крестян

Характерно, что дальнейшим следствием установления господства московской власти в Марийском Поволжье стало увеличение различных форм феодальной земельной собственности и усложнение сословно-этнического состава населения на этой территории. В первые десятилетия второй половины XVI в. основным верховным собственником ясачных земель выступало исключительно феодальное государство, а непосредственно владетелями – крестьянские общины с надельными пользователями из числа ясачных дворохозяев. Конец XVI-XVII вв. примечательны тем, что государственные земли ясачных марийских общин подвергались усиленной колонизации и захвату со стороны русских светских и духовных феодалов. Так появились дворцовые земельные вотчины вокруг городов Царевококшайска, Царевосанчурска и Яранска. Монастырская колонизация охватила бассейн рек Волги, Ветлуги, Рутки, Большой и Малой Юнги, Малой Кокшаги, Уржума и других притоков Вятки, где было основано около одного десятка монастырей и пустынь. Некоторые их них находились под прикрытием крепостных стен. Другие располагались вблизи уездных городов, третьи затерялись в лесных дебрях, четвертые получили крупные земельные вотчины и рыбные ловли, как, например, суздальский архиепископ на Волге и ее притоках между Васильсурском и Козьмодемьянском. Несколько вотчин и поместий принадлежали боярам, дворянам и детям боярским. Удельный вес помещичьего, дворцового и монастырского землевладения в Марийском Поволжье в отличие от соседних регионов Казанской земли был незначительным. Во многом это обстоятельство обуславливалось особенностями природно-географического расположения, спецификой безбрежных марийских лесов, фактическим закреплением за крестьянскими общинами ясачных марийцев удобных для хлебопашества земель, их постоянной борьбой за исконные свои земельные владения, доходившей до настоящих „черемисских войн" и их участием в различных волнениях и восстаниях. Свою роль здесь сыграли царские указы о запрете и ограничении захвата ясачных земель русскими феодалами, а также фискальные и иные интересы государства. Не случайно, что здесь ведущее место занимала феодальная государственная форма земельной собственности и соответственно ясачное землевладение марийских крестьянских общин.[24]

Колонизация земель Марийского Поволжья, в том числе беглыми русскими крестьянами, холопами, посадскими людьми и другими, не могла не привести к усложнению сословно-этнического состава населения края. Постепенно росла численность пришлых русских людей из числа дворцовых, монастырских, помещичьих и ясачных (переведенных на марийские ясаки) русских крестьян и горожан (служилые люди „по отечеству" и „по прибору", дворяне, стрельцы, посадские люди, ямщики, холопы и др.). Однако абсолютное большинство

24 См.: История Марийской АССР. Йошкар-Ола, 1986. Т.1. С. 68-95; А.Г. Иванов. Очерки по истории Марийского края XVIII века. Йошкар-Ола, 1995. С. 45-46, 56-61, 80-89, 315-316.

составляли ясачные марийцы, численность которых в 70-80-х гг. XVII в. по подсчетам Г.Н.Айплатова составляла 110-120 тыс. человек обоего пола и приблизилось к показателям середины XVI в. кануна „казанского взятья".[25]

По своему социальному положению ясачные марийцы – („ясачные черемиса", „ясачные люди") во второй половине XVI-XVII вв. оставались на положении лично-свободного состояния, что обуславливалось драматизмом присоединения нерусских народов Поволжья в состав России и спецификой национально-фискальной политики царского самодержавия. Они относились к категории государственных крестьян и подвергались эксплуатации непосредственно со стороны феодального государства. Тем не менее, на протяжении XVII в. в отношении ясачной деревни усиливалась закрепостительная политика. Нормы феодального права, закрепленные в Соборном Уложении 1649 г., законодательно предусматривали обязанности ясачных людей. Они не могли свободно покидать общинные земли, уходить без разрешения уездных воевод из своих селений. Беглые крестьяне разыскивались и в случае поимки, жестоко наказывались и принудительно возвращались на прежнее местожительство.

Воеводам, облеченным всей полнотой власти (административной, исполнительной, судебной, полицейской, фискально-податной и др.) нужно было в первую очередь платить государственный налог и ренту за пользование землей – ясак. Марийцы вносили в казну все возрастающий ясак, как деньгами, так и хлебом. Им же приходилось платить казенные оброчные деньги за право владения бортными ухожьями и бобровыми гонами, за обладание мукомольными мельницами и рыбными ловлями, оброчными пахотными и сенокосными участками, за проведение марийских свадеб („куничные"), привоз, покупку и продажу това-ров. Тяжелы были косвенные высокие сборы за соль. К тому же ясачные сборщики взимали значительно больше денег, хлеба, пушнины и меда, чем предусматривал царский наказ. Взимание ясака и различных податей нередко сопровождалось истязаниями крестьян. Нередко у бедняков отнимали последнее. Чтобы обеспечить исправное поступление ясака в казну, воеводы забирали в городской острог аманатов – заложников из числа „лутчих" состоятельных ясачных марийцев. Их не выпускали до тех пор, пока ясачные крестьяне в срок не уплачивали требуемую сумму и не выполняли различные повинности.[26]

Между тем ясачным марийцам по воеводским наказам приходилось выполнять и тяжелое „городовое дело" – рубить и доставлять на своих подводах или санях бревна для постройки крепостных сооружений и городских стен. Им же приходилось отрываться на неотложные работы по починке, строительстве дорог и мостов. Обременительными были частые перевозки казенных грузов, служилых и

25 Г.Н. Айплатов. Социально-экономическое развитие и классовая борьба в Марийском крае в XVII в. Дис. к.и.н. М., 1965. Л. 67-70.

26 В.Д. Димитриев. „Царские" наказы Казанским воеводам XVII века // История и культура Чувашской АССР, Чебоксары, 1974. Вып. 3. С. 290-369; Он же. Наказ царя Михаила Федоровича царевококшайскому воеводе В.Я. Воронову. С. 62-71; Соборное Уложение 1649 г.: Текст. Комментарии. Л., 1987. С. 78-79.

приказных людей. Тяжелы были лесорубные работы и сплав леса в низовые волжские города, многомесячные отработки на казенных селитренных и поташных заводах, расположенных за десятки и сотни верст от ясачного местожительства марийцев. По царским указам ясачные марийцы вместе с русскими, чувашами, татарскими, мордовскими и удмуртскими крестьянами участвовали на строительстве Симбирской (1647-1654) и Закамской (1652-1658) укрепленных линий для защиты от набегов кочевников. Марийцам приходилось нести караульную службу на засечных линиях. С каждых шести дворов приходилось отправлять одного взрослого мужчину. Тяжелой являлась и ратная служба. Во время войн с каждых трех дворов набирали по одному человеку. Каждый пеший и конный ратник должен был иметь при себе копья, лук и стрелы, топоры. Для их снаряжения тоже приходилось делать специальные сборы.[27]

Тяжесть социального положения государственных ясачных марийских крестьян усугублялась всевозможными злоупотреблениями царских воевод и приказных людей, коштанов и служилых людей. В глазах ясачных марийцев русский город-крепость оставался в первую очередь прибежищем бесконтрольной воеводской власти, а съезжая (воеводская) изба-канцелярия как средоточие социального зла, висевшего над ними. Изредка появляясь в городах, не имея права оставаться даже на ночлег, продав привезенные хлеб, хмель, мед, воск, пушнину, кожи домашних животных в базарные дни, ясачные марийцы вновь возвращались к родным очагам. Обман купцов, ростовщиков, торговцев-осламчеев, скупавших у них за бесценок добытые тяжелым крестьянским трудом, вызывало, наверное, у них негодование против всех притеснителей.

В условиях неизбежных социальных и природных невзгод мелкокрестьянским и маломощным хозяйствам марийцев лишь сообща можно было их преодолевать и регулировать свою самобытную жизнь. Таким универсальным орудием для ясачных марийцев являлась сельская крестьянская община. В источниках XVII века она упоминается как „волость“, „волость с починки“, „сотня – волость“, „себе усадом“ и „деревня“. Она могла состоять из нескольких дворов одной деревни или же нескольких поселений (отцовское родоначальное поселение с выселками) с десятками крестьянских дворов, обмежеванных в определенных земельных границах.

Несмотря на верховную земельную собственность феодального государства, каждая крестьянская община исстари „от дедов и прадедов“ владела своими земельными угодьями и всячески отстаивала ее неприкосновенность от различных притязаний. Тем более, что на протяжении XVII века земельные владения марийских общин в различных уездах заметно сократились из-за их захвата монастырями, помещиками, дворцовым ведомством и собственно казной („покидные“ и „умерших“ владельцев земель). В частности, в Поветлужье марийские общинные земли захватили Макарьев-Успенский, Варнавинский монастыри и Воздвиженская пустынь, в Козьмодемьянском уезде – суздальский митрополит и Спасо-Юнгинский монастырь, в Уржумском уезде – Спасский Цепочкинский и

27 ПСЗ. Т. III. № 1579; История Марийской АССР. Т.1. С. 80-82.

Вятский Трифонов монастыри, в Царевококшайском уезде – Мироносицкая пустынь, в Казанском уезде – Раифская и Седмиозерская пустыни, в Яранском уезде – Новодевичий и Воздвиженский монастыри, в Царевосанчурском уезде – Мусерская пустынь. Проводимые время от времени земельные переписи, обмежевание земельных владений общины, установление границ общинного землевладения специальными знаками – „гранями", не обходились без участия самих общинников. Подлинные выписи с писцовых и переписных книг, хранящиеся у деревенских старожилов, являлись важнейшими поземельными документами, удостоверявшими законность владения марийцами исконными своими общинными землями. При земельных и других спорах с соседней общиной, воеводской администрацией и другими, вся община выступала как единое целое и сообща защищала свои интересы. С согласия властей она была не прочь принять на пустующие „покидныя" земли русских и других крестьян.[28]

Крестьянская община выступала и как важнейший инструмент регулирования всех сторон хозяйственной и духовной жизни (языческие моления, народная педагогика) ясачных марийцев. Для решения всех „мирских" дел все взрослые мужчины-дворохозяева обязаны были присутствовать на общинном сходе. Важнейшим среди них был вопрос о наделении ясачных людей пашней и сенокосами. В середине XVII в. в среднем на 1 ясачный двор приходилось от 4,5 до 9 десятин пашни и выше (в трех полях), 70-80 копен сена. Обычно пахотные и сенокосные участки давались каждому дворохозяину после переделов по жребию. Иногда марийцы свои земельные участки передавали по наследству или по решению общинного схода давались родственникам, пришлым русским крестьянам „на пустующие ясаки". В совместном пользовании всех общинников были пастбища, водопои, озера, речки, леса, болота, а иногда и сенокосные угодья. Собственные бортные деревья в общинных лесах их владельцы обозначали своими родовыми „тамгами" – знаками индивидуальной собственности конкретного крестьянского двора.[29]

Равные в своих правах, ясачные марийские общинники обычно помогали друг другу. В особенности, в страдную пору и при новостройках. На общинные „помочи" (*вимя*) приходили не только родственники, но и соседи. Обычно эти коллективные работы выполнялись исключительно за „угощение". Вместе с тем, внутри марийской общины в имущественном отношении появилась небольшая прослойка „лучших" зажиточных дворохозяев, владевшая значительными площадями пашни, сенокосов, поголовьем скота и использовавшая труд обедневших своих сородичей. Основная масса общинников в целом едва сводила концы с концами в своем хозяйстве.

Помимо поземельных и хозяйственных функций, ясачная марийская община выступала и как целостная фискально-податная единица. Общинники, связанные

28 А.Г. Иванов. Очерки по истории Марийского края XVIII века. С. 80-85, 107-109, 315-316; Г.Н. Айплатов, А.Г. Иванов. Владенные выписи ясачных марийцев С. 119-139.

29 Г.Н. Айплатов. Ясачное землевладение в Среднем Поволжье в XVII веке // Материалы по истории сельского хозяйства и крестьянства СССР. Сборник 8. М., 1974. С. 95-111.

круговой порукой, обязаны были своевременно вносить в царскую казну требуемую денежную сумму, выполнять различные повинности и вносить подати. Раскладка податей и повинностей между отдельными дворохозяевами обычно производилась по ясакам на общинных сходах, исходя из посильных возможностей каждого крестьянского хозяйства. Обычно на один марийский двор приходилось 0,5 ясака. По данным 1678 г. в 22 марийских общинах-волостях Галицкой дороги Казанского уезда (Коркатово, Большой Карамас, Парат и др.) почти четыре пятых дворов платили в размере 0,5 ясака. С незначительной части крестьянских дворов взыскивали по 0,25 ясака. С обедневших взимали лишь „бобыльский" оброк. В то же время небольшое число деревенских богатеев платили по 1,5-2 ясака с двора. В 1624-1664 гг. в среднем с каждого ясака в казну взыскивали деньгами по 48 копеек, а продуктами по 1 четверти ржи и овса, полосмины ясака. К 1678 году денежная часть ясака возросла до 58 коп., а хлебные поборы – в 2 раза, не считая многочисленных оброчных платежей, податей и повинностей. Это было весьма обременительно для натуральной марийской деревни, где труд был дешев, а деньги очень редки.[30]

Марийская ясачная община являлась также и органом крестьянского самоуправления. На общинных сходах выбирались „мирские" должностные лица – сотники, старосты, пятидесятники и десятники. Они были подконтрольны общине, но утверждались в своей должности воеводской властью. Как низовое звено воеводского управления сотники и старосты обязаны были доводить до сведения общинников царские указы, воеводские наказы, своевременно собирать ясачные платежи, направлять ратных людей, разбирать мелкие проступки общинников, помогать воеводе в поимке беглых и т.д. Характерно, что в первой половине XVII века на сотнической должности в марийских общинах были служилые тарханы, а во второй половине века – в основном ясачные крестьяне из числа самих общинников.

Крестьянская община марийцев в целом выступала действенным и сплачивающим инструментом марийской общины как в мирное время, так и в период военных потрясений „Смуты", Крестьянской войны под предводительством С.Т. Разина и других формах социального протеста.

Развитие культуры марийцев

Развитие культуры марийцев в рассматриваемое время отличалось устойчивым традиционализмом и не претерпело существенных изменений. Крестьянские семьи ясачных людей жили в небольших селениях *(илемах)* и заимках *(руэмах)*. Каждый крестьянский двор представлял собой комплекс жилых (бревенчатый дом – *пӧрт, сурт;* летней бревенчатой кухни-шалаша – *кудо)* и хозяйственных (сарай, амбары, сеновал и пр.) строений с приусадебным участком, где выращивались лен, конопля и огородные культуры. Характерно, что „к земледельческому быту" марийцы „полностью перешли только после присоединения к Русскому

30 Там же.

государству в середине XVI века".[31] Не случайно, основное орудие пахоты „соха с железным наконечником" - *„шагагыртни"*, *„шога куртньӧ"*, вошло в лексикон горных и луговых марийцев и в земледельческий обиход лишь под влиянием русских земледельцев.[32] В хозяйстве марийцев, судя по данным археологических раскопок памятников XVI-XVII вв. имелись топоры, необходимые при лесных работах, и в особенности, при „лесопольной" системы земледелия, а также орудия уборки урожая – серпы и косы. Среди хозяйственного, бытового инвентаря и предметов вооружения помимо топоров различных типов, имелись ножи, лук и стрелы, железные кочедыки (для лаптей и изготовления различных изделий из лыка – сосудов, туесков и проч.) и кресала железные, а также глиняная посуда и деревянные изделия. Домашнее женское ткачество обеспечивало необходимым посконным холстом для шитья рубахи, брюк, платья и другой одежды. Обувь изготовлялась из кожи и лыка. Наиболее насыщены украшениями были женские костюмы с красивыми головными уборами (*шапочка-такья, нашмак, шурка*), сделанными из цветных металлов, декоративными нагрудниками (*почкама, ширкама*) и пояса (*юпинэ*), снабженного различными привесками-амулетами, ножами и кожаными кошельками. Характерно, что марийский костюм XVI-XVIII вв. имел больше вышивки и меньше металлической фурнитуры и украшений, чем в предшествующий период, что объясняется преследованием царскими властями кузнечно-ювелирного ремесла нерусских народов.[33]

В области духовной культуры марийцы сохранили свой этнический идентитет, что во многом обуславливалось неуклонной их приверженностью языческим верованиям. В условиях полной зависимости от природных стихий, социального и национального неполноправия, в повседневном семейном быту, общинной и народной жизни взоры ясачных марийцев привычно обращались к своим языческим божествам. Стремясь облегчить свою земную жизнь, марийские язычники усердно молились им и приносили традиционные жертвоприношения. В этой связи весьма примечательным представляется наблюдения иностранного путешественника Адама Олеария, который в середине XVII века отмечал, что марийцы

> „приносят жертвы и богу. Режут для этой цели лошадей, козлов и овец. Натягивают шкуры на колья, варят рядом с ним мясо. Берут блюдо, полное мяса в одну руку, а чашку с медом или другим напитком в другую руку и бросают все это против шкуры в огонь, говорят: „Иди, передай мое желание богу". Также: „О боже, я охотно жертвую тебе это, прими это от меня и дай мне скота" и т.д., смотря по

31 Т.А. Крюкова. Материальная культура марийцев XIX века. Йошкар-Ола, 1956. С. 12.

32 А.А. Саваткова. Словарь горного наречия марийского языка. Йошкар-Ола, 1981. С. 193; В.М. Васильев, А.А. Саваткова, З.В.Учаев. Марла-рушла мутер. Марийско-русский словарь. 2-е изд. Йошкар-Ола, 1991. С. 414.

33 Т.Б. Никитина. Марийцы (конец XVI-начало XVIII вв.) по материалам могильников. Йошкар-Ола, 1992. С. 45-69; Она же. Марийцы в эпоху средневековья (по археологическим материалам). Йошкар-Ола, 2002. С. 89-149; Г.А. Архипов, Т.Б. Никитина. Атлас археологических памятников Республики Марий Эл. Йошкар-Ола, 1993. Вып. 2.

тому, что они охотно желали бы. Так как они не верят в иную, чем здешняя, жизнь, то все их просьбы и молитвы устремлены на мирское. Они молятся также солнцу и месяцу, так как замечают, что их действие благоприятно для земли и скота. Особенно же во время урожая высоко чтится ими солнце. Нам даже сообщали, что они в течение дня почитают и иногда обожают все то, что видели во сне, будь то корова, лошадь, огонь или вода. Когда я и хозяин мой иногда из-за этого уговаривали черемисина, что неправильно чтить скот и другие твари как бога и молиться им – он давал такого рода ответ: что же такое представляют собой боги русских, вешаемых на стенку? Ведь в них нет ничего, кроме дерева и краски, и он, поэтому не желает им поклониться; гораздо лучше и разумнее обожать солнце и то, что имеет жизнь. У них нет ни письмен, ни попов, ни церквей. Их язык также своеобразен и имеет мало родства с обыкновенным татарским или турецким. Те, кто в этих местах живут среди русских, пользуются обыкновенно русским языком".[34]

Достоверность наблюдений А. Олеария о неприятии абсолютным большинством марийцев православной христианской веры подкрепляются и другими источниками.[35] Спорадические попытки светских и духовных властей, в особенности монастырей, по крещению „иноверцев", оставались безуспешными.[36] Ясачные марийцы упорно молились своим языческим божествам. Языческие верования марийцев являлись важным фактором их сплачивания и собственного жизненного самоутверждения. Тем не менее и в духовной сфере между марийцами, русскими и другими народами постепенно налаживались связи. Мир марийской деревни становился все более открытым для других.

Общие и особенные черты региона

Таким образом, комплексное рассмотрение вопроса о развитии региона Марийского Поволжья в составе Российского государства позволяет утверждать о наличии в нем общих и особенных черт как в пределах Казанской земли (некоторые различия по сравнению с соседними народами из числа чувашей, татар, мордвы, удмуртов, не говоря о русских), так и Московского царства в целом второй половины XVI-XVII вв. Марийское Поволжье, известное в источниках как „Черемиская земля", „Черемисия" имело специфическое своеобразие в особенностях присоединения названной территории к Московскому государству, сопровождавшегося в отличие от соседних районов особой ожесточенностью военного сопротивления и большим кровопролитием с обеих сторон. Бурные социально-политические события „черемиских войн" второй половины XVI века вызвали со стороны царского самодержавия активную градостроительную политику для окончательного установления русского господства на исторической территории рас-

34 Россия XV-XVII вв. глазами иностранцев. Л., 1986. С. 426-428.

35 Д.М. Макаров. Самодержавие и христианизация народов Среднего Поволжья. С. 17-133.

36 Г.Н. Айплатов, А.Г. Иванов. Монастырская колонизация Марийского Поволжья. С. 182-183.

селения марийцев, очерченной в своеобразном „треугольнике“ между городами Нижний Новгород – Вятка – Казань. Построенные в конце XVI в. на марийских землях русские города-крепости Кокшайск, Козьмодемьянск, Царевовокшайск, Царевосанчурск, Уржум, Яранск, представляли собой тип военного „служилого“ города с подведомственной приказу Казанского дворца воеводской властью и абсолютным преобладанием в нем военно-служилых людей. На протяжении XVII в. города-крепости трансформировались в „смешанный“ тип уездного города с преобладанием хозяйственно-производственной деятельности горожан. Города региона все более втягивались в экономические связи с местным марийским населением и имели большое значение в его интегрировании в общероссийскую социально-экономическую и политическую систему.

Характерно, что воеводская система управления, впервые апробированная во второй половине XVI в. в Казанской земле, в том числе в Марийском Поволжье, в XVII в. была распространена на территории всего Российского государства. При этом в уездах с марийским населением воеводская власть и управление имели свою специфику, связанную с наличием в регионе различных форм феодальной земельной собственности со значительным преобладанием ясачного общинного марийского землевладения, сложного сословно-этнического и конфессионального состава населения, где абсолютное большинство составляло ясачное марийское крестьянство, известное в источниках как „черемисы“, „ясачная черемиса“. Само понятие „черемисы“ (самоназвание *„мари“ – люди, муж, мужчина, человек*) сложное, в котором проявлялась идея единства языка с диалектными его особенностями, территории, культуры, ментальности и определенного уровня социально-экономических отношений. Важное место в системе жизнеобеспечения, отстаивании жизненных интересов и укреплении социокультурных традиций и языческих верований ясачных марийцев выступала сельская крестьянская община.

Установлено, что хозяйство ясачных марийцев лесного средневолжского региона носило комплексный натуральный характер и включало в себя традиционный присваивающий (охота, рыболовство, бортничество, собирательство) и производящий (земледелие, животноводство, промыслы – ткачество, деревообработка, гончарный, мукомольный, частично кузнечно-ювелирный, винокурение) отрасли. Постепенно падало значение присваивающего типа хозяйства и возрастало значение производящего типа, в котором немалую роль сыграло воздействие русских крестьян и горожан. В свою очередь некоторые черты хозяйствования марийского населения воспринимались пришлым населением. Несмотря на устойчивую приверженность марийцев к языческим верованиям и неприятие православного христианства, регион Марийского Поволжья под влиянием социально-экономических и политических факторов становился все более открытым для других и втягивался в общероссийскую систему Московского царства.

„THIRD ROME“ OR A TRIBUTARY STATE: A VIEW OF MOSCOW FROM THE STEPPE

MICHAEL KHODARKOVSKY

There were no borders south of Muscovy, for borders meant defining and agreeing upon common partition lines with neighboring peoples. Demarcating a conventional border in the steppe was simply impossible given the absence of the notion of territorial sovereignty among the nomads and the difficulty in maintaining such a border against nomadic predation. Instead, Moscow's southern frontier was an invisible divide in a seemingly endless steppe known as the „dikoe pole,“ which implied both open, untamed expanses of land and a perilous frontier.

Muscovy's southern frontier is best conceived as a multi-layered concept where political, military, fiscal, administrative, legal, and religious frontiers coexisted but did not overlap. For instance, some towns, even though recognized to be within the domain of either Muscovy or Lithuania, continued the old practice of paying tribute to the Horde („k Orde potiaglo“) or the Crimea („Kiev will be mine [Mengli Giray's] as it used to be“).[1] The „fiscal“ frontier was not the only one which did not coincide with political boundaries. While the de facto frontier of the Russian state was its fortification lines in the south and the newly-built forts in the east, Moscow's de jure territorial claims far surpassed its actual control. The numerous peoples Moscow claimed as its subjects remained for centuries beyond the reach of Moscow's military, administrative, legal, and missionary arms.

Unmarked and vague land boundaries in the south notwithstanding, Moscow's political vocabulary forcefully aspired to conceptualize and formalize its relationship with the steppe. In defining its rhetorical political boundaries, Moscow relied on several key concepts, which were traditionally used in the Turko-Mongol world: *shert*, *amanat*, *yasak*, and *pominki*. All of the terms were used specifically along the southern and southeastern frontier. Only the last term was translated into Russian; the others remained in the original Turkic form, indicative of Moscow's assimilation of the political heritage of the steppe.

Since the middle of the sixteenth century, while preserving the traditional terminology, Moscow began to infuse it with a meaning of its own, i.e., a rationally understood concept of sovereignty. From now on, these were policy concepts intended to empha-

1 *Sbornik Imperatorskago Russkago Istoricheskago Obshchestva (SIRIO)* vol. 41, no. 39, p. 172; no. 100, p. 539, vol. 95, no. 10, pp. 152-56.

size the tsar's unquestionably superior political status. As usual, political rhetoric and reality did not match, and many of the steppe peoples continued to view Moscow in traditional terms. How then were these terms used, interpreted, reconciled or disputed by the two sides?

Shert': a Peace Treaty or an Oath of Allegiance?

The rise of Muscovy in the late fifteenth century was particularly visible in its changing diplomatic practice and its increasing insistence on Moscow's superior political status vis-à-vis its many neighbors. Moscow was becoming a typical representative of the theocratic states and empires where religious and political doctrines were fused in a single concept of „manifest destiny."

The elaborate coronation of Ivan IV in 1547 as tsar of all Russia was only one sign of Moscow's new confidence and assertiveness. In Roman Catholic Europe only the Pope could bestow the title of a king, and in the steppe world only those with claims to Chinggisid lineage could become khans. To assume the title of the tsar was an act of tremendous diplomatic and political ambition, for it meant to declare the Muscovite ruler equal to the kings of Europe and the khans of the steppe.

But it was also more than that. In a direct challenge to the emperor and the Pope, Ivan IV confirmed the Muscovite rulers' claim to be heirs to Byzantium and his status as emperor and universal Christian ruler who „upheld the true Christian faith." Ivan's assumption of the title of tsar and his subsequent conquests of Kazan and Astrakhan also challenged the status of the Crimean khan as the sole heir to the Golden Horde. Moscow was to be the center of the universe, as the Muscovites knew it, and the Russian tsar was to be the non plus ultra: a successor to Byzantine emperors and Chinggisid khans, a Christian ruler of the west and „white tsar" of the east. In other words, Moscow was the Third Rome, the New Jerusalem, and the New Saray, all at the same time.[2]

As a late-comer to the international scene, Moscow was acutely concerned with its status and prestige, sparing no effort to convince the neighboring monarchs of Mos-

2 The idea of the Muscovite princes as heirs to the Chinggisid rulers of the Golden Horde was first developed by one of the founders of the „Eurasian" school, Prince E. *Trubetskoi (Nasledie Chingiskhana* [Berlin, 1925]. Various aspects of this idea were further discussed by George Vernadsky (*A History of Russia*, 6th rev. ed. [New Haven, 1969]) and Michael Cherniavsky („Khan or Basileus: An Aspect of Russian Mediaeval Political Theory" in *Journal of the History of Ideas*, 20 [1959], 459-76). Moscow clearly displayed its attitude toward Rome during its negotiations with the pope's Jesuit envoy to Moscow, Antonio Possevino in 1582. Possevino strongly objected when the Russians referred to the pope as if he were an ordinary priest. He exhorted them that the emperor and other rulers considered the pope a representative of God and the teacher of all Christians (Antonio Possevino, S. J., *The Moscovia*, trans. by Hugh F. Graham [Pittsburgh, 1977], 128-29, 173). On the idea of Moscow as the New Israel see, Daniel B. Rowland, „The Third Rome or the New Israel?" in *Russian Review* 55 (1996), 591-614.

cow's legitimately equal, if not superior, status. One of the most revealing examples was the instructions given to the Muscovite envoy to the Polish king Sigismund II in 1553. If asked why Ivan called himself tsar, the envoy was to respond that it was because Grand Prince Vladimir had been named a tsar when he and the entire Russian land were baptized by the Greek tsar and patriarch, and because Grand Prince Vladimir Monomakh had been called so too, and finally because he, Ivan, had conquered the khanate of Kazan.[3] Even though Moscow's own credo was never formally stated, the government's instructions to the envoy made abundantly clear that Moscow derived its sense of legitimacy from several sources simultaneously: the traditions of Christian Byzantium, Kievan Rus, and the Golden Horde.

The battle over the title of tsar involved no less than the sovereignty of the Russian ruler and his state with its legitimate and recognized boundaries. The Polish king and the Christian West were not easily convinced by Ivan IV's arguments. In 1582, the pope's envoy and mediator between Poland and Muscovy, Antonio Possevino, declined to refer to Ivan as tsar without the pope's consent. In the end, a compromise was reached, whereby Ivan was conceded the title only in the Russian version of the Polish-Muscovite treaty.[4]

Convincing its Muslim neighbors, the Crimeans and Ottomans, that Moscow was a sovereign state equal to its western counterparts was also an uphill battle. In 1474, Ivan III dispatched his envoy to the Crimea to negotiate and sign a peace treaty („yarlyk dokonchatel'nyi"). The envoy was instructed to request that the Crimean khan show him his treaty with Poland-Lithuania and then insist that the Russian monarch's name be referred to in the same fashion as that of the Polish king, i.e.: „I, Mengli Giray, am in peace and friendship with my brother, the king."[5]

But the Crimean khans continued to regard the grand princes as their subjects and demanded to be referred to as khans, i.e. superior rulers. When in 1516 Vasilii III instructed the Crimean khan to send troops against Lithuania, Muhammed Giray reminded the Grand Prince of his improper commanding tone and inquired rhetorically: „who is greater, the grand prince or the khan?" The Muscovites continued to oblige, even though some within the Crimea understood that the grand princes had, in fact, become sovereign and need not obey the khans.[6]

Increasingly, the autocratic Russian sovereign and the centralized state he represented could codify his relationship with the disparate tribal confederations only in

3 S.M. Solov'ev, *Istoriia Rossii s drevneishikh vremen*, vol. 3 (Moscow, 1960, p, 515). Jaroslaw Pelenski argued convincingly that Moscow's claims to the Kievan Rus were largely motivated by the necessity to assert and legitimize its right over the Kievan lands vis-a-vis Poland-Lithuania („The Origins of the Official Muscovite Claims to the 'Kievan Inheritance'" in *Harvard Ukrainian Studies* 1 [1977], 29-52).

4 Possevino, *The Moscovia*, 135-36.

5 *SIRIO* vol. 41, no. 1, pp. 1, 2. In general, the envoy was told to agree to Mengli Giray's conditions only after he had bargained on every issue and exhausted every excuse.

6 *SIRIO* vol. 95, no. 16, pp. 271, 287.

terms of a suzerain bestowing favors on his subjects. The status of the various peoples, non-Christian and non-state-organized, was no longer negotiable, and Muscovite diplomatic language was becoming less diplomatic. In 1616 the Nogay beg Ishterek wrote to Moscow and, continuing the practice of his many predecessors, addressed Tsar Mikhail as a friend. What might have been seen as a flattery a little over a hundred years ago was now viewed in Moscow as an unpardonable familiarity and insolence. The response of the Muscovite officials was a sharp rebuke: „A servant ('kholop') can never be the tsar's friend.“[7]

In the eyes of Moscow, shert' now signified an oath of allegiance of the new and faithful subjects of the tsar. Conscious of its spectacular rise, Moscow viewed the Golden Horde's numerous successors as repugnant in their religion, lacking the essential trappings of sovereign states, and increasingly dependent on Moscow's economy and military might. By the mid-sixteenth century, Christian Muscovy was making increasingly clear its superior status through diplomatic language even before confirming it with military victories.

Both the Christian rulers in the West and the Crimean khans remained unconvinced by Ivan's ambitious pretension. Antonio Possevino advised the Pope Gregory XIII to indulge the Russian prince and refer to him as tsar, despite Ivan's arrogation of the title, because „the hope of winning this Prince and the huge realm he controls to the better cause ever leads to further efforts and does not wear out all our pens.“[8] The Crimean khans continued to regard themselves as the sole and supreme successor to the Golden Horde and always referred to themselves as „the great khan of the Great Horde“ („velikoi ordy velikii tsar“) in letters to the grand prince. The latter neither objected nor attempted to insist on the status of tsar in his correspondence with the Crimea.[9]

As long as the Crimea represented a serious military threat, the Muscovite rulers brought up the issue of their status occasionally and gingerly. The story was quite different when it concerned the Nogays, who by the middle of the sixteenth century had grown increasingly dependent on Moscow. In the late fifteenth century, the Nogay ruler Abak, underlining both the difference and the parity between them, wrote respectfully to Ivan III: „I am the Muslim ruler, and you are the Christian one.“[10] But by the mid-sixteenth century, the titulature and the tone of the Nogay letters changed. The Nogay chiefs, instructed by the Muscovite envoys, exalted the grand prince in their letters to Moscow. In 1548, in addition to „the ruler of all Christians,“ the Nogays began to address Ivan IV as the „white tsar,“ a title which in the world of steppe diplomacy was reserved for the heirs of the Golden Horde.[11]

7 *Rossiiskii Gosudarstvennyi Archiv drevnikh aktov (RGADA)* Snosheniia Rossii s nogaiami, f. 127, op. 1, no. 2, 1616 g., l. 6.

8 Possevino, *The Moscovia*, 57.

9 *RGADA* Krymskie dela, f. 123, kn. 15, l. 396; also kn. 9, ll. 2, 30.

10 *SIRIO* vol. 41, no. 23, pp. 81-82.

11 *Prodolzhenie Drevnei Rossiiskoi Vivliofiki (PDRV)* vol. 8, 82. In 1537, Ivan IV was addessed as the „white kniaz“ and later the „white tsar“ (*PDRV* vol. 8, p. 32). The meaning of the title

Of course, only those belonging to the Chinggisid dynasty were considered the Horde's legitimate heirs. Many pretenders, despite their military and political acumen, were foiled in their ambitions, when they failed to prove Chinggisid origins. It was with the purpose to buttress Ivan's claims and simultaneously to aggrandize his own status that the Muscovite loyalist among the Nogays, Belek Bulat mirza wrote to Ivan: „in your land you claim to be the legitimate („priamoi“) heir to Chinggis [khan] and call yourself the legitimate Sovereign and Tsar, and here I am the son of Edige.“ He proceeded to lavish on Ivan other sonorous, if seemingly contradictory, titles: „the son of Chinggis, the white prince, and the Christian Orthodox Sovereign.“[12] Twenty years later, the Nogay beg, Urus referred to Ivan as „the sovereign of all the Christians, the grand prince and the white tsar“ in the same breath.[13]

Easily extracted albeit not easily enforced, the oaths were understood differently by both sides. From the late fifteenth century on, the basis for Muscovy's relationship with the Crimea was a *shert'*, a written document stipulating conditions of peace and military alliance. In time, Moscow extended the use of the term to its relations with other steppe peoples and, instead of a peace treaty, it began to regard the shert' as an allegiance sworn by a non-Christian people to their Muscovite sovereign. The usual procedure involved one or more local chiefs pledging allegiance on behalf of their people in the presence of a Muscovite official. Moscow always tried to make sure that such a pledge of „eternal submission to the grand tsar“ was made according to the native customs of its newly sworn subjects.[14]

Throughout the period the Muscovite chroniclers, interpreters of the Chancellery of Foreign Affairs and scribes were busily and deliberately constructing the image of the tsar's subservient subjects. The examples of this sort of official manufacturing of the indigenous peoples' subject status are abundant. When, in 1673, the envoys of the well-known and fiercely independent Oirat khan, Galdan Boshoktu, arrived in Moscow

„the white tsar“ has been a subject of some speculation. I subscribe to a view that it was used to refer to a ruler in charge of the western territories of the former Chinggis empire („ the right wing“), and thus a successor to the khans of the Golden Horde, cf. M. G. Safargaliev, *Raspad Zolotoi Ordy* in *Uchenye Zapiski Mordovskogo gosudarstvennogo universiteta* 11 (1960), 15; V. P. Iudin, „Ordy: Belaia, Siniaia, Seraia, Zolotaia“ in *Kazakhstan, Sredniaia i Tsentral'naia Aziia v 16-18 vv.* (Alma-Ata, 1983), 120-26; V. V. Trepavlov, *Gosudarstvennyi stroi Mongol'skoi imperii 13 v.* (Moscow, 1993), 86-93.

12 *PDRV*, vol. 8, 316-17.

13 *RGADA* Nogaiskie dela, no. 10, p. 87.

14 To ensure that the oath of allegiance was genuine, the Muscovite authorities persisted in finding out whether the shert' was „priamaia,“ i.e. performed in accordance with the customs of a given people. Shert' varied from those sworn by the Muslim peoples on the Quran and by the Buddhist Kalmyks on their prayer book to the elaborate rituals of the various shamanistic peoples in Siberia (S. V. Bakhrushin, „Iasak v Sibiri v 17 v.“ in *Nauchnye trudy,* vol. 3, pt. 2 [Moscow, 1955], 65-66; also his „Ocherki po istorii Krasnoiarskogo uezda v 17 v.“ in *Nauchnye trudy*, vol. 4 [Moscow, 1959], 47).

– the first such embassy to Russia – they were undoubtedly surprised to be told by Russian officials that their khan was a subject of the tsar. The Russian officials were never tired of rebuking the steppe rulers whose letters to Moscow were written inappropriately („ne po prigozhu pisany"). Where the remonstrations failed, the Russian translators and scribes preferred to edite away the differences. Thus, the letters of the Mongol ruler Lubsan, in which he had addressed the tsar as an inferior local ruler, became in Russian translation „petitions of the Mongol prince." While Lubsan offered peace and asked for military assistance, the Russian officials praised him for „seeking the sovereign's favor" and admonished him „not to violate his oath of allegiance."[15]

Vasilii Bakunin, a competent translator and knowledgeable Russian official stationed on the southern frontier in the first half of the eighteenth century, explained what the Kalmyk tayishis thought of their previous allegiances: „The Kalmyk tayishis never recognized their former allegiances as oaths of allegiance. Its very name, that is, „shert'," is alien not only to the Russian, but to the Kalmyk language as well. They [the tayishis] referred only to the agreement concluded with Prince B. A. Golitsyn [in 1697]. It is obvious that they were not aware of [the contents of] those [previous] 'sherts.' It is clear from the copies found that the original allegiance records were written in Russian, and were only signed in Kalmyk."[16]

Moscow's communication with its neighbors depended squarely on a few selected people: translators and interpreters. They were more than mere interlocutors rendering words from one language into another. Translating meant to relate Moscow's interests and policies, to transform Muscovite concepts into native terms, and to render native concerns in the appropriate imperial language. They were, in other words, a critical tool of Moscow's policies and principle actors in the long process of colonization of the natives' consciousness.

Apart from sheer incompetence or concerns for sensitive theological propriety, translations were further compromised by the deliberate efforts at misrepresentation and selective editing, so that, for instance, letters from the natives, often written to the tsar as an equal, had to be rendered in the form of a supplication to the Russian sovereign. Translators and their censors took great pains in trying to avoid precise translations whenever the original phrasing could possibly harm the dignity of the Russian monarch, and to render them instead into acceptable political and diplomatic terminology. Available copies of translations often show numerous signs of editing. The corrections

15 N. P. Shastina, „Pis'ma Lubsan taidzhi v Moskvu," in *Filologiia i istoriia mongol'skikh narodov* (Moscow, 1958), 279-81; *RGADA* F. 119, op. 1, *Posol'skii prikaz. Kalmytskie dela*, d. 3, l. 6; E. I. Kychanov, *Povestvovanie ob oiratskom Galdane Boshoktu-Khane* (Novosibirsk, 1980), 53. For more on the issue of translation see section „Translating or Colonizing" in this chapter.

16 Vasilii Bakunin, „Opisanie istorii kalmytskogo naroda." *Krasnyi arkhiv. Istoricheskii zhurnal* 3 (1939), 214-15. For more on the Kalmyks and the issue of a political status, see Michael Khodarkovsky, *Where Two Worlds Met: The Russian State and the Kalmyk Nomads, 1600-1771* (Ithaca, 1992), 67-73; 131-132.

spelled out fully the title of the tsar and introduced such polite expressions as „your royal majesty,“ „the grand sovereign,“ and others which were not mentioned in the original. Often the arrogant tone of a letter was changed, making it more humble and subdued.[17]

The political importance of translations and Moscow's ability to manipulate them were evident early on. The Muscovite embassy to the Crimea in 1500 was supposed under no circumstances to give the Crimeans a Russian version of the proposed treaty. If the Crimeans insisted, then the text should be translated from Russian into Tatar at the Russian embassy, and if the Crimean khan wanted to have it translated in his presence, then a Russian scribe was to read the text and an interpreter translate it. Such were Moscow's strict instructions to its envoys.[18] Obviously the Russian version and the Tatar translation contained some differences which Moscow did not wish to reveal.

Translating was a serious matter fraught with serious consequences. Translators and interpreters walked a tight rope between the two sides, often in fear for their lives, if what they translated were found offensive or provocative. Russian interpreters accompanying embassies to the nomadic peoples were often held responsible for shortages of presents and were routinely threatened, beaten, and otherwise abused.[19]

Violence against Russian interpreters and the natives' complaints about them were not necessarily unfounded. The Russian authorities knew and often agreed with many charges against their interpreters: stealing presents or taking bribes, distorting the contents of letters sent from Moscow, colluding with some local nobles at the expense of others, or simply lying and deceiving the locals in trade transactions.[20] Of course, the temptation to profit from the natives' ignorance of Russian was all the harder to resist inasmuch as the interpreters' salaries were haphazardly paid by Moscow. Additionally, and perhaps unintentionally, Moscow created personal incentives for its interpreters to distort the record. The interpreters, who could claim success in securing the natives' allegiance to the Russian tsar, were generously rewarded.[21]

By the mid-eighteenth century a new political vocabulary and more competent translations into native languages left no ambiguity in Russia's perception of the political status of its neighbors. The increasingly antiquated political terminology was being replaced by a modern imperial vocabulary. The native chiefs were no longer signing sherts. Instead they and their people were now declared to become a protectorate of Russia („v Rossiiskoi protektsii“). Their allegiance to be loyal subjects was referred to

17 Khodarkovsky, *Where Two Worlds Met*, 65.

18 *SIRIO* vol. 41 no. 64, pp. 307-8.

19 Possevino, *The Moscovia,* 72; *SIRIO* vol. 95, no. 4, pp. 81-2; *Kazakhsko-russkie otnosheniia v 18-19 vekakh*, no. 29, p. 68.

20 *RGADA* Nogaiskie dela, no. 9, l. 20; *PDRV* vol. 9, 280-2; *Kazakhsko-russkie otnosheniia v 18-19 vekakh*, no. 83, p. 146.

21 When a mission of the Muscovite interpreter, Semen Trofimov, dispatched to Kabarda in 1638 had been deemed a success, his annuity was raised from three to fourteen rubles (*RGADA* F. 115 Kabardinskie dela, op. 1. no. 6, ll. 3-7).

as „prisiaga na vernoe poddanstvo“ and its violation was now regarded as a crime („kliatvoprestuplenie“) and was to be punished.

Yet the political terms and notions of both old and new Russia continued to collide with the traditional notions of the native societies. Whether deliberately misled, induced by the offers of presents and payments, or intimidated by the force of the Russian military, the disparate peoples along the Russian frontier had to be reduced into submission and made loyal. The political identity of the natives as subjects of the Russian crown had to be constructed and reaffirmed through an oath of allegiance. This was the beginning of a long and arduous process of their political integration into the Russian Orthodox Christian empire.

Payments and Presents: Bestowed or Extorted?

Neither an oath of allegiance, nor submission of hostages, nor yasak payments could assure the loyalty of Russia's purported subjects as well as payments from Moscow. The regular supply of such payments and presents to the local ruler and his nobles was, in fact, the only way to secure the natives' cooperation. Similar to other frontier concepts, the system of payments and presents was a continuation of the Golden Horde's practices, and it, too, was based on ambiguous and different interpretations by both sides.[22]

By the time of the Golden Horde's collapse, payments and presents had evolved in a complex system where the two could not have been easily separated from each other or distinguished from tribute and taxes. Since the mid-fourteenth century, when the Mongol khans entrusted the princes of Moscow with collecting tribute and taxes from other Russian princes, the Muscovites were regularly delivering the tribute (*dan'*, *vykhod* in Russian; *harac* in Turko-Mongol) to the khan's residence along with an assortment of other levies (*yasak*).

In time, the traditional terminology which expressed Moscow's relationship with the nomadic heirs of the Golden Horde became subsumed under different names. In Moscow's parlance, tribute was replaced by an allowance or annuity (*zhalovan'e*) and levies by presents (*pominki*). Such semantic changes were important for Moscow, where the zhalovan'e was considered a payment bestowed upon Muscovite friends and subjects by the tsar's divine mercy, and pominki were the presents brought to the ruler and his nobles as a measure of the recipients' honor and their good disposition to Muscovy.[23]

22 Richard White makes a similar observation of the exchange network between the French and the Algonquians in the eighteenth century America, where trade and gift exchanges could no longer be disentangled (*The Midddle Ground. Indians, Empires, and Republics in the Great Lakes Region, 1650-1815.* [Cambridge, 1991], 141).

23 Some of Moscow's competitors in the steppe politics used a more explicit terminology. For instance, the Polish kings referred to their payments to the Crimeans as *yergeld* (from German *Jahrgeld*) and the Ottoman sultans as *yillik*; both terms literally meant annuity.

While Moscow preferred to see zhalovan'e and pominki as rewards for loyalty and specific services to the tsar, Moscow's nomadic neighbors expected a zhalovan'e to be an annuity disbursed independently of any conditions and pominki a continuation of the traditional tribute and taxes paid by Moscow. Ivan III recognized as much when in 1473 he instructed his envoy to the Crimean khan to negotiate the issue and at first to refuse the Crimean demand to continue supplying the presents in undiminished quantities; only if his protestations proved fruitless was the envoy to sign a document obliging Moscow to make deliveries of presents.[24]

More than a hundred years later, the nature of the Muscovite-Crimean relations remained the same. In 1598, in the aftermath of devastating Crimean raids against Muscovy, the government dispatched to the Crimea its envoy, Semen Bezobrazov. He was carrying with him one thousand goldpieces. His instructions stupulated that if he were to find out that the Crimeans had no plans to attack Muscovy, he was to keep the money in great secret, even from interpreters. Only if the Crimeans intended to launch a campaign against Muscovy, the envoy was to distribute the money: 700 goldpieces to a khan, 200 to kalga, and 100 to nureddin.[25]

As late as 1665, the Crimea's demand for continued and increased tribute from Moscow was one of the conditions leading to a peace treaty between a khan and tsar („kaznu v Krym prodolzhat' prisylat' s pribyl'iu“).[26] Notwithstanding Moscow's rhetorical exercises, the Russian government was acutely aware that as long as Russia's military force remained ineffective against the Crimea, peace with Crimea could only be purchased. From the time of the initial protestations in 1470s, Moscow's tributary relationship with the Crimea lasted for two more centuries. It was only the Peace Treaty of Carlowitz in 1699 which finally stipulated that Moscow no longer had to pay tribute to the Crimea.

The notion of presents included almost any possible payment: homage manifested through tribute, tax, financial aid or a loan. Various types of pominki were carefully distinguished.[27] In an endless chorus of growing demands, various local chiefs and nobles insisted on additional payments and presents for specific occasions: marriage of their daughters and birth of their sons, repaying loans to merchants, subsidizing the construction of the new forts, or for specific services they claimed to have provided.[28] More presents were needed because „what Mengli Giray khan had he had already distributed [to his people] this summer,“ because Muhammed Giray khan wanted to be compensated for paying off the Nogays in order to avert their raids against Muscovy,

24 *SIRIO* vol. 41, no. 1, pp. 2-3.
25 Solov'ev, *Istoriia Rossii*, vol. 4, 266-67.
26 *Rossiiskaia Akademiia Nauk. Arkhiv*. F. 1714, op. 1, *Novosel'skii, A.A.*, no. 66, l. 144.
27 *SIRIO* vol. 95, no. 16, pp. 273, 279; vol. 41, no. 48, pp. 219-20; *PDRV* vol. 7, 300-2, 321.
28 *SIRIO* vol. 41, no. 43, p. 196; no. 46, p. 211; *PDRV* vol. 11, 27.

because the Muscovite envoys did not bring sufficient presents, and because the more Nogays fled to the Crimea, the more a Crimean khan needed to pay them.[29]

The supply of payments and presents was critical to the local ruler's ability to maintain an elaborate network of patronage and loyalty by receiving and distributing valuable items among the ranks of the influential native nobles. This meant that Moscow had to provide an uninterrupted flow of payments to the nomadic rulers in hope to enlist their military support, or at least ensure their neutrality. The mercenary character of the nomadic armies was an open secret. Some local nobles declared readily that „whether it is a grand prince or a [Polish] king, I will render better service to whoever pays more;" others were on Moscow's secret payroll and the recipients of secret presents (pominki sekretnye).[30] That the services of the nomadic armies could be easily bought and sold meant that Moscow almost always found itself in a bidding war with other competing powers: Poland-Lithuania over the Crimeans and Nogays, and the Ottoman and Persian empires over the peoples of the Caucasus.

Yet continuing the old practice of paying tribute and taxes to the nomads was increasingly at odds with Moscow's own image of a sovereign Christian state. At least since the 1470s, when Moscow's envoys were instructed to negotiate a reduction of the traditional tribute to the Crimean khan, Muscovite rulers engaged in a persistent effort to curtail and redefine the nature of these payments. The Russian envoys to the Crimea and Nogays were under instructions to offer fewer presents, to refuse endless demands for numerous and seemingly arbitrary customary taxes, and to pay only those nobles who showed their loyalty to Moscow.

Moscow's attempts to change the nature of the traditional relationship with the nomads unleashed a flurry of protests on the other side. Writing to Ivan IV, who admitted that he had sent whatever he happened to have at hand („posylaem vam chto u nas luchilos'"), the Nogay beg Ismail lamented the measly number of presents and asked rhetorically: „How can we possibly divide what you are sending us?" In the early seventeenth century the Nogays continued to complain that the Russian envoys were bringing „dry" letters, i.e. unaccompanied by payments („s sukhimi gramotami, a kazny ne voziat").[31]

But the fewer items arrived from Moscow, the less courteous grew the responses of the native nobles. The Russian envoys were returning to Moscow with reports that their refusal to accede to the demands of paying customary taxes brought against them the fury of the local nobles, who assaulted and robbed them. In one such case, a Russian embassy to the Nogays in 1557 chose to defend itself against a group of Nogays and opened fire with muskets, killing one and wounding five others. Insulted and furious Yunus, a son of the Nogay beg, demanded that the embassy compensate him for the

29 *SIRIO* vol. 41, no. 87, p. 446; vol. 95, no. 10, pp. 169-70; no. 16, pp. 298-300.

30 Ibid., vol. 41, no. 64, p. 310; vol. 95, no. 19, p. 340; no. 21, p. 358

31 *PDRV* vol. 9, 86; vol. 10, 54; A.A. Novosel'skii, *Bor'ba moskovskogo gosudarstva s tatarami v pervoi polovine 17 veka (Moscou, Leningrad, 1948),* 96.

loss of his man with 500 live sheep or Russian goods worth 1,000 sheep. When the Russians refused again, he seized goods worth 700 sheep. Such cases abounded, and the issue of the abuse of the Russian envoys was a matter of frequent discussion between the two sides. In the end, the complaints from Moscow were always met by the same argument in the steppe: they only tried to take from the envoys what was due to them.[32]

While demands for payments did not cease, the arguments for them varied greatly. Some chose to exhibit humility and ask for an annuity because „we are starving and poor" („moi liudi golodnye i nuzhnye"). Others demanded respect for precedent and threatened their wrath, if they were not honored as their predecessors had been. The eldest brothers indignantly claimed a larger payment than was brought to their younger brothers, some felt slighted and dishonored when their brothers received payments and they did not, and some claimed their high ranks and accordingly a higher amount of payments.[33]

Honor and shame, two central concepts in any pre-modern society, were intrinsically connected to the distribution of payments and presents in nomadic society. Traditionally, the tribute and taxes were brought to the court of the ruler, while smaller presents were given to important nobles. As the central authority among the various nomadic peoples dissipated, the tribute diminished or disappeared with it. Instead, other payments and presents began to play a more important role and were in increasing demand by the independent and powerful nobles.

Realizing the growing dependence of the native nobles on the supplies from Moscow, the government boldly engaged in an effort to change the traditionally understood relationship with the nomads by taking the distribution of the presents away from the local ruler and into its own hands, and by rewarding only those nobles who proved their loyalty. Such a policy was steadily undermining the traditional structures of the native society, subverting the indigenous social hierarchy, and unleashing fierce internal rivalry for prestige and honor measured in the amount of payments. One Nogay, Urazly mirza, upon becoming a keikuvat, the third in the succession line, wrote to Ivan IV in 1549 explaining his frustrations:

> „Among all the peoples there are important and less important men („bol'shie i malye"). And you know this but do not inquire who is who. And it so happens that the big men are honored like little ones, and the little ones like the big ones. And there is a custom that everyone needs his own levy („poshlina"). If our levy does not arrive, then we will be angry. Send us presents (pominki): a suit of good armor, a gilded saber, and a good helmet."[34]

In the seventeenth and eighteenth centuries the Russian government came into contact with other principal characters in the frontier drama, the Kabardinians and Kumyks in the North Caucasus, and the Kalmyks and Kazakhs in the Caspian steppe. But the dy-

32 PDRV vol. 7, 233-37; vol. 8, 249-51; vol. 9, 265-66.

33 Ibid., vol. 11, 17, 30-32, 156-67; *RGADA* Nogaiskie dela, no. 10, 1582g, pp. 131- 32.

34 *PDRV* vol. 8, 184.

namics of the government's interaction with new neighbors remained unchanged; its relationship continued to rest upon the payments provided by Moscow, whether they were called taxes and mandatory presents by the nomads or payments and rewards by the Russian government.[35]

The most unembellished description of the natives' relationship with the neighboring empire came from the Caucasus' native son in the service of the Russian emperor. In his report to Peter I in 1714, Prince Bekovich-Cherkasskii argued that the only way to attract the peoples of the North Caucasus to Russia was to provide them with annuities and presents. He gave an example of such a relationship between the Kumyks and the Persian shah:

> „There everyone is afraid of this people, and particularly Persians, who in order to protect themselves give the Kumyk princes and the shamkhal, what they call an allowance (zhalovan'e), but if one thinks about it, they pay them tribute (dan'), and the shah's annual expenditures on the Kumyk chiefs are great. I will give you an example of the extent to which the Persians are afraid of them: if some Kumyk chief would wish to have a higher allowance from the shah, he receives it not through a request, but through a threat and destruction of Persian towns and villages, because when the shah learns of this, he writes to him, asking why he committed such robbery, and he responds that his allowance is smaller than that of others, and that is why he cannot restrain his people; and then, according to his wish, the shah adds to his allowance, so that he does not continue destruction."[36]

That the nature of Russia's relationship with its southern neighbors was no different was well understood, yet never spelled out.

Pragmatism was only slowly winning over the blunt denial or the politically correct rhetoric of official Russia. The fact that the loyalty of the nomads could be secured only by continuous payments, in whatever form, was no longer disputed.

Russia's relations with its southern and eastern neighbors were based on a series of misnomers, misunderstandings, and deliberate misrepresentations. Altogether they comprised a set of mutual misconceptions which only reflected larger structural incompatibilities between the Russian and indigenous societies. Each side perceived the other through its own socio-political system, and projected its own image upon the other. Thus, the Russian government's policies in the region should be understood not simply as a set of instructions emanating from the capital but also as a function of the contested vocabularies and identities that the government labored to impose on the people and the landscape of the region.

35 Foreign observers of the early-eighteenth-century Russia described the government payments to the Kalmyks as „subsidies" (Friedrich Christian Weber, *The Present State of Russia*, 2 vols. [London, 1723], vol. 1, 52) or „annual pension" (John Perry, *The State of Russia under the Present Tsar* [London, 1716], 85.

36 *Russko-dagestanskie otnosheniia 17-pervoi chetverti 18 veka. Dokumenty i materialy.* (Makhachkala, 1958), no. 96, 223-25.

ДОНСКИЕ АТАМАНЫ ВТОРОЙ ПОЛОВИНЫ XVII В.: СМЕНА ПОКОЛЕНИЙ И ПОЛИТИЧЕСКИХ ОРИЕНТИРОВ

Н.А. МИНИНКОВ

Антропологическая ориентация современной историографии ставит в центр исследовательского внимания отдельную личность. Судьба человека и целой генерации представляет несомненный интерес не только сама по себе, но и в связи с общей исторической ситуацией, на фоне которой развертывалась их жизнь и деятельность. История малых форм дает возможность правильнее понять глубинные процессы макроистории, которые находили проявления через судьбы людей и поколений. Основываясь на осознании тесной связи исторического процесса и судеб людей, Х. Ортега-и-Гассет предложил в качестве одного из возможных концептуальных объяснительных моделей исторической науки метод поколений. Смена поколений, как полагал он, означала одновременно смену господствующих настроений и идей, открывала путь к утверждению новых начал жизни общества, а отношения между поколениями он рассматривал „не как последовательность, а как своего рода полемику одного с другим“.[1] Поколение и отдельная личность неотделимы от культурно-исторического контекста эпохи, к которой они принадлежали и которая оказывала на них свое воздействие. В свою очередь, несомненен отпечаток, который генерация накладывала на свою эпоху, что представляло собой сложное взаимодействие, придававшее эпохе некоторые яркие черты и особенности, которые обусловлены качествами составляющих ее людей.

Представляется, что история донского казачества XVII в. дает убедительный образец того, как в ходе смены поколений атаманов и казаков по мере изменения ситуации происходили столкновения характеров и мировоззрения людей, как в острой внутренней борьбе на Дону шло утверждение новой политической ориентации казачества, как стремление одних атаманов и казаков к защите донских традиций, основанных на вольности и самостоятельности, приходило в противоречие со стремлением других к защите своих интересов, понимавшихся ими как возможность отказа от этих традиций ради сближения с московской властью и получения от нее жалованья, наград и привилегий.

Поколения донцов второй половины XVII в. оказались поставлены перед этим историческим и весьма непростым для них выбором. Сложность его обусловлена была тем, что такого рода выбор по существу не стоял перед казаками более

1 Ортега-и-Гассет Х. Вокруг Галилея (схема кризисов) // Ортега-и-Гассет Х. Избранное. Перевод с испанского. М., 1997. С. 268.

старших поколений, относившихся к первой половине этого века, часть из которых, уцелевшая в жестоких схватках периода борьбы с турками за Азов, продолжала жить во второй его половине и выступать носителем старых донских традиций. Все попытки русского правительства поставить Дон под свой контроль довольно легко отбивались казаками. Для этого в 1615 г. была создана юридическая основа, когда при новом царе Михаиле Романове ради установления прочных отношений с Доном казакам было пожаловано право свободного проезда в русские города и уезды для свиданий с родными и право беспошлинной торговли. В грамоте содержалось требование к казакам, чтобы они „великому государю служили“,[2] но не более того. В рамках отношений между Россией и Доном, напоминавших отношения между сюзереном и вольным вассалом,[3] войско Донское как корпорация казаков и вассал царя даже не принимало характерной для подобных отношений присяги. Попытка властей привести донцов к присяге, предпринятая в 1632 г., встретила решительный их отказ. Они заявили при этом, что готовы служить царю так, как служили казаки раньше, без присяги, начиная со времен Ивана Грозного, и писали в Москву, что „с нами того крестного целованья не обновитца, чего искони веков не было“.[4]

При этом войско Донское стремилось не вызывать недовольства московских властей до такой степени, чтобы случился разрыв отношений с ними. Когда в 1630 г. это все-таки произошло, допустивший это войсковой атаман Волокита Фролов был отставлен и был избран более гибкий политик Епифан Радилов, ранее много лет бывший войсковым атаманом.[5] Тем не менее, это нисколько не означало, что казаки соглашались на подчинение Москве в какой-либо форме. Вольность и самостоятельность относились к важнейшим ценностям казачества. Даже непосредственно перед Азовским осадным сидением 1641 г. значительное большинство казаков выступало против присылки им в помощь царских войск, видя в этом опасность усиления московских позиций на Дону и ограничения донского суверенитета.

Положение весьма существенно изменилось во второй половине XVII в. При царе Алексее Михайловиче произошло усиление монархии, которая приобретала признаки абсолютизма. Войско Донское, напротив, после напряженной борьбы за Азов 1637-1641 гг. ослабло, и помощь со стороны России стала для него значить еще больше, чем до азовских событий. Русское правительство немедленно воспользовалось этим и стало пытаться изменить характер своих отношений с

2 Материалы по истории Войска Донского. Грамоты. Составитель И.И. Прянишников. Новочеркасск, 1864. С. 24.

3 См.. Сватиков С.Г. Россия и Дон. Белград, 1924. С.2, 15, 65; Пронштейн А.П. Земля Донская в XVIII веке. Ростов-на-Дону, 1961. С. 213; Мининков Н.А. Донское казачество в эпоху позднего средневековья (до 1671 г.). Ростов-на-Дону, 1998. С. 287-290.

4 Российский Государственный архив древних актов. Ф. 210. Столбцы Белгородского стола. № 39. Л.474.

5 См.: Щелкунов З.И. Донские атаманы первой половины XVII века // Сборник Областного Войска Донского статистического комитета. Новочеркасск, 1915. Вып. 13. С. 126-127.

Доном, добиваясь от казаков отказа от суверенитета. Эти попытки выражались прежде всего в форме борьбы за изменение этикета, связанного с порядком приема на Дону царского посланника, когда ему запрещалось идти в казачий круг и признавать тем самым круг высшим органом власти на Дону. От казаков же московские власти добивались прихода на стан посланника и приема там царского жалованья. Для средневекового сознания, привыкшего мыслить символами, этикетные формы и их изменения играли очень большую роль. Обе стороны твердо стояли на своем. Поэтому для сохранения связи и передачи казакам жалованья за службу был найден негласный компромисс, когда встреча и передача осуществлялись на нейтральном месте, у часовни.

Разинское восстание и его поражение привели к резкому изменению характера взаимоотношений между Москвой и Доном. Правительство смогло существенно усилить свою власть в крае, добившись от войска Донского в 1671 г. выдачи Степана и Фрола Разиных и приведя казаков к присяге на верность царю. Это означало ликвидацию донского суверенитета и получения прецедента, нарушавшего право казаков не выдавать людей „с реки", являвшегося одной из основ вольности и самостоятельности казачества и к уничтожению которого всячески стремились в Москве. Теперь, опираясь на этот казус, правительству легче было добиваться от войска Донского выдачи тех казаков, которых оно сочтет необходимым.

В качестве недостатка предложенного Х. Ортегой-и-Гассетом метода поколений отмечалось то обстоятельство, что этот метод не предполагал раскрытие исторических корней той „полемики" поколений, о которой говорил испанский философ.[6] Не учитывалось, очевидно, в нем и то, что само по себе поколение не может рассматриваться как единое целое, и внутри поколения всегда имела место „полемика", связанная с отношением к новым явлениям жизни и к восприятию новых ценностей. Во всяком случае, одну из причин, влиявших на формирование новой системы ценностей казачества, на изменение отношения к традиции можно связывать с общим изменением ситуации в отношениях между Россией и войском Донским. Такая новая ситуация возникла на Дону со второй половины XVII в., а особенно после разгрома разинцев. Осознавая, до какой степени усилились позиции русского правительства, некоторая часть казаков, а особенно представителей казачьих верхов готова была связать свою судьбу с Москвой и ради этого идти на уступки ей даже в том, что составляло по традиции основную ценность для казачества и было связано с его вольностями. Во всяком случае, группа старшин во главе с победителем Разина на Дону, войсковым атаманом Корнилой Яковлевым, Михаилом Самарениным и другими, стоявших у власти в войске Донском в 70-х годах, выполняли требования правительства о выдаче в Москву казаков, обвинявшихся в участии в Разинском восстании. Это вызывало глубокое недовольство большинства казаков, которое ярко выразилось на войсковом круге 1675 г., когда К. Яковлеву было заявлено, что он казаков „повадился ... к Москве

6 См.: Гайденко П.П. Буржуазная философия в поисках реального содержания исторического процесса // Вопросы истории. 1966. № 1. С. 88-104.

возить, бутто азовских ясырей, связав". Его и других старшин, по сообщению побывавших на Дону стрельцов, казаки обвинили в том, что они от московских властей за выдачу казаков „берут ковши и соболи, а Дон тем разоряют". Недовольство было настолько велико, что в казачьих городках тех старшин, которые „ныне великому государю добра хотят, хотят всех побить".[7] В такой обстановке К. Яковлеву пришлось в 1677 г. временно сложить полномочия войскового атамана. Однако наличие у него многочисленных сторонников позволило ему до смерти в 1680 г. еще раз оказаться на высшем войсковом посту.

При следующем войсковом атамане, Фроле Минаеве, противостояние на Дону приняло еще более острый характер. Это было связано со стремлением утвердить в войске Донском позиции реформированной при патриархе Никоне церкви, тогда как большинство казачества было привержено старообрядчеству в силу присущего казачьему менталитету традиционализма и консерватизма. Кроме того, утверждение реформированной церкви означало с точки зрения казаков дальнейшее укрепление московских позиций на Дону и ограничение тех остатков суверенитета, которые сохранились после разгрома Разинского восстания. В этой связи борьба между меньшинством казачества, твердо ориентировавшимся на Москву, и готовой отстаивать казачьи вольности большей частью войска Донского приняла в конце 80-х годов XVII в. конфессиональную форму.

Один из знатных казаков, Ян Гречин, лично знакомый с фаворитом царевны Софьи князем В.В. Голицыным, прямо предупреждал его по поводу событий на Дону 1686-1688 г., что „сие есть о вере дело великое", и, „чтоб не учинили мятежу в государстве", следовало покончить с „мятежниками" на Дону.[8] Тем самым он по существу призывал правительство к самому активному вмешательству в донские дела. Это отражало общую позицию атаманов и казаков, являвшихся твердыми сторонниками Москвы и не рассчитывавших самостоятельно справиться со своими противниками, хорошо помнивших, как в 1670 г. С. Разин фактически отстранил от власти войсковую верхушку. Также это отражало весьма высокую оценку этими казаками своих противников, осознание ими того, что они способны взять и удержать власть в войске Донском.

Такая оценка была не случайна. Поколение казаков конца XVII в. выдвинуло ряд весьма значимых личностей общероссийского масштаба. Их развело между собой разное отношение к происходившим на Дону переменам, к историческому выбору между ценностями традиционной казачьей вольности и другой донской традицией, связанной с верностью службы царю, что обеспечивало твердую жизненную опору в лице усиливавшегося русского самодержавия. Поэтому движение донских старообрядцев конца XVII в.,[9] крупнейшее в России на почве церковного раскола, нашло выражение не только в общественном, но и в

7 Крестьянская война под предводительством Степана Разина. Сборник документов. Кн. 3. М., 1962. С. 351, 352.

8 Дополнения к Актам историческим (ДАИ). Т. 12. СПб., 1872. С. 200.

9 Этому движению посвящено обстоятельное исследование В.Г. Дружинина. См.: Дружинин В.Г. Раскол на Дону в конце XVII в. СПб., 1889.

личностном противостоянии предводителей противоборствовавших сторон. С одной стороны – войсковой атаман Фрол Минаев, который справедливо характеризуется в историографии как верный царский слуга, участник Азовских походов Петра I 1695-1696 гг. С другой – Кирей Матвеевич Чурносов, личность, незаслуженно обойденная вниманием историков. Находясь в тени своего друга и сподвижника Самойлы Лаврентьева, избиравшегося в 1686-1687 гг. войсковым атаманом в период временного отсутствия на Дону Ф. Минаева, Кирей выступал в качестве фактического предводителя движения, его организатора и генератора идей. Имея боевые заслуги как необходимую в казачьей среде основу авторитета, он выделялся грамотностью и четким осознанием тесной взаимосвязи между традициями казачьей вольности и самостоятельностью Дона по отношению к России.

Многие из казаков были раздражены усилением московского вмешательства в церковные дела на Дону и стремились заменить никонианских попов попами-старообрядцами. Однако идея церковной автономии Дона с выборами „особого патриарха или епископа“[10] принадлежала Чурносову. Кроме того, самое серьезное их опасение вызывала перспектива дальнейшего укрепления позиций России на юге, поскольку это усиливало контроль правительства над Доном. Накануне похода князя В.В. Голицына на Крым в 1687 г. Чурносов, четко выражая эти опасения, заявлял по поводу привлечения к участию в этом походе войска Донского: „Не для чего нам итти на крымского, у нас ... свои горше Крыму. Надобно ... прежде тут очиститьца, тогда ... уж на Крым итить“. О самостоятельности же политического мышления Кирея, о независимости его от стереотипов массового сознания, в т.ч. сознания казачества, свидетельствовали его заявления, которые по существу шли вразрез с характерным для казаков монархизмом: „И лучше ... ныне крымской, нежели наши цари на Москве“. Доносы же, поступавшие на него с Дона в Москву в 1688 г., приписывали ему то, что он называл царей „Иродами“, а „государскую силу – Голиядскою“.[11] Понимая в то же время, что борьба за самостоятельность и вольность одним донским казакам не под силу, он говорил перед своими единомышленниками, что, если это будет необходимо, следует, „приговоря к себе и иные орды, возмутить всем государством и итти к Москве“.[12] Для обеспечения поддержки со стороны этих „орд“ донских старообрядцев, пришедших к власти на Дону осенью 1686 г., после избрания войсковым атаманом Самойлы Лаврентьева, он ездил в начале 1687 г. на

10 ДАИ. Т. 12. С. 180; К. Чурносов был не только грамотен, но и на определенном уровне знал основы картографии. При аресте в Москве в марте 1688 г. у него был изъят составленный им „чертеж реки Дону и притокам, как впали в Черное море, и Черкаскому, и Азову, и иным крымским городам и Черному морю“. См.: Королев В.Н. Технология донского казачьего мореплавания на Азовском и Черном морях в XVII в. (мореходные инструменты и карты) // Торговля и мореплавание в бассейне Черного моря в древности и средние века. Межвузовский сборник научных трудов. Ростов-на-Дону, 1988. С. 124.

11 ДАИ. Т. 12. С. 151, 153, 193.

12 Дружинин В.Г. Раскол на Дону. Приложения. С. 313.

Верхний Дон и договорился о совместных действиях с калмыцким тайшой Чаганом.[13]

В то же время понимание политической ситуации и положения Дона по отношению к России заставляло Чурносова держаться в рамках легитимности. Выступая на словах против похода князя В.В. Голицына на Крым, он не отказался от участия в этом походе летом 1687 г. в качестве полковника донского походного войска при походном атамане Ф. Минаеве. Скорое возвращение на Дон походного войска из этого неудачного похода вело, в соответствии с донским войсковым правом, к уходу Лаврентьева с поста войскового атамана и к возвращению Минаева. Сразу после этого развернулось преследование старообрядцев, прежде всего не казаков, а тех, кто бежал из России на Дон. Последовала выдача их в Москву по требованию правительства. Допросы их в Москве показали причастность к движению старообрядцев части казачьей верхушки. Поэтому осенью 1687 г. правительство потребовало выдать в Москву С.Лаврентьева. Такое требование касалось бывшего войскового атамана и вызвало решительный протест многих казаков. В сложившихся условиях Чурносов становится фактическим главой донских старообрядцев. При этом он, имея заслуги как участник Крымского похода, сохранял легальное положение. Когда осенью 1687г. в пожаре сгорела войсковая столица, Черкасский городок, войско Донское, учитывая значительный дипломатический опыт Кирея, послало его в Москву во главе зимовой станицы добиваться от правительства денег на восстановление городка. Он выехал в Москву, но вести с собой своего друга Самойлу решительно отказался и обвинил одного из старшин: „ты ... повадился русских языков к Москве возить, а я не повезу“.[14]

Власти были крайне недовольны тем, что станица Чурносова не привезла Лаврентьева в Москву. Когда же на Кирея поступили с Дона доносы с обвинением его в церковном расколе и мятеже, правительство в марте 1688 г. арестовало его и ряд казаков его станицы. После этого был выдан С. Лаврентьев. В ходе следствия Чурносов не дал никаких новых сведений и сказал лишь то, что было властям и так известно. Казнь С. Лаврентьева, К. Чурносова и некоторых других предводителей казачьего старообрядчества 10 мая 1688 г. привела к ослаблению донских противников Москвы. Тем не менее, весь 1688 г. в войске Донском шла ожесточенная борьба между верными русским властям казаками во главе с Ф. Минаевым и их противниками. К началу 1689 г. донское старообрядчество было разгромлено, а часть казаков-старообрядцев бежала с Дона во владения крымского хана на Кубани, а также в Кабарду и в Дагестан. События 1687-1689 гг. представляли собой первую братоубийственную войну среди казачества.

Вместе с Киреем ушли из жизни наиболее развитые и политически активные люди из той части поколения донского казачества конца XVII в., которая боролась за сохранение традиций вольности и самостоятельности Дона. Дух донской

13 ДАИ. Т. 12. С. 151.
14 Там же. С. 175.

вольности не был однако полностью искоренен русскими властями и готовой им служить частью казаков во главе с Фролом Минаевым, умершим в 1700 г. Он был воспринят уже следующим поколением донских казаков, относившимся к началу XVIII в. Для установления своего полного контроля над Доном самодержавию, значительно усилившемуся при Петре I, потребовался разгром еще одного народного казачьего движения, Булавинского восстания 1707-1708 гг., и связанное с этим массовое истребление казаков карательными силами во главе с лейб-гвардии майором князем В.В. Долгоруким. После этого Дон окончательно стал частью Российского государства. В системе ценностей новых поколений донских казаков все большее место занимали ценности, связанные с верной службой и разными формами царского вознаграждения за нее. Дух же казачьей вольности остался после этого лишь в исторической памяти, выраженной в фольклоре, а демократические традиции сохранились на Дону на уровне местного управления, что вполне допускалось русским правительством.

CAPITULATION OR NEGOTIATION: RELATIONS BETWEEN THE DON HOST AND MOSCOW IN THE AFTERMATH OF THE RAZIN UPRISING

BRIAN J. BOECK

In mid-April 1671 the Don Cossacks reported to Moscow that Cossacks „from all towns“ joined together to besiege and rout Stenka Razin's rebel forces at Kagal'nik. Whether true or not, this report emphasized that the Don Cossack Host was once again in control of the Don region. The forces of the Host had overpowered Razin's men and captured Razin alive. While government forces extinguished the rebels' last remaining strongholds along the Volga, Ataman Kornilo Iakovlev and a convoy of Cossacks delivered Razin in chains to Moscow, where he was executed in the middle of Red Square with all the pomp and ceremony befitting the Muscovite state's most famous criminal.[1]

Historians have long considered 1671 a major turning point in the history of the Don region, arguing that the events of that year augured a new relationship with the Muscovite government. For S. G. Svatikov 1671 marked the end of the autonomy of the Don region: upon swearing an oath to the tsar the host was no longer a voluntary vassal of the tsar and was integrated into the Russian state.[2] According to a Soviet historian: „Immediately after the crushing of the peasant war under the leadership of Stepan Razin, the government made the Don Cossacks „kiss the cross“ to the Russian tsar, and following that the traditional right to refuge for fugitives... and also the right to conduct independent relations with foreign states were taken away.“[3] Recent works by S. I. Riabov and N. A. Mininkov have similarly stressed the end of the right to refuge and the cessation of foreign relations.[4] In contrast, this article will argue that the Razin rebellion did not radically alter the existing pattern of relations between Moscow and the Don.

1 Paul Avrich, *Russian Rebels 1600-1800* (New York, 1976), 113. For a brief survey of the Razin uprising and an introduction to the historiography, see Michael Khodarkovsky, „The Stepan Razin Uprising: Was it a 'Peasant War?'“ *Jahrbücher für Geschichte Osteuropas*, 42 (1994), 1-19.

2 S.G. Svatikov, *Rossiia i Don* 1549-1917 (Belgrad, 1924), 2.

3 A.P. Pronshtein, ed., *Don i stepnoe prekavkaze XVIII- pervaia polovina XIX v.*, 2 (Rostov-na-Donu, 1977), 73.

4 N.A. Mininkov, *Donskoe kazachestvo v epokhu pozdnego srednevekov'ia (do 1671)* (Rostov-na-Donu, 1998), 293-4: S.I. Riabov, *Donskaia zemlia v XVII veke* (Volgograd, 1992), 80.

As the cradle of a rebel force that had for a time, albeit brief, threatened the heart of the Muscovite state, the Don region escaped without even a slap on the wrist. No punitive expeditions entered Cossack territory. The economic blockade that was instituted during the rebellion was lifted and the status quo (complete local autonomy and economic subsidy) was soon restored. Furthermore, only months after Razin's execution, the Don Cossacks began to openly defy orders from the tsar.

The right to refuge, or rather, the purported loss of it, is certainly important, but in pragmatic terms the significance of this particular period has been greatly overestimated. As generations of historians have noted, the right to refuge was a cornerstone of the Don Cossack separate deal with the Muscovite tsar. Traditionally, any one accepted into Don Cossack society was no longer subject to the jurisdiction of Muscovite officials.[5] In essence, a Russian who joined the Don Cossacks, even if he was a fugitive from justice, became subject only to Cossack customary law and his past identity as a tax-paying subject of the tsar was erased.[6] The fact that Razin was delivered to Moscow certainly set an important symbolic precedent – for the first time the Host handed over a Don Cossack for punishment to the Muscovite tsar – but it did not become a major precedent in practice.

As I will demonstrate below, Cossacks successfully fought to preserve a *de facto* right to refuge even as the government asserted a *de jure* authority to deport state criminals (but not yet fugitives) back to Rus'. Razin, after all, was neither a common criminal nor a recent fugitive. By attacking the Muscovite state, threatening the Don Host, and consequently abandoning the Don, Razin made himself a big-league outlaw. In view of the circumstances, the voluntary sacrifice of Razin was a small price to pay for the salvation of the status quo. The autonomy of the Host in the Don region was preserved. Razin alone would pay for the sins of thousands and his execution in Moscow would exculpate the Host for three years of inertia. While Cossacks would later regret the decision to extradite Razin (see below), it kept the Muscovite state at arms length for over a decade. *De facto* the right to refuge would continue to exist for three more decades. Rather than shatter Cossack autonomy, the deportation of Razin produced a surface fissure in the foundation of Cossacks liberties that would only widen in subsequent years.

5 G. K. Kotoshikhin, *O Rossii v tsarstvovanie Alekseia Mikhailovicha* (Sankt-Peterburg, 1906), 135; Patrick Gordon, Diary, Rossiiskii gosudarstvennyi voenno-istoricheskii arkhiv (henceforth RGVIA), f. 846, op. 15, d.5, l. 472 ob.

6 For additional information see Chapter 3 of my doctoral dissertation, *Shifting Boundaries on the Don Steppe Frontier: Cossacks, Empires and Nomads to 1739* (Ph.D. Dissertation: Harvard, 2002).

Reconsidering the Oath of 1671

Several historians have assumed that since the oath of loyalty sworn by Cossacks in 1671 included clauses about interaction with foreign states, naturally an epic change must have occurred. The oath did in fact include a clause that reads: „And whoever among us ... starts to have relations [*ssylatisia*] with enemies of the sovereign, and with traitors, or with Poles, or Germans [*nemtsy*], or Tatars, we pledge to fight to the death against those people for the sake of our sovereigns and their domains [*za ikh gosudarstvy*].“[7] Upon further analysis, however, this clause is poorly tailored to Cossack circumstances. Absolutely no mention is made of Turks, in spite of the fact that the Ottoman fort of Azov was virtually next door to Cherkassk, while Cossacks were to abscond from relations with some nebulous „Germans“ whom they would probably never encounter. Even a literal reading of the document, coupled with an assumption that the Cossacks intended to wholeheartedly uphold it, suggests that no complete „cessation of foreign relations“ could have been intended. Moreover, after pledging to „fight to the death“ against those who conduct relations with Tatars, the Don Host continued to maintain relations with the Crimean Khan for at least another eighty years![8] Because of the simple fact that the Don Cossacks did not abandon relations with foreign rulers, the cessation of foreign relations could not have represented a significant blow to Cossack autonomy.

For its part the Muscovite government continued to interact with the Don Host in the foreign policy sphere rather than the domestic policy realm. The Don Cossacks remained under the auspices of the *Posol'skii Prikaz* and when they traveled to Moscow they did so as dignitaries. The Muscovite government still lacked any apparatus of administrative control over the Don Cossack territories, but its ability to control trade or withdraw the annual subsidy awarded to the Cossacks in grain, cash and gunpowder gave it levers for indirect influence over the Cossacks.[9]

7 For the text of the oath, see *Krestianskaia voina pod predvoditel'stvom Stepana Razina* (henceforth KVSR) 3 (Moskva, 1959), 145-149. This quote comes from page 149. A very similar text was created in 1632 for the Don Cossacks, but apparently was never utilized. The text in *Akty moskovskogo gosudarstva*, 1 (Moskva: 1890), 434-435. It includes the phrase: „... ili kto uchnet s izmenniki, ili s tatary, ili s pol'skimi, ili s litovskimi i s nemetskimi liud'mi ssylatis', i nam s temi liud'mi za gosudarei svokh I za ikh gosudarstvo bitisia do smerti ...“ I have not found any evidence that this first oath was ever sworn by the Don Cossacks.

8 A letter from the Crimean khan to the Cossacks in 1743 is the latest evidence of relations that I have encountered. See Rossiiskii gosudarstvennyi voenno-istoricheskii arkhiv (Henceforth RGVIA), f. 20, op. 1/47, d. 108, l. 242.

The whole question of the loyalty oath deserves reconsideration. Since the Cossacks had already taken an oath of their own invention months before, the oath administered in August 1671 cannot really be considered the first time that all Don Cossacks swore an oath of loyalty to the tsar. Rather, it was the first time they used a text generated by Moscow. Interpretations of this event have largely been based upon a literal reading of the text of the oath, with no analysis of what happened after the oath was taken. Although it was an important symbolic act there is little evidence that the oath radically changed the relationship between the Don and Moscow. Hence, it would be better to examine what the oath meant to both sides.

From the government's perspective the symbolic aspect was probably the most important. After refusing to swear an oath of loyalty for several decades, in 1671 a group of loyal Cossacks got together and swore oaths to the tsar completely of their own volition. Realizing that a better opportunity to secure a more precise oath of allegiance from the Cossacks might not arise, the government prepared a text and sent an official to administer the oath upon delivering the annual subsidy to the Don Cossacks. Analysis of the text of the oath suggests that the Muscovite clerk assigned the task of preparing it recycled and modified a generic loyalty oath to suit this unique occasion. Much of the text repeats parts of a general oath administered to those in Muscovite service, but it also includes a short history of the Razin rebellion and an enumeration of Cossack transgressions.[10]

Among the clauses specifically inserted to reflect the situation in the Don region are provisions mandating that individuals who plan banditry, treason, or actions against the tsar be punished according to laws of the Host (*po voiskovomu pravu*) and that the instigators be sent to Moscow.[11] At least at this juncture, the Razin case was viewed as a significant precedent, but the laws of the Host were explicitly recognized and given precedence. Analysis of the sections unique to the Cossack oath indicates that above all the government wanted Cossacks to swear loyalty to the dynasty and to strive to prevent future rebellions.

Though it is impossible to fully establish how the Cossacks viewed the oath, since the sources at our disposal were generated by government officials, it is possible to reconstruct something of the event itself. During a council convened to discuss the issue, considerable opposition was expressed to the oath, with less senior Cossacks (*molotchie liudi*) proclaiming that they would serve faithfully without an oath. The fact that two

9 On the subsidy, see V.P. Zagorovskii, „Donskoe kazachestvo i razmery donskikh otpuskov v XVII veke.“ *Trudy Voronezhskogo Universiteta*, III, no. 1 (1960), 131-147.

10 *KVSR*, 3: 145-149, and Rossiiskii gosudarstvennyi arkhiv drevnykh aktov (henceforth RGADA) , f. 111, kn. 2, ll. 60ob-71. For Razin and transgressions see ll. 61-64ob, for recycled text, consult ll. 65 from „I sluzhit' nam ...“ to l. 70 concluding with „... ne mysliti.“ For the text of a general oath (from 1645), see *Sobranie gosudarstvennykh gramot i dogorov khraniashchikhsia v gosudarstvennoi kollegii innostrannykh del*, chast' 3 (Moskva, 1822), 421-422.

11 *KVSR*, 3, 146, 149.

more councils had to be convened to decide the issue indicates that it was controversial, but unfortunately no information on those councils is available. During the third council it was decided that all Cossacks would take the oath and that whoever did not comply would be put to death (as was usual in cases of blatant noncompliance judgments of the Host).[12] According to the Muscovite official sent to Cherkassk, the oath was administered to „all Cossacks" on August 29, 1671, but later in his report he only mentions that Cossacks in Cherkassk took the oath and kissed the cross to uphold it, suggesting that administration may have been far from universal.[13]

Administration of the oath in Cherkassk was itself a mammoth task that would have involved well over a thousand people, and perhaps considerably more. The text of the oath was several pages long and could have taken no less than thirty minutes to read aloud at a quick pace. Hence, in order to administer the oath in one day, very large groups of people had to have been taking it at simultaneously. After hearing a long text - especially if pronounced with due solemnity- in which all the names of the tsar's family were read four times and the titles of the tsar were read no less than twenty times, rank-and-file Cossacks probably had little precise recollection of what they had sworn.

Subsequent actions can help to gauge Cossack fealty to the oath. After swearing to serve „wherever the tsar would order" and promising the tsar's envoy Kosagov to send a force to Astrakhan' to help destroy the last nest of Razin's supporters, the Cossacks failed to send anyone to take part in the final decisive campaign against the rebels.[14] They later explained that over 100,000 (an extraordinarily large number) Crimean Tatars and their allies had appeared near Azov, necessitating that the Cossacks stay and protect their settlements.[15] Relations with Tatars, Zaporozhians, Kalmyks, Nogais, and the Ottoman administration at Azov continued unabated. On the whole, the oath seems to have been primarily viewed by the Host as a politically expedient compromise. The fine print was considered negligible or negotiable as long as they remained openly loyal to the tsar and his progeny. The fact that the government ignored Cossack noncompliance with the text of the oath would indicate that Muscovite policy-makers either shared this view or were unwilling to sharply challenge it. The government at least temporarily was satisfied with its symbolic victory.

Testing the Boundaries of Imperial Authority 1672-1677

In 1672 normal relations between Moscow and the Don region were restored. In large part this was due to the fact that the *Posol'skii prikaz* hoped to synchronize the post-Razin potential of the Don Cossacks with its post-Andrusovo plans. The treaty of Andrusovo had provided that „frontier Cossacks" be used as part of a joint counter attack

12 *KVSR*, 3, 169.
13 *KVSR*, 3, 170.
14 *KVSR*, 3, 170.
15 *KVSR*, 3, 168.

in response to Ottoman aggression against either Poland or Russia. When Ottoman forces took Kamenets Podolskii, the provisions of the Andrusovo treaty were invoked. The Russian state, for the first time in history, was about to enter a real war against the Ottoman Empire. Though historians have not devoted significant attention to this episode, a report prepared by the *Posol'skii prikaz* on the eve of Peter 1's Azov campaign considered this the first Russian-Ottoman war and stated: „In previous years before 1672 there were no wars or altercations [*zatsepki*] between the Great Sovereign and the Turkish Sultan."[16]

In fall 1672, a Don Cossack delegation in Moscow was summoned to the *Posol'skii prikaz* to provide consultation on how war against Crimea and the Ottoman Black Sea forts could be carried out.[17] After careful deliberation with its Cossack clients, the government drew up a plan to attack and destroy the Ottoman forts (*kalanchanskie bashny*) in the delta of the Don region in order to make actions at sea possible and to put pressure on Crimea.

Elated that finally they would see some serious action, thousands of Cossacks arrived in summer 1673 for the campaign. A government force of 8000 men under the command of I. Khitrovo linked up at Cherkassk with the Cossacks and together they marched to the Don river delta. Problems in coordinating the actions of two distinct military contingents and the timely arrival of Ottoman reinforcements resulted in the failure to capture the forts. While some of Khitrovo's men were sent home, a government force of about 5000 men was left on the Don. Soon a fort (*ratnyi gorodok*) near Cherkassk was constructed to house them and their supplies.

In winter 1674 a Cossack delegation in Moscow was once again called in for high-level consultations with Boyar Artemon Matveev and Dumnyi D'iak Grigorii Bogdanov about how to proceed against the Ottomans. This time they recommended constructing a fort on the Mius river.[18] The rationale for building the fort was simple: in order to reach Azov by sea, ships had to pass near the mouth of the Mius river. The fort would provide a base for conducting operations against the galleys that supplied Azov and thereby place a stranglehold on it. The government enthusiastically embraced the plan and sent an engineer to oversee the project.

The most extensive plan for anti-Ottoman action ever endorsed by the *Posol'skii prikaz* up to that point was destined for failure. The project was not thwarted by legions of Janissaries or thousands of marauding Tatars, but by rank and file Cossacks who staunchly opposed it. When the tsar's order to build the forts was read to the Cossacks in Cherkassk in September 1675 they commenced to shouting and dispersed the krug.[19] When a second krug was called and ataman Kornilo Iakovlev continued to press the issue, again they began to disperse. In desperation Iakovlev began swinging a club at

16 RGADA, f. 111, 1695, d. 12, l. 238.

17 Riabov, *Donskaia zemlia*, 187.

18 RGADA, f. 111, kn 7, l. 105, f. 111 1675 d.12 ,30-32.

19 This paragraph is based upon RGADA, f. 111, 1675, d.12, l.2-4ob.

two or three of the opposing Cossacks, but the crowd joined in the melee, attacking Iakovlev and his ally Rodion Koluzhenin, who fought his way through the crowd with a knife. While Iakovlev resigned from the post of ataman, Koluzhenin spent several days hiding in the camp of *voevoda* Petr I. Khovanskii, who had replaced Khitrovo as the commander of the Muscovite forces.

The new ataman, Mikhailo Samarenin, was able to convince about 3000 Cossacks to at least join an expedition to inspect the site, but he could not convince the Cossacks to accept the plan. Upon seeing the site, they pronounced the ground too unstable for a large, stone structure.[20] In a report to A. S. Matveev, P. I. Khovanskii stated that the Cossacks refused to consider the issue of government forts altogether, proclaiming: „Even if the Great Sovereign's subsidy of a hundred rubles were sent to [each of] us, we wouldn't construct and sit in those forts [*gorodki*]. We don't desire to sit in forts, and we are already willing to die for the sake of the Great sovereign without forts."[21]

The officials of the *Posol'skii prikaz* expressed their severe consternation in an order from the tsar threatening that if the forts were not built „the subsidy in cash and grain which was sent to them prior to this will never be sent again and from our Great Sovereign's upper towns it will be forbidden under penalty of death to release all kinds of supplies through to the Don."[22] Undaunted by government threats, in November 1675 the krug once again vetoed the government proposal, and the Cossacks „made noise and cursed obscenely [*branili materny*]" at Khovanskii for provoking the government threats with his letters.[23]

Upon staunch Cossack opposition, the government abjured its plan to build the forts and, without further explanation, backed down from its threats. This raises serious questions about government intentions during the period after the uprising. According to S. I. Riabov, who most recently examined this issue, the military forces sent to the Don were intended to strengthen the position of the Tsarist government. He states: „Thus, although in the instructions given to I. Khitrovo - the official document written by the government - there are not direct indications that the military forces were to fulfill other roles, it is nonetheless beyond doubt that they were expected to carry out police functions, serving as the „eye of the sovereign" on Don [Cossack] land..."[24] Another role assigned to them in the invisible sections of their official instructions, according to Riabov, was to control the implementation of the oath of 1671.[25] If the goals of their mission in fact included introducing government control over the Don, they failed dismally. The commanders of the government forces made no attempts to pressure the Cossack krug, and they stood by and watched while the Cossacks „violated"

20 This paragraph is based upon RGADA, f.111, 1675, d.12, 5.

21 RGADA, f.111, 1675, d.12, l. 13.

22 RGADA, f.111, 1675, d.12, l. 39-40.

23 *KVSR*, 3, 351

24 Riabov, *Donskaia zemlia*, 83.

25 Ibid., 84.

their oath to serve the tsar wherever he ordered. They did not even try to use force to recover their fellow „policemen," who were running away or joining the Cossacks by the hundreds, and they did not act to prevent the Cossacks from harassing them.[26]

In fact, the government forces were there to do precisely what their official instructions ordered them to: conduct operations against Ottoman targets together with the Don Cossacks. The Muscovite commanders were not even given direct military command over the Cossacks, but were instead directed to „take council (*sovetovat'*) with the atamans and Cossacks about all affairs."[27] This once again suggests that Cossacks retained their traditional autonomy. A letter from P. I. Khovanskii to A. S. Matveev in October 1675, written at the height of the controversy over the Mius river forts, recommended that in the future force would have to be used against the Cossacks, stating:

> If, my lord, the Don is not fortified/subordinated [*ne ukrepit'*] and they are not turned into unfree men [*sdelat' nevol'nikami*] as we [ourselves] serve the Great Sovereign as unfree men, then inevitably [*odnokonechno*] in the future sincerity [in service] [*pravda*] cannot be expected from them.[28]

Although Matveev's response to Khovanskii is not available, his actions speak for themselves. A few months after the letter was written, Khovanskii was relieved of his command.[29] Rather than follow through with its threats, the government abandoned the idea of building forts. In spite of their faults, the Cossacks continued to provide a cost-effective, if mercurial, force for asserting pressure against Crimea and the Ottoman coastal towns. The government troops, on the other hand, had not demonstrated tremendous effectiveness in either raiding or capturing Ottoman forts. In 1677, the forces were withdrawn to participate in the Chihirin campaigns in Ukraine.[30] Upon leaving, they destroyed the fort that they had occupied for several years and took with them everything except for a store of rotten, worm-infested grain, which the Don Host refused to accept.[31]

26 For fugitives from the Muscovite force, see RGADA, f. 111, 1676, d. 13, l. 93, f. 111, 1676, d.14, l. 28, f.111, kn. 7, 248-249. For examples of Cossack harassment, see *KVSR*, 3: 351-2. The following quote demonstrates that the government forces could barely protect themselves: „... uchali kazaki velikogo gosudaria ratnym liudem chinit' nalogi, Pavlova prikazu Skriabina strel'tsa bili i ograbili, a upravy v tom ne uchineno. I inykh pobivaiut, i nachalnykh liudei braniat, i nazyvaiut ratnykh velikogo gosudaria liudei miasnikami." *KVSR*, 3, 351.

27 RGADA, f. 111, kn. 1675, d. 8, l. 573 and RGADA, f. 111 1676, d. 13, l. 69-71.

28 *KVSR*, 4, 174.

29 RGADA, f. 111, 1676, d. 13, ll. 69-71.

30 V.P. Zagorovsky, „Vopros o russkom morskom flote na Donu do Petra I." *Trudy Voronezhskogo universiteta*, LIII, no. 1 (1960), 164.

31 RGADA, f. 111 1676, d.33, l. 19

Contesting the Right to Refuge

While the controversy over the government forts was raging, the Cossack assembly also locked horns with the *Posol'skii prikaz* over the right of refuge. The diplomatic struggle that ensued reveals crucial information about how the Cossacks, their leaders, and government officials viewed the post -1671 situation. The incident over which the diplomatic struggle ensued began in 1674 when a Don Cossack named Ianka reported to the *voevoda* of Tsaritsyn that some [Old Believer] monks had constructed a fortified encampment in the far upper reaches of the Medveditsa river and that they were enticing women to their settlement and hoarding weapons.[32] Alarmed at the report, the government ordered the *voevoda* of Tambov to investigate. In spring 1675 a search party, headed by an officer named Vasilii Klokov was sent from Tambov to locate the encampment. Klokov succeeded in capturing 15 women and a few men to take back to the *voevoda* for interrogation.[33] Their return route took them through Cossack territory and near the Cossack settlement of Beliaev, on the Khoper river, the Tambov convoy was allegedly attacked by some Cossacks, who, according to reports filed by the leader of the expedition, managed to free the male captives. The only name that the government managed to ascertain and link with the attack was that of Sen'ka Buianka.

Not much is known about the man whose case put the right to refuge to the test. At some point before arriving in the Don region, he had acquired the nickname that apparently exemplified his character: *Buianka*, which can be translated as rowdy or hellraiser. He was known by the *voevoda* of Tsaritsyn to have been a bandit and highwayman in the Kozlov district before he escaped from justice and joined the Cossacks.[34] He reemerged in Beliaev in Cossack territory, where, according to the Cossack version of the incident narrated above, he defended Cossack rights.[35] According to residents of Beliaev interrogated by the Don Host, Klokov and some of his men stopped over in Beliaev, presumably to rest during their journey. After getting drunk, Klokov and company began to spout obscenities and to insult the Cossacks and their traditions. Outraged at the behavior of the visitors, Sen'ka and two other Cossacks beat up the Tambov official and his cronies and ran them out of town.The Cossacks denied seeing any captured women and claimed to have no knowledge of the men, but maintained that Klokov was overheard saying something about collecting a ransom.

The diplomatic battle between Moscow and Cherkassk began in March 1675, when the Posol'skii prikaz sent an order to the Don Host demanding that Buianka and the other Cossacks involved in the incident be captured and sent to Moscow in chains.[36] The Cossacks responded in April 1675 that Buianka had not been located, but that he

32 RGADA, f.111, 1677, d.12, l.25-26, kn. 8, l. 340-444.

33 RGADA, f.111, 1677, d.12, l. 26-28.

34 RGADA, f.111, 1677, d.12, l. 21.

35 For the Cossack account, see RGADA, f. 159, op. 2, d. 1359, ll. 5-6.

36 RGADA, f. 111, 1677, d. 12, l. 28.

would be sent.[37] In May, Ivan Kudrov, a government official who had just returned from the Don region, informed the government of the actual situation in Cherkassk.[38] Sen'ka had been captured by the Cossacks and was being held in custody, but the Cossacks were divided about what to do with him. Kudrov testified:

> There was a great quarrel between Kornilo [Iakovlev] and the less senior people [*molotchie liudi*] because of Sen'ka Buianka. The ataman Kornilo wants to send him to Moscow in accordance with the order of the Great Sovereign, but the Cossacks do not allow him to be sent."[39]

A second order was immediately penned to the Host demanding that the Cossacks send Buianka and his comrades to Moscow at once „in order not to bring shame and dishonor upon the Host."[40]

The Cossacks' diplomatic counter-offensive commenced in June 1675.[41] They affirmed that Buianka had been captured and that the residents of Beliaev had been interrogated concerning the incident with Klokov and the Tambov troops. After providing the Cossack version of the incident, the Cossacks began their appeal to the tsar and tradition, writing:

> Prior to this under previous sovereigns of blessed memory and under your father Mikhail Fedorovich of blessed memory, and in your Great Sovereign reign, from your Great Sovereign's hereditary possession [*otchina*] from the river Don no one was handed over. Sen'ka Buianka prior to this did not live among us, your bondsmen, on your Sovereign's river and he did not go around committing acts of banditry. For if he had been on the Don previously, and was caught in banditry, we would not have been silent and would have punished him according to the laws of the Host. People of all ranks come to us, your bondsmen, to your Sovereign's river, and it is with those people that your sovereign's river is populated and we serve you, Great Sovereign, together. Prior to this, no one was seized from here and your sovereign orders to us, your servants, about such matters were not sent. If you now, Great Sovereign, order that such newly-arrived people be seized from the Don and that Sen'ka Buianka and the Cossacks be taken, let it be as you will [*v tom tvoia volia*]. For you are free to impose your sovereign will on all of us, bondsmen [*ty volen nad nami*]. In order that we, your bondsmen, seeing such an order by the Great Sovereign do not disperse in different directions from your sovereign hereditary possession, the river Don, and hand over your sovereign's hereditary possession to your eternal enemies, Great Sovereign, have mercy on us.[42]

37 RGADA, f. 111, 1677, d. 12, l. 28.
38 RGADA, f. 111, 1677, d. 12, l. 28-31.
39 RGADA, f. 111, 1677, d. 12, l. 28-31.
40 RGADA, f. 111, 1677, d. 12, l. 31-32.
41 RGADA, f. 111, 1677, d. 12, l. 33, and RGADA, f. 159, op. 2, d. 1359, l. 6.
42 RGADA, f. 159, op. 2, d. 1359, 1675, l. 6-6ob. In accordance with early modern English convention, I have translated kholop as bond servant. See Maria Solomon Ariel, "The Lawes of Russia Written: An English Manuscript on Muscovy at the End of the sixteenth Century," *Oxford Slavonic Papers* (1990), 37.

Although the clerk who read the document may not have realized it, the Cossacks had used the same concluding sentence in several previous petitions to the tsar during the 1630s and 40s when relations with the government became difficult.[43] The appeal to tradition- without reference to Sten'ka Razin – combined with a thinly veiled threat, suggests that the right to refuge was still viewed as an essential component of Cossack liberties. The Cossacks reminded the tsar of his freedom to impose his will on them, but also warned that the likely consequence would be the occupation of the Don region by his enemies. The clerk in charge apparently decided not to take action, since a note was made to the effect that „in response to their ... report, no order from the Great Sovereign was sent."[44] In the first round of diplomatic salvos, the Cossacks had fought to a stalemate.

The next round began, as far as can be established, in September 1675. A Muscovite courier returning from the Don brought word that Buianka had been released from detainment under a surety bond and that he was roaming about at will in Cherkassk.[45] This bad news coincided with the first reports that the Cossacks had refused to comply with the order to build the Mius forts. The officials of the *Posol'skii prikaz* (in this particular case Artemon Matveev, Grigorii Bogdanov, Vasilii Bobinin, and Emelian Ukraintsev) revived the demands that Buianka be handed over and appended them to the order mentioned above which threatened a new economic blockade of the Don region.[46]

The government threats made an impression on the senior Cossacks Kornilo Iakovlev, Rodion Osipov, and Frol Minaev, who passionately argued in the krug that Buianka should be handed over to appease the tsar. The account of the krugs held in October 1675 provides one of the best available accounts of Cossack democracy in action.[47] Kornilo Iakovlev and others began the discussion: „The Great Sovereign must really want that Buianka, since [several] such orders have been sent to us." The Cossacks shouted in response: „You've developed a taste for taking Cossacks to Moscow tied up as if they were Azov slaves. It should be enough for you that you succeeded in delivering Razin. If Buianka is handed over, the rest of us might as well wait for our summons from Moscow." Rodion Osipov tried to remind the Cossacks that they were being undependable and that they were disobeying the tsar and should hand over Buianka, but the Cossacks answered him: „You [who are in favor] would benefit [from handing over Buianka] and receive chalices and minks [*soboli*], but in doing so you are destroying the Don." The balance of power was clearly on the side of the Buianka, so ataman Mikhailo Samarenin did not attempt to restrain the Cossacks. Later, the Cossacks deliber-

43 See for example RGADA, f.89, 1630, d. 5, l. 98.

44 RGADA, f. 111, 1677, d.12, l. 34.

45 RGADA, f.111, 1675, d. 12, l. 9.

46 RGADA, f.111, 1675, d. 12, l. 39-40.

47 This paragraph is based upon the account in RGADA, f.111, 1675, d.18, ll.1-15 (published in *KVSR*, 3: 350-353).

ately chose their opponent, Kornilo Iakovlev, to head the next delegation to the tsar, but he attempted to decline the offer. Then they threatened to take him along in chains „like he transported Razin." Seeing that he could not resist, he agreed and was given a simple mandate: to say little and convince the government to remove the military forces.

Informed of the balance of power in the Don region, the government once again began to back down. The winter delegation, which arrived in mid-November, brought a petition similar to the one filed in June 1675 that included the same appeals to tradition and the same veiled threats.[48] Other reports received by the government had indicated that the Cossacks „in all gorodki" were becoming anxious and were starting to discuss the possibility of attacking the government garrison with assistance from Crimea and Azov.[49] There may have even been a plot to get rid of the office holders (*starshina*) who „had not been with Razin and who at present wish the Great Sovereign well [*velikomu gosudariu dobro khotiat*]."[50] Preferring compromise to conflict, the government once again dropped its demands that Buianka be handed over.[51] The krug won a victory and the right to refuge remained in force.

Conclusion

Because the Russian government possessed limited resources and ambitious objectives, it was unwilling or unable to impose its will on its Cossack clients. The Don Cossacks continued to provide a valuable, cost-effective alternative to a direct, permanent Russian military commitment in the region. In spite of the disruptions caused by the Razin rebellion, the Don Host and the Russian state recognized the benefits that each derived from cooperation with one another. The reciprocity in the relationship, however, gave Cossacks considerable room for negotiation. If they felt that the government was exerting undue pressure on them they could threaten to abandon the Don. In spite of the fact that Cossacks swore oaths and even called themselves subjects, even bondsmen, of the tsar, both sides possessed autonomy of action. Either side could threaten to cancel the deal, but interdependence dictated compromise. The Cossacks had no other source of grain and gunpowder and the Russian state had no other reliable and comparatively cheap means of exerting pressure on Crimean and Ottoman territories.

In the post-Razin era, on several occasions the Muscovite state demonstrated its preference of compromise to conflict. Time and time again the state backed down when the Cossacks, who were still more useful as clients than subjects, failed to implement or endorse „autocratic" writ. Recommendations by generals to make the Don Cossacks „unfree men" fell on deaf ears. After 1671 the tsar began to officially acknowledge to

48 RGADA, f. 111, 1675, d.22, l. 3-6ob.

49 *KVSR*, 3: 352.

50 *KVSR*, 3: 352.

51 Both the draft of the government response to the Cossack report and a copy of the response make no mention of Buianka. See RGADA, f. 111, 1675, d.22, ll. 10, 38.

Ottoman officials that he wielded influence over the Don Cossacks, but the boundaries of his authority over them were still uncertain.

DIE SIBIRISCHEN KOSAKEN IM INSTITUTIONELLEN WANDEL DER HANDELS-FRONTIER[1]

CHRISTOPH WITZENRATH

Geographisch erstreckt sich das eurasische Übergangsgebiet zur offenen Steppe von Polen-Litauen bis zur Mandschurei. Im 17. Jahrhundert wurde dieses ganze Gebiet binnen kurzer Zeit vom Moskauer Reich annektiert, dessen Herrschaft sich dort zunehmend verfestigte. Die Motive, Triebkräfte und Ergebnisse dieser Eroberungen hätten unterschiedlicher nicht sein können: Die aufwendige Befestigung des Grenzlandes am Steppenrand westlich des Ural stand ganz im Zeichen strategischer Überlegungen, während das vorrangige Ziel bei der raschen Eroberung des ungleich größeren Sibirien die Versorgung der Staatskasse mit hochwertiger Exportware war. Westlich des Ural mußten sich die Dienstleute in den Grenzfestungen selbst versorgen.[2] Die sibirischen Kosaken waren hingegen ungleich besser gestellt. Zahlreiche Aufstände sicherten ihnen einen Anteil an den Reichtümern, die sie auszubeuten halfen.

Erstaunlicherweise trägt die Historiographie zur regionalen und lokalen Verwaltung Sibiriens diesen Unterschieden und Gemeinsamkeiten sowie ihren Auswirkungen auf die institutionelle Kultur des Moskauer Reiches noch heute nicht ausreichend Rechnung. Die gegenwärtige Diskussion schwankt zwischen zwei dominierenden Modellen: In das Bild von Rußland als despotischem Staat fügt sich die Behauptung, die Kosaken – immerhin Moskaus wichtigste Stütze in Sibirien – hätten der allumfassenden Autorität des Zentrums und der Voevoden vor Ort gehorchen und sich einer strikten militärischen Hierarchie unterordnen müssen; ihre Aufstände werden in diesen Darstellungen als folgenlose „Widerspenstigkeit" bagatellisiert.[3] Von dieser Sichtweise setzt sich das zweite Modell ab, das noch in Sibirien eine an west- und mitteleuropäischen Vorbildern

1 In diesem Paper fasse ich einige Ergebnisse meiner Dissertation über „Institutional Culture and the Government of Siberia, 1598-1725" zusammen, die ich in Kürze am King's College London einreichen werde.

2 CAROL BELKIN STEVENS Soldiers on the Steppe. Army Reform and Social Change in Early Modern Russia. DeKalb 1995; MICHAEL KHODARKOVSKY Russia's Steppe Frontier. The Making of a Colonial Empire, 1500 – 1800. Bloomington 2002.

3 GEORGE V. LANTZEFF Siberia in the Seventeenth Century. A Study of the Colonial Administration. Berkeley 1943 (University of California Publications in History; Bd. 30); BASIL DMYTRYSHYN The Administrative Appratus of the Russian Colony in Siberia and Northern Asia, 1581-1700. In: ALAN WOOD (Hrsg.) The History of Siberia form the Russian Conquest to Revolution, London 1991, S. 17-36; EVGENIJ V. VERŠININ Voevodskoe upravlenie v Sibiri (XVII vek), Ekaterinburg 1998.

abgelesene „ständisch-repräsentative Monarchie" am Werk sieht, die schließlich von den Kräften der Bürokratisierung verdrängt worden sei. Die Kosakenunterschicht habe sich dabei ihren eigenen „naiven Monarchismus" zu nutze gemacht, um gegen habgierige Voevoden und die mit den Voevoden verbündete, reiche kosakische Oberschicht vorzugehen.[4] Meine Untersuchungen betrachten das Problem unter einem neuen Blickwinkel, der dazu beitragen kann, die Kluft zwischen diesen Konzeptionen zu überbrücken.

Der kosakische Personenverband

In der Forschung werden die Fähigkeiten von Kosakengruppen zur Selbstorganisation allzu oft unterschätzt, so wie die besonderen Bedingungen und Möglichkeiten des Grenzlandes oft verkannt werden. Ich möchte daher zunächst die organisatorischen Formen der Kosakengruppe untersuchen und dann darstellen, wie sie in das Reich integriert wurden. Der kosakische Personenverband, der im Steppengrenzland bis Polen-Litauen verbreitet war, und spezifische institutionelle Mechanismen, welche die sibirische Grenzlandgesellschaft an das entfernte Zentrum banden, begünstigten lokale und persönliche Initiativen. Diese Institutionen integrierten das Individuum in eine Gemeinschaft, die nicht nur Schutz gegen die Gefahren der offenen Steppe bot, sondern auch gegen die Übergriffe des Staates. Andererseits bedurfte auch der Handel im Grenzland eines besonderen Schutzes, den die Kosakengruppen aufgrund ihrer noch zu erläuternden Struktur gewähren konnten. Moskau ging auf diese Gegebenheiten ein, indem es die Kosakengruppen mit ihren Versorgungsansprüchen als Partner akzeptierte und einen *modus vivendi* mit ihnen in den sich rasch entwickelnden Institutionen suchte. Schon die Geschwindigkeit, mit der Nordasien dem Moskauer Reich einverleibt wurde, bewirkte zunächst eine Verflüssigung übernommener Institutionen und die Verschiebung des Machtgefälles zugunsten der Kosakengruppe. Kosaken fanden sich häufig auf Dienstreisen, die sie in Gebiete führten, die Hunderte und Tausende Kilometer von ihrem Wohnort entfernt lagen und sie über mehrere Jahre beanspruchen konnten. Diesen Bedingungen einer äußerst dynamischen Gesellschaft paßten sich die Institutionen an. So legten „Wahlurkunden" die Periode fest, während derer ein Kosak in einer entfernten Stadt oder Festung dienen sollte. Versuche eines Voevoden, strategische Erwägungen über diese institutionelle Garantie zu stellen, scheiterten schon an den Möglichkeiten der Kosaken zur Flucht. Fürst Golovin trug dieser Realität bei der dauerhaften Verstärkung der Festungen an der Selenga im Gefolge des Friedens von Nerchinsk Rechnung, indem er die freiwillige Ansiedlung durch Starthilfen begünstigte und seine ursprünglichen hochfliegenden Ansiedlungspläne um die Hälfte reduzierte. Rückkehrwillige aus den Reihen seines Heeres, die Familienanhang in Westsibirien hatten, konnten nach

4 VADIM A. ALEKSANDROV, NIKOLAJ N. POKROVSKIJ Vlast' i obščestvo: Sibir' v XVII v., Novosibirsk 1991.

diesem Dekret offiziell die Rückreise antreten.[5] Andererseits fällt auf, daß kleinere Gruppen oder einzelne Kosaken auch längere Zeit von der Rückkehr abgehalten werden konnten. Verstärkung, und sei sie auch unfreiwillig erbracht, war durchaus im Interesse der dauerhaften Besatzung einer Festung, der es in Notsituationen oft an Personal mangelte.

Das Beispiel von Fürst Golovins Heer zeigt weiteres. Die Bedingungen, unter denen ein relativ großes Heer von insgesamt mehr als tausend Mann quer durch Sibirien reisen mußte, waren einer geordneten und strikten militärischen Hierarchie eher abträglich.[6] So waren die Ernährungsbasis und die Versorgungssysteme schnell am Rande ihrer Kapazität. Daraus folgt jedoch nicht unbedingt eine Schwäche dieser Systeme, es wird vielmehr ersichtlich, welchen Ansprüchen sie genügen mußten und zu genügen imstande waren. Tatsächlich waren die Vorräte ja vorhanden, welche die Kosaken bei ihren Meutereien für sich reklamierten. Im Unterschied zu anderen frühneuzeitlichen Söldnern und Kosaken in anderen Teilen des Moskauer Reiches wurden sibirische Kosaken nämlich grundsätzlich gut versorgt. Meutereien waren im 17. Jahrhundert in vielen Ländern Europas bei den häufig auftretenden Versorgungsengpässen üblich. Bei den Meutereien der Kosaken zeigt sich aber schon in den Angriffszielen die Spezifik der sibirischen Verhältnisse: zwar waren dies mitunter die Bauern und einheimischen Jäger, ein viel lohnenderes Ziel stellten jedoch Festungen und Städte dar, deren Voevoden zur Verpflegung verpflichtet waren, und die in der Regel auch entsprechende Vorräte speicherten. Diese Vorräte stammten zumeist aus weit entfernten Quellen, bis tief in die zweite Hälfte des Jahrhunderts zu einem erheblichen Teil sogar aus solchen jenseits des Ural, aus den mit dieser Abgabe schwer belasteten nordrussischen Gebieten. Damit unterschied sich das sibirische Versorgungssystem deutlich von dem zur gleichen Zeit im Grenzland südlich von Moskau entstehenden Pendant, das lokal begründet war und aus Notstandsgetreidespeichern bestand, die ausschließlich durch Abgaben der lokalen Dienstleute bestückt wurden. Ursprünglich für den Belagerungszustand gedacht, mußten in der zweiten Jahrhunderthälfte immer häufiger aus diesen Notstandsspeichern die Truppenkontingente des Südens auf weit in den Westen führenden Feldzügen des Zaren versorgt werden.[7] Das sibirische Versorgungssystem gehörte also eher in eine Kategorie mit jenen, die in der Hauptstadt gängig waren, etwa dem Strelitzengeld, das allgemein erhoben, aber nur in Moskau ausgezahlt wurde.

Einer gängigen Ansicht zufolge rebellierten sibirische Kosaken so oft, weil sie schlecht versorgt wurden. Schon der Vergleich der publizierten Daten mit solchen über ähnliche Schichten im zeitgenössischen Europa zeigt jedoch, daß sibirische Kosaken

5 GALINA A. LEONT'EVA Služilye ljudi vostočnoj Sibiri vo vtoroj polovine XVII – pervoj četverti XVIII vv. Po materialam Irkutskogo i Nerčinskogo uezdov. Diss. ... kand. istor. nauk. Moskau 1972, S. 67-70.

6 Pervoe stoletie sibirskich gorodov: XVII vek. Otv. red. Nikolaj N. Pokrovskij. Novosibirsk 1996, Nr. 26. Siehe dazu Kapitel 2 meiner Dissertation.

7 STEVENS Soldiers, S. 160. Im Laufe des 17. Jahrhunderts führten Moskaus Feldzüge von der günstig gelegenen Basis im südrussischen Grenzland immer weiter über den regionalen Kontext hinaus nach Westen, ohne daß dafür Kompensationen geleistet wurden.

zumeist weit besser gestellt waren als etwa deutsche Söldner. Neben den Vorteilen eines festen Wohnsitzes und besseren Zuganges zu den Märkten kann dabei beispielhaft der erhöhte Versorgungsanspruch (*oklad*) für verheiratete Kosaken angeführt werden, der sich von den deutschen Verhältnissen des 16. und 17. Jahrhunderts vorteilhaft abhebt.[8] Untersuchungen der vorhandenen Abrechnungen zeigen, daß die tatsächlich geleisteten Zahlungen mit diesen *oklady* in der Regel Schritt hielten und Verzögerungen bei der Auszahlung bis in die 1670er Jahre meist durch individuelle Dienstreisen begründet waren.[9] Rebellionen ganzer sibirischer Garnisonen, die mit Zahlungsverzögerungen begründet wurden, müssen daher unter einem grundsätzlich anderen Blickwinkel betrachtet werden, als dies bisher der Fall war.

N.N. Pokrovskij hat bereits darauf aufmerksam gemacht, daß in den Petitionen die patrimoniale Rhetorik der Armut und Schutzlosigkeit nicht unbedingt wörtlich zu verstehen sei. Allerdings ist bisher übersehen worden, daß das sogenannte „Gehalt" einen komplizierten Sachverhalt umschreibt. Den Kosaken standen nominelle Versorgungsansprüche zu, deren Einlösung oder gar Vorauszahlung verhandelbar war. So erklärt sich, daß während der Aufstände ein außerordentlicher Gehaltsrückstand oft mit Forderungen der Aufständischen zusammentraf, das Gehalt für ein oder mehrere Jahre im Voraus ausgezahlt zu bekommen. Kosaken wußten in Sibirien von ihrer Monopolstellung zu profitieren: aufgrund der isolierten und gefährdeten Lage mußte im sibirischen Grenzland alles durch den Flaschenhals des kosakischen Personenverbandes. Nur der Personenverband konnte Moskau den sicheren Transport von Handelsware sowie Versorgungs- und militärischen Gütern gewährleisten. So konnten Tomsker Aufständische ihren Voevoden 1648/1649 mehr als ein Jahr unter Anklage und Hausarrest stellen, ohne regelmäßiger Lieferungen verlustig zu gehen: Bei dieser wie bei anderen Gelegenheiten nutzten die Rebellen ihre Monopolstellung, um zu verhandeln.[10] Ein bedeutender, den Verlauf der Aufstände maßgeblich beeinflussender Unterschied zum europäischen Rußland bestand darin, daß generell nicht mit auswärtigen Truppen gegen Aufstände der Kosaken vorgegangen wurde. Die Entblößung wichtiger Stützpunkte im Grenzland und auf den von Nomadenüberfällen bedrohten Handelswegen verbot solche Maßnahmen. Die Grenzlandsituation und die Handelsinteressen begrenzten die Zahl der zur Verfügung stehenden Truppen, da häufige Nomadenüberfälle das urbare Land auf die

8 N.I.NIKITIN Služilye ljudi v Zapadnoj Sibiri XVII v.. Novosibirsk 1988; PETER BURSCHEL Söldner im Nordwestdeutschland des 16. und 17. Jahrhunderts: sozialgeschichtliche Studien. Göttingen 1994 (=Veröffentlichungen des Max-Planck-Instituts für Geschichte; 113); MARKUS MEUMANN Soldatenfamilien und uneheliche Kinder: Ein soziales Problem im Gefolge der stehenden Heere. In: B. R. KROENER, R. PRÖVE (Hrsg.) Krieg und Frieden. Militär und Gesellschaft in der Frühen Neuzeit. Paderborn 1996, S. 219-236.

9 Die höheren Kompensationen des Adelsaufgebots der zentralen Gebiete wurden nur zu fünfzig Prozent ausgezahlt: VALERIE A. KIVELSON Autocracy in the Provinces. The Muscovite Gentry in the Seventeenth Century. Stanford 1996, Kap. 1.

10 NIKOLAJ N. POKROVSKIJ Tomsk 1648. Voevodskaja vlast' i zemskie miry, Novosibirsk 1989; NIKOLAJ N. OGLOBLIN Tomskij bunt 1637-1638 godov (Očerk iz žizni XVII veka). In: Istoričeskij vestnik, (1901) Bd. LXXXV; ALEKSANDROV Vlast', S. 141-328.

unmittelbare Umgebung befestigter Orte beschränkten[11] – außer in einigen, schon dichter besiedelten Gebieten um Tobol'sk, später auch Eniseisk und Irkutsk. Zusätzliche Truppen hätten zudem die unerwünschte Begleiterscheinung verschärfter Konkurrenz mit den staatlichen Interessen im Pelzhandel mit sich gebracht. Gewollte Personalverknappung ist einer der Gründe für die zahlreichen, meist städtischen Aufstände und deren hohe Erfolgsquote sowie für die seltenen und milden Strafen darauf.[12]

Frontier-Gemeinschaften

Dieser Befund wirft jedoch die Frage auf, wie eine so ausgedehnte Grenze, eigentlich ein ganz Sibirien umfassendes Grenzland, das sich aus den überlappenden *frontiers* der Tundra und Taiga sowie des Steppengrenzlandes zusammensetzte, angesichts einer nomadischen Übermacht und kaum vorhandenen natürlichen Verteidigungsstellungen überhaupt gehalten werden konnte? Die Frage berührt zugleich die tieferliegenden Organisationsprinzipien kosakischer Gruppen. Diese Prinzipien waren größtenteils im europäischen Steppengrenzland entstanden und wurden Jahrzehnte nach dem Ende des Eroberungszugs Ermaks und seiner Kosaken mit großer Sorgfalt von der Kirche in Sibirien institutionalisiert. Die kosakische Gruppe ermöglichte spontane Zusammenschlüsse auf freiwilliger Basis. Ursprünglich diente sie zum Schutz auf Jagd- und Fischzügen in die zunehmend unsicher werdende Steppe, als das Mongolenreich und seine Nachfolgehorden immer weiter zerfielen. Organisierte, einzelne Nomadenstämme und -zusammenschlüsse übergreifende Macht wich ab Ende des 15. Jahrhunderts zunehmend der Anarchie kleiner Nomadengruppen; letztere hießen turksprachig *qasaq*, freier Mann, Vagabund. In einem aufgrund der Quellenlage nicht endgültig zu klärenden Prozeß übernahmen slawische Flüchtlinge und Zuwanderer diesen Ausdruck für eine Organisationsform, die ganz anderen Prinzipien folgte als die patrilineare Nomadengruppe. Kosakengruppen waren temporäre Zusammenschlüsse von Personen, die typischerweise in keinem gesellschaftlich vermittelten Zusammenhang miteinander standen. Atomisierung und Schwäche des Einzelnen war eine charakteristische Ausgangslage im weitgehend herrschaftsfreien Steppengrenzland. In den einfachsten Kosakengruppen erfolgte der Zusammenschluß saisonal und war geprägt von den Zielvorstellungen der Gruppenmitglieder, die sich beim Zusammenschluß einmütig auf ein Ziel einigten – Jagd, Beutnerei oder ein Kriegs- oder Raubzug. Auf die Zielsetzung folgte der Zusammenschluß, dessen Organisationsform sich am Ziel orientierte. Gruppenmitglieder erhielten ihre Funktionen allein dem Gruppenziel und ihren persönlichen Fähigkeiten entsprechend zugeordnet. Auch die Gruppenführer legitimierten sich nur dadurch, daß sie in den Augen der Mitglieder das Gruppenziel besser verkörperten als andere, nicht durch ihre hervorgehobene gesellschaftliche Stellung. Adlige konnten daher gewöhnli-

11 Zu den Auswirkungen der Verschleppung der Bevölkerung in die Sklaverei siehe KHODARKOVSKY Steppe Frontier, S. 223-4; MICHAIL O. AKIŠIN Policeiskoe gosudarstvo i sibirskoe obščestvo. Epocha Petra Velikogo. Novosibirsk 1996, p. 10.

12 ALEKSANDROV Vlast', S. 272-290, 351-356.

che Mitglieder sein; bis in die 1630er Jahre konnten sogar Juden Mitglieder sein. Die Isolation des Personenverbandes in der Steppe und seine häufige Orientierung an selbstgesetzten, von keiner staatlichen oder gesellschaftlichen Macht beeinflußten Zielen drückte sich auch in der vollständigen Kontrolle aus, welche die Gruppe über ihren Führer ausübte. Folgte dieser nicht dem anfangs gesetzten Ziel oder, bei dessen Auflösung, den weiteren Beschlüssen des Personenverbandes, so konnte er abgesetzt werden.[13] Dies mußte der gewählte Enisejsker Ataman Ivan Kol'cov 1628 am eigenen Leibe erfahren, der von seinen Kosaken umgebracht wurde, als er sie vom Überfall auf eine Karawane abhalten wollte; die Kosaken rechtfertigten sich Jahre später damit, daß sie nicht ausreichend versorgt worden seien.[14] Der Führer diente nach dieser Vorstellung dem Personenverband und dessen Ziel; letzteres konnte allerdings auch mit Zielen zusammenfallen, die vom Zaren oder anderen, der *frontier* äußerlichen Machthabern definiert wurden. Allen Deklarationen der Loyalität gegenüber dem Zaren zum Trotz galt jedoch die wichtigste Loyalität dem Personenverband, dem in der Gefahrensituation der offenen Steppe und anderer *frontiers* einzigen Garanten des Überlebens. Obwohl der Zusammenschluß vor allem wirtschaftlichen Motiven gehorchte, entstand daraus zugleich eine in der Militärsoziologie so genannte *primary group*. *Primary groups* sind dafür bekannt, die schlagkräftigsten Einheiten überhaupt zu bilden. Sie basieren auf *face to face*-Beziehungen der Mitglieder, die oft Familienangehörige sind und deren unmittelbarer Kontakt in Gefahrensituationen für einen weit stärkeren Zusammenhalt sorgt, als abstrakte Motivationen wie der Kampf für den Zaren oder gegen einen Feind dies je vermöchten. Der kosakische Personenverband war damit die ideale Organisationsform der *frontier*, insbesondere des Steppengrenzlandes; das war auch aus Moskauer Sicht so.

Nachdem die 1590er Jahre mit der Entsendung von Strelitzen zunächst andere Organisationsprinzipien nach Westsibirien gebracht hatten, setzte sich spätestens infolge des Kontrollverlusts der Zentrale in der Zeit der Wirren zunehmend der Einfluß der Veteranen des Ermak-Zuges durch.[15] Vollends zum Durchbruch und zu offizieller Anerkennung kam der kosakische Personenverband nach der Smuta, als Moskau sich bemühte, die ferne Kolonie stärker unter Kontrolle zu bringen. 1621 ließ der Widerstand der Kosaken gegen die Einrichtung eines Bischofssitzes in Tobol'sk den ersten Amtsinhaber Kiprijan auf Abhilfe sinnen. Er entschloß sich, die Moskauer Institutionen vorsichtig weiter zu entwickeln. In seinem „*sinodik*[16] der Kosaken Ermaks“ organisierte er das Totengedenken für die populären Kosaken.[17] Dabei wertete er ihren Führer zum Heiligen auf, der schließlich auch vom Patriarchen anerkannt wurde. Zugleich stellte er den

13 CARSTEN KUMKE Führer und Geführte bei den Zaporoger Kosaken. Struktur und Geschichte kosakischer Verbände im polnisch-litauischen Grenzland (1550 - 1648). Wiesbaden 1993 (= Forschungen zur osteuropäischen Geschichte Bd. 49).

14 ALEKSANDROV Vlast', S. 96.

15 ALEKSANDROV Vlast', S. 76-77 ; s. auch A.L. STANISLAVSKIJ Graždanskaja vojna Rossii XVII v. Kazačestvo na perelome istorii, Moskau 1990.

16 „Seelenmessenregister“: Verzeichnis der Verstorbenen für das Gedenken bei der Seelenmesse.

17 ALEKSANDROV Vlast', S. 79.

Personenverband als eine Institution dar, die der Ataman konsultierte und die ihrerseits dem Ataman christlichen Rat schuldig war. Dabei verwendete Kiprijan Formeln, die sonst in Beschreibungen der idealen Gemeinschaft von Zar und Bojaren oder klösterlicher Räte gebraucht wurden.[18] Die Formel „christlich" etwa schloß ein, daß die Beschlüsse der Kosaken zumindest formal anfechtbar waren, wenn sie mit den Schriften nicht in Übereinstimmung standen – insbesondere jenen, aus denen sich die Loyalität gegenüber dem Zaren und die Vorsicht vor den „Hagarsöhnen" ableiten ließ.

Prozesse der Instituionalisierung

Der „Sinodik" und seine zahlreichen Versionen wurden regelmäßig zum Totengedenken in der Sophienkathedrale der Hauptstadt Sibiriens, Tobol'sk, verlesen.[19] Die Wirkung blieb nicht aus. 1696, als ihr erster Versuch, sich mit dem Irkutsker Voevoden Afonasej Savelov zu einigen, fehlgeschlagen war, zitierten die transbajkalischen Aufständischen aus einer der Versionen des „Sinodik", ganz offensichtlich um ihre Loyalität zu demonstrieren. In einem Brief riefen mehrere Selenginsker *deti bojarskie*[20], *pjatidesjatniki* und *desjatniki* die Udinsker Garnison dazu auf, einen Vertrag abzuschließen. Dieser Vertrag, den viele Bewohner aus beiden Städten unterzeichneten, gibt keinerlei Hinweis darauf, daß sich eine transbajkalische Kosakengruppe gegen eine andere verbündete, oder daß „die Voevoden aus Sibirien hinausgejagt werden sollten" – wie in der Forschung behauptet wird.[21] Vielmehr werden charakteristische Rituale des Personenverbandes wiederholt und bekräftigt. Entsprechend den Ritualen des Personenverbandes unterwarf der Vertrag die *načal'nye ljudi*, die Vorgesetzten, *prikaščiki* und Voevoden der Kontrolle des Personenverbandes:

> „[Die namentlich aufgelisteten Udinsker Kosaken aller Ränge, desjatniki und piatidesjatniki] (schlagen) den Selenginsker deti bojarski(e) (...1 Wort)sjatniki und einfachen Il'insker [Kosaken] und den Dienstleuten [...] aus S(elengin)sk und Kaban(sk) (die Stirn) für eine segensreiche Prozeßordnung (...1-2) und wegen der Einbußen. Darüber haben wir, die (Udin)sker Dienstleute aller Ränge, untereinander einen Vertrag geschlossen, und daß wir (zusammen) stehen.Während wir alle des großen Herrschers Dienst leisten in [Udinsk, Selenginsk, Il'insk und Kabansk], wollen wir guten Rat wahren [...] und einander in allen Dingen dienen und in allen Bedrängnissen dem großen Herrscher die St(irn) schlagen, (...2) gemeinsam (bit)ten und Pet(ente)n für (...2-3) zum großen Herrscher nach Moskau (...2-3) [und] zu den Voevoden schicken, und untereinander keine

18 PSRL Bd. 36,1 S. 61 l. 97 ob., S. 124 l. 18, S. 380 l. 86; CORNELIA SOLDAT Urbild und Abbild. Untersuchungen zu Herrschaft und Weltbild in Altrußland 11.-16. Jahrhundert. München 2001, (Slavistische Beiträge; Bd. 402), S. 198, 201.

19 ALEKSANDROV Vlast', S. 84.

20 Die *deti bojarskie* nahmen bis in die 1680er Jahre nach den Voevoden den höchsten Rang in sibirischen Garnisonen ein, gehörten jedoch nicht zum Moskauer Adel. Verantwortungsvolle Aufgaben wurden ihnen häufig anvertraut, doch nicht ausschließlich. Zumeist unter den Kosaken rekrutiert, fanden sich *deti bojarskie* während Auseinandersetzungen sowohl auf Seiten des Voevoden, als auch auf Seiten der Aufständischen.

21 ALEKSANDROV Vlast', S. 307.

> falschen Anzeigen bei den Vorgesetzten erstatten, und [einander] vom Würfeln, Kartenspielen und Trunk abhalten, [...].Wer zwischen den [vier] Städten Streitigkeiten welcher Art auch immer anzettelt, oder Karten spielt, [...], über den werden wir dem großen Herrscher die Stirn schlagen und den Vorgesetzten berichten. Falls die Vorgesetzten solche Leute nicht verurteilen [...], dann werden wir sie unter uns richten nach kosakischem Rat. Wenn Vorgesetzte, Voevoden und prikaznye ljudi uns unnötig bedrängen und Steuern auferlegen oder (Schaden) anrichten, dann werden wir deswegen dem großen Herrscher die Stirn schlagen. Wir werden einander hinsichtlich [dieser Vergehen] nicht ausliefern und einander in allem helfen und wir [Kosaken aller vier Forts] wollen alle zusammenstehen. Falls [jemand unter uns] wegen aller [genannten] Beschwerden nicht zusammenhält und [die anderen] ausliefert, dann werden wir ihn nach kosakischem Ratschluß richten [...]. Darüber haben wir U(dinsker) [aller Ränge] mit den Dienstleuten der Selenginsker, Il'insker und Kabansker Forts aller Ränge (...2) diesen Vertrag abgeschlossen."[22]

Neben den im Laufe des 17. Jahrhunderts auftretenden Varianten des „Sinodik" sind es solche Adaptationen in Petitionen und anderen Dokumenten, welche den Institutionalisierungsprozeß markieren – die fortgesetzte Übernahme von Moskauer Herrschaftsformeln in die Rituale des Personenverbandes, die dadurch in die Institutionen des Moskauer Reiches integriert wurden. In diesem Vertrag macht sich dies an mehreren Stellen bemerkbar – die Udinsker Dienstleute schlugen den Selenginskern nicht nur „die Stirn" in einer für das Moskauer Reich charakteristischen Formel, sie assimilierten auch eine Moskauer Institution, die Herrscherangelegenheit (*gosudarevo delo*), die direkte Anschläge auf den Zaren, Verrat und Finanzdelikte betraf. Wegen eines *gosudarevo delo* konnte der Kläger direkt beim Zaren oder in den Moskauer Prikazen vorstellig werden, zumindest war eine höhere Instanz zuständig.[23] Anstelle der Herrscherangelegenheit, die in offiziellen Dokumenten auch den Dienstauftrag bezeichnen konnte, setzten die aufständischen Kosaken das *dobroe delo*. Diese Gemeinsame oder Gute Angelegenheit, die im folgenden Vertragstext auf die Änderungen und Festlegungen der Appellationsprozeßordnung und des Dienstrechts verwies, umschrieb das Aufstandsziel, wurde

22 VADIM A. ALEKSANDROV Materialy o narodnych dviženiach v Sibiri v konce XVII veka. In: Archeografičeskii ežegodnik za 1961 god, (1962) Nr. 1/2, S. 363-365. [...] Auslassungen in Aleksandrovs Edition, sowie seine Ergänzungsvorschläge: ( ). Meine Auslassungen und Zusammenfassungen: [ ].

23 NIKOLAJ N. POKROVSKIJ Sibirskie materialy po „slovu i delu gosudarevu" kak istočnik po istorii obščestvennogo soznanija. In: Istočniki po istorii obščestvennogo mysli i kultury epochi pozdnego feodalizma, otv. red. Nikolaj N. Pokrovskij, Novosibirsk 1988 [Archeografija i istočnikovedenie Sibiri]; ALEKSANDROV, Vlast', S. 224-233; ANGELA RUSTEMEYER Verrat und ungehörige Worte: Beobachtungen aus politischen Prozessen des 17. Jahrhunderts. Forschungen zur osteuropäischen Geschichte Bd. 56 (2000), S. 257-272. Peter I. beendete diese Praxis per Ukaz: RGADA f. 1121 Nr. 431 l. 36. Seit 1699 mußten Prozesse, die „delo" oder „slovo" betrafen, den Untersuchungsbeamten des Zaren vor Ort überstellt werden, und nicht länger direkt dem Moskauer Sibirischen Prikaz. Während der Großen Reformen führte Peter die Herrscherangelegenheit wieder ein, wobei er das Verfahren bei Anklagen in finanziellen Angelegenheiten speziell regelte: NIKOLAJ N. POKROVSKIJ Zakonodatel'nye istočniki petrovskogo vremeni o „slove i dele gosudarevom". In: Publicistika i istoričeskie sočinenija perioda feodalizma, Novosibirsk 1989, S. 77-95

aber sogleich eingeschränkt – die Aufständischen beabsichtigten, weiterhin im Dienste des Zaren zu bleiben. Sie verweigerten nur jenen Stellvertretern des Zaren den Gehorsam, die sich nicht dem Rechtsverständnis der Aufständischen fügen wollten. Alle Beschlüsse standen unter dem Vorbehalt eines zarischen Ukaz, der sie idealerweise bestätigen sollte, in der Realität allerdings zunächst äußerst weite Distanzen überwinden mußte.

Der fortdauernde Prozeß der institutionellen Anpassung und Aneignung bedeutet nicht, daß diese Kosaken „modern“ gewesen seien – der Personenverband ist an sich kein modernes Phänomen, wenngleich auch kein grundsätzlich unmodernes. Es soll hier nicht ein linearer Verlauf von archaisch kompakter Ritualität zu rational ausdifferenziertem Recht im Sinne einer Modernisierungstheorie unterstellt werden. Auf der Ebene der kommunikativen Formen gibt es jedoch in ganz Europa ein „langes Mittelalter“ und eine früh einsetzende „Neuzeit“. Bereits im frühen Mittelalter können Verschriftlichungsprozesse verfolgt werden, die dem rationalen Zwecke dienten, durch die Ausgestaltung von kanonischen Texten Kommunikation zwischen Organisationen grundlegend zu codieren. Demgegenüber fällt noch in späteren Jahrhunderten auf, wie durchschlagend weiterhin die Regulierungskraft rituell geprägter Kommunikationscodes war und wie wenig zur gleichen Zeit manche rational gesatzte Rechtsordnung beachtet wurde, weil sowohl organisatorische Grundlagen zur Durchsetzung als auch die erforderlichen Mentalitäten fehlten. Insofern gab es ein Spannungsfeld, das aber weniger prinzipiell und wechselseitige Unvereinbarkeiten hervorbringend zwischen Ritual und gesatztem Recht bestand, als vielmehr in einer für die Epoche äußerst charakteristischen Weise quer durch das gesamte kulturelle System verlief. Es war gleichsam ein Angebot, das eine funktional differenzierte Alternative erschloß. Augenfällig wird dies gerade dort, wo die Pragmatik politischer Ziele sich beider Bereiche parallel bediente und dabei ebenso Rituale wie Recht neu ausgestaltete.[24] Das Arrangement des kosakischen Personenverbandes mit dem Moskauer Staat im „Sinodik“, das ein Recht des Personenverbandes auf Beteiligung bei ihn betreffenden Entscheidungen schuf und ein ebensolches Recht des Staates und der Kirche, Entscheidungen des Personenverbandes für ungültig zu erklären, kann in diesem Sinne als rationaler Institutionalisierungsprozeß gelten.

Dieser und weitere Institutionalisierungsprozesse sind kennzeichnend für das Moskauer Verhältnis zu den sibirischen Kosaken – da das Zentrum dem neu erworbenen Territorium die eigenen Institutionen und sozialen Strukturen nicht ungebrochen aufprägen konnte, verlangte der Zar nur, daß gemeinsame Begriffe verwendet wurden, auch wenn deren Inhalt und Kontext sich stark unterschieden. Solches gilt etwa für den im „Sinodik“ verwendeten Begriff der „Einmütigkeit“ (*edinomyslie*)[25], welcher die Entscheidungen der Kosaken bezeichnete. Im Personenverband galt der Führer nur als „*par inter pares*“, der den Gepflogenheiten zufolge absetzbar war; dies galt entsprechend auch für den Voevoden. Im Verhältnis von Zar und Bojaren war ein solches Ver-

24 Vorwort, in: HEINZ DUCHHARDT, GERT MELVILLE (Hrsg.), Im Spannungsfeld von Recht und Ritual. Soziale Kommunikation in Mittelalter und früher Neuzeit. Köln 1997.

25 ALEKSANDROV Vlast', S. 77.

fahren keinesfalls vorgesehen; dennoch legalisierte der „Sinodik" mit den aus diesem Verhältnis entlehnten Worten die Aspirationen des kosakischen Personenverbandes gegenüber dem Voevoden. Diese augenscheinliche, starke Überdehnung des Geltungs- und Bedeutungsraumes einer Institution war aufgrund der hohen versunkenen Kosten, welche bei der Etablierung einer Institution entstehen, rational; Institutionen, welche verläßliche Kommunikation zwischen Organisationen ermöglichen sollen, werden oftmals beibehalten, selbst wenn sie in einer der beteiligten Organisationen eigentlich längst nicht mehr voll funktional sind.[26] Zugleich waren diese Formen Gegenstand von Verhandlungen, was darin zum Ausdruck kommt, daß Kiprijan veranlaßte, zunächst die Berichte der überlebenden Kosaken Ermaks zu sammeln, um daraus den „Sinodik" anfertigen zu lassen.[27]

Eine Fallstudie: Die Auseinandersetzungen von 1696-1699 im Transbajkal-Gebiet

Verhandelt wurde auch an anderer Stelle, und gerade da, wo die Historiographie bis vor kurzem unversöhnliche Konflikte im Spiel wähnte. Die abwartende Haltung der Stadt Irkutsk in der Auseinandersetzung der Kosaken der transbajkalischen Städte und Festungen des Irkutsker *prisud* mit dessen Voevoden im Jahre 1696 ist bislang als Folge des Einflusses einer mächtigen kosakischen Oberschicht gewertet worden.[28] Die sogenannte Oberschicht war aber weitaus gespaltener, als es diese Interpretation annimmt – einzelne ihrer Mitglieder waren der Zusammenarbeit mit den Rebellen keineswegs abgeneigt. Die Einnahme von Irkutsk durch die Aufständischen, die auf Lastkähnen den Bajkal überquert hatten, wurde auch durch Anzeigen und Zeugenaussagen einfacher Kosaken verhindert. Dabei spielte die an den Voevoden gestellte Forderung der Aufständischen eine entscheidende Rolle, ihre Kompensationen anderthalb Jahre im Voraus auszuzahlen. Für die Irkutsker Kosaken, selbst Getreideproduzenten und bis in die untersten Ränge hinein Verkäufer am Markt, waren die Geschäfte mit Karawanenmitgliedern oder auch mit dem für Getreidelieferungen zahlenden Nerčinsk, das einen eigenen Bezirk (*uezd*) bildete und durch den grenzüberschreitenden Handel reich geworden war, weitaus verlockender als die Befriedigung der Forderungen von der Selenga.[29] Wie ambivalent und von internen Zwistigkeiten gezeichnet die Haltung sowohl der Aufständischen aus dem Transbajkal, als auch der „einfachen", angeblich von der Oberschicht bedrückten Irkutsker Kosaken war, zeigt ein Vorfall, der in der Literatur bislang unbeachtet geblieben ist.

26 STEPHEN D. KRASNER Sovereignty. An Institutional Perspective. In: Comparative Political Studies 21 (1988) no. 1, S. 81; CLAUS OFFE, Designing Institutions for East European Transitions, Wien 1994 [Forschungsberichte. Institut für Höhere Studien: Reihe Politikwissenschaften; vol. 19], S. 25f.

27 ALEKSANDROV Vlast', S. 84.

28 Die Gesamtheit der Detailuntersuchungen zu diesem Aufstand und seinem Umfeld würde den Rahmen dieser Darstellung sprengen.

29 LEONT'EVA, Služilye, S. 295; VADIM A. ALEKSANDROV Russkoe naselenie Sibiri v XVII-načala XVIII v. (Eniseiskij kraj), Moskau 1964, S. 261.

Schon während der Rückkehr der Rebellen zu ihren Garnisonen am Fluß Selenga im Juli 1696 war es zu ersten Zwistigkeiten gekommen, ein häufiges Phänomen in Personenverbänden nach erfolglosen Unternehmungen. Die offizielle Untersuchung im Jahre 1698/1699 bewies sehr deutlich, daß es vor allem ein Ereignis am Oberlauf der Angara war, kurz vor deren Austritt aus dem Bajkal, welches sich als besonders kontrovers und spaltend erwies. Es gibt mehrere Versionen von diesem Vorfall, bei dem der einfache Irkutsker Kosake Ivan Isakov und sein Handlungsgehilfe Fedot Kočnev überfallen, gefoltert und ausgeraubt wurden. Isakov war auf dem Heimweg aus Nerčinsk, als er auf die Rebellen von der Selenga traf. Er hatte in Nerčinsk vermutlich einen guten Handel abgeschlossen; Gewinne erreichten selbst im innersibirischen Handel 22 bis 25 Prozent.[30] Der Kosake behauptete später, daß fast jeder Rebell bei dem Überfall auf ihn Hand angelegt habe und bediente sich dabei einer recht formelhaften, im Allgemeinen bleibenden Sprache:

> „Die Kosaken der Selenginsker, Udinsker, Il'insker und Kaban'sker Forts Anton Berezovskii, Mosei Borisov, Ivan Pinega, ihr aufrührerischer jasaul Ivan Ivanov und ihre mehr als 200 Begleiter haben mich überfallen, [...] sie schlugen und verletzten mich tödlich auf unchristliche Art mit Lärchenruten [...]; sie verletzten auch meinen Knecht Fedot Kočnev und raubten uns aus."[31]

Es gibt keine Gerichtsprotokolle über die Aussagen jener Irkutsker, die Isakov als Zeugen nannte, obwohl beinahe jeder, der in die Geschehnisse verwickelt war, zur Vernehmung vor dem neuen Voevoden Nikolev erschien.

Keine Zweifel hinsichtlich ihrer Beteiligung bestehen bei einigen Udinsker Kosaken, die schon bei früheren internen Konflikten zwischen den aufständischen Städten aufgefallen waren. Die prominentesten unter ihnen waren Moisej Borisov, der Anführer des Aufstandes in Udinsk und gewählte *prikaščik*, sowie Ivan Ivanov *syn* Durnicyn und beider Verbündeter in Il'insk, der ehemalige Udinsker Kosak Ivan Pinega, der zugleich als *jasaul* und gewählter Führer des Heeres der Aufständischen auftrat. Borisov gab zu, selbst unter den Kosaken gewesen zu sein, die Isakov angriffen, und erklärte wie dieser, daß alle Aufständischen „bis zum letzten Mann" den Raub ausgeführt hätten. Das machte es ihm leichter zu behaupten, er sei von der Mehrheit des Personenverbandes als ihr Führer zu dieser Tat gezwungen worden. Borisov versuchte auch, an die Großmut des Zaren zu appellieren, indem er behauptete: „[Wir] hatten dein herrscherliches gnadenvolles Gehalt zu dieser Zeit nicht erhalten, und waren deshalb arm und hungrig."[32]

30 Mark MANCALL Russia and China, Their Diplomatic Relations to 1728. Cambridge/Mass. 1971, S. 188.

31 RGADA f. 1121 op. 1 Nr. 378, l. 10. Der *jasaul* war ein kosakischer, meist gewählter Anführer. Ibid., l. 23. Siehe Kumke, *Führer*, S. 502 über die Stellung des *osavul/jasaul* in Polen-Litauen.

32 „...oni byli v to vremia gdrskoiu~ mlstiu~ nepozhalovany byli skudny i golodny." RGADA f. 1121 op. 1 Nr. 378, ll. 24-5.

Die aufständischen Kosaken hatten jedoch einen erheblichen Teil ihrer Kompensationen in Irkutsk und in Bel'sk erhalten; ein vom Voevoden unterbreitetes, noch günstigeres Angebot hatten sie siegesgewiß ausgeschlagen. Borisovs Verteidigungsstrategie war darauf angelegt, einen geeinten Personenverband *post factum* herzustellen. Hier bot sich eine Gelegenheit, wie sie schon viele aufständische sibirische Kosaken genutzt hatten: Die Untersuchung konnte gegen das einmütige Schweigen des Personenverbandes nicht an, wenn sich ganze Zehnerschaften (*desjatki*) gemeinsam weigerten, mehr als eine formelhafte Aussage zu machen. 1698 versagte diese Strategie jedoch, obwohl Borisov von elf Udinsker Kosaken unterstützt wurde, die niemals in ihrer Aussage schwankten. Allerdings gaben sie gleichzeitig zu, Isakovs Habe „mit Gewalt" genommen zu haben. Sechs andere Udinsker Kosaken machten überhaupt keine Aussage; vier von ihnen finden sich allerdings auf der Liste, welche die Räuber aufzählt.

Durnicyn und Pinega wiederholten Borisovs Aussage wortwörtlich; sie hatten sich so exponiert, daß jede andere Aussage unmöglich geworden war. Es war dennoch mehr als das Gefangenendilemma, das die vereinte Front der Selenga-Kosaken zu Fall brachte, die in der Forschungsliteratur beschworen wird.[33] Sobald der gewählte Udinsker *prikaščik* in Irkutsk im Gefängnis saß, wagte sich ein alter Gegner aus Il'insk hervor, der dennoch am Feldzug teilgenommen hatte: Der in einigen Quellen als einer der Anführer des Zuges genannte Emeljan Panikadilščikov hatte Anfang 1696 den Parteigänger des verhaßten Voevoden Afonasej Savelov, den *prikaščik* der kleinen Il'insker Garnison, Grigorij Turčaninov, tätlich gegen die Angriffe der Udinsker Rebellen verteidigt. Diese Verhaltensweise stand bei ihm in einer langen Reihe anderer, der Loyalität zum lokalen Personenverband verpflichteter Aktionen. Er stellte nicht nur fest, daß Borisov, Durnicyn und Pinega die Gruppe während des Überfalls anführten, sondern nannte die Bedrückung auch beim angemessenen orthodoxen Begriff – „*vymučenie*", in dem auf der einen Seite gerechte Bestrafung, auf der anderen Seite Märtyrertum und die Anspielung auf die Möglichkeit, einem unchristlichen, ungerechten Anführer ungehorsam zu sein, mitschwangen.[34] Die Handhabe, um den *Personenverband* und seinen Anführer in Frage zu stellen und den Gehorsam zu verweigern, bot schon der „*sinodik* der Kosaken Ermaks":

> „Zu jener Zeit haben sie [die Kosaken] keinen guten Rat gegeben und die Worte vergessen: ‚Glaubt nicht jedem Geist, sondern findet heraus, ob er Gottes ist oder des Teufels.'"[35]

Panikadilščikov trug so das Seine zu dem sich vollziehenden Scherbengericht über Borisov bei.

Der Selenginsker *desjatnik* Anton Berezovskij war Anführer der zweiten Schute auf der Angara gewesen; er wurde 1699 unter anderer Anklage nach Enisejsk geschickt. Wegen des Überfalls auf Isakov befragt, bemühte er sich, glaubhaft zu machen, daß er

33 ALEKSANDROV Vlast', S. 290-328 beschäftigen sich dabei mit der gesamten Rebellion, während der hier untersuchte Vorfall keine Erwähnung findet.

34 Siehe dazu SOLDAT Urbild, S. 208-216.

35 PSRL Bd. 36,1 S. 124 l. 18.

niemals in dieses Verbrechen hatte verwickelt werden wollen, obwohl die genannten Udinsker Zeugen behaupteten, er sei unter den Räubern gewesen. Er sagte aus, er sei aus der Schute aufs Ufer gesprungen, als er die Schreie Isakovs hörte, um einzuschreiten. Zwar bestätigte niemand diese gewagte Behauptung, dennoch ließen es die Selenginsker Kosaken nicht an Unterstützung für ihren Anführer fehlen. Obwohl sie auf dem hohen Ufer nichts hatten sehen konnten, behaupteten sie einstimmig, es seien Borisov und seine Genossen gewesen, die Isakovs Habe zu den Schuten brachten, wo die Kosaken sie untereinander aufteilten. Einer dieser Zeugen war ein für ein Jahr abgeordneter Kosak aus Udinsk, der nicht angeklagt war und auch nicht auf den drei Listen erwähnt ist, auf denen die Kosaken verzeichnet sind, welche die Beute unter sich aufteilten. Dennoch hielt er sich an die Version seiner derzeitigen Selenginsker Genossen. Udinsker Stimmen offenbaren vielleicht mehr, obwohl einige darunter selbst nicht über jeden Zweifel erhaben sind. *Pjatidesjatnik* Ivan Alemasov etwa versuchte, sich und seine Genossen bereits in Aussagen über Ereignisse vor der Fahrt nach Irkutsk von Borisov und dessen Aktivitäten zu distanzieren.[36] Nun fand er klare Worte, um Borisov und seine engste Entourage vom übrigen Personenverband auszuschließen:

> „[Ich] [Alemasov] habe sie [Isakov und Kočnev] nicht beraubt und keinerlei Verrat begangen oder schlechte Dinge verübt. Dies haben allein sie [Borisov usw.] aus eigener Willkür getan und dabei niemanden [um Rat] gefragt.“[37]

Der Raub brachte auch den Abfall Anisim Kozmin syn Paderins mit sich, eines Udinsker *pjatidesjatnik*, der noch im Mai 1696 zum Überbringer einer Petition der Aufständischen gewählt worden war und demzufolge zur Zeit des Überfalls damit beauftragt war, den Udinsker Personenverband in den Jahren von 1696 bis 1698 „und darüber hinaus in weiteren Jahren“ in Moskau zu repräsentieren. Das erste Dekret des Zaren, das die Untersuchung des Aufstandes anordnete, ist auf den 23. Juni 1697 datiert und reagierte ausdrücklich auf Paderins Bericht, der den Raub beklagte. Sein Fall zeigt, daß selbst Udinsker Kosaken, die erst jüngst rekrutiert, und meist in besonderem Maße entwurzelt und enttäuscht waren, einen Seitenwechsel vollziehen konnten. Diesem angeblichen Mitglied der „Oberschicht“ hatte auch Borisov die Unterzeichung der Wahlurkunde nicht verweigert, womit er Paderins Ehre und Vertrauenswürdigkeit bestätigt hatte.[38] Wenngleich der Personenverband die meiste Zeit im Grenzland isoliert war, konnten Gehaltsfragen und insbesondere Konfrontationen mit Kaufleuten ein ganzes Feld der Opportunitäten eröffnen, was die Personenverbände als ein Beziehungsnetz erscheinen läßt, das in wandlungsfähige Koalitionen zerfaserte, die von cleavages bestimmt waren und kontingenten Ereignissen folgten. Wie ich in meiner Dissertation ausführlicher darstelle, gehörten dazu auch längerfristig angelegte latente Feindschaften zwischen einzelnen Städten und Garnisonen.

36 ALEKSANDROV Materialy, S. 356.
37 RGADA f. 1121 op. 1 Nr. 378, ll. 17-42.
38 Über die Bedeutung von Ehre im Moskauer Reich s. NANCY SHIELDS KOLLMANN By Honor Bound. State and Society in Early Modern Russia. Ithaca, NY 1999.

Dem Sibirischen Prikaz waren die Gefahren des Vorfalls für den Handel im Grenzland wohl bewußt.[39] Das Dekret antwortete auf diese besondere Situation des Handels in einer angemessen ambivalenten Weise[40]:

> „...sie haben Kaufleuten und Trappern ihre Habe geraubt und unter sich aufgeteilt. Es soll eine sorgfältige Untersuchung [dieser Vorfälle] eingeleitet werden. Falls die Berichte Afanasej Savelovs und die Protokolle der Verhöre Anisim Paderins erweisen, daß die Dienstleute von Udinsk, Selenginsk, Il'insk und Kaban'sk schuldig sind, dann überzeuge sie zuerst durch Milde und lasse sie auf unsere, des großen Herrschers, Gnade hoffen und beachte bei der Gehaltszahlung die dortigen Bedingungen, so daß sie von ihren schlechten Vorhaben ablassen und uns wegen ihrer Verfehlungen um Vergebung bitten. Die schlimmsten Verräter und Anstifter sollen dir ausgeliefert werden, damit du sie eingehend befragen kannst, welche Habe und Waren sie von den Irkutsker und Jakutsker Voevoden geraubt haben und wieviel dieses Raubgut wert war und was sie anderen Leuten aller Ränge und Kaufleuten geraubt haben. Darüber sollst du sie einzeln befragen und das Raubgut aufspüren. Das Raubgut sollst du in unserem herrscherlichen Schatzhaus verwahren und jene Verräter und schlimmsten Anstifter sollen gut bewacht im Gefängnis [...] sitzen, bis unser herrscherlicher Erlaß eintrifft."[41]

Das Dekret erlaubte es, den Konflikt dadurch beizulegen, daß der Personenverband die angeblichen Anstifter auslieferte. Dies war eine im Umgang mit Kosaken häufig gepflegte Form der Konfliktbeilegung, bei der die vormaligen Anführer als Tauschpfand benutzt wurden.[42]

Es war schließlich Ivan Pinegas Brief, welcher sich für die von Borisov so ungeschickt in Gang gesetzte gemeinsame Sache der Selenga-Kosaken am zerstörerischsten auswirkte, da er wahrscheinlich nicht für die Augen der Untersuchungsbeauftragten bestimmt war. Pinega gab zu, daß er die Schuldverschreibung eingelöst hatte, welche er und seine Genossen Isakov abgenommen hatten. Sibirische Aufständische werden oft als unterlegene Konkurrenten der Fernkaufleute dargestellt, deren bis nach Moskau reichenden Verbindungen und von den Voevoden unterstützten Machenschaften die Kosaken ausgeliefert gewesen seien. Pinegas Brief an die Udinsker Kosaken dokumen-

39 RGADA f. 1121 op. 1 Nr. 394, l. 10; Ibid. Nr. 381, l. 11.Unter den etwa 1600 Einträgen in meiner Datenbank der Kosaken im Irkutsker *prisud* finden sich nur zwei Paderins mit durchweg unbekanntem Verwandtschaftsstatus. Außer einem D. Paderin aus Irkutsk, der im Jahre 1687 die Versorgung der Truppen Golovins mit 440 *pud* Getreide übernahm, war dies Pavel Paderin, ein *desjatnik* und *celoval'nik* aus Udinsk, der 1698 eine der entscheidenden Aussagen über Borisov machte: VADIM A. ALEKSANDROV Rossija na dal'nevostočnych rubežach (vtoraja polovina XVII v.). Moskau 1969, S. 152; RGADA f. 1121 op. 1 Nr. 403, l. 14; Ibid. Nr. 88, l. 85.

40 Der Ukaz ist an den minderjährigen Sohn des auf dem Weg nach Irkutsk verstorbenen Voevoden Timofei Poltev gerichtet, für den der gewählte *sud'ia* und Irkutsker *syn bojarskij* Ivan M. Perfir'ev die Geschäfte führte.

41 RGADA f. 1121 op. 1 Nr. 394, ll. 10-11.

42 MAUREEN PERRIE Outlawry (vorovstvo) and Redemption through Service: Ermak and the Volga Cossacks. In: A.M. KLEIMOLA, G.D. LENHOFF (Hrsg.), Culture and Identity in Muscovy 1359-1584. Moskau 1997, S. 530-542.

tiert jedoch, daß die Rebellen in die Beziehungsnetze der Kaufleute einbezogen waren. Gleichzeitig überließ er den Udinsker Kosaken jegliche weitere Entscheidung die übrigen Außenstände betreffend. In der Briefadresse ließ er wenig Zweifel, wen er als seinen Herrn und als Quelle der legitimen Macht betrachtete[43] – er schloß die *pjatidesjatniki* mit ein und rechnete somit zu einem späten Zeitpunkt im Verlauf des Aufstandes die sogenannte „Oberschicht" zum Personenverband:

> „Unseren Herren, den Udinsker pjatidesjatniki und desjatniki und allen einfachen berittenen Kosaken und Kosaken zu Fuß schlägt der Il'insker Kosak Ivan Grigor'ev Pinega die Stirn. Es ist Euch bekannt, Herren, daß wir für die Schuldverschreibung von Afonasej Putimec 100 Rubel erhalten haben. Afonasej bat darum, abreisen zu dürfen, und für die restlichen neun Rubel, die er nicht ausbezahlt hat, haben die Kaufleute Ivan Maksimov und Prokopej Jakovlev bis zu [Afonasejs] Rückkehr aus Irkutsk in Il'insk gebürgt. Afonasej sagt, daß er mit diesem Geld seine Reisekosten bestreiten würde und daß wir die neun Rubel in Irkutsk einfordern können. Wie Ihr Herren es anordnet, werde ich die Restsumme von Afonasej fordern; schickt [darum] eine Liste derer, die dieses Geld erhalten sollen. Unsere Herren pjatidesjatniki und desjatniki und alle einfachen berittenen Kosaken und Kosaken zu Fuß, sendet mir meinen Lohn, die Reisekosten und eine Entschädigung für meine Bemühungen. Ich werde auch weiterhin Euer Diener sein, wie Ihr die Gnade habt. Ich schlage [Euch] darum die Stirn."[44]

Die angebliche soziale Differenzierung der Kosaken am Bajkal stellt dieser Brief auch dort in Frage, wo davon die Rede ist, wie mit der geraubten *kabala* verfahren wurde. Es wird dabei ein Beziehungsgeflecht deutlich, in dem die Aufständischen sich ihren Platz zu sichern wußten. Die im Brief erwähnte Schuldverschreibung war Teil von Isakovs Besitz; die Räuber hatten sie ihm zusammen mit einer am Ort der Folterung ausgestellten Kaufurkunde abgepreßt. Ein Jahr verging, bis Putimec nach Il'insk auf der südlichen Seite des Bajkal kam, und es ist schwer vorstellbar, daß die Kaufleute Ivan Maksimov und Prokopej Ivanov, welche in Il'insk eine Bürgschaft für Putimec eingingen, von den Machenschaften der Rebellen nicht wußten. Es ist bezeichnend für die Strukturen des Moskauer Staates und Sibiriens, daß Kaufleute bereit waren, in dieser Form mit den aufständischen Kosaken zu kollaborieren. Isakov jedenfalls hatte keine Zweifel daran, was die Aufständischen waren; er nannte sie „Verräter, Aufrührer und Seelenmörder (*dušegubcy*)."

Isakov gab sich mit verbalen Beschimpfungen nicht zufrieden. Nachdem er sich mit letzter Not nach Irkutsk gerettet hatte, beschritt er bald den Rechtsweg. Sein erstes Ziel war es, von seinem Schuldner, Afonasej Putimec, oder von dessen Repräsentanten in Irkutsk, Prokof'ij Ivanov, die von seinen Transaktionen übriggebliebene Summe einzutreiben. Doch Ivanov weigerte sich zu zahlen, obwohl Isakov einen Brief vorwies, den Putimec' Il'insker Repräsentant an Ivanov adressiert hatte und der diesen anwies, 109 Rubel an Isakov auszuzahlen. Der Irkutsker Voevode Savelov war nach der Belagerung

43 Andere gut dokumentierte Fälle, in denen die Aufständischen in ihren Dokumenten die Titel des Zaren ausließen, betreffen von gewählten *prikaščiki* unterzeichnete Instruktionen. Solche Verstöße zogen Untersuchungen nach sich.

44 RGADA f. 1121 op. 1 Nr. 378, l. 43.

der Stadt in verzweifelter Stimmung und befahl, daß Ivanov zwischen dem 22. und 30. Juni 1696 täglich öffentlich ausgepeitscht werden sollte, eine legale Praktik zur Schuldenbeitreibung, *pravež* genannt.[45]

Am 31. Juli erwirkte Ivanov Stundung bis zum 18. August; selbst danach war er bemüht, Isakov davon zu überzeugen, daß sein Patron bald zurückkehre und die Begleichung der Schuld veranlassen werde. Isakov fand jedoch heraus, daß sein Schuldner, anstatt nach Irkutsk zurückzukehren, von Nerčinsk nach Nordchina zum Handelsplatz Naun aufgebrochen war. Isakov zufolge bedrohte Ivanov ihn mit dem Verlust seines Außenstandes, da Putimec an die Räuber zahlen werde. Da Savelovs Macht bereits im Schwinden begriffen war, geschah in der Sache nichts mehr, bis Afonasej Putimec Anfang 1697 nach Irkutsk zurückkehrte. Die Irkutsker Kosaken hatten Savelov soeben abgesetzt, doch selbst die augenscheinliche Einigkeit der kosakischen Oberschicht hatte keinen Einfluß auf Isakovs Prozeß. Vorgeladen vom *vybornyj sud'ja* und Irkutsker *syn boiarskii* Ivan Maksimovič Perfir'ev, erklärte Putimec, daß er seine Schuld in Il'insk mit 109 Rubel beglichen hätte, die er an Pinega und Durnicyn gezahlt habe. Die Schuldverschreibung und die Kaufurkunde (*dannaja*) hätten ihm vorgelegen und er sei „nicht mit Gewalt gezwungen worden.“ Es war in der Tat bei dieser Gelegenheit keine Gewaltanwendung nötig, konnten sich die Kosaken doch sogar auf die Bürgschaft verlassen, welche die erwähnten Kaufleute unterzeichneten. Sie garantierten für die Restsumme, die Putimec nicht sofort zu zahlen bereit war. Für Durnicyn und Pinega war Putimec Teil jener Handels- und Beziehungsnetze, mit denen sie ins Geschäft kommen wollten. Die latente Handelskonkurrenz zwischen Irkutsker und transbajkalischen Kosaken ist in den Quellen schon in den 1670er und 1680er Jahren präsent und wirkte sich, wie erwähnt, auch bei der Belagerung von Irkutsk aus.[46] Zugleich zeigt die peinlich genaue Beachtung der Formalien durch die neuen Handelspartner, daß sie sich auf das im Moskauer Reich verbreitete formale Rechtsverständnis verließen. Dieses Rechtsverständnis speiste sich gleichermaßen aus administrativem Recht, wie es im Uloženie von 1649 seine ausführlichste Formulierung gefunden hatte, und aus den jury-ähnlichen Prozeduren auf lokaler Ebene. Peter Brown hat gezeigt, daß Moskowiter ihr formales Rechtsverständnis entgegen heutigen Vorstellungen mit dem allgemein anerkannten gestaffelten gesellschaftlichen Wert der Person in Einklang bringen konnten, was im Uloženie im Besonderen und im Moskowiter Schrifttum im Allgemeinen zum Ausdruck kommt. Moderne Bürokratien, die sich öffentlicher Kontrolle unterziehen müssen, können außerrechtliche, kulturell determinierte sowie mündlich überlieferte Normen und Neigungen bei der Verhängung von Sanktionen nicht integrieren, während historische Bürokratien solch informelles Rechtsverständnis aufnehmen konnten.[47] Zwar galten

45 HORACE DEWEY, ANNE KLEIMOLA Coercion by Righter (‚*Pravezh*') in Old Russian Administration. In: Canadian-American Slavic Studies 9 (1975), S. 156-167.

46 Eingehendere Diskussionen dieser Quellen in meiner Dissertation, Kap. 5.

47 „Due process of law", (dt.:) „rechtliches Gehör; rechtmäßiges Verfahren" bzw. „formal justice", (dt.:) „formale Rechtsprechung“ werden in diesem Zusammenhang gebraucht bei: PETER B. BROWN Neither Fish nor Fowl: Administrative Legality in Mid- and Late-Seventeenth-Century Russia. In: Jahrbücher für Geschichte Osteuropas 50 (2002) H. 1 S. 1-21, hier: S. 4,

auch damals unrechtmäßige Bereicherung, Diebstahl, Bestechlichkeit, Bevorzugung und Nepotismus im Umgang mit Kollegen und Prozeßparteien, Unachtsamkeit, Gleichgültigkeit oder Arroganz gegenüber Untertanen, sowie unschicklicher Aufwand und Zurschaustellung von Reichtum als Amtsmißbrauch und wurden auch als solche verfolgt. Doch die Moskowiter des 17. Jahrhunderts betrachteten Amtsmißbrauch nicht als Absolutum, sondern kontextabhängig – Korruption erschien nur dann verdammenswürdig, wenn sie organisatorische Effizienz allzusehr in Frage stellte.[48] Dennoch fanden unter den Bedingungen des stark expandierenden Fernhandels in Ostsibirien nach dem Nerčinsker Friedensschluß rechtliche Formalien am Ende des 17. Jahrhunderts zunehmende Beachtung.

Andererseits waren die Verhältnisse noch alles andere als gefestigt. Die soziale Hierarchie war abhängig von den Machtverhältnissen und spiegelte die politischen Auswirkungen der wechselnden Personenverbände aus Kosaken, *deti bojarskie* und Voevoden. In der Auseinandersetzung zwischen Putimec, Isakov und den transbajkalischen Kosaken zeigt sich dies darin, zu wessen Gunsten sich der gestaffelte gesellschaftliche Wert auswirkte – als *prikaščik* des Moskauer *gost'* Aleksej Filat'ev konnte Putimec auf Protektion vertrauen. Aus heutiger Sicht kaum mehr verständlich, blockierte damals auch die noch lange fortwirkende Macht der Udinsker Kosaken im Selenga-Tal Isakovs Entschädigung. Diese Macht war in einem langsamen inneren Zerfallsprozeß begriffen, der erkennbar wurde, als sich die Selenginsker Kosaken weigerten, sich aktiv an der Ausraubung zu beteiligen. Doch Isakovs Fall stand den zentralen Forderungen und Aspirationen der Aufständischen zu nahe, als daß sie ihn leichthin verloren geben konnten. Isakov machte keinerlei Versuch, sein Eigentum und Geld von Pinega zurückzufordern, bis die Führer der Rebellion abgesetzt waren; diese Absetzung vollzog sich im Personenverband autonom.[49] Seine Klage hatte erst Aussicht auf Erfolg, als der neue Voevode Ivan Fedorovič Nikolev mit unverbrauchten Führungsqualitäten antrat, zu denen die Bereitschaft, Patronage zu gewähren, ebenso gehörte, wie die stets betonten verfahrensrechtlichen Prozeduren.[50] Isakovs Petition von 1699 setzte die hier behandelte separate Untersuchung in Gang, zu der Nikolev am 2. Februar Borisov, Pinega und Durnicyn nach Irkutsk beorderte. Nicht einmal dieser einfache Kosak, der immerhin bescheidenen Wohlstand genoß – die gerichtlich festgestellte Gesamtschuld belief sich neben der *kabala* auf 329 Rubel –, konnte sein Recht finden, solange eine Koalition des Personenverbandes der Rebellen und das in Moskau verankerte Beziehungsgeflecht der Kaufleute gemeinsam dagegen standen.[51] Andererseits war Klageerhebung nicht aussichtslos

20; GEORGE G. WEICKHARDT Due-Process and Equal Justice in the Muscovite Codes. Russian Review 51 (1992) Iss. 4, S. 463-480.

48 BROWN Administrative Legality, S. 4. Zur Vetternwirtschaft siehe KIVELSON Autocracy, S. 175f.

49 RGADA f. 1121 op. 1 Nr. 423, ll. 1-9; Ibid. Nr. 419, l. 2; Ibid. Nr. 403, l. 4; Ibid. Nr. 88, ll. 84-5; Ibid. Nr. 419, ll. 11, 31; Ibid. Nr. 403, l. 14. Vgl. ALEKSANDROV *Vlast'*, S. 315, 325f.

50 RGADA f. 1121 op. 1 Nr. 468.

51 Ibid. Nr. 378, ll. 2-22.

– eine Änderung der Lage vor Ort konnte auch bessere Bedingungen für die Rechtspflege mit sich bringen.

Die Selenga-Kosaken gaben sich beste Mühe, Isakovs Beschimpfung seiner Gegner als „Verräter, Aufrührer und Seelenmörder“ mit gleicher Münze heimzuzahlen. Isakov hatte berichtet, daß die Kosaken laut von ihren weiteren Plänen träumten, als sie ihn in der Winterhütte an der Angara ausraubten: „Es wäre wunderbar, wenn wir Väterchen Amur zurückgewinnen könnten.“[52] Mit diesem scheinbar beiläufig dahingesagten Satz teilten sie ihm mit, daß er in ihren Augen wie alle anderen Irkutsker Kosaken, die vom Nerčinsker Frieden profitierten, ein Verräter war und deshalb zu Recht ausgeraubt werde. Krieg am Amur, selbst ein aussichtsloser, hätte den Handel umgelenkt. Der Satz gibt den Wunsch wieder, die Karawanen möchten wieder der kürzeren Route durch die Mongolei folgen, die russisches Territorium entlang der Selenga verließ. Damit wäre den aufständischen Kosaken das Recht zugefallen, die Wachen auf dem besonders einträglichen Wegstück jenseits der Grenze zu stellen. Wenngleich utopisch, gibt dieser Wunsch doch genau das Konkurrenzverhältnis der Kosaken von der Selenga zu Nerčinsk und Irkutsk wieder, das in anderer Form auch in ihren Beschwerden gegenüber Savelov zum Ausdruck kam und das seit der fehlgeschlagenen Belagerung auf ganz Irkutsk ausgedehnt wurde. Als die Irkutsker Kosaken ihren transbajkalischen Genossen die Stirn boten, äußerten diese ihre Wut angesichts der auf sie gerichteten Kanonen auf den Türmen noch weitaus drohender:

> „Wenn auch nur eine einzige Musketenkugel auf uns abgeschossen wird, zünden wir den Holzwall von einer Seite an, und bringen auf der anderen Seite die Irkutsker um!“[53]

In diesen Äußerungen spiegelte sich die Hilflosigkeit wieder, welche die Rebellen überkam, als sich ihre Avancen gegenüber dem Irkutsker Kosaken-*golova* Afonasej Bejton zerschlugen. Bejton hatte sich zwar bereit erklärt, die Kanonen von den Türmen bringen zu lassen, und war nachts zu ihnen auf die Schuten gekommen, um mit ihnen zu verhandeln. Dies erwies sich im Folgenden aber als taktisches Entgegenkommen gegenüber Kosaken, die es als ihr durch den gemeinsamen Dienst für den Zaren und die Gepflogenheiten des kosakischen Personenverbandes begründetes Recht betrachteten, einen potentiellen Führer und ausgewiesenen Kenner des Amur in die Pflicht zu nehmen. Wollte man, wie es in der Theorie von der ständisch-repräsentativen Monarchie geschieht, eine Irkutsker Kosaken-Oberschicht konstruieren, welche die Stadt unter Kontrolle hatte, dann hätte Afonasej Bejton unbedingt zu ihr gehört. Obwohl die aufständischen Kosaken diesem Modell zufolge erklärte Gegner der Oberschicht waren[54], konnte sie dies offensichtlich nicht davon abhalten, ihn zu ihrem Führer zu machen. In ihrem Verhalten scheint ein spezifisch sibirisches Verständnis von Dienst auf, das die isolierte Autonomie des Personenverbandes im Grenzland mit der prinzipiellen Bereitschaft verbindet, Weisungen aus Moskau und vom Voevoden zu akzeptieren. Die Kosa-

52 RGADA f. 1121 op. 1 Nr. 377, l. 51.
53 ALEKSANDROV Materialy, S. 367-370.
54 LEONT'EVA Služilye, S. 319.

ken sahen es für selbstverständlich an, daß Bejton sich ihnen zugesellen werde. Sie sagten:

> „[Die Kosaken aus den Orten an der Selenga mit ihren namentlich genannten Anführern] mit Genossen gingen zu dreißig Mann zu Afonasej Bejton ins Haus. Afonasej gab ihnen großzügig Wein zu trinken und die Dienstkosaken Anton Berezovskij mit Genossen verkündeten ihm alle gemeinsam [...] daß du Afonasej unter uns in Irkutsk sedok[55] sein sollst. Du wirst die hiesigen Kosaken, die ganze Stadt und die Leute aller Ränge regieren. Überrede die hiesigen Kosaken und alle Armen, daß sie sich uns ergeben. Falls du sie nicht überreden kannst, werden wir dich freikaufen. [In diesem Falle] werden wir mit dir zum Amur ziehen [...] und du wirst mit uns leben, weil du dort alle Landmarken kennst, während wir neu rekrutierte Kosaken sind, die jene Orte nicht kennen. Du wirst mit uns dienen, wie du schon früher in Albazin gedient hast."

Die sozial wenig hervorgehobene Stellung des Führers unter den Kosaken kommt auch in den Ritualen der Unterwerfung und gegenseitigen Verpflichtung zum Ausdruck, die Bejton bei seiner Wahl beobachtete:

> „Und als er, Afonasej, diese Worte hörte, antwortete er: ‚Ich freue mich, mit euch zu dienen. [Wenn] ihr mich nur nicht ausliefert oder im Stich laßt, dann werde ich mit euch leben und sterben.'"[56]

Auf diese Weise also wählten und nötigten sogenannte Rebellen wider die Oberschicht einen ihrer wohlbekannten „Bedrücker", im begründeten Glauben, daß er sehr wohl in ihrem Sinne handeln werde, solange nur die Situation sich zu ihren Gunsten entwickelte.[57]

Bezeichnenderweise erwähnte Isakov in keiner Weise Fragen Borisovs, die den Eigentümer der Handelsware betrafen, welche der Irkutsker mit sich führte. Moisej Borisov, der zunächst behauptete, er und seine Kameraden hätten versucht herauszufinden, ob es sich um das Eigentum des Voevoden Savelovs handele, mußte im Laufe der Untersuchung schließlich zugeben, daß die Kosaken gegen jedes Recht und jede Gewohnheit Isakovs privaten Besitz geraubt hatten. Borisov gab seiner Verachtung für Irkutsk noch deutlicher Ausdruck, indem er erklärte, daß er und seine Kosaken fünfzig Rubel, die von diesem Raub herrührten, verwendet hätten, um die Schuld der Udinsker Kosaken beim Irkutsker Himmelfahrtskloster zu begleichen; letztere hatten sie aufgenommen, nachdem ihnen ihre volle Forderung auf die Gehaltsvorauszahlung vom Voevoden verweigert worden war.[58] Borisov war während der Untersuchung bemüht, seinen Versuch zu bemänteln, die frustrierten, von den Rebellen auf ihren Führer gerichteten Erwartungen zu befriedigen; seine Absicht schlug jedoch dramatisch fehl. Wie verführerisch auch immer dieser Versuch für Borisov gewesen war, nachdem es in den Augen seines transbajkalischen Personenverbandes vor Irkutsk einen Fehlschlag gegeben hatte:

55 Im örtlicher Dialekt vermutlich als Vertreter oder Vewalter zu übersetzen.
56 RGADA f. 1121 op. 2 Nr. 164, ll. 9-17, hier: ll. 13-14. Über die kosakischen Auffassungen s. Kumke Führer und Geführte, S. 193.
57 ALEKSANDROV Vlast', S. 313
58 RGADA f. 1121 op. 1 Nr. 378, ll. 24-5.

Isakov auszurauben erwies sich als erster Schritt auf dem langen Wege zur Auflösung dieses Personenverbandes von innen heraus. Isakov hatte sich sicher genug gefühlt, allein zur Selenga und von Il'insk zurück nach Irkutsk zu reisen, ausschließlich von seinem Handlungsgehilfen begleitet, ohne jede weitere Deckung durch andere Kosaken oder Kaufleute. Ein kosakischer Personenverband hätte ihn vor der kleinen Gruppe, die ihn angriff, schützen können. Die 1690er Jahre waren eine Periode, in der Kaufleute bereits einigermaßen sicher reisen konnten; solange ihr Weg sie nicht durch die offene Steppe führte, die südlich von Selenginsk begann und sich auch zwischen Udinsk und Nerčinsk erstreckte, waren nomadische Angriffe selten.[59] Unter solchen Bedingungen waren Kaufleute, Irkutsker Kosaken und die Sibirische Kanzlei in Moskau bereit, fast alles aufzubieten, um einen ruhelosen Personenverband am Weg nach Nerčinsk zu befrieden. Borisov jedoch, sowie seine engsten Udinsker Verbündeten und einige wenige Hardliner aus Il'insk waren zu weit gegangen. Sie wurden daher, wie die obigen und weitere Aussagen zeigen, von den meisten ihrer Anhänger aufgegeben und schließlich ausgeliefert.[60] Darin erwies sich eine große Veränderung gegenüber zahlreichen früheren sibirischen Aufständen, in denen der Personenverband fraglos zusammenhielt, und während der Untersuchung kaum zu Einzelverhören bereit war.[61] Auf die Dauer bedeutete der Raub an einem einfachen Kosaken Unsicherheit, die den Handel behinderte. Auf diese Weise gefährdeten Borisov und seine Genossen eines der wichtigsten Ziele der Rebellion, nämlich einen Anteil am Handel zu erringen. Für jeden Kaufmann war es ein Risiko, seine Waren durch das Selenga-Tal zu schicken, selbst wenn er sie einer Kosakengruppe anvertraute, solange die Aufständischen nicht davon abließen, einen der ihren auszurauben.

Einige Kosaken aus Borisovs Entourage taten sich in der Folge tatsächlich im Handel hervor. Demgegenüber fiel der am Überfall ebenfalls beteiligte Pinega nach den Aussagen seiner Gegner eher durch Karten- und Würfelspiel auf. Er stellte angeblich eine fortdauernde Bedrohung der Sicherheit und des Friedens dar, da er Drohungen ausstieß, und „weil er den ganzen Tag mit seinen Kumpanen im Wirtshaus sitzt und nichts besitzt."[62] Er wurde erst 1701 auf Anklagen lokaler Kosaken hin an seinem Wohnort in Il'insk verhaftet, als ein Bestechungsskandal die schwache Position der einstigen Rebellenführer vor Augen führte.

Wichtige Veränderungen im Leben der Kosaken des Selenga-Tales warfen damals ihre Schatten voraus. 1703, nach Veränderungen im Kräftegleichgewicht der Steppe, kehrte die erste große Karawane aus Peking auf dem direkten Wege durch die Mongolische Steppe zurück und machte ihren ersten Halt auf russischem Gebiet in Selenginsk,

59 RGADA f.1121 op. 1 Nr. 422, ll. 79-81, 88, 112-4; MICHAEL HUNDT (Hrsg.) Beschreibung der dreijährigen chinesischen Reise. Die russische Gesandtschaft von Moskau nach Peking 1692 bis 1695 in den Darstellungen von Eberhard Isbrand Ides und Adam Brand, Stuttgart 1999 (Quellen und Studien zur Geschichte des östlichen Europas; Bd. 53), S. 143-4.

60 Siehe zum Beispiel M. Borisovs Absetzung: RGADA f. 1121 op. 1 Nr. 419.

61 ALEKSANDROV Vlast', S. 272-290.

62 RGADA f. 1121 op. 1 Nr. 509, ll. 58-60.

statt wie bisher im viel weiter östlich gelegenen Nerčinsk.[63] So hatte die inzwischen zerfallene Rebellenbewegung doch noch erreicht, wofür sie angetreten war, wenn auch auf unvorhergesehene Weise. Wenngleich der Personenverband weiterhin eine wichtige Rolle spielte, wurde die Bereitschaft der Kosaken größer, sich auch ohne vorhergehende Absprachen auf Gerichtsverhandlungen einzulassen, als dies noch in den Aufständen der Jahrhundertmitte der Fall gewesen war.[64]

63 LEONT'EVA Služilye, S. 327; MANCALL Russia and China, S. 183, 197; JAN KUSBER Um das Erbe der Goldenen Horde: Das Khanat von Kazan' zwischen Moskauer Staat und Krimtataren. In: E. HÜBNER, E. KLUG, J. KUSBER (Hrsg.) Zwischen Christianisierung und Europäisierung. Beiträge zur Geschichte Osteuropas in Mittelalter und Früher Neuzeit. Festschrift für Peter Nitsche zum 65.Geburtstag. Stuttgart 1998, (Quellen und Studien zur Geschichte des östlichen Europa; Bd. 51), S. 299.

64 Zum Untersuchungsprozedere des 17.Jahrhunderts, siehe: ALEKSANDROV Vlast', S. 279-87. Über die Entwicklung des Handels, der Verwaltung und der Kosaken bis zu den Großen Reformen Peters I. siehe: AKIŠIN Policeiskoe gosudarstvo; ANDREJ S. ZUEV Russkoe kazačestvo Zabajkalja vo vtoroj četverti XVIII – pervoj polovine XIX vv. Novosibirsk 1994.

CROSSING NATIONAL BOUNDARIES: THE CASE FOR THE COMPARATIVE STUDY OF COSSACKDOM[1]

SERHII PLOKHY

Among Mykhailo Hrushevsky's manuscripts in the Volodymyr Vernadsky National Library of Ukraine in Kyiv there is a copy of his unpublished review of Osyp Hermaize's *Ukraine and the Don in the Seventeenth Century*, which appeared as an article and a separate offprint in 1928.[2] The review was written for the journal *Ukraïna*, of which Hrushevsky himself was the editor, but that particular issue failed to appear because of Hrushevsky's arrest in the early spring of 1931.[3] At the time the review was written, Hermaize was also under arrest, accused by Stalin's secret police of having participated in the bogus Union for the Liberation of Ukraine. The themes underlying Hermaize's book and Hrushevsky's comments on it were the history of Russo-Ukrainian relations and prospects for the comparative study of Ukrainian and Russian Cossackdom. To be sure, it was not the interest of the two Ukrainian historians in those topics (or not such interest alone) that led to their arrest. Nevertheless, the ideas they expressed on the subject are of compelling interest, not least because they were put forward under such dramatic circumstances. The Soviet regime was then involved in the „liquidation of Cossackdom as a class" (to repeat the overused Stalinist euphemism) in the course of forced collectivization in the Kuban and Don regions, as well as in the suppression of historical scholarship.

The Historiographic Tradition

What were those ideas? Hermaize argued that future research on Ukrainian Cossackdom depended on a comparative approach and advocated a search for analogues in the history of the Russian Cossacks. Hrushevsky gave particular attention to that argument of

1 This essay grew out of my comments on papers by Brian Boeck, Nikolai Mininkov, and Christoph Witzenrath about the Don and Siberian Cossacks delivered at a conference on „The History of Muscovite Russia from the Perspective of its Regions" held at the University of Vienna on 19-21 June 2003. I would like to thank Andreas Kappeler, the organizer of the conference and the editor of this volume, for suggesting the topic of my presentation and for insisting on its development into this paper. I am also grateful to Brian Boeck for his comments on the draft of this essay.

2 See Osyp Hermaize, „Ukraïna ta Din u XVII st.," *Zapysky Kyïvs'koho Instytuta narodnoï osvity*, 1928, no. 3: 106-96. Also separately (Kyiv, 1928).

3 For the text of the review, see Volodymyr Vernadsky National Library of Ukraine (Kyiv), Manuscript Institute, fond X, no. 2913.

Hermaize's but maintained that it was too early to undertake comparative research. He argued that one could compare only equally well researched subjects, noting that the Russian Cossacks had not been studied nearly so thoroughly as the Cossacks of Ukraine. He also stressed the differences between them, which were related to the special role of the Dnipro Cossacks in Ukrainian history. Hrushevsky wrote: „Ukrainian Cossackdom, becoming a state-building, socially organizational element, taking on the role of a national representation and the obligations of defending national interests, rose immeasurably above the primitive analogues of the Cossack company or the Cossack Host.“ The latter, in Hrushevsky's opinion, denoted those elements of social organization that were common to the Ukrainian and Russian Cossacks. Still, Hrushevsky did not brush off the notion of a comparative approach to the history of Cossackdom: in the conclusion of his review, he stated that in order to acquire a better understanding of their own Cossackdom, Ukrainian historians would have to study Russian Cossackdom as well.[4]

Hrushevsky's hopes that Ukrainian scholars would lend their Russian colleagues a hand did not materialize, partly because the whole subject was about to fall under the rubric of completely or predominantly prohibited topics of research. In Ukraine of the 1930s, historical textbooks turned the Cossack uprisings into peasant wars and revolts, marginalizing the Cossacks in historiography and turning them into the villains of the Marxist historical narrative. Contributing to that development was the takeover of the anti-elitist theories of populist historiography by Soviet Marxist historiography, as well as the discrediting of the Cossack tradition on the grounds that it had been widely invoked by Ukrainian opponents of the Bolshevik regime during the revolution. In Ukraine, the revival of research on Cossackdom in the 1960s was followed by the anti-Cossack campaign of the 1970s, waged under the slogans of proletarian internationalism and the struggle against Ukrainian bourgeois nationalism, which hindered scholarly activity in that area until the last years of the USSR. In Russia, Cossack support for the tsarist regime during the revolution and opposition to collectivization in the late 1920s and early 1930s only aggravated the traditional marginalization of Cossack history. If in Ukrainian national historiography the Cossacks were traditionally considered (with a few notable exceptions) a positive element that had played an important role in the history of Ukrainian statehood and nation-building – features outlined by Hrushevsky in his review of Hermaize's work – in Russia they were slighted by many historians, including such patriarchs of Russian historiography as Sergei Soloviev, as a destructive element that complicated the building and consolidation of Russian nationhood instead of facilitating it.[5]

4 Ibid.

5 For a brief survey of the development of Cossack studies in Ukraine, see my *Cossacks and Religion in Early Modern Ukraine* (Oxford, 2001), pp. 6-10, and „Historical Debates and Territorial Claims: Cossack Mythology in the Russian-Ukrainian Border Dispute“ in *The Legacy of History in Russia and the New States of Eurasia*, The International Politics of Eurasia, vol. 1, ed. S. Frederick Starr (Armonk, N.Y., and London, 1994), pp. 147-70. The most important works on Cossack history published in Ukraine in the 1950s and 1960s include Ivan Kryp'iakevych,

It was only outside the USSR that research on Cossackdom could develop without interference from the Soviet authorities. Not surprisingly, then, during the 1980s more research was published on the history of the Ukrainian Cossacks in Poland and the United States than in Ukraine.[6] In the West, research on the subject continued for most of the twentieth century. It was spearheaded by Ukrainian émigré authors and Western-educated historians of Ukrainian background, who continued to view the Cossack past as one of the most glorious eras of their history; one that had contributed significantly to the making of the Ukrainian nation.[7] Russian historians, writers, and publicists associated with the post-revolutionary and post-World War II Cossack emigrations to the West continued to write about Russian (Don, Terek, etc.) Cossackdom, contributing mostly to the recent (late nineteenth- and early twentieth-century) annals of that social group. One of the most influential books of the era on the history of the Cossacks was written by a non-Russian scholar, Günther Stökl, and published in West Germany in 1953.[8]

In the United States, the image of Cossackdom was tarnished, especially in the last decades of the twentieth century, by the close association of their history with that of anti-Semitism in Eastern Europe - an association reinforced by their participation in the pogroms that followed the Revolution of 1917. Still, the general public continued to buy

Bohdan Khmel'nyts'kyi (Kyiv, 1954); Vladimir Golobutskii (Volodymyr Holobuts'kyi), *Zaporozhskoe kazachestvo* (Kyiv, 1957); Olena Alanovych, *Zbroini syly Ukraïny pershoï polovyny XVIII stolittia* (Kyiv, 1968). – On the development of the Russian historiography of Cossackdom, see Thomas M. Barrett, *At the Edge of Empire: The Terek Cossacks and the North Caucasus Frontier, 1700-1860* (Boulder, Colo., 1999), pp. 1-11, and Shane O'Rourke, *Warriors and Peasants: The Don Cossacks in Late Imperial Russia* (Basingstoke, 2000), pp. 13-15.

6 The Polish historiography of Ukrainian Cossackdom made a dramatic turn toward an unbiased interpretation of the subject with the publication of Zbigniew Wójcik's *Dzikie Pola w ogniu. O Kozaczyźnie w dawnej Rzeczypospolitej*, 3d ed. (Warsaw, 1968). Among Polish authors who contributed to the field in the 1980s were Teresa Chynczewska-Hennel (*Świadomość narodowa kozaczyzny i szlachty ukraińskiej w XVII wieku* [Warsaw, 1985]), and Władysław Serczyk (*Na dalekiej Ukrainie. Dzieje Kozaczyzny do 1648 r.* [Cracow, 1984]). The second volume of Serczyk's work appeared under the title *Na płonącej Ukrainie. Dzieje Kozaczyzny, 1648-51* (Warsaw, 1998).

7 The most important contributions to the history of the Ukrainian Cossacks published outside Soviet Ukraine include Borys Krupnyckyj, *Hetman Mazepa und seine Zeit (1687-1709)* (Leipzig, 1942); isdem, *Het'man Danylo Apostol i ioho doba* (Augsburg, 1948); Dmytro Doroshenko, *Het'man Petro Doroshenko. Ohliad ioho zhyttia i politychnoï diial'nosty* (New York, 1985); Oleksander Ohloblyn, *Het'man Ivan Mazepa i ioho doba* (New York, 1960); Leo Okinshevich, *Ukrainian Society and Government, 1648-1781* (Munich, 1978); George Gajecky, *The Cossack Administration of the Hetmanate,* 2 vols. (Cambridge, Mass., 1978); Orest Subtelny, *The Mazepists: Ukrainian Separatism in the Early Eightteenth Century* (Boulder, Colo., 1981); Zenon E. Kohut, *Russian Centralism and Ukrainian Autonomy: Imperial Absorption of the Hetmanate, 1760s-1830s* (Cambridge, Mass., 1988).

8 See Günther Stökl, *Die Entstehung des Kosakentums* (Munich, 1953). Among the works of Russian émigré authors of the interwar period, a study by S. G. Svatikov, *Rossiia i Don* (Belgrade, 1924), deserves special attention.

books on the subject, fascinated with the romantic image of the Cossack emanating from the works of Nikolai Gogol (Mykola Hohol) and Leo Tolstoy, as well as by the history of Cossack involvement in the Napoleonic wars and the Crimean campaign. Most of the books about Cossacks that appeared in the English-speaking world in the second half of the twentieth century treated all of them, Russian and Ukrainian alike, as a homogeneous group. These works were overwhelmingly popular in nature, written not by professional historians specializing in the field but by amateurs. Far from promoting a comparative approach, they oversimplified the historical texture, doing more to distort interpretation than to refine it.[9]

This was true even of the more intelligent and thoroughly researched works on Cossack history that appeared at the time, including Philip Longworth's *The Cossacks* (1970).[10] Assessing the work in *Slavic Review*, the Ukrainian émigré scholar Ivan Lysiak-Rudnytsky, while indicating its merits, also lamented the author's failure to identify the specific features of Ukrainian Cossackdom and its differences from the Russian variety. As an example of Longworth's lack of attention to the national specificities of the Ukrainian Cossacks and his tendency to observe Ukrainian history through the prism of the Russian historical paradigm, Rudnytsky quoted from Longworth's description of Ukrainian Cossack festivities after one of their victories over the Poles, where the former were portrayed as playing Russian balalaikas. Rudnytsky also challenged Longworth's refusal to treat the Hetmanate – a polity that emerged from the victories of 1648 – as a Cossack state, as well as his assertion that the Ukrainian Cossacks had little in the way of national identity.[11] In the exchange of letters that followed, Longworth accused Rudnytsky of denying the importance of the comparative approach to the history of Cossackdom. Rudnytsky, for his part, expressed support for comparative studies, while further developing his ideas about the leading role of the Cossacks in early modern Ukraine and their contribution to the development of national identity in the Hetmanate.[12] Thus, not unlike Hrushevsky forty years earlier, Rudnytsky affirmed the commitment of Ukrainian historians to comparative research but insisted on the uniqueness of the Ukrainian Cossacks, stressing their distinct national identity and nation-building role.

9 For examples of popular books on the history of Cossackdom, see Maurice Gerschon Hindus, *The Cossacks: The Story of a Warrior People* (Garden City, N.Y., 1945; repr. Westport, Conn., 1970); Albert Seaton, *The Horsemen of the Steppes: The Story of the Cossacks* (London, 1985); Mike Groushko, *Cossack: Warrior Riders of the Steppes* (New York, 1993); John Ure, *The Cossacks* (London, 1999).

10 See Philip Longworth, *The Cossacks* (New York, 1970).

11 See I. L. Rudnytsky, „A Study of Cossack History," *Slavic Review* 31, no. 4 (December 1972): 870-75.

12 See Longworth, „Letter to the Editor," *Slavic Review* 33, no. 2 (June 1974): 413; „Professor Rudnytsky Replies," ibid., pp. 414-16.

Pluses and Minuses of the National Paradigm

Today, the task of comparative research on the history of Cossackdom should be formulated as an appeal to cross the boundaries of national historiography and go beyond the parameters designated by the national paradigm. As that national paradigm came to be applied to East European history in the nineteenth century, the romanticized Cossack past was quickly appropriated by national historians. How useful was the paradigm to the study of Cossack history? Was it a stimulus or a setback to research? Let us begin by enumerating the positive effects of the national idea on historiography. First of all, it should be pointed out that most of what we know about Cossackdom today has been collected, evaluated, and interpreted by historians working within the parameters of national historiography. It was the national paradigm that shifted historians' attention from dynasties and empires to social groups and the popular masses – a development that benefited the study of the Cossacks. The disintegration of the all-Russian historical narrative in the nineteenth and early twentieth centuries and the emergence on its ruins of Russian and Ukrainian national historiographies revealed the importance of a number of differences between Ukrainian and Russian Cossackdom that had earlier been overlooked or underestimated. The new national paradigm applied by Ukrainian and Russian historians drew the boundary between Cossack hosts and polities exactly where it had been from the sixteenth to the late eighteenth century – along the Polish-Muscovite border – and helped clarify differences caused by centuries of existence within politically, religiously, and culturally distinct polities. It also directed scholarly attention to questions of the national identity of the Cossacks that either had not been raised before or had been discussed only in terms of the all-Russian supranational paradigm.

At the same time, the national paradigm brought some major distortions into the field. In Russia, as mentioned previously, the Cossacks were marginalized as a subject of research, since it was believed that Russian nation-building had originated and proceeded in the capitals and central regions of the country and not on its periphery, which was settled and guarded by the Cossacks. In Ukraine, on the contrary, too much attention was paid to the nation-building activities of Cossackdom (or activities susceptible to such interpretation) at the expense of research on their social and cultural history. This approach also tended to marginalize the history of the non-Cossack parts of Ukraine and exaggerate the role of Cossackdom in the Ukrainian past. Furthermore, the lumping together of the Hetmanate, Cossack formations on the Right Bank of the Dnipro, and the Zaporozhian Host under the rubric of Ukrainian Cossackdom obscured differences between them, made it „unpatriotic" to study tensions and conflicts between the Hetmanate and the Zaporozhians, and deflected attention from parallels between the development of the Zaporozhian Host and, for example, the Don Cossacks. Significantly narrowed under Soviet rule, the concept of Ukrainian Cossackdom usually excluded the Kuban Cossacks, as they ended up on the Russian side of the Soviet-era border. Conversely, the category of Russian Cossackdom left virtually no room for recognition of the national specificity of the Kuban Cossacks. Western scholars tended to question the Cossack character of the Hetmanate, while their Soviet colleagues, studying Cossack participation in the so-called „peasant wars" of the seventeenth and eighteenth centuries, continued to claim that none of the Cossack-led revolts had achieved its goals, as the rebels were invariably defeated. Thus, the study of Cossack statehood remained outside the purview of specialists in the history of Russian Cossackdom.

Is there an effective way to utilize the potential of national historiographies that distinguish for good reason between Russian and Ukrainian (Muscovite and Polish-Lithuanian) Cossacks, while avoiding their pitfalls? It is one of the goals of this essay to suggest that there is indeed such a way, and that it is directly related to comparative research in the field – an idea often suggested earlier but not carried out because of unfavorable circumstances: Soviet scholars had to work under political constraints, while Western researchers were denied access to East European archives and libraries.[13] The recent (post-1991) resurgence of Cossack studies in Ukraine,[14] Russia,[15] and the West

13 Among the authors who sought to apply a comparative approach to the history of Cossackdom was William H. McNeill (*Europe's Steppe Frontier, 1500-1800* [Chicago, 1964]). His work nevertheless demonstrated the weakness of an attempt to synthesize findings in a field that still required a good deal of source-based research.

14 In Ukraine there has been a real explosion of research on Cossackdom, which always symbolized the spirit of Ukrainian independence and historical distinctiveness. Since 1991, it has become a central concern of historians in Ukraine. Among recent additions to the field are Vitalii Shcherbak, *Formuvannia kozats'koho stanu v Ukraïni (druha polovyna XVI—seredyna XVII st.)* (Kyiv, 1997); Serhii Lep'iavko, *Kozats'ki viiny kintsia XVI st. v Ukraïni* (Chernihiv, 1996); idem, *Ukraïns'ke kozatstvo v mizhnarodnykh vidnosynakh (1561-1591)* (Chernihiv, 1999); Valerii Smolii and Valerii Stepankov, *Bohdan Khmel'nyts'kyi. Sotsia'lno-politychnyi portret* (Kyiv, 1995); Ivan Storozhenko, *Bohdan Khmel'nyts'kyi i voienne mystetstvo u vyzvol'nii viini ukraïns'koho narodu seredyny XVII stolittia*, vol. 1 (Dnipropetrovsk, 1996); Iaroslav Fedoruk, *Mizhnarodna dyplomatiia i polityka Ukraïny, 1654-1657*, Part 1, *1654* (Lviv, 1996); Tetiana Iakovleva, *Het'manshchyna v druhii polovyni 50-kh rokiv XVII stolittia. Prychyny i pochatok Ruïny* (Kyiv, 1998); Viktor Horobets', *Vid soiuzu do inkorporatsi:; ukraïns'ko-rosiis'ki vidnosyny druhoï polovyny XVII—pershoi chverti XVIII st.* (Kyiv, 1995); idem, *Prysmerk Het'manshchyny. Ukraïna v roky reform Petra I* (Kyiv, 1998); idem, *Elita kozats'koï Ukraïny v poshukakh politychnoï lehitymaisiï: stosunky z Moskvoiu ta Varshavoiu, 1654-1665* (Kyiv, 2001); Taras Chukhlib, *Kozats'kyi ustrii pravoberezhnoï Ukraïny. Ostannia chvert' XVII st.* (Kyïv 1996); Ihor Lyman, *Tserkovnyi ustrii Zaporoz'kykh Vol'nostei (1734-1775)* (Zaporizhia, 1998); Roman Shyian, *Kozatstvo Pivdennoï Ukraïny ostann'oï chverti XVII st.* (Zaporizhia, 1998); Olena Bachyns'ka, *Dunais'ke kozats'ke viis'ko, 1828-1868* (Odesa, 1998). On contacts between Ukrainian and Don Cossackdom, see Viktor Brekhunenko, *Stosunky ukraïns'koho kozatstva z Donom u XVI—seredyni XVII st.* (Kyiv and Zaporizhia, 1998). – For more literature on the subject, see the bibliographies in my *Cossacks and Religion* and *Tsars and Cossacks: A Study in Iconography* (Cambridge, Mass., 2002). See also the bibliographic additions in Mykhailo Hrushevsky, *History of Ukraine-Rus'*, ed. Frank E. Sysyn et al., vols. 7 and 8 (Edmonton and Toronto, 1999, 2002), and bibliographies appended to individual articles in *Ukraïns'ke kozatstvo. Mala entsyklopediia* (Kyiv and Zaporizhia, 2002).

15 For examples of recent research on the Russian Cossacks, see A. L. Stanislavskii, *Grazhdanskaia voina v Rossii XVII veka: kazachestvo na perelome istorii* (Moscow, 1990); N. A. Mininkov, *Donskoe kazachestvo na zare svoei istorii* (Rostov-na-Donu, 1992); idem, *Donskoe kazachestvo v ėpokhu pozdnego srednevekov'ia (do 1671 g.)* (Rostov-na-Donu, 1998);

(where in the course of the last decade there has emerged a younger generation of scholars combining Western historical methodologies with newly acquired access to archival sources)[16] has put this task back on the scholarly agenda. Research recently undertaken in both East and West not only attests to the new interest in the history of Cossackdom on the part of scholarly communities in those countries but also indicates the new potential for comparative research in the field.[17] What are the most promising directions for such research? I shall try to provide at least a partial answer by putting some of the themes pertaining to seventeenth-century Cossackdom into a broader, „all-Cossack" context.

Governments and Cossacks

One of the themes, discussed on the basis of extensive archival research by Christoph Witzenrath,[18] concerns the relationship between the state authorities and the Cossacks in the early stages of their development as a social body. For scholars familiar with the early history of the Dnipro Cossacks, the picture drawn by Witzenrath presents many parallels with the early history of Ukrainian Cossackdom and suggests a number of research topics that could contribute to a better understanding of Cossack history on both sides of the Russo-Ukrainian historiographic divide. These topics include the social origins of the Cossacks, the organization of early Cossack bands, the functioning of institutions of military democracy in militarized border societies, the role of leaders (otamans/atamans) in Cossack communities, and the level of contacts between the Cossack settlements and the metropole. No less important is the comparative study of relations between the Cossacks and the state authorities – a topic for the study of which (especially in the earlier periods) we have many more sources than for research on the social history of Cossackdom. Relations between Muscovite voevodas and Cossack bands in Siberia in the sixteenth and seventeenth centuries can be compared with those between the border starostas of the Grand Duchy of Lithuania and the Dnipro Cossacks in the early and mid-sixteenth century. Imposing taxes on products of Cossack trade (furs in Siberia and fish, honey, etc. in Ukraine) was one way in which both states ex-

A. S. Zuev, *Russkoe kazachestvo Zabaikal'ia vo vtoroi chetverti XVIII—pervoi polovine XIX vv.* (Novosibirsk, 1994); D. V. Sen', *„Voisko Kubanskoe Ignatovo Kavkazskoe": Istoricheskie puti kazakov-nekrasovtsev (1708 g.-konets 1920-kh gg.)* (Krasnodar, 2001).

16 For recent Western works on the history of the Cossacks, see Carsten Kumke, *Führer und Geführte bei den Zaporoger Kosaken: Struktur und Geschichte kosakischer Verbände im polnisch-litauischen Grenzland (1550-1648)* (Berlin, 1993) (= Forschungen zur osteuropäischen Geschichte 49); Barrett, *At the Edge of Empire*; O'Rourke, *Warriors and Peasants*; Brian Boeck, „Shifting Boundaries on the Don Steppe Frontier: Cossacks, Empires and Nomads to 1739" (Ph.D. dissertation, Harvard University, 2002).

17 For an application of such an approach, see Brian Boeck's review of recent works on Don, Kuban, and Ukrainian Cossacks in *Kritika: Explorations in Russian and Eurasian History* 4, no. 3 (Summer 2003): 735-46.

18 See Christoph Witzenrath, „Die sibirischen Kosaken im institutionellen Wandel der Handels-Frontier" in this volume.

ploited Cossack economic activity for their benefit. Equally important in government-Cossack relations were the attempts of border administrators based in fortified settlements (*zamky* in Ukraine and *ostrogi* in Siberia) to control the Cossacks' military activities. These and other parallels, which would become more obvious in the course of further research, can establish similarities in early Cossack social organization and economic and military activity throughout the Eurasian borderland, as well as revealing similar methods applied by governments (Lithuanian, Polish, and Russian) to control Cossack activities.

A comparison of government-Cossack relations in Siberia and the Dnipro region reveals not only parallels but also major differences in the status of the Russian and Ukrainian Cossacks and the policies of their home states. Like the above-mentioned parallels, these differences suggest questions of great importance for the better understanding of Cossackdom. I shall mention only three of them here—in my opinion, the most obvious ones. The first major difference concerns the government stipend or wages paid to the Cossacks and the extent of control exercised by government officials over their actions. It appears from the Russian sources and is confirmed in all three papers discussed here that the Russian Cossacks were much more heavily dependent on the tsar's stipend and supplies from the state than were the Ukrainian Cossacks under Lithuanian, Polish, or Russian rule. True, the Ukrainian Cossacks occasionally received a stipend and supplies from the tsar before 1648, but those payments were infrequent and directly related to specific military expeditions. They were also much less dependent on payments from the Lithuanian and Polish treasuries. First, it was only the registered Cossacks who received wages; second, wages were tied to participation in government-sponsored military campaigns and were often delayed or not paid at all. The conditions put forward by the Cossacks at the start of the Khmelnytsky Uprising show that by the mid-seventeenth century, the salary demands of the registered Cossacks had receded into the background and lost most, if not all, of the importance ascribed to them in the late sixteenth century. It is worth examining to what degree, as Cossackdom matured and the Cossacks turned from steppe trade and warfare to a more settled way of life and membership in a distinct social order, the role of government payments diminished in Poland-Lithuania and Muscovy.

Another important difference in state-Cossack relations on both sides of the Russo-Ukrainian divide is related to the goals of government policy with regard to the Cossacks. In Muscovy, the stipend was paid almost exclusively for services rendered by the Cossacks in their places of settlement and encouraged them to fight the enemies of the state and protect its borders. The history of the first Cossack register (and, consequently, the first Cossack wages) in Ukraine is profoundly different. There, during the 1570s, the Cossacks were organized and paid their wages by the Polish kings Zygmunt August and Stefan Batory not in order to fight the Crimean Tatars and Turks but to remove the aggressive Cossack element from the steppe borderland and deploy it far from home, on the battlefields of the Livonian War with Russia. The very initiative to do so came from the Ottoman sultan, and up to the mid-seventeenth century the Polish-Lithuanian authorities spent more time preventing the Cossacks from attacking the Ottomans and their vassals (the Crimea and Moldavia) than organizing them for battle against those southern adversaries. Muscovy, on the other hand, was much less intrusive when it came to actions of the Don Cossacks against the Ottomans and the Crimea. In the late 1630s and early 1640s Muscovy refused to accept the „gift" of the captured Ottoman fortress of Azov from Cossack hands, and in its relations with Istanbul until the 1670s it denied any responsibility for the actions of the Cossacks. Once Muscovy admitted responsibility, it attempted to make use of the Cossacks in its military confrontation with the Ottomans in the North Azov region. Only much later were the Don Cossacks employed by the government to fight its enemies beyond the Don.

One more important difference in relations between the Russian and Ukrainian Cossacks and their respective governments is that Muscovy and Lithuania, and later Poland-Lithuania, were represented in their dealings with the Cossacks by very different types of servitors. In the case of Muscovy they were voevodas (military governors), often rotated by the central government and entirely dependent on the will and whim of the tsar and his courtiers. In Poland-Lithuania, the border administrators were often scions of Rus' princely families – rich, semi-autonomous of the central government, and often intent on their own military, economic, and even political agendas. Although certain parallels can be drawn between the private Cossack armies of Prince Kostiantyn Ostrozky in Ukraine and the Stroganov family in Siberia, the crucial difference between them was that Ostrozky, as palatine of Kyiv and administrator of a number of starosta districts in Ukraine, was part of the state apparatus and represented not only his own economic power but also the power of the state. This was not the case with the Stroganovs, who cooperated closely with the state but did not replace it in Siberia. The weakness of the central authorities and the variety of political actors with their own agendas in the borderlands of the Polish-Lithuanian Commonwealth undoubtedly contributed to the development of Ukrainian Cossackdom as a much more powerful and independent force than Russian Cossackdom. Both states regarded the Cossacks as a cheap substitute for standing armies and expensive fortifications in the borderlands, but there was a great difference in the degree of autonomy that the Polish and Russian governments were prepared (or forced) to grant the Cossack hosts under their control.

The Politics of the Tsars

The papers by Boeck[19] and Mininkov[20] offer a number of important insights into the history of relations between the Don Cossacks and the Muscovite authorities, as they reveal the strategies applied by both sides in the long process of negotiating their respective rights and obligations. Bringing the Ukrainian Cossacks' relations with Warsaw and Moscow into the picture helps define those strategies even better. Let us begin with the policy of the Muscovite authorities vis-à-vis Cossackdom. Boeck demonstrates very convincingly how flexible that policy was and how the authorities were prepared to

19 See Brian Boeck, „Capitulation or Negotiation: Relations between the Don Host and Moscow in the Aftermath of Razin Uprising" in this volume.

20 See Nikolai Mininkov, „Donskie atamany vtoroi poloviny XVII veka: smena pokolenii i politicheskikh orientirov" in this volume.

retreat upon encountering Cossack resistance, only to reintroduce their agenda once conditions improved. The history of Muscovite involvement in Ukraine in the second half of the seventeenth century offers numerous examples of the same tendency. In 1667, for example, Moscow was prepared to soften its position regarding the deployment of voevodas in Ukraine, but in 1672 it orchestrated the election of a new hetman with powers significantly reduced in comparison to those of his predecessors. It might be argued that this was not so different from (and probably originated with) the policy of Moscow's rulers toward their eastern neighbors and vassals. The latter, as Andreas Kappeler has shown, entailed the establishment of „a loose protectorate, which was concluded by means of an oath, by installing a loyal ruler. From the Russian point of view that established a client status to which it could always refer in the future, whereas the other side saw it at the most as a personal and temporary act of submission."[21] The fact that the Moscow and Don Cossacks had different interpretations of the oath of 1671, or that the Ukrainian Cossacks and the Muscovite authorities took different views of their respective obligations under the conditions brokered at Pereiaslav in 1654, did not affect the readiness of the Muscovite authorities to use those treaties as an instrument of subordination, as they had done in their relations with nomads. In the Ukrainian case, the Muscovite authorities even resorted to falsifying treaties, as was the case with the „Articles of Bohdan Khmelnytsky," which Prince Aleksei Trubetskoi prevailed upon Iurii Khmelnytsky to sign in 1659.

Kappeler's research indicates another parallel between Moscow's policy toward the Cossacks and its approach to the steppe nomads – the pitting of one group of new subjects against another. Still, there were important differences between the implementation of that policy in the Don and other Russian areas and in Ukraine. In the first instance, the Russian government often tried to use the Cossack officer stratum to curtail Cossack unrest. Examples of the „betrayal" of the interests of the Cossack masses by well-to-do Cossacks in the uprisings led by Stepan Razin and Emelian Pugachev and the handing over of their leaders to the authorities (much lamented in Soviet historiography) attest to the success of that policy. In the Ukrainian case, we also see examples of Cossack officers handing over their hetmans to Moscow (the fate that befell Demian Mnohohrishny and Ivan Samoilovych), but those were cases of conflict within elite ranks, not of elites being used to curtail the anti-government activities of the masses. There are almost no instances of the latter in the „Muscovite" history of Ukrainian Cossackdom, but they abound in its pre-1648, „Polish-Lithuanian" period. Petro Konashevych-Sahaidachny, who led the Host in the late 1610s and early 1620s, stands out as a hetman who was able to steer clear of a direct Cossack confrontation with officialdom, but a number of his less fortunate followers, such as Hryhorii Chorny, paid with their lives for choosing loyalty to the government over loyalty to the Host. These episodes in the history of Ukrainian Cossackdom's relations with the Commonwealth authorities find clear parallels in the history of the Don and other Russian Cossack hosts and their dealings with Muscovy.

21 Andreas Kappeler, *The Russian Empire: A Multiethnic History* (Harlow, 2001), p. 52.

The situation seems less clear when it comes to the history of the Ukrainian Cossacks' relations with Muscovy. There, we encounter much more frequent attempts on the part of the tsarist authorities to make use of the Cossack officers not to control the rank-and-file Cossacks but to curtail the power of the hetmans or provoke intra-elite conflicts. It was the Cossack „rabble“ that the tsarist government exploited to split the common front of the hetmans and Cossack officers against Moscow. The place where that rabble concentrated and where opposition to the Cossack officer stratum of the Hetmanate ran especially high was Zaporizhia on the lower Dnipro, the cradle of Dnipro Cossackdom. Very early on, the Muscovite authorities learned to encourage and support Zaporozhian opposition to the Hetmanate elites. That was the case with the uprising led in 1658 by the Zaporozhian otaman Iakiv Barabash and the Poltava colonel Martyn Pushkar against Hetman Ivan Vyhovsky, who considered his allegiance to Moscow conditional on the tsar's non-interference in the internal politics of the Hetmanate. The Moscow authorities were also behind the election to the hetmancy of Ivan Briukhovetsky (1663-68), the candidate of the Zaporozhians and rank-and-file Cossacks, who dramatically expanded Moscow's influence in Ukraine.

Playing masses against elites turned out successfully in Ukraine but was a tactic rarely applied by Moscow in its relations with other Cossack hosts. Why was that so? There is more than one answer to the question, but what seems certain is that Moscow approached the Hetmanate with tactics normally reserved for enemy states, not for its own subjects or Cossack hosts under its jurisdiction. In the former instance, the exploitation of social tensions as a means of destabilization was viewed as a legitimate way to make the elites more accommodating toward Russian demands. In the second instance, such destabilization was evidently regarded as unacceptable, for the Moscow government itself would have to deal with the consequences of social upheaval in the „no-man's-land“ on its borders. Thus, Moscow's policy toward the Hetmanate in the second half of the seventeenth century more closely resembled its policy toward the Polish-Lithuanian Commonwealth a century later (during the Koliivshchyna Uprising of 1768) than toward the Cossack hosts under its jurisdiction.

This brings us to the all-important issue of the Cossack state. The Hetmanate offers students of Cossackdom the sole instance of a successful Cossack uprising followed by the transformation of the political, social, and economic institutions created by Cossackdom into an apparatus of state power and control of a large territory with a long tradition of existence under conditions different from those prevailing among the Cossacks. The history of the Hetmanate provides rich material for the comparative study of Cossackdom and informed speculation in the genre of virtual history concerning what might have been expected of Russian Cossackdom if one of the uprisings led by Razin, Kondrat Bulavin, or Pugachev had been successful. The creation of the Hetmanate may be seen as a logical result of the evolution of the Cossacks from steppe bandits and tradesmen into a military force in the service of magnates and the state, and then into a distinct social order cognizant of the need for a polity of its own in order to protect its interests effectively. It might also be regarded as the Cossacks' ultimate response to the pressure applied to them by the dominant powers of the region.

What strategies did the Cossacks employ in their negotiations with the state? One was to use their military service to the state as a lever to maintain and extend their social, economic, and political prerogatives. In the Ukrainian case, that strategy led to the spectacular growth of the Cossack register and its concomitant rights and privileges in the first decades of the seventeenth century. In the Russian case, it ensured the growth and continuing existence of some of the Cossack hosts well into the twentieth century. Another strategy was associated with military expeditions abroad, which allowed the Cossacks not only to enrich themselves through robbery but also to collect additional payments from neighboring powers for participation in such campaigns. The Zaporozhians, for example, were occasionally paid by the Habsburgs and Muscovites for their campaigns against the Ottomans and their vassals. Foreign expeditions thus helped the Cossacks offset the political and economic restrictions imposed on them by their home states. Yet another strategy was exemplified by military revolts that would usually start within Cossack ranks but then spread to the populace and spark major uprisings. The history of Cossackdom is punctuated by revolts that were eventually suppressed by the authorities, with the notable exception of the Khmelnytsky Uprising. While such revolts often brought immediate setbacks, in the long run they generally helped the Cossacks maintain their autonomy vis-à-vis the state. Last but not least in the repertoire of Cossack dealings with the authorities was the tactic of fleeing state jurisdiction. On the level of small Cossack bands and individuals, that strategy ensured the longevity of Cossackdom and its continuing penetration into ever more remote parts of the Eurasian steppe. On the level of organized Cossack hosts, that „ultimate" argument was often used as a threat by the Don Cossacks and actually implemented by the „Nekrasovites," who fled to the Crimean jurisdiction in 1709. The Ukrainian Cossacks, for their part, often fled to Muscovy after the failed uprisings of the first half of the seventeenth century, foreshadowing Khmelnytsky's decision to accept the Muscovite protectorate in 1654. Khmelnytsky's failed attempt to enlist the Ottomans as his political sponsors in the mid-seventeenth century inspired later attempts by Hetman Petro Doroshenko (1665-76) and the Zaporozhians after the Battle of Poltava (1709), who became subjects of the Crimean khan after Aleksandr Menshikov destroyed the Sich on the orders of Peter I.

One more question that the comparative approach to the history of Cossackdom helps pose, and can be helpful in answering, is why Cossack institutions survived longest under Muscovy, while succumbing much earlier under Ottoman, Crimean, and Polish rule. This question cannot be answered merely by indicating the vastness of Russia and the long existence of an open frontier in the East. One should also take account of the various policies adopted toward the Cossacks by their home states and the ways in which the Cossacks responded to them. A comparative approach to the history of the Cossack hosts exposes the flaws of Cossack-centered historiography in both its Ukrainian and Russian incarnations, for that historiography regards the curtailment of Cossack freedoms as the main goal of Moscow's policy. In reality, the ruling elite in Moscow was often more than reluctant to extend the power of the tsar over the tumultuous Cossack hosts. It is safe to suggest that foreign-policy considerations, and not the urge to restrict Cossack freedoms, were paramount in the formulation of Moscow's policy toward the Cossacks for most of the seventeenth century. The desire not to provoke powerful enemies such as the Ottomans and the Polish-Lithuanian Commonwealth, as well as reluctance to become involved in „unruly" Cossack politics, dictated caution in Moscow's relations with the Cossacks, as evidenced by the policy pursued toward Ukraine in the late 1660s by the Ambassadorial Office under Afanasii Ordin-Nashchokin.

Christians and Muslims

The conventional treatment of the role played by the Cossack hosts in international relations also seems to be dogged by misconceptions. In today's historical imagination, both the Russian and the Ukrainian Cossacks appear as fighters against the Tatars and the Ottomans. It is quite true that both groups were involved in that military, political, and civilizational conflict on the borders of the Christian and Muslim worlds, and both Catholic Poland-Lithuania and Orthodox Russia enlisted the Cossacks in their conflicts with Istanbul and Bakhchesarai. But were the Cossacks mere pawns in a game played by the great powers of the region? The history of both Ukrainian and Russian Cossackdom shows otherwise, even though both entities were able to extract numerous privileges from their Christian sovereigns and protectors for their defense of what was considered to be the Christian cause. What is often overlooked in that regard is that the Cossacks adopted many elements of the culture and traditions of their non-Christian adversaries and spent more time living in peace with them than in conflict. Indeed, they sometimes preferred to ally themselves with the „infidels" than with Christian monarchs. These elements in the history of Cossackdom are easy to pass over, given the prevailing historiographic tradition that portrays the Cossacks as warriors for the faith. This is particularly easy to do in today's Russia, where the modern national myth tends to exclude the infidel Tatars from the Russian historical narrative, but somewhat more difficult in Ukraine, where the newly constructed national mythology stresses the tradition of cooperation between Cossacks and Crimean Tatars against Polish oppression.

That tradition includes a number of episodes in seventeenth-century Ukrainian history. As early as the 1620s, the Ukrainian Cossacks became involved in Crimean affairs on the side of one of the pretenders to the Crimean throne. Khmelnytsky's spectacular victories over Polish forces in 1648-49 would have been all but impossible without the help of the Tatar cavalry. After Ivan Mazepa's defeat at Poltava, the hetman in exile, Pylyp Orlyk, linked his plans for a return to power to joint military action with the Crimean Khanate, and, as noted above, the Zaporozhians moved their Sich to Tatar territory at the time. Moreover, there were several Cossack hetmans (besides Khmelnytsky and Doroshenko) who favored the Ottoman orientation at one time or another or accepted the protectorate of the sultans or khans. In a comparative context, these and other examples of cooperation between Ukrainian Cossackdom and the southern Muslim powers pose the question of why, despite the fact that a number of Russian Cossack leaders contemplated alliances with the Muslims or intended to seek their protection, those plans succeeded only in the case of the Nekrasovites. Clearly, a discussion of the issue should take account of numerous factors—political, economic, social, international, and geographic. Ethno-cultural and religious factors, which played an important role in the history of Cossackdom, should also be considered. Both Russian and

Ukrainian Cossacks had a cultural boundary with their Muslim neighbors but differed considerably when it came to boundaries with the governments of their home states. In Russia there was no such boundary, but in Ukraine it was all-important, as it divided the Orthodox Ruthenian Cossacks from the Polish Catholic authorities. Under these circumstances, an alliance of Ukrainian Cossacks with ethnically distinct Muslims against ethnically distinct Catholics was apparently far less problematic than an alliance of Russian Cossacks with Muslim Tatars against the Orthodox Russian state. To be sure, this is a hypothesis that should be tested by further research. It brings us, however, to the highly contested question of Cossack national and religious identity – a problem that cannot be adequately addressed without employing the comparative method.

The question of Cossack identity in general and distinctions between the ethnic consciousness of Ukrainian and Russian Cossacks, while extremely important for the national historiographies of Russia, Ukraine, and Poland, remains much less studied than other aspects of Cossack history. Far more has been written about Cossack involvement in religious life, especially the major religious conflicts of the epoch—the struggle for and against the church Union in Ukraine and Belarus and the Old Believers in Russia. Here, as in other areas of Cossack history, the comparative approach helps formulate a number of new questions and opens fresh perspectives on the history of the Cossacks themselves and the religious and cultural history of the region. Certain parallels can be drawn between the support offered by the Russian and Ukrainian Cossacks to the persecuted churches in their home states: Orthodoxy in the Polish-Lithuanian Commonwealth and the Old Belief in Muscovy. In both cases, the Cossacks and the persecuted churches found themselves in similar circumstances, living side by side in remote areas of the country. Under pressure from the authorities, to whom they were opposed, they needed each other's support: the Cossacks, especially when involved in acute conflicts with the government, needed religious legitimation of their actions, while the church required the military and economic muscle of the Cossacks to oppose officialdom and survive. In Ukraine and Russia alike, close relations were established between the Cossacks and the persecuted churches, but the intensity of that cooperation and its outcome were quite different. In Ukraine, Cossacks helped save the persecuted church from destruction by the state, and under the banner of Orthodoxy they later created a monoconfessional state. In Russia, after a brief flirtation with the Old Belief and acute internal conflict, discussed by Mininkov and touched upon by Boeck, the Cossack elites preferred to remain under the jurisdiction of the state church, never fully raising the banner of the „old faith“ in their struggle with the authorities.

Why did the Russian Cossacks behave differently from the Ukrainian ones and not give their full support to the dissident priests and monks against their reform-minded hierarchs, who were backed by the power of the state? Why did not they fully utilize the potential of such cooperation and declare „holy war“ on the state? Again, there is no clear and simple answer to this question, but there are several possible explanations, one of which I shall discuss. It might be argued that the major difference between the Russian and Ukrainian cases was the attitude of the Cossack officer stratum toward the persecuted religion. The Zaporozhians sided with the oppressed church, while the Don Cossacks, as shown once again in the papers by Mininkov and Boeck, aligned themselves with the government. The Zaporozhian and Don Cossack officers were clearly focused on different tasks and subordinated the religious issue to the achievement of those tasks. The Ukrainian Cossack officers, as exemplified by Konashevych-Sahaidachny, who ensured the restoration of the Orthodox hierarchy in 1620, were struggling for the recognition of particular rights within the Polish-Lithuanian Commonwealth. To obtain those rights they needed powerful allies, whom they could find among the Orthodox nobility of the Commonwealth. Their ethnic origin also inclined them to side with other members of the Orthodox coalition, the Ruthenian princes, nobles, and burghers, in the ethno-cultural and religious conflict. All these factors were absent in the case of the Don Cossacks. The alliance of their officers with the persecuted church could not possibly help them acquire important allies and improve their standing vis-à-vis the state. Positioned on the Orthodox-Muslim border, they chose loyalty to the powerful Orthodox state and its church over allegiance to the spiritually strong but resource-poor Old Believer movement.

While the attitude of the Cossack officer stratum was an important factor in determining the strategies adopted by the Ukrainian and Russian Cossacks in religious conflicts with the state, it does not explain all the differences between them in that regard. Rather, this brief examination of the positions taken by the Ukrainian and Russian Cossack elites demonstrates the potential of the comparative approach to the study of Cossackdom. This is equally true of the other problems in the history of Cossackdom discussed in this essay, which generally offers more questions than answers – not inappropriate at this stage in the study of such a multi-faceted phenomenon as Cossackdom. Making a case for the comparative study of anything, including Cossackdom, may be seen today as old-fashioned, attesting among other things to the methodological backwardness of anyone advocating such an „innovation“ in an era of predominantly postmodern scholarship. Yet there is no way to recognize the uniqueness of the voices of the past without comparing them one to another. Nor can we skip the comparative stage in the historiography of Cossackdom and pretend that the goals set by historians before Stalin's suppression of historical scholarship in the 1930s have already been achieved or are irrelevant to today's scholarly agenda. In order to move forward, present-day historiography must go back and pick up the thread of research where our predecessors were obliged to abandon it for reasons beyond their control.

Forschungen zur osteuropäischen Geschichte

Herausgegeben von
Holm Sundhaussen (ab Band 56)

Band 58:
Robert O. Crummey,
Holm Sundhaussen,
Ricarda Vulpius (Hg.)

Russische und Ukrainische Geschichte vom 16.–18. Jahrhundert

2001. 336 Seiten, 7 Abb., br
ISBN 3-447-04480-2
€ 48,– (D) / sFr 83,–

Der Sammelband mit 30 Beiträgen zur Frühen Neuzeit der ostslavischen Geschichte bündelt internationale Forschungsergebnisse, die – zum Teil unter Einbeziehung neuer Archivquellen – zeigen, dass die wichtigsten Phänomene der Moderne alle ihre Wurzeln in den hier behandelten Jahrhunderten haben. Dabei finden verfassungspolitische Themen ebenso ihre Berücksichtigung wie konfessionelle, ideengeschichtliche, wirtschaftliche, bildungs- oder außenpolitische Fragen. Neue kulturgeschichtliche Ansätze finden ihren Niederschlag zum einen in geschlechterspezifischen Beiträgen, zum anderen in Aufsätzen zur Erinnerungskultur. Besonderes Augenmerk gilt der Auseinandersetzung mit dem fachlichen Vermächtnis des im Jahre 2000 verstorbenen Professor Hans-Joachim Torke.

Band 59:
Philipp Ther,
Holm Sundhaussen
(Hg.)

Nationalitätenkonflikte im 20. Jahrhundert

Ursachen von inter-ethnischer Gewalt im Vergleich

2001. VI, 268 Seiten, br
ISBN 3-447-04494-2
€ 61,– (D) / sFr 104,–

Das letzte Jahrzehnt des 20. Jahrhunderts brachte innerstaatlich eine Reihe von Nationalstaatsgründungen, den Zerfall multinationaler Staaten und damit verbunden etliche Konflikte unterschiedlicher Nationen hervor. Das Buch befasst sich mit innerstaatlichen Nationalitätenkonflikten, insbesondere mit dem Ausbruch von Gewalt und der Frage, warum sich gewaltsame Konflikte in bestimmten Konstellationen wieder entschärfen.

Aus dem Inhalt:
P. Ther, Nationalitätenkonflikte im 20. Jahrhundert: Ursachen von inter-ethnischer Gewalt im Vergleich
H. Sundhaussen, Der Gegensatz zwischen historischen Rechten und Selbstbestimmungsrechten als Ursache von Konflikten: Kosovo und Krajina im Vergleich
K. S. Jobst, Im Spiel mit großen Mächten? Nationale Konflikte nach dem Zerfall des Zarenreiches bis zum Beginn des Russischen Bürgerkrieges 1918/19 auf der Halbinsel Krim

HARRASSOWITZ VERLAG · WIESBADEN
www.harrassowitz.de/verlag · verlag@harrassowitz.de